현대중국경제

샤오궈량 · 수이푸민 지음
이종찬 옮김

도서출판
해남

현대중국경제

초판1쇄 인쇄 2015년 4월 10일
초판1쇄 발행 2015년 4월 16일

저 자 샤오궈량 · 수이푸민
역 자 이종찬
발행인 노현철
발행처 도서출판 해남

출판등록 1995. 5. 10 제 1-1885호
주 소 서울특별시 서대문구 충정로 38-12(충정로 3가) 우리타워 6F
전 화 739-4822 **팩스** 720-4823
이 메 일 haenamin30@naver.com
홈페이지 www.hpub.co.kr

ISBN 978-89-6238-086-6 93320

역자 서문

고층 빌딩과 핑팡(平方)이라 불리는 판자촌이 공존하는 거리, 눈 닿는 곳마다 보이는 공사 현장, 우마차와 자동차가 함께 다니는 도로, 이런 것들이 2002년 처음 북경에 도착하였을 때 필자의 눈에 들어온 중국의 모습이었다. 그때 당시만 해도 중국은 성장을 시작한 매우 역동적인 느낌의 나라였다. 그러나 불과 10여 년 남짓, 이제 중국은 세계 2위의 경제 대국이 되었으며 미국과 세계의 패권을 다투며 G2로써 초강대국이 되어버린 중국을 부인하는 사람은 아무도 없다. 심지어 세계의 공장으로서 made in China로 표현되던 중국이 이제는 made for China로 표현되며 세계 최대의 소비 시장으로 부상하였으며, 세계 최대의 외환 보유국으로 이제 China money의 영향을 받지 않는 나라는 없다는 말이 나돌고 있을 정도이다.

한국의 교역 대상국 1위 국가로서 한국에게 중국은 매우 중요한 존재임에 틀림없으며, 얼마 전 중국의 시진핑(習近平) 국가 주석과 한국의 박근혜 대통령이 정상 회담 중에 한중FTA 체결에 동의하면서 양국 경제는 더욱 가까워졌다. 한중FTA에 대해서 한국 경제의 새로운 성장 동력으로 한국이 성장할 수 있는 새로운 계기가 될 것이라는 긍정적인 의견과 민감한 부분인 농업 시장의 개방과 한국의 제조업을 맹추격하고 있는 중국 제조업에 대한 우려가 함께 나타나고 있는 지금, 한국은 중국에 대해 더욱 깊은 이해를 필요로 하고 있다.

'중화인민공화국 경제사(1949~2010)'라는 제목으로 처음에는 화문출판사에서 출판되었다가 북경대학출판사에서 개정판으로 출판된 이 책은 원래 북경대학 경제학과의 중국경제사 과목의 교재로 사용되고 있는 책이다. 즉, 중국 최고의 대학인 북경대학 교수가 집필하고, 중국의 최고 지성들이 중국경제의 성장 과정을 이해하는 데 사용되었던 교재였던 것이다. 따라서 점점 더 가까워지고 있는 한중 양국의 현 상황에 제3자의 입장에서 중국을 연구한 것이 아닌 중국인이 직접 서술하고 현재 중국인들이 중국의 경제 성장을 이해하는 데 사용하고 있는 서적을 통해 중국을 좀더 깊이 이해할 수 있게 되기를 바라는 마음에서 이 책의 번역 작업을 하게 되었다.

이제 세계의 경제적 국경은 모호해졌으며 그 어떤 나라도 타국과의 교류 없이는 살아남을 수 없다. 더구나 점점 가까워지고 있는 한중 양국의 관계를 생각한다면 중국에 대한 이해는 아무리 강조해도 지나침이 없을 것이다. 이런 상황에서 이번 《중화인민공화국 경제사》의 역서 출판이 중국 경제성장에 대한 이해를 도와 한중 양국 간의 관계에 도움이 되었으면 하는 바람을 가진다.

북경대학과 중공중앙당교의 중화인민공화국 경제사의 교재로 사용되었던 이 책의 초판은 총 6장, 그리고 이번에 번역서 출판을 하게 된 개정판은 전체 7장의 구조로 되어 있다.

우선 제1장에서는 중국 공산당 건립 이전 청나라 말기 중국의 혼란과 근대화를 위한 중국의 노력에 대해 기술하고 있다. 즉, 아편전쟁과 신해혁명, 제2차 세계 대전 이후 미국과 소련의 냉전, 그리고 한국전쟁 등 중국 근대사의 핵심적인 사건과 그에 따른 중국의 변화에 대해 충실히 설명하고 있다.

제2장에서는 중국 공산당 건립과 건립 직후 혼란한 중국의 재건을 위한 중국의 노력에 대해 기술하고 있다. 당시 중국은 청나라 말기의 혼란으로 인

해 정치, 경제, 사회, 문화 등 여러 방면에서 피폐하고 부족한 시기였다. 이런 시기에 중국의 재건을 위해 중국 공산당이 실행하였던 〈공동 강령〉이나 과도 시기의 총노선, 그리고 첫 5개년 경제 계획이었던 〈1.5계획〉의 기획과 실시 등 중국 재건의 내용이 상세히 설명되어 있다.

제3장은 경제 재건에 이어진 중국 공산당의 반성에 대한 내용이 주를 이루고 있다. 즉, 경제 재건에만 급급하여 빠른 성과만을 요구하였던 인민공사화 운동이나 대약진, 그리고 중국의 역사를 과거로 되돌려놓았다는 평가까지 받고 있는 문화대혁명 등 중국 경제 성장 과정에서의 문제점과 반성을 담고 있다.

제4장에서는 중국이 G2로 성장하는 데 초석을 놓았던 중국의 경제 개방에 대해 논의하고 있다. 문화대혁명을 거치면서 나타난 중국 공산당의 문제점을 극복하고 새로운 지도자와 새로운 지도 이념을 통해 경제 제도의 정돈을 시작하고, 성장으로의 첫발을 내딛기 시작한 중국의 노력과 변화, 그리고 그 성과에 대해 상세히 서술하고 있다.

제5장은 개혁개방에 따라 고도 성장을 하는 중국에 대해 기술하고 있다. 어디에서도 시도된 적 없는 일명 중국식 시장 경제 체제로 불리는 사회주의 시장 경제 체제의 확립과 상품 시장, 요소 시장의 개선 등을 통해 고도 성장을 이룬 일련의 과정에 대해 논의하고 있다.

제6장에서는 중국의 성장에 따른 새로운 문제와 그에 대한 중국의 해결 노력과 그 성과 등을 기술하고 있다. 경제 발전이 직면한 새로운 문제와 경제 발전을 촉진시키기 위한 새로운 사상의 확립, 그리고 세제, 금융, 투자 체제 개혁의 심화와 소득 차이의 확대에 따른 정부의 소득 분배에 대한 조정 등 중국 경제 성장의 새로운 도전과 그 해결에 대해 논의하고 있다.

마지막 제7장에서는 중화굴기를 내세운 미래의 중국 경제에 대한 전망과 과거의 회고, 그리고 중국 성장에 많은 도움을 주었고, 앞으로도 함께 성장해갈 파트너인 홍콩, 마카오, 대만에 관한 분석과 성찰 및 전망에 대해 논의하고 있다.

이 지면을 빌어 역서 출판에 많은 도움을 주신 북경대학 경제학과 샤오궈량 교수님께 감사드리며, 이 책의 번역 작업에 많은 도움을 주신 북경대학 현상백 경제학 박사, 북경대학 경제학 박사 과정 이소영 양, 북경대학 경제학과 이재린 양, 그리고 신라대학교 중국학과 문혜원 양에게 감사를 전하며, 중국어 표현과 문법 등에 조언을 주신 인민대학 문학박사 김진희 님께 감사의 뜻을 전한다.

마지막으로 지금까지 부족한 필자를 믿고 아낌없는 지원을 해주신 부모님께 심심한 감사를 올린다.

북경대학 경제학 박사 이종찬

저자 서문

나는 16년간, 중국 명(明),청(淸) 시기부터 민국(民國) 그리고 중화인민공화국 시기의 중국 경제에 대해서 연구를 해왔다. 누군가 원숭이 해부는 인체 해부에 대한 열쇠가 될 것이라고 하였다. 마찬가지로 어제에 대한 이해는 오늘을 이해하는 열쇠가 될 것이다. 요컨대 역사는 강물처럼 흐르고 있다. 거대한 시간과 공간 속에서 역사를 바라보는 것이 경제사 연구의 특징이라고 할 수 있을 것이다.

2004년 나는 영광스럽게 한국외국어대학교 교수직을 맡았었고, 중국 경제 및 중국 경제사에 대한 강의를 하였다. 당시 많은 한국 학생과 중국 유학생들이 함께 하여 외로움을 느끼지 못하였지만, 한국어를 모르는 나는 비교적 외출이 적었다. 이때 많은 여유 시간을 이용하여 북경대학(北京大學) 제자인 박사 연구생 수이푸민(隋福民)과 왕화레이(王花蕾)의 도움을 받아 중화인민공화국 경제사에 대한 수업 내용 및 연구 논문을 정리하여 책으로 편집하였고, 2004년에 중국 화문출판사에 의해 출판하게 되었다.

중화인민공화국 경제사 판본은 중공중앙당교(中共中央黨校)의 교재로 지정되었고, 출판 후 많은 독자들의 사랑을 받았다. 2010년 중국 북경대학출판사의 도움을 받아 수이푸민과 함께 기존의 2004년 판본에 대해 수정, 보충, 확장하여 2010년까지의 중화인민공화국 경제사를 기록하였다. 이 수정증보판은 2011년 북경대학출판사에 의해 출판되었고, 현재의 한국어판은 이 판본이 번역된 것이다.

중국 경제는 세계 경제 속에서 자신의 노력을 통해, 1979년 개혁개방 이후 수십 년간의 고속 성장을 이루어왔다. 2008년 세계금융위기 이후, 많은 나라와 마찬가지로 중국 경제도 큰 도전에 맞섰고 수많은 파동을 겪었다. 현재의 중국 경제는 '신상태'(新常态)에 진입하였다. 중국 수천 년 역사상 세계 문명(한국을 포함한 동아시아 문명)과 충돌과 융합이 있었고, 그 과정에서 많은 외래 문명을 수용하였지만 자신의 특징을 잃지 않고 발전해왔다. 중국 산업화 과정도 마찬가지였다. 중국은 영국, 미국, 독일, 일본, 한국 등 선진국들의 성공 경험을 배우면서 중국식 사회주의 발전을 고집해왔다. 현재 번역 출판한 《중화인민공화국 경제사》의 가장 큰 연구 목적은 중국 경제 발전사에 대해서 서술하고 해석하는 것이다.

1992년 한중 수교 이후, 양국은 정치, 경제, 문화 등 여러 방면에서 끊임없이 교류해왔고, 두 나라 국민들의 우애도 더욱 깊어졌다. 상호간의 이해, 교류, 학습은 양국 교류를 증진하고 우애를 키우는 교량이라 할 수 있다. 이 책의 한국어판 출판으로 양국 교류에 나의 미약한 힘이 더해지게 된 것에 매우 기쁘게 생각한다.

마지막으로 나는 나의 제자인 이종찬(李鍾燦) 박사에게 감사의 말을 전한다. 이종찬 박사는 북경대학에서 10년간 유학 생활을 하였고, 북경대학 경제학 박사 학위를 취득하였다. 그의 창의성 있는 박사 학위 논문 〈중한 무역 종합연구〉에서는 역사 자료가 상세하였고, 현대 무역 이론에 대해서도 깊은 학술적 조예가 보였다. 때문에 그는 학술 연구의 이론적 기초를 능숙하게 응용할 수 있었던 것이다. 그의 논문은 한중 수교 이후 대외 무역 발전의 무역량, 무역 구조, 수출입 상품의 종류, 경제 성장, 무역 정책, 환율 및 국제 수지 등의 문제에 대해 종합적인 연구를 하였다. 오랜 기간의 연구를 통하여 그는 착실하고 엄격한 학자로 성장해왔고, 이런 훌륭한 학자가 나의 책을 번역해 주어 매우 영광스럽게 생각한다.

샤오궈량(蕭國亮)

2014년 12월 9일 북경대학

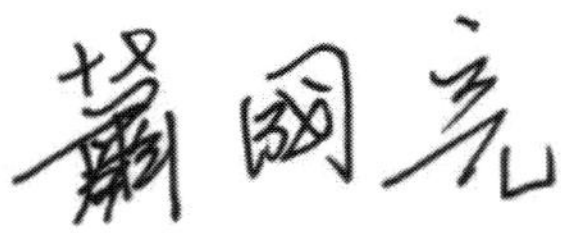

차례

1

중화인민공화국 건립 이전의 역사 유산

1

중화인민공화국 건립 이전의 역사 유산

중화인민공화국 경제의 발전 역사는 시공간 체계 속의 특수한 부분이다. 신중국은 구중국에서 발전되어왔으며, 1949년 이후의 중국 경제를 이해하기 위해서는 1840년 이후의 경제를 이해하는 것이 필요조건이다. 이 책의 시작 부분에서는 1840년대 이후 중국 역사를 중점적으로 회고한다. 왜냐하면 이 시기의 역사는 중국인의 가슴 속에 큰 상처를 남겼으며, 중국인의 마음과 결정에 많은 영향을 미쳤기 때문이다.

제1절 중화인민공화국 건립 전의 역사 정황

1. 근대 이후 중국의 '백년혼란'[1]

중화인민공화국 건립 이전, 중국은 백 년간의 혼란을 겪었다. 청조는 강희제(康熙帝)[2]와 건륭제(乾隆帝)[3]의 성세 이후, 세계 경제 발전의 경쟁에서 점차 뒤처졌고 18세기 후반부터 쇠퇴하는 형세를 보이기 시작하였다. 당시 중국은 근대 공업화가 시작되지 않았으며, 기존의 경제 양식을 통해 거대한 대국의 정치와 경제 각 방면의 수요를 충족시키고 있었다. 그때 서방 세계는

1 역주: 중국에서는 청나라 말기의 약 100년간의 혼란한 시대를 백년혼란이라고 부른다.

2 역주: 청나라의 제4대 황제(재위: 1661~1722).

3 역주: 청나라의 제6대 황제(재위: 1735~1795).

근대 공업 혁명의 슬로건 아래, 새로운 경제 양식이 형성되었다. 19세기 초 영국은 동인도 회사라는 특수한 회사를 이용하여 청나라 정부에게 아편을 강제하였고, 1838년 중국에 수입된 아편은 이미 4만 상자에 도달하였는데 이는 약 240만kg에 달하는 양이었다. 일련의 문화적, 제도적 충돌이 발생하였고, 결국에는 군사적 충돌이 발생하였다. 초기 공업화 국가들은 그들의 공업화 진행 속도의 둔화와, 그들의 경제 성장에 따른 수요를 핑계로 아편전쟁을 일으켰으며, 그 결과 중국은 주권 국가에서 반식민지, 반봉건 사회로 진입하였다.

'백년혼란' 이래, 중국의 대륙은 내적으로나 외적으로나 힘든 시기를 겪었다. 1840년 아편전쟁 이후 체결한 난징조약[4]을 시작으로 아편은 합법적인 무역 상품, 이름하여 '양약'이 되었고 그 무역량 또한 나날이 증가하였다. 1854년 양약의 연간 수입양은 360만kg에 달하였고 이에 중국의 막대한 양의 은이 외부로 유출되게 되었으며, 무역량은 본래 수출 초과에서 수입 초과로 전환되었다. 뿐만 아니라 마약에 중독된 백성들이 최소 2,000만 명에 이르렀으며, 국가 전체가 '동아시아의 병주머니'로 불리게 되었다. 또 난징조약의 결과로 홍콩은 영국의 소유가 되었다. 이러한 국가 충돌은 중국의 백 년 수모의 시작을 가져왔을 뿐만 아니라, 쇄국 정책의 실패를 알렸으며, 청나라 정부의 정규군은 서양의 총소리와 대포소리만 들어도 바로 도망갈 정도로 국방이 약해졌다.

영국과 프랑스 등의 국가들은 주인이 없는 땅에 들어오듯 중국에 들어와 갈취하기 시작하였으며, 연이어 유럽 대륙의 강국들이 차례로 들어와 땅을 나누어가지려고 하였다. 1858년의 톈진조약[5] 1860년의 베이징조약[6]등 일

4 역주: 1842년8월 아편전쟁의 종결을 위해 강제 개항 등을 전제로 영국과 중국이 체결한 불평등 조약.

5 역주: 1858년 6월 애로호사건에 대하여 영, 미, 러, 프 4개국과 청나라가 체결한 조약.

6 역주: 1860년 10월 제2차 아편전쟁의 결과로 영, 프, 러 3개국과 청나라가 체결한 조약.

련의 불평등 조약들이 이러한 상황 아래서 체결되었다.

아편의 수입은 청나라 정부의 국고를 고갈시키고, 은을 외부로 유출시켰다. 더불어 전쟁은 청나라 정부의 부담을 지속적으로 증가시켰고, 백성의 생활은 점차 힘들어졌다. 청나라 정부는 백련교[7] 봉기를 진압하기 위해 전쟁을 시작하였으며(1796~1804), 10년 동안, 1억 2,000만 냥의 은이 군비로 소진되었다. 연이어, 홍수전(洪秀全)이 이끄는 태평천국 봉기는 1851년 시작하여 1864년까지 약 14년간 지속되었고, 그 파급력은 중국의 17개 성에 이르렀으며, 2,000만여 명의 사망자를 냈고, 이에 따른 군사 비용은 계산조차 하기 힘들 정도로 많은 양이 지불되었다. 태평천국은 1864년 비록 실패로 끝이 났지만, 태평천국운동의 잔여 세력들이 북방의 염군(청대 농민 폭동군)과 결합하여, 그 후 4년간 전쟁이 더 지속되었다. 그때(1868년) 일본에서는 메이지 유신이 시작되었지만 중국은 막중한 부담을 안고 어려운 생활을 이어나가고 있었다.

청나라 정부는 자신들의 낙후된 모습을 깨닫고, 1862년 동치 원년, 이신(奕信), 원양(文祥) 등이 이끌고 태평천국운동을 진압하며 두각을 나타냈던 지방 관료 증궈판(曾國蕃), 쥐종탕(左宗棠), 리홍장(李鴻章) 등의 인물들이 중심이 되어 자강운동을 시작하였다. 이들은 린쩌수(林則徐), 웨이옌(魏源) 등의 사상을 계승하였으며, '금릉기기국'(金陵機器局)과 같은 근대식 공장을 건립하였다. 이 시기가 '양무(洋務)운동'이다. '양무운동'은 제도상의 불균형으로 일본의 메이지유신과 같은 효과를 내지는 못하였고, 근대 중국의 운명을 바꿔놓지는 못하였지만, 분명 중국에 자본주의 성질의 근대 공업을 출현하게 하였고 중국 경제 구조의 변화를 일어나게 하였다. '양무운동'은 서양의 기술과 제도를 완벽하게 받아들이지는 않았다. 하지만 이 과정에서, 리홍장과 같은 양무 관료들이 두각을 보이기 시작하였다. 이 관료들은 '양무운동'을

7 역주: 1796년 후베이 성에서 백련교도를 중심으로 발생한 반란으로 약 9년간 지속되었다.

통하여 자신들의 세력을 키우고, 그 세력을 이용하여 자신들의 지위를 보존하고, 승급하는 데 기초로 삼았다. 이후 중일 갑오전쟁 중 리홍장이 자신의 '북양함대'(北洋艦隊)를 잃은 것을 아쉬워하며, '민국 초년'(民國初年)[8]에 군벌을 나누게 되는 계기가 되었다.

일본의 야심은 1895년 갑오전쟁을 일으키게 된다. 갑오전쟁 중 북양함대는 모두 몰락하였으며, 1895년 리홍장 부자는 일본의 마관(馬關, 지금의 하관[9]) 춘범루에서 국가의 주권을 상실하는 치욕의 중일 마관조약을 체결한다.

갑오전쟁 이후, 제국주의는 중국에 대한 침입을 더욱 강화하였고 민족의 위기를 탈피하기 위해 청나라 정부 상류층의 지식인들과 관료들은 제도개혁에 힘쓰기 시작하였으며, 변법유신 운동을 펼쳤다. 캉유웨이(康有爲), 량치차오(梁啟超) 등이 주요 인물이었다(무술정변). 하지만 유신 운동의 급속한 발전은 자희 태후를 수령으로 하는 완고파와 양무파의 생존에 커다란 위협을 가하게 되었기에 강력한 저항를 받게 된다. 이 정변은 1898년 6월 10일 광쑤(光緖) 황제의 변법 선포 이후 9월 21일까지 103일 동안 지속되었는데, 이를 '백일유신'이라고 하며, 자희 태후로 인하여 무술정변은 실패로 끝이 났다.

문화의 충돌이 날로 심해졌고, 특히 외래 종교가 유교 사상을 밀어내는 것이 심화되어갔으며, 이는 의화권(義和拳)이 일어나는 계기가 되었다. 의화권은 가장 처음 산둥과 허베이 등지에서 일어났는데 '권법을 수련한다'라는 명목으로 시작되었고, 후에는 청나라 정부의 묵인하에 의화단이라는 이름으로 불리게 되었다. 그들의 주요 활동은 서양 종교를 반대하는 것이었고, 그들의 구호는 '청을 돕고 서양을 멸하자'였다.

청나라 정부의 내부에서는 의화단을 토벌하여 섬멸할 것을 주장하는 파와 의화단을 지지할 것을 주장하는 두 파가 수차례 정쟁을 벌였는데, 이는

8 역주: 1911년 신해혁명으로 청조가 무너지고 세워진 국가. 쑨원(孫文)이 임시 총통을 역임하였다.

9 역주: 일본 시모노세키.

청나라 정부가 의화단이 국가 통치를 위협할 것을 걱정하였을 뿐만 아니라, 서방 종교의 힘이 커지는 것 역시 매우 두려워하였기 때문이다. 그리하여 최종적으로는 의화단을 이용하는 데 합의하였다. 1900년 의화단은 북경에 들어오게 되었는데, 이로 인하여 충돌이 다시 한 번 심화되었으며, 최후에는 8국 연합군이 북경에 들어오게 되었다. 1901년 제국주의 열강이 청나라 정부에 신축조약을 체결할 것을 강요하였다. 신축조약 체결 이후, 청나라 정부는 말 그대로 '서양인의 조정'이 되었다.

이런 일련의 혼란을 겪으며, 중국 인민은 점차 민족을 구하기 위해서는 반드시 청나라 정부를 전복시켜야 한다고 판단하였고, 쑨중산(孫中山)[10]이 이끄는 자산 계급 민주 혁명 운동이 광범위하게 전개되었다. 쑨중산은 위대한 민주 혁명의 선구자였다. 1894년 그는 흥중회를 창립하였다. 또 1905년 쑨중산의 적극적인 추진하에, 흥중회, 화흥회, 광복회 등 혁명 단체가 일본 도쿄에서 중국동맹회를 조직하였고, 정치 강령을 제시하였으며, 쑨중산을 총리로 선출하고 〈민보〉를 창립하였다.

1911년 10월 10일, 무창 봉기가 일어났고, 혁명은 우선 우한(武漢) 삼진에서 승리를 거두었으며, 이 혁명이 바로 '신해혁명'이다. 11월 16일, 무창 봉기 36일 후 청나라 정부는 어쩔 수 없는 상황하에서 후환을 생각하지 않고 눈앞의 위급함만을 면하기 위해 임시방편으로 위안스카이(袁世凱)를 내각 총리로 임명하여 혁명을 제압하는 방법을 채택하였다. 위안스카이는 리훙장 회군의 문하생으로, 갑오전쟁이 실패로 끝난 후, 톈진 소벽에서 신군을 훈련하는 책임자였으며, 10년간 전후로 북양군 6진을 설치하였는데, 그 수가 7만 명에 달하였다.

위안스카이는 상당한 영향력을 지녔으며 이는 청나라 정부와 쑨중산이 모두 그의 도움받기를 원할 정도였다. 결과적으로 청나라 황제의 퇴위를 선

10 역주: 중산(中山)은 쑨원(孫文)의 호로서 중국인들은 쑨원보다는 쑨중산으로 칭한다.

포하고, 중국은 민주공화국으로 탈바꿈하였다. 그러나 총통의 자리는 위안스카이에게 돌아갔다. 신해혁명은 2,000여 년간 지속되어왔던 군주 전제 제도를 뒤집었으며, 자본 계급의 민주공화국을 설립하였고 〈임시 헌법〉을 반포하였으며, 중국 인민으로 하여금 자유와 민주 권리를 얻게 하였다. 제도 정비에 있어서 청나라 정부와 완전히 다른, 즉 제도적 의미에서의 혁명을 이루었다. 그러나 혁명의 힘이 매우 약해서 '신해혁명' 승리의 수확은 봉건 세력의 대표 인물인 위안스카이가 바로 훔쳐가게 되었다.

1914년 8월 제1차 세계 대전이 발발하였고, 중국을 침략한 열강은 2개의 진영으로 분열되었다. 이 두 열강 집단은 상호간의 국익을 위해 치열한 유럽 전선에 몰두하느라 동쪽은 돌볼 겨를이 없었다. 일본 제국주의는 이것이 그가 밀고 나가는 '대륙 정책', 즉 중국을 독점하는 제일 좋은 기회라고 여겼다. 그리하여 8월 23일 일본은 독일에게 선전 포고를 하였으며, 독일에 의해 강점되었던 중국 칭다오(青島)에 진공하였다. 11월 7일 칭다오를 점령하고, 공공연히 중국을 멸망시킬 '21조'[11]를 제시하였다. 12월 위안스카이는 중화제국의 황제에 올랐으며 연호를 '홍헌'으로 바꾸었다. 위안스카이는 군주제를 부활시켰기 때문에 전국 인민의 반대를 불러일으켰고, 이에 차이어(蔡鍔)는 윈난(雲南)에서 봉기하여 호국군을 조직하고 위안스카이를 토벌하게 되는데, 위안스카이는 1916년 병사하였다.

19세기 40년대부터 20세기 10~20년대에 이르기까지, 중국인은 계속 서방으로부터 구국 구민의 방법을 찾았으나 '신해혁명' 같은 전국 규모의 운동이 모두 실패하였다. 국가의 상태는 하루가 다르게 악화되어갔으며, 이러한 환경은 사람들을 살 수 없게 만들었다. 신해혁명 후의 10년 동안, 선진의 중국인은 계속 국가의 새로운 노선을 찾았고, 국내외의 힘을 빌려서 환경을

11 역주: 1914년 독일에 선전 포고를 한 일본이 독일의 조차지를 점령하고 중국의 위안스카이에게 제시한 5호 21개 조항으로 이루어진 중국 내에서 일본의 광범위한 이권을 요구한 문서.

변화시키다가, 중국 혁명을 통하여 구민주주의에서 신민주주의로의 전환을 실현하였다. 이 전환에 영향을 끼친 요소는 1914~1918년 제1차 세계 대전, 1917년 레닌이 이끈 러시아의 10월 사회주의 혁명의 승리, 1915년 천두슈(陳獨秀) 등 인물이 발동한 신문화 운동, 민족 자본주의의 발전에 따른 중국 노동자 계급의 확대와 노동 운동의 발전 등 이런 모든 것들이 중국 혁명을 시작하게 하고, 새로운 국제 환경, 새로운 지도 사상, 새로운 지도 계급이 등장하게 하였다. 1919년의 5.4운동은 이러한 변화의 전환점이었다.

"5.4운동의 뛰어난 역사적 의의는 신해혁명이 가지지 못하고 있는 정신을 지니고 있다는 것에 있으며, 이것은 바로 철저한 반제국주의와 철저한 반봉건주의의 정신이다."[12]

이 운동 중 선진 중국의 지식인들은 노동자 계급이 결정적 작용을 할 수 있다는 것을 알게 되었고, 노동자 대중 속에 마르크스 레닌주의를 퍼뜨리기로 하였으며, 마르크스 레닌주의와 중국 노동 운동의 결합을 촉진시켰다. 1921년 마르크스 레닌주의와 중국 노동 운동의 결합 과정에서, 중국 공산당이 성립되었다. 그리하여 중국은 반제국주의 반봉건주의 혁명 투쟁을 이끌고, 민족 독립과 인민 해방을 쟁취하고, 중화의 위대한 사명의 진흥을 실현시키는 중국 공산당의 수중에 들어갔다. 중국 혁명 또한 새로운 발전 단계에 접어들었다.

1916년 위안스카이가 세상을 떠난 이후, 중국은 군웅할거의 국면이 나타났고, 구심적 지도자가 없는 투쟁이었으며, 누구나 황제가 되려고 하였다. 국제 환경의 영향까지 더하여 국가는 사분오열되었다. 이렇게 사방이 캄캄하게 서로 싸우고 죽이는 형국은 1928년이 되어서야 일단락되었다. 이 시기 동안 모두 10명의 원수가 있었는데, 이는 1917년 장쉰(張勳)이 복벽한 푸이(溥儀) 황제는 포함시키지 않은 것이며, 43번의 내각이 바뀌었고, 국가의 혼란

12 《마오쩌둥선집》, 제2권, 인민출판사, 1975년판, p. 659.

한 양상은 일부분을 통해 전체를 짐작할 수 있었다. 군사적으로는 군벌 전쟁이 민국 9년에 시작되었다. '즈(直)계'의 차오쿤(曹錕), 우페이푸(吳佩孚)와 '완(皖)계'의 돤치루이(段祺瑞)는 베이징에서 대규모의 전쟁을 벌여 '완계'가 패배하였는데, 이를 '즈완(直皖)전쟁'이라 한다. 민국 11년, '즈계'는 장쭤린(張作霖)의 '펑(奉)계' 부대에게 다시 한 번 승리하였으며, 이것이 '즈펑'(直奉)의 첫 번째 전쟁이었다. '즈계' 부대의 승리 후에 차오쿤은 뇌물로 선거에서 당선되어 총통의 자리를 얻게 되었다. 이는 전국의 여론을 흔들었고, 이에 쑨중산은 공개 전보를 쳐서 토벌을 시도하여 제2차 '즈펑'전쟁을 야기하였다. 2차 '즈펑'전쟁에서 펑위샹(馮玉樣)의 배신으로 '즈계'가 패전하였고, 우페이푸는 해도를 지나서 한커우(漢口)로 도주함으로써 '즈계'가 와해되었으며, 돤치루이가 베이징 정부를 조정하게 되었다.

1925년 북상한 쑨중산이 사망하였고, 북벌 전쟁에서 대승하였을 때 장제스(蔣介石)는 제국주의의 지지하에 혁명을 배반하여 1927년 '4.12' 반혁명 정변을 일으키고, 공산당원과 혁명 인민을 대량 학살하였다. '4.12' 반혁명 정변 이후, 장제스는 난징(南京)에서 대지주, 대자본가 계급이 집권하는 국민정부를 조직하였다. 이후 왕찡웨이(汪精衛) 또한 우한(武漢)에서 혁명을 배반하고 닝한(寧漢)의 정부와 합류하였다. 일본 제국주의가 획책한 '황구툰(皇姑屯)사건' 이후, 동북 지방 정부는 국민정부의 지도에 복종할 것을 표명함에 따라 국민정부는 남북 통일을 이루었다. 하지만 국민당의 각 파와 신군벌 간에는 여전히 첨예한 모습이 존재하였고 혼전이 그치지 않았는데, 이것이 바로 역사적으로 유명한 '중원(中原)전쟁'이었다. 중국 인민의 재난은 한층 더 심화되었다.

국민당 신군벌의 암흑 통치에 반대하고 대항하기 위해서 중국 공산당은 난창(南昌)봉기, 추수(秋收)봉기, 광저우(廣州)봉기를 이끌었으며, 노동자와 농민 홍군을 창건하여 농촌 혁명의 근거지를 개척하고, 토지 혁명을 진행하였고, 중화 소비에트 정권을 건립하여 국민당의 4차 반동파를 분쇄시켰다. 중국 공산당 내의 '좌'파의 과오에 따른 홍군의 반대로 인해 제5차 토벌은 패하게 되었으며, 대장정을 시작하게 되었다. '준의(遵義)회의'는 마오쩌둥(毛澤東)을 대표로 하는 중국 공산당 중앙위원회의 지휘권를 확립하여 중국 공산당의 중국 혁명 역사의 전환점이 되었다. '준의회의' 이후, 홍군은 2만 5천리의 장정을 성공리에 마쳤다.

1931년, 일본 제국주의는 중국 침략을 강화하였고, '9.18사변'을 일으켰다. 장제스는 일본에 저항하지 않기로 하였고, 중화 민족은 심각한 위기에 직면하게 되었다. 1937년 일본 제국주의는 '7.7루고우(盧溝)교사변'을 일으켜 중국에 대대적인 진공을 하였다. 그러나 이때 중국 공산당과 국민당은 제2차 합작을 하였고, 전 민족의 항일 항전을 발동시켰다. 항일 전쟁의 발발 이후, 국민당 조직의 군대는 전면전으로 일본군의 대대적인 진공에 저항, 반격하였다. 중국 공산당은 적진의 후방에서 게릴라전을 펼쳤으며 적진의 후방에 항일 근거지를 세웠다. 중국 인민은 8년간의 고된 항전을 거쳐서 1945년 드디어 일본 제국주의에 승리하였으며, 백여 년간의 외침에 대항한 첫 승리를 거두었다. 1945년 일본은 무조건 항복을 선포하였다. 침략자를 몰아낸 이후 국민당과 공산당은 3년간의 내전을 치렀다. 이 연속된 전쟁의 불길은 국민 경제를 산산조각내었으며, 인민 생활은 의지할 곳을 잃고 떠돌아다니게 되었다.

근대 중국의 백 년간의 혼란은, 중화인민공화국 경제 건설에 있어 빈약한 기반을 남겼을 뿐만 아니라, 신중국에 있어 빈곤과 부족한 경제 기반으로 공백 상태를 안겨주었고, 중국의 경제 노선 채택에 영향을 주었다.

참조 1-1

중화인민공화국 성립 전 내우외환

중국 국내의 혼란 국면은 인구와 경제 복리 방면에 걸쳐서 거대한 손실을 가져왔다. 태평천국운동(1950~1864)은 중국 절반 이상의 성에 파급되었으며, 풍요로운 지역에 심각한 훼손을 입혔다. 산시(山西), 간쑤(甘肅), 신장(新疆)에서는 수많은 봉기가 일어났고. 중화민국 시기에는 30년의 내전이 진행되었다.

식민주의의 침입은 조차지가 19개의 외국 열강에 의해 할양되고 치외법권과 기타 특권을 초래하였고, 세 차례의 대일 전쟁과 두 차례의 대영, 대프 전쟁을 겪게 되었다. 의화단운동과 같은 자발적으로 외국 세력에 반대하는 투쟁이 발생하였으며, 러시아는 19세기 50년대에서 민국 초기에 이르기까지 약 10%의 중국 영토를 약탈하였다. 모든 이러한 대외 전쟁 이후, 승리를 거둔 열강은 거액의 배상금을 요구하였고, 중국은 치욕을 겪게 되었다.

군주제 왕국과 민국당 정부는 이러한 문제들에 대해서 국가에 유리한 대책을 내놓을 능력이 없었을 뿐 아니라 서방 기술의 도전에 직면하여, 적극적이고 효과적인 조치를 취할 힘이 없었다.

군주제가 폐기된 이후 군벌 정권의 목표는 국지적인 것이었고, 통일된 중국이 아니었다. 국민당 정부는 효과적으로 중국의 국가 이익을 보호하지 못하였고, 영토를 보전하는 방면에서 또한 아무런 성과도 없었으며, 일본의 침략에 효과적으로 대응하지 못하였다.

청나라 왕조와 국민당 정부는 재정적으로 매우 빈약하였으며, 재원을 동원하여 외국의 침략과 압박을 방어하고 경제를 발전시킬 능력이 없었다.

2. 중국의 경제 유산

(1) 고대의 경제적 성과

고대 중국은 각 방면에서 세계를 이끌었으며, 경제 역시 그랬다. 고고학 발견에 의한 은허의 출토된 갑골과 해수조개 등의 유물들로부터 역사학자들의 예측은, 그것들은 동해[13]에서부터 온 것이며, 당시에 상업 무역이 발전하였다는 것을 알 수 있다. 진나라가 중국을 통일하기 이전에 인구의 성장과 경작 기술의 발전으로 원래 있던 공전(公田) 주위에 대량의 사전(私田)을 경작하기 시작하였고, 공전의 경작 효과가 나날이 떨어졌다. 이에 토지의 사유제도가 발생하기 시작하였으며, 이는 초기 중국 시장 경제를 조성하였다. 특징으로는 토지의 사유제와 자유 매매이며, 관중(管仲)의 사민(四民) 분업은 그 시기에 노동력이 기본 분업을 하고 있음을 나타내며, 동시에 생산 요소 시장과 상품 시장이 또 일정하게 발달되어 있음을 알 수 있다. 통일 진나라는 이러한 시장 경제 발전의 기초 위에 세워졌으며, 동시에 경제 발전이 시장의 확장에 대한 요구를 반영하였다. 진나라는 군현 제도의 진화된 중앙 집권 제도를 채택하였으며, 이 제도는 후에 중국 경제 발전 중 무시할 수 없는 작용을 하였다.

시장 경제의 초기 번영은 사람들이 이윤을 추구하는 생산 동기를 자극한다. 또한 사람들이 선진 기술을 학습하는 데 도움을 준다. 한나라 시기에 세세함이 특징인 전통 농업이 필요로 하는 생산 기술은 모두 이미 완벽하게 개발되어 있는 상태였다. 농업 생산 장비 면에서는 한나라의 철제 농기구는 종류면에서도 많아졌을 뿐만 아니라, 조형이나 주조의 질에 있어서도 상당한 발전을 이루었다. 현대 쟁기를 주조하는 특징적인 부분을 이미 발명해냈으며, 최초의 자동 파종기인 로우처(耬車)도 모습을 드러냈다. 농업 기술상 토지의 토양 비옥도를 합리적으로 이용하는 대전법(代田法)과 구전법(區田法)이 출현하였다. 또한 비료를 주고, 토양 중의 수분을 보존하고, 벌레를 없애고, 선종하는 기술 또한 상당히 숙련되었으며 선진화되어 있었다. 동시에 수리 건설 방면의 성과도 매우 컸는데, 예를 들어 관중(關中)[14] 지역에 차오(漕)

13 역주: 이때 동해는 한국의 동해와는 다르며 황해를 지나 중국 남해에 이르기까지의 해역을 의미한다.

수로, 룽쇼우(龍首) 수로, 리우푸(六輔) 수로, 바이(白) 수로의 건설이 있었다. 서기 9세기(당대) 이후 중국 경제의 중심이 서서히 북방에서 장강 이남의 논, 벼 재배 구역으로 이동함에 따라, 강남(장강 이남)의 '호미나 괭이로 공동 경작'하는 낙후된 농업 생산 방식이 점차적으로 밭을 갈고 윤작하는 등 선진 생산 방식으로 대체되었고, 황무지를 개간하여 식량을 생산하는 방식이 나날이 증가하였다. 농업 기술은 한 걸음 더 발전되었다. 특히 쑹전쫑(宋眞宗)(998~1022) 시기에, 푸젠(福建)에서는 인도차이나 중부의 짠청궈(占城國)[15]에서 조생하였던 비교적 내한성이 강한 논벼인 짠청벼를 끌어들였는데, 경작 제도의 개선과 경작 제도의 완벽함에 한 걸음 더 촉진시켰으며, 농기구 창조의 최고조 시기였다.

중국의 고도로 발전된 농업은 공 · 상업의 발전을 위하여 필요한 공산품과 기초 요소(노동력과 자본)를 제공함과 동시에 공산품의 거대한 소비 시장을 제공하였다. 중국의 공업은 한대부터 발전하기 시작하였다. 《사기》〈화식 열전〉에 이와 관련된 많은 실례들이 기록되어 있다. 당대(唐代)에서도 계속된 발전 상태를 유지하였고, 《태명광기》의 기록에 따르면 당대의 대형 수공업자였던 하명원 가에는 500대에 이르는 방직기를 보유하고 있었다고 한다. 송대에 그 발전 수준이 최고조에 이르렀는데, 소식(蘇軾)이 말하기를

"소주 동북 70리 부근에 리궈지엔(利國監)이 있었는데 예부터 철궁(鐵宮)이라 일컬었다. 상인이 얻고 싶어하던 바로 그 지역이다"

라고 하였다.

철의 사용은 공업 발전의 기초이다. 추정에 따르면 11세기 말 중국 철의 생산량은 15만 톤에 이르렀는데, 1인 평균 점유량에 따라 계산하면, 당시 유럽의 5~6배에 달하였다. 생산량 증가 속도도 유럽을 크게 웃돌았으며, 유럽

14 역주: 산시(陝西)성 웨이허(渭河) 유역 일대.

15 역주: 1~2세기경 인도차이나 반도에 건국되었던 참파국의 중국식 명칭.

은 17세기 말이 되어서야 이 생산량에 도달하였다. 이 밖에도 제염과 방직 등 공업 발달 정도 또한 상당히 높았다. 13세기에 중국은 이미 수력 방적사기를 이용해 마사를 방직하였으며, 이 기술의 선진 수준은 1700년 유럽의 비슷한 유형의 기계 수준에 뒤떨어지지 않는다. 농업의 높은 잉여 능력과 공업의 상당한 발전은 모든 문화의 심화된 발전과 초기 도시와 상업의 번영을 촉진시켰다. 한 무제 시기 장안의 인구는 이미 30만 명에 달하였고, 5도라고 일컬어지는, 낙양(洛陽), 한단(邯鄲), 린즈(臨淄), 완(宛), 청두(成都) 등 도시에 또한 대량의 인구가 모여 있었다. 거대한 농민은 정기 시장을 통해서 서로 왕성하게 연락하였고, 정기 시장은 운하, 강, 도로를 통해서 다시 한 번 연결되어졌으며 전국적인 상업 네트워크와 커다란 시장을 형성하였다.

13세기 중국의 수많은 시장의 번창한 모습은 마르코 폴로 같은 당시에 발달된 상업으로 유명한 베니스에서 온 사람조차 신기함을 느꼈다. 《마르코 폴로의 여행기》에 의하면, 그는 중국의 번성과 번영을 크게 칭찬하였다.

"발달된 공 · 상업, 번화하고 왁자지껄한 정기 시장, 화려하면서도 값싼 비단, 웅장한 장관의 도성, 완벽하고 편리한 역도 교통, 보편화된 유통 지폐 등등. 이 곳의 상업은 상당히 발전하였으며, 각종 물건을 모두 제조하며, 특히 무기와 기타 군수품은 더욱 훌륭하다"

라고 하였다.

그는 다통(大通)은 웅장하고 아름다운 도시라고 하였다. 또 광저우는

"천하의 제일 아름답고 번화한 도시임을 믿어 의심치 않는다"

라고 하였고, 쑤저우(蘇州)는

"아름다움이 사람을 놀라게 한다"

라고 하였으며, 명대 난징(南京)과 베이징(北京)의 주민은

"장작과 땔나무를 패는 것 외에 만물은 모두 무역하는 이들의 도움을 받는다"

라고 하였다.

이러한 발전된 경제 기초와 공 · 농업의 발전 수요 때문에, 인류 사회 역사상 제일 복잡한 정치 조직 형식을 완성하였다. 미라뷰는 일찍이 1789년 이전의 프랑스를 '흩어진 민족의 무조직 집합'이라고 보았으나, 중국은 오히려 완벽하고 효과적인 관료 제도를 성립시켰으며, 이 관료 제도의 관할 범위는 이미 진나라 시대 때 광대한 지역에 미쳤다.

중국의 현대 시기 이전의 과학 기술의 성과는 더할 나위 없었다. 중국은 매우 일찍이 최고급 방직술을 창조하여, 상조 말기에서부터 시작된 비단 방직술이 있었으며, 13세기 말부터 면화 방직술이 존재하였다. 동시에 도요 기술 영역에서 탁월한 천부적인 재능을 표출해냈다. 한 방면은, 도자기 제조술이었다.

중국의 도자기 제조 역사는 세계에서 제일 풍부한 역사 중 하나이며, 자기 제조술은 12세기 말부터 이미 정밀함의 수준이 세계 최고봉에 이르렀다. 다른 하나는 제련술이었다. 상조 말기부터 중국의 제일 큰 공업이었으며, 중국의 제련 노동자는 2세기 이후 강철의 대량 생산을 가능하게 하였다. 영국 학자 니드햄은

"그들의 항해 기술의 발명은 언제든 알 수 있었던 것이었는데, 유럽의 중세기와 르네상스 시기에도 서방 상인과 전도사가 중국 내륙 수로에서 볼 수 있는 배는 수량이 매우 많았으며 사람으로 하여금 혀를 내두르게 하였다. 중국 해상 함대는 1100~1540년간에 분명히 세상에서 가장 위대하였다"
라고 하였다.

(2) 근 · 현대의 경제 침체와 진화

앞 항에서 서술하였던 '백년혼란'과 같이 서방이 한창 흥기할 때, 근대

중국은 발전이 없었고, 그로부터 멀리 뒤처져 있었다. 1840년 아편전쟁 중, 영국의 전함은 값싼 원재료와 상품 시장을 찾는 첨예한 수단이 되었으며, 영국인이 화약 발명국의 문을 부수고 기술상 우위에 의지한 적자생존의 논리는 중국인에게 굴욕을 안겨주었다. 전쟁은 중국의 경제 발전을 교란시켰고, 전통 경제 구조가 현대 경제 구조로 진화하는 발걸음이 전쟁 배상, 경제 치욕 및 자연재해로 인하여 지체되었다. 1911년 쑨중산이 이끈 '신해혁명'은, 수천 년간 길게 내려져오던 군주제를 전복시켰으며, 공화정 체제의 국가를 건립하였으나, 군사적 힘이 유지가 되지 않았기 때문에 난국은 중단되지 않았다. 중화인민공화국이 성립되고 나서야 38년의 군벌 할거와 내전 그리고 일본 군국주의의 침략 등 전란이 끝났다. 서방 국가가 산업혁명을 계기로 삼고 자본주의 생산 방식을 통하여 자기의 경제력을 높이고 있을 때, 중국 경제 발전은 상대적으로 느렸으며, 경제 구조도 공업화 국가처럼 선명한 변화가 없었으며, 경제 수입 또한 상대적으로 정체되었고, 세계 경제 발전 조류의 뒤로 점차 밀려났다. 중국의 전후 전쟁 배상금은 표 1-1과 같다.

경제 발전 속도상, 경제학자 매디슨의 통계를 근거로 볼 때, 1700~1820년간, 중국 국내 생산량 총액의 증가율은 0.85%였으며, 1인 평균 국내 생산 총액은 증가하지 않았다. 동시기에 유럽의 국내 생산 총액과 1인 평균 국내 생산 총액의 연성장률은 각각 0.68%, 0.22%였다. 1820~1952년간 중국 국내 생산 총액과 1인 평균 국내 생산 총액의 연성장률은 각각 0.22%와 0.08%였으며, 유럽의 이 두 성장률은 각각 1.71%와 1.03%였다. 1950년에 중국 1인당 GDP는 서유럽과 서방국의 1/12의 수준에도 미치지 못하였다.

근대 이후부터의 경제 구조는 아편전쟁 이후로, 중화제국의 100년간 봉쇄되어 있던 문이 외국 열강의 대포와 군함에 의해서 열리고, 중국은 피동적으로 개방을 실현하여 세계 경제 체제에 진입하게 되었다. 그러나 20세기 중엽의 중국 경제는 여전히 전통적인 경제 체제에 발목이 잡혀 있는 상태였다.

표 1-1 외국이 강압적으로 받아내려고 독촉하였던 중국의 전쟁 배상금 통계 표

연도	내용
1841	광둥을 위협하던 영국에게 600만 냥의 백은 지불
1842	대영제국에게 2,100만 냥의 백은 지불
1858	대영제국에게 400만 냥의 백은 지불, 프랑스에게 200만 냥의 백은 지불
1860	1,600만 냥의 백은 지불, 반은 영국에게 주고, 반은 프랑스에게 지불
1862~1869	교안(청 말에 외국 교회와 중국인 사이에 일어난 소송 사건)으로 인해 40만 냥 백은 배상
1870	톈진사건 이후 49만 냥 백은 배상
1873	일본에게 50만 냥 백은 배상
1878	러시아에게 900만 냥 백은 배상
1881	러시아에게 900만 냥 백은 지불
1895	일본에게 2억 냥 백은 지불
1897	일본에게 3,000만 냥 백은 지불
1901	서방 연합군에게 4.5억 멕시코 은화 배상
1922	일본에게 6,600만금 프랑 배상

자료 출처: 씨에허나이(謝和耐), 《중국사회사》, 강소인민출판사, 1995년판, p. 533.

100여 년간 중국은 발전 경제학자들이 이야기하는 '이원(二元) 경제'를 형성하였으며, 현대 경제와 전통 경제는 공존하는 국면을 맞이하여 전통 경제가 아직도 우선적인 지위를 차지하고 있었다.

토지 제도면에서 지주 토지 소유제가 전통적인 지위를 차지하고 있었다. 조사에 의하면, 대략 농촌 호구수의 4%를 지주 계급이 차지하고 있으며, 전국 경지 면적의 50%의 토지를 차지하고 있었다. 농촌 호구수의 70%가 빈농과 소작농이었으나, 15%의 경지만을 차지하고 있었다. 토지 점유의 절대적인 불평등으로 땅이 없거나, 적은 땅을 가진 농민들은 토지를 빌려 경작할 수밖에 없었다. 그래서 농촌에는 광범위하게 소작 제도가 존재하였다. 지세는 매우 컸고, 일반적으로 농민 수확물의 50%, 높게는 70%까지 가져갔다.

'백년혼란'이 경제에 분명한 충격을 만들었다. 이러한 국면에, 경제 형식에는 복합적인 변화가 일어났다. 먼저 중국 경제 명맥이 제국주의 수중에 장악되었고, 반(半)식민지 경제가 형성되었다. 반식민지 경제 상태하에, 국가 자본주의 경제와 개인 자본주의 경제 또한 일정한 발전이 있었다. 중국 혁명의 승리는 무장 투쟁을 통해서 이루어졌으며, 혁명 근거지를 건립하고, 농촌이 도시를 포위하는 방법으로 얻게 되었다. 그리하여 빠르게는 제2차 국내 혁명 전쟁 시기에 혁명 근거지 내에 소위 신민주주의 경제를 건립하였다. 신민주주의 경제 혁신은 이후 신중국 건설에 분명한 영향을 끼쳤다.

결론적으로, 신중국 성립 당시, 국민 경제는 붕괴에 임박하고 있었다. '백년혼란'으로 중국은 계속 경제 발전을 위한 좋은 환경에 처해 있지 못하였으며, 중국의 국민 경제를 붕괴 직전까지 몰아갔다. 악성 통화 팽창, 경제 성장 침체는 신중국에게 남겨진 경제 유산이었다.

제2절 중화인민공화국 건립 전후의 국제 정세

마르크스의 이론에 따르면 정치와 경제는 서로 영향을 미친다. 경제의 하부 구조는 상부 구조를 결정한다. 상부 구조 또한 반대로 하부 구조에 영향을 미친다. '백년혼란'은 중국의 정치의 불안정과 경제적 쇠퇴를 가져왔다. 그러나 세계의 다른 국가들은 이와 달랐다.

1820년에서 1952년 사이에, 세계 경제는 이전에는 없던 커다란 발전을 이루었다. 세계 생산량이 8배나 증가하였으며, 유럽의 평균 수입이 4배나 증가하였고, 일본 또한 3배나 증가하였다. 일본 외에 다른 아시아 국가들은 경제 발전이 매우 느렸으며, 심지어 중국은 평균 생산량이 오히려 감소하였다. 중국이 세계 GDP 중 차지하는 비중이 1/3에서 1/20로 하락하였으며, 실제 평균 수입은 이미 세계 평균의 1/4까지 떨어졌다. 그림 1-1을 통해 우리는 세계

그림 1-1 세계와 주요 지역 1인당 GDP 성장률: 1500~1950년

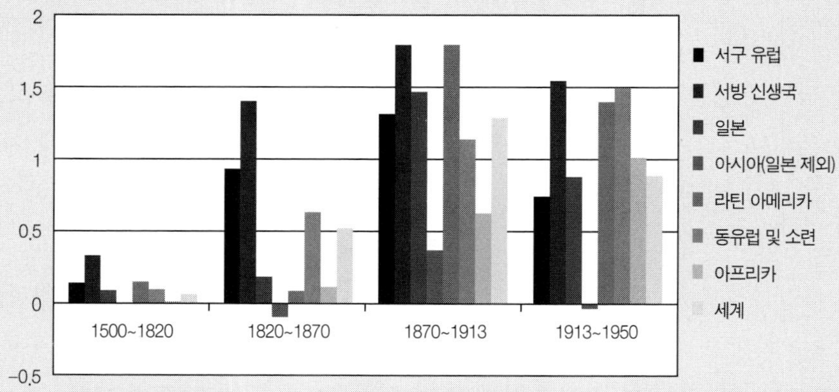

연도	1500~1820	1820~1870	1870~1913	1913~1950
서구 유럽	0.15	0.95	1.32	0.76
서방 신생국	0.34	1.42	1.81	1.55
일본	0.09	0.19	1.48	0.89
아시아(일본 제외)	0	-0.11	0.38	-0.02
라틴 아메리카	0.15	0.1	1.81	1.42
동유럽 및 소련	0.1	0.64	1.15	1.5
아프리카	0.01	0.12	0.64	1.02
세계	0.05	0.53	1.3	0.91

자료 출처: 앵거스 매디슨(Angus Maddison), 《세계 경제 천년사》, 북경대학출판사, 2003년판, p. 116 관련 자료 재편집.

각 지역의 경제 발전 성과를 알 수 있다.

급속한 경제 발전과 주효한 정치적 전략은 세계에서 두 개의 초강대 국가를 부상시켰다. 그리하여 제2차 세계 대전 이후에 세계 정치 형국이 형성되었으며, 이 형국은 각국이 발전하는 데 영향을 미쳤다. 중국은 갓 신정부를 수립하고, 정치 전략과 경제 발전 전략을 수립하는 데 있어서 역시 이러한 형국에 영향을 받았다.

1. 제2차 세계 대전 이후 이분화와 냉전

(1) 미국 세력의 부상

전후의 힘은 전쟁 발발 전과 달랐다. 프랑스와 이탈리아 과거의 두 대국은 패색이 짙었으며, 유럽의 맹주 독일과 동태평양의 맹주 일본은 이미 몰락하였고, 영국도 비록 처칠이 있었으나 몰락하고 있었다. 오직 미국과 소련만이 이전과 다르지 않았는데, 이를 칭하여 세계의 양분화라 하며, 이 두 개의 초강대국 중 미국은 절대 우세를 차지하였다.

전쟁 중 미국의 공장 규모는 50% 가까이 확장되었으며, 상품의 생산량은 50% 이상 증가하였다. 1940년에서 1944년 사이에, 미국의 공업은 매우 빠른 속도로 발전하였으며, 매년 성장률이 15%를 넘어섰다. 비록 이 성장의 많은 부분이 전쟁 중 군용 물품 보급이 야기한 것이지만, 군용 물품을 제외한 다른 물품의 생산 또한 증가하였다. 그리하여 미국은 다른 교전 국가처럼 국민 경제 중의 민간용품 부문의 생산을 줄이지 않을 수 있었다. 전쟁이 끝나고, 워싱턴의 황금 보유량은 200억 달러에 이르렀으며, 세계 보유량 330억 달러의 2/3를 보유하고 있었다. 세계 절반 이상의 제조업 생산량을 미국이 부담하였으며, 미국이 생산하는 상품은 세계 총생산의 1/3에 달하였다.

미국의 경제력은 군사력에 있어서도 드러났다. 전쟁이 끝날 때, 미국은 1,250만 명의 현역 군인이 있었으며, 그 중 750만 명이 해외 주둔군이었다. 1,200대의 대형 군함을 가지고 있었으며, 해군에 있어서 어떠한 나라도 적수가 되지 못하였다. 미국의 항공모함 기동 함대와 해군 특전사는 미국이 바다를 통해 세계 각지로 병력을 보낼 수 있는 능력을 보여주기에 충분하였다.

미국의 '제공권'은 더욱 거대하였다. 2,000여 대의 대형 폭격기는 히틀러의 유럽을 산산조각냈으며, 1,000대의 원격 B-29형 폭격기는 수많은 일본 도시들을 가루로 만들었다.

그리하여 미국은 매우 유리한 경제 전략 지위에 위치하게 되었으며, 미국의 세력은 1945년 후 급속도로 커졌다. 이러한 세력 확장은 전쟁을 통하여 이루어졌으며, 이후 미국 지배 아래 평화 시대를 야기시켰다.

1942년에서 1946년 기간 동안에 세계는 UN과 국제 경제 조직(국제통화기금(IMF), 세계은행(IBRD))이 출현하였으며, 이후에 '관세와 무역에 관한 협정'을 체결하였다. 이러한 새로운 경제 제도 아래, 부흥과 자금의 제공을 보장받기를 원하는 국가들은 자신들도 어쩔 수 없이 미국의 요구에 굴복하며 자유 화폐 교환과 자유 경쟁에 동의해야 하였고, 그렇지 않으면 이러한 제도와 완전히 격리되어야 하였다.

(2) 소련의 확장

소련은 1945년 이래 계속 파시즘을 굴복시킨 주요 국가 중 하나였다. 제2차 세계 대전은 소련이 유럽에서 차지하는 위치를 완전히 변화시켰을 뿐만 아니라, 소련은 러시아가 1814년에서 1848년 사이에 유럽에서 차지하였던 위치를 회복하였다. 당시 소련은, 북부로는 핀란드의 영토를, 중부로는 폴란드의 영토, 남부로는 루마니아와 그 주위 연안 국가 등의 영토를 침략하였으며, 그들은 모두 소련으로 병합되었다. 서쪽과 서남쪽에는 세력이 커진 소련이 폴란드, 동독, 체코슬로바키아, 헝가리, 루마니아, 아르메니아로 이어지는 신위성 국가들로 '방어선'을 조직하였다. 소련은 만주, 북한, 사할린 등을 급속도로 점령하였으며, 1904년 1905년 러일전쟁의 설욕을 갚았을 뿐 아니라 중국 공산당과 연합을 하였다.

소련은 군사용품 생산과 전쟁에서 독일에 대한 승리를 거두었다. 하지만, 소련의 승리는 다른 부문, 즉 소비품, 농산품, 무역의 생산과 활동을 대폭 축소하고 군용 생산에 힘을 집중하면서 거둔 승리였다. 1945년 소련은 군사적 거인이었다, 하지만 경제에서는 생활 필수품을 상실한 가난뱅이였다. 경제의 수요를 회복하기 위해서 거대한 규모를 자랑하던 붉은 군대는 1945년 이후 2/3로 축소되었으나, 그래도 여전히 규모가 거대하였으며 세계에서 제일 거대한 군대였다. 거대한 군대를 유지하기 위해, 그리고 미래의 침략자를 제어하기 위해서 동유럽의 위성 국가 및 동쪽의 정복 지역에 대한 제어를 강화하였다. 1947년에서 1948년 사이에 소련은 미국과 영국을 모방하여 원격 전략 공군을 만들었다. 소련은 또한 독일 과학자와 엔지니어들을 불러 각종 미사일을 제조하였다.

소련의 세력을 유지하던 또 다른 중요한 원인은, 스탈린이 새로 내부 계율과 30년대 말기의 절대 정치를 강조한 것이었다. 어떠한 이유에서든 외국과 연결된 사람은 의심을 받았으며, 송환된 전쟁 포로는 총살시켰다. 덕성과 명망이 높은 '게오르기 주코프'[16]는 1946년 소련의 경찰대 사령관의 지위에서 해고되었으며, 공산당의 내부 계율과 입당 조건이 더욱 엄격해졌고, 1948년 레닌은 모든 당의 지도자들을 숙청하였다. 소련의 영향하의 동유럽 제후국 또한 이러한 사상 강화와 강권 통치가 등장하였으며, 이 과정에서 당에 대한 반대가 소멸되었고, 사유 권리와 사유 재산이 부정되었으며, 공개 심판이 실행되었다.

전쟁 등의 요인으로 유럽 대륙의 심장 지역에 이러한 군사 강국, 즉 소련이 출현하였다. 미국과 소련은 전 세계를 양분하는 운명을 지닌 국가였다. 세계에서 오직 두 국가만이 이러한 능력을 가지고 있었으며, 그들은 서로 다

16 역주: 게오르기 주코프(1896~1974)는 구소련의 군사 원수로 제2차 세계 대전 후 독일 점령 소련군 총사령관을 거쳐 소련 지상군 총사령관을 역임하였다.

른 사회 제도를 가지고 있었기에 이익의 충돌은 피할 수 없는 사실이었다. 이러한 결과로 세계의 냉전 체제가 형성되었다.

2. 미묘한 중, 러 관계

소련은 마르크스주의를 기본 국가 이념으로 삼고 있었기 때문에, 중국과 소련의 공산당은 국제 공산당 조직 같은 곳에서 함께 할 수 있었다. 하지만 중국과 소련 두 나라 공산당의 역사적 관계는 매우 미묘하다.

마오쩌둥이 이끄는 중국 공산당은 국제 정권을 얻은 이후로 어떻게 극단으로 처한 정세(냉전 체제)를 처리할 수 있을지, 어떻게 냉전 체제 중에서 발전할 수 있을지가 큰 문제였다. 중국 내전 당시, 미국은 장제스를 선택하였고, 마오쩌둥이 선택한 것은 소련이었다.

7회 2중 전회 전후로 마오쩌둥은 미국과의 화해 정책을 암시하였다. 그가 말하기를

"제국주의의 경제 성과와 문화 성과는 그들이 잠시 동안 존재할 수 있도록 해주었으며, 우리가 감독과 관리를 강화하고 있으며, 이후 우리가 전국에서 승리한 후에 다시 해결할 것이다"[17]

라고 하였다.

1949년 5월에서 6월 사이에 중국 공산당(이하 중공)은 연경대학 학생 황화(黃華)를 통해 재중 미국 대사 존 링스턴 스튜어트와 접촉하였다.[18] 스튜어트는 당시 미국 내 반중 세력의 간섭을 받아 행동에 제약을 받았다.

소련은 1949년 4월 말 중공을 찬양하기 시작하였으며, 곧 전국에서 승리

17 《마오쩌둥선집》, 제4권, 인민출판사, 1991년판, p. 1325.

18 자세한 내용은 《어찌할 수 없는 국면: 사도뇌등(司徒雷登: John Leighton Stuart)과 중국》, 북경대학출판사, 2002년판, pp. 382~385.

를 거두었다. 7월 1일 마오쩌둥은 〈전 인민 민주전정〉 중에서 '한 방향' 외교 정책을 제시하였으며, 여기에서 '한 방향' 외교는 소련을 향한 것이었다.

1949년 12월, 마오쩌둥은 직접 대표단을 이끌고 모스크바에 갔으며, 그가 7월에 언급하였던 '일방적' 정책을 현실화시켰다. 12월 16일 오후 12시(모스크바 시간), 마오쩌둥은 모스크바에 도착하였다. 그날 오후 6시, 스탈린은 소련 공산당 전체 정치국위원회를 이끌고 마오쩌둥을 만났다. 마오쩌둥은 모스크바에서 9주를 머무르며, 방문의 중요한 의미를 표명하였으며, 마오쩌둥과 스탈린 간의 신뢰 정도를 표출하였다. 마오쩌둥은 일찍이

"스탈린을 만나기 전에는 감정적으로만 이야기하자면 그에 대한 인상은 별로 좋지 않았다"[19]

라고 한 적이 있는데, 이러한 원인으로 1949년 말까지 중소우호조약은 체결하지 않았다.[20] 그러나 평화적 시기의 발전은 최종적으로 소련과 중국이 같은 길을 걷게 하였다. 중국의 건의하에, 저우언라이(周恩來) 총리가 이끄는 중국 정부 대표단이 소련으로 가 회담을 가졌으며, 1950년 2월 중국과 소련은 〈중소우호동맹 호조 조약〉 및 수많은 경제 협정을 체결하였고, 중국은 소련을 모델로 한 경제 발전 계획을 시작하였다. 중국은 소련으로부터 연이율 1%, 상환 기간 10년의 3억 달러 대출을 받았으며, 〈중국 장춘철로, 여순구 및 대련 협정〉을 체결하였고, 이 협정 중

"중국과의 협약을 체결한 후 즉시 늦어도 1952년 말까지 소련은 장춘철로를 공동 관리하며, 철로의 모든 권리 및 철로에 속하는 모든 재산을 무상으로 중국 정부에 인도하고, 소련은 자신의 군대를 여순항 해군 기지에서 철수하며, 설비는 모두 중국에게 인도한다"

라고 규정하였다.

19 《마오쩌둥문집》, 제7권, 인민출판사, 1975년판, p. 125.

20 《외교부에서의 8년간의 경력》, pp. 10~22 참고.

3. 항미 원조(한국전쟁: 미국에 반대하며 조선, 즉 북한을 돕다)

1950년 6월 25일. 한국전쟁이 발발하였다. 한국전쟁은 국제 배경의 내전으로 전후의 아시아 국제 환경을 분배하였으며, 중국의 정치 경제 발전에 커다란 영향을 끼친 근대 역사상 획을 긋는 사건이었다.

1950년, 미국 대통령 트루먼이 1월 5일 성명에서, 미국은 타이완의 국민당 잔여 세력의 보호를 포기하며, 장제스를 필리핀으로 보내어 퇴진시킬 것이라고 발표하였다. 미국은 아시아의 아치형 방어 지역에 북한과 타이완을 중요한 전략 지역 내에 포함시키지 않으며 대외 정책에서 최대한 중국과의 마찰을 피하려고 하였다.

중국은 국가 경제 호전에 최대한의 노력을 기울이고 있었다. 동시에 중국은 타이완 수복을 고려하고 있었다. 하지만 《케임브리지 중화인민공화국사》의 저자가 말하기를, 북한의 김일성은

"스타트 라인을 먼저 출발하였다"[21]

라고 하였다. 이유인즉, 중공이 타이완을 해방시킨 이후 다시 진공을 개시할 것이라고 정해져 있었기 때문이며, 현존하는 자료들로부터 알 수 있듯이, 중공은 타이완을 해방시킬 계획을 확실히 가지고 있었다. 1949년 12월 18일, 마오쩌둥이 소련에 도착한 지 이틀째, 임호에게 〈도해 전쟁에서 필히 주의해야 할 문제〉라는 전보를 쳤는데, 임호에게 요구하기를

"도해 전쟁에 관한 모든 데이터를 조사하여, 실패를 되풀이하는 것을 막아야 한다"[22]

라고 하였다. 하지만, 북한의 김일성은 1950년 6월 25일 새벽 남한에 대한 진격을 개시하였다. 6월 27일, 트루먼 대통령은 미국의 제7함대의 타이완 해역

21 《케임브리지 중화인민공화국사》, 중국사회과학출판사, 1990년판, p. 288.

22 《마오쩌둥문집》, 제6권, 인민출판사, 1975년판, pp. 32~33.

배치를 결정하였으며, 이는 극동의 새로운 충돌에 대한 미국의 부분적인 반응이었다. 10월 1일 한국의 군대가 38선을 넘었기에, 중공 중앙은 지원군을 파병하여 한국전쟁에 참전하기로 결정하였다.[23] 10월 19일, 중국 인민지원군 12개 보병사단, 3개 포병사단, 총 26만 명이 압록강을 건넜다.

2년간의 전쟁을 거쳐, 1953년 7월 27일 판문점에서 〈한국군사휴전협정〉을 체결하였으며, 2년이 넘는 항미 원조가 이로써 막을 내렸다. 한국전쟁은 중국에 있어서 국가 재정 경제 상황의 근본을 호전시켰으며, 국민 경제 생산의 회복과 발전에 커다란 영향을 미쳤다. 한국전쟁의 승리는 중국의 국제적 명망을 높였으며, 인민 군중의 애국주의 정신을 고취시켰고, 새로운 인민공화국의 정권을 견고하게 해주었다.[24] 더불어 소련 스탈린의 중공에 대한 의구심을 해소시켜 주었으며, 중국과 소련의 우호 관계가 한층 강화되었다.

한국전쟁 중, 중국의 손실도 매우 컸다. 케임브리지사 저자의 말을 빌리자면, 중국의 모든 전쟁 비용은 100억 달러에 달하였다고 한다.[25] 이러한 것들은 모두 중국의 경제 건설 생산에 불리한 영향을 끼쳤다. 또한 한국전쟁은 중국의 경제 발전 전략을 변화시켰다. 1950년 9월 5일 중앙인민정부 제9차 회의 중 마오쩌둥은 〈한국전쟁과 우리의 방침〉이라는 발언에서

"우리는 언제든 미 제국주의의 침략에 준비해야 한다. 우리는 국사, 정치, 경제, 문화 등 각 방면에서 사업을 건설할 때, 적이 이러한 상황하에서 토론하고 결정하는 것을 고려해야 한다. 1950년의 국가 계획도 이렇게 제정되었다"

라고 하였으며, 이후 중공업 발전의 경제 전략은 중국 경제 발전에 커다란 영향을 미쳤다.

23 《마오쩌둥문집》, 제6권, 인민출판사, 1975년판, p. 97.

24 역주: 많은 중국인들은 중국이 한국전쟁에 참전할 당시 한국과 연합군이 승리하고 있었으며, 중국이 참전하여 휴전을 이루었다고 생각한다. 때문에 중국의 입장에서는 승전이라고 여기는 사람이 많다.

25 《케임브리지 중화인민공화국사》, 해남출판사, 1992년판, p. 294 참고.

제3절 생산 요소와 경제 사상의 영향

1. 지리 조건, 천연자원과 인구 특징

경제 발전의 역사는 과거의 역사와 밀접한 관련이 있을 뿐 아니라, 당시의 국제, 국내의 정치 배경과도 관련이 있다. 또한 국가의 자원 상황과도 관련이 있다. 2000년 전 순자는 일찍이 '물불능섬'(物不能贍: 물건은 넉넉할 수 없다)의 문제를 주의하며 자원의 희소성 문제에 대해 이야기하였다. 바로 자원의 희소성 때문에 경제학이 비로소 존재의 의의를 가지게 되는 것이다. 경제학이 연구하는 것은 개인, 조직과 사회가 어떻게 희소한 자원의 제약 조건 아래서 최적의 용도로 자원을 선택하고, 자원 분배의 형식을 분석하고 설계하며, 한 나라의 경제 발전 역사를 연구하기 위해 우선 자원이 주어진 조건과 분배 상황을 이해하는 것이 필요하다. 생산 과정과 직접적인 상관이 있는 경제 자원을 우리는 통상적으로 생산 요소라고 칭한다. 경제학자들은 생산 요소를 일반적으로 천연자원, 노동력, 자본의 3부분으로 나눈다.

(1) 지리 조건과 천연자원

중국은 유라시아 대륙의 동부와 태평양의 서부에 위치하고 있으며, 광활한 국토를 가지고 있고, 서쪽으로는 파미르 고원에서 시작해서 동쪽으로는 태평양에 이르며 동서 거리가 5,200km이고, 북쪽으로는 헤이룽 강(黑龍江)에서 시작하여 남쪽으로는 난샤(南沙) 군도에 이르며 남북 간의 거리는 5,500km에 다다른다. 국토 면적은 960만km^2에 달하고 세계 대륙 면적의 6.4%를 차지하고 있으며, 아시아 대륙 면적의 21.6%를 차지하고 있다.

중국은 또한 해양 국가이다. 중국의 해역은 북쪽에서부터 남쪽까지, 발해(渤海), 황해(黃海), 동해(東海), 남해(南海) 및 타이완 섬의 동쪽인 태평양이 포함된다. 대륙의 해안선은 북쪽으로는 중국과 북한의 경계선인 압록강 입구에서, 남쪽으로는 중국과 베트남의 경계인 베이룬(北侖) 강 입구에 이르며, 전체 길이는 1.84만km이다. 연해에 있는 섬의 해안선까지 계산에 넣는다면, 그 길이는 3.2만km를 넘어 세계에서 해안선의 길이가 제일 긴 국가가 된다. 중국 연해의 랴오닝(遼寧), 허베이(河北), 톈진(天津), 산둥(山東), 장시(江西), 상하이(上海), 저장(浙江), 푸젠(福建), 광둥(廣東), 광시(廣西), 하이난(海南) 11개 성(자치구, 직할시)은 중국 전체 인구의 38%가 거주하고 있으며, 전국 면적의 14%를 차지하고 있다. 또 11개 성의 대 · 중형 도시의 수는 전국의 50%에 달하며, 생산 총액은 중국 국민 생산 총액의 52%를 차지한다.[26]

중국은 국토가 넓고, 자연 환경이 복잡, 다양하며, 지대성과 비지대성 지역의 차이가 명확하게 나타난다. 태양 복사선의 변화에 따라서 기후가 다양하게 나타난다. 남쪽에서 북쪽에 이르기까지, 온도 기준에 따라서 적도, 열대, 아열대, 온난대, 온대, 한온대 6개의 온도 지대로 나뉜다. 또 수분의 조건에 따라서 북쪽 연해 지역에서부터 서북부 내륙까지 습윤, 반습윤, 반건조, 건조 지역으로 나누어지는데, 전체적으로 온대와 아열대가 전국 총면적에서 차지하는 비율이 72%이며, 습윤, 반습윤 지역과 건조, 반건조 지역이 균일하게 전국 총면적의 절반을 차지하고 있다.

중국은 국토가 매우 광활하기 때문에, 매장되어 있는 천연자원의 양이 상당히 많다. 그러나 두 가지 각도로 보았을 때, 중국의 천연자원 상황은 그다지 낙관적이지 않다. 첫째, 자원 구조의 측면에서 보았을 때 유효 사용 성질, 둘째 자원의 평균 점유 수준에서 보았을 때 인민 복리에 대한 영향 측면이다.

먼저, 중국의 광활한 면적 중에서 직접 경제에 이용할 수 있는 부분은

26 데이터는 우좐쥔(吳傳均), 《중국경제지리》(과학출판사, 1998년판)를 참고.

표 1-2 중국과 기타 대국의 1인당 자원 비교

	러시아	캐나다	중국	미국	브라질	호주
국토 면적(만km^2)	1,708	997	960	937	855	768
인구 밀도(명/ km^2)	8.6	3.2	131	27.5	19.1	2.4
1인당 생산 가능 토지(헥타르)	1.39	2.5	0.21	1.64	1.47	25
1인당 수자원(m^3/명)	30,599	98,462	2,297	9,413	42,975	18,963

자료 출처: 린이푸(林毅夫), 《중국경제》, 중국재정경제출판사, 2003년판, p. 29.

상대적으로 부족하다. 지형에서 알 수 있듯이, 960만km^{2}의 국토 중에서, 산지, 고원과 구릉이 70%를 차지하며, 평원의 면적은 12%에도 이르지 못한다. 국토의 유형에 의해 나누게 되면, 농지가 9.9%, 산림이 13.9%, 내륙 수역이 1.8%, 이용 가능한 초원이 32.6%를 차지하고 있다. 이런 점에서 볼 수 있듯이 중국의 경작 자원은 국토의 면적 중에서 차지하는 비중이 매우 작다. 또한 평균 점유하는 자원으로 측정하였을 때 역시 중국은 상당히 불리한 상황에 처해 있다. 1989년, 중국의 평균 담수, 경작지, 산림, 초원 자원은 세계 평균 수준의 28.1%, 32.3%, 14.3%, 32.3%에 그쳤으며, 인구의 증가 또한 이러한 상황을 불리한 방향으로 변화시켰다.

또 공업에 필요한 에너지와 광물 자원의 매장 특징으로, 많은 광물의 종류, 특히 철, 동, 인 등 주요 광물의 품질이 비교적 낮고, 매장량이 적으며, 광산을 개발하는 데 많은 비용이 든다. 또한 광물 자원의 분포가 매우 불균형하여 자원의 분포와 인구의 분포가 매우 다르게 나타난다.

중국처럼 국토 면적이 750만km^{2}가 넘는 국가들인 러시아, 캐나다, 미국, 브라질, 호주 등과 비교해 볼 때, 중국은 총국토 면적은 중간 수준이지만, 인구 밀도는 이 국가들보다 매우 높으며, 생산이 가능한 토지와 수자원의 평균치가 이 국가들보다 현저히 낮다. 따라서 수량의 절대치로만 관찰되어 '땅이 넓고 생산물이 풍부'하게 보였던 중국은 많은 인구와 높은 인구 밀도 때문에 1인당 평균 자원 점유량을 비교하면 우위를 차지하지는 않는다.

(2) 인구 특징

중국은 세계상 인구가 가장 많은 국가이다. 인구는 11세기 이후 빠른 속도로 증가하였으며, 이것은 중국의 전통적인 사상과 관련이 있다. 춘추전국시대에, 공자는 '서, 부, 교'(庶, 富, 教)의 치국 원리를 제창하였으며,[27] 이후 맹자는 '불효유삼, 무후위대'(不孝有三, 無後爲大)[28]의 치가(治家) 원칙을 제창하였다. 묵자는 민중들이 일찍이 결혼하고 일찍이 양육함을 이야기하였으며, 관료 집단은 과오가 있는 이의 도를 제거해야 한다고 하였다.[29]

이러한 사상의 제약 아래 중국 인구는 계속 증가해왔다. 서한 시기 중국의 인구는 6,000만 명에 달하였으며, 12세기 초(북송)에는 1억 명을 초과하였다. 18~19세기 초(청조)에는 연속적으로 2억, 3억, 4억 명을 돌파하였으며, 1949년 신중국 성립 이후에는 이미 5.4억 명에 달하였다.[30] 인구가 쾌속 성장의 궤도에 진입함에 따라 기술이 발전하고 자원이 개발되었지만, 1인당 평균 자원의 수량은 줄어들거나 예전의 숫자를 맴돌았다. 중국의 인구는 세계에서 제일 큰 비중을 차지하고 있다. 비록 세계의 다른 지역 인구가 빠른 속도로 성장하고 있고, 20세기 70년대에 중국은 인구 계획 성장을 실행하였지만, 중국인구의 수가 이미 매우 많기 때문에 세계 인구 비중은 아직도 1/4을 맴돈다.

인구 구조가 노동력의 기초이기 때문에, 인구의 소질이 노동력과 같은 생산 요소의 생산성과 노동 생산성을 결정한다. 하나의 자원으로서, 인구는

27 《중국경제사상통사》, 제1권, 북경대학출판사, 1991년판.

28 역주: 세 가지의 큰 불효가 있는데 그 중 가장 큰 것이 자식이 없는 것이다.

29 《중국경제사상통사》, 제1권, 북경대학출판사, 1991년판.

30 우촨쥔의 데이터 참고. 《중국경제지리》, 과학출판사, 1998년판, p. 360.

표 1-3 중국 인구와 미국 인구 비교: 1700~2001년

	1700	1820	1900	1950	2001
중국 인구(백만)	138	381	400	547	1,275
미국 인구(백만)	1	10	76	152	285
세계 인구(백만)	603	1,042	1,564	2,521	6,149
세계 인구의 중국 인구 비중	23	37	26	22	21

자료 출처: 앵거스 매디슨, 《세계 경제 천년사》, 북경대학출판사, 2003년 11월 제1판.

그림 1-2 20세기 학생수의 증가 추세

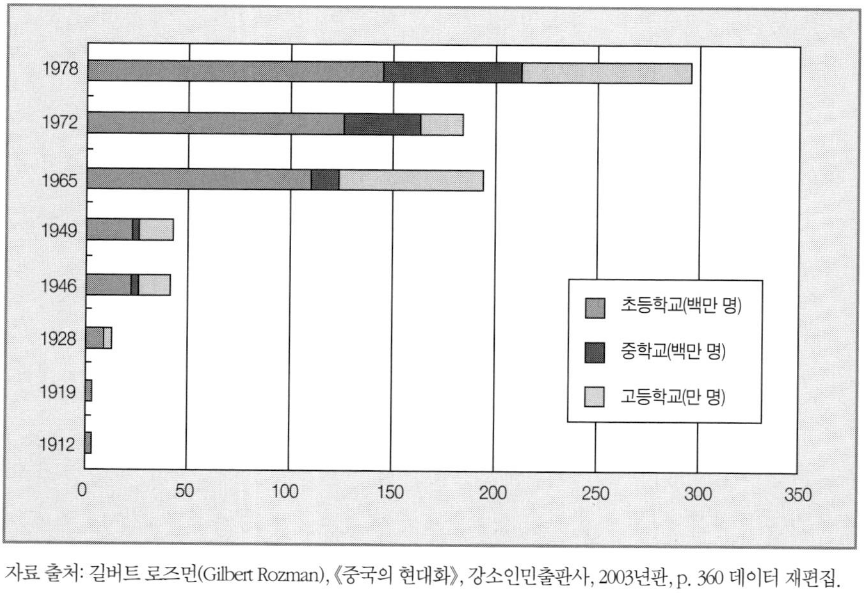

자료 출처: 길버트 로즈먼(Gilbert Rozman), 《중국의 현대화》, 강소인민출판사, 2003년판, p. 360 데이터 재편집.

두 가지 방면의 내용을 포함한다. 첫 번째는 위에서 묘사하고 소개하였던 인구의 수량이고, 또 다른 하나는 이어서 이야기할 인구 소질의 문제이다. 경제 발전 과정 중 인구의 소질은 더욱 중요하다. 인구 소질을 결정하는 중요한 변수는 국가의 교육 제도이다.

중국의 신식 교육 제도는 1902년에서 1904년 사이에 설립된 것으로, 먼저 현대화를 이룬 서구의 것을 참고로 하였다가 이후 일본의 체제로 바꾸었다. 이러한 체제의 건설 목적은 국가를 위한 인재 육성에 있다. 하지만, 20세기 동안 교육의 확장은 지속적인 자금 부족의 제약을 받았다. 비록 신중국 성립 이후 교육에 있어서 커다란 진전이 있었지만, 1949년 이전에 교육의 발전은 매우 느리게 이루어졌다. 이 점은 학교의 학생수에서부터 알아볼 수 있다.

2. 경제 사상의 영향

(1) 중국 전통 경제 사상의 영향

중화 문명은 세계에서 가장 오래된 문명 중 하나로, 세계 문명에 커다란 공헌을 하였다. 중국은 서유럽과 다른 경제 사회 발전 행로를 걸었다. 오래된 중국의 문화는 천 년의 갈고 닦음을 통하여 모든 중국 사람들의 영혼 깊은 곳에 그들의 습관과 사상을 형성하였다. 더글러스 C. 노스에 따르면

"역사는 중요한 것이다. 그의 중요성은 우리가 과거의 다양한 경험을 흡수할 수 있을 뿐만이 아니라, 현재와 미래는 사회 제도의 연속성과 과거를 통하여 연결되어 있는 것이다. 오늘날과 내일의 선택은 과거에 결정한 것이며, 과거가 제도 발전 과정이라고 보여질 때 비로소 이해된다"

라고 하였는데,[31] 제도는 계속적으로 주체 간의 경쟁 사이에서 진화된 것으로 이후 일정 징역 내에서 안정된다. 이익의 자극 때문에, 구역 외의 사람들이 알려 하고, 공부하며, 제도가 퍼져나가 최종적으로는 공동의 제도가 되는 것이다. 시간의 흐름에 따라 이러한 제도는 진화하여 풍속과 습관이 되며,

31 더글러스 C. 노스, 《제도, 제도 변천과 경제 성과》, 삼연서점, 1994년판, 머리말 부분.

최종적으로는 사상으로 승화된다, 사상의 계승을 통하여 후손들이 다시 한 번 실패를 하지 않게 하며, 제도를 안정적으로 만들게 한다. 과거의 사상을 계승하기만 하면, 많은 비용을 아낄 수 있다. 권위와 노인은 사상 방면에서 우위를 가지고 있다. 그래서 중국은 일찍이 왕을 존경하고 선조들을 존중하는 습관이 형성되었다.

중국은 고대에 찬란한 경제 성과를 이룩하였으며, 사상 방면에서도 독특한 방식의 경제 사상을 탄생시켰다. 공자는 '서, 부, 교'의 치국 3원리뿐 아니라 '인, 의, 예'(仁, 義, 禮) 같은 경제 논리 사상과 제도 사상을 이야기하였다. 묵자는 농경 생산을 중시하였으며, 그의 이상은 '많은 수확을 거두어 백성들이 충분히 먹을 수 있는 것'이었다. 또한 묵자는 '기생재밀, 기용지절'(其生財密, 其用之節)[32]이라고 하며 소비 경제 사상을 강조하였다. 관중은 물질 생산의 기초성을 알고 있었으며, '창름실이지예절, 의식족이지영욕'(倉廩實而知禮節, 衣食足而知榮辱)[33]이라고 하였다. 맹자는 '유항산자유항심'(有恒産者有恒心)[34]이라고 하며 재산 제도의 중요성을 알고 있었다. 그리고 상앙(商鞅)이 진나라의 통일 화를 돕고, 가장 완벽한 정치 제도를 이루었다. 관료 제도의 발전으로, 시장 경제의 규모는 상대적으로 작아졌으며, 시장 상품의 종류에 한계가 보였고, 결국 경제가 정치 체계의 부분이 되었다. 서한 시대의 제염과 제철론은 국가가 시장 발전의 제도 확립을 개선하게 하였다. 그리하여 중국의 경제 발전 노선상 시장 경제가 존재하게 되었다. 그러나 경제 규모는 컸으나 시장 경제에서 요구되는 재산권 제도가 중국에는 건립되지

32 역주: 묵자는 지배 계층의 소비 생활을 비판하며 소비는 기본적으로 필요하지만 사치는 금하는 경제 사상으로 사회 개혁을 주장하였다. '其生財密, 其用之節'의 사상은 묵자의 소비 사상을 대표하는 말로 국가 재정을 아껴 백성들의 소비 생활을 도울 수 있어야 한다는 것이다.

33 역주: '사람은 먹고 입는 것을 해결해야 비로소 예의와 염치를 안다'라는 뜻으로 물질의 중요성을 의미하는 말이다. 관중의 정책은 균등을 이루지 못하는 것을 걱정하기보다는 물질의 생산을 장려하여 부강함을 일구는 것이었다.

34 역주: '사람은 재대로 된 생계가 있으면 사람으로서 가져야 할 올바른 마음을 가질 수 있다'라는 뜻으로 맹자의 재산 제도의 사상을 엿볼 수 있는 말이다.

는 않았다. 국가는 재산권의 범주를 확정하는 제3자로서 반드시 재판의 작용을 해야 하나, 중국의 이익 관료 집단은 재판을 자신들의 이익을 채우는 데 사용하였고, 재산권은 단 한번도 실제 존중받지 못하였으며, 백성들 또한 '보천지하, 막비왕토, 솔토지빈, 막비왕신'(普天之下, 莫非王土, 率土之濱, 莫非王臣)[35]의 관념이 형성되었다.

중국의 의식 형태는 계속 유교 사상이었다. 유교의 제일 높은 사회 이상은 세계 대동이었다, 이 대동 세계는 순수한 이념화가 아니라 구체화, 제도화된 것이다. 《예기》 중의 〈예운〉편에서 대동 세계의 제도에 대해서 묘사할 때 말하기를

"대도가 행해지는 세계에서는 천하가 공평무사하게 된다. 어질고 재주 있는 자가 정치에 참여해 신의를 가르치고, 화목함을 이루기 때문에 사람들은 자기 부모만을 부모로 여기지 않고 자기 자식만을 자식으로 여기지 않는다. 나이든 사람들이 삶을 편안히 마치고, 젊은이들은 쓰여지는 바가 있으며, 어린이들은 안전하게 자라날 수 있고, 홀아비, 과부, 고아, 자식 없는 노인, 병든 자들이 모두 부양되며, 남자는 모두 일정한 직분이 있고, 여자는 모두 시집갈 곳이 있도록 한다. 땅에 떨어진 남의 재물을 자기가 가지려고 하지 않는다. 사회적으로 책임져야 할 일들은 자신이 하려 하지만, 반드시 자기만이 할 수 있다고 생각하지는 않는다. 이 때문에 간사한 모의가 끊어져 일어나지 않고, 도둑이나 폭력배가 생기지 않는다. 그러므로 문을 열고, 닫지 않으니 이를 대동이라 한다(大道之行也, 天下爲公. 選賢與能, 講信修睦, 故人不獨親其親, 不獨子其子, 使老有所終, 壯有所用, 幼有所長, 矜寡孤獨廢疾者, 皆有所養. 男有分, 女有歸. 貨惡其棄於地也, 不必藏於己, 力惡其不出於身也, 不必爲己. 是故謀閉而不興, 盜竊亂賊而不作, 故外戶而不閉, 是謂大同)"[36]

35 역주: '천하의 모든 것은 황제의 것이며 황제가 주고 싶은 사람에게 주는 것이다'라는 뜻으로 현재까지도 중국인의 사상 속에 깊이 뿌리 박혀 있는 말이다.

36 역주: 번역 참고《한국 민족문화 대백과》.

라고 하였다.

중국의 지리 조건, 천연자원, 인구 등을 볼 때 중국은 산이 많고 평지가 적으며 교통이 불편하고 시장 경제가 어느 정도의 발전이 있었으나 경제의 주요 부분의 형식은 아직도 단일한 소농 경제였다. 군웅이 패권을 다투고 농민이 봉기를 일으키는 것들은 실질적으로 토지를 쟁취하기 위한 전쟁이었다. 식량이 있는 사람은 병사를 거느릴 수 있었고, 식량을 축적시키는 것은 왕이 될 수 있는 기초였다. 역대 제왕들은 수리 사업을 일으키고, 출산을 장려하였으며, 둔전(농민을 모집하여 농경에 종사시킴)을 장려하고, 농업을 중시하고, 상업을 억압하였으며, 식량 위주의 오래된 수단을 채택하였고, '상인을 줄이고, 농민을 많게 하였다'. 이러한 경제 구조와 농업이 근간이 되는 사상 관념은 시장 분업을 방해하였고, 교류를 억제하였으며, 시장 경제의 발전을 촉진시키지 못하였다. 관료 체계의 거대함과 큰 힘은 관료의 장악력을 형성하였으며, 백성의 제일 기본적인 이익이 침해받으면 백성은 혁명의 방식으로 오래된 관료 체계와 담판을 하였고, 이러한 과정은 끊임 없이 반복되었다. 신관료는 시작할 때는 백성에게 이익이 되게 하나 관료 체계의 확대는 백성의 이익을 다시 침해하였으며, 관료 집단은 또한 공공 생산품을 제공하는 것을 통하여 농업의 경제 효과를 높였으나 전쟁이 자주 발생하였다. 이렇게 몇천 년간 악순환이 지속되었다.

근대에 이르기까지 사회는 여전히 자본주의가 충분히 성장할 단계를 가지지 못하였으며, 상업 경제는 발전하지 않았다. 이러한 경제 구조는 사회 계층의 분화를 제한하였다. 중국은 근대 이래 자본가 계급은 약소하였고, 노동자 계급의 인구는 많지 않았으며, 농민과 소생산자가 주를 이루었다. 농민은 정치상의 황권주의와 경제상의 절대 평균주의를 뛰어넘을 만한 힘이 없었다. 그들은 개인의 운명과 사회의 발달을 자신이 숭배하는 우상에게 걸었다. 이를 마르크스는 다음과 같이 말하였다.

"그들은 자신을 대표할 수 없고, 반드시 다른 사람으로 하여금 그들을 대표하게 하였다. 그들의 대표는 동시에 그들의 지배자였으며, 그들 위의 권력이었고, 제한을 받지 않은 정치 권력이었으며, 이러한 권력은 다른 계급의 침범을 받지 않도록 보호해주었으며, 높은 곳에서 그들에게 단비와 태양을 내려주었다."

(2) 연안 정신의 연장

연안 시대[37]에 형성된 관념은 이후 경제 건설 중 중요한 작용을 하였다. 신중국의 정치, 경제, 교육 등의 영역 가운데 마오쩌둥의 독특한 방법은 일찍이 연안 시대에 실행한 제도와 실천 도중 그 형식이 싹튼 것이다.

정치 영역에서는 군중 노선 원칙의 실현, 지방의 요구와 조건에 맞고 광범위한 군중의 정치 참여에 조건을 제공하며 정치 구조를 분산해야 한다고 주장하였으며, 당의 간부, 정부 관료와 지식분자는 정기적으로 군중과 함께 체력 노동인 '하방'(下放(씨아팡): 공장, 농촌, 광산 등지로 노동하러 가는 것), '하향'(下鄕(씨아쌍): 중앙의 간부를 농촌이나 산촌으로 내려보내 직접 노동에 종사하게 하던 정책) 등의 운동에 참여하도록 하였다.

경제 영역에서는 전쟁과 봉쇄로 조성된 힘들고 어려운 조건들로 변경 지역과 유격 지역에서의 경제의 자급자족을 발생시켰다. 모든 농촌 지역에는 거의 자본의 근원 자체가 없었으며, 신식 합작 공업 생산은 노동력 생산 요소의 밀집 투입, 간단한 공업 기술 및 그 지역의 자원과 원재료에 의존하는 것이 주였다. 자급자족, 자력갱생과 지방의 적극성 발휘는 연안 경제 정책의 구호와 원칙이 되었으며, 이 원칙을 운용하는 과정 중 농촌 환경에서 공업 생산과 농업 생산을 결합하는 개념이 생성되었다.

37 역주: 중앙 홍군의 대장정 이후 1937년부터 1947년까지의 시기를 말한다.

교육 방면에서는 교육과 노동의 결합이 연안 시기에 채용하고 실행한 교육 방침이었다. 그 중점은 교육의 보급이었는데, 일하면서 배우는 학교, 즉 야간 학교 위주의 일하면서 공부하는 교육으로 표현되었다.

연안 시대에 생산된 이러한 특수한 제도 및 실천은 마오쩌둥이 혁명 승리 이후 독특한 방식으로 문제 처리를 하는 데 커다란 영향을 주었고, 이러한 제도와 실천의 배후 가치인 관념 체계를 숨기는 것 또한 동일하게 중요한 역사적 의의로 혁명의 유산이 되었다.

연안의 경험은 마오쩌둥의 정신의 힘에 대한 신념을 강화시켰다. 진정한 창조적 혁명의 힘은 도시에서가 아닌 농촌에서라는 신념을 확고하게 해주었다. 동시에 마오쩌둥은 사상, 정신의 단결은 어떤 관료 조직에서 제공한 혹은 강화시킨 사람들의 단결보다 중요하다고 생각하게 되었다. 또 마오쩌둥은 더 중요한 것을 보았는데, 혁명의 승리는 대규모 군중 사회 혁명의 기초 위에서 생산되는 것이며, 수천만 명의 농민은 적극적이었고, 탁월하게 이 혁명을 지지하고 혁명에 참여하였으며, 이로 인해 혁명의 승리가 보장되었다고 하는 점이다. 공산당원들은 그들의 승리를 모두 연안 시대의 원칙과 실천 덕택이라고 생각하였다. 이 원칙은 연안 시대 이후에도 잊혀지지 않았고, 혁명 승리 이후의 시대에 다시 소환되고 부흥되어 새로운 혁명의 시발점이 되었다.

(3) 소련식 모형의 영향

레닌 이후 스탈린을 지도자로 한 소련은 사회주의 공업화를 실현하였다. 1930년대 전통 소련 경제 체제가 형성되었는데, 이 주요 특징은 고도의 집권화였고 각 방면에서 표현되었다.

중앙, 지방, 기업 간 권력 배분 관계에 있어서 권력을 고도로 집중시켜 전문 분야로 나눈 중앙 공업 부문이 관리하게 하였는데, 이는 전통적인 소련 경제 체제의 특징이었다. 이 체제하에 원래 지방관리를 받던 대량의 기업은 중앙 공업 부문에 의해 흡수되고 관리되었다. 그리고 이 체제하에 중앙과 기업 관계에서는 중앙이 직접 기업을 관리하고, 중앙 경제 관리 부문이 직접 기업의 사람과 재산, 원료 공급, 생산, 판매의 대부분을 통제하였다.

'지령성' 계획 경제의 실행은 소련 경제 체제의 또 다른 특징이었다. 스탈린은 이를 사회주의 계획과 자본주의 국가 계획의 근본적인 차이라고 생각하였다. 당시 소련 국가계획위원회 주석 H. A. 보즈네센스키의 해석에 따르면, 소위 '지령성'은 '경제 정치의 지령으로서의 계획은 법률 효력을 지닌다'고 할 정도로 강력한 것이었다.

지령성의 또 다른 발현으로, 농촌의 정기 시장 교역 이외의 어떤 시장 조절도 배척하였는데, 이는 시장의 조절을 자본주의 경제의 특징, 또는 자본주의에서 사회주의로 넘어가는 과도기적 형태로 보았는데, 이는 사회주의 사회에서는 용납되지 않는 것이었다. 지령성은 소련 경제 생활의 각 방면에 침투하여, 중앙에서부터 최하부의 모든 기구에 이르기까지, 그리고 공업과 교통, 운수업에서부터 농업까지, 모든 경제 영역에 있어 생산, 분배에서 교환의 모든 방면에 '지령성'은 존재하지 않은 곳이 없었고, 포함하지 않은 것이 없었다. 이는 고도의 집중 체제로서 소련 경제의 가장 큰 특색이었다.

'지령성' 경제의 특징과 연관되어, 행정 수단은 고도로 집중된 관리 경제 체제하에서 경제 관리의 주요 방법이었다. 국가는 주로 명령을 반포하고, 결의하고, 행정 조직의 수단을 통해서 각 경제 조직, 기업의 관계를 발생시키고, 전국의 경제 생활을 조절하였다.

위에서 서술한 세 가지 특징은 서로 연계되고 서로 의존하는 것이다. 이 중 '지령성' 원칙이 제일 중요한 특징이다. 이는 고도로 집중된 부분 관리 체계를 실행하고, 행정 방법을 사용하여 경제를 관리, 결정하는 것이다. 즉, 이러한 '지령성' 계획 체제는 전통적인 소련 경제 체제의 중요한 조직 부분이며 소련식 모형의 계획 경제 운영의 중요한 시스템이었다.

중국 공산당 및 사회주의 중국의 성질 때문에 제국주의 국가는 중국에게 경제 봉쇄를 진행하였다. 이때 중국 공산당은

"우리는 국제적으로 소련을 수장으로 하는 반제국주의 전선의 한 편이고, 진정한 우정의 도움은 오직 이 방면에서만 찾을 수 있으며 제국주의 전선의 방면으로는 찾을 수 없을 것이다"

라고 강조하였다. 그리하여

"소련 공산당은 우리의 제일 좋은 선생님이며, 우리는 그들을 보고 배워야 한다"

라고 제시되었다.

2

경제 회복과 계획, 경제 체제의 건립(1949~1957)

2 경제 회복과 계획, 경제 체제의 건립(1949~1957)

1840년 아편전쟁 이후 중국은 정치적으로 점점 자주성을 잃어가고 반식민지화되었고 경제적인 면에서도 나날이 서방 자본주의 국가의 상품 판매 시장과 원료의 생산지가 되었다.

이후 중국인은 정치적으로 민족의 독립을 쟁취하고 경제적으로 번영을 이루기 위해 분투하였다. 1949년에 이르러 신중국이 성립되었고, 민족의 독립을 실현하였으며, 신민주주의 국가를 건립하였다. 경제에 있어서 신민주주의 경제 제도를 건립하였으며, 전후에 파괴된 국민 경제를 회복하기 위해 노력하였다. 1952년에 이르러 국민 경제 회복의 임무를 기본적으로 완성하였고, 이후 전력을 다해 국가의 번영과 부강을 실현시키기 위하여 노력하였다. 1953년에는 '1.5계획'[1]을 실행하였고, 대규모의 공업화 건설 시기에 진입하였으며 동시에 농업, 수공업, 자본주의 공 · 상업의 사회주의적 개조를 실시하였다.

1956년에 이르러서는 사회주의 개조를 완성하고, 전국민 소유제와 집단 소유제를 중심으로 하는 사회주의 경제 체제를 건립하였고, 경제 체제 계획을 실행하였으며, 그 후로 생산 관계에 있어서 또 한번의 개혁을 실시하였다.

1 역주: 1953~1957년의 5년간 이루어진 중국의 제1차 5개년 경제 개발 계획으로 사회주의 공업화의 중심이 된 경제 개발 계획으로 불린다.

제1절 신민주주의 경제 체제의 전면적 건립

1. 〈공동 강령〉의 제정 및 주요 경제 내용

1949년 9월 21일 중국인민정치협상회의 제1회 전체회의가 베이징(北京)에서 열렸다. 예전의 정치협상회의와는 다르게 인민정치협상회의 또한 신정치협상회의로 불리게 되었다. 회의에서는 〈중국인민정치협상회의 조직법〉, 〈중화인민공화국 중앙인민정부 조직법〉과 임시 헌법의 역할을 할 〈중국인민정치협상회의 공동 강령〉이 토론 및 통과되었다.

〈공동 강령〉은 중화인민공화국의 성질이 신민주주의 및 인민 민주주의 국가라고 규정하였는데, 노동자 계급을 지도자로 하며, 농공 연맹을 기초로 하고, 각 민주 계급과 국내 각 민족을 단결시키는 인민 민주 집정이었다. 임무는 제국주의와 봉건주의, 관료 자본주의를 반대하고, 중국의 독립, 민주, 평화, 통일, 부강을 위해 노력해야 하는 것이었고 〈공동 강령〉은 중화인민공화국의 정치, 경제, 문화, 민족, 외교 등 정책 및 군사 제도를 규정하고 있다. 이후 1954년에 〈중화인민공화국 헌법〉을 반포하기 전에 〈공동 강령〉은 계속 임시 헌법의 역할을 하였고 신중국의 경제 건설에 방향을 제시하였다.

강령 중 경제 정책과 관련된 정책은 다음의 주요 내용을 포함한다.

> 중화인민공화국 경제 건설의 기본 방침은 공사 양쪽을 두루 돌보고, 노동자와 자본가 쌍방에 고루 이익이 되며, 도시와 농촌이 서로 돕고, 국내외 교류의 원칙이 되며, 생산의 발전을 이룩하고 경제 번영을 이루는 것을 목적으로 한다. 국가는 경영 범위, 원료 공급, 판매 시장, 노동 조건, 기술 설비, 재정 정책, 금융 정책 등 각 방면에서 국영 경제를 조절하고, 민간 경제와 합작하며, 농민과 수공업자의 개체 경

제, 민간 자본주의 경제와 국가 자본주의 경제, 각 사회 경제 계급이 국영 경제의 지도하에 분담하여 협조하게 하고 각자가 자기가 있을 자리에 있게 하여 사회 경제 발전을 촉진시켜야 한다.

토지 개혁은 생산력의 발전과 국가 공업화의 필요 조건이다. 이미 토지 개혁이 실행된 모든 지역은 필히 농민이 토지의 소유권을 유지하도록 해야 하며, 아직 토지 개혁이 실행되지 않은 지역은 농민 군중의 행동을 통하여 농민 집단을 건설하고, 악질 토호를 없애며, 임대료와 이자를 줄이고 토지를 분배하는 등의 순서를 통해 경작자가 토지를 소유할 수 있도록 한다.

사회주의 성질의 국영 경제, 국가 경제의 명맥과 국민 생계에 대한 조정이 가능한 사업이라면 국가가 통일적으로 경영한다. 국유 자원과 국유 기업은 전체 인민의 공동 재산으로 하되, 이는 인민공화국의 생산 발전과 경제 번영의 주요 물질적 기초와 사회 경제 전체를 이끄는 원동력이 된다.

합작 민간 경제를 반사회주의 성질의 경제로 하고, 전체 인민 경제의 중요한 구성 성분으로 본다. 인민 정부는 이의 발전을 도와야 하며 우대를 해주어야 한다.

국가 경제와 국민 생활에 유리한 개인 경영 사업체에 관해서 인민 정부는 이를 고무시켜주며, 발전을 돕는다.

국가 자본과 개인 자본이 합작한 경제체는 국가 자본주의 성질의 경제체이며 필요와 가능한 조건하에서 개인 자본이 국가 자본으로 발전하는 방향을 지향하도록 한다.

결론적으로, 〈공동 강령〉은 국유 경제, 사회 경제 합작, 농민과 수공업자의 개인 경제, 개인 자본주의 경제, 국가 자본주의 경제라는 다섯 종류의 경제 성분들이 공동적으로 신민주주의 경제를 구성하고 있음을 확정하고, 국가는 이 다섯 종류의 경제 성분 모두의 발전을 지향하여야 하는 것을 골자로 하고 있다.

2. 경제의 회복과 신민주주의 경제의 발전

(1) 토지 개혁과 농업 생산의 발전

〈공동 강령〉에서 '토지 개혁은 생산력의 발전과 국가 공업화의 필요 조건'임을 규정하고 '봉건, 반봉건 토지의 소유제를 농민의 토지 소유제로 변화'함을 원하였다. 그리하여 건국 후 경제 회복의 주요 내용은 토지 개혁을 진행하는 것이었다. 1950년 6월, 중앙 인민 정부는 〈중화인민공화국 토지 개혁법〉을 반포하였고, 신개방 구역 토지 확대의 개혁 운동이 점차적으로 확대 및 진행되었다.

신해방 구역 토지 개혁의 총노선은 빈농의 지지를 받고, 중농을 단결시키며, 부유한 농민들에게는 중립을 지키고, 단계적, 구역적으로 봉건 착취 제도를 소멸하고, 농업 생산을 발전시키는 것이었다. 신중국 건설 전후의 형세와 조건에 커다란 변화들이 발생함에 따라, 이전의 해방 구역 토지 개혁과 비교하여 신개방 구역 토지 개혁은 정책상에 있어서 새로운 것이었다. 부농 경제 소멸 정책을 부농 경제 보호 체제로 바꾸었으며, 지주의 모든 재산을 몰수하는 정책에서 지주의 토지, 가축, 농기구, 여분의 식량, 농촌의 여분의 집을 몰수하되 기타의 재산은 몰수하지 않는 것으로 하였다. 또한 중농의 단결과 보호를 강조하였다. 작은 토지를 임대해주는 사람에 대한 정책을 확장시키고, 혁명 군인, 열사 가족, 노동자, 직원, 자유 직업자, 다른 직업 종사자 혹은 노동력 부족으로 소량의 토지를 임대해주는 사람에 있어서는 세금을 징수하지 않았다. 그러나 봉건 지주 계급은 스스로 계급 착취와 봉건 특권을 포기하지 않을 것이라 예측하였는데, 실제로 지주 계급의 각종 반항과 토지 개혁을 파괴하고자 하는 운동은 대부분의 곳에서 일어났다. 일부 지역에서는 농회의 간부, 열성분자의 가족들이 살해당하였으며, 심지어 농촌 전체가 약탈당하고 살해당하는 사건이 일어났다. 그리하여 1950년 겨울부터 시작하여 인민 정부는 매년 농촌에 30만 명 이상의 토지 개혁 작업조를 보내어 농촌 토지 개혁을 이끌도록 하였다. 1952년 말 중국 대륙은 티벳과 신장(新疆) 등 소수 민족 거주 지역 외 토지 개혁을 기본적으로 완성하였다.

토지 개혁의 성공적 완성은 중국 농촌 생산 관계의 위대한 혁명이며 중요한 의의를 지닌다. 토지 개혁은 2000여 년 동안 이어져 내려온 지주 토지 소유제를 철폐시켰으며, 실제로 경작자가 논을 소유하는 제도를 실현하였고, 전국의 약 3억 명의 토지가 없거나 소량의 토지를 가지고 있던 농민이 약 7억 헥타르의 토지와 대량 생산 기구를 나누어가졌다.

전국적으로 볼 때, 농촌 인구의 10%도 되지 않는 지주와 부농이 토지 개혁 전 경작지의 70% 이상을 점유하고 있었으나, 토지 개혁 이후 8% 정도로 그 점유율이 떨어졌으며, 농촌 인구의 90% 이상을 차지하던 빈농과 중농이 토지 개혁 전에 차지하고 있던 경작지는 전체의 30% 이하였지만, 토지 개혁 이후 90% 이상을 점유하게 되었다.[2] 지주 계급이 소멸되었으며, 예전 농민들이 매년 지주에게 상납하였던 약 350억kg의 곡식으로 내던 토지세가 사라졌다. 생산 관계의 변혁이 농촌 생산력을 해방시켰고, 농민의 생산 적극성을 증가시켰다.

1950년 전국 식량 생산은 1949년과 비교하여 16.7% 증가하였으며, 대일 항전 이전의 최고 생산량의 87.2% 가량 회복하였다. 1952년 전국 식량 생산량은 1949년과 비교하여 42.8% 증가하였다. 토지 개혁의 승리는 정치적으로

2 국가통계국 편, 《위대한 10년》, 인민출판사, 1959년판, p. 29.

철저하게 봉건 세력의 농촌 지배를 몰락시켰으며, 반봉건 경제의 사회 기초를 마련하였고, 무산 계급의 지도력 강화와 공농 연맹이 기초인 인민 민주 집권에 힘이 되었다. 즉, 농업에서의 사회주의 개혁에 맞는 조건들을 창조하였다.

(2) 일본 침략군과 괴뢰 정권의 재산 몰수와 국유 경제의 건립

1) 건국 후의 국유 경제 건립

건국 후 국유 경제는 아래 세 단계를 거쳐서 건설되었다.

첫째, 국민당 정부의 국가 자본과 국민당 관료가 가지고 있던 관료 자본을 몰수하고 받아들였다.

건국 후 인민 정부는 국민당 정부의 국가 자본과 국민당 관료들이 소유하고 있던 관료 자본을 받아들이거나 몰수하는 정책을 채택하였다. 1949년 말에 이르러 몰수한 관료 자본은 광산 기업이 2,858개, 고용 직원이 129만 명에 이르렀다. 이 중에는 '4은행, 2국, 1고'[3]를 포함하여 성, 시 등 지방 계통의 은행 2,400여 개, 모든 교통, 운송 기업 및 푸씽(富興), 푸화(富華) 등 10여 개의 무역 독점 기업이 포함되어 있었다. 1951년 1월 5일 중앙 인민 정부는 또 다시 〈기업 중 정부측 주식 정리 방법〉을 제정하였고, 국민당 정부 및 국가 경제 기관, 이전 적국(敵國) 정부 및 국민당 전범, 매국노, 관료 자본가의 개인 기업 혹은 국가와 개인이 함께 운영하는 기업 중의 숨겨진 관료 자본을 철저히 조사하여 처리하였다. 그리하여 관료 자본을 몰수하고, 국가 자본을 받아들이는 임무를 철저히 완성하게 되었다. 몰수하거나 받아들여진 국민당 정부의 국가 자본과 관료 자본은 건국 후 국유 경제의 가장 큰 구성 성분이 되

3 중앙은행, 중국은행, 교통은행, 농민은행, 중앙신탁국, 우정저금회업국 및 합작 금고.

었다.

둘째, 국민당 정부의 국가 자본을 받아들이고 관료 자본을 몰수하는 일이 해방 전쟁이 아직 끝나지 않은 상태에서 진행되었기 때문에, 생산력을 회복하고 국민당 잔여 세력에 의한 파괴를 막아야 하였다. 중국 공산당은 한쪽으로는 국가가 통치하는 지역에 노동자 집단을 보내어 공장과 광산, 도로, 공항 등을 보호하게 하였으며, 국민당이 궤멸할 때 공장을 파괴하는 것을 방지하였다. 또 다른 쪽에서는 광산 기업을 받아들이고, 관리할 때 일시적으로 기업 자체의 기구를 없애지 않고 관리 규율을 엄격하게 지키며, 군사관리위원회로 하여금 일률적으로 지도하게 하여, '시스템을 따르고, 상명(上命)을 하달하며, 원래의 형태를 유지시킨 상태에서 받아들인 후 나중에 다시 나누는 것'을 방침으로, 기업을 접수하는 작업을 순조롭게 진행하였다.

마지막으로 중국 내에 있는 제국주의 세력의 청산을 진행하였다. 오랜 기간 동안 제국주의 국가들은 옛 중국에서 각종 특권을 지니고 있었고, 옛 중국의 경제 맥락을 통제하였다. 따라서 신중국의 성립 이후 중앙 정부는 중국 내 제국주의 세력을 청산하였다.

〈공동 강령〉 중 '중화인민공화국은 제국주의에 의한 중국에서의 모든 특권을 취소한다'라고 규정하였다. 1949년 10월 25일, 인민 정부는 해관(海關: 세관)총부를 설립하고, 정무원의 직접 지도로 전국의 해관 관리를 통일시켰으며, 제국주의의 중국에 대한 독점을 끝냈다.

대외 무역에 대해 관제를 실시하였고, 보호 무역 정책을 펼쳤다. 이는 제국주의의 경제 봉쇄와 무역 금지를 파괴하였으며, 농공업 생산 회복과 발전에 모두 중요한 작용을 하였다. 그리하여 중국 내의 외국 자본 기업 또한 처리되었다.

전국 해방시 중국 내에 외국 자본 기업은 약 1,000개 정도가 남아 있었으며, 이 중 5/6가 영, 미 양국의 독점 자본이었다. 신중국은

"남아 있는 제국주의 경제 사업 및 문화 사업에 대해서 임시적으로 영업을 허용하며 그들에 대한 감독과 관리를 강화하도록 한다"

"일반 외국인에 대해서는 합법적인 이익에 대해서는 보호해주도록 하며, 이를 침범하지 않도록 한다"[4]

라고 규정하였다. 하지만 한국전쟁이 발발한 후, 미국은 중국에 대한 경제 봉쇄를 실시하였고, 1950년 12월 16일 중국의 미국 관할 내에 있는 모든 회사의 재산을 관리하겠다고 선포하였다. 이어 중국 정부는 재중 미국 재산에 대한 관리를 실시하였으며, 1951년 5월 15일 〈재중 미국 재산 관리에 대한 지시〉를 발표하고, 미국 기업 재산 관리에 대한 원칙을 다음과 같이 규정하였다.

"중국의 주권에 연관이 있거나 국가 경제 및 국민 경제에 비교적 관계가 밀접한 자는 징용하도록 하며, 관계가 비교적 밀접하지 않은 자 혹은 징용하기가 곤란한 자는 대신 관리하도록 한다. 정부가 필요한 자는 매상(買上)하도록 하며, 일반 기업에 관해서는 관리 감독을 강화시키며, 이는 직접 정리할 때를 기점으로 끝내도록 한다. 위의 네 가지 방법 중 징용과 관리 감독을 강화하는 방법을 중심으로 소수에 대해서는 정치, 경제적으로 크게 방해되지 않는 미국 기업은 상하이(上海), 톈진(天津), 광둥(廣東) 등의 지역에 남아 있을 수 있도록 한다."

하지만 이러한 외자 기업은 미국의 경제 봉쇄와 수출입 금지로 커다란 공격을 받았으며, 하나씩 파업을 신청하였고, 영업을 포기, 양도하거나, 혹은 저가에 중국 정부에 매각되었다. 통계상 해방 초기에서 1952년 말까지 외국 자본 기업은 1,192개에서 563개로 감소하였으며, 직원은 12.6만 명에서 2.3만 명으로, 자본은 12.1억 위안에서 4.5억 위안으로 줄어들었다. 외자 기업을 처리하여 인민 정부의 소유로 귀속하면서 국영 경제는 강화되었다.

이때 소련 정부가 중국의 자산을 넘겨주었다. 1945년 8월 14일, 국민당

4 《마오쩌둥선집》, 제4권, 인민출판사, 1991년판, pp. 1434~1435.

정부와 소련은 〈중소우호동맹〉을 체결하였으며, 〈얄타협의〉를 받아들여 소련의 일본에 대한 출병을 바꾸었다. 이때 규정한 것은 중동(中東)철로와 남만(南蠻)철로는 중국과 소련이 공동으로 소유, 운영하고, 다롄(大連) 항은 자유항으로 하며, 소련은 뤼순(旅順)에 해 · 공군을 주둔시킬 권리를 가지게 하였다. 1949년 2월 14일 신중국과 소련은 모스크바에서 〈중소우호동맹 호조조약〉과 〈중국 장춘철로와 여순구 및 대련에 대한 협정〉을 체결하였는데, 협정에 의하면 소련은 중국에 대한 특권을 포기하는 데 동의하고, 1952년 이전에 중국 장춘철로에 대한 모든 권리와 재산을 무상으로 중국 정부에게 이양하는 것을 허가하였다. 이렇게 받은 재산은 사회주의 국유 재산이 되었으며 국민 경제를 강화하였다.

2) 국유 기업 제도 건설: 민주 개혁과 생산 개혁

위에서 서술한 기업들을 몰수하고 편입할 때, 원래의 직책, 원래의 급여, 원래의 제도를 실행하는 정책을 펼쳤다. 이는 변화를 순탄하게 받아들이는 작업을 하는 데 중요한 작용을 하였으나, 이에 따라 자본주의를 반영한 착취 압박의 관계 및 사회화에 적합하지 않은 기업 관리 제도가 보존되었다. 대량의 옛 사상을 가지고 있는 관리인 또한 남겨지게 되었으며, 심지어 소수의 반혁명분자들도 숨겨진 채 남겨지게 되었다. 따라서 민주 개혁과 생산 개혁을 통하여 신민주주의 생산 관계와 사회화의 대량 생산 요구에 따른 기업 관리 제도에 알맞은 제도를 세웠다.

① 민주 개혁

관료 자본주의 기업의 몰수 과정이 완성된 후, 기업의 민주 개혁이 시작되었다. 민주 개혁의 주요 내용은 이하 몇 가지 방면을 포함한다.

첫째, 관료 자본주의 기업의 지도자 기구를 철저하게 변화시키기 위해 기업을 받아들일 때에 파견하는 군사 대표로 하여금 감독과 간접 관리를 실행하는 방법을 사용하며, 한 걸음 더 나아가 국가위원회가 파견한 공장장(혹은 관리자)이 직접 기업을 관리하도록 하였다.

둘째, 반혁명의 진압과 '3반(三反) 운동'[5]을 전개한다. 숨어 있는 반혁명 분자들을 제거하고, 오래된 근무자의 사상을 개조하며, 새로운 형태의 사회주의 기업 지도자와 노동자의 관계를 세우는 등의 민주 개혁을 진행하였다. 이에 따라 반혁명을 진압하고, '3반 운동'과 지식분자들의 사상 개조 운동이 진행되었다. 중국 공산당 중앙위원회는 1951년 11월 5일 〈공장과 광산, 교통 등 기업 중 반혁명분자와 이런 기업의 민주 혁명에 대한 지시〉[6]를 발표하였으며, 1952년 말 이전에, 잔여 반혁명 세력에 대한 계통의 정리와 국영 기업 내에 잔존해 있는 구제도에 대해 민주 개혁을 요구하였다. 중국 공산당 중앙위원회는 1952년 3월 20일 〈공장과 광산 기업 중 민주 개혁 지시〉[7]를 통해서 남겨진 인원의 사상 행동 및 행위를 반드시 '3반' 운동을 통해서 모두 폭로하고 철저하게 이해 한 후 분리, 처리해야 한다고 발표하였다.

셋째, 봉건 시대의 박해 또는 압박 관계를 반영하는 제도를 폐지하였다(예: 현장 책임자 제도, 몸수색 제도 등). 1950년 초, 국무원 연료공업부는 〈전국 각 탄광의 현장 책임자 제도 폐지에 관한 통령〉을 발표하고, 전국의 각 광산에서 철저하게 현장 책임자 제도를 폐지하도록 명령하였다. 1950년 초, 전국 총노조 상무위원 확대 회의에서도 역시 전국 방직 노조 대표 회의에서 통과된 〈몸수색 제도 폐지에 관한 결의〉를 비준하고 실시하도록 하였다. 이러한 일련의 조치들은 노동자들이 기업의 주인으로서 적극적으로 역할을 할 수

5 역주: 1949~1952년에 마오쩌둥의 주도하에 이루어진 일종의 숙청 운동으로 ① 독직, ② 낭비, ③ 관료주의를 국가에 세 가지 해로운 것으로 규정하고 이에 해당하는 자를 선별하였다.

6 《1949~1952 중화인민공화국 경제 당안 자료 선편》(종합권), 중국물자출판사, 1996년판, pp. 237~243.

7 위의 책, p. 243.

있도록 하였다.

넷째, 공장 관리의 민주화를 실행하였다. 국영, 공공 기업은 반드시 공장장(혹은 경리[8]), 부공장장(혹은 부경리), 총엔지니어(혹은 주요 엔지니어) 및 기타 생산 책임자와 위의 직책에 상응하는 노동자 지원 대표로 구성되는 관리위원회를 조직하도록 하였다. 관리위원회의 임무는 상급 기업 대표 기관의 규정과 생산 계획 및 각종 지시 사항을 근거로 하여, 공장의 실제 상황에 결합하고 생산과 관리에 관한 주요 논제를 토론하고 결정하는 역할을 하는 것이며, 정기적인 검사와 모든 업무를 총괄하는 것이다. 공장장(혹은 경리)이 관리위원회의 주석을 담당하고, 관리위원회의 결의는 공장장(혹은 경리)이 명령을 반포함에 따라 실시되었다.

직원이 200명 이상인 국영 기업이나, 공기업 같은 경우에는 공장 직원 대표 회의를 조직하도록 하였다. 200명 이하인 공장은 대표자 회의를 만들 필요가 없으나 매달 전체 직원들을 모아 1회 혹은 2회 노조 회의를 해야 하며, 이는 노조의 주석이 모집하도록 하였다. 공장 직원 대표 회의는 관리 위원의 보고에 대한 토론, 관리위원회의 공장 경영 관리에 대해 검사를 할 권리가 있으며, 관리위원회에 대해 비판을 진행하고, 건의할 수 있게 하였다. 공장 직원 대표 회의는 공장 및 기업의 행정상 모든 결정을 내리며, 반드시 관리위원회의 비준을 받아야 하고, 공장장의 명령하에 반포된 후에 유효하였다.

1951년 2, 3월 중 재정위원회가 소집한 전국노동자회의에서 국유 공업 기업의 생산 행정 관리 작업 중에서 공장장이 책임제를 실시하도록 하지만, 공장장의 책임제는 반드시 민주화 관리와 결합되어 진행되어야 한다고 결정하였다. 같은 해 5월 당 중앙은 〈중국 공산당 중앙위원회 동북국 당의 국영 기업 지도에 관한 결의〉를 비준하였으며, 당의 공업을 관리하는 기본 사

8 역주: 중국에서의 경리는 한국 기업의 부장급에 해당한다.

상은 기업의 모든 작업이 반드시 노동자 계급의 사상에 따라야 함을 강조하였다.

국유 기업의 민주 개혁 작업은 1952년 '3반 운동'이 끝난 후에 기본적으로 완성되었다. 민주 개혁은 순결한 노동자 계급이 신형 기업 관리 제도와, 사람 간의 관계를 건설하고, 노동자가 적극성을 높이는 등의 방면에서 중요한 작용을 하였다.

② 생산 개혁

생산 개혁은 민주 개혁의 기초하에 진행되었다. 민주 개혁이 기본적으로 완성된 후, 개혁의 중심은 생산 개혁으로 이동하였다. 생산 개혁의 주요 내용은 다음과 같다.

첫째, 건강한 기업 관리 기구와 생산 책임제의 건설

건강한 기업 관리 기구를 건설하고, 과학적 분업을 실시하는 것은 공업 기업이 정상적인 생산을 하는 것의 기본 조건이나, 민국당 정부의 수중에서 이어져 내려온 국영 기업은 관리 기구가 건강하지 못하고, 과학적인 분업이 결여되어 있으며, 공업 발전의 요구에 적합하지 않았다. 그리하여 이 문제를 해결하는 것은 생산 개혁의 중요한 작업이 되었다. 방직공업부는 1950년 〈생산 책임제의 강화 및 건설에 관한 결정〉[9]을 발표하였으며, 각 항목의 책임 제도에 대해 명확하게 규정하였다.

둘째, 경제 채산 제도의 실시

경제 채산제는 국유 기업 관리의 기본 원칙이며, 각 기업의 경영 적극성과 책임감을 고조시키는 데 유리하여 노동 생산성을 높여준다. 정무원에서 1951년 4월 6일 통과시킨 〈1951년 국유 공업 생산 건설에 대한 결정〉에서 국가는 국영 기업에 대해 아래 다섯 가지 방법에 따라 경제 채산 제도를 실시

9 중국 사회과학원 공업경제연구소 자료 보편, 《중국 공업경제 법규 회편》(1949~1981), pp. 498~499.

하도록 규정하였다. ① 계획 관리의 실행 및 기업 생산 임무의 규정, ② 시스템의 검사 제도 건립, ③ 모든 기업의 고정 자산 및 유동 자산의 확립, ④ 독립 회계 제도의 실행, ⑤ 중국인민은행의 국영 기업에 대한 집중적인 모든 신용 대부가 그 다섯 가지 방법이었으며, 점진적으로 은행이 기업의 재무 활동에 대한 감시 작용을 늘려 각 기업의 지도자에게 책임을 지고 일을 완성하게 하고, 모든 기업의 잉여와 손해에 대해 책임지도록 하였다. 국가 균형 계획의 조건하에 기업은 계약제에 따라서 자발적으로 물건을 팔고, 원재료를 구매할 수 있게 하고, 공장 격려금 제도의 실시로 이미 자금이 확정되고 계획적인 생산이 가능한 기업에 대해서 계획을 초과한 이윤 중 일정한 비율을 기업이 가지도록 하며(이는 잉여 이윤의 30%를 초과하지 않음), 공장의 격려 기금으로 사용하도록 하였다.

셋째, 급여 제도의 개혁

급여 제도의 개혁으로 노동에 따라서 분배하는 원칙을 관철한다. 1952년 2월 7일 〈인민일보〉(人民日報)가 발표한 〈학회관리기업〉의 논단[10]에 의하면

"계획 경제를 실행함에 있어, 각 부문은 반드시 통일된 관리 및 생산 조직이 있어야 하며, 경제 채산, 업무 경영, 기업 관리, 급여 제도 등 각 방면에서 통일된 제도를 가져야 한다. 급여 제도의 불합리는 노동에 따른 분배 원칙에 부합되지 않을 뿐 아니라 각종 제도의 통일에도 커다란 장애가 된다, 그리하여 통일되고, 합리적이며, 과학적인 제도를 건설하는 것이 기업을 잘 관리하는 데 있어서 반드시 취해야 할 중요한 단계이다"

라고 밝혔다.

1952년 11월 7일 당 중앙이 급여에 대한 조정 방침에 대해 중요한 지시를 하였는데,

10 〈인민일보〉, 1952년 2월 7일.

"각 지방, 각 기업, 각 단위의 급여가 다르고, 이에 따라 많은 불공평, 불합리한 현상이 발견되며, 이는 생산과 단결을 극대화하는 데 영향이 있으므로 반드시 조정해야 한다. 급여를 조정하는 목적은 급여를 좀더 공평하고 합리적이게 하며, 생산을 발전시키고, 단결을 강화하기 위함이다. 조정하는 방법은 높은 급여는 높이지 말고, 낮은 급여를 높이되 낮은 급여를 높일 때에는 3년, 5년, 8년, 10년으로 단계를 나누어 높이도록 하며, 단기간 내에 완성되지 않도록 한다"

라고 하였다.

1951년 2, 3월간 정무원의 재정경제위원회는 급여 문제를 일부 지역에서부터 전국으로 점차적으로 정리하며 점차적으로 통일시키며 점차적으로 조정하는 방안을 제시하였다.

당 중앙이 위에서 서술한 제시들과 문서들에 의거하여, 전국 각지의 기업 단위들이 1951년과 1952년을 전후로 하여 1차 급여 개혁을 진행하였으며, 전국 범위에서 통일된 급여 제도를 실행하였다. 기업 노동자들은 5종 급여 표준의 8급 급여 제도를 실시하였으며, 기업과 국가 기관의 엔지니어 노동자들은 24급의 급여 제도를 실시하고, 기업과 국가 기관의 행정 인원은 31급의 급여 제도를 실시하였다.

넷째, 생산 경쟁 운동의 전개

물적 자본의 몰수와 민주 개혁, 생산 개혁을 통해 사회주의 국가의 실현과 노동자가 기업의 주인이 되도록 하였으며 노동의 적극성을 고무시키고 생산력의 경쟁을 전개하였다. 1949~1952년, 노동자들은 기계의 개선, 조작 방법의 개선, 노동 조직의 개선 등 각 방면에서 선진화되었으며, 합리적인 건의를 제시하였다. 이 3년간 합리화의 건의는 40만 건에 달하며, 이 중에 채용된 것은 24.1만 건에 달하였다.[11]

11 《중화인민공화국 3년 내의 위대한 성적》, 인민출판사, 1953년판, pp. 151~152.

표 2-1 1949~1952년 국유 공업의 생산액 성장

연도	생산액(억 위안)	성장 속도
1949	36.8	100.0
1950	62.5	169.8
1951	90.8	246.7
1952	142.6	387.5

자료 출처: 《중국통계연감》, 1984년, pp. 194~195.

생산 경쟁 운동의 합리적이고 자율적인 발전을 이끌기 위해, 정무원은 1951년 4월 〈1951년 국영 공업 생산 건의에 대한 결정〉을 통하여 경쟁의 내용은 반드시 생산 계획 완성과 연계하여야 한다고 제시하였다. 생산력 증가, 기술 발달, 도구 개선, 조작 방법의 개선과 노동조직 개선 등의 작업을 통해 생산력을 증가시켰다. 선진화된 생산자와 생산 조직의 경험을 전파하였고, 생산 경쟁 방식을 전개하였다. 경쟁 중에 각종 경영 관리 제도가 설립되고 다듬어졌으며, 새로운 기술 표준이 구축되었고, 경쟁 중에 합리적인 장려 제도가 마련되었다. 이러한 조치는 이 시기 생산 경쟁 운동의 건강한 발전을 촉진시켰다.

민주 개혁과 생산 개혁을 통하여, 중국 사회주의 국유 기업 관리 제도는 점차적으로 건설되었다. 이러한 개혁 조치 초기에는 기업 관리의 민주화와 노동 분배의 원칙에 따라 실시되었으며, 노동자들의 노동 적극성을 자극하였고, 큰 성과를 이루었다.

(3) 물가의 안정과 재정의 통일

1949년 3월 열린 7차 2중 전회[12]에서 중앙은 중앙재정경제위원회를 건설

12 역주: 중국에서 전국대표대회를 개최하지 않는 기간 중에 당의 최고 의사결정을 위하여 개최하는 회의로서 중앙위원회

하고, 이로 하여금 전국의 재정 작업을 일괄 지도하도록 결정하였다. 같은 해 7월 중앙재정경제위원회(이하 중재위)는 원 중국 공산당 중앙위원회 재정경제작업부와 화북 재정경제위원회의 합병을 기초로 설립되었다. 10월 중앙 인민 정부 성립 이후, 중재위원회는 중앙 인민 정부 정무원 소속의 위원회가 되었으며, 여전히 전국의 재정 작업을 균일하게 책임지는 작업을 맡았다. 천윈(陳雲)이 주임에 임명되었고, 보이뽀(薄一波)가 부주임에 임명되었다, 당시 저장대학 교장으로 임명된 당 외부의 경제학자 마인추(馬寅初) 또한 부주임으로 임명되었다. 당시 중재위가 관할하는 정무원에는 14개의 부서와 해관총서, 중국인민은행이 속해 있었다.

1949년 11월 1일, 중재위는 각 부의 업무 범위를 결정하였는데,

"채굴, 제조, 가공 등 공업 방면에 종사하는 기업은 국영 공업 기업 중 각 부가 직접 경영 관리하는 것을 제외하고, 기타 공동 경영, 지방 정부 경영, 개인 자본 경영 및 수공업 등의 공업 기업은 균일하게 각 부의 관리에 따른다"

라고 하였다.

업무 범위의 규정에서부터 볼 수 있듯이, 각종 경제 주체의 공업 생산은 모두 각 부의 관리에 따르도록 하였다. 중재위의 요구에 따라 각 공업 부문은 각자의 작업 조건 혹은 조직 조건을 제정하였고, 이 항목은 1950년 초에 완성되었는데, 이는 국가 경제 관리 기구의 초기 단계의 완성과 운행의 시작을 의미하였다.

1) 물가 안정

중재위 설립 이후 처음 주어진 중요한 임무는 금융 시장을 정리하고, 관

는 중국 공산당 전국대표대회에서 선출되며 임기는 5년이고 매년 반드시 1회 이상 개최하여야 한다. 이때 7기는 7차 전국대표대회에서 뽑힌 중앙위원회를 의미하고 2중 전회라는 것은 7기 중앙위원회의 두 번째 회의라는 것을 의미한다.

리하며 물가를 안정시키는 것이었다. 신중국 성립 초기, 전국이 아직 해방되지 않아 해방 전쟁이 진행되고 있을 때, 군사 비용으로 많은 돈이 들어갔는데, 1949년 군비 지출은 재정 수입의 절반에 달하였다. 그 밖에 인민 정부는 국민당 정부가 남기고 간 몇백만 군인과 정부 인원을 모두 포용하는 정책을 펼쳤는데, 중국 인민 정부의 군인과 정부 인원 또한 약 900여만 명에 달하였다. 또 교통, 공업, 광업 기업이 아직 완전하게 회복되지 않았고, 많은 실업 인구들이 시급히 구제를 요하고 있는 상태였기 때문에 국가 재정에 부담으로 작용하였다. 뿐만 아니라 당시는 국가의 재정 수입이 매우 열악한 상태였다. 넓은 새로운 해방 구역에 정상적인 세금을 걷는 작업이 아직 착수되지 않았고, 국영 기업이 큰 손해를 입고 회복 중이었기 때문에 납세 금액이 매우 적었다. 동시에 각 해방 구역의 재정 경제 관련 작업이 아직 통일되지 않았으며, 분산된 관리 시스템에 변화가 없었기 때문에 국가 대부분 수입은 지방에 의존하고 있었다. 이상의 각종 원인들로 국가 재정 수입은 균형을 이루지 못하였으며, 지출이 수입을 크게 상회하였다. 1949년 재정 수입은 곡식 303억 근[13] 정도였으나, 재정 지출은 567억 근에 달하였다. 국가는 어쩔 수 없이 임시적으로 은행 대출에 의존하였고, 지폐를 발행하여 이를 만회하였다. 동시에 투기 상인들은 혼란을 틈타 투기 거래를 하였고, 물가를 상승시켰다. 이는 시장의 혼란을 가중시켰으며, 물가를 더욱 상승시켰다. 그리하여 1949년은 국가 재정이 어려웠던 해이자 물가의 변동이 가장 심하였던 해이기도 하였다. 1949년에서 1950년 까지 중국은 모두 4차례 큰 폭의 물가 상승을 겪었다.

물가 상승의 시작은 1949년 4월이었다. 당시 북방 농업은 춘궁기에 처해 있었고 건조하고 비가 오지 않아 식량의 공급이 매우 어려운 상태였으나, 4

13 역주: 당시 중국의 도량형은 통일되지 않았으며 현재도 곡식이나 고기 등의 무게를 잴 때 근의 단위를 많이 사용한다. 이때 근은 500g을 의미한다.

월 21일 마오쩌둥(毛澤東)은 전국에 진군 명령을 발표하였다. 진군 전에 식량과 군비를 모았으며, 재정 지출을 늘렸다. 4월 말 인민폐 발행량은 1월 말에 비하여 4배나 증가하였다. 화북 지역 4월의 물가는 1948년 12월에 비해 2.14배가 증가하였다. 물가 상승을 억제하기 위하여 정부는 식량 운송의 해결책을 강화하였으며, 법을 통해 유휴 자금을 거둬들여, 긴축 통화를 실시하였다. 이에 5월 중순까지 베이징, 톈진, 화북 지역까지 점차적으로 물가가 안정되었다.

두 번째 물가 상승은 해방 전쟁이 진행됨에 따라 군비용 지출이 늘어나게 되어 1949년 6월 발생하였는데, 인민폐 발행이 증가하여 7월 말 구화폐의 발행액이 2,800억 위안에 달하였다. 이는 1948년 말의 15배가 넘는 수치였으며, 대부분이 대도시 지역에 집중되어 물가 상승을 피할 수 없게 되었다. 투기 중심 지역인 상하이에서는 이러한 현상이 더욱 극심하였는데, 6월 21일부터 25일 사이에 방적용 실의 가격 상승폭은 34%에 달하였고, 6월 25일부터 30일 사이에 쌀 가격의 상승폭은 69%, 7월 11일부터 16일 사이에 쌀 가격의 상승폭은 96%에 이르렀다. 투기 자본이 북쪽으로 점차 이동해감에 따라 베이징, 톈진의 물가 역시 극심하게 상승하여 7월 말 두 지역의 물가 지수는 6월보다 3배나 상승하였다. 식량과 방적용 실 가격의 상승을 막기 위해, 정부는 각 지역에서 물자를 조달해 오는 것과 동시에 다음의 조치를 취하였다. 국영 무역 회사의 물자 덤핑을 통하여 시장의 공급과 수요를 조절하고, 지출을 제어하며, 수입을 조절하였고, 각 정부 기관을 동원하여 절약을 단행하고 시장 관리를 강화하였으며, 상품 교역이 집중되는 도매 시장으로 하여금 동일한 시간에 교역을 시작하도록 하였고, 거래 성립 등기와 당일 결제 등의 제도를 실시하여 쌀의 배급 판매를 실시하였다. 그리고 금융 투기 세력에 대해 유명한 '은화 전쟁'[14]을 전개하였다. 이러한 조치는 투기 세력에게 커다

14 1948년 11월, 산해관 서쪽 지역의 각 해방 구역의 화북은행, 북해은행, 서북농민은행이 합병하여 중국인민은행이 생겨

란 타격을 입혔고, 7월 하반기부터 물가가 점차 하락하기 시작하였다.

세 번째 물가 상승은 1949년 11월에 발생하였다. 해방군이 서남, 화남으로 신속히 진군함에 따라 군비 지출과 공무원, 교원의 수가 증가하였고, 추수 후 또 다시 곡물과 면화를 구입하여야 하였다. 10월 말 인민폐의 발행 누계는 7월에 비해 3배 이상 증가하였는데, 11월 말에는 6배 이상을 더 발행하였다. 그러나 물자 공급은 여전히 부족하였고, 투기상들로 인해 물가는 상승하였다. 11월 15일 상하이, 톈진을 선두로 화중 서북의 물가가 점진적으로 상승하였으며, 전국의 화폐 가치가 크게 떨어지고 물가는 계속 상승하였다. 투기상들은 금과 은, 외환, 오금, 화공 원료, 면, 식량 등의 상품을 사재기하였고, 전국적으로 최대 규모의 가격 상승이 일어났다. 7월 물가를 기초로 하여 12월 10일에 상하이, 톈진, 한코우(漢口), 시안(西安) 4개 대도시의 물가는 평균적으로 3.2배 상승하였는데, 물가 상승률이 가장 높은 곳은 스자좡(石家莊)으로 1949년 12월 물가 지수는 8,600.6포인트 상승하였으며, 제일 낮은 곳

났으며, 12월 1일부터 인민폐 발행을 실시하였다. 모든 도시가 해방 된 후, 인민 정부는 즉시 지정된 기간 내에 국민당 정부가 발행한 금원권을 사들여 인민폐로 교환하였으며 인민폐가 신속히 시장에 퍼지도록 하였다. 하지만, 개방 전의 심각한 인플레이션으로 인해 상당한 범위 내로 은화와 외국 화폐가 실질적인 유통 수단으로서 통용되었다. 해방 초의 물가는 여전히 불안정하였고 투기 세력은 이 기회를 이용해 또 다시 행동하기 시작하였다. 그로 인해 은화와 외국 화폐가 통용되는 상황이 계속 유지되었으며, 인민폐의 유통과 도시, 농촌의 물자 교류의 정상적인 발전이 저해되었다. 그로 인하여 각 지역의 군사 관제 기구와 인민 정부에서 일제히 통용되는 외국 화폐에 관한 관리 방법을 하달하고, 통용되는 외국 화폐의 자유로운 유통을 금지하였으며, 중국인민은행에서는 실물 가격으로 환산해 주는 예금을 개설하고 통용되는 외국 화폐의 태환을 공시하였다.

그러나 일부분 투기 상인들은 이러한 정부의 법령을 무시하였고, 상하이의 투기상들은 오히려 해방군이 상하이에 들어올 수는 있어도 인민폐는 상하이에 들어올 수 없다고 발표하였다. 그들은 공공연히 길거리에서 은화를 매매하려 하였고, 인민폐의 사용을 거부하였으며 앞다투어 물가를 상승시켰다. 화폐와 물가를 안정시키고 외국 화폐의 시장으로의 우통을 저지하기 위하여 각 지방 정부는 먼저 단호한 조치를 실행할 것을 권고하였다.

1949년 6월 10일 상하이 시 군사관제회는 외국 화폐 투기의 근거지인 '증권빌딩'을 차압하였고, 시장을 조종하고 금융 질서를 위해한 주모자 238명을 체포하여 법으로 처벌하였다.

우한 시 인민 정부 역시 외환 투기 주모자 200여 명을 체포하였다. 그 밖에 개인 금융 기구의 관리를 강화하고, 개인이 운영하는 은행과 금융 기관의 업무가 국가 은행 통제 아래에 있도록 하였으며, 전문적으로 고리대금업을 운영하는 지하 금융 기구 등 비합법적인 신용 기구들을 엄격히 단속하였다. 광저우 시 인민 정부는 즉시 비합법적인 투기업에 종사하는 지하 금융 기관 87곳과 금융 질서를 어지럽히는 길거리 환전소 377곳을 단속하였다. 이것이 바로 해방 초기의 유명한 '은화 전쟁'이다.

경제 영역의 이러한 투쟁은 투기 자본 세력에 큰 타격을 주었으며, 대체적으로 화폐 투기 활동을 효과적으로 막았다.

은 정저우(鄭州)로 6,683.3포인트 상승하였다. 상하이는 해방 이후 6월에서 12월까지 물가가 8.98배 상승하였고, 톈진은 3월 기준으로 연말 35.18배 상승하였다. 이번 물가 상승은 1949년 이후에 가장 심하였고, 지속된 시간이 가장 길었으며, 가장 광범위한 지역에서 발생하였다.

투기 세력을 공격하기 위하여 중재위의 통일된 지휘하에 전국에서 식량과 면 등 중요한 물자가 모아지고 운반되었다. 11월 15일에서 30일까지 매일 동북에서부터 5,000~6,000톤의 식량이 운반되어, 베이징, 톈진 지역의 수요에 대비하였다. 한코우 및 후난(湖南), 광둥 지역의 면 공급을 보호하기 위해서 사람들을 상하이, 인허(銀河) 두 지역으로 보내어 면의 재고량을 조정하였으며, 화중의 면화가 동으로 운반되는 것을 독촉하였다. 룽(隴) 지방[15] 해안선에 보관되어 있는 면을 최대한 빠르게 시안으로 이동시켰다. 11월 16일부터 30일까지 재정부가 무역부에게 지불한 1.5억 톤 현물세를 통하여 더스루(德石路) 북쪽에서부터 핑웬(平原) 성 면산지에 이르기까지 식량 판매가 될 수 있도록 하였다. 이후 11월 25일부터, 전국 각 대도시에서 국영 상업 기구는 물가가 상승하기 시작할 때 일률적으로 대량의 상품을 방출하게 함으로써 26일부터 물가가 떨어지기 시작하였다. 10일 연속으로 계속된 상품의 방출은 물가를 대폭 하락시켰으며, 물가 상승을 억제하였고 투기 자금은 큰 공격을 받았다. 이것이 해방 초기의 유명한 '곡물과 면화 전쟁'이다.

이외에 통화 긴축 정책을 펼쳤다. 이를 위해 실물 가격으로 환산한 공채를 발행하여 현금의 발행 및 유통을 감소시켰고, 일시적으로 아직 시장에 진입하지 않은 인민폐를 동결시켰다. 또 일시적으로 대출을 금지하고 만기된 대출금을 회수하였다. 지방의 경비를 15일 또는 20일 가량 늦게 집행하였는데, 이때 지방 재정 균형을 위해 균일하게 15일 또는 20일 가량 일괄적으로 집행을 연기하였다. 공업이나 광산에 투자하였던 자금을 회수하였으며 중

15 역주: 롱샨(隴山) 은 간쑤(甘肅) 성과 산시(陝西) 성의 경계에 있는 산의 이름으로 두 성의 경계 지역을 통칭한다.

재위가 인정한 자를 제외하고 일률적이고 일시적인 지불을 금지하며, 11월 25일 전후로 화폐 유통을 축소시키는 작용을 하는 세금을 징수하기 시작하였다. 이러한 조치는 효과적으로 시장의 화폐 유통량을 감소시켰으며, 물가를 안정시켰고, 통화 팽창을 억제하는 데 큰 작용을 하였다. 이와 동시에 인민 정부는 공·상업 등기법을 실시하여 정권의 힘으로 시장 가격을 관리하였으며, 매입을 관리하고, 투기 활동을 단속하였으며, 행정과 입법 수단을 통한 시장 관리를 이용해 불법 상인들의 투기 활동에 큰 손실을 입혔다.

네 번째 물가 상승은 1950년 2월 16일 설 전날이었다. 당시 인민해방전쟁은 이미 막바지에 달하였으나, 군비는 여전히 축소되지 않았고, 정부가 부담하고 있는 공무원의 수는 매우 많았기 때문에 적자는 여전히 화폐 발행을 통해 해소해야 하였고, 물가는 비교적 완만하게 상승하였다. 2월 6일, 국민당이 상하이를 폭격함에 따라 발전소가 커다란 피해를 입었고, 공장의 생산이 멈춤으로써 설날 전 소비품의 공급이 부족하게 되었다. 그러자 투기 자본가들은 소비품의 사재기를 시작하였고, 또 한번 전국적인 물가 상승이 일어났다.

그러나 정부가 1949년 12월 미리 대비한 덕분에 중남부와 서남 등의 지역에서 3.5억 근의 곡식이 상하이로 왔으며, 앞서 몇 차례의 투기 세력과의 투쟁 경험으로 물가는 매우 빠르게 안정되었다. 1949년 12월의 물가 수준을 100이라 하였을 때, 1950년 1월은 126.6, 2월은 큰 폭으로 상승하여 203.3, 3월까지 지속적으로 상승하여 226.3까지 올랐으나, 이후 물가는 대체적으로 안정되어서 4월에는 169.9까지 안정되었다가 12월에 이르러 투기 자본은 공격을 받아 시장을 조정하고 물가를 좌우하는 능력을 잃게 되었다. 반대로 사회주의 국영 경제는 시장과 물가를 이끄는 힘을 얻게 되었다.

이렇듯 신중국은 제국주의의 봉쇄, 국민당 잔여 세력의 파괴와 교란, 자연재해가 심각한 상황에서, 채 1년이 안 되는 시간 내에 전국의 재정 경제를 통일시키고, 구중국의 12년 동안 계속된 악성 통화 팽창을 억제하는 위대한 승리를 거두었다, 마오쩌둥은 이를

"회해전쟁에 버금간다"[16]

라고 평가하였다.

2) 재정의 통일

신중국 건립 초기, 국가 재정 경제 관리는 매우 혼란스러운 상황이었다. 기본적으로 국가 재정 수지 불균형, 막대한 재정 적자, 통화 팽창, 물가 불안 등의 문제를 해결해야 하였으므로, 우선 국민 경제의 초반 안정화를 이루고, 인민 정부가 투기 자본과의 전쟁에서 승리한 이후 국가 재정 경제 관리를 통일하는 작업에 착수하였다.

인민 정부는 1950년 3월 3일 〈국가 재정 경제 통일 작업에 관한 결정〉을 반포하였고, 전국 재정 수지, 물자 관리 및 배치, 현금 사용에 통일된 관리를 실행하였다. 천윈은 이 문서의 기본 정신은

"지출, 적자를 줄이고, 수입은 늘리며, 관리를 통일시키고, 국가 재정 경제가 호전되는 상황을 쟁취하도록 한다"[17]

라고 하였다.

이러한 결정적인 발표는 중국 재정 경제에 관한 작업이 새로운 시기에 접어들었으며, 분산된 관리가 기본적으로 통일된 관리로 접어든 시기임을 표명하였다. 통일된 재정 수행 결정의 철저한 실행을 위해서 중앙 인민 정부 정무원은 연이어 몇 가지 결정을 내렸다.

첫째, 전국 재정 수지의 통일

16 보이뽀, 《중대한 정책 결정과 사건의 회고》, 상권, 중공중앙당교출판사, 1991년판, p. 89.

17 《중화인민공화국 경제 대사기 1949~1984년 9월》, 북경출판사, 1985년판, p. 10.

정무원은 중앙 인민 정부로 하여금 국가 재정 수지를 통일하기로 결정하였다. 재정 수입 방면에서, 중앙과 지방 사이의 세금 징수권을 분할하였고, 전국의 창고 물자 관리 및 배치 위원회를 설립하였으며, 모든 창고 물자를 모아서 정리한 이후, 중재위에서 균일하게 관리하고 배치하며 합리적으로 사용하도록 하였다. 재정 지출 방면에 있어서는, 절약 원칙을 고수하도록 하며, 전국 편성과 공급의 표준을 통일하고, 비대한 기구와 일에 비해 인원과다 현상을 개선시켰으며, 타인을 사칭하여 거짓으로 보고하는 현상을 막았다.

둘째, 전국 무역의 통일

각지 국영 무역 기구의 자금, 업무 계획, 상품 관리 및 배치는 중앙 무역부에서 통일적으로 관리하도록 하고, 지방은 이에 간섭하지 못하도록 하였다. 모든 부대, 기관은 독단적인 경영 및 상업 활동을 할 수 없으며, 국가가 일률적으로 배정하도록 하였다.

셋째, 전국 현금 관리의 통일

중국인민은행을 국가 현금 관리 및 배치의 종합 기구로 지정하고, 외환 공정 가격과 외환 관리 및 배치를 중국인민은행이 일률적으로 관리하여, 모든 군정 기관과 국영 기업들의 현금을 규정에 따라 곧 사용할 약간의 금액을 제외하고는 일률적으로 국가의 은행이 보관하도록 하였으며, 개인 대출을 금지하고, 개인 금고 또는 전장에서의 보관을 금하였다. 각 단위 간의 재무는 대체 수표를 통해 결제하도록 하였고, 국가 은행은 대량의 기업 예금을 받아들였다.

재정 경제를 통일하는 작업은, 전당 전국 인민의 지지를 받으며 매우 빠른 성과를 이루었다. 1950년 4월 13일 천윈은 〈재정과 곡식의 상황에 대한 보고〉에서

“재정 수지는 이미 거의 평형을 이루었으며, 이는 작년과 기본적으로 매

우 다른 점이다"
라고 하였다.

1951년까지 국가 재정 적자를 소멸시켰으며, 흑자 10.6억 위안을 기록하였다. 또한 1952년에 지속적으로 7.7억 위안이 흑자로 남았다. 재정 수지가 기본적으로 평형을 이룬 상태에서 통화 팽창이 소멸되었으며, 금융과 물가는 점차적으로 안정되었다. 생산과 생활에 필요한 물자는 동일한 부서에서 공급을 보장할 수 있었고, 수요를 만족시켰다.

(4) 공 · 상업의 조정

1950년 3월 이후 민족 자본주의 공 · 상업이 생산과 경영 방면에서 새로운 어려움에 접어들었다. 따라서 1950년 6월, 중공 7회 3중 전회에서 민족 자본주의 공 · 상업 정리 방침을 내놓았다.

1) 민족 자본주의 공 · 상업에 찾아온 첫 위기

신중국 건립 초기, 중국 인민 정부는 〈공동 강령〉 중 개인 공 · 상업 안정화 정책을 철저히 실행하였으며, 투기 자본을 공격하는 동시에, 국가 경제 및 민생에 도움이 되는 정당한 공 · 상업에 대해서는 적극적인 지지를 표하고, 회복과 발전을 가속시켰다. 통계에 따르면 1949년 각 대도시의 민족 자본주의 공 · 상업의 대출은 국가 공 · 상업 대출 총액의 20~25%에 달하였으며, 국가는 가공, 물품 주문, 구매 등 다양한 방법으로 개인 공 · 상업의 생산력 회복을 보조하였다. 국가의 커다란 지지와 도움으로, 개인 공 · 상업의 생산과 경영 상태는 호전되었다.

시장이 안정되고 국가 재정 경제 상황이 호전됨에 따라, 이전 통화 팽창 당시 존재하던 허위 구매력은 사라졌다. 반면 기존 식민지 경제 발전에 알맞은 약간의 공 · 상업, 특히 상품이 개인의 수요에 적합하지 않은 상품의 판매에 어려움을 겪기 시작하였다. 많은 개인 기업의 기구가 비대하였고, 관리가 적합하지 않았다. 이 밖에도, 특정 직업은 내부적이고 맹목적인 경쟁이 존재하고 있었다. 이러한 현상은 1950년 3월 이후 민족 자본주의 공 · 상업의 생산과 경영에 있어서 커다란 어려움을 유발시켰다. 대표적인 현상으로는 상품의 판매와 생산이 부진하였다. 많은 공장, 은행, 상점이 파업하였고 노동자들의 실업이 심각하였다. 이는 국민 경제 회복에 커다란 어려움을 형성하였고 다수의 인민들이 불만을 표하기 시작하였다. 민족 자본주의 공 · 상업이 이러한 어려움에서 벗어나게 하기 위해서, 사회주의 국영 경제의 지도하에서 국민 경제의 회복과 발전을 이루기 위하여, 중국 공산당 중앙위원회와 인민 정부는 민족 자본주의 상업에 대한 조정을 결정하였다.

1950년 4월 13일, 중앙 인민 정부는 제7차 위원회 회의를 열고 이 회의에서 적절한 조치를 취해 민족 자본주의 공 · 상업을 어려움을 해결하기로 결정하였다. 마오쩌둥은 이 회의에서 중요한 발언을 하였는데, 그의 주장은 이후 몇 개월간의 정부 재정 업무의 중점으로 국영 기업, 개인 기업 및 공사 기업 각 부문의 상호 관계 방면에 관한 것이었다. 공동 강령에서 규정된 공사 양쪽을 고루 돌보는 것의 원칙을 관철시켜야 할 것이며, 이에 따라 생겨난 혼란한 사상을 평정해야 한다는 것이 그 골자였다.

같은 해 6월 6일, 중국 공산당 중앙위원회는 7회 3중 전회를 열었으며, 회의의 중요한 안건은 합리적인 공 · 상업 조정에 대한 연구였다. 마오쩌둥은 회의에서 〈국가 재정 경제 상황의 호전을 이루기 위한 싸움〉이라는 서면 보고를 하였으며

"다방면의 공격은 불필요하다"

라는 중요한 발언을 하였다.

이는 전략에서부터 공 · 상업 조정의 중요한 의미를 천명하였다. 그는

“여러 방면의 일을 통일적으로 계획하고 돌보는 방침 아래, 경제에 있어 맹목적이고 무정부 상태인 것들을 점진적으로 소멸시키고, 합리적으로 현재의 공 · 상업을 조정하며, 기업 관계와 노동자, 자본가의 관계를 확실하고 적절하게 개선하여, 각종 사회 경제 주체를 사회주의 성질을 지니고 있는 국영 경제의 지도하에 분담하고 협조하게 하여, 각자 자기가 있을 자리에 있으며, 이로 하여금 전체 사회 경제의 회복과 발전을 촉진시킨다. 혹자들은 자본주의를 앞당겨 소멸시키고 사회주의 실행을 할 수 있을 것이라고 생각하지만, 이러한 생각은 잘못된 것이며 우리나라(중국)의 상황에 적합하지 않다”

라고 하였으며, 또 그는 강조하여 주장하기를

“민족 자본 계급은 곧 소멸될 것이나, 현재는 그들을 결합시켜 우리 옆에 두어야 할 것이며, 그들을 밀어내지 말아야 할 것이다”

라고 하였다.[18]

토론을 통하여 중공 7회 3중 전회는 합리적인 민족 자본주의 공 · 상업의 조정을 정식으로 채택하였고, 국가 재정 경제 상태 호전의 세 가지 항목 중 기본 조건의 하나로 넣었으며, 당과 전 국민들에게 국민 경제 회복기의 여덟 가지 중요한 작업 항목으로 발표하였다. 당의 7회 3중 전회 이후 공 · 상업을 조정하는 작업이 전국적인 범위에서 전면적으로 전개되었다.

2) 민족 자본주의 공 · 상업에 대한 조정

민족 자본주의 공 · 상업의 조정은 실제로 국영 경제가 이미 국민 경제의 명맥을 제어하고 있으며, 주요 물자들을 가지고 있고, 시장 물가의 지도

18 《건국 이래 마오쩌둥 문고》, 제1편, 인민출판사, 1987년판, p. 394.

권을 장악하고 있는 조건하에서, 국가가 여러 방면의 일을 통일적으로 계획하고 돌보는 원칙을 토대로 하였다. 이때의 조정은 경영 범위, 원료의 제공, 판매 시장, 노동 조건, 재정 금융 정책 등의 방면에서 민족 자본주의 공 · 상업에 대해 필요한 도움을 주고, 가공, 주문, 판매, 일괄 구매, 일괄 판매뿐 아니라 국영 기업이 제공한 상품을 개인 소매점에게 위탁하여 중개 판매를 시키는 등의 방식을 채용하여, 민족 자본주의 공 · 상업의 생산과 판매를 대체적으로 궤도에 오르게 하였으며, 경제 활동 중단 상황에서 벗어나게 하였고, 생산의 증가, 도시와 농촌 간의 교류 촉진과 경제 회복을 이루었으며 정당한 이윤을 얻게 하였다.

① 가공: 국영 기업(혹은 국가의 기타 단위)과 개인 공장이 계약을 통하여, 원료나 중간재를 공급하고, 규정에 따라 규격, 질량, 수량과 납품 일시에 맞추어 생산과 가공을 그들에게 대리시킨다. 가공된 상품은 전부 다음의 대리 단위르 넘어가며, 가공 단위는 규정에 따라서 가공비를 얻을 수 있었는데, 일반적으로 급여와 영업세, 합리 이윤과 기타 합리 비용이 포함되었다.

② 주문: 국영 기업(혹은 국가의 기타 단위)은 필요한 상품의 규격, 질량, 수량, 납품 일시와 합리적인 가격을 규정하고 개인 공장에 제품을 주문하며, 개인 공장은 규정된 요구에 따라 생산을 진행한다. 주문 가격은 제품의 합리적인 원가와 영업세와 합리 이윤을 포함하고 있다.

③ 일괄 구매: 국가 경제 또는 민생과 관련된 중요한 상품은, 국영 상업 부문이 합리적인 가격으로 일괄 수매하도록 법으로 규정한다.

④ 일괄 판매: 국영 상업 부문이 개인 공장에게 상품의 규격, 질량, 합리적인 가격을 규정하고, 일정한 시기 내에 전부 혹은 부분의 상품을 구입하거나 판매한다.

⑤ 중개 판매: 개인 공장이 국영 상업 전체 혹은 상품 대부분의 근원을

장악하고, 국영 상업의 공급 계획에 따라 현금으로 상품을 구매하되, 규정된 공급 방법과 공정 가격으로 물건을 판매하여, 도매와 소매의 차액에서 수익을 낸다.

⑥ 대리 판매: 국영 상업이 상품을 개인 상업자에게 대리하여 위탁하고, 개인 상업자는 국영 상업의 공급 계획과 규정된 공정 가격으로 판매하며, 대리 업무를 받은 개인상은 국영상에게 일정 금액의 보증금을 주어야 한다. 개인 상업자는 중개와 대리 상품을 다시 자유 시장에서 판매할 수 없다.

민족 자본주의 공 · 상업 조정은 기업 관계, 노동자와 자본 계급, 생산과 판매 간의 조정의 세 가지 주요 내용을 포함하였다. 그 중 기업 관계의 조정이 핵심이었다.

① 기업 관계의 조정

기업 관계의 조정은 국영 경제 지도자의 지위 그리고 국영 경제와 개인 자본주의 경제 간의 합리적인 분업을 확실히 하였다. 국가는 각 방면의 정책적 혜택을 통하여 개인 자본주의 경제를 지원해주었으며, 그들이 처해 있는 어려움을 넘길 수 있도록 도움을 주었고, 국영 경제의 주도하에 발전하도록 하였으며, 민생에 이익이 되는 작용을 하였다.

기업 관계의 조정에서 민족 공업과 상업 간의 정책은 다른 점이 있었다. 공업 방면을 조정할 때에 취한 조치 중 중요한 것은 가공, 주문이었다. 가공, 주문은 개인 자본주의 생산 능력을 이용할 수 있고, 맹목적인 생산을 제한할 수 있으며, 생산의 회복과 발전에 도움이 되었고, 동시에 국영 상업의 물자 역량을 충실하게 하여 시장을 조절하였다. 1950년 전국의 개인 공업 생산액 중 가공, 주문, 일괄 판매 구입 부분이 차지하는 비중은 이미 27.3%에 달하였으며, 1949년과 비교해서 11.5%에서 15.8%로 증가하였다. 이 중에 면방직업이 개인 공업 생산액에서 차지하는 비중은 거의 1/3이었으며, 1950년 하반기에 면방직업이 국가 가공 부문에서 점유하는 생산력은 70% 이상이었다. 1951년 1월, 중재위가 〈일괄 수매 면방에 관한 결정〉을 발표한 후, 개인 면방직 공장의 생산은 전부 국가 계획의 궤도 안에 들게 되었다. 상업 방면에서 주요한 것은 상업 기업의 경영 범위와 가격이었다. 경영 범위에 있어 국영 상업이 도매에 중점을 둔다고 규정하고, 시장의 조절과 물가 안정에 힘을 쏟았으며 소매 방면에서는 일시적으로 중요한 생필품만 취급하도록 하였다. 가격 방면에서 중요한 것은 상품의 도매와 소매 가격의 차이를 적절히 조절하는 것이었다. 예를 들어, 무명천은 도 · 소매의 가격 차이를 4%에서 9.3%로 증가시키며, 면방의 도매와 소매 차이는 2.9%로 조정하였다. 그 밖에도, 국영 은행은 개인 공 · 상업에 대출을 해주었으며, 두 차례 연속으로 이자율을 축소하여, 개인 공 · 상업 자금의 유통을 도왔다.

이 때 강조되어야 할 점은 공 · 상업의 조정 조치에 있어, 가공, 주문, 일괄 구매의 세 가지 방법은 특별히 중요한 의미를 지닌다는 것이었다. 국가는 이 세 가지 방법을 통해서, 원료와 제품 판매에서 자본주의 공업과 시장의 연결을 단절시키고, 자본주의 공업으로 하여금 오직 국가의 수요에만 맞추어 생산을 진행하게 하였다. 그리하여 가공, 주문, 일괄 구매는 국가가 개인 자본주의를 사회주의로 개조하는 일종의 초반 형식으로 볼 수 있었으며, 국가는 가공, 주문, 일괄 구매를 통해서 개인 공업 생산을 국가 계획의 궤도에 오르게 하였다.

② 노동자와 자본가의 관계 조정

노동자와 자본가의 관계 조정에 있어 중점은 당시의 조건하에서 올바른 관계를 정립하는 것이었다. 당시 노동자 계급은 이미 국가의 지도자 계급이었지만, 개인 기업 중에는 아직도 피착취 계급에 처해 있었으며, 몇몇 자본가는 아직도 노동자의 민주 권리를 인정해 주지 않았다. 그리하여 노동자와 자본가 사이의 관계를 조정할 필요가 있었다.

당시 노동자와 자본가의 관계 조정의 기본 원리는 ① 개인 기업은 노동자의 민주 권리를 반드시 보장해야 한다. ② 생산에 반드시 유리해야 한다. ③ 노동자와 자본가의 문제는 노동자와 자본가 쌍방의 협상에 의해 해결하며, 이후 더욱 안정된 계약 관계를 맺고, 협상이 결렬되었을 때에는 정부가 나서서 중재하도록 한다. 위와 같은 3가지 원칙을 기본으로 하였다. 결론적으로, 노동자와 자본가 쌍방의 이익이 되도록 하며, 노동자의 이익을 보장하고 자본가가 합리적인 이윤을 얻도록 하여 생산 발전을 회복하도록 한다는 것이었다.

1950년 4월 말 노동부는 〈개인 기업 중 노동자와 자본가 협상 회의에 관한 지시〉를 공표하고, 각 지역은 노동자와 자본가 쌍방의 이익과 민주 원리를 근본으로, 노동자와 자본가 쌍방의 동등한 수의 대표를 뽑아 노동자-자본가 협상 회의를 조직하고 이를 통해 기업에서의 노동자와 자본가 문제를 해결하도록 하였다. 각 지역 노조의 추진하에 노동자-자본가의 협상 회의의 설립은 매우 빨랐다. 예로 상하이는 5월 말에 93개의 노동자-자본가 협상 회의가 있었는데, 6월 20일에는 251개로 늘어났으며, 몇몇 기업들은 노동자-자본가 단체 계약을 체결하였다.

③ 생산과 판매 관계의 조정

생산과 판매 관계의 조정은, 국영 경제의 지휘하에, 각 직업 간 내부 관계 및 각 직업 간의 협조를 통해서, 자본주의 공 · 상업이 생산과 경영에 있어 무정부 상태를 극복하고, 직업에 따라 계획적인 생산을 진행하며, 생산과 판매 간의 평형을 이루게 하는 것이었다.

1950년 6~9월 사이에, 정부의 관련 부문은 기업 대표들이 함께 참가하는 전국적인 전문 회의를 열었다. 이 회의를 통하여 기업 대표는 쌍방 협상으로 기업 관계 중에 존재하는 문제를 해결하며, 구체적으로 각 직업 간, 기업 분업 합작의 원칙 및 생산과 판매 계획을 규정하였다. 개인 기업의 판매 활동을 좀더 규범화하기 위해, 1950년 개인 기업으로 하여금 정부가 제정한 생산, 소비 계획을 존중하며 따르고 집행하도록 요구하였고, 이를 통해 맹목적인 생산을 개선하고 생산, 소비 관계를 조정하고자 하였다. 이 조례에서는 개인 기업의 심사 비준 등 기업의 내 · 외부 관계의 구체적인 규정을 등재하였다. 다시 말하면 생산, 소비 관계를 조정하는 것은 국가 경제와 국민 생활에 이득이 되는 기업을 돕는 것이며, 불합리한 구식 경제 구조를 개조하고 효과적인 역할을 하도록 하는 것이었다.

결론적으로, 민족 자본주의 공 · 상업의 조정은 국민 경제의 회복과 발전을 촉진시켰으며, 가공, 주문, 일괄 구매 및 일괄 판매, 중개 판매 및 대리 판매를 주요 형식으로 초기 형태의 국가 자본주의는 확연한 발전을 이루게 되었고, 이후 민족 자본주의 공 · 상업이 사회주의로 변화하는 데 있어 기초를 마련하였다.

3) 민족 자본주의 공 · 상업 조정의 성과

1950년 민족 자본주의 공 · 상업의 조정 작업은 매우 빠르게 확연한 성과를 얻었으며, 중국의 재정 상황은 빠른 속도로 호전되었다.

반 년이 안 되는 기간 동안, 민족 자본주의 공 · 상업은 정상적인 생산과 경영을 회복하였고, 도시 시장은 번영하였다. 민족 자본주의 공 · 상업의 생산 능력이 빨리 회복되었으며, 폐업하는 업체에 비해 개업하는 업체의 수가 훨씬 많았다. 각지의 시장은 나날이 활력을 되찾았고, 교역액은 증가하였다. 공 · 상업의 회복과 발전의 선도하에 금융 교역도 점차 활력을 되찾았으며,

표 2-2 상하이 시 1950년 4~12월 주요 공업품 생산량 지수의 변화 추이(1월 생산량=100)

상품 종류	1월분	4월분	8월분	12월분
무명실	100	94	106	176
모사	100	75	104	319
밀가루	100	19	98	127
화학접착제	100	59	87	161
염료 및 안료	100	61	160	113
유리	100	60	221	292
시멘트	100	113	247	413

자료 출처: 쑨화이런(孫懷人), 《상하이 사회주의 경제 건설 발전 간사(1948~1985년)》, 상해인민출판사, 1990년판, p. 64.

국가 세수입 또한 증가하였다. 1950년 10월과 4월을 비교하면, 전국 7개의 대도시 공사 합동 영업 및 개인 기업의 예금액이 80% 증가하였다. 또한 전국 10개 대도시의 민족 자본주의 공 · 상업의 세금 통계에 따르면, 1950년 제3, 4분기와 제1분기의 세수입은 각각 90%와 80% 증가하였다.[19]

민족 자본주의 공 · 상업의 조정을 통하여, 중국의 국민 경제는 산업 구조, 기업 경영 관리 등의 방면에서 커다란 변화가 발생하였다. 하지만 바로 한국전쟁이 발발하였기 때문에 조정 작업은 결국 지속할 수 없었으며, 몇몇의 문제점은 아직 해결되지 않았고, 이후의 작업에 어려움을 더해주었다.

(5) 3반과 5반 운동

1) 3반 운동

빠르게는 민주 혁명 시기, 마오쩌둥은 혁명 승리 이후 집정당 건설 문제

19 동푸렁(董輔礽), 《중화인민공화국 경제사》(상), 경제과학출판사, 1999년판, p. 62.

에 대하여 고민하기 시작하였다. 연안 정풍 시기에 궈주(郭洙)는 《갑신 300년제》를 집필하였고, 마오쩌둥은 특별히 이 문장을 정풍 관련 필독 문헌에 들게 하였으며, 당의 고위 간부들에게 반복하여 읽게 하였는데, 목적은 바로 당 전체가 이자성의 교훈을 경계로 하여, 통일에 따른 잘못을 방지하는 데 있었다.[20]

"내가 태어난 지 60여 년이 되었다. 들은 것은 말하지 않으며, 직접 본 것만을 말한다. '흥하는 것도 갑자기 발흥하며, 망하는 것도 돌연 일어난다'. 한 사람, 한 가장, 한 단체, 한 지역, 한 나라에 이르기까지, 많은 단위가 모두 이 주기율의 지배력을 벗어날 수 없다."

이는 1945년, 유명한 민주 인사 황옌(黃炎)이 연안을 방문하였을 때 하였던 말로, 마오쩌둥 또한 이를 중시하였다.

1949년 3월, 마오쩌둥은 당의 7회 2중 전회에서 전당에

"승리를 하였기 때문에, 당내의 오만한 정서가 고양될 가능성이 있다. 이러한 몇몇의 공산당원이 있을 수 있다. 그들은 총을 가진 적에게 정복된 적이 없는 사람이다. 그들은 그러한 적들의 앞에서 영웅이라는 칭호가 부끄럽지 않은 사람들이다. 하지만 사람들이 당의를 입힌 포탄(즉, 표면은 달콤하여 사람을 유인하나 내용물은 포탄처럼 큰 해를 주는 것, 달콤한 속임수)의 공격은 견딜 수 없다. 그들은 당의를 입힌 포탄 앞에 패할 것이다"[21]

라고 훈계하였다.

1950년 10월, 한국전쟁이 시작된 이후, 공공 구매의 대폭적인 증가로 인하여, 국내 시장은 비교적 큰 확장이 있었다. 하지만, 무질서한 거래 행위나 경제 생활 중의 정상적이지 못한 요인 또한 증가하였으며, 당시 생산량 증가와 절약 운동 중에 잇따라 부분적인 당원 간부의 횡령, 낭비와 관료주의 등

20 《마오쩌둥선집》, 제3권, 인민출판사, 1991년판, p. 902.

21 《마오쩌둥선집》, 제4권, 인민출판사, 1991년판, p. 1438.

의 행위가 폭로되었다. 예로 서북군정위원회는 농림부의 몇몇 간부가 극심한 관료주의에 물들었다고 하였는데, 산시(陝西) 성 웨이허(渭河) 유역 일대에 260만 근의 목화씨를 방출할 때, 검사를 소홀히 하였다고 한다. 목화씨가 깨끗하지 않고 곰팡이가 낀 결과로 17만 헥타르의 목화밭의 싹이 돋지 않았고, 상질의 면은 10%뿐이었으며, 반드시 보충해서 파종하거나 개종해야 하였다. 그리하여 국가는 30만 근 이상의 투자 손실을 입었으며, 국민들의 손실은 더욱 컸다. 당내의 관료주의와 부패 현상은 더욱 심해졌다. 베이징 시 정부의 보고에 따르면, 베이징에 입성한 지 1년 이내에 이미 88명의 간부 횡령 및 부정 행위를 적발하였다고 하였다. 따라서 마오쩌둥은 이를 매우 중시하였다. 특히 1951년 11월, 또 다시 '공화국 부정부패 척결의 제1대안'이라고 불리는 류칭샨(劉青山), 장쯔샨(張子善)의 횡령을 폭로하였다. 횡령, 낭비, 관료주의를 반대하는 큰 투쟁은 이미 피할 수 없는 것이 되었다.

1950년 11월 1일, 동북국 서기 가오강(高崗)은 중앙에 생산량 증가, 절약 운동 전개에 관한 것을 맡고, 한 걸음 나아가 반횡령, 반낭비, 반관료주의에 관한 투쟁에 대한 전개를 보고하였다.

보고에 따르면, 9월 이후 반횡령, 반부패화, 반관료주의 운동은 동북의 1급 기관과 각 성, 시에서 전개되었으며, 민주 운동의 영향력이 있는 운동으로 발전하였다. 11월 20일, 마오쩌둥은 하급 기관에 전달되는 이 보고에서 최초의 지시를 내렸는데, '전국 규모의 생산량 증가 절약 운동 중 진행된 반횡령, 반낭비, 반관료주의의 투쟁'을 지시하였다.

1951년 12월 1일, 중국 공산당 중앙위원회는 정식으로 〈군대의 정예화와 행정 기구의 간소화, 생산량 증가와 절약, 횡령 반대, 낭비 반대, 관료주의 반대에 관한 결정〉을 내놓고, 전당을 동원하여, 7회 2중 전회에서 결정된 자산 계급 잠식 방지를 요구하였으며, 전당에서 시작된 '3반 투쟁'을 철저히 실행할 것을 호소하였다.

12월 8일, 마오쩌둥은 〈3반 투쟁이 반드시 대대적으로 진행되어야 한다는 전보〉의 초안을 잡고 '3반 투쟁'을 전개하는 방식을 배치하였으며,

"반횡령, 반낭비, 반관료주의의 투쟁을 반혁명을 진압하는 투쟁과 같이 중요하게 여기고, 똑같이 당 및 사회 각 계급의 인사들을 포함한 많은 군중들이 행동을 시작하도록 한다. 가벼운 횡령, 낭비 또는 관료주의적인 자에 대해 비판하고 교육을 받게 하며, 심한 경우 퇴직시키고, 유기 징역, 가장 심한 횡령범에게는 총살까지 해야 이 문제를 해결할 수 있을 것이다"

라고 요구하였다.

12월 8일 이후, 전국 범위의 '3반 투쟁'이 신속하게 전개되었다. '3반 운동'은 계급 투쟁을 벌이게 하였으며, 심지어 당내 계급 투쟁 확대의 근원이 되었다. 이후 횡령, 낭비, 관료주의의 당내 부패 문제는 대대적인 군중 운동의 방식을 취하였고, 법률과 제도의 힘을 통하지 않는 투쟁은 과열 행위와 확대화의 경향이 쉽게 나타나는 결과를 낳았다. 그 해 당 중앙, 정무원이 명령을 내려 '3반 운동'을 지휘하였던 보이뽀는 《중대한 정책 결정과 사건의 회고》라는 책에서

"우리는 모두 법과 규칙을 통하여 경제 범죄와 기타 범죄 활동을 처벌할 수 있는데, '3반 운동'은 이러한 군중 운동의 방식을 채택할 필요가 없었다"

라고 하였다.

마오쩌둥의 이러한 호된 독촉은 '3반 운동'의 전개와 심화에 중요한 작용을 하였다. 하지만 그의 부패 문제에 관한 과도한 예측과 '타호'[22]의 호랑이를 잡아들인 숫자를 직접 하달하는 방식은 또한 하급 간부들에게 큰 압력으로 작용하였고, 따라서 운동이 과열되어가는 조짐이 나타나게 되었다.

어떤 지역에서는 고문, 협박이 횡행하였고, 몇몇 기관의 간부들이 모두

22 역주: 당시 부패한 관리들을 호랑이라고 불렀으며, 타호는 호랑이를 잡는다는 의미로 부패한 관리를 처벌한다는 뜻이다.

참조 2-1

3반 운동

마오쩌둥의 독촉하에 '3반 운동'은 전국으로 신속하게 전개되었다. 1월 하순이 된 후에는 운동은 깊게 발전하기 시작하여 '호랑이'(당시 횡령범을 가리켜 '호랑이'라 일컬었는데, 그로 인해 '타호'라 하여 '범을 때려잡는다'라는 말이 생겨났다. 횡령한 구화폐가 1억 이상인 횡령범은 '대호'라 불렀고, 1억 이하, 1,000만 위안 이상은 '소호'라 불렀다)를 잡는 단계에 이르렀다.

1월 23일 그는 '3반 투쟁'이 전개된 후에 '대호'를 잡는 데 주의력을 집중해야 한다는 전보 중에서 이렇게 지적하였다. "무릇 대량의 돈을 쓰고 물류를 관리하는 기관에는 중국 공산당의 군인과 국민이 어떤 시스템을 따르고 있든지간에 필경 대량의 횡령범이 있다고 봐야 한다. 그러니 여러분들은 모든 부분과 모든 지역에서 '3반' 투쟁이 전개된 후에 '대호'를 추출해내는 데 주의력을 집중하여야 한다." 전보에서는 또 한번 강조하여 "이쪽 방면에서는 각 상황에 근거하여 추정 수치를 각 부문에 제출하고 대호를 적출해내는 임무를 완성시키기 위해 각고의 노력을 기울여야 하며, 상황의 발전 추세에 따라 추가적으로 새로운 임무를 추구해야 한다"고 강조하였다.

1월 24일 그는 또 다시 전보를 보냈는데, "각각의 대형 인민군 구역 계통에는 최소한 몇백 마리의 크고 작은 호랑이가 있다. 만약 이들을 잡아들이지 못하면 이 투쟁에서 지는 것이다. 지방의 각 성에도 역시 아마도 몇백 마리의 호랑이들이 있을 것이며, 각 대도시에도 백에서 수백 마리 정도의 호랑이들이 있을 것이다. 상하이에는 수천 마리의 호랑이들이 있을 것으로 추정된다"라고 하였다.

마오쩌둥의 엄격한 관리하에 각 지역에서 적출해낸 '호랑이'들의 숫자는 점점 증가하였다. 중앙의 일급 부문에서는 1월 20일 전까지 몇십 명의 '대호'들만 인정하였을 뿐이었다. 그러나 1월 27일이 되어서는 이미 적출하고 잡아들일 수 있을 것이라고 생각되는 숫자가 400명에 이르렀다. 이 수치는 1억 위안 이상의 '대호'들의 통계였고, 1,000만 위안 이상의 '소호'들의 수치는 아직 포함되지 않은 상태였다. 중앙 일급 부문은 모두 12만 명이었는데, 총적출해낸 횡령분자의 숫자는 1만 명에 달하였다.

특히 이러한 운동 중에 체면을 세우는 데 필요한 고관들의 성적이 더욱더 눈에 띄었다. 1월 26일 동북 지역에서만 50명의 '호랑이'들을 잡아들였고, 크고 작은 횡령분자 16만 명 이상을 적출해내었다. 2월 3일 그는 '호랑이' 숫자가 2,000명으로 증가하였다고 중앙에 전보로 통지하였다.

'호랑이'를 몰아내자는 운동은 농촌으로까지 심화되었다. 핑웬(平原) 성의 우즈(武陟) 현 현급 기관에서 2월 초에 이미 적출해낸 1,000만 위안 이상의 '호랑이'가 18명이었다. 또 다른 허베이(河北) 성 샹허(香河) 현의 9개 촌락의 기초조사에 따르면, 횡령 행위를 한 촌 간부 숫자가 많은 곳은 72%, 적은 곳은 13%로 평균 33%에 달하였다.

각 지역에서 끝없이 보고되어 올라오는 '호랑이' 숫자는 또 한편으로 마오쩌둥으로 하여금 문제의 심각성을 통감하게 하였다. 그는 각지에서 보고되어 오는 상황을 근거로 하여 각 작은 규모의 성에 크고 작은 호랑이가 수백 명 있고, 각 중급 규모의 성과 대형 성에는 크고 작은 호랑이가 1,000에서 2,000명, 3,000명까지 있을 것으로 추정하였다. 게다가 이러한 추정 수치를 근거로 하여, 2월 초 마오쩌둥은 다시금 각지에 요구 사항을 더욱더 엄격히 하였고, '3반 운동'을 확대해 나갔다.

주요 참고: 보이뽀,《중대한 정책 결정과 사건의 회고》, 상, pp. 138~148.

'타호'를 하기 위해 정상 업무를 하는 사람이 없게 되었으며, 또한 일부 재정 기관의 간부들은 행여 자기가 '호랑이'로 몰릴까봐 길거리를 다닐 때도 항상 여러 명과 같이 동행하고, 자본가들과 이야기할 때에도 여러 명과 함께 동행하였으며, 심지어 전화조차 혼자서 받기를 꺼려하였다. 몇몇 공무원들은 자본가들과의 선을 확실히 그었다는 것을 보여주기 위해서 개인 기업의 세관 화물 검사를 말도 안 되게 엄격하게 진행하였고, 표준 규격 역시 말도 안 되게 엄격히 책정하였다. 그리하여 60~70% 이상의 물품이 불량품으로 판명이 나고, 심지어는 불량품이 80%에 달하기도 하였다.

상하이의 어떤 지방에서는 탁구공에 대한 세관 화물 검사를 실시하던 도중 검사관으로 하여금 공을 하나하나 현미경으로 대조하게 하여 검사관들이 아예 인사 이동을 요구할 정도였다. 그리하여 정상 업무에 큰 차질을 빚게 되었고, 돈과 관련된 업무가 비교적 많은 재정 부문 업무 질서에 큰 영향을 끼쳤다.

2월 15일, 천윈과 보이뽀는 저우언라이에게 '3반 운동' 중 일련의 문제들에 대해서 보고하고, 특히 업무 침체 문제는 반드시 해결해야 할 때가 되었다고 강조하였다. 이들은 저우언라이가 마오쩌둥에게 이러한 문제들을 잘 반영하게 하여 마오쩌둥이 이에 찬성하게 되기를 희망하였다. 그래서 2월 24일 중앙 재정위원회에서는 각급의 재정위원회와 재정 부문에서 '3반 운동' 중 일정한 인원들을 뽑아 무역, 세수, 생산, 운수 등 필수적인 업무들을 하게 하였고, 무역부는 즉시 지방 특산품의 매수와 물품 가공, 주문 등 업무를 재개할 것을 결정하였다.

3월 25일, 천윈은 '3반 운동' 중 각 지역의 재정 업무를 신속히 회복할 것을 지적하고, 이러한 일련의 조정 조치를 제때 채택하여 재정 업무의 혼란이 신속히 해결되도록 하였다. 3월에 들어서는 마오쩌둥은 더 이상 각 지역에 '타호'의 지시를 직접 하달하지 않았고, 4월 이후부터는 '3반 운동'의 마무리를 준비하기 시작하였다. 이리하여 '3반 운동' 중 나타났던 과열 현상은 더 이상 확대되지 않았다.

2) 5반 운동

'5반 운동'은 '3반 운동'에서 파생되어 나온 것으로, 자본가들의 위법 활동을 저지하는 중요한 대응 조치였다. 자본가들의 뇌물, 탈세, 국가 재산 탈취, 상업 비밀 탈취 등 '5독' 활동으로 국가 기관의 일부 횡령분자들과 결탁하여 사리사욕을 챙기는 현상을 적발하였다. 불법 자본가들의 '5독' 활동[23]

은 보편적이고 심각한 수준이었다. 베이징, 상하이, 톈진, 우한(武漢), 광저우, 선양(沈陽), 시안, 충칭(重慶), 난징 9개 도시의 45만 가구에 달하는 개인 공상업자들을 조사한 결과, 크고 작게 '5독' 행위를 행한 기업수는 34만에 달하였다고 하며 이는 전체 숫자의 76%에 달하는 수치였다.

1952년 1월 26일, 마오쩌둥은 이러한 성명을 발표하였다.

"전국의 모든 도시 특히 대도시와 중등 규모의 도시 중에, 노동자 계급을 통하여 법을 준수하는 자본가 계급 및 기타 시민들을 단결시키고, 뇌물수수, 탈세, 국가의 재산 탈취, 몰래 수량 줄이기, 국가 경제 정보 탈취 등 위법을 자행하는 자본가 계급에게는 단호하고 철저하게 반대하는 투쟁을 전개하고, 중국 공산당 군인과 국민들이 횡령과 낭비, 관료주의에 반대하는 투쟁을 하고 이에 협력하여야 한다. 지금 현재는 이러한 투쟁이 극히 필요하며, 가장 적절한 시기이다."

중국 공산당 중앙위원회는 2월 초에 전국 각지의 모든 대도시에서 '5반' 투쟁을 전개할 것을 요구하였다. 2월 27일 중국 공산당 중앙위원회는 다시

23 악덕 투기 상인이 먼저 정부의 공무원에게 뇌물을 주고 유인하여 함정에 빠지게 한 후 고발한다고 위협하며 계속 공동으로 국가의 자재를 절도하는 형태의 사례가 비일비재하였다.

화이허(淮河) 수리 공사 중 청부업자가 공사의 질량을 고려하지 않고, 오래된 재료로 새로운 재료를 충당하였고, 차등의 재료를 사용하여 좋은 재료를 충당하였으며, 이 가운데 의롭지 못한 이익을 얻었다. 몇몇의 불법 악덕 상인들의 위법 활동은 사람을 분노하게 하는 정도에 이르렀으며, 감히 한국전쟁의 전선으로 운송되는 군수 물자에도 검은 손을 뻗쳤다. 그들은 군용 통조림에 사용하는 소고기에 물소고기와 말고기를 섞었으며, 또한 곰팡이가 낀 썩은 고기나 질 나쁜 고기를 섞었다. 전 부대에 걸쳐 구입한 소고기 89만 근을 통해서 20억 위안 이상의 현금을 절도하였다. 우한의 면화 공장 자본가 이인연은 자원군의 군용 구급 가방의 제조를 맡았는데, 5,000kg의 고급 면을 전부 저급 면으로 바꿔치기하였으며, 그 중 500kg은 정제 가공한 썩은 면화였다. 이렇게 만들어진 구급 가방 12만 개는 소독이 전혀 안 되어 있었고, 화농균, 파상풍균, 괴저균 등에 오염되어 수많은 지원군이 이러한 구급 가방을 사용한 후 상처가 감염되어 장애를 얻게 되었으며, 원래 있어서는 안 될 희생자들이 생기게 하였다. 악덕 상인 양문운은 군용 자동차 체인 생산 업무를 맡았는데, 좋은 재료들을 폐기물로 바꿔치기하고 폐기물을 합격품으로 둔갑시켜 전방까지 운송해간 타이어 체인 대부분이 사용하지도 못할 수준이었다. 왕인발은 썩은 목재로 교반을 제작하여 수시로 적재 차량에 의해 망가져 운수에 큰 악영향을 끼쳤으며, 선양 루오 시의 홍타이, 꽁따 등의 19군데 곡물 제조 기업은 지원군이 먹을 식량을 가공할 때, 단체로 가공 곡물에 겨 부스러기와 모래를 섞어넣었다.

1950년 설탕 가격의 폭등, 1951년 북경 소다 가격의 동요 역시 불법 자본가들이 그들이 국가 기관 내부에 심어놓은 스파이들을 통해 경제 정보를 얻은 후에 고의로 조작하였던 것이다.

금 대도시와 중소도시의 '5반 운동' 전개에 관한 지시를 발표하고 각 중앙 국과 성, 도시위원회로 하여금 투쟁의 중점을 '3반'에서 '5반' 투쟁으로 전환하도록 요구하였으며, 모든 도시에서는 이 투쟁에 관한 구체적인 인력, 임무를 배치하도록 하였다. 3월 1일부터 각 중앙 국과 성, 시위원회에서 중앙이 요구하는 '5반'에 관한 내용이 '3반'보다 반드시 많아야 할 것을 요구하였다. 이렇게 하여 '5반 운동'은 전국 각지에서 기세 높게 전개되기 시작하였다.

'5반 운동'의 목적은 불법 자본가의 위법 행위를 단속하고 불법 자본가들로 하여금 인민 정부의 법령을 준수하게 하여 노동자 계급과 국영 경제의 지도를 받아들이는 것이지 즉시 자본주의 경제와 자본가 계급을 취소하자는 것이 아니었다. '5반 운동'을 통해 불법 행위를 일삼는 소수 자본가 계급들을 고립시키고, 국가 법령을 준수하고자 하는 대다수의 사람들을 단결하게 하려 하였다. '5반 운동' 이후, 정부는 새롭게 출현한 기업 노사 관계의 긴장과 불경기 상황을 겨누어 점차 유효한 조치를 취하고, 새로운 기초 위에 관계를 조절하고 생산품의 가공 및 마무리 처리를 위해 국가가 개인 기업에게 행하는 주문이나 계약과 매매 총판을 확대하였고 자본주의 공·상업을 발전하게 하려 하였다.

1950년 10월 '3반, 5반' 운동의 종료를 선포하였다. '3반, 5반'은 당 간부의 내부 부패를 척결하고 광범위한 간부들에게 깊은 교훈을 주었고, 부패에 대항하는 능력을 강화시켰으며, 지도 계층과 인민들의 관계를 밀접하게 하였고, 행정 제도를 완비하게 하였으며, 업무 기풍을 개선하게 하였다.

'5반 운동'을 통해 자본가 계급이 사람들에게 해를 가하면서까지 이익을 추구하고자 하는 이기적인 이익 절대주의와 투기 심리의 본질이 폭로되었고, 동시에 노조 조직을 완비하고 자본주의 기업 내부에 강력한 내부 노동자 감독 기구를 설립하였다. '3반, 5반' 운동을 통하여 자본주의 공·상업의 개조와 개혁을 촉진하고 국가 자본주의 발전을 추진하였다. 하지만 '3반, 5

반' 운동이 최고조에 이르렀을 때 발생하였던 일련의 현상들과 몇몇 과오들은 오랜 기간에 걸쳐 부정적인 영향을 끼쳤다.

3. 국민 경제의 회복과 재정 경제 상황의 기본적인 호전

1949년 건국 이래 1952년 말까지 3년에 걸친 노력으로 한국전쟁과 사회경제 변혁의 상황하에 국민 경제의 회복 임무를 성공적으로 마쳤으며, 재정 상황이 호전되었다.

(1) 농업 생산의 회복과 발전

3년에 걸친 수리 건설은 큰 성과를 얻었다. 전국 4.2만km 이상의 제방 대부분을 보수하였다. 피해가 비교적 큰 화이허(淮河), 이허(沂河), 무허(沭河), 용딩허(永定河), 다칭허(大請河)와 차오바이허(潮白河) 등의 상습 수해 발생 지역은 전 유역에 걸쳐 근본적인 치수를 하였다. 창장(長江)과 황허(黃河) 또한 홍수를 예방하는 조치를 강화하였으며, 현대화 관개 시설 또한 385곳에 시공하였다. 3년 동안 직접 수력 건설에 참가한 인원은 2,000만 명 정도이고, 완성된 토목 공사는 17억m^2 이상이었으며, 이는 파나마 운하의 약 10배, 수에즈 운하의 약 23배 규모이다. 그 외, 농업 생산 또한 커다란 발전을 이루었다. 1952년 말까지 농업 생산량 총액은 483.9억 위안에 달하였는데, 1949년과 비교하여 48.5% 증가한 것이며, 그 중 식량은 3,278억 근으로, 1949년과 비교하여 44.8% 증가하였다.

(2) 공업 생산의 회복과 발전

공업의 측면에서 볼 때, 공업의 회복과 발전은 농업에 비해 빨랐다. 3년의 기간 중, 국가는 원래 있던 중공업 기업을 중점적으로 개조하였으며, 3,300여 개의 기업을 새로 설립하였는데, 그 중 대 · 중형 기업은 40%를 차지하였다.

1952년에 이르러 공업 총생산액은 343.3억 위안에 달하였고, 매년 평균적으로 4.8% 성장하였다. 공 · 농업의 총생산액 중 공업 총생산액이 차지하는 비중이 30%에서 41.5%로 상승하였다. 3년간의 노력으로, 중국은 직접 각종 철강 재료를 제조할 수 있게 되었으며, 철도의 레일, 방직기, 각종 공작기계, 광산 설비를 압연하고, 3,000kW의 발전 유닛을 직접 제조하게 되었다. 구중국은 한 개의 철로 레일을 자체 생산할 수도 없었고, 1톤의 우수한 강재도 자체 생산할 수 없는 국가였다.

(3) 교통운수업의 회복과 발전

신중국 성립 이후, 인민 정부는 전쟁의 승리를 지원하고, 공 · 농업 생산을 최대한 빨리 회복하며, 도시와 농촌의 경제에 활력을 주기 위해서, 지속적으로 교통, 운수의 개통을 중요한 작업으로 삼았으며, 먼저 철도 운수의 수리 및 복원 작업을 하였다.

건국 초기에는 전 노선을 통과하는 철로가 없었다. 인민 정부의 호소하에 철도 직원들을 늘리고, 1949년에서 1950년 5월에 이르기까지 8,318km의 철로를 복원 작업하였으며, 전국 철로의 40.39%를 개통하였고, 전국에 원래 있었던 철로를 기본적으로 완전히 복원하였다.

원래의 철로를 복원하는 기초 위에, 새로운 철로를 개설하였다. 3년 동

표 2-3 기타 교통운수업 발전 상황

명칭	1952년 생산량	1949년 생산량	1949년 대비 1952년 %
자동차 드로의 길이	126,675km	80,768km	156.84
내륙 선박 운항 가능 거리	95,025km	73,615km	129.08
민간 항긍 항로	13,123km	0km	
적재 차량수	4.4만 대	3.2만 대	137.5
바지선 적재 중량	53만 톤	37만 톤	143.24

자료 출처: 류수이니엔(柳隨年)·우췬간(吳郡敢), 《중국 사회주의 경제약사(1949~1983)》, 흑룡강인민출판사, 1985년판, p. 75 데이터 재편집.

안 라이무(광시(廣西) 성 라이빈(來賓)에서 무관(睦關)), 청유(청두(成都)에서 충칭), 티엔란(간쑤(甘肅) 성 티엔쉐이(天水)에서 란저우(蘭州)) 3개의 철로를 새로 건설하였는데, 그 거리는 1,263km에 이르렀다.

1952년 말에 이르러서는, 철로 개통 발전 과정은 1949년의 2.18만km에서 2.29만km로 증가하였다.

교통 운수의 회복과 발전은, 도시와 고향의 연계, 연해와 내륙의 연계와 밀접한 연관이 있으며, 남방과 북방의 연계에도 밀접한 연관이 있고, 물자 교류를 강화시켜주었으며, 도시와 농촌의 경제를 번영하게 하였다.

(4) 국내 상업과 대외 무역의 회복과 발전

3년의 회복 기간 동안 국내 상업 방면에서, 중국 공산당과 인민 정부는 '생산 발전, 경제 번영, 도시와 농촌의 호조, 내외 교류'의 방침을 제시하였다. 이 방침의 지도하에, 도시와 농촌의 상업이 신속한 회복과 발전을 이루었다.

중국 대외 무역은 1950년부터 시작되었으며, 무역 수지 흑자를 실현하

표 2-4 상업 회복 상황

명칭	1952년 영업량(억 위안)	1949년 대비(%)
사회 상품 소매 총액	276.8	162.3
전국 농업 부산품 구매 총액	129.7	162.1
전국 농업 생산재 공급액	14.1	193.2
대외 무역 수출액	64.6	155

자료 출처: 국가통계국, 《위대한 10년》, 인민출판사, 1959년판, p. 146.

였고, 장기간 존재하였던 수입 초과 국면을 전환시켰다.

비록 1950년과 1951년에 혁명 전쟁과 한국전쟁의 승리를 보장하기 위하여 국방 지출을 첫째로 놓고, 군비를 가장 큰 비중으로 놓았으나, 3년 회복기 동안 인민 정부는 시종 경제 회복, 특히나 중요 항목의 회복과 건설을 주요 임무로 잡았다. 3년 동안 국방 비용은 138.49억 위안에 달하였으며, 총지출의 37.8%를 차지하였다. 건설 비용 지출은 125.7억 위안이며, 재정 총지출의 34.3%를 차지하였다. 재정 잔고는 15.49억 위안이었고, 재정 수지 균형을 실현하였으며, 이는 재정 상황 호전의 근본적인 중요한 지표였다. 재정 수지 균형은 물가 안정에 유리하여, 물가는 1950년 3월 이후로 계속 안정되게 유지되었으며, 특히 식량, 면, 일용 필수품의 가격은, 한국전쟁이 발발하였음에도 안정을 유지하였다. 물가를 안정되게 유지하는 것과 동시에 인민의 생활 정도 또한 매우 높아졌다.

제2절 과도 시기의 총노선과 제1차 5년 계획

1. 과도 시기의 총노선의 제시와 기본 내용

(1) 총노선의 제시

중국 공산당이 신중국 성립 전에 준수한 것은 신민주주의 강령이었다. 그 중 '자본 절제'의 원칙하에서 개인 자본주의 존재를 허용하였고, 동시에 대형 은행, 대형 공업, 대형 상업은 국가 소유의 혼합 경제에 귀속되도록 하였다.

마오쩌둥은 1945년 〈연합정부론〉의 보고에서 신민주주의 사회 안에서 자본주의의 큰 발전이 있을 것이라고 지적하였다. 그는

"그것은 자본가 계급에게 이익이 있을 뿐 아니라 동시에 노동자 계급에게도 이익이 있으며, 오히려 노동자에게 더 큰 이익이 있을 것이다"

라고 갈하였다.

건국 전날 밤 마오쩌둥은

"도대체 어느 때 전선 진공(여기서 말하는 것은 자본주의 공·상업의 사회주의 개혁이다)을 시작할 것인가는 전국 승리 후 아직도 15년은 더 필요할 것이다"[24]

라고 하였다.

1949년 9월 중국 인민정치협상회의에서 〈공동 강령〉을 토론할 때, 어떤 민주 인사는 문서 중 사회주의를 언급하는 것을 건의하였으나, 당의 지도자는 이 건의를 받아들이지 않았다.

건국 후, 최초 몇 년간 마오쩌둥은 여러 차례 각급 간부들에게 절대로 '사면출격'(四面出擊) 또는 '적을 만들지 말라'고 경고하였으며, '4개의 자유'

24 보이뽀, 《중대한 정책 결정과 사건의 회고》, 상권, 중공중앙당교출판사, 1991년판, pp. 44~66.

의 경제 정책과 '신세제'를 실행하였다. 이때 전자는 농촌에서 토지의 매매와 소작의 자유, 직공 고용의 자유, 대출의 자유, 무역의 자유를 실행하는 것을, 그리고 후자는 1952년 12월 정무원 재정위원회가 공사에게 일률적으로 평등 납세를 원칙으로 채택하여 기존의 국영 경제와 합작사 경제에 납세 우대를 취소하고, 국영 공 · 상업, 합작사, 개인 공 · 상업을 동등하게 대우하는 것을 의미한다.

그러나 1952년 토지 개혁과 한국전쟁이 끝난 후 마오쩌둥의 사회주의 과도기 행동 방침에 중요한 변화가 생겼다. 1952년 6월 6일 그는 다시금 중국 내부의 주요 모순은 노동자 계급과 민족 자본 계급 간의 모순이라고 제기하였다. 9월 24일 그는 또

"우리는 10년에서 15년의 시간을 소요하여야 기본적으로 완성될 사회주의 과도기에 돌입하게 될 것이다"[25]

라고 하였다.

1953년 6월 15일, 마오쩌둥은 중국 공산당 중앙정치국회의에서 사회주의 과도기의 총노선에 관하여 처음으로 비교적 온전한 계획을 발표하였다. 회의 후, 중국 공산당 중앙위원회 선전부에서 〈모든 역량을 동원하여 중국을 강대한 사회주의 국가로 건설하기 위한 과도기에 당의 총노선에 관한 연구와 선전에 대한 제강〉의 초안을 작성하고, 이 〈제강〉은 당의 과도기 시기의 총노선에 관한 설명을 마지막으로 확정시켜

"중화인민공화국이 성립된 이후부터 사회주의로 개조가 기본적으로 완성될 때까지를 사회주의 과도기 시기라고 말한다. 당의 과도기 시기의 총노선과 총임무는 장기적 시간을 걸쳐 국가의 공업화와 농업, 수공업, 자본주의 공 · 상업의 사회주의 개조를 점차적으로 실현해 나가는 것이다. 이러한 총노선은 우리의 각 임무를 비추어주는 등대이며, 만약 각 임무가 총노선에 위

25 《마오쩌둥문집》, 제6권, 인민출판사, 1999년판, p. 231.

배된다면, 극우 혹은 극좌적 편향으로 치닫게 되는 우를 범하게 된다”[26]
라고 하였다.

‘장기적 시간’에 관하여 〈제강〉은 구체적 설명을 덧붙였는데,

“이 임무를 완성하기 위해서는 3번의 5년 계획을 거쳐 대략 15년 가량의 시간이 필요하다. 그때가 되어서야 중국은 기본적으로 위대한 사회주의 국가 건설을 이룰 수 있을 것이다”
라고 하였다.

1945년 2월 10일, 중국 제7기 4중 전회에서 결의를 통과시키고 정식으로 중앙정치국이 제기한 당의 과도기 시기의 총노선에 대하여 비준하였다. 같은 해 9월, 제1회 전국인민대표자회의 첫 번째 회의에서 〈중화인민공화국 헌법〉을 통과시키고, 사회주의 과도기 시기의 당의 총노선을 국가 과도기 시기의 총임무로서 〈헌법〉의 제강 부분에 포함시켰다. 과도기 시기에 제기된 총노선은 중국 공산당의 경제 발전과 제도 변혁 단계에 관한 인식의 중대한 변화, 그리고 당의 지도 사상과 기초 정책이 〈공동 강령〉으로 상징되는 신민주주의에서 소련의 사회주의로 전향하였음을 의미한다. 이로 인해 사유제 폐지를 주요 내용으로 한 사회주의 개조 의견이 점차 의사 일정에 제기되었고, 이때부터 중국은 극렬한 경제 체제 변동 시기로 진입하게 된다.

(2) 총노선과 소련의 산업 형식이 제기된 원인

1952년 경제가 회복된 후, 국가는 대규모 경제 건설을 시작하였고 국가의 경제 실력 향상에 착수하였다. 이로 인하여 낙후된 농업국은 점차 선진 공업국으로의 변화를 맞이하게 되었다. 당시 세계의 성공한 산업화 형식은

26 《중앙당사 학습 문헌간편(사회주의 혁명 시기)》, 중공중앙당교출판사, 1983년판, p. 29.

크게 세 종류로 나뉜다.

첫째, 오리지널 자본주의 국가(영국, 프랑스, 미국 등): 외부에 경쟁 상대도 없고 빌릴 수 없는 선진 기술도 없는 상황 아래, 이들은 상품 수출과 식민지 혹은 반식민지에 대한 직접적 약탈을 통하여 경공업에서 중공업으로 전환하는 산업화를 실현시켰다.

둘째, 후기 자본주의 국가(독일, 일본 등): 외부에 이미 강력한 경쟁 상대가 있는 상황하에, 대외적인 직접적 약탈과 원자본주의 국가의 선진 과학 기술을 이용하여 경공업에서 중공업으로 전환하는 단계 없이 단기간에 산업화를 이루어냈다.

셋째, 사회주의 국가 소련: 산업화가 이미 일정 수준 진행되어 있었고 대외적으로 군사 위협과 경제 봉쇄를 겪고 있는 상황하에 내부의 고축적(봉건 착취 전환)과 앞서 발전된 중공업을 통하여 단시일 내에 산업화를 일구어냈다.

20세기 50년대 초기의 중국은 한국전쟁으로 인해 서유럽 자본주의 국가의 군사 위협과 경제 봉쇄, 수출입 금지 정책을 겪고 있었는데, 국내에서는 과거의 반식민지 성질로 인해 중공업이 극히 낙후되는 등 전체적인 상황이 굉장히 불리하였다. 이러한 요소들이 국민 경제 발전을 제약하는 큰 장애가 되었는데, 위에 제기한 세 종류의 산업화 방식 중에서 당시 중국의 상황과 가장 가깝고 실행 가능하였던 것이 바로 소련의 형식이었다.

중국의 산업화 자금은 당시의 소련과 마찬가지로 주로 국내 자본의 축적을 통하여 융통되었다. 자본을 축적하는 방법으로 노동 생산성을 높이고 노동력의 낭비를 줄이는 것을 택하였는데, 당시에는 노동 생산성을 증가시키는 것에 대해 사유 영업과 사유 경제 제도 모두 공유 제도보다 효과가 높지 않다고 생각하였고, 노동력 소모에 대해서도 효과적으로 노동 낭비를 줄이고 통제하기 위해 공유제가 제일 좋은 방법이라고 생각하였다. 이렇게 고속 중공업 발전을 우선적으로 실행하였기 때문에 국민 경제 운행에 박차를 가하게 되었으며, 국가 계획과 시장, 개인 영업 및 개인 경제 사이에 모순이 조성되었고, 사회주의 개조의 방법을 채택하여 문제를 해결하기에 쉬웠다. 또한 '5반 운동'이 창궐한 도시의 개인 경제 중 비교적 많은 탈세, 뇌물 수수, 위조 상품 제조, 폭리 도모 등 위법 행위가 존재하여 공업화 건설에 불합리하였고, 공·상업 사회주의 개조의 진행이 필요하게 되었다.

그 밖에 중국의 선택은 국내외의 그리고 주관적·객관적인 조건의 제약을 받게 되었다. 국제적으로 볼 때, 당시 세계에는 두 개의 커다란 진영이 첨예한 대립을 하였으며, 중국 공산당은 건국 전날 신중국 대외 정책은 정치상의 '이비엔다오'(一邊倒: 일변도)를 실행하는 것임을 선포하였고, 단호하게 소련을 수장으로 하는 쪽에 가담하기로 하였다. 동시에 경제적 융통성이 있는 정책을 채용할 것임을 선포하고, 상호 평등 이익의 기초 위에 세계 각국과 경제적인 관계를 발전시켰다. 그러나 1950년 6월 발발한 한국전쟁에서 중국이 미국에 반대하여 북조선(현 북한)을 돕는 정책은 중국과 미국을 필두로 한 자본주의 세계와의 심각한 대립을 조성하였고, 서방의 군사 위협과 경제 봉쇄하에 중국은 더욱더 소련의 지지가 필요하게 되었다. 국내의 각도에서 볼 때, 신중국은 정치적으로 중국 공산당을 지도자로 한 인민 민주 집권 국가이며, 중국 공산당은 신중국의 발전 방향이 사회주의라고 명확하게 선포하였고, 민주 혁명 완성 이후 당의 다음 목표는 사회주의의 실현이었다. 당시의 조건하에 중국 공산당의 사회주의 제도에 대한 지식은 소련이 참조한 전통 사회주의 이론과 그 모형(단일 공유제와 계획 경제 모형)을 뛰어넘지 못하였다.

위에서 서술한 배경하에 중국 공산당이 철저하게 민주 혁명의 임무와 경제 형세의 호전을 이룬 이후, 전면적인 건설 시기가 도래함에 따라 자연히 공업화와 사회주의 개조 문제를 일정에 올리게 되었다. 양자의 관계에서 볼 때, 공업화는 주체이고, 사회주의 개조는 공업화의 요구에 부흥하기 위해서, 그리고 공업화의 순조로운 전개를 보장하기 위한 것이었으며, 따라서 당시 공업화와 사회주의 개조의 관계 양상은 '주체'와 '좌우 날개'의 관계로 형용되었다.

2. 과도기 총노선의 실시

(1) 농업 사회주의 개조

1) 합작화 노선의 쟁론과 상호 지원 조직의 발전

① 다른 생각–쟁론과 원인

빠르게는 민주 혁명 시기, 마오쩌둥과 류샤오치(劉少奇)는 혁명의 승리 후 농민의 집단화 문제에 대해 이미 각자의 생각이 있었다.

마오쩌둥의 상호 합작 이론은 중국 농민의 실천에서 유래되었다. 중국 농촌은 전통적으로 '품앗이 호조 조직', '품앗이 조직', '함께 밭갈기', '공동 경작' 등 민간 생산 합작의 형식이 존재하였다. 1943년 11월, 마오쩌둥은 산시, 간쑤, 닝샤(寧夏) 성 등 혁명 근거지의 노동영웅대회에서 〈조직화〉에 대한 연설 중

"농업에서 몇천 년 동안 모두 개인 경제였으며, 매 가정이 하나의 생산 단위였고, 이렇게 분산된 개인 생산은, 바로 봉건 통치의 경제 기초이며, 농민으로 하여금 영원한 빈곤에 빠지게 하였다. 이러한 상황을 극복하는 유일한 방법은 점진적인 단체화이다. 집단화에 이르는 유일한 노선은 레닌의 말을 근거로 한 합작사를 거치는 것이다"

라고 지적하였다.

여기서 볼 수 있듯이, 이 시기에 마오쩌둥은 몇몇의 초급 합작화 형식을 통하여 농민들을 점차 단체화의 노선을 걷게 할 수 있을 것이라고 생각하였

으며, 그가 말한 합작화는 주로 생산 합작화였다.

류샤오치는 합작화에 대한 사상이 비교적 늦게 형성되었으나 1948년 이미 명확한 설명이 있었다. 그는 합작화의 방식을 통해 농민이 점차적으로 단체화의 노선을 걷게 이끌어야 한다고 생각하였으나, 그가 말한 합작화는 주로 농민의 상업적인 공급과 판매 합작이었다. 그는 이러한 공급과 판매 합작을 통해서 농민이 집단화의 노선을 걷도록 인도해야 한다고 생각하였고, 생산 방면의 호조 합작을 통해서 농민을 집단화의 노선으로 걷게 인도하는 것은 현실적이지 않다고 생각하였다. 1948년 9월 류샤오치는 〈신민주주의 경제와 합작을 논함〉 중에서 레닌과 스탈린의 말을 인용하여

"레닌과 스탈린 모두 합작사는 우선 작은 생산품을 판매하고 이후에 생산 합작사로 향상시킨다고 말하였다", "우리도 이렇게 하여야 한다"

라고 제의하였다.

1948년 12월 그는 화북 재정경제위원회가 제작한 〈신중국 경제 건설의 방침과 문제〉의 보고 중

"오늘날 우리는 농업 합작사에게 너무 높은 요구를 할 수 없다. 기계가 있을 때에야 생산 합작사가 발전하고 견고해질 것이다"

라고 강조하였다.

② 동북과 산시(山西)의 농업 합작을 둘러 싼 문제의 쟁론

동북 지역은 비교적 일찍 해방하였고 토지 개혁 이후, 농촌 노선이 어떻게 나아가야 하는가에 대한 문제 또한 비교적 빠르게 제시되었다. 동북 지역의 조사에 따르면 1949년 말에 이르러 동북 농촌 농민 중에서 경제 성장이 비교적 빠른 일부는 '개인 경영'을 요구하였고, 경제 조건이 비교적 낙후된 곳은 기존의 사상이 아직 존재하였으며, 일부 당원이 하인(장기 고용인)을 고용하기 시작하는 등의 문제들이 나타나기 시작하였다. 이러한 문제에 맞추

어서 1949년 말, 동북국은 농촌 노동 좌담회를 열고, 중앙에 보고하여 중앙의 의견을 물어보았다. 이에 류샤오치는

"당원이 직공을 고용하건 말건, 품앗이에 참여하건 말건 합당한 자유이며, 당 조직은 이를 강요할 수 없고, 당적 또한 이로 인해 정지되거나 제명시킬 수 없다. 오늘날 개별 경제의 기초 위에 농촌 자본주의의 부분적인 발전은 피해갈 수 없는 것이다. 일부 당원들이 부농으로 발전하는 것은 두려워할 만한 일이 아니다"

라고 하였다.

동북에 이어 화북(華北)의 오래된 해방 구역(중화인민공화국 성립 이전에 이미 공산당에 의하여 통치되던 지역)인 산시에서 또한 같은 문제가 제기되었다. 1951년 4월 17일, 산시 성 위원회는 중앙과 화북국에 〈오래된 해방 구역 호조 조직의 한 단계 수준 높임〉이라는 보고를 하였는데, 산시의 오래된 해방 구역에서

"농촌 경제의 회복과 발전에 따라 농민의 자발적인 힘이 발전하는 것은 우리가 요구하던 현대화와 집단화의 발전 방향이 아닌 부농으로의 발전 방향이다. 이는 바로 호조 조직이 흩어지는 현상이 발생한 근본 원인이다"

라고 밝혔다.

성위원회는 호조 조직 내의 '공공 축적'과 '노동에 따른 분배'의 두 가지 새로운 구성 요소를 육성하고 강화해야 한다고 주장하였으며, 점차 호조 조직을 한 단계 더 높은 형식으로 발전되도록 인도하였다. 그러나 류샤오치는 이에 찬성하지 않았고, 만약 이를 채택하면 사유제가 동요하게 되는 단계일 것이라고 지적하며 조건이 아직 성숙하지 않았고, 농기계, 비료도 없는 상황에서 농업 생산 합작사를 만드는 데 급할 필요가 없다고 명확하게 명시하였다.[27] 그러나 마오쩌둥이 류샤오치를 찾아가 명확하게 그의 관점을 지지하

27 보이뽀, 《중대한 정책 결정과 사건의 회고》, 중공중앙당교출판사, 1991년판, pp. 185~187.

지 않는다고 밝혔고, 이후 류샤오치는 자신의 관점을 다시 견지하지 않았다.

류샤오치의 관점에 의해 생성된 영향을 수정하기 위하여 마오쩌둥은 일련의 조치를 취하였다. 1951년 9월, 마오쩌둥은 〈농업 생산 호조 합작에 관한 결의〉의 초안을 작성하고, 토지 사유를 일부분만 인정하는 제도의 기초에 농업 생산 합작사를 인정하는 것은 농업 사회주의로 걸어가는 과도기 형식이라고 하였다. 12월 15일 마오쩌둥은 또 다시 〈농업 생산 호조 합작 결의〉의 초안을 작성하고, 각지에

"초안에 맞추어 당 내외에서 해석되어야 하며, 초안에 비추어 조직하고 실행하여야 한다. 이는 이미 토지 개혁이 완성된 지역도 모두 해석해야 하고, 실행되어야 하며, 모두 이를 커다란 일로 생각하고 일해야 한다"[28]

라고 요구하였다.

이 결의가 광범위하게 전달됨에 따라서 1952년 초에 이르러서는 마오쩌둥은 농업 합작화 사상을 점점 당내의 주도적인 위치로 오르게 하였으며, 농업 합작화는 일종의 운동으로 발동되기 시작하였다.

2) 무리한 돌진과 정돈: 농업 초기 합작화의 전개

① 1952년 합작화의 작은 무리한 돌진(冒進)

1952년 선전 부문은 소련에서 참관하고 돌아온 농업노동모범단을 조직하고 집단화 농업의 장점에 대해 광범위한 선전을 진행하였다. 이러한 선전은 농업 합작화 운동의 전개에 커다란 촉진제로 작용하였다. 전국 농업 증산의 모범인 껑창소(耿長鎖)는 일찍이

"소련의 집단화 농업의 장점은 끝이 없다. 우리는 그 곳에서 늘 가뭄과 장마의 위협을 받았다. 그러나 소련은 계단식 논밭이 건조하지 않고, 저지대

28 《마오쩌둥문집》, 제6권, 인민출판사, 1999년판, p. 214.

가 물에 침수되지 않으며 농작물이 잘 자랐다. 소련은 하늘에 의지하여 생계를 유지하지 않기 때문이다. 위대한 스탈린의 자연 개조 계획은 기후를 변화시켰다. 방풍과 밭을 보호하기 위한 수대, 수로, 인공 강우는 토양에 충분한 수분을 보유하도록 하였다. 이는 우리가 직접 본 것이다"
라고 말하였다.

이렇듯 중앙의 호소와 선전 부문의 선전하에 1952년 중국 농업 합작화 운동은 커다란 발전이 있었다. 농업부 농정사가 발표한 〈1952년 상반기 농업 호조 합작 운동 발전 상황〉의 소개에 따르면, 1952년 상반기 서북 지역에서 조직된 노동력은 전체 노동력의 60%를 차지하며, 1951년과 비교해 배 이상이 증가하였다. 화북 지역에서 조직한 농가는 65%를 차지하며, 1951년과 비교해 20%가 증가하였다. 내몽고는 70%에 달하며, 동북 지역은 80% 이상에 달하였다.[29] 허난(河南) 노산(魯山) 현은 2개였던 단체가 71개까지 조직되었다. 노산 현의 마로우(馬樓) 향은 단번에 10개 조직을 만들었으며, 검사를 통해서 오직 한 개 조직만이 비교적 성숙하다는 것을 알았다. 1952년은 중국 농업 호조 합작 운동 발전이 최고조에 달하였다고 할 수 있으며, 발전 속도가 매우 빨랐기 때문에 혹자는 '무리한 돌진'(冒進)이라고 칭한다.

'무리한 돌진'은 인민공사의 숫자뿐만 아니라 인민공사를 설립하는 과정에서도 나타났다. 자발적인 호혜 정책이 충분히 관철되지 않았으며, 맹목적인 형식과 숫자를 추구하는 과도한 형식주의 현상도 생겨났다 . 조직상으로는 '탐쾌, 탐다, 탐대, 탐고'[30]라는 부정부패가 기능적인 면에서 나타났고 경영 관리는 맹목적으로 집단을 강조하여 '집합의 호각을 울리고, 깃발을 올려 일하자', '사람과 말이 다 오지 않으면, 호미를 땅에 내리지 않는다' 등 많으면 많을수록 좋고, 크면 클수록 좋다는 잘못된 사상으로 인해 집단 임무

29 자오스깡(趙士剛), 《회고와 사고-공화국 경제 건설의 길》, 상, 경제관리출판사, 1999년판, p. 295.

30 역주: 탐쾌(貪快), 탐다(貪多), 탐대(貪大), 탐고(貪高)의 네 가지 현상으로 실적을 더 빨리 올리기 위한 현상을 의미한다.

착수를 어렵게 만들었다. 그 밖에도 맹목적으로 추진한 복잡한 근무 시간제로 인해 결과적으로 '일은 잘하나, 결제하기가 어렵고, 상호 지원 조직은 너무 귀찮음'의 문제를 조성하였다. 어떠한 집단은 심지어 '고생스럽고 고생스럽다. 상호 지원 조직에 참여하더라도 각자가 주인이 될 수 없다'라고 하였다. 이 모든 것들이 민중들에게 극도의 나쁜 영향을 만들어냈다.

② 덩즈후이(鄧子恢)의 사상 및 1953년 농촌 상호 지원 합작 운동의 압축과 정돈

1953년부터 전국은 곧 대규모의 계획 경제 건설을 시작하려고 하고 있었으며, 당 중앙 작업의 중심은 도시의 공업 건설에 있었으나, 농촌 작업 지도의 약화를 가져오지 않게 하기 위해서 1953년 2월 중앙에 중앙농촌작업부를 설립하고 덩즈후이를 부장에 임명하였다.

덩즈후이는 마오쩌둥과 같이 당의 임무는 농민들이 조직의 길을 걷고 상호 지원 합작의 길을 걷게 이끄는 것이라고 생각하였다. 그러나 그는 동시에 상호 지원 합작 운동은 반드시 안정되게 전진하는 방침을 채택해야 하며 절대로 성급하게 일을 처리해서는 안 된다고 생각하였다. 상호 지원 합작과 전쟁의 동원은 다르다고 생각했다. 그것은 하나의 민중 운동이었고, 농민의 생산과 생활의 근본적 문제와도 관계가 있었으며, 반드시 민중 운동의 발전 규율에 따라서 일을 처리해야 하고, 절대로 돌진하거나 갑자기 집단적인 행동으로 뛰어들지 말아야 한다고 생각했다. 이것은 실질적으로 '무리한 돌진'에 대한 비평이었다. 당 중앙은 중앙농촌작업부의 농촌 상황에 대한 소개와 농촌 상호 지원 합작 운동에 대한 정돈의 진행에 대해 귀를 기울였다. 보고 당일이었던 3월 8일, 당 중앙은 〈감축에 따른 생산의 증가와 상호 지원 합작 발전의 5년 계획 자료 지시〉를 발표하고, 이전에 보편적으로 발생하였던 '좌'로 치중된 '무리한 돌진'의 심각한 현상을 지적하였으며, 즉각 효과적인 제지를 하지 않는다면 생산의 파괴를 초래할 것이라고 하였다. 3월 16일,

〈춘경 생산에 관해 중앙이 각급 당위원회에게 보내는 지시〉에서 또 다시

"정확하게 농민 지도부를 조직하기 위해서, 또 농민 생산성의 적극성을 발휘하기 위해서 반드시 농업 생산 상호 지원 합작 운동 중에서 현재 진행중인 급하게 서두르는 무리한 돌진적 성향을 수정해야 한다"

라고 제의하였다.

3월 26일 〈인민일보〉에 발표한 〈농민 생산 지도의 관건〉이라는 제목의 사설에서 다시금 위에서 서술한 관점을 표명하였다.

적시에 문제를 발견하였고, 더불어 위에 서술한 조치를 취하였으며, 전국 농촌의 상호 지원 합작 문제에 있어서 조급하게 서두르는 '무리한 돌진'적 성향이 나타나는 현상에 대해서 1953년 6월 기본적으로 수정을 마쳤다.

③ 마오쩌둥의 비평과 〈농업 생산 합작 조합의 발전에 관한 결의〉의 공표

1953년 하반기에 이르러 식량 형세의 급격한 악화와 일괄 구입, 일괄 판매의 마지막 공표에 따라서 마오쩌둥의 사상에 커다란 변화가 나타났다. 그가 생각하기를 농업 문제, 식량 문제는 이미 중국 공업화 노선의 커다란 장애이며, 이 장애를 없애기 위한 방법으로

"최대한 빨리 합작화에서 집단화로 나아가는 것을 통해서 농민들을 공업에 근무하도록 이끌어야 할 것이다"

라고 제의하였다. 그리하여 1953년 10월 이후 마오쩌둥은 농촌작업부의 '말이 이치에 닿지 않음'을 비평하고 전환하기 시작하였다.

1953년 10월 중앙농촌작업부 제3차 상호 지원 합작 회의 전, 마오쩌둥은 중앙농촌작업부 책임자와의 회담에서 말하기를

"각 계급 농촌작업부는 상호 지원 합작을 가장 중요한 일로 보아야 할 것이다. 개별 농민의 생산량 증가는 한계가 있다. 반드시 상호 지원 합작을 발전시켜야 한다. 농촌의 일터에 관해서 만약 사회주의가 점령하러 가지 않

는다면 자본주의가 반드시 점령할 것이다"
라고 하였다.

회의상에서 사람들은 마오쩌둥의 담화에 대해서 토론하였는데, 마오쩌둥과 생각이 일치하였으며, 마오쩌둥은

"이번 회의의 지시는 적합하고 시기 적절한 것이며, 완전히 지지한다"
라고 하였고, 11월 14일 마오쩌둥은 다시금 말하기를

"농업 생산 합작사의 발전은 현재 필요한 것이며, 또한 잠재력이 매우 크다. 만약 발굴하지 않는다면, 그것은 침착하지만 전진이 없는 것이다"
라고 하였다.

마오쩌둥의 두 차례 담화의 정신적인 영향하에서 세 번째 상호 지원 합작 회의는 실질적으로 중국 농업 합작화 운동 중의 중요한 전환점이 되었다. 1953년 초, 중앙은 정식으로 첫 번째 상호 지원 합작 결의를 통과시켰는데, 주요 착안점은 여전히 상호 지원 조직의 발전이며, 합작사는 단지 시험적으로 운영해보는 것이었으나, 이번 회의에는 오히려 확실하게 합작사의 발전을 강조하였다. 회의 후 중앙은 12월 16일에 결의를 통과시켰으며, 정식 명칭을 〈중국 공산당 중앙위원회의 농업 생산 합작사 발전에 관한 결의〉로 바꾸었다.

중앙은 농업 생산 합작사 발전의 결의 및 총노선에 대한 선전을 통해서 중국 농업 합작화 운동이 1954년 초부터 시작하여 다시금 열기가 일도록 하였다. 동시에, 급진적인 '무리한 돌진'의 추세도 다시금 발전하였다. 1954년 합작하 운동의 발전이 매우 빨라짐에 따라 작업이 간략하고 거칠어졌으며 일괄 구입, 일괄 판매의 실행으로 농촌에는 불안한 형세가 출현하였다.

3) 농업 합작화의 고조

1953년 농업 합작사는 전국의 주요한 농업 구역에서 주요한 생산 형식으로 자리잡았다. 다음해 1월, 덩즈후이는 저우(周) 총리와 당 중앙에 합작사 운동의 집행 정세와 '무리한 돌진' 추세의 존재에 관해 보고하였으며, 중앙을 대신해 〈농업 생산 합작사 시범 방법〉과 〈농업 생산 합작사의 정돈과 견고하게 하는 것에 관한 통지〉라는 두 개의 문서 초안을 작성하였다. 중앙은 이 두 항목의 건의를 받아들였다. 중앙농촌작업부는 통지의 요구를 근거로 하여, 허베이(河北), 저장(浙江), 산둥(山東) 등의 성에 농업 생산 합작사의 정돈과 견고한 작업의 진행을 협조하였다. 1955년 4월을 시작으로 하여, 한 달 남짓한 작업을 거쳐, 저장의 농업 생산 합작사는 53,144개에서 37,507개로 줄어들었고, 1.5만여 개의 합작사를 압축하였으며, 대부분이 품앗이의 형태로 전환되었다.

하지만 마오쩌둥은 1955년 4, 5월 인식에 변화가 생겼다.

"농민 생산이 소극적인 것에 대해 말한다면, 그것은 일부분일 뿐이다. 나는 노변에서 보리가 사람 키의 반만하게 자라 있는 것을 보았는데, 생산이 소극적인가?"

라고 하였다.

그는 중앙농촌합작부가 부분 합작사를 반영하지 못하고, '헛소문이 돈다'라고 생각하였다. 마오쩌둥은 합작화에 대한 인식에 변화가 생겼으며, 이를 '5월 변화'라고 칭하였다. 오래지 않아 그는 덩즈후이에게 경고하기를

"1953년 대규모로 합작사를 해산하였던 과오를 다시 저지르지 말라. 그렇지 않으면 자기 비판을 하게 될 것이다"

라고 하였다.

그 후 덩즈후이에 대해 비평을 자주 제시하였다. 7월 31일 마오쩌둥은

성, 시, 자치구 당위원회 서기회의에서 만든 〈농업 합작화에 관한 문제〉의 보고를 '전족한 여인이 길을 걷다'[31]라고 비판하였으며, 이것은 중국 사회주의 개조의 가속화를 불러온 전환점이었다. 회의 후에 비판은 끊임없이 열의를 더하였고, 10월에 이르러서 7차 6중 전회의 소집과 《중국 농촌의 사회주의 고조》의 출판에 따라 최고조에 이르렀으며, 전국적으로 조금이라도 전진하지 않는다면 바로 '전족한 여인이 길을 걷다'의 추세로 간주하는 기류가 형성되었다.

이렇게 1955년 여름 이후 전국 범위에서 농업 합작화의 고조가 출현하였다. 1955년 10월 전국에는 128만 개의 농업 생산 합작사가 있었으며, 11월에는 거의 158만 개, 12월 말에는 190만 개에 달하였고, 전국 농가구 전체의 63.3%를 차지하고 있었다. 이 시기에 전국은 광둥과 윈난을 제외하고, 시험적으로 한 무리의 고급 농업 생산 합작사를 운영하고 있었으나, 대부분이 토지 출자 형식의 반사회주의 합작사였다. 1956년 1월 인민출판사는 마오쩌둥이 직접 편집을 주관한 '합작화 운동의 백과사전'이라고 불리는 《중국 농촌의 사회주의 고조》라는 책을 출판하였고, '조합이 크면 클수록 우월성이 더욱 커진다'라고 할 정도로 고급 조합과 대형 조합을 만드는 것을 강력하게 지지하였다. 이렇게 1956년부터 농업 합작화의 주류는 이미 고급 합작화로 전향하기 시작하였다. 1956년 말, 전국의 모든 합작사는 153만 개, 그 중 고급 조합이 13.6만 개, 조합에 입단한 농가구는 농가구 전체 수의 30.7%에 달하였다. 6월 말, 전국에는 99만개의 합작사가 있었는데, 그 중 고급 조합이 31.2만 개, 조합에 입단한 농가구는 전체 농가구의 63.2%였다. 12월 말, 전국에는 76만 개의 합작사가 있었으며, 그 중 고급 조합이 54만 개, 조합에 입단한 농가구의 수가 전국 농가구 총수의 87.8%에 달하였다. 이것은 1956

31 역주: 소각여인주로(小脚女人走路): 행동이 느릿하고 어슬렁거리며 늑장을 부린다는 의미의 중국 속담으로 당시 중국의 농촌 사회주의화의 속도를 비판하기 위해 사용되었다.

년 말에 이르러서 농업 사회주의 개조가 이미 기본적으로 완성되었음을 표명한다.

즉, 건국 초기 농업 합작화 운동은 모두 3단계로 나눌 수 있다.

① 신중국 성립~1952년 말, 상호 지원 조직 단계

상호 지원 조직은 임시 상호 지원 조직과 1년간의 정규 상호 지원 조직을 포함하며, 상호 지원 조직 내에서 서로 품앗이하고, 등가 교환, 집단 노동을 실행하였다. 토지와 기타 생산 재료는 여전히 상호 지원 조직 구성원의 개인 소유였으며, 분할되어 경영되었다.

② 1953년 초~1955년 상반기, 초급 조직 단계

초급 조직과 상호 지원 조직의 다른 점은 토지 출자와 통일 경영을 특징으로 하는 것이나, 아직 조직원 생산 요소의 사유 제도를 여전히 보존하고 있었다. 특히 토지는 여전히 농민의 소유였고, 토지 출자에 대해 정기적으로 이익을 배당하였다. 조직원은 노동에 따라 임금을 받는 것 이외에 출자한 토지와 농업 합작사가 사용하도록 인도한 농경에 쓰이는 가축, 농기구 등에 대해 균일하게 상응한 보수를 받았다. 초급 조직을 건립하는 것과 동시에 농촌은 공급과 판매를 담당하는 합작사와 신용 합작사를 건립하였으며, 농촌 생산 합작사와 생산, 판매, 신용 삼위일체의 합작 경영 체제를 형성하였다.

③ 1955년 가을~1956년 말 대규모 고급 조합 설립 단계

1955년 10월, 중공 6차 6중 확장 회의에서 〈농업 합작화 문제에 관한 결의〉를 통과시키고, 각 지역이 통일된 방식에 따라 반드시 규정된 시간 내에 규정된 모델에 의거해 농업 합작화를 완성해야 함을 강조하였다. 농가의 토지는 대가 없이 단체의 소유로 전환되었으며, 다른 생산 요소, 즉 밭을 가는 소 · 대 · 중형 농기구 등은 그 가격을 책정하여 단체의 소유로 전환되었다. 농가는 개인 소유의 땅과 소형 농기구, 소규모 가정 부업의 경영권을 유지할

수 있었다. 전체 조직은 통일된 계획에 의해 전체 노동과 통일 경영이 실행되었다. 조합원은 몇 개의 생산 조직으로 편성되었다. 1956년 말에 이르러서 개조가 기본적으로 완성되었으며, 1957년 말, 전국 97%의 농가가 고급 조직에 가입하였다.

농업 합작화의 완성은 5.36억 인구의 광대한 농촌에 사회주의 집단 소유제를 건설하고, 농민을 토지 소유제의 속박에서 완전히 벗어나게 하였으며, 합작 노동의 우월함을 시작 단계에서 발휘하였고, 동시에 대규모 농경지 기본 설비와 경작지에 대해 종횡으로 교차하는 그물 모양의 방풍림 건설, 대규모 수리 관개 시설 건설 및 대규모 농업 과학 기술의 확충 진행 등 유리한 조건을 제공하여, 농업 생산 조건을 크게 변모시켰으며, 생산력의 발전을 촉진시키고, 국가 공업화에 중요한 조건을 제공하였다. 하지만 이러한 작업 과정에서 서두름, 조잡함이 발생하였고, 심지어 농민을 합작사에 강제로 가입하게 하는 등의 부작용이 발생하였으며, 농민의 생산 적극성은 또 다시 공격을 받았다.

(2) 수공업의 사회주의 개조

수공업 개체는 소농의 경제와 유사했다. 비록 사유제였지만 동시에 노동자였다. 따라서 생산 요소를 착취하는 어떠한 방법도 채택해서는 안 되며, 설득이나, 시범, 국가 보조 등의 형식을 통해 진행해야 하였고, 개별 수공업 노동자들이 점진적으로 연합하여 합작화의 노선을 걷게 해야 하였다.

1949년 5월, 류샤오치는

"우선 수공업에서의 공급과 판매 합작사를 만들어야 한다. 수공업자를 위해 원재료를 사들이고 생산된 상품의 판로를 확장해야 한다."

"광대한 민중이 필요로 하는, 쉽게 만들 수 있는 합작사를 만들어야 한다"

라고 제시하였다.

1949년 11월 1일, 중앙 인민 정부는 합작사업관리국을 설립하고, 전국 합작 사업을 주관하였다. 1950년 4월, 중앙 인민 정부 경공업부는 수공업 생산 좌담회의 결론에 관해서 지적하였는데,

"수공업 생산의 회복과 발전의 중심 관건은 공급과 판매의 문제를 해결하는 것이다"

라고 하였고, 같은 해 류샤오치는 중화 전국합작작업자 제1차 대표회의에서 다시 한 번 강조하기를

"수공업 합작은 반드시 생산 과정 중 가장 힘든 공급과 판매 부분에 손을 대야 하며, 원래 생산 방식을 변하지 않게 유지시키고, 공장을 개설하는 방식을 최대한 채택하지 않도록 한다"

라고 하였다.

공급과 판매 관계를 해결하는 것을 골자로 수공업 합작 조직을 형성하되 먼저 수공업 생산 소그룹을 조직하였는데, 이는 수공업 개조의 초급 형식으로 두 가지 형식을 포함하였다. 하나는 독립된 수공업자와 가내수공업자의 조직을 형성하고 공급과 판매 합작사 혹은 소비 합작사와 연계하여, 후자가 원재료를 공급하고 완성품을 판매하는 것으로, 개인 자본(영업)의 자본주의 공·상업과의 연계를 제거하지만 생산은 여전히 분산되어 진행하도록 하는 것이었다. 또 다른 한 가지는 수공업 노동자와 개별 수공업자를 연계시켜 자본을 모으고, 생산 도구를 구매하거나 임대하여(혹은 본래의 생산 도구를 자본 출자하거나 현금으로 환산하여 처리하도록 하였다) 단체 생산을 진행하도록 하는 것인데, 이러한 수공업 소그룹은 그 전의 종류와는 다르며, 실제로는 소규모의 수공업 생산 합작사였다.

공급과 판매 관계를 해결하기 위해 조직된 수공업 합작의 또 다른 형식은 수공업 공급과 판매, 생산 합작사였다. 이는 수공업 개조의 과도기적 형식이었으며, 다수의 개별 수공업자 혹은 복수의 수공업 생산 소그룹이 원재료를 구매하고 상품을 판매하는 공통된 어려움을 해결하기 위해서 자발적으로 연합하고 조직한 것이었다. 수공업 공급 또는 판매의 생산 합작사는 업무 조직, 생산 지도를 통일함은 물론 생산 도구를 부분적으로 공유하고, 경영에 따라 새로운 공유 생산 도구를 매입하였다. 심지어 부분의 단체 생산 조직을 통하여, 점진적으로 공공 재산을 누적시키고, 단체로 생산 재료를 구매하여 경영 관리를 개선하거나, 또는 분업형 합작으로 간단한 단체 생산을 대체하는 등 점진적으로 반(半)사회주의 성질의 수공업 생산 합작사로 변화하였다.

건국 초기, 각각의 지방 정부는 수공업 공급과 판매 합작사를 창설하는 기초 과정에서 수공업 생산 합작사의 조직을 시작하였다. 이것은 도시와 농촌에 존재하던 독립적인 수공업 노동자, 가내 수공업 노동자가 대규모의 연합을 자발적으로 진행한 것으로, 함께 생산하였고, 노동자는 조합에서 합리적인 분업과 합작을 실행하였다. 공구를 개선하고, 기술을 향상시켰으며, 점차적으로 기계 생산을 채용하였고, 생산품의 노동에 따른 분배를 실행하였다. 수공업 생산 합작사는 생산 재료의 일부분을 단체의 소유로 귀속시키는 반(半)사회주의 성질의 합작사와 생산 재료의 전부를 집단 소유로 귀속시키는 완전 사회주의 성질의 합작사를 포함하였다. 생산 합작사는 수공업 합작사의 고급 형식이고, 수공업 개별 경제를 집단 소유제로 개조하는 주요한 형식이었다.

1949~1952년은 국민 경제 회복의 시기이며, 수공업 생산 합작사를 시험적으로 운영하는 단계에 속한다. 수공업 생산 합작사에 참여한 조합원은 같은 기간 수공업자 전체의 3.1%를 차지하며, 수공업 생산 합작사의 생산액은

동기간 수공업 총생산액의 3.4%를 차지한다. 그러나 초기에 합작화의 우월성이 이미 나타났다. 전국 개별 수공업 생산액은 1949년을 100이라 하였을 때 1952년 219.5였고, 전국 수공업 생산 합작사의 생산액은 1949년을 100이라 하였을 때 1952년에는 1,642.7에 달하였다. 조사에 근거하여 수공업 생산 합작사의 노동 생산성은 개별 수공업보다 40% 이상 높으며, 조합원의 수입 또한 입사 전보다 최소한 36% 이상 증가하였고, 높게는 200%까지 증가하였다.[32] 이것은 수공업자들이 사회주의 노선을 걷게 하는 데 매우 중요한 작용을 하였으며, 거대한 흡인력을 지니고 있었다.

1953년, 중앙은 정식으로 과도기의 총노선과 총임무를 발표하였고, 수공업의 사회주의 개조를 3대 개조 중의 하나로 채택하였다. '1.5계획'[33] 중

"설득, 시범과 국가 원조 등의 방법을 채택하여 점진적으로 수공업자들을 합작화의 노선으로 이끌고, 수공업 생산 합작사를 국영 공업에 효과가 있는 조수로 만든다"

라고 규정하였다.

이에 알 수 있듯이, 수공업의 사회주의 개조 실현은 과도 시기 총노선을 조성하는 부분이며, 또한 '1.5계획'의 요구 사항이다. 그리하여 1953년 이후 수공업의 사회주의 개조의 속도는 매우 빨라졌다.

1953년 11월, 제3차 전국 수공업 생산 합작 회의가 개최되었다. 회의상에서 수공업 합작 조직은 생산 요구에 근거하고 민중을 자각시키며, 민중이 자원해서 만든 조직임을 제시하였다. 1954년 국가는 물자 부문과 상업 부문이 제공한 수공업 합작 조직이 필요로 하는 원료를 제외하고 창고를 정리하여 정체된 낡은 기계, 목재 등을 포함한 물자를 낮은 가격으로 수공업 합작

32 국가통계국 편, 《우리나라의 국민 경제 건설과 인민 생활》, 통계출판사, 1958년판, p. 10.

33 역주: 중국은 1949년 건국 이후 소련의 경제 개발 계획을 본받아 경제 개발 5개년 계획을 실시하여왔는데, 1.5계획이라 함은 1953년 처음 실시된 1차 5개년 개발 계획을 의미한다.

표 2-5 전국 수공업 사회주의 개조 상황

(단위: 만 명)

항목	1952년		1953년		1954년		1955년		1956년	
	명	비중(%)	명	비중(%)	명	비중(%)	명	비중(%)	명	비중(%)
수공업 합작 조직	25.25	3.9	32.60	4.7	121.35	15	220.6	29.1	509.1	92.2
개별 수공업자	620.46	96.1	660.5	95.3	689.3	85	537.9	70.9	43.0	7.8
합계	645.7	100	693.1	100	810.69	100	758.5	100	552.1	100

자료 출처: 《중화인민공화국 경제 당안 자료 선편(1953~1957)》, 공업권, 중국물가출판사, 1998년판, p. 934.

사가 이용하도록 넘겨주었다. 이러한 조치의 추진하에 1953~1955년 수공업 합작화의 발전은 매우 빨랐다. 1954년 말 수공업 합작 조직에 참가한 사람수는 121만여 명에 달하며, 1952에 비교해서 4.3배나 증가하였다.

중국 농업 합작화는 1955년 7월 이후 고조되기 시작하였는데, 동년 10월에 자본주의 공 · 상업 전 업무에 걸쳐 국가와 개인의 공동 경영의 고조가 또 다시 나타났다. 11월, 천윈은 관련된 부문에

"수공업 개조를 너무 늦게 하면 안 된다"

라고 제시하였다.

12월 5일, 중앙은 좌담회를 개최하고 류샤오치는 마오쩌둥의 제시를 전달하였는데, 사회주의 개조의 속도를 높여야 한다고 주장하고 수공업 사회주의 개조의 '적극적이지도 않고 너무 느림'을 비판하였다. 12월 하순, 제5차 전국 수공업 생산 합작 회의가 개최되었는데, 수공업 합작화를 빠르게 진행하지 않는 '우파 보수' 사상을 엄격하게 비판하고, 1956년과 1957년 2년 내에 수공업 합작화의 임무를 기본적으로 완성하기를 요구하였다. 이러한 제시는 수공업 합작화의 고조를 대폭 촉진시켰으며, 수공업 사회주의 개조의 속도를 급격하게 빠르게 만들었다. 1956년 6월에 이르러서 전국의 소수 변두리 지역을 제외하고 기본적으로 수공업의 합작화를 실현시켰고, 조직된 수공업자는 이미 전체 수공업자의 90%를 차지하였으며, 전국 수공업 합작 조

직은 104,430개로 발전하였다. 수공업 합작화 조직의 전국 생산액은 108.76억 위안에 달하였고, 수공업 총액에의 비중은 1955년의 19.9%에서 92.9%까지 상승하였다. 수공업의 사회주의 개조는 기본적으로 완성되었다.

(3) 소상인에 대한 사회주의 개조

소상인은 중국의 거대 도시와 농촌에 다수 존재하였고 그들은 상품 유통과 도시와 농촌 사람들의 생활과 생산, 수요를 만족시키는 데 적극적인 작용을 하였다. 1955년 8월 통계에 따르면, 전국에 노동자를 고용하지 않거나 또는 한 사람만 고용하여 상품을 소매하는 작은 상점과 작은 노점상은 278만 가구에 달하였고, 종사 인원은 336만 명에 달하였으며, 자본 총액은 4.8억 위안이었다. 이 가구 중 개인 소매점을 경영하는 가구는 전체의 98.24%이며, 종사하는 인구는 91.82%, 자본액은 61.81%를 차지하고 있었다. 따라서 이는 소홀히 할 수 없는 힘이었다.

이러한 소상인은 일반적으로 소규모, 소자본의 상업 경영자였다. 그들은 자신들이 판매할 상품을 휴대하고 다녔으며, 자기 자신 혹은 그 가족 단위로 구성되어 노동자를 고용하지 않거나 극소수만을 고용하였다. 즉, 이러한 소상인의 경영 형태는 개인 노동자 경제로 규정할 수 있었다. 따라서 과도기의 총임무를 근거로 하여 사회주의 개조를 실행하는 것 또한 필요하였다. 왜냐하면 그들은 상품 유통 영역에서 자본주의의 자유 상품 시장과 밀접한 관계를 가지고 있었으며, 비교적 큰 자본주의 성향과 양극 분화의 위험을 가지고 있었다. 그러나 소상인의 사회주의 개조 역시 어떠한 형식의 박탈도 수용할 수 없었다. 그리하여 국가는 그들의 개조에 합리적이며 효과적인 조치를 취해야 하였고, 사회주의 상업을 조성하는 부분으로 만들어야 하였다.

소상인 중의 일부분은 국가 정책과 요구에 따라 국영 상업이나 공급, 또는 판매 합작사의 작업 인원으로 직접 받아들여졌다. 규모가 큰 소상인은 자원하여 상호 지원의 원칙에 근거하여 국영 상업과 합작사의 지도하에 다양한 형식을 통하여 그들을 조직화시켰으며, 사회주의 상업을 보충하고 보조하는 역할을 하게 되었다. 도시의 소상인 개조의 조직 형식은 아래 몇 가지 종류로 나타났다.

그 중 하나는 국영 기업이 자체 상품을 민영 소매점에 위탁하여 중개 판매하는 것과 대리 판매하는 것이었다. 개별 상점은 국영 상업과 직접적으로 업무 연계를 하였기 때문에 국영 상업의 지도에 복종하였다. 두 번째, 공동으로 구매하여 할당 판매하는 것이었다. 각 소상인이 연합하여 상품을 구입하고, 경영을 분산하고, 각자 스스로 손익을 책임지는 것이었다. 세 번째, 서로 다른 명의하에 연합하여 경영 조직, 공동 경영 조직, 합작사, 합작 상점을 건립하였다. 일반적이고 공통된 특징은 자본을 출자하고, 노동에 따라 급료를 분배하고, 이윤을 공동 축적하고 분배하며, 내부의 경영 제도를 건립하고, 사회주의 상업으로 하여금 지도하게 하였다.

농촌의 소상인 개조 작업은 대부분 공급과 판매 합작사를 통해서 진행되었으며, 조직의 형식은 매우 다양하였다. 첫째는 합작 상점으로 동일한 업종 혹은 비슷한 행상끼리 수요에 따라서 자발적으로 조직하고, 공급과 판매 합작사의 지도하에 자본을 출자하여 경영, 정산을 통일하여 이익을 공동 적립금, 장려금, 출자금 등으로 나누어 분배하였고, 노동에 따라 급여를 배분하였다. 둘째는 합작 소그룹으로 개인 소규모 상인은 공급과 판매 합작사에서 일률적으로 상품을 구입하고, 경영하고, 분배하였는데, 이들의 경영 방식은 공동 구매하여 할당 판매하는 방법, 구매와 판매를 대리하는 방법, 개인이 구매하고 개인이 판매하는 방법 등이 있었다. 업무는 모두 공급과 판매 합작사의 계획에 따라 이루어졌다. 셋째는 공동 경영 방식으로 규모가 큰 상점은 공급과 판매 합작사와 공동 경영을 실시하였고, 공급과 판매 합작사는 부분적으로 자금을 투자하고 개인 자본으로 경영하는 상점에 개인 간부 지도자를 파견하여 경영하였다.

광대한 소상인의 개조는 몇 가지 단계를 나누어 진행하였다. 회복 시기에는 '여러 방면의 일을 통일적으로 계획하고 관리하다가 전면적으로 배치한다'라는 방침에 따라 국가가 소상인을 배치하였다. 1953년 계획 경제 형태의 경제 건설을 시작한 이후로 과도기 총노선의 집행과 국가의 식량, 목화 등 주요 농산품을 일괄 구입과 판매를 하였기 때문에 국영 상업과 합작사의 상업 발전이 매우 빨랐으며, 소상인의 휴업이 매우 많았다. 그런 까닭에 국가는 소상인에게 진일보한 배치를 해주었는데, 한편으로는 사회주의 상업의 도매 업무 전개를 통하여 소상인의 상품 공급을 만족시켰고, 다른 방면으로는 국영 기업이 자체 상품을 민영 소매점에게 위탁하여 중개하여 판매하는 것과 국영 상점이 공급원을 장악하고 상품을 민영 소매점에 위탁하여 대리 판매시키는 등의 형식을 채택하였다. 이런 방식을 경제 계획 안에 포함하여 그에 대한 개선을 실시하였다. 1955년 하반기, 많은 수의 소상인이 각종 형식의 합작 상점, 합작 소그룹 및 대리 경영, 판매에 참가하였다. 1956년부터 농업, 수공업 합작화 고조의 촉진에 따라 자본주의 공 · 상업이 모든 업종의 공사 합동 경영(이하 합영) 단계에 들어섰으며, 수많은 소상인들이 독립하여 존재하는 것이 어려워졌고, 잇달아 합영에 참가하는 요구를 제시하였다. 이러한 까닭에 국무원은 1956년 2월 8일 〈개인 공 · 상업과 수공업의 사회주의 개조 중 약간의 사항에 관한 결정〉을 만들고,

"수가 매우 많고, 분포가 매우 넓은 소상인은 만약 그들의 요구가 공사합영이라면 정부는 그들의 의견에 따라 허가할 수 있다. 하지만, 이러한 소상인의 경영 방식은 반드시 이전의 대리 판매, 대리 구매, 중개 판매 등의 자신이 영업하는 방식을 유지해야 한다. ……노점상과 봇짐상은 만약 조직과 개조를 진행하는 데 여유가 없다면 이 항목의 작업을 잠시 늦춰야 할 것이다"

라고 제시하였다.

각 지역은 모두 이 결정에 따라서 일을 처리하였다. 상업부와 국가 공급 및 판매합작총사는 1956년 3~4월을 시작 단계로 소상인 개조의 경험을 총결산하고, 한쪽으로는 그들의 개조에 주의를 기울이고 동시에 민중의 특징을 유지하는 것에 주의를 기울어야 하며, 다양한 형식을 채택하여 개조를 진행해야 한다고 생각하였다. 형식을 불문하고 자본주의 경제가 더는 존재하지 않게 하기 위하여 소상인은 오직 사회주의 경제와의 연계만을 맺을 수 있었고, 기본적으로 국가가 지도하고 계획하였다.

1956년 말, 전국 332만의 민영 상업 인원 중(소상인이 대부분을 차지하였다), 이미 개조한 사람이 282.4만 명으로 총인원의 85.1%를 차지하였다. 개조에 참가하지 않은 대부분은 경영 지점이 분산되어 있거나 일반적인 경영을 하지 않는 곳이었다. 경영 상태가 비교적 좋아서 개조에 참가할 필요가 없는 곳도 있었으나, 이러한 상황은 대체적으로 산지나 국경 지대 등 개조하기가 어려운 지역이었다. 결론적으로 소상인에 대한 사회주의 개조는 기본적으로 실현되었으며, 소상인의 특징과 장점의 발휘에 주의를 기울이고 군중의 수요를 맞추는 데도 편리하였고, '일괄 실행'의 현상도 비교적 적었다.

(4) 자본주의 공 · 상업의 사회주의 개조

중국 공산당이 이끄는 인민 민주 혁명이 전국의 정권을 쟁취한 후, 중국은 자본주의 경제에 대해 두 가지 다른 방침을 채택하였다. 관료 자본에게는 몰수의 방법을 채택하여, 국영 경제로 변화시켰다. 자본주의 경제 중 또 다른 부분인 민족 자본 공 · 상업은 이용, 제한, 개조의 방침을 채택하고 유상 몰수의 방법을 사용하여, 단계적으로 자본 계급의 자본주의 기업을 국가 자본주의 경제[34]로 변환시켰다.

1953년부터 국가는 자본주의 공 · 상업의 사회주의 개조 절차를 시작하였으며, 크게 세 단계로 나눌 수 있다.

첫 번째 단계는 1953년부터 1954년 상반기로, 이는 국가 자본주의 개조의 초급 형식의 단계였다. 이 시기의 민영 공업 생산품의 대다수는 생산품의 가공 및 마무리 처리를 위해 이미 국가가 사기업에게 행하는 주문이나 계약, 일괄 구입, 일괄 판매 등의 형식을 실행하였고, 이와 상응하여 국가는 대량 구입, 중계 판매, 대리 판매 등의 국가 자본주의 초급 형식을 통해서 자본주의 상업에 대해 사회주의 개조를 실행하였다.

두 번째 단계는 1954년 하반기부터 시작한 국가 자본주의 개조의 고급 형식의 공사 합영 기업 단계로, 1954년 9월 6일 정무원은 〈공사 합영 공업 기업 임시 시행 조례〉를 공표하고, 자본주의 기업의 공사 합영을 실행하는 데 있어서 방침, 원칙, 공사 합영 기업의 성질, 공사 관계, 노사 관계, 경영 관리, 이윤 분배 등을 규정하였다. 공사 합영의 공업 기업은 비교적 빠른 성장이 있었다. 그러나 당시 공사 합영 공업 기업의 발전에 있어 비교적 많은 수를 차지하는 것은 개별 기업의 공사 합영이었다. 이런 형태의 기업에는 개인 자본뿐 아니라 국가의 지분도 포함되어 있었다. 기업의 지도자와 관리는 국가가 지정하여 간부를 파견하였고, 이러한 기업의 생산 재료 분배권, 경영 관리권, 인사권은 실질적으로 국가의 수중에 들어갔으나 자본가는 여전히 생산 재료의 소유권을 유지하고 있었다.

34 역주: 당시 중국의 국가 자본주의는 인민 정부의 관리하에 다양한 형식을 통하여 기업이 국영 사회주의 경제와 연계된 노동자의 감독을 받는 형태의 자본주의 경제 제도였다. 이러한 종류의 자본주의는 이미 보통의 자본주의 경제가 아니었으며, 자본주의 국가의 국가 자본주의와도 달랐다. 일종의 특수한 자본주의 경제로서 새로운 형식의 사회주의적 국가 자본주의 경제였다. 이는 자본주의의 이윤을 위해 존재하는 것이 아니며, 인민과 국가의 수요를 공급하기 위해서 존재하였다. 국가 자본주의 경제 중 노동자는 자본가를 위해 일부의 이윤을 창조하지만 이는 전체의 이윤 중 작은 부분으로 대략 1/4 정도를 차지하였으며, 남은 3/4은 노동자를 위한 (복리 비용) 그리고 국가를 위한 (소득세), 생산 설비의 확대를 위한 부분(그 중에는 자본가를 위한 이윤을 생산하는 것을 일부분 포함되었다)과 생산(소위 말하는 '상 · 공업의 공사 합영을 완전히 실시하기 전에 자본가가 소유한 원생산 자본을 유상 몰수하는 정책')을 위한 것이다. 그러므로 이런 새로운 형식의 국가 자본주의 경제는 매우 큰 사회주의적 성질을 가져왔으며, 노동자와 국가에 매우 유리하게 작용하였다.

표 2-6 1949~1955년 가공 물품 주문 상황 통계표

(단위: 억 위안)

명칭	1949년	1950년	1951년	1952년	1953년	1954년	1955년
전국 민영 공업 총생산액	62.28	72.78	101.18	105.26	131.09	103.41	72.66
그 중 가공, 주문, 일괄 구매, 일괄 판매 등의 총액	8.11	20.98	43.21	58.98	81.07	81.21	59.35
총생산액 중 비중(%)	11.88	28.83	42.71	56.04	61.84	78.53	81.69

자료 출처: 《중국 자본주의 공 · 상업의 사회주의 개조》, 인민출판사, 1962년판, p. 159.

세 번째 단계는 1955년 상반기부터 시작하였는데, 국가는 전국적으로 생산 안배와 시장 안배를 하는 동시에 업종에 따른 체계적인 안배의 원칙을 마련하였다. 또한 사회주의 국영 경제의 확대와 농업 합작화의 고조에 따라 자본주의 발전 노선은 막히게 되었다. 그리하여 1955년 말에서 1956년 초, 자본주의 공 · 상업의 사회주의 개조는 전 업종이 공사 합영의 고급 단계로 접어들었으며, 자본가가 점유하고 있던 생산 재료는 국가의 소유로 귀속되었고, 국가가 통일적으로 배분하고 사용하게 되었다. 관련된 문서에 따르면, 자본가에게 경제적으로는 '일정한 지분 분배'와 지분에 따른 '일정한 배당'을 실행하였으며, 정치적으로는 인사 안배를 진행하였다. '일정한 지분 분배'와 '일정한 배당'은 '공평 합리, 실사구시'의 원칙을 근거로 하였다. '일정한 지분 분배'는 자본가에게 공사 합영의 자본과 부채에 대한 가격을 책정하여 정산을 진행하는 것이었고, '일정한 배당'은 공사 합영 시기에 기업의 손익에 상관없이 국가가 정해진 개인 소유 지분의 비율에 따라 정해진 기간에 개인 소유 지분의 출자자에게 정해진 이율(일반적으로 연이율 5%)로 배당을 하는 것이었다. '일정한 배당'의 원래 기간은 1956년 1월 1일부터 시작하여 7년으로 정해졌으나 이후에 3년 연장하여, 1966년 9월에 지불이 정지되었다. 인사 안배는 민영 기업에 재직 중이던 민영 인원 전부를 '재능에 따라 등용하고, 그에 맞게 대우함'의 원칙에 근거해 직장을 안배하였다. 이러한 안배하

표 2-7 상업의 국가 자본주의의 발전

(단위: 억 위안)

명칭	1950년	1951년	1952년	1953년	1954년	1955년
전국 민영 상업 소매 총액	101.95	128.84	121.27	139.35	97.58	104.88
국가 자본주의와 합작화 상업 소매 총액	0.11	0.27	0.51	1.16	16.90	47.18
민영 상업 소매액의 점유율(%)	0.11	0.21	0.42	0.83	17.32	44.98

자료 출처: 《중국 자본주의 공 · 상업의 사회주의 개조》, 인민출판사, 1962년판, p. 196.

에 자본가가 얻는 순익은 '상 · 공업의 공사 합영을 완전히 실시하기 전에 자본가가 소유한 생산 자본을 유상 몰수하는 정책'을 통해 '정해진 배당' 제도로 바뀌었다.

1956년 말 전국 민영 공업 가구수 99%, 민영 상업 가구수 82%가 소유제 개조를 실현하였으며, 민영 정기 선박, 자동차운수업은 사회주의 개조의 고조 기간 중 직종의 전체가 공사 합영을 실현하였다. 민영 식품업 역시 86%가 개조를 실현하였고, 자본주의 공 · 상업의 사회주의 개조 작업이 기본적으로 완성되었다.

또한 표 2-8에서 볼 수 있듯이, 전체적으로 농업, 수공업, 자본주의 공 · 상업의 사회주의 개조를 통해서 중국의 경제 구조는 근본적인 변화가 발생하였다.

1956년과 1952년을 비교해서, 국민 소득 중 전 국민 소유제 경제, 전체 소유제 경제, 공사 합영 경제 3종류의 사회주의 공유제가 차지하는 비중은 이미 92.9%에 달하였는데, 이는 중국의 소유 제도 구조에 커다란 변화가 발생하였음을 표명하는 것이다. 몇천 년의 생산 자본 사유제를 기초로 하는 착취 제도가 기본적으로 소멸되었으며, 생산 자본의 공유제를 기초로 하는 사

표 2-8 '3대 개조' 전후 각 경제 성분이 국민소득 중 점유하는 비율의 변화

(단위: %)

연도	전국민 소유제 경제	전체 소유제 경제	공사 합영 경제	3항 합계	민영 경제	개별 경제
1952년	19.1	1.5	0.7	21.3	6.9	71.8
1956년	32.2	53.4	7.3	92.9	0.1	7

자료 출처: 후성(胡繩), 《중국공산당의 70년》, 중앙당사출판사, 1991년판, p. 333의 자료 재편집.

회주의 제도가 기본적으로 건립되었다. 이는 중국 역사상 가장 심도 있는 변혁이었으며, 생산력의 발전을 촉진시켰다. 총노선을 일일이 지적하여 명확히 밝히는 요지는 '소유 제도 문제의 해결'에 있다. 즉, 국유제를 확대하고 사유제를 집단 소유제와 국유제로 바꾸는 것이다. 당시 중공 중앙 정부는 이를 통하여 생산력을 높이고 국가 공업화를 완성하고자 하였다. 하지만, 사회주의 개조 과정 중에는 매우 많은 결점과 편차가 존재하였다. 〈중공 중앙의 건국 이래 당의 약간의 역사 문제에 관한 결의〉에서

"농업 합작화와 수공업과 개체 상업에 대한 개조 중에 과도하고 급하게 개조를 추진함에 따라 작업 수준이 떨어지고 변화가 과도하게 빠르며 그 형식 역시 과도하게 단순하게 획일화된 결점이 존재하고 있다"

라고 지적하고 있듯이 실상 이러한 '과도한 결점'은 자본주의 공 · 상업 특히 자본주의 상업의 개조 방면에도 존재하고 있었다. 즉, 사회주의 개조의 각 방면에 존재하고 있었던 '과도한 결점'은 소유 제도 형식의 과도한 단일화와 공 · 상업자의 이용 및 처리의 부당함, 부분적인 개별 수공업자와 소규모 상인이 공사 합영 후 이윤이 매우 적어지는 상황 등으로 나타났다.

3. 일괄 구매(統購), 일괄 판매(統銷)의 실행

건국 초기, 재정 경제 전선에는 물가 안정, 재정 작업의 통일 양식(농업,

수공업과 자본주의 공·상업의 사회주의 개조)을 포함한 주요 농산품의 일괄 구매, 일괄 판매의 '3대 전투'가 있었다. 그 중 식량 생산 수요의 모순과 공급 수요의 모순이 신중국 성립 후 매우 심각해졌다. 만약에 식량 생산 수요의 모순이 대규모의 농업 합작화를 추진하는 원인이었다고 한다면, 1953년 실행된 식량의 일괄 구매, 일괄 판매는 바로 당시 식량의 공급 수요의 모순 때문에 발생한 산물이라고 말할 수 있다.[35]

1952년 전국 식량 총생산량은 3,278억 근에 달하였다. 바로 전년도와 비교해서 10.6% 상승된 것이며, 1949년에 비해서는 44.8%나 증가한 것이었다. 또 전쟁 전의 최고 수준이었던 1936년의 3,000억 근보다 9.3% 상승한 것이었다. 이것이 바로 토지 개혁 후의 대풍수년이다. 하지만 토지 개혁 후 농민 생활이 개선되어 식량의 소비량이 증가하였으며, 도시 인구가 증가하고 도시와 농촌의 식량 공급이 신속히 확대되었다. 더구나 1953년은 대규모 경제 건설의 첫 해였기 때문에 공업용 농업 원료의 수요 역시 확대되어 1953년의 식량 수요량은 크게 증가하였다. 그 결과 식량 수확이 수요를 따라가지 못하는 상황이 발생하였다. 식량부의 보고에 따르면 1952년 7월 1일부터 1953년 5월 30일까지 국가 식량 세수입 총량은 547억 근이었는 데 반해 지출된 식량은 587억 근이었다. 이로 인해 40억 근의 적자가 발생하였다. 게다가 1953년 보리 농사에 가뭄이 들어 예상 수확량보다 70억 근이 감소하였으며, 식량 형세는 상당히 심각한 국면을 맞게 되었다. 1953~1954년 국가에 필요한 식량은 700여억 근이었으나 농업세로 더 걷어들일 수 있는 275억 근 이외에도 431억 근의 식량이 더 필요한 상태였고 시장을 통한 구매로는 이렇게 많은 식량을 구할 수 없는 상황이었다.

또 다른 문제는, 당시의 식량 시장은 자유 시장이었다. 농민은 세금으로 내야 하는 농업세의 식량을 제외하면 그 밖의 식량은 자유롭게 시장에서 사

33 《마오쩌둥문집》, 제6권, 인민출판사, 1999년판, pp. 298~301.

고 팔 수 있었다. 국영 식량 회사와 공급 판매 합작사 외에도 개인이 운영하는 식량상 역시 존재하였다. 1952~1953년의 식량 연도 내, 전국 시장에 유통된 식량은 348억 근이었고, 개인 상인이 사들인 식량은 그 중의 30.1%에 달하였다. 개인 상인은 식량을 사들인 후 쉽게 식량의 가격을 올릴 수 있었다. 당시 개인 상인의 활동이 빈번하였던 지역에서는 식량의 가격이 원래의 정찰 가격보다 20~30%나 높게 나타나기도 하였다. 구중국 당시 12년(1937~1949)간의 악성 인플레이션의 고통을 견뎌낸 후, 사람들은 물가 변동에 관해서 굉장히 민감한 상태였다. 이러한 변동을 방임한다면 대규모의 경제 건설이 어려워지는 건 당연한 일이었다.

1953년 식량 공급 수요의 모순이 심화됨에 따라, 마오쩌둥은 재정위원회에 해결 방법을 요구하였다. 중앙재정위원회의 연구와 전국재정회의의 토론과 수정을 거쳐 마지막으로 결정된 것이 '농촌에서 전체 구매(정구(征購: 정고우), 도시에 배분 판매(배수(配售: 페이쇼우)'라는 방법이었다. 이러한 방법은 저우언라이와 마오쩌둥의 지지를 받았다. 하지만 일본의 중국 침략 기간에도 '전체 구매, 배분 판매'의 정책이 있었기 때문에 당시 식량부 부장 장나이치(章乃器)의 건의를 근거로 하여 '배분 판매'를 '계획 공급'으로 바꾸었고, 천윈의 건의에 따라 '전체 구매'를 '계획 수매'로 바꾸었다. 간단히 말해 새로운 식량 정책은 합쳐서 '일괄 구매, 일괄 판매'(통구통소(統購統銷: 통고우통샤오)로 불렀다. 일괄 구매 일괄 판매의 주요 내용은 아래와 같다.

① 계획 구매 정책의 실행(일괄 구매라고 불림): 식량을 생산하는 농민은 반드시 국가가 규정한 구매할 식량의 품종과 구매 가격, 구매할 분배 수량의 계획에 맞추어 국가에 식량을 판매한다.

② 계획 공급 정책의 실행(일괄 판매라고 불림): 도시에서는 시민에게 식량 구매증을 발부하고 그 증서를 가지고 식량을 구매하게 하였다. 작은 규모의

집단 촌, 경제 작물 구역, 일반 농촌에서는 상급 정부에서 공급량을 통제하였다. 식품업과 식품가공업 등에 필요한 식량과 여관, 기차, 선박 등에서 손님에게 제공해야 식량과 공업 식량은 정액, 정가로 공급하고 개인적으로 구매하는 것을 금지하였다.

③ 폐쇄형 시장 관리 정책 실행: 모든 식량 경영 및 식량 가공과 관련된 국영, 지방 국영, 공사 합영, 합작사 경영의 식량 판매점과 공장은 모두 현지 식량 부문의 지도를 받도록 하였다.

④ 통일된 국가 관리 정책 실행: 모든 정책 방침의 확정과 모든 구매 수량과 공급량, 모든 구매 기준과 공급, 구매 가격과 공급 가격은 반드시 모두 중앙에서 통일적으로 결정하거나 중앙의 비준을 받은 지방에서 제정하였다.

1953년 10월 16일과 11월 19일, 중공 중앙과 국무원은 각각 〈식량 일괄 구매 일괄 판매에 관한 결의〉, 〈식량의 계획 구매와 계획 공급에 관한 명령〉을 발표하고 전국의 식량, 식물기름에 대해 일괄 구매, 일괄 판매 정책을 실시하였다. 1954년 가을 이후 면화 역시 이 정책을 실시하였다. 1955년 8월, 국무원은 〈농촌 식량의 일괄 구매 일괄 판매에 관한 진행 방법〉을 공포하였다. 농촌 식량에 관해서 '규정 수량 생산, 규정 수량 구매, 규정 수량 판매' 정책을 실시하였다. 이는 식량 유통 체제가 이때부터 일괄 구매, 일괄 판매 시기로 돌입하였음을 의미하는 것이었다. 1984년 국가는 보리, 벼, 옥수수와 콩을 제외한 기타 식량의 일괄 구매, 일괄 판매를 취소하였다. 1985에 이르러 곡물과 면화를 계약 구매 제도로 바꾸면서 일괄 구매, 일괄 판매는 완전히 폐지되게 되었다. 이 일괄 구매, 일괄 판매 제도는 31년간이나 지속되었는데, 이 제도의 실행은 상업과 유통 영역 제도를 변화시켰을 뿐 아니라, 정부가 처음으로 행정 수단을 통하여 과거 시장 체제가 조절하던 지역과 거대하고 인구가 많은 농촌에 대해 통제를 강화하는 것이었다. 그것은 농업이 식량 공급을 대폭으로 증가시키지 못하는 상황에서 사회 안정을 보장하고 빠른 공업화를 실현하기 위해 필요한 고축적을 보장하였으나, 상품 경제와 시장이 발전하는 기초를 말살하는 것이었으며 농민의 적극성을 저해하고 농촌의 비농업 발전을 심각하게 제한하였다.

4. '1.5'계획의 내용과 실시

첫 번째 5개년 계획은 중공 중앙의 직접 지도하에 1951년부터 편성되었으며, 1955년 7월 5일에 이르러 제1회 전국인민대회 제2차 회의에서 만장일치로 통과되었다. 같은 해 11월 9일 국무원은 명령을 반포하고 첫 번째 5개년 계획을 각 지역과 각 부문에 하달하여 집행하도록 하였다. '1.5' 계획은 중국에서 처음 편성한 전면적인 5개년 계획이었다. 이는 중국으로 하여금 신민주주의에서 사회주의 과도기로 가는 중대한 단계였다. 그럼에도 실행 과정에서 수정과 보충이 지속적으로 진행될 수밖에 없었는데, 장기간의 계획을 편성한 경험이 없었고, 건설 작업의 경험 또한 매우 부족하며, 자원에 대한 조사도 부족하였고, 계획 과정 중에 사회주의 개조와 한국전쟁을 거치면서 실행 기간이 길어졌기 때문이었다.

(1) '1.5' 계획의 내용

1955년 저우언라이는 전국정치협상 상무위원회에서 작성한 〈과도 시기의 총노선〉의 보고 중, '1.5' 계획의 임무에 관하여 이렇게 서술하였다.

"먼저 주요한 힘을 중공업 발전에 집중시켜 국가 공업화와 국방 현대화의 기초를 건립하고 그에 상응하는 기술 인재를 배양하며, 교통운수업과 경공업, 농업을 발전시키고 상업을 확대하되 단계별로 농업과 수공업의 합작화와 민영 공 · 상업의 개조를 촉진하고 개체 농업, 수공업과 민영 공 · 상업의 작용을 정확히 발휘하도록 한다. 이 모든 조치들은 국민 경제 중에서 사회주의 성분이 차지하는 비중을 안정적으로 증가시키기 위한 것이며, 생산 발전의 기초 위에 인민의 물질 생활과 문화 생활 수준을 점차 향상시키는 것을 보장할 수 있게 하기 위함이다."

이후 중앙 지도부에서는 정치, 경제, 국제, 환경 등 여러 방면의 이익과 폐단에 대해 균형을 맞추어가며 중공업 우선 발전이라는 지도 방침을 확립하였는데, 그 중 중점이 되었던 것이 바로 소련이 건설을 지원한 156개 항목이었다.

1952년 중국의 국민 소득은 589억 위안이었고, 1인당 국민 소득은 104위안이었다. 하지만, '1.5' 계획을 실현하기 위하여 5년 내 국가가 경제와 문화 교육 사업에 지출해야 할 총액은 766.4억 위안에 달하였다. 그 중 국가 재정에서 조달한 돈이 741.3억 위안이었고, 중앙의 각 경제 부문과 각 성에서 동원한 내부 자금이 25.1억 위안, 황금으로 환산한 것이 7억 냥 이상이었다. 이렇게 대량의 자금을 사용하여 국가 건설을 진행한 것은 중국 역사상 전무한 것이었다. 투자의 분배 또한 과도 시기의 중심 임무에 전념하였다. 즉, '사회주의 공업화'에 전념하는 것을 중점으로 삼았으며 투자 분배는 기본 건설을 위주로 하였고 기본 건설은 공업 기본 건설을 위주로 하였다. 공업의 기본 건설 중에는 중공업의 기본 건설을 주로 하였다. 766.4억 위안의 총투자 중 기본 건설에 427.4억 위안을 투자하였는데, 금으로 환산하면 4억 냥 이상이었으며 투자 총액의 55.8%를 차지하는 수치였다. 만약 지질 탐색, 설계 등에 쓰여진 비용 53억 위안을 더한다면 국가가 5년 내에 기본 건설 방면에 투자한 금액은 전체 투자액의 62.7%에 달하였다. 이는 대규모 경제 건설의 특징을 충분히 드러내는 일면이기도 하였다. 각 부문의 기본 건설에 사용된 투자액 427.9억 위안 중 공업 부문에 사용된 금액이 248.5억 위안으로 58.2%를 차

그림 2-1 '1.5' 기간 기본 건설 투자의 지출 상황

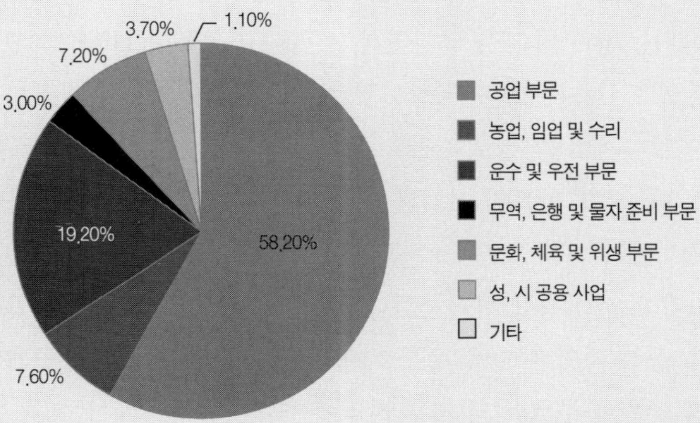

공업 부문	248.5억 위안	58.2%
농업, 임업 및 수리	32.6억 위안	7.6%
운수 및 우전 부문	82.1억 위안	19.2%
무역, 은행 및 물자 준비 부문	12.8억 위안	3.0%
문화, 체육 및 위생 부문	30.8억 위안	7.2%
성, 시 공용 사업	17.3억 위안	3.7%
기타	4.6억 위안	1.1%

자료 출처: 리푸춘(李富春)참석 제1회 전국인민대표회의 제2차 회의 중 〈민국경제 발전에 대한 제 1차 5개년 계획의 보고〉.

지하였는데, 이는 기본 건설 투자 중 공업이 가장 중요한 위치를 차지한다는 것을 나타낸다. 공업 기본 건설 투자 중 중공업이 차지하는 비중은 88.8%이며, 경공업은 11.2%를 차지하였다. 이를 보면 중공업 투자의 비중이 대단히 크다는 것을 쉽게 알 수 있다.

'1.5' 계획에 안배된 대 · 중형 건설 항목은 모두 694개이고, 실질적으로 공사를 시공한 것은 921개에 달하며, 내부적으로는 156개의 항목이 소련에

서 건설을 지원한 것이었고 농림 수리, 운수, 우편, 전기, 문화 위생 등의 부문을 더하면 전체 제한 금액 이상의 건설 단위는 1,600개, 제한 금액 이하의 건설 단위는 6,000여 개에 달하였다. 소련이 건설을 지원한 '156항 공정'에서 실제적으로 시공된 것은 150항이었고, 그 중 '1.5' 기간에 시공된 것은 모두 146항이었다(계획에서 공포된 것은 156항이 먼저였기 때문에 여전히 '156항 공정'이라 부른다). 이 150개 항목의 건설과 부대 항목의 건설을 통하여 중국의 공업화는 신속하게 전개되었고, 구중국 공업 설비의 70% 가량이 연해 지역 일대에 집중되어 있는 상황을 변화시켰다. 150항목 중 106개가 민간용 공업 기업이었으며, 동북 지역에 50개, 중부 지역에 32개를 배치하였다. 44개 국방 기업이 있었으며, 중부 지역과 서부 지역에 35개, 이 중 21개가 쓰촨, 산시 두 개의 성에 안배되었으며, 공업의 배치 또한 합리적인 방향으로 전개되었고, 주요하게 공업 부문 투자 지역의 분배 또한 원자재와 원료의 생산지에 따라 최대한 적합하게 배치되었다.

(2) 5개년 계획의 실행 결과

전국 인민의 공동된 노력하에 '1.5'계획이 계획보다 앞당겨 완성되었으며, 각 항목의 경제 사업 또한 크게 발전하였다.

제1차 5개년 계획의 기본 임무와 각 항목의 주요 경제 지표를 완성한 후, 중국 국민 경제의 낙후된 면모가 크게 변화하였고, 사회주의 공업화의 초기 기초를 건립하였다. 1957년 총생산액이 1,606억 위안에 달하였으며, 1952년과 비교하여 70.9% 증가하였다. 그 중 농업 생산액이 537억 위안으로 24.8% 증가하였고, 전체 생산액에서 차지하는 비중이 33.4%까지 떨어졌다.

공업 생산액은 704억 위안으로 배가 넘게 증가하였으며, 전체 생산액에서 차지하는 비중이 43.8%까지 증가하였다. 농업 위주의 중국 경제가 변화

표 2-9 1953~1957년 중국 경제 성장과 발전

항목		1957년	1952년 대비 1957년 성장(%)	완성한 주요 항목과 성과
공업 총생산액		704억 위안	128.6	창춘(長春)자동차 공장, 선양(沈陽) 제1기술창, 시안(西安)전력 등
농업 총생산액		537억 위안	24.8	
교통	철도 개통 노선	29,862km	21.8	보청(寶成)철로, 잉싸(鷹厦)철로, 지얼(集二)철도,[36] 우한(武漢)창장(長江)대교 등
교통	자동차 개통 노선	25.46만km	100	캉장(康疆), 칭장(靑疆), 신장(新疆) 고속도로 등
교통	내륙 개통 수로	14.41만km	51.6	짠장(湛江) 항
교통	개통 항공로	2.64만km	101.5	베이징(北京)-라싸(拉薩), 라싸(拉薩)-인도 시범 운항 등
우전	우편망 총거리	222.2만km	72.3	
우전	전신망 총거리	209.4만km	137.4	
사회 상품 소매 총액		474.2억 위안	71.3	
수출입 총액		104.5억 위안	61.6	
1인당 국내 총생산		168위안	41.18	직공의 노동 보험, 의료, 복리, 주택 상황 등의 수준 높은 개선

자료 출처: 동푸렁(董輔礽), 《중화인민공화국 경제사》, 상권, 경제과학출판사, 1999년판, pp. 274~290; 보이뽀, 《중대한 정책 결정과 사건의 회고》, 상권, 중앙당교출판사, 1991년판, p. 294.

된 것이었다. 공업 총생산액의 구성에서 1957년 경공업의 생산액은 387억 위안으로 1952년에 비교하여 72% 증가하였고, 차지하는 비중은 55%까지 떨어졌다. 중공업의 생산액은 317억 위안으로, 1.6배 증가하였으며, 차지하는 비중은 1952년의 35.5%에서 45.5%까지 증가하였고, 경공업 위주의 공업에서 변화가 시작되었다. 공업과 광업, 에너지 관련 건설, 원자재 건설, 화공 원료, 기계 제조, 건설 재료, 산림 공업, 경공업과 방직 공업 등 각각의 업종 모두 일련의 중점 항목이 완성되었으며 생산에 들어갔다. 공업 부문의 생산 능력과 기술 수준 또한 크게 높아졌다. 이는 중국 공업 구조가 이미 변화하였

36 역주: 1955년 완공된 내몽고 지역 전체를 아우르는 철도로 러시아의 모스크바 간선 철도와 연결되어 있다.

음을 나타내며, 모든 부문이 독립된 체계를 기본적으로 형성하였다.

이 밖에 국방 공업 또한 비교적 커다란 발전이 있었는데, 비교적 완비된 평상시의 무기 제조 체계를 건설하는 것을 중심에 놓고, 현대화를 중심으로 하는 기업을 새로이 건설하였다. 화약을 발명하였으나 현대적인 물질을 제조하지 못하는 중국의 면모를 변화시켰고, '1.5' 후기 핵 공업과 우주 비행 공업 두 개의 신흥 첨단 국방 기술 공업 부문의 건설을 시작하였다. 동시에 '1.5' 기간에 힘을 집중시켜 항공과 전자 두 개의 기초가 가장 약한 공업 부문을 건설하였다.

제3절 계획 경제 체제의 건립

1. 계획 경제 체제 건립 과정

1954년 9월 20일 제1회 전국인민대표대회 제1차 회의에서 통과된 〈중화인민공화국 헌법〉의 서문에

"중국 인민은 몇 년 내에 이미 성공적으로 토지 제도 개혁과 항미원조(미국에 반대하고 조선을 돕다, 즉 한국전쟁), 반혁명분자 진압, 국민 경제 건설 회복 등 대규모 투쟁을 진행해왔다. 이는 곧 계획적으로 경제 건설을 진행하기 위한 과도기에서 사회주의 사회로 점차 나아가는 조건을 준비해온 것이다" 라고 쓰여 있다.

대강에서는

"국가는 경제 계획을 이용하여 국민 경제의 발전과 개조를 지도하고 이로 생산력을 높이며 인민의 물질 생활과 문화 생활 수준을 향상시키고 국가의 독립과 안전을 견고히 한다"

라고 규정하였다. 이어서 류샤오치가 제1회 인민대표대회 1차 회의에서 작성한 〈중화인민공화국 헌법 초안에 관한 보고〉 중에서

"1953년부터 중국은 이미 사회주의 목표에 따라 계획적인 경제 건설 시기에 진입하였다. 우리는 국제적으로 소련 위주의 반제국주의 전선에 속해 있기 때문에 진정한 우호 원조는 오직 이 방향으로 가야 하는 것이며, 제국주의 전선의 방향으로 찾아가서는 안 된다. 그러므로 소련 공산당은 바로 우리의 가장 좋은 선생님이고, 우리는 반드시 그들을 공부해야 한다"

라고 제시하였다.

동시에 소련은 매우 많은 전문가들을 중국에 파견하여 생산과 설계를 돕고, 고등학교에서는 이론을 가르쳤으며, 경제 관리 부문에서도 많은 일들을 도와주었다. 중국 역시 많은 사람들을 소련에 파견하여 그들을 배우게 하였다. 이렇게 하여 계획 경제 체제는 점차 건립되어 가기 시작하였다.

건국 초기, 국가의 공업화를 신속하게 실현하기 위하여, 중국 정부는 중공업을 우선시하는 발전 전략을 확정하였다. 자본이 고도로 집중된 중공업은 건설 주기가 길고, 선진 기술의 매개체인 기기 설비는 대량으로 해외에서 들여와야 할 필요가 있었으며, 거대한 투자 규모 등의 세 가지 문제가 있었다. 하지만, 당시의 중국은 농업 생산 위주의 비발전 국가였기에 잉여 생산량이 적고 자본 축적이 매우 낮다는 특징을 가지고 있었다. 또 시장에서 결정된 이율이 매우 높아 건설 주기가 긴 중공업 건설의 발전을 저해하였으며, 수출 상품 역시 매우 적었다. 또한 외환이 부족하고, 시장에서 결정된 환율 역시 너무 높아 중공업 설비를 들여오기가 힘들었다. 잉여 생산물은 대부분 농업에 의하여 파생되었고, 대부분 소농업자들의 생산도 매우 분산되어 있었기 때문에 자금을 동원할 수 있는 능력이 매우 낮았다. 따라서 대형 투자가 어려웠다. 즉, 자본 집약적인 중공업의 특징과 당시 자본이 매우 부족하였던 농업 경제 위주의 중국 상황은 모순적이었다. 그리하여 시장 체제에 기

대해 중공업을 우선적으로 발전시키는 전략은 불가능하였고, 정부의 출현이 불가피하였다. 따라서 행정 수단을 이용하여 거시 경제 환경을 바꾸고, 인위적으로 이자율, 환율, 에너지, 원자재 가격뿐만 아니라 급여와 생활 필수품의 가격을 낮추어 중공업 건설의 원가를 낮추는 것을 도왔다. 이러한 요소들과 상품 가격이 억지로 바뀐 거시 정책 아래에서는 자금과 환율, 원자재 및 생활 필수품의 생산들이 전면적으로 부족해질 수밖에 없기 때문에 고도로 밀집 집중된 계획 정책을 통한 배분이 필요하였고, 동시에 농산품에 대한 일괄 구입, 일괄 판매 정책을 실행할 필요가 있었다. 기업의 잉여와 일괄 구입, 일괄 판매 정책을 통하여 농촌을 장악하고 공업 부문 국유화와 농업 부문 인민공사화를 건립하기 위하여 미시적 관점의 통제 역시 진행하였다. 이렇게 중공업 우선 발전의 전략을 거시적 기준으로 삼고, 이어서 뒤틀린 거시 경제 환경과 고도로 집중된 자원의 계획, 배급 제도 그리고 자주권이 배제된 미시 경제 체제를 특징으로 삼은 삼위일체의 경제 체제가 형성되었다. 이런 고도로 집중된 계획 경제 체제는 중국이 자본 부족과 낙후된 물질 기초의 상황 아래 매우 빠르게, 비교적 완벽한 중공업 체계를 건립하도록 하였다. 그러나 이 체제에서 노동자, 농민의 생산 적극성 결핍과 농업을 경시하고 중공업을 중요시하는 심각한 비율 불균형의 문제들이 나타났다. 이 삼위일체의 경제 체제는 아래와 같다.

우선 국가 조직으로, 대규모 경제 건설 수요를 맞추기 위하여 1952년 말 국가계획위원회를 설립하였다. 이는 국민 경제 발전의 연별 계획과 중장기 계획을 책임졌다. 1953년 말, 국민 경제 회복 시기의 경제 관리 방면에서 매우 큰 역할을 담당하였었던 대규모 행정 기구가 철수되고, 일급 지방 정부가 아닌 중앙 정부의 파출 기구가 되었다. 동시에 당 중앙은 중앙재정위원회가 이끌던 21개 부문과 직속 국을 성질에 따라 5개로 나누고 대형 행정 기관의 주요 지도자들이 담당하게 하였다. 소위 '오구통상'(五口通商)이라고 일컫는 것이 바로 이것이다. 이렇게 하여, 1954년까지 점차적으로 위로는 중앙 각 부, 아래로는 현 정부와 최하부 기업까지의 계획 기구를 건립하였다.

이러한 기초 위에 점차적으로 재정, 금융, 대외 무역 등 관리 체계가 집중되고 노동, 자본 시장과 상품 시장에서의 시장 조절 작용은 쇠약해져갔다.

(1) 대외 무역 유통 체계

신중국이 막 건립된 시기, 국영 상업은 투기를 막고 시장을 안정시키는 투쟁에 몰두하고 있었다. 재정은 여전히 각지에서 분산적으로 관리, 경영되었고 시장의 지도를 강화하고 물자 조달을 조절하기 위하여 국가는 무역 작업을 통일적으로 관리하기 시작하였다.

1949년 10월 중앙 인민 정부 무역부가 설립되었고 전국의 내외 무역 작업을 총괄하였다. 1950년 제1기에 염업, 잡화, 토산, 식량 등의 전문 회사가 설립되었고, 각 전문 기업은 중앙무역부의 통일된 지도 아래 국내 상업과 대외 무역을 각각 경영하였다. 각지, 각 성의 전문 기업의 자금은 '전국 전문 총기업'의 통제를 받았고, 무역 국고 제도를 설립하고 모든 자금을 중앙무역부의 통일된 관리하에 두게 하였으며, 국가가 장악하고 있던 물자 역시 전부 중앙무역부의 통제 아래 있게 하였다. 구체적인 대외 무역 방면에서, 신중국 성립 초기부터 무역 통제(수출입 허가증 제도)를 실행하였는데, 한국전쟁 이후부터는 유럽 국가의 중국에 대한 경제 봉쇄로 대외 무역에서 개인 기업이 차지하는 비중이 대폭 감소하였고, 국가 역시 이에 따른 계획적인 관리를 강화하였다.

1950년 7월, 중화 전국합작사 연합총사(1954년 7월 중앙 전국공급판매합작총사로 개명)가 성립되었고, 전국의 공급, 판매와 소비, 신용 합작사와 수공업 합작사를 총괄하였다. 무역부의 기능의 분업화가 정식으로 시작되었다. 같은 해 8월, 중앙 인민 정부는 무역부를 철수하였고, 상업부와 대외무역부를 설립하였다. 이로 인하여 내외 무역이 정식으로 분업화되었다. 이와 함께 중앙은 상업부 아래의 식량 회사와 재정부 아래의 식량관리국을 합병시키고 식량부를 설립하였다. 이렇게 하여 유통 영역에서 구역 분할이 진행되었고 경영 상품의 종류에 따라 유통 관리 역시 분업화되었다. 제1차 5개년 계획 기간에 중국 국내의 유통 관리 체제는 빈번한 변화를 맞게 된다. 1955년까지 상품과 지역에 따라 철저하게 분업화가 실시되고, 농촌의 상품 공급은 일반적으로 공급 판매사에서 책임졌고, 도시의 공업품과 일용소비품은 일반적으로 국영 상업 기구에서 책임졌다.

이렇게 하여 대외 무역은 외무부의 통제 아래에 있게 되었고, 국내 농촌과 도시의 상품 유통은 각각 공급 판매사와 국영 상업 기구(주로 상업부의 지도)에서 분담하였다.

(2) 금융 체제

1948년 12월 1일, 중앙인민은행이 설립되었고 인민폐를 통일적으로 발행하였다. 1949년 10월1일 중앙 인민 정부가 성립된 이후 중국인민은행은 중앙 인민 정부의 구성 부분으로 속하게 되었다. 전국 재정 작업의 통일과 물가 안정에 따라 각 지방 은행 역시 점차적으로 중앙인민은행의 지도에 속하게 되었다. 1952년 5월 국가는 금융 기구에 대해 일련의 조정을 하게 된다. 교통은행과 보험 회사를 재정부의 지도에 속하게 하고, 중국은행은 대내적으로는 인민은행 본점의 국외 업무 관리 기구로 하여 '하나의 기구, 두 개의 간판' 정책을 실행하였다. 이렇게 하여 인민은행이 집중, 통일하는 관리 체제가 형성되고 인민은행은 중국의 유일한 중앙은행이자 금융 관리 부문인 동시에 일반 은행 업무도 보았다.

신중국 성립 후, 국가는 인민은행의 업무를 확대함과 동시에 개인이 운영하는 금융 전당업과 표호(산시 성의 상인이 경영하던 개인 금융 기관의 한 가지. 주로 환어음을 취급하였음)에 대해서는 '작은 규모는 합병하고, 큰 규모는 유지'하는 정책을 실시하여 개인이 운영하는 금융 전당업의 예금 대출 이율에 대해서도 엄격히 규정하였으며, 개인 기업 내부에서 자금을 모으는 행위와 상호간의 자금을 단기간에 일수 이자로 빌리는 행위를 엄격히 금지하였다. '5반'(다섯 가지를 반대함) 운동 이후로, 국가는 개인이 운영하는 금융 전당업에 대해서 예금 대출 이율을 국가 은행에 맞추도록 요구하였고, 1952년 말 국가는 개인 금융업에 전 업종 사회주의 개조를 실행하였는데, 이들로 하여금 국가가 경영, 관리하는 공사 합영 은행으로 전환함과 동시에 농촌의 신용합작사 역시 현지 인민은행의 직접적인 지도하에 두게 하였다. 각 은행의 신용 대출 자금은 중국인민은행 본점에서 통일적으로 관리하고, '통춘통따이'(統存統貸: 통일된 예금, 통일된 대출) 정책을 실행하였다. 1953년 이후로 민영 공 · 상업에 대해서는 '예금으로 대출을 결정'이라는 방책을 세우고 신용 대출 자금을 엄격히 통제하였다. 이렇게 하여 모든 은행은 완전히 계획 경제 체제에 통합되었다.

그 밖에 건국 초기에 실행된 다양한 경제 성분이 병합된 신민주주의 경제를 참고하여, 국가는 일찍이 톈진과 베이징에 두 개의 증권 시장을 개설하였는데, 이를 통하여 장기 자금 시장을 배양하였고, 몇몇 대도시에 공사 합영 투자 회사를 설립하고 채권 시장에 상장하는 준비를 하게 하였다. 하지만, '5반' 운동 이후로 톈진, 베이징의 증권거래소는 업무를 정지당하고 정리되었다. 1953년 과도기의 총노선이 제시된 이후 투자 회사 역시 발전을 멈췄고, 장기 자금 시장 역시 이때부터 맥이 끊겼다. 1953년 이후 민간에 아직 존재하는 개인 간의 차용 이외에는 자금 시장은 이미 존재하지 않은 것과 다름없었다.

환율 제도 역시 일련의 변화를 겪었다. 1949년 1월부터 1950년 제정된 환율 정책은 '수출 장려 수입 제한, 화교 송금 지지'(장출한입, 조고교휘(奬出限入, 照顧僑彙: 쟝추셴루, 쟈오구챠오후이)였는데, 상품 수출 이론의 환율, 상품 수입 이론의 환율 그리고 해외 동포 송금의 구매력 환율, 세 가지의 평균으로 결정된 것이었다. 1950년 3월부터 1952년 말까지, 제정된 환율 정책은 '수출입 동시 고려, 화교 송금 지지'(진출구겸고, 조고교휘(進出口兼顧, 照顧僑彙: 진추코우젠구, 쟈오구챠오후이)였는데, 미국 달러를 관리하는 방법을 채택하고 국내외 물가와의 대비를 기초로 하여 계산하였다. 중국인민은행은 국내외 물가의 변화를 근거로 하여 자주적으로 환율을 조정하였다. 1953년 이후 중국 경제 건설이 비교적 안정기에 돌입하게 되고, 동시에 70년대 국제적으로 미국 달러를 중심으로 한 국제 화폐 체계 역시 비교적 안정되게 되었다. 이러한 국제, 국내 배경에 따라 중국은 고정 환율 제도를 채용하게 되었다. 개별 상황 외에는 환율을 일반적으로 고정, 불변시켰다. 이때 '1.5' 계획이 실시되었다. 수입과 발전 전략에 맞추기 위하여 인민폐 가치를 높게 평가하고 1달러에 2위안을 조금 넘은 인민폐로 교환할 수 있도록 하였다.

이자율은 통일된 인민은행의 건립이 시작된 이후 집중된 이자율 관리 체제가 실행되었다. 이자율은 기본적으로 정부에서 정하였는데, 대규모의 공업 건설과 부합하기 위하여 매우 낮게 책정되었다.

총괄적으로, 고도로 집중된 금융 체제와 정부 주도의 금융 수단은 이미 점차적으로 건립되기 시작하였다.

(3) 재정 세수 체제

건국 초기, 세수 제도는 혼란하였으며 중앙 정부에서는 매우 빠르게 정돈을 진행하기 시작하였다. 1950년 1월 30일, 중앙 인민 정부 정무원은 〈전국 세정 실시 요칙〉을 발표하여 전국 공통으로 화물세, 공 · 상업세 등 14종 세를 규정하고, 기본적으로 화물세, 영업세, 소득세를 주체로 하는 세제들과 기타 세제들, 그리고 서로 보조하여 생산, 판매, 소득, 재산 등 각 부분을 통일한 다종세, 다양한 부분에 징수하는 복합 세제를 형성하였다. 1953년 1월 1일부터 세수 제도 수정을 진행하였다. 상품유통세를 징수하고 특정 소비행위세를 취소하였다. 화물세를 수정하고, 공 · 상업세 중의 영업세를 수정하였다. 세수 제도 수정을 통하여 원래의 세금 종류를 유지하는 기초 위에 세수 14종을 간편하게 조정하였다.

재정 수입의 지출은, 1950년 2월 전국재정회의에서 '전국 재정 경제 작업의 통일'을 결정하고 엄격한 '통일된 수입, 통일된 지출'의 재정 체제의 실행을 건립하였다. '공량'(公粮: 농업세) 총액의 5~15%로 계산하여 징수한 부가농업세와 약간의 세제 이외에는 모든 농업세와 세수를 중앙에서 정비, 조정하여 사용하였다. 정부 지출 역시 중앙이 규정한 인원 편제에 따른 정액의 공급 표준에 따라서 지출되었다. 1954년에는 예산 수입 분류를 나누는 방법을 실행하고 국가의 예산 수입을 고정 수입, 고정 비율 분할 수입과 조절 수입의 세 가지로 나누었다.

예산 지출에 있어서, 기본적으로는 중앙과 지방의 종속 관계에 따라 나누었다. 중앙 기업과 진행 사업 그리고 행정 단위의 지출은 모두 중앙의 예산으로 예속하였고, 지방에 속하는 지출은 지방 예산으로 예속하였다. 제1차 5개년 계획기의 전국 재정 총지출 중 중앙 재정 지출이 74.1%를 차지하였고, 지방 재정 지출은 25.9%에 그쳤다. 국가의 중점 건설 프로젝트와 주요 지출은 모두 중앙에서 통일적으로 지급하였다.

이렇게 하여 세제는 간단해졌고, 재정 수입과 지출 역시 기본적으로 중앙에 의해 통제되었다.

(4) 노동, 자본 시장

신중국이 막 성립되었을 무렵 중국에는 노동력 시장이 존재하였다. 하지만 국가가 도시 실업 인구의 압력과 높은 수준의 노동력이 극히 부족한 현실에 따라 어쩔 수 없이 노동 시장에 대해 계획 조정이 진행되었다. 그 주요 조치는 도시 직업 소개소와 노동 분쟁 중재위원회 및 중앙과 성, 도시급의 노동취업위원회를 설립하고 이를 이용하여 실업 문제를 해결하였다. 1951년부터, 국영 기업 사업 단위에서 자발적으로 재학생을 선발하는 것을 금지하고 대학, 고등, 전문대 졸업생들을 국가에서 통일적으로 분배하였다. 국영 기업 사업 단위 간의 직원이 지역을 넘나드는 이동은 반드시 정부 관련 부처의 비준을 받아야 하였으며, 국영 기업 사업 단위 간에 기술직 인원을 스카웃하는 행위를 금지하였고 도시에서 일정 조건을 갖춘 실업 인원들은 고향으로 돌아가 생산직에 종사하게 하였다.

1953년 대규모의 경제 건설이 시작된 이후 엄청난 수의 농민들이 도시와 공장, 광산 지역으로 유입되었다. 농촌에 충분한 노동력을 보장하고 동시에 도시 내에서 저가의 농산품을 사용할 수 있는 인원수를 최소한으로 제한하기 위하여, 국가는 농민이 마음대로 도시로 유입되어 직장을 찾는 행위를 금지하는 통지를 내렸다. 도시의 기업은 정부의 관련 부처의 비준을 받지 않으면 농민공들을 자발적으로 채용할 수 없도록 하였다. 이렇게 하여 도시, 농촌 간의 노동력이 자유롭게 유동되는 것을 금지하였다. 1952년 〈노동 취업 문제에 관한 결정〉을 제정하고, 기업이 직원을 해고하는 행위를 엄격하게 제한하였고, 노동력을 국가에서 통일적으로 배분하는 정책을 실행하였다(1953년 '취업 소개와 자발적 취업의 융합'으로 바뀜). 기업이 직원을 이용하는 제도는 주로 두 가지로 나뉘었는데, 첫 번째 종류는 고정공 제도(즉, '철밥통')였다. 국민 경제 계획에서 직원 지표 증가 범위 내로 채용한 모든 직원들은 모두 고정공에 속하였다. 두 번째 종류는 임시직 혹은 계약직이었다. 이는 기업과 노동자 간에 노동 계약을 체결하고 일하는 기간과 조건, 노동 보수의 계약을 규정하는 제도이나 임시직을 채용할 때도 반드시 계획을 편성하여야 하였다. 그 밖에 1956년 사회주의 개조의 수요에 따라 국가는 합영 기업의 직원에 대해 '떠안기' 정책을 실행하였다. 농촌에서는 농민이 고급 합작사로 전입한 후에 국가의 계획에 의해 채용, 승진, 군입대하는 경우를 제외하고 모두 소재지의 집단 경제에 고정시켰으며, 임의로 떠나는 사람들을 '망류'(盲流)라고 일컬었다. 도시와 농촌의 노동력에 대해 효과적으로 통제하기 위하여 1958년 전국인민대표대회에서 〈중화인민공화국 호구 등록 조례〉를 통과시켰고, 전국 범위로 호적 관리 체제를 확정하였다. 호적 관리 규정에 근거하여 한 사람이 출생한 후 어머니의 호적에 따라 소재지에서 호적 등기를 하여야 하였으며, 정부가 인정하는 합당한 이유나 계획 경제의 통일적인 안배에 따른 것 또는 공안 부문의 비준을 통과한 것이어야 호적 등기 지역을 바꿀 수 있었다. 이 밖에 이 조례에서 처음으로 '임시 주소 인구' 등기 등 시민 신분과 분리된 내용을 제시하였다. 이러한 기초 위로 도시의 식량과 식용유 공급 제도, 도시, 농촌 두 종류의 다른 의료 보건 제도, 물자 분배 제도 등을 확립하고, 호적 제도로 하여금 취업, 교육, 의료, 거주, 복지, 사회 보장, 부분 상품 공급 등 일련의 대우가 제도로 연결되게 하였다. 이러한 조치들은 농민이 도시로 들어와 직장을 구하는 것을 효과적으로 제한하였고, 농촌과 도시의 노동 시장의 분리를 형성시켰다. 동시에 호구는 관리상의 '신분 증명'일 뿐만 아니라 경제와 사회 대우와 관련이 있는 '사회 신분'임을 증명하였다. 즉, 중화인민공화국의 시민은 태어날 때부터 다른 신분을 갖게 되는 정책을 만들었다. 이러한 규정은 오늘날까지 이어져 왔는데, 일정한 정도로 분명히 도시, 농촌 경제의 이원화에 영향을 미쳤다.

건국 초기 중국의 급여 제도는 매우 혼란스러웠고 불합리하였다. 1952

년부터 각 대형 행정 구역에서 급여 제도의 개혁이 시작되었다. 이것은 바로 중국의 첫 번째 급여 개혁이다. 개혁의 주요 내용은 '급여분'(工資分)을 전국의 통일된 급여 계산 단위로 규정하였고, 소비품을 위주로 하여 국영 상업 소매 가격의 환산 기준에 따라 다시 책정하였다. 대다수의 국영 기업은 8급 급여 제도를 실행하였으며 직원의 기술 등급 기준을 제정하였다. 1956년 중국은 제2차 급여 개혁을 실시하였는데, 이는 전국의 통일된 급여 개혁이었으며, 개혁의 주요 내용은 '급여분'을 취소하고 직접적인 화폐 급여 표준을 실행하는 것이었다. 또 급여 등급 제도를 좀더 개혁하여 국가 기관에서 일하는 인원들에 대해서는 통일된 30개 등급으로 나뉜 직무 급여 제도를 실시하고, 노동자 급여 등급 제도를 통일, 개선하였다. 노동자에 대해서는 일반적으로 8급 급여제를 실시하였다. 이에 따라 국영 기업 사업 단위와 공사 합영 기업의 급여는 모두 국가가 직접적으로 관리하게 되었고 집단 경제(수공업 합작사와 합작 상점)의 급여 역시 국가가 직접 관리하였다.

이렇게 하여 시장의 조절 작용은 노동 자원 분배 영역에서 점진적으로 제한되었고, 시장 작용이 기본적으로 소멸될 때까지 계속되었다.

(5) 상품 시장

건국 초기에는 국가가 일용품 시장에서 정찰 가격 조치를 실행하였다. 즉, 국영 상업 회사에서 상품의 정찰 가격을 공포하고, 국영 상업 회사의 대량 구매와 투매(덤핑)를 통해 시장 가격을 정찰 가격 부근에서 통제할 수 있도록 하였으며, 계획적으로 공 · 농산품 간의 가격차를 통제하였다. 이 시기의 국가는 아직까지 시장 조절 작용을 이용하려고 노력하였다. 1953년 이후로 주요 농업부산품에 대해 일괄 구매, 일괄 판매가 실행되었고, 주요 공 · 농산품 간의 시장 조절 작용은 기본적으로 소멸되었다. 1954년 민영 기업 도매 상업은 사회주의 개조를 완성하였다. 1956년 말, 민영 소매 상업 역시 기본적으로 계획 경제의 궤도에 편입되었다.

생산 재료 시장에서는, 1950년에 메탄, 강철, 목재, 선반 공작 기계 등 8종류의 물자에 대해서만 각 지역 간의 계획 경제를 촉진시켰고, 1951년에 33종류로 늘렸으며 1952년에 이르러서는 그 종류가 55종에 달하였다. 1953년 이후, 기초 건설과 공업 건설이 대규모로 전개됨에 따라 국가는 생산 재료에 대해 계획 관리를 더욱 강화하였는데, 국가가 계획 분배를 담당하는 물자는 115종에 달하였고, 1957년에는 532종으로 그 수가 대폭 늘어났다. 이러한 계획 물자는 국가의 직접 계획과 간접 계획이 상호 융합된 분배, 공급 방법이었다. 전자는 계획 신청 단위가 국가에 직접 신청하고 국가의 분배 심사를 통하여 필요 물자를 분배받는 것이고, 후자는 계획 신청 단위와 주민이 신청한 수량이 아닌 국영 상업 부문이 시장을 통하여 공급하는 것이다. 하지만, 시장 공급의 비율은 끊임없이 축소되었다. 철강을 예로 들면, 시장 공급을 통한 철강이 전국의 공급 총량에서 차지하는 비중은 1953년의 25.9%에서 1956년의 8.2%로 대폭 하락하였다.[37]

이렇게 하여 사회주의 개조가 점차 진행됨에 따라 상품 시장의 생산 물자는 국가가 직접 계획, 관리하게 되었고, 주요 농업부산품 역시 일괄 구매, 일괄 판매가 실행되었으며, 시장의 조절 작용은 점차 축소되어갔다.

(6) 부동산 시장

신중국 성립 후, 도시의 토지는 국유화 정책이 실행되었다. 국민당 정부 소유의 건물과 당, 정, 군 요인이 소유한 건물은 모두 사회주의 국가의 공유 건물로 전환되었고, 법에 근거하여 일련의 불법분자들의 부동산 역시 일률

37 《당대 중국》 총서 중 《당대 중국의 경제 체제 개혁》, 중국사회과학출판사, 1984년판, p. 503.

적으로 국가 소유로 귀속되었다. 이와 동시에 국외에 속한 땅 또한 일률적으로 국유로 귀속되었고, 건물은 각각 다른 상황에 맞추어 관련 정책에 따라 변화 없이 관리하거나 또는 징용, 채무 해결 등에 사용하였으며 구매 등의 여러 다른 방식을 통하여 사회주의 국가의 공유 건물로 귀속시켰다. 당시 공유 건물은 모두 부동산 관리 부문에서 통일 관리를 실행하였고, 소수의 사유 건물만 합법적으로 경영하도록 허가하였다.

1950년 중국은 점차적으로 자본주의 공 · 상업에 대하여 사회주의 개조를 진행하였고, 그 중 자본주의 사유 건물에 대한 사회주의 개조도 포함되어 있었다. 먼저 도시 부동산 관리 부문은 부동산 거래소를 설치하여, 부동산 매매 수속을 대리하고 부동산 권리 심사를 담당하며 가격을 통제하고 브로커의 투기 활동을 금지하였다. 국가는 위임 관리 업무를 전개하고, 부동산의 권리를 변동하지 않게 하였으며, 국가가 매월 부동산 권리인에게 일정 금액을 지불하는 방식으로 개인의 건물 권리 경영을 국가 계획 경제의 궤도에 귀속시켰고 부동산 임대 관계를 개선시켰다.

1956년 국가의 농업, 수공업과 자본주의 공 · 상업에 대한 사회주의 개조가 기본적으로 끝나고 난 후, 1956~1958년 사이에 자본주의 사유 건물에 대하여 유상 몰수 정책을 실시하였다. 극히 적은 수의 건물주가 자기 건물에 살 수 있도록 보류하는 전제하에 대량의 사유 건물을 공사 합영, 유상 몰수의 방법 등을 통하여 공유 건물로 전환시켰다. 이는 중국의 부동산업이 독립된 사업의 일환으로서 더이상 존재하지 않는다는 것을 뜻하였다. 이리하여 도시 부동산 공유제를 완성하고 공유제를 주체로 한 도시 부동산 경영 형식과 관리 체제를 건립하였다.

계획 경제 체제의 건립과 맞추어 1958년부터 장기적으로 중국이 부동산에 실행한 것은 집중 계획 분배였다. 생산성이 있는 부동산에 대해서는 국가가 계획적으로 투자, 건설을 하고 무상으로 기업과 각 단위에 사용하게 하였으며, 비생산적인 부동산과 노동자의 주택에 대해서 역시 국가가 통일적으로 책임지고 건물을 건설하고, 분배하여 사용하게 하였다. 당시 사회 구성원에게 실행된 정책은 '저급여제'였기 때문에 이에 맞추기 위해 주택의 실질 임대 가격은 보편적으로 매우 낮았다. 하지만 저렴한 임대 가격은 건물 수리 비용조차 감당할 수 없었고, 주택 건설은 투입만 있을 뿐 산출이 없었다. 이 때문에 국가가 투자 건설을 하면 할수록 보조금은 늘어만 갔고, 이로 인해 국가는 이러한 엄청난 부담을 견뎌내기가 점차 힘들어졌다. 이렇게 토지와 도시의 부동산 시장 역시 점차 소멸되어갔다.

이리하여 중국의 경제 체제는 계획과 시장을 동시에 중요시하는 정책에서 점차 행정 관리 위주의 계획 경제로 전환되어갔다. 이런 체제하에 거시 정책이 집중되고, 전국의 국민 경제 모두 국가의 집중 통일 관리하에 진행되었다. 미시 정책 역시 고도로 집중되었고, 국가가 직접 국유 기업에 대해 관리를 진행하고, 기업의 인력과 재정, 물자 모두 정부의 주관 부문에 집중하여 관리하였다. 국민 경제는 계획 관리, 특히 공산당의 지령성 계획을 위주로 한 관리 수단을 채택하였으며, 국민 경제 계획의 집행은 강력한 행정성, 강제성을 띠었다. 따라서 이러한 체제가 전국의 유한한 자원을 집중시켜 국민 경제를 회복시키고 중점 건설을 진행하는 데 있어 중요한 작용을 하였지만, 경제가 회복되어감에 따라 이러한 체제는 경제에 관한 통제가 지나치게 심하여, 지방과 기업의 적극성을 속박하는 폐단 역시 점차 나타났다. 이로 인해 마오쩌둥은 1956년 4월 〈10대 관계론〉을 발표하고, 같은 해 8월 국무원에서는 〈국무원의 국가 행정 체제 개진에 관한 결의〉의 초안을 작성하였다. 이 초안에서 제시한 내용은 행정 체제에 관한 것이었는데, 이는 바로 국가 경제 관리 체제를 뜻하는 것이었다. 1957년 〈공업 관리 체제의 개선과 전진에 관한 규정〉을 공표하였다. 이러한 결의는 중앙의 부분 기업을 지방에 분할하여 지방의 물자 분배와 인사 관리 방면의 권한을 증가시키고, 기업 주관

인원의 기업 내부 관리에 대한 권한 역시 적당한 범위 내에서 확대시키는 것이었다. 하지만 당시 경제 관리 체제 폐단에 대한 인식은 주로 중앙과 지방의 권력 분할에만 머물러 있었고, 권력을 지방에 분배할 때에는 반드시 중앙의 강력한 통일된 지도를 견지해야 하였으며, 반드시 전국적인 통일된 계획과 통일된 규율을 구비해야 하였다. 만약 이러한 필요한 '통일'을 위배하는 경우에는 지방에 대한 권력 분배를 허용하지 않았다.[38]

그래서 지방의 권력 분할이 이루어진 후, 지방이 자기 지역에 이익을 고려하다 보면 전체 경제 이익의 비율에 영향을 미치게 되어 또 다시 권력을 집중하게 되었다. 이리하여 '권력이 통일되면 안 되므로 권력을 지방에 분할하고, 지방에 분할하면 난잡해지므로 난잡해지면 다시 분할한 권력을 회수한다'는 모순이 계속되었다.

2. 소련 공산당 20대(20차 대표자 회의)와 마오쩌둥의 〈10대 관계론〉

1953년 3월 5일 스탈린이 급성 뇌출혈로 세상을 떠났다. 1956년 2월 24일 소련 공산당 20대 폐막 당일 밤 흐루시초프가 돌연 대회 대표를 모집하고 크레믈린 궁전에서 〈개인 숭배에 관한 결과〉라는 비밀 보고를 발표하였다. 이 보고에서는 냉철하게 스탈린이 소련 사회주의 건설 중에 일으켰던 심각한 실수들과, 개인 숭배가 조성한 심각한 결과들에 대해서 폭로하였다.

이 보고는 소련 국내와 국제적으로 엄청난 반향을 일으켰다. 제국주의는 이 기회를 활용하여 전 세계적인 반소련, 반공산당, 반사회주의 운동을 일으켰고 미국은 소련 공산당이 이끌고 있는 반스탈린 세력을 미국의 목적과 결합된 움직임으로 보고 흐루시초프의 비밀 보고서를 공산당의 명망과

38 《마오쩌둥문집》, 제7권, 인민출판사, 1999년판, p. 32.

영향을 가장 효과적으로 저해할 수 있는 무기로 이용하고자 하였다. 이 비밀 보고서는 각국의 공산당과 인민 군중 사이에도 크고 작은 사상 혼란을 일으켰다.

특히 동유럽의 각 사회주의 국가는 과거의 여러 가지 원인으로 인해 소련의 경제 형식을 그대로 옮겨왔는데, 농업, 경공업과 중공업의 관계를 처리하는 데 있어 편중적으로 중공업을 강조하고 경공업과 농업을 경시하였다. 농업 집단화 문제에 있어서는 급하게 성공만을 바랐고, 경제 관리 체제에 있어서는 집중을 강조하여 국가의 간섭이 지나쳐 기업은 활력을 잃어가고 있었다. 결과적으로 물자는 모자라고, 화폐 가치는 불안정하며, 인민 생활 수준의 향상은 더디기만 하여 군중들의 불만을 야기할 수밖에 없었다. 소련 20대 후, 개인 숭배 반대와 사상 개방으로 인하여 동유럽의 몇몇 국가에서는 대국의 통제를 벗어나고 경제 체제를 개혁하자는 대중의 목소리가 커졌다. 폴란드와 헝가리는 이러한 상황하에 더욱더 심각한 정치 위기마저 발생하였다.

소련 공산당 20대가 세계 사회주의 운동에 커다란 어려움을 끼쳤을 때 중국의 사회주의 개조는 이미 기본적으로 완성되어 있었다. '1.5' 계획 역시 막 끝나가고 있었고, 계획 경제 체제는 체계가 잡혀가는 과정 중에 있었다. 국내외의 새로운 형세하에 중국 국정에 적합한 사회주의 건설 도로를 탐색하기 위하여, 1956년 초부터 마오쩌둥과 류샤오치 등 중앙 지도자는 많은 시간을 할애하여 조사, 연구에 종사하였다. 34개의 경제 부문 보고서를 검토한 기초 위에 중앙 집단의 지혜를 집중시킨 후, 마오쩌둥은 1956년 4월 〈10대 관계론〉이란 유명한 보고서를 작성한다. 이 보고서는 소련을 모범으로 삼고 중국의 사회주의 건설 경험을 총괄하여, 훗날 사회주의 건설 중 처리할 필요가 있는 10가지 방면의 문제들을 논술하였다. 기본 방침은 '국내외의 적극적 요소들을 동원하여 중국을 강력한 사회주의 국가로 건설하자' 였다. 보고서에서는 사회주의 건설은 반드시 자국의 국가 상황에 근거하여 자기만의 방향으로 발전해가야 한다는 사상을 분명히 하였다. 경제 건설 방면에서 보고서는 아래 몇 가지 중요 원칙을 강조하였다.

첫째, 반드시 중공업과 경공업, 농업 간의 비례 관계를 정확히 처리한다. 중공업은 중국 경제 건설의 중점이다. 반드시 우선적으로 발전시켜야 하지만 이 때문에 생필품 특히 식량의 생산을 경시해서는 안 된다. 농업, 경공업을 다양하게 발전시켜야 하지만 국민 생활 수요를 보장할 수 있어야 하며, 동시에 자금 축적을 증가시키고 중공업 발전을 촉진시켜야 한다.

둘째, 합리적으로 경제 건설의 구성을 분배하여야 한다. 공업 발전의 구성을 균일하게 하기 위하여, 내륙 공업 발전에 힘써야 하나, 반드시 임해 공업 기지를 충분하게 이용하고 발전시켜 중국의 내륙 공업의 발전을 지지하고 발전시키도록 해야 한다.

셋째, 경제 관리 체제를 조정해야 한다. 국가와 생산 단위, 생산자의 관계에서 반드시 3자 이익을 동시에 고려해야 하며, 한 가지 이익만을 가장 우선에 놓고 고려해서는 안 된다. 생산 단위에 반드시 일정의 독립성과 권익을 주어야 한다. 국민들의 생활에 관심을 가지고 특별히 노동자와 농민들에게 생산이 증가하는 만큼 수입도 증가하게 해주어야 한다.

넷째, 중앙과 지방의 관계에서는 중앙의 통일된 지도를 강화하는 것을 전제로 하되 지방의 권력을 확대하고, 지방으로 하여금 더 많은 일들을 처리할 수 있도록 하여 중앙과 지방, 둘의 적극성을 더욱더 잘 발휘할 수 있도록 해주어야 한다.

다섯째, 학습과 창조의 관계를 잘 처리하여야 한다. 모든 민족과 모든 국가의 장점을 학습해야 한다. 여기에는 자본주의 국가의 선진 과학 기술과 기업 관리 방법 등도 포함되나, 반드시 충분한 분석과 비판적인 사고를 통하여 학습해야 하며 절대로 기계적으로 옮겨와서는 안 된다.

〈10대 관계론〉의 주요 정신은 소련을 모범으로 삼고 중국의 이미 겪었던 경험을 총괄하여 중국의 국가 상황에 맞는 사회주의 건설 노선을 찾는 것이다. 보고서는 중국 사회주의 건설 중 몇 가지 중요한 문제들을 논술하였는데, 실질적으로 소련의 사회주의 공업화 노선과 이미 다른 방향을 제기하였다고 할 수 있으며, 경제 체제의 개혁 설계를 시작하였고, 중국 공산당이 중국 사회주의 건설의 새로운 노선을 탐색해 가는 과정 중 취득한 중대한 성과로 볼 수 있다. 이 역시 마오쩌둥이 사회주의 건설 문제에 관해서 제기한 대표작 중 하나이다.

3. 중국 공산당 '8대'(八大)

1956년 9월 15~27일, 중공 제8차 전국대표대회가 베이징에서 열렸다. 대회에서는 전당을 단결하고 국내외의 단결할 수 있는 모든 힘을 단결하자고 제기하였고, 위대한 사회주의의 중국을 건설하기 위한 기본 임무를 제기하였다. 일체의 역사적 임무를 실현하고, 사회주의를 건설하기 위한 전면적인 문제들을 해결하기 위하여 대회는 일련의 중요한 결정을 내놓았다.

대회는 먼저 국내 형세와 주요 모순들의 변화를 정확하게 분석하고 공산당 미래의 근본적인 임무를 제기하였다. 대회는 이어서, 중국은 이미 농업, 수공업과 자본주의 공 · 상업의 사회주의 개조에서 전면적이고 결정적 승리를 거두었다고 제시하였다. 중국의 프롤레타리아 계급과 부르주아 계급 간의 모순도 이미 기본적으로는 해결되었다고 제시하였으며,

"중국 국내의 주요 모순은 이미 인민의 선진 공업 국가의 건설과 낙후된 농업 국가의 현실 간의 모순이고, 이미 발달한 인민의 경제, 문화에 대해 수요와 예전 경제, 문화가 인민의 수요를 만족시키지 못한 상황의 모순이다. 이런 모순의 실제는 중국의 사회주의 제도가 건립된 상황하에, 즉 선진의 사회주의 제도와 낙후된 사회주의 생산력 간의 모순인 것이다. 당과 전 국민의

주요 임무는 바로 모든 힘을 모아 이러한 모순들을 해결하는 것이고, 중국은 빠른 시일 내에 낙후된 농업 국가에서 선진 공업국으로 변화해야 한다" 라고 제시하였다.

대회는 중공 중앙이 제기한 반보수, 반극진을 견지하였다. 즉, 종합적인 평형을 고려한 안정적인 발전을 모색한 경제 건설 방침이다. 〈국민 경제 발전에 관한 두 번째 5개년 계획의 건의에 대한 보고〉가 통과되고 두 번째 5개년 계획의 기본 임무를 규정하였다. 두 번째 5개년 계획의 기본 임무는 아래와 같다.

중공업 중심의 공업 건설을 계속하고, 국민 경제 기술 개조를 추진하여 중국 사회주의 공업화의 공고한 기초를 다진다. 지속적으로 사회주의 개조를 완성하여 집단 소유제와 전 국민 소유제를 공고히 한다. 기본 건설의 발전과 지속된 사회주의 개조 완성의 기초 위에 공업, 농업과 수공업의 생산을 더욱더 발전시키며, 그에 상응하는 운수업과 상업 역시 발전시킨다. 건설 인재 배양에 노력을 기울이고, 과학 연구 작업을 강화하며, 이를 통해 사회주의 경제 문화 발전의 수요를 맞춘다. 공 · 농업 생산 발전의 기초 위에 국방을 강화하고 인민의 물질 생활과 문화 생활 수준을 향상시킨다.

대회는 경제 체제의 개혁 문제에 대해서도 의견을 제시하였는데,

"통일된 지도와 분급 관리 및 지역에 맞춘 관리, 업무에 따라서 관리한다는 원칙에 근거하여 국가의 행정 체제를 개선하고, 각 기업, 사업, 계획과 재정의 관리 범위를 나누어 각 성과 자치구, 직할시의 관리 권한을 합당하게 확대하여 중앙 각 부문에 작업 개선과 강화에 주의를 다하라"

는 내용이었다.

그와 동시에 기업이 국가의 통일된 지도와 통일된 계획하에 있도록 보장하고 계획 관리, 재무 관리, 간부 관리, 직원 배분, 복리 조치 등의 방면에서는 합당한 자주 권리를 보장한다고 규정하였다. 대회에서 천윈의 발언 중,

중국의 사회주의 경제 체제에 대해서 '3개의 주체, 3개의 보충'이란 관점을 제기하였다. 이는 공 · 상업 생산 경영 방면에서 국가 경영과 집단 경영이 주체이고 일정 비율의 객체 경영이 보충되는 형식이다. 생산의 계획에서, 계획 생산은 공 · 농업 생산이 주체이고 시장의 변화에 따라 국가 계획이 허가하는 범위 내에서 자유 생산을 보충으로 한다는 것이며, 사회주의의 통일된 시장 안에서는 국가 시장이 주체이고 일정 범위 내의 국가가 지도하는 자유 시장이 이의 보충이라는 것이다. 이 의견은 대회의 관심을 받았고 8대 결의에서 채택되었다.

중공 8대는 중국 역사의 중요한 전환점이 되는 중요한 회의였다. 국제적으로 사회주의 진영이 단일 공유제와 계획 경제라는 인식에서 벗어나지 못하였고, 국내적으로 중국 경제 발전 수준이 낙후되어 중공업을 우선적으로 발전시킬 필요가 있었으며, 중국의 계획 체제는 아직 건립되어가는 과정에 있어 부작용이 충분히 부각되지 않은 상태였다. 이러한 원인들 때문에 '8대'는 소련이 세운 단일 공유제와 계획 경제를 특징으로 하는 사회주의 형태에서 아직 근본적으로 벗어나지 못하였다. 하지만 이 회의에서 사회주의 경제 건설의 새로운 노선과 새로운 경제 관리 체제를 탐색하는 방면에서 중대한 성과를 거두었다. 어떤 의미에서는 소련의 형식과 경험을 넘어섰다. 회의에서는 또한 여러 중요한 사상과 원칙을 제기하였고, 중국의 사회주의 경제 건설에 대하여 오늘날에도 중국 특유의 사회주의 시장 경제 체제의 건립에 영향을 주고 있다.

4. 꾸준(顧准)과 쑨예팡(孫冶方)의 계획 경제 체제에 대한 질의

20세기 1950년대 중기 계획 경제 체제는 중국에서 전면적으로 건립되어 가고 있었고 체제상으로 몇몇 부작용들이 나타나기 시작하였다. 〈10대 관계론〉의 발표와 마오쩌둥의 '백화제방, 백가쟁명'(百花齊放, 百家爭鳴: 바이화지팡, 바이지아쩡밍)[39]의 제창에 따라 정치 환경이 비교적 여유로워졌고, 학술 토론 역시 상당히 활기를 띠었는데, 이러한 배경하에 몇몇 경제학자들이 계획경제 체제에 관해 의문을 제기하였다. 그 중 유명한 대표 인물이 바로 당시의 국제통계국 부국장, 중국과학원 경제연구소장인 쑨예팡이었다. 쑨예팡은 50년대 말부터 60년대 초까지 주도면밀한 조사 연구의 기초 위에 중국 국민 경제 관리 체제의 폐단과 몇몇 경제 정책의 실수에 대하여 분석하였고, 사회주의 경제 건설 중 광범위한 영향을 끼쳤던 유의지론(有意志論)과 자연경제론을 비판하였다. 그의 논문 〈가치 규율 기초상의 계획과 통계〉(1956)에서는 스탈린의 가치 규율과 국민 경제 계획 관리를 대립된 관점에서 비판하였다. 〈총생산가치부터 논함〉에서는 총생산가치의 지표가 기업의 과학적인 관리를 저해하며, 이윤을 제시하는 것은 기업 경영 관리의 좋고 나쁨을 가릴 수 있는 종합적인 지표라고 지적하였다. 그는

"계획 경제 체제 중 이윤 지표의 지위를 높여야 한다"[40]

라고 의견을 제기하였고, 이를 중심으로 사회주의 경제 유형을 설계하였다. 이 유형의 요점은 '큰 권력을 독점하고 작은 권력을 분산하라'였는데, 즉 국가 소유제와 국가의 기업에 대한 공급, 판매 관계의 계획 관리를 유지하는 조건하에 기업에게 일상적인 결정(간단한 재생산의 결정)의 자주권을 주어야 한다는 것이었다. 또

"천 개의 규율, 만 개의 규율이 있더라도 가치 규율이 제1조항이 되어야 한다"

라는 주장을 폈다.

39 역주: 고대의 전국 시대에서 유래한 말로 '여러 종류의 꽃이 만개하고, 많은 사람들이 자유롭게 논쟁한다'는 뜻인데, 정치적, 경제적, 문화적, 학문적으로 발전하기 시작하던 당시의 중국 사회상을 의미한다.

40 쑨예팡, 〈전 국민 소유제 경제 내부의 제정 체제 문제〉(1961), 《쑨예팡 선집》, 산서인민출판사, 1984년판, p. 367.

그의 가치 규율 이론과 이윤 지표의 중요성에 대한 강조는 60년대 중기에 시작된 '수정주의' 대청소 운동의 첫 번째 피해자가 되게 하였다.

1956년, 중국 사회과학원 연구소에서 일하던 경제학자 꾸준은 마오쩌둥의 〈10대 관계론〉을 연구할 때 〈마오 주석에 대한 학습, '10대 관계론'과 관련된 체험에 대하여〉(간략히 〈체험〉)이란 논문을 발표하는데 이 논문에서 국가가 농산품을 매입할 때 등가 교환 정책을 관철할 필요성에 관하여 연구 분석하였다. 실질적으로 그는 당시에 이미 공 · 농산품의 교환과 전체 국민 경제 중에서 지켜야 할 가치 규율의 중요성에 대해서 주의를 기울였다. 그는 효율을 높이기 위해서 사회주의가 선택할 수 있는 경제 체제는 반드시 기업이 시장 가격의 자발적인 변동에 근거하여 결정을 내려야 한다고 주장하였는데, 즉 시장의 힘이 자원 배급 중에서 결정적인 작용을 해야 한다는 것이었다.[41] 이로 인하여 꾸준은 중국 개혁 이론의 발전사 중에서 시장의 중요성을 제기한 첫 번째 인물이 되었다. 얼마 지나지 않아 꾸준은 '자본주의 계급의 우파분자'로 분류되었고 그의 학술적 관점 역시 이단이라고 비판받았다.

5. 정풍[42](整風), 반우파와 8대 개정의 주요 모순에 관한 논란

정풍은 공산당이 연안에 있던 시기에 만들어낸 당의 건설을 강화하기 위한 좋은 방법이었다. 사회주의 개조가 완성되어감에 따라 국민 내부의 모순들을 처리해 가는 것이 국가 정치의 주요 문제가 되었고, 다시 한 번 정풍 운동이 진행되었다. 이를 통해 일부 간부들의 주관주의와 작업상의 관료주의, 조직상의 파벌주의를 해결하고자 하였는데 시기적으로 이미 성숙하였

41 꾸준, 〈사회주의 제도하 상품 생산과 가치 규율에 대한 논의〉, 《경제연구》, 1957년 제3기.

42 역주: 정풍 또는 정풍 운동은 문란해진 기풍 따위를 바로잡는다는 뜻으로, 당시 중국의 경우 사회주의에 반하는 사상적 기풍을 바로잡는다는 뜻으로 사용되었다.

다. 특히 뽀시옹(波匈) 사건[43]의 교훈을 거울삼아 중국 역시 간부의 사상 교육을 강화할 필요가 있다고 보았으며, 이를 통해 민중들로부터 동떨어지지 않도록 하고 새로운 귀족 계층이 생겨나는 것을 방지하고자 하였다. 1956년 11월 당의 제8차 2중 전체회의에서 마오쩌둥은 다음해부터 전당에 걸쳐 새로운 정풍 운동을 실시한다고 선포하였다. 1957년 2월 마오쩌둥은 〈정확한 인민 내부의 모순 처리에 관하여〉란 칼럼을 발표하였는데, 정풍을 위한 근본적인 지도 사상을 제시하였으며, 같은 해 5월 1일 〈중국 공산당 중앙위원회 정풍 운동에 관한 지시〉가 〈인민일보〉에 공개, 발표되었다. 이는 정풍 운동의 정식적인 시작을 의미하였다. 정풍 운동의 발전을 추진하기 위하여 5월 4일 마오쩌둥은 〈지속적인 당정 내부의 잘못과 결점을 지적할 수 있는 공산당 내 · 외부 인사 조직에 대한 지시〉의 초안을 중앙에서 작성하였으며, 공산당 외부 인사가 당정이 저지른 잘못에 대해서 비판하고 당과 인민 정부로 하여금 잘못을 고칠 수 있도록 제시하였다. 이를 통해 정풍 운동의 위신을 높이고 더욱 의미를 더하여 반드시 정풍 운동이 전개되도록 하고, 더욱 심도 있는 비판을 수용하여 중간에 멈추지 않도록 하게 하였다. 당 내부의 광범위한 간부와 군중들은 적극적으로 당의 '명'(백가쟁명), '방'(백화제방) 호소에 부합하도록 하고, 자유로운 비판을 할 수 있도록 하였다. 당과 정부의 작업과 당정 간부의 사상에 관하여 많은 비판과 건의를 받아들였다. 이러한 의견들의 절대 대부분은 정확하고 정곡을 찌르는 것이었으며, 중공 중앙과 마오쩌둥은 이러한 의견들에 대하여 긍정적으로 받아들이고 적극적으로 환영하였다. 마오쩌둥이 5월 16일 발표한 〈현재 중앙의 당 외부 인사의 비판을 대하는 것에 관한 지시〉에서

"우리에 대한 당 외부 인사의 비판은 얼마나 예리하냐를 떠나서 기본적

43 역주: 중국에서 1956년 헝가리 혁명과 1956년 폴란드의 제1당 서기인 브와디스와프 고무카가 친소련파를 축출한 사건을 통칭하는 말.

으로 성실하고 간절한 것이며 정확한 것이다. 이러한 비판이 90%가 넘을 것이며 우리 당의 정풍에 대하여 결점과 잘못을 개정하는 데 있어서 크게 도움이 될 것이다"[44]
라고 지적하였다.

하지만 역시 몇몇 극소수의 사람들이 정풍의 기회를 이용하여 '대명'(大鳴), '대방'(大放)(누구나 자기의 의견을 자유롭게 내놓는다: 정풍 운동의 슬로건)과 '대민주'를 선동하여 공산당과 사회주의를 향하여 공격하였으며, 맹목적으로 당의 지도자를 끌어내리려 하였다. 또한 근본적으로 사회주의 제도를 부정하였고 '일당 집정은 유해하다', '공산당은 내려와라', '중공 조직을 기관과 학교에서 퇴출하라' 등의 말을 퍼트렸다. 이러한 종류의 상황이 중공 중앙과 마오쩌둥의 경각심을 일으켰다. 폴란드와 헝가리 사건이 중국에서 다시 일어나는 것을 방지하기 위하여 5월 15일 마오쩌둥은 〈현재 일어나는 사태의 변화〉라는 칼럼을 발표하였고 즉시 당 내부의 고급 간부들이 읽도록 하였다. 이는 마오쩌둥의 정풍에 관한 지도 사상이 이미 크게 변화하였음을 의미하였는데, 운동의 주 목적인 인민 내부의 모순을 정확히 처리하자는 것에서, 적을 향한 투쟁으로써 당 내부의 정풍에서 우파에 대한 공격으로 전환되었다. 이때 이후로 일정 기간 동안 공산당에서는 우파를 계속해서 폭로하고 공산당원은 한동안 발언을 하지 않게 하는 책략을 채택하고, 이에 대하여 마오쩌둥은 1957년 〈문회보〉(文匯報)[45]의 〈자산 계급 방향 응당 비판〉이라는 칼럼에서

'신문은 일정 기간 내에 정식 의견을 등재하지 않거나 적게 등재하고, 자산 계급 반동 우파의 공격에 대해서 일단 반격하지 않은 후 군중들로 하여금 어떤 사람의 비판이 선의이고 어떤 사람의 비판이 악의라는 것을 정확히

44 보이뽀, 《중대한 정책 결정과 사건의 회고》, 하권, 중공중앙당교출판사, 1993년판, p. 610.

45 역주: 매스컴 〈문회보〉는 1938년 상하이에서 창간된 신문으로, 1948년부터는 홍콩에서도 발행됨.

보게 한다. 이리하여 모든 힘을 모아 시기가 적절해졌을 때를 기다렸다가 반격을 실시한다. 어떤 사람은 이를 음모(陰謀)라 하고 어떤 사람을 이를 양모(陽謀)라 한다"[46]

라고 말하였다.

이러한 '양모론' 아래 우파들이 점차적으로 폭로되었고 당 중앙 역시 반우파 투쟁을 위한 적극적인 준비를 진행하였다. 6월 8일, 마오쩌둥은 〈조직 역량 우파분자의 공격을 반격하기 위한 준비에 관한 지시〉의 초안을 작성하고, 같은 날 〈인민일보〉는 마오쩌둥이 직접 작성한 사설 〈이는 왜인가?〉를 개재하였으며 전국 규모의 군중의 질풍노도 같은 반우파 운동이 맹렬히 전개되었다.

당시 중공 중앙과 마오쩌둥이 계급 투쟁과 우파의 공격 형세에 관해서 과도하게 심각한 예상을 하였기 때문에 반우파 운동 투쟁은 심각하게 확대되기 시작하였다. 보이뽀는 훗날

"11회 3중 전체회의 이래로 잘못 분류한 '우파분자'를 수정한 결과, 반우파 투쟁 중 우파로 분류된 55만 명 중 극히 적은 수의 진정한 우파 이외에는 절대 다수 혹은 99% 이상이 잘못 분류된 것이다. 이렇게 잘못 분류된 사람들 중 매우 많은 수가 오랫동안 혁명에 참가하였던 당의 간부였으며, 당에 장기적으로 협조하였던 애국 인사와 친구였고, 매우 많은 수의 전문 지식분자와 풍부한 경영 관리 경험을 가진 공상업자, 그뿐 아니라 정치적으로 열정을 가졌으나 아직은 성숙하지 못하였던 청년 학생들도 포함되었다. 그들을 잘못 우파로 분류하였기 때문에 그들로 하여금 사회주의 건설에서 원래 발휘되었어야 할 그들의 능력을 발휘하지 못하게 되었으며, 이는 그들 개인의 손실과 불행일 뿐만 아니라 당과 국가의 전체적인 손실과 불행이기도 하다"[47]

46 보이뽀, 《중대한 정책 결정과 사건의 회고》, 하권, 중공중앙당교출판사, 1993년판, p. 615.

47 보이뽀, 《중대한 정책 결정과 사건의 회고》, 하권, 중공중앙당교출판사, 1993년판, p. 618.

라고 제시하였다.

1956년 1월, 중공 중앙은 베이징에서 지식분자 문제에 관한 회의를 열어, 〈중공 중앙 지식분자 문제에 관한 지시〉를 발표하고 중국의 사회주의 건설 중 이미 노동자, 농민, 지식인, 인텔리의 연맹이 형성되었고 지식분자의 기븐 대오는 이미 노동 인민의 일부분이 되었다고 제시하였다. 하지만 반우파 투쟁이 확대되어감에 따라 지식분자들은 다시 한 번 '자산 계급 지식분자'라는 딱지를 붙이게 되었고, 또 다시 프롤레타리아 계급에서 쫓겨나게 되었다. 그뿐 아니라 이후에 계속된 정치 운동 중에 수많은 지식분자들이 잘못된 비판과 처벌을 받았고 장기적으로 받아서는 안 되는 압제와 공격을 받았으며, 사회주의 건설 중 이들로 하여금 적극적인 작용을 발휘하지 못하도록 하였다. 더욱 중요한 것은 반우파 투쟁 중 정치계에 '모든 사람들이 침묵한 채 말하지 않다'(만마제음: 萬馬齊喑(완마지인))의 국면이 생겨나버렸다는 것이다. 이에 대해 보이뽀는

"정풍, 반우파 투쟁의 과정 중 마오쩌둥은 이미 '우리의 목표는 집중되었으며 민주적이고 규율이 있으면서 자유로우며 통일된 의지와 개인의 편안하고 활발한 생활과 같은 정치 국면을 만들겠다'라고 제시하였다"

라고 하였다. 이러한 관점을 덩샤오핑(鄧少平) 역시 정확하게 제시하였는데,

"반우파 투쟁의 결과가 유익한지 아닌지에 대해서는 반드시 '백화제방, 백가쟁명'의 방침을 통해 관철하고 집행해야 하며, 이를 통해 국민으로 하여금 진실을 이야기할 수 있는 분위기를 배양하는 데 유리하게 해야 한다"

라고 하였다. 그러나 폭풍우와 같았던 반우파 투쟁을 거치고 난 후 이러한 '목표'와 '결과'는 실현되지 않았을 뿐만 아니라 상황은 오히려 더욱 나빠졌다. 1962년 4월 9일 마오쩌둥은 제18차 최고국무회의에서 강연할 때 이를 인정하였다.

"우파의 심각한 공격으로 인하여 부득이하게 반우파 운동을 전개하였

는데 반대를 하지 않으면 어떻게 하였겠는가? 하지만, 이로 인해 결점이 하나 생겼는데, 그건 바로 사람들이 아무도 감히 어떤 이야기도 하려고 하지 않는다는 것이다"
라고 하였다.

반우파 운동이 시작된 후부터 11회 3중 전체회의 전까지 20년에 걸친 기간 동안 마오쩌둥이 제시한 생동감 있고 활발한 정치 국면은 계속 실현되지 못하였고, 당내 민주 생활 역시 매우 정상적이지 못하였다. '백화제방, 백가쟁명'의 방침 또한 적극적으로 관철되어 집행되지 못하였다.[48] 이러한 상황은 또한 훗날 '대약진'과 '문화대혁명'의 잘못을 하게 만드는 중요한 원인이 되었으며, 국가 경제와 정치 각 방면에 비교적 큰 영향을 끼쳤다.

근대 백 년 이래 중국 인민은 줄곧 민족의 독립과 국가의 부강 번영을 위해 노력해왔다. 신중국의 성립은 중국 인민으로 하여금 일어설 수 있는 힘을 주었고, 꿈에만 그려왔던 민족 독립의 꿈을 실현시켜주었다. 이때부터 국가의 부강 번영을 위한 투쟁이 시작되었다. 한국전쟁과 국내 반혁명 잔여 분자를 제거하는 노력을 동시에 진행하고 3년에 걸친 노력을 통해 국민 경제는 전쟁의 폐허에서부터 회복되기 시작하였다. 1953년부터 대규모의 경제 건설 시기가 시작되었으나, 중국의 경제 기초가 너무 낙후하였기 때문에 국가는 빨리 농업, 수공업, 공 · 상업의 사회주의 개조를 시작함과 동시에 행정 계획에 따른 각 영역의 작용을 강화하는 노력을 시작하였다. 이렇게 사회주의 개조가 진행되어감에 따라 사회주의 계획 경제 체제 역시 점차 건립되어 가기 시작하였다. 1957년까지, 1953~1957년의 '1.5' 계획 건설을 거쳐 중국의 독립적인 공업 체계가 기본적으로 건립되기 시작하였으며, 공업화와 현대화 건설을 위하여 기초를 확립하였고 이 시기 경제 영역의 적극적인 탐색은 이후 경제 건설과 개혁에 교훈을 제공하였다.

48 보이뽀, 《중대한 정책 결정과 사건의 회고》, 하권, 중공중앙당교출판사, 1993년판, p. 623.

3 계획 경제 체제하의 경제 발전 및 문제점(1958~1978)

계획 경제 체제하의 경제 발전 및 문제점(1958~1978)

1956년 이후 3대 개혁과 생산 수단이 사유제에서 공유제로 변화됨에 따라 기본적인 계획 경제 체제가 형성되었다. 새로운 역사적 시점에 진입한 중국은 사회주의 건설이라는 막중한 임무에 직면하게 되었다. 사회주의 건설의 기본 방침은 새로운 시기의 도래를 의미하는 것으로 빨리 성공하기 위해 '대약진'(大躍進: 다웨진)과 인민공사화 운동을 사상적 지도 방침으로 서둘러 실시하였지만 그 경제적 성과는 생각만큼 좋지 않았다. 1962년 이후 마오쩌둥은 국제 환경과 국내 정세가 좋지 않은 상황에 대해 반제국과 방수(防修)의 사상적 지도를 내세워 10여 년에 걸친 '문화대혁명'(文化大革命: 원화다거밍)을 발동시켰다. '문화대혁명'으로 인한 경제적 손실은 매우 심각하였다. 1976년 마오쩌둥의 서거 후 화궈펑(華國鋒)은 '두 개의 범시'(양개범시: 兩個凡是(량거판스))를 견지하였으며, 이는 1978년 12월 열린 중공 제11차 3전 전회까지 지속되었다. 1958~1978년 중국 경제의 현대화 과정 중 나타난 문제점은 상당히 복잡하고 매우 특수한 시기라 할 수 있다.

제1절 '삼면홍기'[1]하의 경제적 발전과 조정

1. 사회주의 건설 총노선의 제시

총노선 실현과 사회주의 건설 및 총노선의 제기는 중화인민공화국이 신민주주의에서 사회주의로의 과도기적 전환을 의미하는 것으로 당의 고위 간부를 포함한 대다수의 국민은 사상적 확립이 미비하여 진행 과정이 급속하였다고 할 수 있다. 신민주주의에서 사회주의로의 전환을 단기간인 몇 년 안에 순리적으로 실시할 수 있었던 주요 원인은 다음과 같다.

첫째, 소련의 정치 노선을 모방하여 고도로 집중시킨 행정 협조를 특징으로 한 계획 경제 체제를 건립하고 시장 제도를 폐지하였다. 소련과 같은 통치 지위의 국가 소유제와 계획 경제의 경제 모델을 합한 것이 사회주의 국가가 표방해야 하는 목표였다. 신중국 성립 후 스탈린의 정치경제학[2]을 공부한 '소련 전문가'는 중국 경제학 교육에 대해 전면적으로 개혁을 진행하여 유일무이한 경제학 이론을 응용하였다. 이런 이론을 바탕으로 권력을 중앙에 집중시키는 계획 경제 체제의 건립은 당연한 일이었다.

둘째, 한국전쟁 발발 후 서방의 자본주의 국가는 국방력 강화를 가장 중요하게 여기게 되었다. 이에 대해 중국 공산당은 집중적 전시 체제와 자원 배분 제도를 선택하여 제한된 대부분의 자원을 군사 공업에 핵심적으로 이용되는 중공업 영역에 집중적으로 투자하였다.

셋째, 100여 년간의 식민지, 반식민지 체제하의 굴욕으로 중국 지도자와 인민은 서방 선진국을 앞지르고자 하는 강렬한 욕구가 마음 속에 내재되어 있어 소련을 모범으로 삼아 국가 권력, 충분한 전시 체제, 인력, 물력, 경제

1 역주: 삼면홍기(三面紅旗: 싼멘홍치)는 총노선, 대약진, 인민공사를 의미한다.

2 역주: 정치경제학에 대한 의견은 분분하나 일반적으로 마르크스 정치경제학을 의미하며, 중국에서도 정치경제학은 마르크스 정치경제학을 의미한다.

력을 집중적으로 이용하고 인민의 창조적 잠재력을 발휘하도록 하여 중국은 짧은 시간 내 중국 현대화를 위한 꿈이 실현되도록 하였다.

넷째, 중국은 오랫동안 소농 경제가 통치적 지위를 차지하는 농업 국가로 '행정 권력의 사회 분배'라는 오래된 역사 전통이 형성되었다. 해방 이후 마오쩌둥은 자신의 장기 개혁 혁명 투쟁 중 형성된 높은 명망을 이용하여 자신이 스스로 지도자가 되어 만능 정부를 건립하였다. 이로써 중국은 단기간 내에 사회주의로의 체제 개혁을 하여 계획 경제 제도의 정치적 기초를 마련할 수 있었다.[3]

(1) 총노선 제기 배경

건국 초기 마오쩌둥은 '진성직관'(進城接管: 진청찌에관)[4] 정권을 일종의 '시험'이라 여기고 경제 발전, 정치 안정을 그 합격점으로 보았다. 계속하여 '일화삼개'(一化三改: 이화싼가이)[5]로 대략 3번의 5개년 계획 시간, 즉 15년 동안 완성할 임무를 정하였다. 1953년 2월 덩쯔후이가 새로 조직한 중앙농촌공작부의 책임자가 되어 마오쩌둥의 노선을 따라 농업 상호 합작 운동을 지도하였다. 농민 각자의 재산의 정도가 차이가 있고, 합작화에 대한 생각이 달랐지만 1952년 겨울부터 지지하는 분위기가 조성되어 무모하게 진행하는 경향이 있었다. 덩쯔후이는 이 점에 주의하여 상호 합작 운동 중 발생할 수 있는 무모하게 진행하려는 경향을 바꾸려고 하였다. 제도 변천 과정 중 발생하는 이익 주체는 제도 변천을 촉진시키는 힘이다. 이런 힘의 작용으로 농촌의 상호 합작 운동은 발전할 수 있었으며, 마오쩌둥은 이런 좋은 상황을 강

3 우징롄(吳敬璉), 《당대 중국 경제 개혁》, 상해원동출판사, 2004년, p. 38 참조.

4 역주: 입성하여 접수, 관리한다는 뜻으로 중공 초기 마오쩌둥은 중공 정권의 성립을 이러한 형태로 생각하였다.

5 역주: 하나의 꽃이 세 번 피어난다라는 뜻으로 3차례 5개년 계획을 의미한다.

력하게 발전시켜야 한다고 주장하였다.

1955년 7월 31일, 마오쩌둥은 성, 시, 자치구 당서기위원회 회의에서 〈농업 합작화에 관한 문제〉를 보고하고 '전족여인'(소각여인: 小脚女人(샤오쟈오뉘런)) 현상을 비판, 농업의 사회주의를 고조시킬 것을 제시하였다. 경제 공작은 빠르게 이런 보수적인 사상을 반대하고 평형에 관한 사상[6]을 타파하였다. 1955년 11월 중순 〈농업 제17조〉를 내보였다. 이 문건에서는 전국적으로 기본적 농업 합작화의 달성 시간을 앞당겼으며 경제 목표를 많이 향상시킬 수 있었다고 밝혔다. 그러나 빠르게 문제가 발생하여 경제 건설에 손실이 있었으며 저우언라이, 류샤오치 등은 성급하게 발전시키는 것에 대해 반대 입장을 표명하였다.

1956년 9월에 열린 중공 제8차 전국대표대회에서는 성급한 발전에 반대하는 경제 건설 방침을 확립하였다. 제8회 2중 전회는 성급히 발전시키는 것에 대해 반대하는 생각이 고조되어 류샤오치, 저우언라이는 '보증중점, 적당수축'(保證重點, 適當收縮: 바오정중디엔, 스탕쇼우슈어)[7]의 방침을 내세워 회의 이후에 철저히 시행하였다. 천윈은 재정, 신용, 물자의 3대 평형 사상을 제시하였다. 1957년은 국민 경제 계획에 따라 중국은 건국 이래 국민 경제가 안정적 발전을 이룬 한 해였다. 그러나 국제 형세의 변화는 중국 국내 경제 건설에까지 영향을 미쳤다.

1956년 2월, 흐루시초프는 갑자기 〈개인 숭배와 그 결과〉의 비밀 보고문을 만들어 스탈린 시기의 수많은 어두운 면을 들추어냈다. 이에 대해 마오쩌둥은

"한편으로는 흐루시초프가 베일을 벗긴 것이고, 또 한편으로는 분쟁을

6 역주: 저우언라이와 류사오치 등이 주장했던 발전 사상으로 경제 요소 간의 균형 있는 발전을 주장했던 사상이다.

7 역주: 중점은 유지하고, 당의 활동은 축소한다라는 뜻으로 당시 류샤오치와 저우언라이의 완만한 변화에 대한 사상을 의미한다.

일으킨 것이다"
라고 평가하였다.

마오쩌둥은 소련을 본보기로 삼아 그들보다 좋은 방향으로 나아가야 한다고 하였다.

1957년 8월, 소련은 최초로 대륙 간 미사일을 발사하였고, 같은 해 10월 세계 최초 인공위성을 발사하여 성공시켰다. 기술 수준의 향상에 대해 마오쩌둥은 '동쪽 바람으로 서쪽 바람을 압도한다'고 믿었고 공산주의의 도래를 바랐다. 스탈린의 서거, 소련의 경제 구조가 뜻대로 이루어지지 않자 소련 공산당 체제는 각국의 냉대를 받고 흐루시초프는 스탈린이 동유럽의 일련의 정치적 동요의 야기에 대해 부정한 것을 전형적인 폴란드, 헝가리 사건이라고 하였다. 사회주의 국가는 사회주의의 미래 목표에 대해 의문을 갖기 시작하고, 자본주의 국가에서 공산당원이 탈당하고 공산당 의원이 낙선하였으며, '평화공존'(화평공처: 和平共處(화핑꽁추)) 심지어 '화평과도'(和平過渡: 화핑궈두)[8]의 주장에 대해 의견이 분분하였다. 이러한 국제 환경에 따라 마오쩌둥은 소련과 미국의 진정한 세력을 이해하고 중국 사회주의 건설 노선의 방향을 결정하였다.

소련의 새로운 지도자 흐루시초프의 말을 통해, 마오쩌둥은 첨단 기술은 소련이 앞서고 경제 전체로 보면 미국이 앞서 있다는 것을 알게 되었다. 미국의 공업은 상당 부분 발전하였으며, 가장 중요한 철강 산업에서 소련의 생산량이 미국의 1/2 수준밖에 안 되기 때문이었다. 소련이 미국을 따라가기 위해서는 상당한 시간을 필요로 하였다. 그러나 소련은 15년 이후에 미국을 따라잡을 것이라고 자신하였다. 흐루시초프의 이런 낙관론이 마오쩌둥에게 큰 영향을 끼쳤다.

마오쩌둥은 흐루시초프의 대답을 통해 중국 공업의 격차를 알았지만 자

8 역주: 화평공처를 능가하여 함께 물을 건넌다는 의미이다.

신이 또 하나의 사회주의 대국의 지도자로서 흐루시초프에게 자신감을 내보이며

"같은 해 히틀러 시기에 미국과 영국은 7,000만 톤의 철을 보유하고 있었고 소련은 대략 900만 톤의 철이 있었다. 미 · 영은 소련에게 도움을 요청하였고, 엘베 강 동쪽과 중국의 둥베이(東北), 북조선에 모두 소련군의 점령을 허락하였다. 이 일은 매우 설득력이 있는데, 물질의 양이 모든 문제를 해결할 수 없으며 인간이 중요하고 제도가 중요하다. 그리고 역사적으로 약자가 강자를 누를 수도 있다"

라고 하였다.[9]

마오쩌둥은 모스크바 10월 혁명 40주년 기념식에 참석하여

"중국은 정치적으로 그리고 인구면에서 대국(大國)이지만, 경제면으로 보자면 여전히 소국(小國)이다. 그러므로 우리는 노력해야만 한다. 또한 열심히 일을 해야 한다. 그래야만 중국은 진정한 대국이 될 수 있다. 또한 흐루시초프는 15년 후에 소련이 미국을 넘어설 것이라고 우리에게 말하였다. 그렇다면 우리는 15년 후에는 영국과 비슷한 수준이거나 뛰어넘을 수 있을 것이다"

라고 말하였다.[10]

1957년 4월 공산당은 당원 간부의 양호하지 않은 공작 태도의 사상 운동에 대한 시정을 촉구하였다. 또한 지식인의 견해를 구하는 운동이 발기하였다. 1957년 중반기 이 두 가지 운동은 반우파 운동으로 합해졌으며, 이러한 반우파 운동은 당의 지도 사상에 대한 큰 영향을 끼쳤다.

첫째, 당의 8대 첫 회의에서 중국 사회의 모순적인 과학 논단을 시정하였다. 주로 무산 계급과 자산 계급, 사회주의 노선과 자본주의 노선의 모순

9 《마오쩌둥문집》, 제7권, 인민출판사, 1999년, p. 327.

10 《마오쩌둥문집》, 제7권, 인민출판사, 1999년, p. 325.

이다. 이 논단은 8대 노선의 이론적 기초를 좌지우지하여 계급 투쟁이 중점 기로를 걷기 시작하는 계기가 되었다.

둘째, 반우파 운동을 기점으로 정치적, 사상적 사회주의 혁명이 파생되었다. 또한 이에 따라 두 개 착취 계급이 논점으로 제시되었다.

"두 개의 착취 계급: 우선 사회주의의 자산 계급의 우파를 반대하는 것으로 지주 자본가 계급과 기타 반동파를 타도한다. 또 다른 하나는 실질적으로 자산 계급의 우파인 제국주의자이자 봉건 잔재 세력으로 국민당 장제스의 대리인에 불과하다. 또한 현재 사회주의 개조를 점차 받아들이고 있는 민족 자산 계급과 지식인 계층은 대다수 사회주의와 자본주의 두 노선 간 동요로 과도기를 겪고 있다."[11]

이렇게 지식인 계층을 두 번째 착취 계급의 본보기로 보았다. 마오쩌둥은 지식인 계층을 여전히 자산 계급에 속해 있다고 여겨

"지식인 계층은 2개의 모자를 쓰고 있다. 즉, 자산 계급과 지식인 계층, 또한 그들이 나아가야 방향을 잃어버린 상태이다."[12]

이런 오해로 인해 중국 공산당은 지식인 계층의 문제에 대해 20여 년간 좌파 정책이 실행되었다.

셋째, 농촌의 합작화 이후 새로운 상황으로 모순이 발생하여 두 가지 노선 투쟁이 생겨났다. 마오쩌둥의 건의에 따르면, 8월 8일 중공 중앙은 〈농촌 전체에 제1차 대규모 사회주의 교육 진행에 관한 지시〉를 발표하였다. 1957년 가을~겨울부터 1958년 봄 농촌은 합작사의 우월성, 곡식과 기타 농산품의 국가가 일괄 수매, 일괄 판매, 농공 관계, 숙청과 법제 준수 문제 등 사회주의 노선과 자본주의 노선 어느 쪽으로 가느냐에 대한 논쟁이 크게 진행되었다. 이 논쟁은 도시의 반우파 투쟁과 동시에 진행되어 정치적 압력이 커지

11 이는 류샤오치가 8대 2차 회의에서 서술한 것으로 《신화반월간》(新華半月刊), 1958년 제11기, p. 2 참조.

12 《발전의 곡절과 세월》, 하남인민출판사, 1989년, p. 89 참조.

고 명목적인 변론이지만 실질적으로는 강압적 복종을 요구하였다. 농촌은 많은 모순을 해결해야 하였고, 두 가지 노선 투쟁을 감추어야만 하였다. 논쟁은 주로 부유한 중농을 비난하고 농촌의 평등주의 '따궈판'(대과반: 大鍋飯)[13]의 사상을 조장하여 농촌의 좌파 정책을 실행하기 위한 길을 닦았다.

정치 정세와 1957년 6월 거행한 제1회 전국인민대표대회 제4차 회의에서 저우언라이는 〈정부 공작 보고〉 중

"……1956년의 계획은 이런 상황을 적응하기 위하여 대약진의 절차를 채택한 것이며 다방면에서 이전에 언급한 커다란 성과를 얻어내었다.…… 그러므로 중앙은 1956년의 건설이 전면적으로 모험이라 말할 수는 없다"

라고 말하였다.[14]

1957년 9월 20일부터 10월 9일까지 중공 중앙은 제8회 3중 전회를 개최하였다. 회의에서는 덩샤오핑의 정풍 운동, 천윈의 국가 행정 관리 체제의 문제와 농업 생산량 증가에 관한 문제, 저우언라이의 노동 임금과 노동자 복지 문제에 관한 보고에 대해 듣고 토론을 진행하였다. 그래서 회의에서는 〈1956~1967년 전국 농업 발전 강령(수정 초안)〉을 통과시켰다. 회의의 폐막식 연설에서 마오쩌둥은 1956년 채택한 수정한 모험 경향의 방침에 대해 비평하였다. 회의가 끝난 후 〈인민일보〉는 연속적으로 사회 논단을 발표하여 반모험을 비평하였다. 1958년 1월 중공 중앙은 난닝에서 회의를 열고 마오쩌둥은 회의에서 재차 1956년의 반모험에 대해

"반모험에 대해 더 이상 언급하지 말아야 한다. 한 번 의욕을 잃기 시작하면 6억 인구가 의욕을 잃게 될 것이다. 이것은 모두 정치적 문제로 공작상의 문제는 아니다"

라고 하였고, 3월 중공 중앙은 청두에서 회의를 개최하고 마오쩌둥은 계속

13 역주: 따궈판은 대중 식사, 공동 식사 따위의 뜻으로 이때는 평등 분배를 의미했다.

14 송리엔성(宋連生), 《총노선, 대약진, 인민공사화 운동의 처음과 끝》, 운남인민출판사, 2002년, pp. 56~59.

하여 반모험을 비판하였다. 그는 반모험은 '비(非)마르크스주의'이고, 모험이 '마르크스주의'라고 언급하였다. 연설 중 그는

"의욕을 북돋아 보다 높은 목표를 위해 노력하여 수량은 많게, 속도는 빠르게, 품질은 좋게, 원가는 싸게 발전시켜야 한다"

라고 하였고, 사회주의 기본 관점을 확립시켰다. 3월의 청두 회의에서 "의욕을 북돋아 보다 높은 목표를 위해 노력하여 '수량은 많게, 속도는 빠르게, 품질은 좋게, 원가는 싸게'라는 총노선"을 제시하였다.[15]

(2) 총노선의 기본 내용

1958년 5월에 개회한 중공 제8대 2차 회의에서 류샤오치 대표는 중공 중앙공작 보고에서 반모험 문제에 대한 결론을 내렸다. 보고에서는

"1957년 반모험의 결과는 군중의 적극성을 저하시켜 1957년 생산 건설에 영향을 주었으며 특히 농업 발전에 큰 영향을 끼쳤다. 또한 '마안씽'(마안형: 馬鞍形)[16]을 형성하였다. 즉, 1956년-1957년-1958년 생산면에서 고조-저조-크게 고조되어 역시 약진-보수-대약진으로 나타났다"[17]

라고 하였다.

회의에서는 반모험과 관련된 지도자 저우언라이, 천윈, 리셴녠(李先念), 보이뽀 등은 모두 자아비판을 하였다. 마오쩌둥은

"반모험 문제는 이미 해결하였다. 이제 새로운 기초하에 단결을 해야 할 때이다"

라고 밝혀 일단락을 지었다. 마오쩌둥은 연설 중 미국과 영국을 따라가는 시

15 《마오쩌둥문집》, 제7권, 인민출판사, 1999년, p. 372.

16 역주: 마안씽은 말안장이라는 의미로 보통 U자 형태의 모양을 의미한다.

17 《신화반월간》(新華半月刊), 1958년 말, 제11기, pp. 5~6 참조.

기를 대대적으로 축소하여 7년 안에 영국을 앞서고 그 후 8년 혹은 10년 안에 미국을 따라가도록 노력하자고 하였다. 또한 반대하는 의견에 대해 비판을 하고 그들을 가리켜 '꽌차오파이'(관조파: 觀潮派), '추호우쏸장파이'[18](추후산장패: 秋後算賬牌)[19]라고 하였다. 회의는 마오쩌둥이 제시한 '의욕을 북돋아 보다 높은 목표를 위해 노력하여 수량은 많게, 속도는 빠르게, 품질은 좋게, 원가는 싸게라는 총노선'을 통과시켰다. 류샤오치는 제8대 2차 회의의 공작 보고 중 총노선의 진행 과정을 설명하고, 총노선의 기본 개념을

"일체의 적극적인 요소를 조정하여 인민 내부의 모순을 확실히 불식시키고 사회주의의 확립과 발전을 위한 전민 소유제와 집체 소유제, 무산 계급 독재 정치의 확립, 무산 계급의 국제 단결을 도모하여 경제를 계속적으로 발전시키고, 정치 및 사상 전선의 사회주의 개혁 혁명을 이루어야 한다. 그리하여 기술 혁명과 문화 혁명을 점차 실현하여 중공업 위주의 발전 조건하에 공업과 농업의 동시적 발전, 지도자의 지도하에 전면적 계획, 분업 협조의 조건하에 중앙 공업과 지방 공업의 동시적 발전하여 대형 기업과 중소기업의 발전 등을 통해 중국을 현대 공업화, 현대 농업, 현대 과학 문화의 위대한 사회주의 국가를 건설해야 한다"[20]
라고 하였다.

이와 같은 사회주의 총노선의 핵심은 '快'(빠르게)이다. 즉, 빠른 속도로 사회주의 건설을 가속화하는 것이다. 마오쩌둥은 중공 제8회 3중 전회의 연설 중 수량은 많게, 속도는 빠르게, 품질은 좋게, 원가는 싸게라는 말에서 가장 중요한 의미를 가지는 것은 '빠르게'이었다. 마오쩌둥이 강조하여 언급한 '多'(많게), '快'(빠르게)의 두 가지 말은, 중국 공산주의 건설을 빠르게 진행

18 역주: 꽌차오파이는 기회주의자라는 의미로 쓰인다.

19 역주: 추호우쏸장파이는 추수 이후에 계산을 하는 사람들이라는 의미로 역시 기회주의자를 의미한다.

20 《신화반월간》, 1958년 말, 제11기, p. 6 참조.

할 것을 강조한 것이다. 중공 제8회 2차 회의 보고 중 수량은 많게, 속도는 빠르게, 품질은 좋게, 원가는 싸게라는 통일된 방침을 분리시킬 수는 없지만 많고, 빠르게라며 속도를 강조하였다. 또한 보고 중에

"중국은 현재 하루가 20년과 같다. 중요한 시기에 처해 있다"

라고 밝히며,

"건설 속도 문제는 사회주의 혁명의 승리 이후 가장 중요한 시기가 될 것이다"

라고 하였다. 또한

"일부 사람들은 건설 속도의 중요성에 대해 여전히 인식하지 못하고 있다"

라고 비판하였다.[21]

1958년 6월 21일, 〈인민일보〉가 발표한 사회 논단 〈고속 투쟁〉에서 사회주의 건설 총노선이 내포한 경제 초고속 성장의 의미를 더욱 명확히 기재하였다. 사회 논단에서는

"가장 빠른 속도로 중국 사회 생산력을 발전시켜야 하며 국가 공업화와 농업 현대화를 이루어야 한다, 이는 총노선의 기본 정신이다"

라고 밝혔다.

이것을 기본으로 총노선의 각 방면을 다루어야 한다. 만약 빠른 속도의 성장이 밑바탕이 안 된다면 '수량은 많게, 속도는 빠르게, 품질은 좋게, 원가는 싸게'라는 것은 무의미한 것이다. 또한 의욕을 북돋아 보다 높은 목표를 위해 노력할 필요도 없다. 그러므로 속도는 총노선의 핵심으로 보아야 한다.

그렇다면 어떻게 가속화할 것인가? 이를 위해서는 군중의 적극적인 참여가 반드시 필요하였다. 마오쩌둥은

"의욕을 북돋아 보다 높은 목표를 위해 노력하자"

21 〈인민일보〉, 1958년 5월 27일.

라는 이 말이 매우 중요하다고 지적하였다. 한 명이든, 한 무리가 되었든, 하나의 당이든 이 모두가 힘을 합치지 않다면 일을 성사시키기 쉽지 않을 것이다. 그러므로 의욕을 북돋아 보다 높은 목표를 위해 노력하려면 앞서가는 국가를 따라가야 할 것으로 보았다. 또한

"의욕을 북돋아 보다 높은 목표를 위해 노력하자라는 구호에 빠르게와 절약이 더해진다면 사회주의 건설을 한 걸음 빨리 촉진시킬 수 있을 것이다"

라고 말하였다. 그는

"군중의 힘이 하나로 합쳐진다면 이루지 못할 일이 없으며 국민 경제의 초고속 성장 발전을 실현시킬 수 있다"

라고 생각하였다.

때마침 제8회 2차 회의 보고 중

"현재 우리 6억 인구와 우리 당은 혈육 관계로 이루어진 것이다. 우리의 큰 힘을 하나로 합친다면 인류가 이루어낼 수 있는 결과를 모두 이루어낼 수 있을 것이다. 또한 빠른 속도로 진행한다면 빠른 결과를 이루어낼 수 있을 것이다"

라고 지적하였다.[22] 또한 이 회의에서는 '미신 타파, 사상 해방'이라는 구호를 내걸었다. 마오쩌둥은 연설에서 과감히 생각하고, 말하고, 행동하여 묶었던 팔과 다리를 풀어야 한다고 강조하였다.

(3) 총노선에 대한 평가

중공 제11회 6중 전회에서 통과한 〈건국 이래 당의 역사적 문제에 대한 결의〉에서는 1958년 당의 8회 2차 회의에서 통과한 사회주의 건설 총노선의

22 보이뽀, 《중대한 정책 결정과 사건의 회고》, 하권, 인민출판사, 1997년, p. 689 참고.

기본 방향으로 가장 중요한 대부분 인민이 간절히 갈망하는 낙후된 중국 경제 및 문화의 개혁을 정확히 반영하였다. 다만 이것의 부족한 점으로는 경제 규율 객관성의 미비였다.

사회주의 건설 총노선에서는 우선적으로 인민이 간절히 갈망하는 낙후된 중국 경제 및 문화의 개혁을 반영하였다. 사회주의 총노선은 당과 국가의 공작 중점의 전환 요구를 수긍한 것이었다. 이번 회의 전후 전체 당 동지와 전국 소수 민족 인민들은 생산 건설 중 고도의 사회주의 적극성을 발휘하고 새로운 정신을 창조할 수 있었다. 그리하여 어느 정도의 성과를 이루어낼 수 있었다. 그러나 이런 총노선은 '좌파'의 사상적 지도하에 급하게 진행하던 반모험 과정 중 형성된 반우파 사상을 끊임없이 비판하는 것이었다. 사회주의 건설에 대한 경험 부족, 중국 경제 발전 규율과 국정 연구의 미비, 특히 마오쩌둥, 중앙과 지방의 적지 않은 지도자는 사회주의 혁명과 건설에 대해 지나친 자긍심으로 인해 급하게 목표를 달성하려고 하였으며, 또한 지나친 주관적 감정이 개입되어 충분한 조사와 연구를 거치지 않고 총노선을 제기한 후 경솔하게 '대약진' 운동과 '농촌 인민공사화 운동'을 발동시켜 높은 목표치 설정, 씨아즈후이(할지휘: 邵指揮),[23] 푸꽈펑(부과풍: 浮誇風)[24]과 '공산주의 바람'이 주를 이루는 '좌파' 사상의 심각한 문제를 초래하였다.

2. 대약진과 인민공사화 운동

총노선, 대약진과 인민공사화는 실질적으로 동시다발적으로 발생한 것으로 1958년 중국 정치 경제 생활의 핵심이었다. 당시 이를 일컬어 '삼면홍

23 역주: 씨아즈후이는 눈먼 지휘자라는 의미로 대약진 운동 당시 지위에 어울리지 않는 능력이 부족한 인재가 권력을 가지고 지휘했던 것을 의미하는 말이다.

24 역주: 푸꽈펑은 허풍을 떠는 습관이라는 뜻으로 대약진 운동 당시 지방 정부가 성과 부풀리기를 많이 했던 풍토를 의미한다.

기'(三面紅旗(싼몐홍치))라 불렀다. 서술의 편의를 위해 우리는 각각 나누어 설명하기로 한다. 총노선은 지도 사상으로 의식 형태라 할 수 있다. 이는 위에서 언급한 것이므로 이 부분에서는 주로 인민공사 운동과 대약진을 다루기로 한다.

(1) 인민공사 운동과 대약진의 발기

1952~1957년, 도시의 인구는 약 30% 증가하였으나 정부 수매 곡식은 거의 증가하지 않았다.[25] 이 문제를 해결하기 위하여 중앙은 인민공사화 운동과 '대약진' 정책을 시작하였다.

첫째, 의식 형태 문제 해결로 1957년 9월의 중공 제8회 1중 전회부터 1958년 5월 제8회 2차 회의까지를 의식 형태 건립 단계라고 할 수 있다. 사상적인 측면에서와 공작 방법면에서 인민공사화 운동과 '대약진'의 어려움을 해소하기 위해 마오쩌둥은 1958년을 기점으로 계속하여 회의를 열었다. 1월 일부 성 및 시의 당서기가 참가한 항저우 회의와 9개 성과 2개 시의 서기가 참여한 난닝(南寧) 회의, 3월 청두에서 열린 중공 중앙 공작 회의, 즉 청두 회의(4월의 우한 회의는 청두 회의의 연장) 등이었다.

난닝 회의에서 마오쩌둥은

"반모험의 성격은 1956~1957년 이 시기의 건설 규모, 건설 속도 방침에 문제가 있다. 반모험은 군중의 적극성을 저하시켰다"

라고 하였다.[26] 그리고

"의욕을 북돋아 보다 높은 목표를 위해 노력하여 수량은 많게, 속도는 빠르게, 품질은 좋게, 원가는 싸게"

25 페이정칭(費正淸), 《중국: 전통과 변천》, 세계지식출판사, 2002년, p. 615 참조.

26 자오쓰깡(趙士剛), 《공화국 경제 풍운》, 경제관리출판사, 1997년, p. 407 참조.

라는 사회주의 건설 총노선의 기본 관점을 제시하였다. 이것은 인민공사화 운동과 '대약진' 발기에 의식 형태의 기초가 되었다.

둘째, 제도 환경의 문제 해결로 1956년 9월 중공 제8회 1차 회의에서는 마오쩌둥의 〈10대 관계론〉 안의 사상을 경제 관리 체제에 대한 개혁을 실시하도록 결정하였으며, 1958년부터 이 같은 결정을 실시하도록 하였다. 1957년 말 '대약진' 운동의 시작으로 경제 관리 체제는 '대약진' 경제 목표의 중요한 변수의 하나가 되어 주목을 받게 되었다. 원래의 계획 경제 체제하에 더 발전된 경제 발전 제도의 도입을 시작할 수 있게 되었다. 이 시기의 개혁 과정을 경제학계에서는 행정 분권 성격의 개혁으로 인식한다.

행정 분권 제도의 변화로 생산 계획의 '싼번장'(삼본장: 三本賬)이 제시되었다. 중앙 '량번장'(양본장: 兩本賬)의 첫째 문서는 반드시 이루어야 하는 계획으로, 즉 공표가 되는 것이었다. 둘째는 기간 안에 이루어야 하는 계획으로 공표는 하지 않았다. 지방에도 또한 '량번장'이 있는데, 지방의 첫째 문서는 중앙의 두 번째 문서와 동일하고 이것은 지방이 반드시 기한 안에 시행해야 하는 것이다. 평가는 중앙의 두 번째 문서를 기준으로 한다. 이 회의의 정신에 따라 보이뽀는 1958년의 새로운 초안 중 지표를 향상시켰다고 제1회 전인대 5차 회의에서 발표를 하였다. 특히 청두 회의에서 대폭 향상되었다고 하였다. 난닝 회의와 제1회 전인대 5차 회의에서 확정한 목표는 중앙의 첫 번째 문서가 되었으며, 두 번째 문서를 더 높은 목표 수치로 정하였다. 1956년에 비해 1958년 공업 총생산액은 33%, 농부산물 총생산액은 16.2%, 재정 수입은 20.7%가 증가하였고, 또한 기초 건설 투자 41.5%, 철강 35.5%, 무쇠 35.5%, 석탄 30.1%, 발전량 29.3%, 곡식 16.6%, 면화 24.8%가 각각 성장하였다. 중앙이 비준한 국가경제무역위원회의 보고에 따르면,

"이 문서에 따르면 난닝 회의의 보수주의 탈피 의욕을 북돋아 보다 높은 목표를 위해 노력하여 수량은 많게, 속도는 빠르게, 품질은 좋게, 원가는 절

감한다는 정신은 이미 중국 경제 생활 중 큰 촉진제 역할을 하고 있다"
라고 밝혔다.[27]

이것으로 중국 국민 경제는 이미 '대약진'의 궤도에 올랐다고 할 수 있었다. 난닝 회의에서 제시한 각 지방의 공업 생산액(중앙 하급 광산, 원래의 지방 국영 공업과 수공업의 생산액 포함, 중앙 직속 탄광의 생산액 불포함)은 5년 또는 7년 또는 10년 내에 현지의 농업 생산액을 초과할 수 있을 것이다. 청두 회의에서 통과시킨 〈지방 공업 발전 문제에 관한 의견〉에서는 명확히

"각 성, 자치구는 반드시 농업 약진 계획을 성실히 실현시키는 동시에, 5년 또는 7년 내에 지방 공업의 총생산액을 농업 총생산액보다 높이도록 노력해야 한다"
라고 하였다.

농업면에서는 회의에서 통과한 〈농업 기계화 문제에 관한 의견〉에서 전국 일반 발전 농기계 개혁 운동을 진행시켜

"7년 내에(5년 안에 성사시키도록 노력) 기본적인 농업 기계화와 반기계화를 이루어 농업 생산력의 큰 발전을 이룩하도록 해야 한다"
라고 하였다.[28]

난닝 회의에서 제시한 농가 수입 중 개체 경제와 집체 경제의 비율이 몇 년 내에 '따오쓰류, 따오싼치'(도사육, 도삼칠: 倒四六, 倒三七)[29]로 변화해야 한다고 하였다. 즉, 가정농부업과 경영 자급자족의 수입이 총수입에서 차지하는 비율이 60~70%로 점차 3:7 또는 2:8, 즉 농민이 합작사로부터 얻는 수입이 가정 총수입 중 차지하는 비율을 70~80%로 달성해야 한다고 하였다. 이 내용은 청두 회의에서 〈합작사 구성원의 총수입 중 차지하는 자급자족과 가정

27 《발전의 곡절과 세월》, 하남인민출판사, 1989년, p. 121 참조.

28 씨에춘타오(謝春濤), 《대약진의 광기》, 하남인민출판사, 1990년, p. 31 참조.

29 역주: 4:6에 달한다. 3:7에 달한다는 뜻.

부수입 비율에 관한 의견〉에서 통과되었다.

청두 회의에서 통과된 〈중공 중앙 소형 농업 합작사에 적합한 합병을 위한 대사(大社)에 관한 의견〉에서

"중국 농업은 현재 급속히 농업용 밭의 수리화, 즉 밭의 논으로의 변화를 실현시켜야 하며 또한 앞으로 몇 년 내에 경작 기계화를 실현해야 한다. 이런 상황은 농업 생산 합작사가 규모가 작다면 생산 조직과 발전에 적지 않은 불편을 가져올 수 있다. 그러므로 합리적인 농업 생산과 문화혁명의 요구에 따라 조건에 맞게 소형 농업 생산 합작사는 계획성 있는 대형 합작사로의 합병이 적당히 필요하다"

라고 지적하였다.[30]

청두 회의에서 〈현존하는 민영 공업의 지속적 발전 및 개체 수공업과 소상업의 사회주의 개조에 관한 지시〉를 발표하여 현존하는 민영 공업의 자본주의적 경향에 대해 엄격히 제한하고 개혁 조치를 진행할 것을 요구하였다. 계획 경제 체제의 행정 권한에 따라 진행중인 자원 분배에 대한 총괄적 제도 체계의 불변을 고수한다는 입장하에 각 지방정부의 분권형 계획 경제 체제[31]와 농촌의 인민공사를 합쳐 '대약진' 운동을 위한 제도적 기초를 확립하였다.

1957년 6월 26일, 저우언라이는 제1회 전인대 4차 회의 공작에서 〈정부 보고〉 중 1956년 '약진의 절차를 채용한다', '약진의 발전이 있다'고 말하였다. 마오쩌둥은 이에 대해 깊이 찬양하고 표창을 수여하였다. 마오쩌둥은 1957년 11월 13일 〈인민일보〉의 사회 논단에서

"생산 전선에 큰 약진이 있다"

30 중화인민공화국 국가농업위원회가 출간한 《농업집체화 주요 문건 회편》, 하편, 중공중앙당교출판사, 1981년, p. 15 참조.

31 역주: 분권형 계획 경제 체제: 1958년 경제 관리 체제 개혁의 중점은 각급 지방 정부로의 권한 이양이다. 이런 조치와 〈10대 관계론〉의 제도 변혁 사상은 완전히 동일한 개념은 아니다. 〈10대 관계론〉은 권력을 중앙, 지방, 생산 단위, 노동자로 분류하였다. 하지만, 이와 달리 당시 정치 환경은 정치 영역 효용 함수가 제도 변혁의 각 주체의 게임의 주된 근거였기 때문에 생산 단위와 노동자 개인으로의 권한 이양은 '정확한 정치적 유지' 요구에 합당치 않았다. 따라서 국유기업의 권한 이양과 노동자 권한 이양을 통하여 권한을 분리하고자 하였다.

라고 밝혔다. 그리고

"'약진'이란 구호가 만들어진 후 반증진(反冒進: 빤마오진) 추종자들이 더 이상 할 말이 없게 되었다. 증진(冒進)이란 말은 허울만 좋은 말이다. 하지만 약진이란 말은 다르다 즉, 바꾸기가 쉽지 않다. 바꾸려 한다면 자신을 좋지 않은 곳으로 내몰게 되는 것이다"[32]

라고 하였다.

1958년 2월, 〈인민일보〉는 사회 논단에서 국민 경제의 '전면 대약진'이란 구호를 내걸었다. 이 구호는 사회주의 건설 총노선의 구체적 실시를 내포하고 있다. 이 구호가 나온 지 얼마 지나지 않아 '푸꽈펑'이 전국적으로 성행하였다. 이 '푸꽈펑'은 처음으로 농업 생산에서 시작되었다.

1958년 5~6월은 마침 여름 수확 시기로 신문에는 끊임없이 보리 풍작 및 생산량의 '팡웨이씽'(放衛星: 방위성)[33] 기사가 등재되었다. 이 같은 보도와 사회 논단의 '팡웨이씽'이란 기사로 거짓말이 진짜로 둔갑되었다. 그리하여 '푸꽈펑'이 점점 격화되었다. 1958년 8월 3일 〈인민일보〉는 허베이(河北) 성 마청(麻城) 현 시허(溪河) 향의 초기 벼 수확량이 36,956근에 달한다고 보도하였다. 높은 수확량은 중공 현위원회 서기 또는 현장(縣長), 중공 지역위원회 서기 또는 전문위원, 중국과학원 또는 중국농업과학연구원의 전문가가 직접 방문하여 측정하여 기록한 것이므로 마오쩌둥은 지방 간부의 '푸꽈펑' 수치를 생산 실적으로 여겼다. 마오쩌둥은 농업 생산의 면적당 곡식 생산량이 한 번에 대폭 증가하여 보리의 총생산량은 미국보다 많고, 공업 생산 측면에서 강철 생산량은 10년 안에 미국을 넘어설 것이며, 미국과 비슷하거나 초과하는 것이 공산주의 사회에 필요한 경제 조건을 위해 실현해야 할 목표

32 보이뽀, 《중대한 정책 결정과 사건의 회고》(수정본), 인민출판사, 1997년, pp. 663~666.

33 역주: 팡웨이씽이란 위성을 쏘다라는 뜻으로 대약진운동 당시 각 지방 정부 및 정부 단위가 자신들의 성과를 부풀려 발표하면서 생겨난 말로 성과를 과대포장하다라는 뜻이다.

라고 여겼다. 그래서 그는 공산주의의 과도기를 이미 눈앞의 문제라고 생각하고 인민공사를 공산주의 과도기의 구체화 과정이라 여겼다.

인민공사의 건립은 농업 생산 합작사와 따쓰(大社)[34]에서부터 시작하였다. 1957년 겨울부터 1958년 봄, 전국적으로 농촌에서는 농전 수력 기본 건설의 붐이 일었다. 이런 고조된 분위기에 각지 농민 군중과 농촌 간부는 농업 생산 합작사의 조직과 제도를 약간 변화하였다. 일부 지역에서는 몇 개의 농업 생산 합작사가 연합하여 따쓰를 세우고 경영 범위를 확대하였다. 많은 지역에서 자연스레 각 단위의 경계[35]가 사라져 큰 규모의 협력을 진행하였다. 또한 많은 지역에서 공공 식당과 탁아소 등의 단체 후생 시설을 설립하였다. 물론 일부 지역에 국한된 변화이지만 이런 자발적인 변화를 마오쩌둥은 중요하게 생각하였다. 4월 8일 정치국 회의는 이번 회의에서 〈중공 중앙 소형 농업 합작사의 합리적 합병의 따쓰에 관한 의견〉을 통과시키고 중앙의 의견을 정식으로 하부 기관으로 전달하였다.

청두 회의 후 전국 각지는 샤오쓰(小社)와 따쓰의 공작을 시작하기 시작하였다. 5월 하반기 랴오닝(遼寧) 성의 9,272개 사는 1,461개로 합병되었고, 기본적으로 하나의 현에 하나의 쓰(社)로 각 쓰는 평균 2,000호 가량이고 가장 많게는 18,000호였다. 연이어 허난, 허베이, 장쑤(江蘇), 저장 성도 합병을 완성하였다. 허난 성은 38,286개의 쓰를 2,700개로 합병하여 각 쓰는 평균 4,000호 가량이었다. 베이징 시 교외 농촌은 원래의 1,680개를 218개로 합병하여 각 쓰는 평균 1,600호였다. 각지 합병된 따쓰는 처음에는 집체 농장, 합작 농장, 국영 농장, 공산주의 농장 등 각양각색으로 불렀다. 인민공사란 명칭은 마오쩌둥이 선정한 이름이었다.

34 역주: 말 그대로 큰 회사, 단체, 집단 따위의 의미이며 경제 주체의 규모를 키우기 위한 방편으로 작은 생산 단위를 병합하여 만든 큰 생산 단위이다.

35 역주: 원저에서는 사계(社界), 향계(鄕界), 현계(縣界) 등 각 행정 단위 및 생산 단위의 경계가 무너졌다고 표현하고 있다. 이때 향계와 현계에서의 향과 현은 중국의 성, 시, 향, 현으로 이어지는 지역 단위를 의미한다.

꽁쓰(공사: 公社)란 말은 마르크스, 엥겔스가 모두 사용하였던 말이었지만 향후의 사회 조직의 구상은 주로 사회주의자에 의한 것이었다. 1958년 마오쩌둥은 간부들에게 《마르크스, 엥겔스, 레닌, 스탈린의 공산주의 사회론》[36]를 읽게 하였다. 이 책의 제 1장은 엥겔스의 〈엘버펠트의 연설〉에 관한 것으로 로버트 오웬의 꽁쓰의 구상을 찬양하였다. 마오쩌둥이 선택하여 결정한 인민공사란 명칭은 이 책의 엥겔스의 연설과 직접적인 연관이 있는 것으로 보인다.

1958년 7월 1일, 천바이다(陳伯達)는 《홍기》(紅旗)라는 잡지에 후베이(湖北) 성의 어청(鄂城) 현 쑤광(旭光)농업사의 단편을 실어 찬양하고,

"하나의 합작사가 농업 합작뿐 아니라 공업 합작의 면모를 가진 단체로써 실질적으로 농업과 공업의 상호 결합형 인민공사로 발전해야 한다"
라고 말하였다.[37]

이것이 등재된 최초의 인민공사 명칭이었다. 7월 16일 천바이다는 〈마오쩌둥 동지의 깃발 아래〉란 문장에서 마오쩌둥이 구상한 인민공사에 대해 밝혔다. 그는

"마오쩌둥 동지는 우리의 방향이 절차에 따라 '공(공업), 농(농업), 상(교환), 학(문화교육), 병(민병. 즉, 전민 무장)으로 진행되어 하나의 큰 꽁쓰를 조직하여 중국 사회의 기본 단위가 되도록 해야 한다'고 하였다"[38]
라고 밝혔다.

이 같은 구상에 따라 류샤오치는 허베이 성의 쑤쉐이(徐水) 현을 '공산주의' 시행 장소로 지정하였다.

8월 4일부터 5일까지 마오쩌둥은 허베이 성의 쑤쉐이 현, 안궈(安國) 현

36 역주: 《마르크스, 엥겔스, 레닌, 스탈린의 공산주의 사회론》은 원어로는 《馬, 恩, 列, 斯論共產主義社會》로서 1958년 8월 인민출판사에서 출판된 마오쩌둥의 사상서이다.

37 보이뽀, 《중대한 정책 결정과 사건의 회고》 (수정본), 인민출판사, 1997년, pp. 663~666.

38 《홍기》, 1958년 제4기, p. 8 참조.

표 3-1 사회주의 농업의 각 단위당 규모: 1950~1958년

년도	상호 협조조	초기 합작사	고급 합작사	공사
1950	10.7	0		
1951	19.2	0		
1952	39.9	0.1		
1953	39.3	0.2		
1954	58.3	2		
1955	50.7	14.2		
1956	0	8.5	87.8	
1956년 8월 말				30.4
1956년 9월 말				98
1956년 12월 말				99.1

자료 출처: 마이디센(麥迪森), 《중국 경제의 원대한 미래》, 신화출판사, 1999년 1월, 제1판, p. 110 인용.

을 시찰하였다. 8월 6일 허베이 성의 신씨앙(新鄉) 현 치(七)리 관꽁쓰(營公社)를 방문하여 인민공사 이름이 좋다고 칭찬을 하였다. 9일 산둥 성에 도착하여 성위원회 서기가 리청(曆城) 현 베이위엔(北園) 향에 대농장을 준비하고 있다는 보고를 들었을 때, 그는

"인민공사를 설립하는 것이 좋다. 그것의 이점은 공, 농, 상, 학, 병을 한 곳으로 모을 수 있어 지도하기에 편리하다"

라고 말하였다.[39]

8월 17~30일, 중공 중앙 정치국은 베이다이허(北戴河)에서 회의를 개최하였다. 회의에서는 전당과 전국 인민에게 '대약진'의 목표를 최선의 노력을 다해 이행할 것을 당부하는 것 이외에도

"인민공사는 공산주의를 건설하고 과도기의 공산주의에 매우 좋은 조직 형태이다"

39 보이뽀, 《중대한 정책 결정과 사건의 회고》(수정본), 인민출판사, 1997년, p. 740.

라고 지적하였다. 그 후 '인민공사가 좋다'는 구호를 전국적으로 전파하고 중국 농촌을 기점으로 '인민공사 운동'이 대대적으로 시작되었다.

(2) 인민공사의 특징

인민공사는 일부 고급 농업 합작사가 합병하여 발생하였다. 인민공사는 군사를 비롯하여 무역, 세금, 회계, 통계, 계획 등 지방 정부의 역할을 포함하였다. 이것은 모두 공산당의 지도를 받은 것으로 각 공사는 몇 개의 생산부문을 가지고 있었으며, 그 생산 단위는 소규모의 생산 단위로 구분할 수 있었다. 각 소규모 생산 단위는 이전에 존재하던 합작사 또는 일부의 촌락과 비슷하다고 할 수 있다. 농민의 잉여 생산물을 공사가 회수함으로써 규정에 따라 인민은 반드시 대형 공사 식당에서 식사를 해야 하였으며, 이런 농업 경영 방식은 조직면에서 다음과 같은 특징을 가지고 있었다.

1) '이따얼꽁'(一大二公: 일대이공)

따(大), 즉 규모가 농업 생산 합작사보다 크다. 초급사는 보통 수십 개의 호(戶)로 이루어졌으며, 고급 사는 100~200호, 인민공사는 많게는 4,000호 이상으로 이루어졌다. 전국 평균 28.5개의 농업사가 병합하여 하나의 인민공사를 이루었다. 꽁(公)이라 하는 것은 소유제와 분배 두 가지로 나타난다. 첫째, 인민공사와 농촌 하부 조직의 정권이 합체한 것으로 국가는 농촌 지역의 원래 전민 소유제의 은행, 상점, 기타 기업을 공사가 주관하도록 권력을 이양하여 인민공사의 집체 소유 경제가 전민 소유제의 성격을 약간 띠게 되었다. 둘째, 각 수준 차이가 있는 공사의 합병으로 넉넉한 공사는 돌려주지 않고, 부족한 공사는 보충하지 않음으로써 전체 공사는 통일적 계산과 분배를 하였다. 또한 공사원의 사유지, 가축, 가정 부업에서 생산한 것을 공사의 소유로 돌려 사유 생산제의 잔해를 제거하였다.

2) 정치화 공사의 합일

중공 중앙은 〈농촌의 인민공사에 관한 문제의 결의〉 중 인민공사의 설립 이후

"행정과 꽁쓰의 합일을 시행해야 한다. 향촌당위원회가 꽁쓰 당위원회이고, 향촌 인민위원회가 곧 꽁쓰 공작위원회이다"

라고 분명히 밝혔다.

그 직책으로 공사의 전반적인 공·농업 생산, 교환, 문화 교육, 군사, 정치 사무를 책임진다. 즉, 생산 관리, 정치 행정 관리 및 공사원의 생활을 관리하는 것이다. 인민공사의 건립시 쓰쓰허이(四社合一: 사사합일), 즉 공급 판매, 신용 대출, 수공업 합작사와 농업 생산 합작사를 합하여 국가는 공사로 하여금 이와 같은 사업 단위를 관리하도록 권력을 이양하였다. 그리하여 인민공사는 공·농·상·학·병·농림수산업을 통일적으로 맡도록 하였다.

3) 다단계 관리

인민공사는 집중 지도, 구분 관리를 시행한다. 즉, 공사, 대규모 단체, 생산 단체의 3단계를 관리한다. 그 중, 생산 단체가 생산 관리, 경제 결산을 하는 단체로, 손익은 인민공사가 통일적으로 책임진다. 즉, 생산 단체(이전의 고급 합작사와 동일)는 오직 노동을 조직하는 기본 단위이다. 이렇게 공사, 대규모 단체의 2단계는 생산 경영에 직접적으로는 관련이 없는 것으로 사실상 생산의 행정 관리 기구로서의 의미를 벗어난 것이다.

또 인민공사는 생산 측면에서 다음과 같은 특징을 가지고 있었다.

① 통일적 경영, 노동의 집중

인민공사의 생산 경영 모델과 소련 집체 농장의 생산 경영 방식은 상당히 유사하다. 생산 노동, 생활 안배 그리고 조직 군사화 시행, 행동 전략화, 생활 집체화 또는 간단한 공업 생산 조직 형식을 모방하여 이를 집중, 통일하였다. 공사를 하나의 단위로 심지어 군, 현까지 단위에 포함시켜 노동력을 일률적으로 관리, 분배하였다.

② 생산 밀폐, 자급자족

인민공사는 본질적으로 상품 경제를 부정한 것이다. 그러므로 그것은 생산의 자급성을 강조하고 상품에 대한 의식을 낮추어, 상품 경제 발전이 의미하는 생산 요소의 자유로운 거래를 방지하고 시장이 요구하는 생산과 경제의 발전을 제한하는 것이다.

인민공사는 분배 제도 측면에서는 다음과 같은 특징이 있었다.

① 자산 계급 특권의 타파

그 당시 자산 계급 특권의 특징은 자본주의 사회의 분배 역할로써 등가 교환 원칙을 바탕으로 평등 권리의 성격이었다. 그러나 마오쩌둥은 마르크스가 언급한 이 개념에는 큰 오해가 있었다. 첫째, 노동 분배의 등량 노동 교환 원칙 중 '자산 계급 권리'는 노동 분배가 본질적으로 자산 계급이 누릴 수 있는 특권인 것으로 오해하였다. 마르크스는 이를 특정의 추상적 의미로 사용하고 자본주의 생산 관계의 '자산 계급 권리'를 반영하지 않았다. 또한 자본주의 생산 관계에서 본질적 의미의 자산 계급에 대한 권리를 혼란스럽게 하여 사회주의와 자본주의의 분배 제도 구별을 모호하게 하였다. 둘째, 소비재의 분배 중 존재하는 '자산 계급 권리'를 대부분의 경제 관계와 사회 관계 중 모두 존재하는 '자산 계급 권리'로 오해하였다. 셋째, 공산주의 사회는 노동 분배 중 발생하는 '자산 계급 권리'를 부정하고 이를 사회주의가 타파해야 하는 폐단으로 여겼다.

② 분배상 평등주의

인민공사의 분배 제도상 가장 큰 특징은 농후한 평등주의 형식이다. 처음 건립한 일체의 인민공사는 분배 제도에서 보통 '임금제 가공급제'(工資制加供給制: 꽁쯔즈쟈공지즈)를 실행하였다. '임금제'(工資制: 꽁쯔즈)란 것은 공작 작업 수준과 개인이 가진 기술과 능력의 차이에 따라, 또는 각 개인의 노동력 정도의 차이에 따라 임금의 등급을 평가, 결정한 후 매달 지급한다는 것이고, '공급제'(供給制: 공지즈)라는 것은 인민공사는 통일적으로 각 사회원에게 일정의 실물과 복리 대우를 무상으로 공급한다는 것이다. 당시 사람들은 '임금제' 실행으로 인민공사의 집체 소유제에서 전민 소유제로의 전환되는 과도기라 여겼다.

국가는 토지 개혁 등을 통해 그 이상과 권위를 농민의 사유 재산으로 불어넣었다. 그 이유는 중국 농민의 토지 소유권은 국가가 조직한 대규모 계급투쟁을 통해 원래의 토지 재산을 다시 직접 분배하는 토지 개혁 운동이 기본이 된 것이다. 그래서 농민의 토지 소유권은 저절로 국가의 이상과 권위를 포함하고 있어 국가의 방침이 변함에 따라 농민의 토지 점유 제도 또한 그에 상응하는 변화가 있었다. 이런 변화는 인민공사의 부흥기와 발전을 가져왔다. 그러나 집체 경제의 비효율성으로 국가는 어쩔 수 없는 개편을 단행할 수밖에 없었다. 통계에 따르면 인민공사 운동은 빠른 속도로 여러 가지 심각한 문제가 드러났고 인민공사와 같은 강제적 제도의 시행은 좋지 않은 결과를 초래한다는 것을 알게 되었다. 1959년 곡물 생산량은 15%가 하락하고 연이어 1960년 10%가 다시 하락하였다. 1960년 1인당 도시 곡식 소비량이 1957년의 406근에서 327근으로 줄어, 19.5%가 하락하는 결과가 나타났으며. 1인당 농촌의 곡식 소비량은 23.4%가 하락하였다. 그리하여 도시 주민 중 영양 부족 등으로 인한 질병이 발생하였고, 농촌은 수많은 사람들이 기아로 인해 죽었다.[40] 국가는 이 제도의 비용–소득 구조에서 발생하는 변화를 통제함에 따라, 특히 현저한 변화가 나타난 1957~1961년 기존의 권력 구조와 의식 형태의 연관성을 염두에 두지 않게 되어 정부 정책은 원래의 정책 제정에 불리한 영향을 미치게 되었고, 경제 정책 제도를 개혁하는 것에 대해 또다시 고려할 수밖에 없는 상황에 처하게 되었다.[41]

(3) 제8회 2차 회의와 대약진의 전면적 전개

1958년 5월 5~23일, 베이징에서 중공 제8회 2차 회의가 열렸다. 이 회의에서 전국대표대회는 상임제에 관한 회의로 규정에 따라 매년 1회씩 거행되었다. 이것은 또한 '대약진'의 회의 중 하나이다. 대회에서는 류샤오치의 〈중국 공산당 중앙위원회 제8차 전국대표대회 제2차 공작 보고〉를 듣고 토론을 하였으며, 덩샤오핑의 〈모스크바에서 개최한 각국 공산당과 인민당대표회의 보고〉 및 탄쩐린(譚震林)의 〈1957년, 1967년 전국 농업 발전 강령(제2차 수정안)〉의 보고에 따른 결의를 표하였다. 회의는 마오쩌둥이 청두 회의에서 제시한 의욕을 북돋아 보다 높은 목표를 위해 노력하여 수량은 많게, 속도는 빠르게, 품질은 좋게, 원가는 싸게라는 사회주의 건설을 위한 총노선을 통과시켰다. 류샤오치는 공작 보고 중 이 총노선에 대해 구체적인 진술을 하였

40 우징롄(吳敬璉), 《당대 중국 경제 개혁》, 상해원동출판사, 2004년, p. 93 참조.

41 동치런(同其仁), 《재산권과 제도 변천: 중국 개혁의 경험 연구》, 사회과학문헌출판사, 2002년, pp. 11~15 참조.

다. 류샤오치는

"중국 공업은 15년 또는 15년 이내에 강철과 기타 주요 공업 상품의 상품량을 영국을 따라가거나 영국 이상까지 발전시킨다. 중국 농업은 일전에 실현시킨 전국 농업 발전 강요의 기초하에 빠르게 자본주의 국가보다 발전시킨다. 또한 중국 과학과 기술은 '12년 과학 발전 계획' 기초하에 급속히 세계 선진 기술 수준까지 높인다"

라고 지적하였다.

이것은 모두 총노선의 정신을 계승한 것이다.

회의 기간에 각 공업 부문의 당 조직은 중앙과 마오쩌둥에게 청두 회의의 정신을 계승시켜 영국과 미국의 수준보다 발전시키기 위한 계획서를 작성하여 그 공작 보고문을 제출하였다. 예를 들어, 금속제련 등 분야는 5년 또는 그 이상 안에 생산 수준을 영국을 따라갈 것이라고 제출하였다. 마오쩌둥은 7년 안에 영국의 수준만큼 끌어올리고 그 후 8년에서 10년 안에 미국을 따라갈 것이라는 것에 대해 동의하였다.

제3회 2차 회의 이후 목표 수치는 점차 높아졌다. 6월 중순 금속제련부는 중앙정치국에 1958년 강철 생산력을 820만 톤, 1962년 6,000만 톤의 신기록을 달성하였다고 보고하였다. 또한 리푸춘(李富春)은 중앙에 〈제2차 5개년 계획 요점〉에서 제2차 5개년 계획의 수치를 실현하기 위해 1959년은 1958년보다 훨씬 큰 약진을 달성해야 한다고 지적하였다. 그 예로 공업면에서 강철 생산량은 2,000만 톤 이상 2,500만 톤까지 달성하려고 노력해야 하며, 농업은 곡식은 6,000억 근, 면화는 600,000만 근 이상을 생산해야 한다고 하였다. 이러한 목표 수치는 마오쩌둥의 칭찬을 받았다.

6월 17일 보이뽀와 대표국가경제무역위원단체는 중앙정치국에 〈2년 안에 영국을 넘어서자〉라는 보고서를 제출하였는데, 이 보고서에서 1958년 곡식 생산량이 4,700억 근, 면화 생산량이 440,000~500,000만 근, 강철이 1,000만 톤에 달할 것으로 예측하였다.

"1959년 중국의 주요 공업 상품 생산량은 전력을 제외하고 철, 석탄, 동, 알루미늄, 원유, 시멘트, 화석 연료, 금속 기계, 면사 등 모두 영국의 생산 수준을 넘어설 것이다"

라고 밝혔다.

이에 마오쩌둥은

"영국을 넘어서는 것은 15년도 아니고 7년도 아니다. 오직 2년에서 3년이면 가능하다. 2년 만에도 달성할 수 있다"

라고 지적하였다.

동시에 그는 1958년의 강철 생산량이 1,100만 톤으로 2배 가량이 증가하였다. 당시 '대약진'은 지방에서부터 시행되었다. 몇 차례의 회의를 거쳐 각 성, 시, 자치구의 지방 공업 생산액이 농업 생산액을 초과하고, 생산 계획은 량번장(兩本賬) 제도로 시행할 것을 요구하여 지방의 임무와 책임을 가중시켰다. 체제를 지방으로 이양시키고, 지방 공업의 발전의 보편화 과정은 모두 경제 관리 체제의 개선을 위한 것이었다. 이것은 '대약진'의 중요한 조치가 되었다. 이 후 합작 지역 및 조건을 갖춘 성은 비교적 독립적으로 건립되었지만 이 또한 상황이 약간 다른 공업 체계의 일종이라 할 수 있다. 이러한 목표를 달성하기 위해 6월 초 중앙은 10여 일 내에 중앙 각 부처의 대부분 기업, 사업 단위의 지방으로의 이양 공작을 완료하였다. 6월 초에서 6월 15일까지 중앙 공업 부문은 서둘러 880개 이상의 단위를 지방으로 이양시키고, 중앙 각 부처 소속의 기업, 사업 단위 80% 이상을 지방이 관리하도록 하였다. 또한 각지에서 군중적 공업 운동이 일어났다. 원활한 지방 공작을 위해 각 성, 시 자치구에서 발행하는 지역 건설 공채를 제외하고, 6월 말 이후의 노동력 모집, 조절 등은 각 성, 시, 자치구가 모두 관리하고 책임지도록 하였다. 1958년 중앙의 비준 없이 노동력 모집 계획은 각 지역이 확정하고 실시하도록 하였다.

기본 건설 계획은 1958년 9월의 규정에 따라 대부분 대 · 중형 건설 항목을 모든 지방, 각 부서가 자체적으로 심사하고 결정한 후 국가계획위원회, 국가건설위원회에 보고하도록 하였다. 이것은 1958년 노동자 세력과 기본 건설 규모를 급격히 팽창시키는 작용을 하였다.[42]

6월 중순부터 성립된 지 얼마 안 된 각 협작구(協作區: 쎄주어취)[43]에서는 농업협작회의를 개최하였다. 화동(華東)협작구는 먼저 1958년의 곡식 생산량이 1,200억 근에 달하여 1957년에 비해 69%가 성장할 것이라고 밝혔다. 그 후 기타 협작구 또한 계속하여 발표를 하였다. 높은 목표는 각급 간부들이 부풀린 것이었다. 국가의 의식 형태에 대해 신문은 '조건론', '농업 생산 증가 한계론'을 비난하고,

"인민은 가능하며, 지방은 많은 생산을 할 수 있다."

"이루지 못할 것은 없으며 두려워한다면 이루지 못할 것이다."

"지금 우리에게 요구되는 것은 얼마나 많은 생산량을 목표를 정하고 그 것만큼의 곡식은 생산해낼 수 있다"

라며 유심주의(唯心主義) 관점을 찬양하였다.

여러 과학자는 모두 이런 부풀리기 현상에 영향을 받아,

"만약 식물이 1무(畝: 묘)[44]의 땅에 태양 에너지의 30%를 받는다면 1무당 쌀, 보리 생산량이 4만 근에 달할 수 있다"

라고 발표하였다.[45]

이런 부풀린 수치를 마오쩌둥과 많은 중앙 지도자는 모두 믿었다. 마오

42 류쉬니엔 · 우췬취(柳隨年 · 吳群敢), 《중국사회주의경제약사(1949-1983)》, 흑룡강인민출판사, 1985년, p. 226 참조.

43 역주: 중국은 1958년 처음으로 경제협작구 제도를 도입하여 지역을 분할하였다. 초기에는 7개 협작구로 시작하였으나 1962년 화중구(華中區)와 화남구(華南區)를 병합하여 중남구(中南區)로 합하여 동북구(東北區), 화북구(華北區), 화동구(華東區), 중남구(中南區), 서남구(西南區), 서북구(西北區)의 6개 협작구로 변환되었다.

44 역주: 중국의 토지 단위로 약 666.7m^2 가량의 면적.

45 시에춘타오(謝春濤), 《대약진 정세》, 하남인민출판사, 1990년, p. 65 참조.

쩌둥은 농업 합작화에 대해

"앞으로 생각지도 못한 사업이 몇 배, 심지어 몇십 배 이상 농작물의 높은 생산량 증가를 가져올 것이다"

라고 예언하였고,[46]

"현재, 미신을 타파하고, 사상 해방을 하고 용감히 생각하고, 말하고, 행동한다면 변화하여 현실이 되는 것이다. 정말 기쁘지 않을 수 없다"

라고 하였다.

당시 그는 후베이 성 위원회 왕린쭝(王任重)에게

"많은 일들이 정말 이상하다. 필요할 때는 거의 없거나 매우 적은 양이었다. 과거 9년 동안 곡식 증가량이 매우 더뎌 항상 곡식이 부족하였다. 그러나 올해는 몇천억 근이 증가하였다. 올해 2배가 증가하고 내년엔 또 그 2배가 증가한다면 우리의 곡식은 넘쳐나게 될 것이다"

라고 말하였다.[47]

수치를 부풀리고, 농업 발전 형세의 잘못된 예측으로 당시 농업과 곡식 문제는 이미 기본적으로 해결되었다고 여겼다. 그리하여 1958년 8월 중공 중앙은 베이다이허(北戴河)에서 개최한 정치국대회 회의에서 각급 당위원회는 이후 공작 중점을 공업 방면으로 옮긴다고 제의하였다.

베이다이허 회의는 8월 17일부터 30일까지 개최되었다. 회의에서는 1959년의 국민 경제 계획의 두 번째 5개년 계획인 공업 생산, 농업 생산, 농촌 공작 문제, 상업 공작 문제, 교육 방침 문제 및 민병 공작 등의 문제까지 넓혔다. 이 회의는 2개의 주요 문건의 공개 발표를 하고 통과하였다. 첫째, 〈중공 중앙 정치국 확대 회의에서는 전당 전민은 1,070만 톤의 철강을 생산하도록 노력하자고 호소〉의 회의 공표, 둘째는 〈중공 중앙은 농촌의 인민공

46 《마오쩌둥문집》, 제6권, 인민출판사, 1999년, p. 458.

47 《건국 이래》, 《마오쩌둥문고》, 제7권, 중앙문헌출판사, 1992년, p. 432 참조.

사 건립 문제에 관한 결의〉이다.

1958년의 철강 생산량은 1957년 535만 톤의 2배 가량이 증가한 1,070만~1,150만 톤에 달한다고 베이다이허 회의 이전 이미 정해졌다. 그러나 회의 개최 대 임무는 매우 긴박하였다. 1~8월 강철 생산량은 450만 톤으로 남은 4개월 동안 600만 톤을 생산해야 하였다. 이것은 실제로 불가능한 일이었다. 당시 마오쩌둥은 일이 성사되지 않을까 근심이 컸다. 그래서

"햇빛은 한계가 없어 좋으나 황혼이 가깝다"(다양무한호, 지시근황혼: 多陽無限好, 只是近黃昏(뚜어양우셴하오, 즈스진황훈)[48]

라며 자신의 심정을 밝혔다. 보이뽀는 마오쩌둥에게 '1070'이라고 공표하여 전 인민이 임무를 완성하도록 압력을 가하라고 건의하며 자신 또한 자신이 없음을 드러냈다. 그러나 당시는 이미 물러날 수 없는 » ¨ † . 첫째œ · 농업 '대약진'의 부풀린 수치는 인민을 자극하여 성사되지 못할 일이 전혀 없는 것으로 인식되었기 때문이다(회의에서 성, 시, 자치구 공업 서기와 강철 공장 당서기는 모두 임무를 완성할 것을 장담하였다). 둘째, 7월 31일부터 8월 3일까지 흐루시초프가 중국을 방문하였다. 마오쩌둥은 그에게 1958년 중국은 1,070만 톤의 철강을 생산할 것이라고 말하자 그는 믿지 않았다. 또한 흐루시초프를 보좌하던 중국에 있는 소련 전문가인 아르히포프, 아브람 에피모비츠 또한 실현하기 어려울 것이라며

"강철을 제련하는 구식 방법은 더 이상 필요가 없다"[49]

라고 지적하였다.

이런 관점을 마오쩌둥과 중국 지도자들은 결코 수용하지 않으려 하였으며, 반대로 중국이 현재 진행하고 있는 일이 확실하다는 것을 증명하려 노력하였고, 또한 임무 완성을 위한 결심을 꺾지 않았다. 마오쩌둥은

48 역주: 가장 좋은 시기를 놓쳐서는 안 된다는 뜻으로 마오쩌둥이 자신의 심경을 토로한 말.

49 보이뽀, 《중요한 정책 결정과 사건의 회고》, 하권, 중공중앙당교출판사, 1993년, pp. 704~705 참조.

"1,070만 톤에서 1톤이라도 부족하면 안 된다"
라고 말하였다.

임무를 달성하기 위해 마오쩌둥과 당 중앙은 다음의 일련의 조치를 채택하였다.

① 제1서기를 지도자의 위치로 정하였다. 마오쩌둥은 베이다이허 회의에서 농업 문제는 이미 해결되었으므로 제1서기는 지금부터 업무 중점을 공업 방면으로 돌리고 공업 부문에서 특히 강철을 잡으라고 지시하였다. 9월 5일, 중공 중앙은 화상 회의를 개최하고 성, 지방, 현, 향의 각급 제1서기는 모두 자신이 지도자로서 직접 강철 생산 현장을 방문하고 밤낮으로 쉴 새 없이 지휘할 것을 제시하였다.

② 군중 운동을 이끌어 전당 전민이 강철에 힘을 쏟는다. 베이다이허 회의에서 마오쩌둥은 군중 운동을 활발하게 일으켜야 한다고 강조하였다. 그는

"자산 계급과 일부 소련 사람은 우리가 공업 방면의 군중 운동을 '게릴라적 방법'(유격습기: 遊擊習氣(요우이씨치)), '농촌에서 시작된 운동'(농촌작풍: 農村作風(농춘쭈어펑))이라고 하지만 사실 우리는 정식의 마르크스주의 사상을 본받은 것이다"
라고 말하였다.[50]

이러한 사상적 지도하에 베이다이허 회의 이후 대규모 강철 제련 운동이 전국적으로 급속히 전개되었다. 당시 1958년의 마지막 3개월의 기간 동안 현대화 용광로에서 제련한 강철이 오직 철강 생산량 2배 중 1/4밖에 안 되었으며, 대부분 공급된 철은 작은 용광로에 의지하였다. 8월 〈인민일보〉는 〈구식과 신식 방법의 조화가 강철 공업 발전을 가속화시키는 지름길〉을 발표하고 지역 강철 공업은 새로이 작게 만든 '土'의 작은 용광로 위주로 발전

50 보이뽀, 《중요한 정책 결정과 사건의 회고》, 하권, 중공중앙당교출판사, 1993년, p. 706 참조.

시켜야 한다고 제안하였다. 당시 강철 제련은 샤오(小: 소규모 지역 용광로로 전통 제련법을 이용한 용광로: 小轉爐, 小土爐), 투(土: 중간 규모의 지역 단위 용광로로 전통 제련법을 이용한 용광로: 土鐵煉鋼), 췬(群: 군중 운동 형태의 대규모 용광로: 群衆運動)의 세 가지 형태로 진행되었으며, 지질, 석탄, 전력, 기기 설비, 교통 운수 등에서도 '샤오투췬'(小土群)이 활성화되어 전 인민의 대규모 운영 지질(전민다판지질: 全民大辦地質(췐민따반띠즈)), 전 인민의 대규모 탄광(전민매판대요: 全民大辦煤窯(췐민따반메이야오)), 전 인민의 대규모 교통 운수(전민대판교통운수: 全民大辦交通運輸(췐민따반지아오통윈쑤)), 전 인민의 대규모 수리(전민대판수리: 全民大辦水利(췐민따반쉐이리)) 등이 출현하였다.

대형의 현대화 기업에서도 군중 운동을 벌이는 것을 제창하여 이를 '대, 양, 군'(大, 洋, 群: 따, 양, 췬)이라 불렀다. 9월 마오쩌둥은 안후이(安徽) 성의 몇 개 강철 제련소를 방문한 후 현지 간부에게

"강철 공업의 발전시키려면 반드시 군중 운동을 잘해야 한다. 무슨 일을 하든 군중 운동이 밑바침이 되어야 하며, 군중 운동이 없다면 아무것도 성사시킬 수 없다"

라고 갈하였다.[51]

군중 운동의 활성화를 위해 노동자는 미신을 타파하고, 사상을 해방해야 하며, 공산주의를 정신을 드높여 과거 공업 생산 방식을 없애 '개혁 혁명 정규화'를 제창해야 한다고 하였다. 많은 기업은 개혁 규장 제도 과정 중 모든 규장 제도의 교무주의 내용을 없애야 한다고 하였다. 많은 기업은 계획, 설계, 기술 경험, 기술 안전, 설비 동력, 공업 예술 등 주요 부서를 없애고 관리 인원을 노동자로 내려보냈으며, 관련 관리 권한을 작업장, 작업 부서, 팀 부서로 넘기고 더 나아가 '무인 관리', '노동자 직접 관리' 등의 무정부주의의 방법을 실시하여 현대 기업 관리의 큰 손해를 일으켰다.

51 《건국 이래》, 《마오쩌둥문헌》, 제7권, 중앙문헌출판사, 1992년, p. 433.

농업과 마찬가지로 강철 제련 또한 '성과 부풀리기'(고산위성: 高産衛星(까오찬웨이씽))가 발생하였다. 〈인민일보〉의 발표에 의하면, 9월 29일 중앙은 부풀려 발표하는 날짜를 확정지었으며, 이 날 전국 강철의 1일 생산량이 6만 톤에 달하고, 철의 1일 생산량이 30만 톤에 달한다고 하였다. 9일 동안 생산한 철이 100톤을 넘어선 성(省)이 출현하였으며, 73일 동안 생산한 철의 생산량이 1,000톤 넘는 현이 출현, 2일 동안 5,000톤의 강철을 생산하고, 1일 생산량이 4,000톤의 강철을 생산한 성(省)이 있다고 하였다. 이런 '웨이씽'(위성: 衛星)은 모두 거짓이었다.

③ 모든 것은 강철 생산을 위한 것이었다. 강철 생산량 1,070만 톤의 수치는 객관적 실질 가능성을 수용하지 않은 것이며, 교통 운수, 석탄, 전력 등의 생산 부문 또한 2배 이상 생산은 불가능한 것이었다. 전력을 다해 강철 생산에 승부수를 던졌다. 베이다이허 공업 서기 회의에서 기계 제조를 확정지었으며, 특히 원자재, 전력, 교통 운수의 공업 생산 순서로 정하고 우선적으로 야금 설비와 야금 공업의 생산을 증가시키고, 발전 설비를 제조하며 그 후에 주요 공작 기계를 생산하고 마지막으로 기타 공업 부문을 발전시키기로 하였다. 주철에 필요한 기계를 제외하고 나머지 전부를 철 제련에 사용하도록 하여 이를 주요 임무로 정하였다. 9월 5일 〈인민일보〉는 〈전력을 다해 강철을 생산하자〉라는 제목의 사설을 발표하여 '모든 것을 양보하고 철을 우선으로' 라는 구호를 내세웠다.

"각 부문, 각 지역은 모두 강철 생산과 건설을 최우선으로 두어야 한다. 강철 공업의 발전과 기타 공업의 발전, 즉 설비, 자재, 동력, 인력 등 방면에 모순이 발생하였을 때 기타 공업은 주동적으로 포기하거나 자신의 요구를 낮추어 강철 공업을 위해 자신의 분야를 양보하고 강철 공업의 발전을 우선적으로 하도록 한다"

라고 요구하였다.

여기에서는 균형, 비례에 대해서는 조금도 염두에 두지 않았다.

수많은 사람의 땀과 노력으로 1958년 12월 19일 2배 강철 생산 목표 임무인 전체 생산량 1,073만 톤을 보다 앞당겨 완성하였다고 정식으로 선포하였다. 연말 강철 생산량은 1,108만 톤, 철 생산량은 1,369만 톤이었다. 1,108만 톤의 철 생산량 중 테스트에 통과한 철 생산량은 800만 톤밖에 안 되었다. 또한 1,369만 톤의 철 생산량 중 토철(전통 방식으로 제련한 철: 土屆(투티에))이 416만 톤으로 30.4%를 차지하였다. 대부분의 토강(전통 방식으로 제련한 강철: 土鋼(투깡)), 토철(土鐵)의 품질은 떨어지고 그 함유량이 야금부의 규정을 상당히 초과하여 가공과 사용이 어려웠다. 민간 방식의 제련법(토법연철: 土法煉鐵(투파리엔티에))의 비용은 높고 경제적 이익은 떨어졌으며 자원 낭비도 심하였다. 1톤 무쇠의 비용은 대형 용광로는 100위안, 소형 용광로는 345위안으로 국가 이전 가격이 150위안이었다. 1958년 9월 1일부터 소형 용광로 생산 이전 가격이 200위안으로 상승해 손실 부분을 국가 재정으로 보조해야 하였다. 당해 재정 보조금 40억 위안 중 손실액이 50억 위안 이상이었다. 토철, 토강의 생산을 위해 과도하게 석탄과 광석을 캐었고, 대량의 수목을 파괴시켰으며, 수많은 철 기구와 철 냄비를 녹여 손실이 헤아릴 수도 없을 정도였다.

1958년 가을 농작물은 풍작이었다. 그러나 9월 이후 시작한 전민 강철 생산 및 각종 '대규모로 조직하여 운영함'(대판: 大辦(따반))의 시행으로 농촌 노동력을 착취하였다. 농촌에 남겨진 노동력은 전년에 비해 3,818만 명이 감소하였으며, 더구나 감소한 대부분이 건장한 노동자였다. 농업과 공업 노동자의 비율이 전년의 13.8:1에서 3.5:1로 하락하였다.[52] 대량의 운수업과 목축의 노동력은 모두 강철 제련을 위해 이용되었다. 그 결과 수많은 지역에서 대량의 곡식과 면화는 수확을 하지 않고 방치되었으며, 중앙농촌공작부의 통계에 따르면 농업 생산품은 10% 정도가 회수되지 않았으며 1957년에 비해

52 류쉬니엔(柳隨年) · 우쥔취(吳群敢), 《중국사회주의경제약사(1949~1983)》, 흑룡강인민출판사, 1985년, p. 235 참조.

돼지, 가축, 수산품의 생산량은 대폭 하락하고, 도시 인구의 대폭 증가하는 상황에 시장 공급에 큰 어려움을 맞을 수밖에 없었다.

공업 생산의 '이강위강'(以鋼爲綱(이깡웨이깡)), 기타 공업의 '정차양로'(停車讓路(팅처랑루))[53]로 1958년 하반기 경공업 생산은 큰 타격을 입었다. 예를 들어, 8, 9월분 둥베이(東北) 3성은 전력 부족으로 경공업 전력을 2/3 정도밖에 공급받지 못하여 종이 생산량이 10만 톤 정도 감소하였다.[54] 경공업 제품 생산량의 감소, 품종의 감소로 1959년 봄 인민의 일상 생활용품 공급에까지 직접적인 영향을 미쳤다.

전민 강철 제련의 시행으로 1958년 일부 기초 공업의 대폭적인 성장을 이루었다. 1957년 동기 대비 석탄 생산량이 1.31억 톤에서 2.7억 톤으로 증가, 발전량은 193억 도(度)[55]에서 275억 도로 증가, 금속 절단 기기 생산량은 2.8만 대에서 8만 대로 증가하였다.[56] 그러나 이러한 수치도 조작된 것으로 대부분이 설비를 시작하거나 생산에 들어갈 때 수치여서 기초가 부족하였다. 전체적으로 평가하자면 강철 제련은 매우 큰 손실이었다. '대약진'의 첫 번째 시행은 실패였다.

1958년에 발동시킨 고속 발전을 위한 공 · 농업 생산 발전 운동은 일부 지역에서는 성공을 하였지만 전체적으로 보면 객관적인 조건을 무시하고, 서둘러 목적을 달성하려고 하여 객관적인 규율에 위배되었다. 계획 방침의 규정이 높고 단편적으로 수량의 증가만을 중시해 경제적 효율을 무시하는 결과가 나타났고, 과도하게 강철 공업 생산에 집중하여 국민 경제에 심각한 불균형을 초래하였다. 또한 시기상조이고 급하게 추진한 농촌 생산 개혁은

53 역주: 이깡웨이깡(以鋼爲綱)은 강철을 가지고 강철을 위해서라는 뜻이고 팅처랑루(停車讓路)는 차를 멈추어 길을 내어 주다라는 뜻으로 모두 당시 철강 생산을 위해 중국이 국가 역량을 집중할 때의 구호이다.

54 씨에춘타오, 《대약진의 정세》, 하남인민출판사, 1990년, p. 97 참조.

55 역주: 중국의 전기 단위로 1도는 1kW.

56 보이뽀, 《중요한 정책 결정과 사건의 회고》, 하권, 중공중앙당교출판사, 1993년, p. 709 참조.

조사 연구와 시험 시행을 진행하지 않고 경솔하게 농촌 인민공사화 운동을 시행하였다. 중공 중앙은 1958년 겨울부터 '대약진' 중 출현한 좌파의 문제점을 발견하여 고치려고 하였다. 그러나 수정 공작은 1959년 루산(廬山) 회의에서 시작한 '반우파' 투쟁으로 인해 중단되었다. 1961~1965년 국민 경제 조정 중 이 문제는 기본적인 수정을 할 수 있었다.

3. 국민 경제가 직면한 심각한 문제와 그에 따른 조정

(1) 마오쩌둥, 천윈 경제의 어려운 국면에 대한 인식과 대책

인민공사와 정사 합일의 관리 체제로

"국가는 농촌 사회 대부분의 권력 구조를 개선시켰고, 대부분의 행정 권력을 향촌으로 침투시킬 수 있게 되었다. 농민의 잉여 노동력을 고도로 집중시킬 수 있는 체제를 확립시켰다. 정사 합일의 집체화 공유제는 전통 중국 농촌의 제도, 조직 기초와 분명히 다른 새로운 구조를 세울 수 있었다"[57]

라고 평가되었다.

공산주의 바람은 급속한 속도로 공산주의 과도기로 접어들게 하여, 많은 지역에서는 '공산주의로 빨리 진입하자'(포보진입공산주의: 跑步進入共産主義(파오부진루공찬주의))는 뜨거운 바람이 불었다. 1958년 10월 중순 이후 마오쩌둥은 톈진, 허베이, 허난을 시찰하고 전문가들을 파견하여 조사하도록 하였다. 조사 중 발견한 사실은 원래 인민공사에 대한 생각이 불가능하다고 여겨 농민의 큰 저항에 부딪쳤다. 그리하여 1958년 11월 2일부터 10일까지 정저우(鄭州)에서는 일부 중앙 지도자와 지방 책임자가 참가한 공작 회의가 개최되었다. 즉, 제1차 정저우 회의에서 마오쩌둥은 정책에 대해 돌이켜보면서

57 저우치런(周其仁), 《재산권과 제도의 변천: 중국 개혁의 경험 연구》, 사회과학문헌출판사, 2002년, p. 8 참조.

"현재의 추세는 공산주의는 많으면 많을수록 좋으며, 가장 좋게는 1~2년 안에 공산주의를 확립하는 것이다. 산둥(山東) 판현(範縣)은 2년 내에 공산주의로 진입할 수 있을 것이라고 밝혔다. 허나 매우 신기하게도 나는 약간 의심스러운 바이다"
라고 밝혔다.[58]

11월 28일부터 12월 10일까지 마오쩌둥은 우창(武昌)에서 주관한 중공 8차 6중 전회를 개최하였다. 회의에서는 1959년 국민 경제 계획 등에 관한 문제를 연구할 뿐 아니라 주로 인민공사의 문제점에 대해 토론하였고, 인민공사의 성과에 대해 충분히 언급하여 1958년 8월 베이다이허 회의에서 결정한 〈농촌의 인민공사 성립에 관한 결의〉가 정확한 것으로 역사적 의의를 지녔음을 밝혔다. 또한 이전에 마오쩌둥을 인도한 스탈린의 저서 《소련 사회주의 경제 문제》를 읽고 그에 관한 의견을 말하며 이론적으로 다음과 같이 구분하였다.

① 농업 생산 합작사를 인민공사로 바꿔 원래의 집체 소유제를 확대 발전시키고, 전민 소유제의 요소를 내포하고 있다. 그러나 농촌의 집체 소유제가 전민 소유제로 바뀌는 것과는 차이가 있다. 집체 소유제는 전민 소유제의 지나친 성급함으로, 이는 생산 발전 수준과 인민 생활 수준의 객관적 상황에 따라 바뀌는 것이므로 주관적 바람으로 이루어질 수 없는 것이다. 따라서 늦었다고 생각하면 늦은 것이고, 이르다고 생각하면 이른 것이다.

② 사회주의 집체 소유제에서 사회주의 전민 소유제로의 변화가 사회주의에서 공산주의로의 전환을 뜻하는 것은 아니다. 사회주의 집체 소유제에서 사회주의 전민 소유제로의 과도기이건, 사회주의에서 공산주의로의 과도기이건 모두 일정 수준 이상의 생산력 발전을 기초로 해야 한다.

58 보이뽀, 《중대한 정책 결정과 사건의 회고》, 하권, 중공중앙당교출판사, 1993년, p. 810 참조.

③ 사회주의의 원칙은 '각자의 능력을 다해 일하고, 일한 만큼 분배받는다'(각진소능, 안로분배: 各盡所能, 按勞分配(꺼진쉬능, 안라오펀페이))이다. 그러므로 인민공사 사원의 소득 중 일한 만큼 분배받은 임금 부분은 오랜 기간 내 중요한 자리를 차지하게 될 것이다.

④ 앞으로 반드시 거쳐야 하는 역사적 시기에 인민공사의 상품 생산, 국가와 공사, 공사와 공사 간의 상품 교환은 반드시 큰 발전을 거듭하게 될 것이다. 상품 생산의 지속적 발전과 노동량에 따른 분배 원칙은 사회주의 경제로의 발전에 중요한 두 가지 원칙 문제로, 당 전체의 통일된 인식을 반드시 거쳐야 한다. 일부 사람들은 '사회주의로의 진입'을 너무 성급히 시도하려고 하고 상품 생산과 상품 교환을 너무 성급히 없애려고 한다. 지나치게 성급하게 상품, 가치, 화폐, 가격의 긍정적 역할을 부정하려는 생각은 사회주의 발전 건설에 좋지 않은 영향을 주며 올바른 방향이 아니다.

⑤ 사회주의 사업이 발전하면 할수록 사회 상품이 풍부해지며 개인에게 분배할 수 있는 생활필수품 또한 풍부해질 것이다. 많은 사람들은 공사화가 개인이 현재 가지고 있는 소비 재산의 대부분을 가지고 가는 것이라고 여기는 것은 오해이다. 이에 대해 대중에게 다음과 같이 선포하였다.

"사회 구성원은 개인 소유의 생활필수품(주택, 의복, 가구 등 포함)과 은행, 신용사의 저축은 공사화 이후에도 여전히 사회원의 소유이며 영원히 사회원의 소유라는 것이다. 사회원은 주택 주위의 수목, 소농기구, 소공구, 가축 등을 가지고 있을 수 있다. 또한 집체 노동의 참가에 방해가 되지 않는다는 조건하에 가정의 부업을 계속하여도 무방하다"[59]

8차 6중 전회 이후 전국 각지에서 인민공사 공작 정돈을 시작하였다. 그러나 경제 목표는 여전히 현실과는 동떨어졌으며, 농촌의 '공산주의 바람'

59 중화인민공화국국가농업위원회판공실, 《농업 집체화 주요 문건 회복》, 하편, 중공중앙당교출판사, 1981년, pp. 110~120 참조.

에 대해서는 아무런 제제를 하지 않았다. 게다가 당시 생산량을 높이 평가하거나, 세금 징수액을 높이 평가하는 문제에 대한 낮은 인식은 인민공사 정돈 과정 중 본위주의와 실질 생산량을 숨기고 공적인 재산을 개인적으로 나누어 가지는 것에 반대하는 투쟁을 적절치 않게 전개해 농민의 큰 불만을 자아냈다. 그래서 국가와 농민의 관계가 극도의 긴장 상태를 맞이하게 되었다. 1959년 2월 하순 마오쩌둥은 허베이, 산둥, 허난, 톈진 등지를 시찰하고 연구조사를 통해 문제 해결의 관건이 제도 변화, 인민공사 내부의 소유제 구조의 조정에 있다고 판단하였다. 즉, 공사 소유제의 생산팀(고급사: 高級社(까오지쓰))을 기본 결산 단위로 돌려야 한다는 것이었다.

1959년 2월 27일부터 3월 5일까지 중공 중앙은 정저우에서 정치국 확대회의, 즉 제2차 정저우 회의를 개최하였다. 회의는 마오쩌둥의 의견에 따라 인민공사의 방침을 정돈하고 건설할 것을 규정하였다. 이때

"통일된 지도자에 팀이 기초가 된다, 등급별 관리, 권력 하양, 3단계 결산, 각 손익을 계산하며 이를 인민공사가 결정, 적당한 누적과 합리적 조절, 물자, 노동과 등가 교환, 일한 만큼 분배, 차별적 분배를 인정한다.[60] 팀이 기초라는 의미는 생산팀이지 이전 고급사로 생산 대대(生産大隊: 군의 단위인 대대를 사용하였으나 관리 지역을 뜻함)는 아니다"[61]

라고 지적하였다.

4월 2일부터 5일까지 중국 공산당은 상하이에서 8차 7중 전회를 개최하였다. 회의는 정치국의 확대 회의에서 토론하고 결정한 〈인민공사의 18가지 문제점〉을 통과시키고 인민공사의 제도에 대해 진일보하여 다음과 같은 지시를 내렸다.

60 중화인민공화국 국가농업위원회 판공실, 《농업집체화 중요 문건 회편》, 하편, 중공중앙당교출판사, 1981년, p. 139 참조.
61 중화인민공화국 국가농업위원회 판공실, 《농업집체화 중요 문건 회편》, 하편, 중공중앙당교출판사, 1981년, p. 158 참조.

① 각지 인민공사는 3단계 관리, 3단계 합산을 실행할 경우 일반적으로 원래의 고급 농업 생산 합작사 단위가 기본적 합산 단위가 되는 것이다. 생산 팀의 하부 조직인 소규모 생산 팀 또한 일부의 소유권과 일정한 관리 권한을 가진다.

② 인민공사 건설 이래 각종 장부상의 계산은 한번에 정확히 깨끗이 정리한다. 현련사(縣聯社(씨엔리엔쓰)),[62] 공사는 대규모 생산팀이 전출한 기기, 농기구, 운수 도구를 숫자대로 돌려주어 모두 깨끗이 정리한다. 공사 합리 조정에 의해 공사 자체에서 건립한 것 이외 도로, 철로, 공장, 광산, 기타 기본 건설 점용 토지는 국가가 토지 징수 방법에 관한 규정에 따라 처리하며 아무 대가 없이 점유할 수 없다. 공사는 생산 팀 또는 생산 대대의 경작 및 사육, 농기구 등 생산재, 하물며 곡식, 돼지, 양, 기타 목축 제품은 다른 생산 팀, 생산 대대에 적절히 공급하거나, 공사에 적절히 공급하여 이러한 장부의 계산이 정확히 이루어져 공사 또는 공급받은 단체는 실물이나 현금으로 계산을 하여 돌려주어야 한다. 현재 돌려주기 어렵다거나 1회로 계산이 안 될 경우 기간을 연장하거나 분할하여 돌려주어야 한다. 공사, 대규모 생산 팀은 집중적으로 사육하던 사원이 원래 개인적으로 소유하던 돼지, 양, 닭, 오리, 거위 등 가축 등 되돌릴 수 있는 것들을 제외한 기타 모든 것은 합리적으로 가격을 측정하여 가축 사육 단위가 책임지고 가격을 환급한다. 결산 과정 중 드러난 일부 간부의 재무상의 문제는 각 상황과 성질에 따라 횡령 여부를 규정하는 기준을 정해 처리한다.

③ 인민공사화 이후 은행의 공사로부터 회수한 대출금의 일부는 기간이 안 되어 회수된 금액은 일률적으로 되돌려주어야 한다. 원래의 고급사가 빌린 대출금과 개인이 빌린 대출금은 각 빌린 사람이 있고 갚아야 하는 사람이 있는 것이다. 그러므로 일률적으로 공사 단위를 공제하고 상환하도록 할 수

62 역주: 중국 지역 단위인 현의 협동조합 같은 조직 단위.

없고 공사가 통일적으로 상환해야 하는 것이므로 이 또한 일률적으로 되돌려주어야 한다. 그 밖에 인민공사의 수익 분배, 임금제, 현물 공급제, 농촌 노동력의 안배에 관한 문제에 대해 명확한 규정을 세워야 한다.[63]

이 같은 일련의 조정을 거쳐 인민공사의 소유 제도는 정사 합일, 3급 소유 이외에는 모두 기본적으로 원래의 고급 농업 생산 합작사의 규모로 회복시켜 완벽하게 장부를 결산하고 배상금을 상환하여 '공산주의 바람'을 제한하는 것에 적지 않은 작용을 하였다. 연이어 인민공사화 전 행한 효율적인 일부 농촌 정책을 회복하여 농촌에 활력을 불어넣었다. 농민의 생산 적극성이 눈이 띄게 향상되었다. 마오쩌둥은 '공산주의 바람'의 수정에 대해 단호하였으나 범위를 정하였다. 그는 '총노선', '대약진'을 인정하고, 인민공사의 문제들을 정정하고 8대 2차 회의 이후 형성된 고속도의 사회주의 건설은 포기하지 않고 전민 소유제의 과도기적 전략 구상을 쟁취하도록 노력하였다.

"3월은 기본적으로 인민공사 문제 중 분명치 않은 사상과 모순된 문제를 확실히 정립하고 해결해야 한다. 4월부터는 전당 전민은 하나의 뜻으로 오늘의 '대약진'을 전개해 나가야 한다."[64]

이것이 그의 당시의 심경이었다.

1958년의 '대약진'과 '인민공사화 운동'의 결과는 1958년 말 특히 1959년 봄을 기점으로 나타나기 시작하였다. 1959년 하반기 전체 국민 경제는 매우 어려운 국면에 처하게 되었다.

당시의 어려움은 주로 곡식, 기름, 부식품에서 나타났고 심지어 생활용품의 공급이 어려운 상태에 이르게 되었다. 1958년 말 이미 많은 일부 농촌

63 중화인민공화국 국가농업위원회 판공실, 《농업집체화 중요 문건 회편》, 하편, 중공중앙당교출판사, 1981년, pp. 189~202 참조.

64 중화인민공화국 국가농업위원회 판공실, 《농업집체화 중요 문건 회편》, 하편, 중공중앙당교출판사, 1981년, p. 151 참조.

지역에서 곡식이 부족하였다. 1959년 4월 말부터 5월 초 후베이, 허난, 허베이 3성의 성위원회는 중앙에 다음과 같이 보고하였다. 후베이 성은 봄부터 4월까지 요량황(鬧糧慌(나오량황))[65]이 여기저기에서 끊임없이 일어나서 심각하였다. 따라서 5월 26일 중공 중앙은 각지에 다음을 통지하였다.

"식용 식물성 기름의 공급이 여러 곳에서 부족하여 국가는 모든 곳을 빈틈없이 배려하기가 어렵다. 지금부터 4개월 동안 기본적으로 농촌에 공급을 중단한다."[66]

저장성 1~5월분 돼지, 가축, 계란류의 공급량이 1958년 동기 대비 60~85%가 감소하였다.[67] 생활 일용품의 공급 또한 전면적으로 긴장 상태를 보였다.

이러한 심각한 사태에 대해 천윈은 4월 30일 그는 중앙 재정팀에게 서신을 보내 시장 문제와 계획 방법에 대한 아래의 의견을 제시하였다.

① 곡식을 아껴서 먹고 적게 사용한다.

"우리의 곡식 문제는 아직 고비를 넘기지 못하였다. 곡식이 안정적이면, 천하가 안정적이고, 곡식이 넉넉하지 못하면 시장도 넉넉지 못하다. 곡식은 여전히 시장 안정에 가장 중요한 물자로 반드시 이 작업을 완수해야 한다."

② 돼지, 닭, 오리, 계란, 생선의 공급을 조직해야 한다.

③ 필수품의 생산을 전문적으로 안배해야 한다.

④ 구매력을 낮추고 작년 과하게 모집한 노동자를 정리해야 한다.

"작년 지나치게 많이 모집한 노동자 1,000만 명 이상의 노동자에 대해 반드시 신중하게 정리를 하여 농촌으로 돌려보내 현재 가지고 있는 구매력

65 1959년에 발생한 극심한 식량 부족을 의미한 중국어.

66 《저발전의 세월》, 하남인민출판사, 1989년, p. 182 참조.

67 《대약진의 정세》, 하남인민출판사, 1990년, pp. 136~137 참조.

을 낮춰야 한다."

⑤ 운수 부족은 우선적으로 필요한 공급 시장 물자를 운반하는 데 전력을 다해야 한다. 특히 필요한 노동력을 위한 단거리 운수를 우선적으로 삼아야 한다.

"공업과 상업은 모두 운수가 필요한 시기로 각지의 마차, 리어카, 선박 등의 운수 장비를 우선적으로 상업 위주로 안배하여 도시 물자 교류를 강화해야 한다."

그리고 1960년의 계획 방안에 대한 건의를 제출하였다. 서신에서 제시한 시장 긴축 조치는 실질에 부합된 것으로 천윈은 일관되게 '부유상, 부유서, 지유실'(不唯上, 不唯書, 只唯實: 뿌웨이샹, 뿌웨이슈, 즈웨이스)[68]의 과학적 태도에 접근한 주장을 하였다. 1960년의 계획 방안 건의는 1958년 대약진의 주관주의를 수정한 것이다. 완만한 의식 형태, 제도 환경과 천윈의 실용적인 공작은 국민 경제 건설의 목표를 조정할 수 있게 되었다. 1959년 상반기 몇 차례의 조정을 거쳐 공업 생산 목표는 비교적 실제에 가까워졌다.

(2) 루산 회의와 두 번째 약진

1959년 7월 2일, 중공 중앙은 루산(廬山)에서 정치국 확대 회의를 열었다. 이번 회의 이전 6월 12일부터 13일까지 마오쩌둥은 중남해(中南海(중난하이)) 일년당(一年堂(이니엔탕))에서 정치국 확대 회의를 열었다. 마오쩌둥은 회의에서

"과거의 대약진은 미신 타파에 큰 역할을 하였지만 시간, 공간, 조건을 언급하지 않고 주관주의가 크게 발전하여 주관적 능동성과 객관적 가능성

68 역주: 어른을 존경하지만 맹목적으로 따르지 않고, 책을 존중하지만 맹목적으로 따르지 않고 오직 실제만을 따른다는 의미로 당시 천윈의 현실적인 감각을 나타내는 말이다.

의 결합이 이루어지지 않아 오직 주관적 능동성만 무한대로 커졌다. 이것은 반드시 수정이 필요하다. 나는 과거 공업에 대한 인식이 적어 오직 농업만을 중시하였다. 작년에서야 공업에 대한 인식이 생겼다. 이러한 상황으로 인해 일을 그릇되게 처리할 수밖에 없었다. 사람의 인식은 여러 번의 반복을 걸쳐 올바른 방향으로 나아갈 수 있다. 과거의 경험을 통해 결과가 나오는 것이다"
라고 연설하였다.

루산 회의에는 중앙의 책임 지도자(상무위원회 천윈, 덩샤오핑은 불참), 각 성, 시, 자치구의 책임자, 국무원과 외교, 재무 각 부처의 책임자가 참가하였다. 마오쩌둥은 회의가 시작할 때

"극내 정세가 좋은가 좋지 않은가? 전체적으로 보면 약간 좋지 않다. 그러나 좋지 않은 것이 모든 일이 엉망인 정도는 아니다. 제8회 2차 회의 방침은 옳은가 옳지 않은가? 내가 생각하기론 견지해 나가야 한다. ……15년 안에 주요 공업 상품의 수량이 영국과 맞먹거나 넘어서자는 구호는 계속 이어나가야 한다"
라고 말하였다.

마오쩌둥은

"1958년 크나큰 성적을 내었다. '대약진'의 주요 문제점은 종합적 균형을 생각하지 않은 것이다. 하지만 지금은 나아지고 있는 상태이다. 내년 5월 1일은 완전히 좋아질 것으로 보인다. 그러므로 8회 2차 회의가 제정한 '총노선'은 지속적으로 견지해나가 15년 내 공업 상품의 수량이 영국과 맞먹거나 넘어서자는 구호는 계속 이어나가야 한다. 이런 전제하에 '대약진'으로 나타난 좌파의 문제를 지속적으로 수정해나가야 한다"
라고 말하였다.

회의가 시작할 때 많은 사람들은 '대약진'의 경험을 당연히 종결지어야 한다고 생각하였으며, 좌파 사상과 '공산주의 바람'의 과장하는 기풍을 수

정하여야 하며 객관적 규율에 의하지 않고 처리하는 일, 즉 빠른 속도로 비용만 절감시키려는 잘못된 문제점은 철저히 고쳐져야 한다고 하였다. 그러나 일부 사람들은 '총노선'을 견지해 나가야 한다고 하였다. '대약진'은 비례발전 법칙을 벗어난 것이 아니며 '얻은 것보다 잃은 것이 많다'(득불상실: 得不償失(더뿌상스))라고 보기 어렵다라고 말하였다. 그들은 좌파의 잘못을 바로잡는 것은 거의 다 완성되었으며, 현재의 문제는 좌파의 잘못을 수정하는 과정에서 간부와 군중의 기세를 노출시켜 우파의 문제가 발생하게 되었다라고 생각하였다. 이렇게 두 가지 관점이 맞서고 있었다.

7월 10일 마오쩌둥은 조장을 소집하여 담화를 열어 다음의 회의와 기초회의에 대한 계획을 세웠다. 그는 연설시

"총노선이라 하는 것은 속도를 빠르게 많은 수량을 적은 단가로 하는 것이 틀림없다. 속도를 빠르게 많은 수량을 적은 단가로 하는 것이 근본적으로 틀리지 않다. 부족한 문제점을 인정하여 구체적 사실로부터 말을 한다면 확실히 얻은 것보다 잃은 것이 많다. 그러나 전체적으로 보자면 얻은 것보다 잃은 것이 많다고 말할 수 없다. 경험을 얻으려면 항상 학비를 지불해야 한다"
라고 하였다.

마오쩌둥의 연설은 분명히 일부 사람의 관점을 지지하였고 얻은 것이 많다고 생각하는 전자의 의견을 극우적이라 생각하였다.

마오쩌둥의 연설 내용이 전해져 펑더화이(彭德懷)는 매우 걱정을 하였다. 그는 당과 인민을 책임지는 관점에서 출발하여 마오쩌둥에게 서신을 한 통 썼다. 서신 중 우선 1958년 '대약진'의 성과를 언급하고 속도를 빠르게 많은 수량을 적은 단가로 하는 '총노선'은 정확하다고 하였다. 또한 사상적 방법과 공작 태도면에서 주의해야 할 만한 몇 가지 문제가 있다고 지적하였는데, 첫째 과장하는 기풍이 생겨나게 되었다. 둘째, 소자산 계급이 많이 생겨나 좌파의 잘못을 쉽게 범한다. 작년 하반기 새로운 분위기가 형성되었다고

하면서. 이는 '반우파'의 보수적 사상을 주의하고 주관주의의 좌파적 생각을 무시하였다고 하였다. 서신 중 단계별로 작년 하반기 이후 공작의 성과와 문제점을 종결지어야 하며, 그 목적은 시시비비를 가려 사상을 바로잡고 개인의 책임을 규명하지 않는 것에 있다고 지적하였다.[69] 마오쩌둥은 펑더화이의 서신에 대해 불만을 표하였다. 7월 16일, 〈펑더화이 동지의 의견서〉란 제목으로 인쇄를 하여 회의에 참여한 사람들에게 나누어주었다. 당시 많은 사람들은 펑더화이의 서신에 드러난 생각에 대해 동의를 하였으나 단지 일부 표현 방법이 적당하지 않다고 생각하였다. 황꺼칭(黃克誠), 장원티엔(張聞天), 주샤오딴(周小舟) 등은 이 서신에 대해 찬성하고 지지의 의견을 표하였다. 일부 좌파의 잘못을 지지하는 사람들은 펑더화이의 서신과 발언을 동의하지 않았다. 불충분한 성과, 심각하게 도출된 문제점은 격려를 하는 것이 아니라 오히려 사기만 꺾는다고 생각하여 '총노선', '대약진', 인민공사를 반대하였다. 또한 일부 사람들은 서신이 비방하는 내용이 많이 들어 있으며, 마오쩌둥을 겨냥하였고 마오쩌둥과 당 중앙 지도자를 위험에 빠지게 할 수 있다고 말하였다. 7월 23일 마오쩌둥은 전체 회의에서 연설하였다.

그는 연설 중

"현재 당의 안팎에서 우리를 동시에 공격하고 있다. 즉, 당 밖의 우파와 당 내의 일부 사람이다. 이것은 말하자면 단지 뒤죽박죽이 되어 무리해서 지탱하고 있는 것이다. 중국은 아래로 꺼지지 않고 하늘이 무너지지도 않는다. 왜냐하면 우리는 좋은 일을 하여 뒷배경이 든든하기 때문이다. 나는 일부 동지들에게 연설 내용의 주요 방향이 바뀌지 않았다는 것을 주의해서 듣기를 충고한다. 이런 동지는 1956년 하반기, 1957년 상반기 우를 범한 동지들의 길을 따라가고 있다. 그들은 우파가 아니라 자신을 우파에 넣으려고 한다"

69 중화인민공화국 국가농업위원회 판공실, 《농업집체화 중요 문건 회편》, 하편, 중공중앙당교출판사, 1981년, pp. 225~228 참조.

라고 하였다.

연설 중 엄격하게 서신 중의 '소자산 계급의 열광', '잃은 것도 있고 얻은 것도 있다'(有失有得) 등의 관점에 대해 비판하였다. 마오쩌둥의 연설 이후 '편향적'으로 펑더화이, 장원티엔 등을 비판하는 회의를 진행하였다.

8월 2일 마오쩌둥의 건의에 따라 당의 제8회 8중 전회를 열었다. 회의는 마오쩌둥이 두 가지 문제점을 발표하면서 시작되었다. 첫째, 목표 수정에 관한 문제로 그는 6중 전회는 1959년의 목표가 지나치게 높게 측정되어 인대 상무위원회를 거쳐 수정을 하는 것이 좋겠다고 말하였다. 둘째는 노선에 관한 문제로 그는 수개월간 좌파의 생각을 반대하였고 현재 기본적으로 더 이상 이 방면의 문제는 없다. 루산 회의는 좌파의 문제를 반대하는 것이 아니라 우파를 반대하는 입장으로 우파 기회주의는 당의 지도자와 기관 및 6억 인민의 사회주의 사업을 정면적으로 공격하는 것이라 할 수 있다고 비판하였다. 전회는 보름 정도에 걸쳐 진행되었으며 마오쩌둥의 기본 정신에 따라 펑(彭), 황(黃), 장(張), 주(周) 등에 대해 비판과 투쟁을 진행하였다. '반우파' 투쟁의 경제적 결과는 좌파의 잘못을 가중시키고 새로운 '대약진'을 시작하는 계기가 되었다.

1959년 겨울과 1960년 봄 '대약진'이 계속되는 동시에 도시에서는 또 다시 공산주의 바람이 불기 시작하였으며, 국가는 강제성을 띠는 제도를 채택하였다. 이것은 주로 다음에서 알 수 있다.

① 농촌 인민공사는 기본적 조직에서 기본 공사로의 전환하는 과도기로 '일평이조'(一平二調(이핑얼띠아오))[70]를 이룰 수 있었다. 1959년 12월 저(浙: 저장 성), 완(皖: 안후이 성), 쑤(蘇: 쑤저우 성), 후(滬: 상하이 시) 3개 성과 1개 시는

70 역주: 첫째는 균등, 둘째로 징발과 배치라는 뜻으로 핑(平)은 균등 분배를, 띠아오(調)는 징발 배치를 의미한다. 1958년 인민공사화 운동 당시에 나타난 풍조로 후일 일을 잘하던 못하던 똑같이 분배하는 폐단을 의미할 때 쓰이기도 한다.

좌담회를 열어 탄쩐린(譚震林)의 의견에 따라 인민공사의 기본적 조직에서 기본 공사로 전환하는 과도기에 발생할 수 있는 문제에 대해 토론을 하였다. 1960년 4월 6일 탄쩐린은 12회 인대 2차 회의에서 다음과 같이 말하였다.

"우리의 장래는 기본적 조직에서 기본 공사로의 소유를 전환하는 과정이고, 그 후 다시 기본 공사에서 전민의 소유로 전환하는 과정을 겪을 것이다. 기본 소유제를 실현하는 조건을 보자면, 첫째 전 인민공사의 경제 발전은 1인당 연평균 소득이 150위안에서 200위안 수준으로 될 것이다. 둘째, 인민공사가 전체 경제 중 차지하는 비율은 상당히 높을 것이다. 셋째, 넉넉지 않은 공사는 부유한 공사를 쫓아갈 것이다. 넷째, 농촌의 기계화와 반기계화는 일정 수준 이상 도달할 것이다"

라고 밝혔다.[71]

이러한 조치를 통해 각 성은 시험 시행을 실시하였다. 사유 경제의 발전을 위해 대규모 공업, 대규모 돼지 사육장, 대규모 수력, 대규모 교통이 있었으며, 각 종 대규모 사업은 함께 발전시켜 생산 조직의 평균화를 도모하였다. 넉넉지 않은 조직이 부유한 조직을 따라갈 수 있도록 보조를 하기 위해 농업 대출, 공적 자금을 투입하는 등 넉넉지 않은 조직을 지원하며 부유한 조직 자금, 노동력, 생산재를 무상으로 조달하였다. 후베이 성의 미엔양(沔陽) 현 통하이코우(同海口) 공사의 조사에 따르면 공사에 소속된 25개 직속 기업은 생산 조직이 '공산주의 바람'이 불지 않은 곳이 없는 것으로 밝혀졌다. 전 공사의 전체적인 계산 결과 전체 무질서하게 이동한 노동력이 349곳, 토지는 8,020묘(畝), 집 1,512동, 자금(미지급 현금 포함) 53만 위안, 곡식 53만 근, 농기구 35,040개, 농사짓는 소 84마리, 목재 84만 근, 벽돌 147개, 가구 24,906개로 조사되었다.[72]

71 중화인민공화국 국가농업위원회 판공실, 《농업집체화 중요 문건 회편》, 하편, 중공중앙당교출판사, 1981년, pp. 306~307 참조.

② 대규모 공공 식당. 루산(廬山) 회의 이후 '반우파' 과정 중 '사회주의에 반대하는 제멋대로인 반동적 조류'라며 식당의 금지를 비판하였으며 각지는 다시 식당을 회복시키고 발전시켰다. 1960년에 14개 성시의 통계에 따르면, 식당에 참가한 가구수가 농촌 총가구의 88.9%에 달하였으며 총인구의 88.6%를 차지하였고, 허난(河南) 성은 99%에 달하였다.[73]

③ 광범위한 도시 인민공사 건립. 전국총공회의 통계에 따르면 7월 말까지 전국 190개 대중 도시에 설립된 인민공사가 1,064개에 달하였고, 공사에 참가한 인구수가 5,500만 명 이상 되는 것으로 집계되었다.[74] 도시는 농촌과는 달리 기업, 기관, 학교, 전민 소유제와 집체 소유제가 있어 이런 단체 조직은 공, 농, 상, 학, 병의 결합과 정사 합일의 사회 조직이 되어야 하였다. 실제 이룰 수 있는 방법은 없으며 이것은 농촌의 인민공사보다 더욱 공상적이라 할 수 있었다. 그러므로 대부분 간판만 걸어놓았을 뿐이었다. 당시 수많은 거리의 공업과 각종 집체 생활 조직(공공 식당, 탁아소 포함)을 위해서였다. 합작 상점, 합작 소규모 조직, 소규모 상점 등을 인민공사로 전입시켰다. 개인과 국유 기업의 주택, 재산을 평균적 분배를 위해 도시에서는 또 한번의 '공산주의 바람'이 불었다.

1960년 상반기에 시작된 새로운 대약진과 공산주의 바람의 문제는 1958년 봄, 여름 간의 문제보다 더욱 심각해 국민 경제와 인민 생활에 큰 피해를 주었다.

72 중화인민공화국 국가농업위원회 판공실, 《농업집체화 중요 문건 회편》, 하편, 중공중앙당교출판사, 1981년, p. 364 참조.

73 《저성장의 세월》, 하남인민출판사, 1989년, p. 252 참조.

74 팡투이중(房維中), 《중화인민공화국 경제 대사기(1949~1980)》, 중국사회과학출판사, 1984년, pp. 266~267 참조.

그림 3-1 1958~1961년 주요 상품 생산량

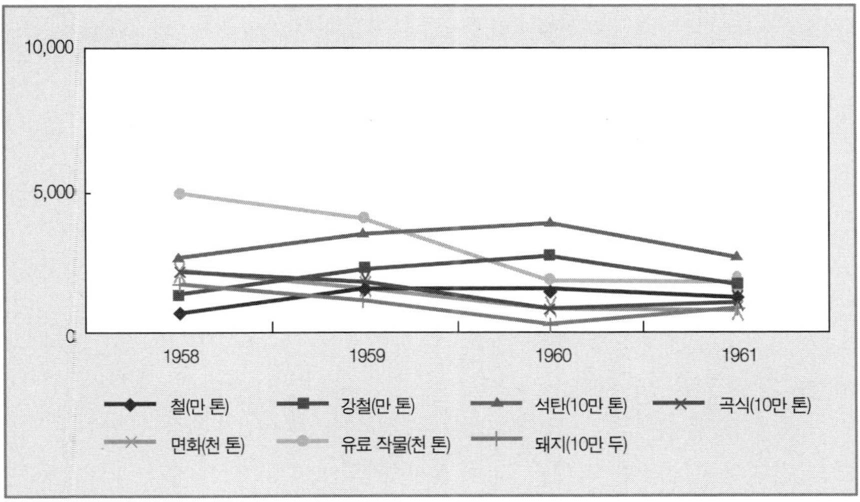

자료 출처: 국가통계국 국민 경제 종합 통계, 《신중국 50년 통계 자료 회보》, 중국통계출판사, 1999년판.

(3) 경제 정책의 대조정

경제 건설 지도 방침의 중요한 전환은 사상 인식으로부터 시작되어 점차 인식과 완벽한 과정을 걸쳐 완성되어 갔다. 이렇게 전환되는 사상은 1960년 6월 열린 중공 중앙 정치국 확대 회의에서 시작되었다. 이 회의는 상하이에서 열렸다. 회의는 두 번째 5개년 계획 이후 3년 보완 계획 문제에 대해 토론을 하였다. 또한 1960년 국민 경제 계획을 토론하고 몇 년에 걸친 경제 건설공작을 종결지었다. 회의 기간 마오쩌둥은 〈10년 종결〉의 연설을 하였다. 마오쩌둥은 1958, 1959년은 수량을 강조하였으나 이번에는 품질, 규격, 품종에 대해 말하였다. 수량을 두 번째로 두고 품종, 품질을 우선으로 삼고 계획 수치 또한 조정을 하여 수치에 여지를 남겨두어야 한다고 하였다.

그는 〈10년 종결〉 중 그가 베이다이허 회의, 우창 회의, 상하이 회의에서

지나치게 높은 강철의 수치에 동의하였다고 설명하고 관계자들과 함께 잘못을 저질렀다고 시인하였다.[75]

8월, 저우언라이, 리푸춘이 주관하여 1961년 국민 경제 계획의 수치 통제에 대해 연구하며 '조정, 공고함, 강화, 향상'(調整, 鞏固, 充實, 提高)의 '팔(八)자' 방침을 명확히 제시하였다. 9월 30일 중앙의 비준을 거쳐 최초로 '조정, 공고함, 강화, 향상'의 방침을 공개 제시하였으며, 국가위원회는 농업을 우선순위로 놓은 〈1961년 국민 경제 계획의 수치 통제에 관한 보고〉를 발표하였다. 1960년 12월 24일부터 1961년 1월 18일까지 중공 중앙은 베이징에서 중앙공작회의와 중국 제8회 9중 회의를 개최하여 '조정, 공고함, 강화, 향상'의 팔자 방침을 통과시켰으며, 1961년을 기점으로 '팔자' 방침을 전체 국민 경제의 전면적인 조정을 시행할 것을 결정하였다. 이 두 회의에서 마오쩌둥은 많은 연설을 하여 전체적으로 실사구시를 회복시키고 조사 연구의 기풍을 크게 일으킬 것을 요구하였다. 12월 30일, 마오쩌둥은 회보를 들으며 주요 정신은

"공산주의 바람을 반드시 돌려놓아야 하며 정지시켜야 한다"

라고 강조하였다.

1961년 1월 13일, 마오쩌둥은 〈크게 일으켜야 하는 조사 연구 기풍〉에 관한 연설을 하였다. 그는

"우리의 당은 전통이 있으나 최근 몇 년간 진행한 조사가 많지 않으며 깊이 있는 조사를 하지 않았다. 그는 모두가 실질에서 출발하지 않으면 사회주의 건설이 그렇게 빨리 이루어질 수 없다. 사회주의 건설은 반 세기에 걸쳐서 가능할 것으로 보이며 목표를 그렇게 높이 세우지 말고 헛된 목표를 추구하지 말고 실제 실현 가능한 것을 목표로 삼아야 한다. 즉, '일평이조'(一平二調(이핑얼띠아오)), '공산주의 바람'은 인재(人災)다"

75 후성(胡繩), 《중국 공산당의 17년》, 중공당사출판사, 1991년, p. 370 참조.

라고 말하였다.

1961년 5월 21일부터 6월 12일까지 중공 중앙은 베이징에서 공작 회의를 열었다. 회의는 국민 경제 문제에 대해 더욱 깊이 토론하였으며, 특히 농촌 문제를 집중적으로 토론하였다. 이 회의에서 류샤오치는 〈지금까지 경제적 어려움의 원인과 극복 방안〉에 대한 연설을 발표하였다. 연설에서는

"결론적으로 말하자면 지금까지 몇 년에 걸친 문제점은 공업, 교통, 문화 교육의 발전은 많이 진행되어 비농업 인구가 증가하여 농민이 이 많은 사람들을 벌어 먹일 수 없는 지경이다. 그래서 반드시 비농업 인구를 감소시켜야 한다. 공업을 축소시키고 농업을 장려해야 한다. 공업과, 문화 교육의 발전이 너무 급속히 이루어졌기 때문에, 이를 축소시키며 농업의 발전을 도모해야만 비율이 맞추어져 모든 것이 함께 발전할 수 있을 것이다. 만약 농업 발전이 이루어지지 않는다면 공업과 기타 산업까지 발전이 어려워질 것이다. 최근 몇 년간 발생한 문제에 대해 전국적인 범위에서 설명하자면 몇몇 지역은 자연재해가 주요 원인이지만, 대부분 지역은 우리 공작의 허점과 문제점이 주요 원인인 것으로 보인다. 몇몇 동지가 말하듯이 현재 한 가지의 문제라고만 볼 수가 없다. 전체의 9개 손가락과 1개 손가락, 이 비율의 관계가 변하지 않는다면[76] 실제 상황에 맞추기는 어려울 것으로 보인다"

라고 말하였다.

1962년 1월 11일부터 2월 7일 당중앙은 베이징에서 7,000여 명이 참여한 확대 공작 회의를 열었다. 회의는 류샤오치가 중심이 되어 발표한, 중앙이 작성한 서면 보고에 대해 토론하였다. 보고서는 최근 몇 년간 사회주의 건설의 12조항의 성과, 4가지 허점 및 문제점, 16개의 경험에 대해 열거하였다.

76 역주: 마오쩌둥의 한 손가락과 아홉 손가락론(一個指頭與九個指頭)을 류샤오치가 인용한 것으로 마오쩌둥은 사회의 구성 요소 투입과 산출에 관한 안배와 비율에 대한 문제를 하나의 손가락과 아홉 개의 손가락으로 비유하여 설명하였다.

① 지나치게 높은 생산 계획 목표, 기본 건설의 지나친 강조로 인해 국민 경제의 각 부문에 불균형이 발생하게 되었다.

② 인민공사 공작 중, 집체 소유제와 전민 소유제의 경계가 모호하여 노동 분배와 등가 교환 원칙을 위반하고 '공산주의 바람'을 불게 하였으며 기타 평등주의의 문제점을 야기시켰다.

③ 적절치 않게 전국 범위에 설립된 공업 체계와 지나친 권력 하향으로 분산주의의 경향이 심각해졌다.

④ 농업 생산량 증가 속도의 예측이 지나치게 높고, 건설 사업 발전을 지나치게 빨리 추구하여 도시 인구의 대량 증가를 초래하여 도시 공급량과 농촌 생산에 어려움이 가중되었다.[77]

류샤오치는 이 서면 보고서에 대해 설명하고 그의 관점에 대해 언급하였다. 주요 관점은

"'삼면홍기'에 대해 우리는 취소시키지 않고 계속 이어 나가 '삼면홍기'를 위해 지속적으로 노력할 것이다. 경제적 어려움이 발생한 원인은 첫째는 자연재해이며, 둘째는 대부분의 공작 중 문제점이라 할 수 있는데, 몇몇 지역은 '30%는 천재지변이고 70%는 인재(삼분천재, 칠분인화: 三分天災, 七分人禍(싼펀티엔짜이, 치펀런후오))'라고 할 수 있다"
라고 밝혔다.[78]

1월 29일, 오전 중앙 부주석, 국방부장 린비아오(林彪)가 연설을 하였고, 마오쩌둥은 1월 30일 대회에서 장편의 연설을 하였다. 당시 연설에서 그는

"대부분은 중앙의 결정에 문제가 있으며 직접적 책임은 나에게 있고 간접적으로 또한 나의 책임이 있다. 나는 당주석으로서 1차적 책임은 당연히

77 후셩(胡繩), 《중국 공산당의 17년》, 중공당사출판사, 1991년, p. 499 참조.
78 후셩, 《중국 공산당의 17년》, 중공당사출판사, 1991년, pp. 499~500 참조.

나에게 있다”
라고 자아비판을 하였다. 또 사회주의 건설을 말할 때, 그는

“우리는 매우 맹목적으로 사회주의 경제를 믿는다. 우리에게 많은 인식하지 못한 필연왕국(必然王國(삐란왕궈))이 있다. 오늘부터 그것을 조사하고 연구하는 데 주력해야 실전에서 그것에 대한 깊은 인식을 할 수 있으며, 그것의 규율을 정할 수 있을 것이다. 그리고 중국의 인구는 많으나, 기본적 바탕이 깊지 않고, 경제적으로 낙후되어 있어 생산력이 크게 향상되어야만 세계의 선진 자본주의 국가와 어깨를 나란히 할 수 있을 것이며, 그렇지 않다면 100년 이상의 시간이 걸려도 불가능할 것이다”
라고 지적하였다.[79]

7차 전인대회에서는 경험을 확실히 매듭짓고 문제점을 고치려 하였다. 그러나 ‘삼면홍기’가 틀리지 않다는 신념은 바꾸지 않았다. 노선이 잘못된 것이 아니라 시행 과정 중 발생한 문제라고 여겼다.

1962년 2월 21일부터 23일까지 중공 중앙은 베이징에서 정치국 상무확대회의(즉, 사루회의: 西樓會議(쓰로우후이이)[80])를 열어 1962년 국가 예산과 경제 전반적 문제에 대해 토론하였다. 천윈은 회의에서 〈지금까지 재정 경제 현황과 어려움을 극복할 수 있는 방안〉이란 주제로 연설을 하였다. 천윈은 지금까지의 경제가 상당히 어려웠으며 이는 1961년 곡식 생산량이 1957년에 비해 약 800억 근이 감소하였고, 기본 건설 규모가 국가 재정과 물력을 벗어난 상태에서 화폐 발행의 지나친 증가, 통화 팽창, 투자가 발전을 저해시켰으며, 도시 인민의 생활 수준이 떨어지는 상태에 이르렀다고 비판하였다. 천윈은 보고문에서 이 같은 상황에서 벗어날 수 있는 6가지 방안에 대해 언급

79 후셩, 《중국 공산당의 17년》, 중공당사출판사, 1991년, pp. 499~500 참조.

80 역주: 1962년의 정치국 상무확대회의를 의미하는 것으로 중난하이(中南海) 안 제4호 건물에서 이루어진 회의라 하여 쓰로우후의(西樓會議)라 부른다.

하였는데, 그 중 첫 번째 방안이 앞으로 10년을 2개 단계로 나누어 제1단계는 회복 단계, 그 다음 단계를 발전 단계로 보고, 회복기는 1960년을 기점으로 약 5년의 기간이 필요하다고 제안하였다.

1962년 5월 7일부터 11일까지 중공 중앙정치국 상무위원회는 베이징에서 공작 회의를 개최하여 중앙 재정 팀이 제시한 〈1962년 조정 계획에 관한 보고〉에 대해 논의하였다. 회의는 재정 경제의 상황을 연구 분석하고 근본적 경제를 호전시키기 위한 방침과 조치에 대해 확실히 하며 '팔자' 방침을 전면적으로 시행하여 국민 경제의 대폭 조정을 위한 중대한 정책을 세워 농업, 경공업, 중공업 순의 국민 경제의 종합적 균형을 도모하도록 하는 것이었다. '대약진'의 의식 형태와 제도 환경으로 각급 정부는 마오쩌둥의 '3년 안에 영국을 따라가고, 10년 안에 미국을 이긴다'는 구호에 따라 자원을 움직일 수 있는 권리를 충분히 이용하여 건설 항목의 노동자 고용이나 무상으로 농민의 자원을 조달하고 '강철 생산량을 1년에 2배로 늘린다'는 객관적 경제 규율에 위배되는 계획 목표를 완성하려고 하였다. 결과는 폭발적으로 증가한 각각의 정치적 조치와 각 지역, 부문, 단위의 자원을 마구 갈취하는 현상으로 공업과 농업의 생산 질서의 혼란을 초래하였다. 전국적으로 시행하는 대 · 중형 사업은 1958년 1,589개, 1959년 1,361개, 1960년 1,815개로 매년 시행 항목이 1953~1957년의 제1차 '5개년 계획'의 총합을 넘어서는 수치였다. 고정 자산 투자 총액은 1957년 143.3억 위안에서 1960년 388.7억 위안까지 증가하였고, 3년의 투자 총액이 1,007.4억 위안에 달해 '1.5' 기간 5년의 합계인 588.5억 위안의 71%가 넘었다. 노동 관리의 권리 체계가 하부로 이양됨에 따라 1958년 1년 동안 국유 기업 노동자는 총 2,451만 명에서 4,532만 명으로 증가하여 2,081만 명이 증가하였다. 1960년 총노동자수가 5,969만 명으로, 도시 인구가 9,949만 명에서 13,000만 명으로 증가하여 3,000만 명 이상이 늘어났다.[81]

이런 상황을 타개하기 위한 노력으로 몇 가지 계획을 내놓았는데, 첫째 기본 노선을 줄인다. 기본 건설 투자액을 줄이는 것이 관건으로 여기에는 국가 예산안의 투자액과 예산 외의 투자액을 포함하였다. 이를 통하여 1961년 예산 내의 기본 건설 총액은 123.3억 위안으로 1960년 384억 위안에서 67.2%가 감소하였다. 1962년 또한 67.6억 위안으로 줄여 1961년 투자 총액에 비해 46.2% 감소시켰다. 또한 예산 외의 투자는 더욱 대폭적인 감축으로 예산 외 투자는 1960년 87억 위안에서 1961년 34억 위안, 1962년 11억 위안으로 감소시켰다. 둘째, 노동자와 도시 인구를 대폭적으로 감소시키는 것으로서 1962년 5월 중공 공작 회의에서 규정하기를

"1960년 말의 도시 인구를 기초로 3년 내에 도시 인구를 2,000만 명 이상 줄인다"

라고 하였다.

셋째는 기업 관리를 강화하고, 공업 경제 관리 체제를 조정하고 개혁하는 것으로서 당시 국민 경제의 어려움을 극복하기 위한 중대 조치를 취하였다. 1961년 1월을 기점으로 관리 체계를 중앙, 중앙국, 성(시, 자치구)의 3급 체계로 집중하여 2, 3년 안은 공업 관리의 권력을 1급인 중앙으로 집중시켰다. 국가 계획 범위를 확대하고, 계획 목표를 증가시켰다. 권리를 하부 이양시켰던 기업을 1959년 2,400개에서 10,533개로 증가시켜 그들의 총생산액이 전국 공업 총생산의 42.3%를 차지함에 따라 이들을 1965년까지 중앙 각 부 직속 기업, 사업 단위의 상위로 귀속시켰다. 1964년 8월 중앙은 12개의 탁아소를 설립하고, 담배공사, 제염업공사, 화동석탄공업공사, 자동차공업공사, 고무공업공사, 의약공업공사, 지질기계공사, 징진탕(京津塘)전력공사, 창장(長江)항운공사를 설립하였다. 이 공사는 국가 통일 계획의 일환으로 독립적 경제 결산 단위이며, 이같이 설립된 공사는 노동자수를 감소시키고 생산 발전을

81 우징롄, 《당대 중국 경제 개혁》, 상해원동출판사, 2004년, p. 49 참조.

도모하였다.

그 밖에 이 시기에는 노동 제도와 가격 체계 등의 개혁을 진행하였다.

일련의 조치를 채택함으로써 당시의 경제 공작은 '쓰칭'(四淸) 운동의 영향을 받았으며, 경제 발전이 눈에 띄게 회복되었고, 전체 국민 경제는 점차 되살아나 호전되었다.

20세기 60년대 초 농촌 경제 정책 조정 시기인 1959~1961년은 흉작이었다. 실제 1958년의 농업의 실질 성장은 1957년에 비해 5%가 감소, 1959년은 1958년에 비해 15.9%, 1960년은 22%, 1961년은 약 51%가 감소하였다. 1959년의 곡물 생산은 1958년에 비해 15%로 감소, 그 이후의 2년 동안은 곡물 생산은 오직 1958년의 70%밖에 미치지 못하였다. 국가 정책의 정체로 1959년의 농업세, 농산품 수출과 농업 부산품의 수확을 불법적으로 임대하는 경우가 지속적으로 늘어났으며, 이로 인해 1959년의 국가 수익 지수는 1958년에 비해 66% 수준이었다. 이러한 정체를 반영하듯 일부 농촌의 식량이 기본적 생존 수요에도 미치지 못하여 약 3,000만 명 가량이 기아로 사망하였다. 1959~1961년 농업 위기는 절대적인 식량 부족으로 화폐 발행 등으로는 문제 해결이 불가능하였고, 당시 폐쇄적이던 중국 경제는 국제 시장의 원조조차 받을 수 없는 상태였다.[82] 농업이 국가 수입에 큰 비중을 차지하였기 때문에, 농촌 이익의 하락은 전체 경제 건설에 큰 영향을 주었다. 경제 위기로 국가의 농촌에 대한 강제적 제도 변화와 권한 축소를 야기하였다.

'대약진'과 '인민공사' 이후의 심각한 경제적 어려움을 극복하기 위해 당과 정부는 경제 건설의 지도 방침을 변화하고 국민 경제 계획을 조정하여 지속적으로 경제적 어려움을 극복하기 위해 노력하였다. 동시에 인민공사의 생산 관계를 조정하기 위해 애를 썼다. 이런 조정으로 1960년 11월 3일을 시작으로 중공 중앙은 저우언라이가 주관하여 제정한 〈현재까지의 농촌 인

82 저우치런(周其仁), 《재산권과 제도 변천: 중국 개혁 과정 연구》, 사회과학문헌출판사, 2002년, p. 15 참조.

민공사의 문제점에 관한 긴급 보고 서신〉을 발표하였다. 〈긴급 보고 서신〉에서 당 전체는 중앙과 마오쩌둥이 1958년 겨울부터 시행한 목표인 '공산주의 바람'의 기풍을 고치도록 최선을 다해 노력해야 한다고 지적하였다. 〈긴급 보고 서신〉에서는 12조항의 정책을 규정하였다. 그 주요 내용으로

"3급과 팀을 기초로 하여 현재 단계의 인민공사의 기본 제도를 시행하며, 소규모 생산팀의 일부 소유제를 시행하여 사회 구성원의 경영의 일부는 자신이 소유할 수 있고 소규모의 가정 부업을 시행하도록 하며, 노동에 의한 분배를 원칙을 견지해 나가고, 일평이조의 원칙을 철저히 없앤다"

라는 것이었다.

〈긴급 보고 서신〉의 발표는 농촌 인민공사 내부의 일부 모순을 완화시키는 계기가 되기는 하였지만 농촌 인민공사의 대규모 생산팀 간의 평등주의 문제와 생산팀 내부 사회 성원과 그 밖의 사회 성원 간의 평등의 문제 등 완벽한 해결책이 되지는 않았다. 이 문제를 해결하기 위해서 당 중앙은 〈농촌 인민공사 조례〉를 제정하였으며, 이는 많은 간부와 군중의 의견을 수렴하여 수정하였다. 이 조례 규정은 부분 봉급제와 공공 식당을 취소하고, 농촌 인민공사는 생산팀을 기초로 한 3급 집체 소유제를 오랜 기간(약 30년)의 기본적 제도로 규정하였다.

농촌 인민공사 정책의 조정과 동시에 당과 정부는 공업, 수공업, 상업 부문에 이어 문화 교육, 과학 기술의 일련의 규정을 제정하였다. 예를 들어, 수공업은 35조항, 상업은 40조항, 〈최근 공업 문제에 관한 지시〉, 〈국영 공업 기업 조례〉(초안), 〈자연과학 연구 기구 최근 공작 12조항에 관한 의견〉(초안), 〈교육부 직속 고등학교 임시 공작 조례〉(초안), 〈최근 문학 예술 공작 문제점에 관한 의견〉(초안) 등이었다. 이러한 조례의 제정과 시행은 각 업종의 조정에 관해 안정되고 향상되는 방향으로 진행되어 적극적인 역할을 가능케 하였다.

그림 3-2 조정기의 공업 총생산과 농업 총생산

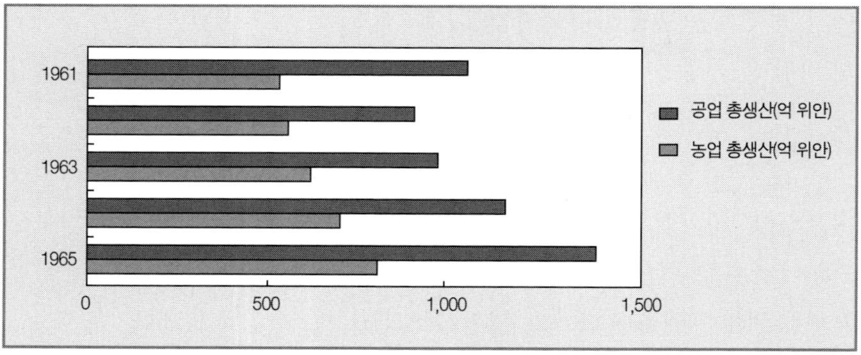

자료 출처: 국가통계국 국민 경제 종합 통계, 《신중국 50년 통계 자료 회보》, 중국통계출판사, 1999년판.

(4) 국민 경제의 전면적 회복과 호전

5년의 노력을 통해 1965년에 이르러 전체적으로 원만하게 조정 임무를 완수할 수 있었다. 1964년 12월 저우언라이는 제13회 전국인민대표대회 제1차 회의에서 작성한 〈정부 공작 보고〉 중

"조정을 거쳐 공업과 농업의 관계는 비교적 조화를 이루었으며, 공업 내부의 관계 또한 비교적 조화를 이루었다. 공업이 농촌을 지원하는 능력을 한 단계 강화시킬 수 있었고, 기업 내부의 생산 능력은 부족분을 채웠으며 미완의 것을 완성하였고, 고장난 설비를 수리하였다"

라고 밝혔다.

그는 보고 중

"국민 경제 조정 임무는 이미 기본적인 완성 단계이며, 공업과 농업의 생산은 이미 증가 상태로 전체적인 국민 경제는 이미 호전되고 있다. 또한 새로운 발전 단계로 들어서게 될 것이다", "오늘 이후 국민 경제 발전의 주요 임무는 모든 건설 수준을 현대화 농업, 현대화 공업, 현대화 국방, 현대화 과

그림 3-3 1958~1965년 경공업과 중공업 비율

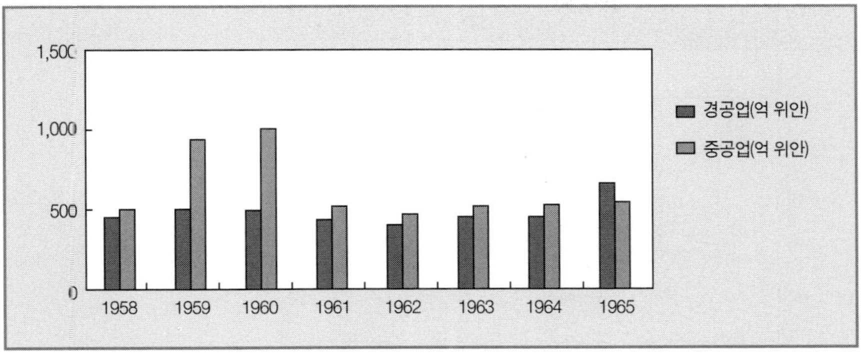

자료 출처: 국가통계국 국민 경제 종합 통계, 《신중국 50년 통계 자료 회보》, 중국통계출판사, 1999년판.

학 기술의 사회주의 강국을 만들어 세계 선진 수준으로 발돋움하는 것이다"라고 선포하였다.[83]

1965년 중국의 공업 및 농업 생산은 이미 1957년의 수준을 넘어섰다. 같은 해 전국 공업 및 농업 총생산은 2,235억 위안이며, 그 중 농업 총생산은 833억 위안, 공업 총생산이 1,402억 위안으로 1957년에 비해 농공업 생산이 60% 증가하였고, 그 중 농업 총생산이 10%, 공업 총생산이 98% 증가하였다. 1962년에 비해 국민 소득은 50.8% 증가하고 농업 생산은 대폭적으로 증가하여 곡식 생산량이 21.6%, 면화 생산량이 1.8배, 유류가 81%, 소, 돼지, 양고기의 생산량이 21.6% 증가하였다. 또한 공업 생산 또한 급속히 증가하여 발전량이 47.6%, 강철이 93.6%, 화학 비료가 2.7배씩 증가하였다. 시장 물가는 약간 감소하여 전국 소매 물가 수준이 1965년에는 1962년에 비해 11.8% 낮아졌다.

주요 생산 부문의 생산 관계 비율도 조화를 이루었다. 통계 자료에 따르면 1962년 이후 재정 수지는 기본적으로 균형을 이루었으며 약간의 여유도 생기게 되었다. 재정 수지의 균형으로 시장 물가의 안정을 가져올 수 있게

83 《저우언라이선집》, 하권, 인민출판사, 1981년, p. 439.

그림 3-4 1958~1965년 재정 수지 차액

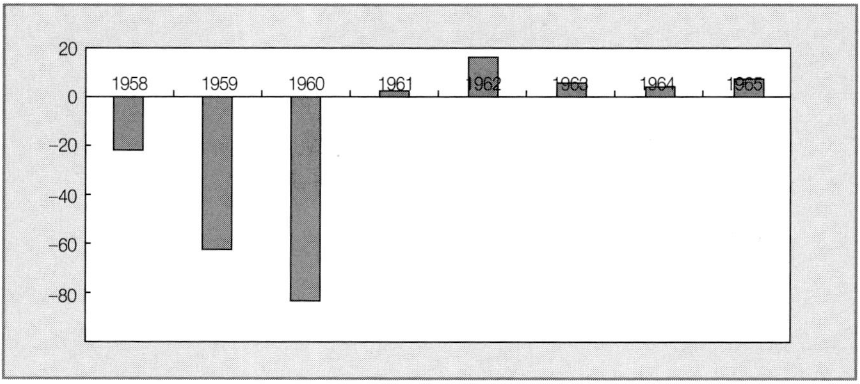

자료 출처: 국가통계국 국민 경제 종합 통계, 《신중국 50년 통계 자료 회보》, 중국통계출판사, 1999년판.

되었다. 가장 어려웠던 시기인 1961년과 1962년 일부 상품이 고가로 공급되어 배급표를 통해 분배하는 범위가 확대되었다. 그러나 상품 공급의 증가에 따라 당시의 임시 조치를 취소하였다.

전국 소매 물가와 시장 무역 가격은 대폭으로 올랐다가 다시 떨어져 1965년에 1957년의 각 109%와 105%와 동일하게 되었다. 생산 회복과 시장 공급 증가로 인해 수많은 농산품의 수매 가격을 높이 조정하였으며 노동자의 임금을 높이고, 도시의 무직자와 구직자를 위한 취업 기회를 제공하여 많은 사람이 직업을 가질 수 있게 되었다. 중국은 이미 어려운 시기를 지나 인민 생활의 개선을 가져왔다.

제2절 ‘문화대혁명’과 국민 경제의 왜곡된 발전

1. ‘문화대혁명’의 과정

1966년 5월의 중앙정치국 확대회의와 같은 해 8월 제8회 11중 전회가 열려 ‘문화대혁명’의 전면적인 발동을 명시하였다. 이 2개의 회의로 〈5.1통지〉와 〈무산 계급 문화대혁명에 관한 결정〉을 통과시켰으며, ‘펑전(彭眞), 루로루이칭(羅瑞卿), 루딩이(陸定一), 양샹쿤(楊尙昆)의 반당 단체’, 소위 ‘류샤오치, 덩샤오핑 사령부’라 불리는 단체에 대해 잘못은 투쟁하고, 당중앙의 지도자 및 기관의 과오를 고치는 조직을 구성하였다. 이를 ‘중앙문혁 소단체’(中央文革小組(쭝양원꺼샤오주))라 일컬었으며, 중앙은 이 단체에게 큰 권력을 내주었다.

린비아오(林彪), 장칭(江靑), 천보다(陳伯達), 캉성(康生), 장춘치(張春橋) 등은 ‘중앙문혁 소단체’의 명의를 내걸고 ‘일체를 타도하고 전면적인 내전’을 시작하였다. 1967년 2월을 전후로 탄쩐린(譚震林), 천의(陳毅), 예지엔잉(葉劍英), 리푸춘(李富春), 리셴녠(李先念), 쑤샹치엔(徐向前), 니에룽전(聶榮臻) 등의 정치국과 군위원회의 지도자는 다른 회의에서 ‘문화대혁명’ 문제를 처리하는 방법에 대해 맹렬히 비판하였으나 ‘이월역류’(二月逆流(얼위에이류))[84]의 모함을 받고 큰 압력과 충격을 받았다. 주더(朱德), 천윈 또한 비판을 받았다. 각 부문 및 각 지방의 당정부 지도자와 기구는 대부분 권력을 빼앗기고 조직이 개편되었다. 인민해방군을 파견하여 ‘삼지양군(三支兩軍(싼즈량쥔): 지좌(支左(즈주오)), 지공(支工(즈공)), 지농(支農(즈농)), 군관(軍官(쥔관)), 군훈(軍訓(쥔쉰)))’[85]을 시행하여 혼란한 상황이 불가피하였고 당시 안정적인 국면에 부정적인

84 역주: 1967년 발생한 사건으로 문화혁명의 잘못된 방향에 불만을 표시한 당간부들이 오히려 무고를 당한 사건.

85 역주: 1967년 마오쩌둥이 류샤오치와 덩샤오핑 집단으로부터 탈권을 시행하며 인민해방군의 역할을 지정한 정책으로, 이를 통하여 인민해방군을 통해 전 국민을 동원하기에 이른다.

결과를 초래하게 되었다. 당의 9대는 '문화대혁명'의 과오 이론과 실전의 합법화로 인해 린비아오, 장칭, 천보다, 캉성 등은 당 중앙의 큰 권한을 얻을 수 있었다. '9대'는 사상, 정치, 조직의 모든 면에서 지도 방침에 문제가 있었다.

1970~1971년간 린비아오의 반혁명 단체는 음모를 꾸며 최고의 권력을 누리고 반혁명 무장 정변 사건을 주동하였다. 이 '문화대혁명'은 당의 일련의 기본 원칙을 뒤집어놓은 결과이며, 객관적으로 '문화대혁명'의 이론과 경험이 실패하였다고 선포하였다. 마오쩌둥, 저우언라이는 기지가 넘치게 배신을 없애버렸다. 저우언라이는 마오쩌둥의 지지 아래 중앙의 일상적 공작을 주관하여 각 방면의 공작을 호전시키도록 노력하였다. 1972년 린비아오를 비판하는 과정 중 저우언라이는 좌파 사상의 의견을 비판하였으며, 1967년 2월을 전후로 많은 중앙 지도자에게 '문화대혁명'의 잘못을 고칠 것을 요구하였다. 마오쩌둥은 극우 노선을 반대하는 당시의 임무가 잘못된 인식이라 여겼다. 당의 '10대'는 '9대'의 '좌파' 사상의 문제가 계속되었으며 왕홍원(王洪文)을 중앙 부주석으로 임명하였다. 장칭, 장춘치, 야오원위안(姚文元), 왕홍원(王洪文)은 중앙정치국 내에 조직된 '4인방'으로 반혁명 단체의 노력이 가중되었다.

1974년 초 장칭, 왕홍원 등은 '비림비공'(批林批孔(피린피콩))[86] 운동을 제안하였다. 마오쩌둥은 린비아오의 우파와 린비아오 자신이 찬양하는 공자, 맹자의 도가 관련이 있다고 여겼으며, 린비아오와 그의 우파는 '피린피콩'을 빌어 당 전체를 통일하려는 인식을 가지고 있다고 생각하였다. 그리하여 전국적으로 '피린피콩' 운동이 시작되었다. 마오쩌둥은 '피린피콩' 운동을

86 역주: 비림비공으로 알려진 이 사건은 1973년 중국에서 린비아오가 즐겨 인용한 공자와 맹자를 포함하여 함께 비판한 운동으로 공자가 귀족을 옹호하였다고 주장하며 린비아오가 이런 공자의 사상을 이용하여 당노선에 침입, 자본주의를 부활시키려 하였다고 비판한 운동이다.

전개할 것을 비준하였고, 장칭 등이 기회를 틈타 반정권 운동을 진행하려는 것을 알아차리고 그들을 맹렬히 비판하였고 그들을 '4인방'이라고 선포하였다. 1975년 저우언라이는 병세가 위중해져 덩샤오핑이 마오쩌둥의 지지하에 중앙의 일상 공작을 주관하게 되었으며, 그는 군위원회 확대 회의를 열고 공업, 농업, 교통, 과학 기술 등의 문제를 해결하기 위해 여러 방면의 공작의 정돈을 진행하여 눈에 띄게 호전시켰다. 그러나 마오쩌둥은 덩샤오핑이 '문화대혁명'의 문제점을 고치려는 행동을 용인하지 않고 '덩샤오핑을 비판하고 보수적 입장을 뒤집는 바람'(批鄧, 反擊右傾飜案風) 운동을 발동시켜 전국은 이로 인해 또다시 혼란에 빠지게 되었다.

1976년 1월, 저우언라이는 서거하였다. 저우언라이는 '문화대혁명' 중 매우 곤란한 위치에 처해 있었다. 그는 전반적인 국면을 고려하며 원망을 두려워하지 않고 당과 국가의 정상적인 공작을 위해 계속적으로 진행시켰으며, '문화대혁명'으로 발생한 손실을 최대한 축소시키려 하였고, 수많은 당내외 간부를 보호하기 위해 심혈의 노력을 기울였다. 그는 장칭, 린비아오의 반혁명 단체가 손실시킨 것을 되돌리기 위해 많은 노력을 하였다. 그의 서거로 당 전체와 전국 모든 인민은 모두 매우 비통해하였다. 같은 해 4월 한 달간 전국적으로 천안문사건을 시작으로 저우언라이를 애도하고 '4인방'에 반대하는 강한 반대 운동이 일어났다. 이 운동은 실제로 덩샤오핑을 지지하는 지도자들이 시작하였으며 이것으로 장칭의 반혁명 단체를 와해시키는 중요한 기초가 되었다. 당시 중앙정치국과 마오쩌둥은 천안문사건의 성격에 대해 문제점을 판단하고 그 문제점을 없애는 것을 덩샤오핑의 당 내외 임무로 주었다.

1976년 9월, 마오쩌둥의 서거로 장칭 반혁명 단체는 긴급하게 당과 국가 고위 지도자급의 권리를 빼앗으려는 음모를 꾸몄다. 같은 해 10월 초 중앙정치국은 당과 인민의 의견을 반영하여 장칭 반혁명 단체를 없애고 '문화대혁명'을 종결시켰다. 이것은 당과 군 전체 및 전국 인민이 오랫동안 투쟁하여 얻어낸 승리였다. 장칭 반혁명 단체를 없애려는 운동 과정 중 화궈펑, 예지엔잉, 리셴녠 등이 중요한 역할을 하였다.[87]

'문화대혁명'은 우연히 발생한 것이 아니다. 중국이 사회주의로 진입한 이후 국내외 모두 예측할 수 없는 새로운 상황이 출현하여 쉽게 해결하기 힘든 새로운 문제가 발생하였다. 사회주의 사회로 서둘러 진입하여 사상적으로나 이론적으로 모두 충분한 준비가 되지 않았고, 사회주의 건설의 경험이 부족하였다. 사회주의 운동의 역사는 길지 않으며 사회주의 국가의 역사는 더욱 짧아 사회주의 사회의 발전 법규는 더욱 연구가 필요하였다. 이것을 객관적 상황이라고 본다면 주관적인 상황은 1947년의 대반공부터 1956년의 사회주의 개조가 기본적으로 완성한 10년간 큰 성과를 거둔 것으로 마오쩌둥, 중앙과 지방의 많은 지도자들은 이로 인해 자신감 있는 태도를 보였다. 덩샤오핑은

"결론부터 말하자면 우리는 경험이 부족하지만 성공 이후 신중치는 않았다"

라고 말하였다.[88]

이것이 큰 배경이 되었다.

'문화대혁명'의 준비 기간이자 초기 발동 단계는 1965년 11월부터 1966년 4월이다. '문화대혁명'은 마오쩌둥이 발동한 것으로 그는 문장, 논단, 문건을 심사하고 사실상 많은 찬양을 하였다.

87 《제11회 3중 전회 이후 주요 문헌 선집》, 인민출판사, 1987년, p. 320 참조.

88 《덩샤오핑 문선》, 제2권, 인민출판사, 1994년, p. 302.

2. '문화대혁명' 기간 극우 경제 사상과 노선

(1) 국내외 형세에 대한 잘못된 예측

20세기 60년대에는 국제적으로 신기술 혁명이 일어나 소련, 미국, 영국, 프랑스 등의 국가는 기술 발전을 통해 경제적으로 매우 크게 발전하였다. 제2차 세계 대전 중 전쟁에서 패한 독일, 일본은 이런 세계 경제의 형세에 따라 기회를 잡고 경제 대국으로 발전하는 발판으로 삼았다. 또한 매우 발달한 국가가 아니었던 일부 국가와 지역인 한국, 싱가포르, 타이완, 홍콩은 여러 작용으로 경제를 크게 발전시켰다.

미국을 중심으로 자본주의 국가와 소련이 중심인 사회주의 국가들은 서로 냉전 상태에 있었다. 중국은 미국, 소련과 관계가 좋지 않았다. 20세기 50년대 말을 기점으로 중-소 관계에 의식 형태의 대립으로 관계가 악화되었다. 중국은 소련이 수정주의를 쫓아가는 것에 대해 비판을 하고, 소련은 중국의 교조주의에 대해 비판하였다. 그리고 정치와 군사적으로 중국에 압력을 가하였다. 미국은 베트남에 군을 파병하고 중국은 베트남이 미국을 저항하는 것을 지지하였다. 중국은 대국인 인도와 변경 문제로 인해 충돌이 일어나기도 하였다.

이러한 국제 환경으로 중국 공산당은 전쟁과 혁명은 시대의 주제로 제3차 세계 대전은 불가피한 것이라고 판단하였다. 이 시기의 특징은 제국주의가 붕괴되고 사회주의가 승리한 시기로, 혁명을 저지하기 위한 전쟁이 아니라 전쟁이 혁명을 불러 일으키게 한 것이었다. 그래서 60년대 중반, 중국의 경제 건설 방침은 인민의 소비 수요에 기초한 것이 아닌 전쟁을 준비하기 위한 것이 중심이었다. 또한 국내의 계급 투쟁의 형세를 높이 평가하여 '계급 투쟁의 요강'(以階級鬪爭爲綱)이 각 공작의 지도 사상이 되었다.

(2) 마오쩌둥이 구상한 사회주의 모형

사회주의 건설은 언제나 공산당원의 사회 목표이다. 마오쩌둥은 당의 중심으로, 그는 사회주의 모형이 중국 사회주의 건설의 길에 결정적 영향을 준다고 여겼다.

20세기 초 학문을 중시하고 나라를 구하려는 진리를 추구하던 청년이었던 마오쩌둥은 많은 학문을 섭렵하여 많은 종류의 사회주의 영향을 받았다. 마오쩌둥은 중국 전통 문화에 따라 그 중 특히 유가 사상의 영향을 많이 받았다. 유가의 대동(大同) 사회 이상은 마오쩌둥에게 큰 영향을 끼쳤다. 그 밖에 마오쩌둥은 농촌 출신으로 오랫동안 농민들과 함께 하여 중국 농민의 사상을 깊이 이해하고 있었다. 혁명 당시 군사 공산주의 경제 모형은 마오쩌둥의 영향이 매우 컸다고 할 수 있다. 이러한 모든 것이 '문화대혁명'을 통해 새로운 사회주의 사회 모형의 경험 중 실현되었다.

그의 사회주의 모형은 주로 〈5.7 지시〉에서 알 수 있다. 〈5.7 지시〉는 마오쩌둥이 1966년 5월 7일 중국인민해방군 후방지원부 부대의 농부산물 생산 증가를 위해 보고, 지시를 한 것이다. 중공 중앙은 1966년 5월 15일 당 전체에 〈5.7 지시〉를 전달하고 이를 높이 평가하여

"마오쩌둥 동지가 린비아오 동지에게 전하는 서신이 매우 큰 역사적 의미를 가진 문서로 이것이 마르크스-레닌주의 시대의 새로운 발전을 가져올 것이다"

라고 여겼다.

8월 1일, 〈인민일보〉에 〈전국의 대학교는 마오쩌둥의 사상을 배우고 실천-중국인민해방군 건군 39주년을 기념〉의 논단을 발표하고 〈5.7 지시〉를 공표하였다. 그리고 〈5.7 지시〉에 대한 서술을 하였다. 논단에서는

"마오쩌둥 동지가 제안한 각 업종은 모두 농공, 문무가 혁명화 대학교의

사상을 실현하는 것이 우리의 강령이다"
라고 지적하였다.

20세기 50년대에 마오쩌둥은 공, 농, 상, 학, 병을 포함하지 않은 것이 없었고, 농 · 임 · 목 · 부 · 어업이 없는 인민공사가 없었으며 60년대는 공업, 농업, 군사를 모두 함께 '공산주의대학교'를 설립하였다. 70년대 무산 계급의 독재 정치는 8단계 임금제, 노동에 따른 분배, 화폐 교환 등의 일련의 사상을 규제하였다. 마오쩌둥이 지향하는 이상적 사회는 다음과 같은 특징을 포함하고 있다고 볼 수 있다.

① 전국적으로 공산주의대학교를 설립하여 세 가지 큰 차이를 좁혀나갔다. 엥겔스의 《공산주의 원리》에서 미래의 공산주의 사회는

"사회의 구성원이 공동으로 연합체를 조직하고 계획하여 생산력을 이용한다. 생산을 사회 구성원이 만족시킬 수 있을 만큼 발전시킨다. 일부 인민의 희생으로 다른 사람들의 요구를 만족시키는 상황을 없애고 계급 체계를 없앤다. 이전의 분업 체계를 없애고 생산 교육을 진행하여 노동의 종류를 변화시켜 공동으로 모두가 누릴 수 있는 후생을 만들어나가고 도, 농의 화합으로 사회 전체 구성원이 모두 발전할 수 있도록 한다"
라고 묘사하였다.[89] 당연히 미래의 공산주의 사회는 생산력 발전을 기초로 하여 계급의 대립과 오래된 분업 체계를 없애 사회 구성원이 함께 발전하는 것이 목표이다. 그러나 마오쩌둥의 구상은 사회주의 생산력이 아직 발전하지 않은 기초 아래 중국의 각 업종, 각 단위는 모두 공산주의대학교를 설립하고 교내에 하나의 직업으로 학업을 병행하여 설립한 공업, 농업, 문학, 무술 등을 서로 독립시킨 사회 기본 단위로 형성하는 것이었다. 사실상 20세기 60년대 중국 생산력 수준은 매우 낮았는데, 사람을 중심으로 생산 각 부문

89 《마르크스 · 엥겔스선집》, 제1권, 인민출판사, 1975년, pp. 223~224.

간의 경계를 없애는 것을 통해 생산력 발전이 늦어질 수 있고, 사회 상품의 증가를 위한 조건을 만들기는 어려워지며 오히려 사회 분업의 파괴를 가져오고 생산력의 정상적인 발전의 장애를 초래할 수 있었다.

② 상품 화폐 관계를 규정하고 없애 봉건적 상품 경제의 모형을 추구한다. 사회주의 건설 중 계속하여 상품 경제와 사회주의 제도의 대립이 있었지만 그것을 무시하거나 배제해왔다. 이것은 깊게 뿌리내린 사회 역사 근원이자 이론 사상의 근원이다. 우선 봉건주의 소농 경제 관념의 깊은 영향으로 인민은 상품 경제 사회와 역사의 근원을 무시하고 배제시켰다. 그 다음 개혁 지도자의 사회주의와 상품 경제의 관계를 평가한 교무주의(教務主義)에 대해 인민은 상품 경제의 이론 사상 근원을 무시하고 배제하였다.

마오쩌둥의 사회주의 상품 경제의 인식에 하나의 과정이 있었다. 이 과정 중 모순이 존재하지만 인식의 발전 방향으로 보자면 상품 경제를 크게 발전시킬 필요는 없고 상품 화폐 관계를 규제하고 없애면 된다고 보았다. 당연히 마오쩌둥의 사상은 위에 명기된 두 가지의 영향을 받았다.

③ 노동에 의한 분배를 규정하고 평등주의를 지향한다. 노동에 의한 분배는 사회주의의 분배 원칙으로, 개인 소비재 분배 영역 중 사회주의 성격의 분배 관계를 구현한 것이다. 그러나 이런 사회주의 성격의 분배 제도에 대해 마오쩌둥은

"이전의 사회와 큰 차이가 없다."

"다만 무산 계급 독재 정치를 강하게 규제할 뿐이다"

라고 여겼다.

마르크스는 '공산주의 사회의 제1단계', 이것은 '피할 수 없는 불가피한' 폐단이다. 왜냐하면 '권력은 영원히 사회주의 경제 구조를 따라갈 수 없으며, 경제 구조의 제약으로 인해 사회 문화 발전을 저해'하기 때문이라고 지적하였다.[90] 그러나 마오쩌둥은 이것들을 소홀히 하여 생산력이 크게 발

전하지 않은 사회주의 단계는 노동에 의한 분배를 규제하고 평등 분배를 추구해야 한다고 하였다. 현재의 역사 문화 배경으로 마오쩌둥이 이상적으로 여기는 사회 분배 제도의 구상은 오직 혁명 전쟁기의 경험과 고대부터 이어온 '대동(大同) 세계'의 구상을 빌리는 것이라고 생각하였다.

이상의 세 가지 면은 마오쩌둥이 구상한 사회주의 이상적 모형의 기본적 특징이며 '좌파' 경제 사상의 중요한 표출이라 할 수 있다.

(3) 무산 계급 독재 정치하의 지속적 혁명 이론

1963년부터 1976년까지 마오쩌둥은 일련의 대비판을 발동하였다. 이 대비판은 모두 마오쩌둥의 사회주의 이론과, 다른 사람의 사회주의 이론이 제정된 정책 방침에 의한 것이었다. 경제 분야는 비판의 중심이 국민 경제의 정책 조치와 경제 개혁 이론의 탐색과 경제 노선의 실전을 탐구하는 데 있었다. 계급 투쟁 강령 사상의 지도하에 일부 사람들은 경제의 회복과 발전을 계급 투쟁에서 가장 중시해야 할 정치 결과라고 말하였다. 또한 경제 개혁을 촉진시킬 이론과 조치는 수정주의의 언행이라고 보았으며, 계획 경제의 약점을 개선시키기 위해 시장의 역할을 발휘하도록 하며, 유동성 있는 경제 조직 형식을 이용하였으며, 이를 없어진 자본주의 제도를 부활시키는 행위라고 하였다. 대비판 중 '무산 계급의 독재 정치하의 지속적 혁명 이론'을 형성시켰다.

정치와 경제의 관계에서 '계급 투쟁에 의한 강령'에 의한 경제 활동의 전개를 주장하고 경제 건설과 경제 공작을 지도하고 배치하여 경제를 계급 투쟁의 관리하에 두었다. 이것은 '문화대혁명' 시기 경제 건설의 기본 지도

90 《마르크스 · 엥겔스선집》, 제1권, 인민출판사, 1975년, p. 12.

방침이 되었고 '문화대혁명'의 시작부터 끝까지 관철되었다.

'문화대혁명' 기간 계급 투쟁에 의한 강령은 제1방침이 경제 건설로, 구체적으로 '개혁을 하여 생산을 높이자' 였다.

생산력 발전 문제 중 '2단계, 2개의 노선을 이용해 일체를 관찰'을 기조로 농업 생산은 '사회주의의 기초로 자본주의의 새싹은 불필요하다' 라고 지적하고, '유(唯)생산력론'을 비판하며 '차를 끄는 것에만 몰두하여 고개를 들어 앞길을 보지 않음'(매두랍거부태루간로: 埋頭拉車不抬頭看路(마토우라처뿌타이토우칸루))을 하지 말고 경계심을 늦추지 말라고 하였다.

대비판은 '문화대혁명'을 전개하는 지도자적 역할을 하였으며, 그것은 '문화대혁명'의 서막을 알리는 것이었다. 대비판 중 마오쩌둥이 서술한 사회주의와 사회주의 관련 건설의 관점은 1967년 무산 계급 독재 정치의 지속적 혁명 이론에 포함되어 있다. 1967~1978년의 경제 공작은 이런 이론적 지도하에 완성된 것이다. '문화대혁명' 기간 혁명의 지도자 간부는 '자본주의 노선을 걷는 집권파'를 찾아내 비판하고 사회주의는 자본주의를 비판하였으며, 마르크스 레닌주의를 수정주의라 여기고 비판하였다. 이렇게 피할 수 없이 대혼란 시기를 맞이하게 되었다. '혁명'은 점점 격렬해지고 생산은 점점 위축되었다. '계급 투쟁에 의한 강령' 지도는 경제 건설의 결과로 국민 경제 전체를 어려움에 빠지게 하였다.

(4) 전쟁 준비 사상과 '3선'[91] 건설

20세기 60년대 이후 국제 정세는 크게 변화하여 전쟁 발발 요인이 많아

91 역주: 20세기 60년대 중반, 중국은 국제 정세 발전의 상황에 따라 전쟁을 준비해야 할 필요성을 느껴 전국을 1, 2, 3선의 지역으로 구분하고 1선 지역은 근해와 근해 주변 성, 3선 지역은 전국의 전략 후방의 성, 후방은 적이 침입할 가능성이 있는 중국 북부와 동남 방향으로 설정하고 1, 3선 사이의 지역이 2선 지역이다. 구체적으로 3선 지역은 만리장성 이남, 찡관씨엔(京廣線)의 서쪽 지역으로 쓰촨(四川), 구이저우(貴州), 윈난(雲南), 시베이(西北)의 산시(陝西), 칭하이(青海),

져 미국과 소련은 앞다투어 전쟁 준비를 하였다. 또한 세계 각 지역에서는 크고 작은 전쟁이 일어났다. 특히, 중국 주변 지역은 직접적으로 중국의 안전을 위협하는 일이 발생하였는데, 미국 군용 비행기는 여러 차례 중국 영공을 침입하였다. 중국과 인도는 변경 지역으로 인해 서로 충돌하는 일이 자주 발생하였다. 또한 소련은 중국의 둥베이, 내몽고, 신장의 변경 지역에 군을 배치시켰고, 미국은 베트남을 침략하여 점차 사태가 심각해졌으며, 타이완은 타이완 해협에 긴장 상태 구도를 만들었다. 국내 상황을 보면 역사적 원인으로 60년대 초 중국 생산력은 연해 지역에 집중되는 불균형 상태로, 70% 이상의 공업이 연해 지역에만 분포되어 있었다. 그 중 중공업은 주로 둥베이 지역, 경공업은 상하이, 광저우, 톈진 등 몇 개의 대도시에만 편중되었다. 중국은 주로 철로 교통을 중심으로 교량과 항구는 대부분 동부 지역에 집중되어, 국토 1/3 이상의 남서, 남북 지역은 교통이 막혀 근대 공업의 발전이 미약하였다. 전쟁의 발발로 연해 공업은 파괴되고 내륙 공업을 계속 진행하기 어려웠으며 이것은 중국의 안정에 상당히 불리하였다.

마오쩌둥은 제2차 세계 대전 시기에 소련이 우랄 동부 지역의 공업 기지 건설을 완성할 수 없게 되었고, 전쟁 초기 매우 큰 파괴와 심각한 손실을 겪은 것을 역사적 교훈으로 삼고 국력을 강화시키기 위하여 내륙 지역에 중요한 전략적 정책을 세우려 하였다. 그리하여 국가는 3선 지역에 중점적으로 투자하여 중국은 전체적 전략의 제1차 대규모 지역을 동쪽에서 서쪽으로 이동시켰다. '전쟁 준비 강령'(이전비위강: 以戰備爲綱(이짠뻬이웨이깡))으로, 전쟁 준비를 위해 경제 건설을 진행하고 생산 구조를 배치하며 국민 경제를 발전시키는 것이 '문화대혁명' 시기 경제 건설의 기본 지도 방침이 되었다.

간쑤(甘肅)의 대부분 지역, 중원의 위시(豫西), 어시(鄂西), 화난(華南)의 샹시(湘西), 위에베이(奧北), 구이시베이(桂西北), 화베이(華北)의 산시(山西), 지시(冀西) 등의 지역이다. 3선 지역은 중국의 중추 지역으로 해안선에서 700km 떨어지고, 국토의 서남쪽 변경에서 1,000km 떨어진 곳이다(자료 출처: 越德馨, 《중국근현대경제사: 1949~1991》, 하남인민출판사, 2003년, p. 266 참조).

1965년부터 1980년까지 중국은 중심 지역의 11개 성과 자치구에 전면적으로 거대한 규모의 3선 건설을 전개하였다. 전체 건설 과정을 대략 2단계로 구분할 수 있다. 1965년과 '3.5' 시기가 제1단계이다. 제1단계의 총투입 자금이 482.43억 위안으로, 주로 청쿤(成昆), 디엔치엔(滇黔), 촨치엔(川黔)의 철로와 판지화(攀技花), 지우취안(酒泉) 강철 공장과 충칭(重慶) 공업 기지의 건설 중 기본 건설 투자 총액의 52.7%를 차지하였다. '4.5'와 '5.5'계획 시기가 제2단계로 총투자 자금 1,492억 위안으로 전국 기본 건설 총투자의 36.4%를 차지하였다. 건설 항목에 1,100개를 배치하고 대부분 생산 능력은 제1단계에서 형성하였다. 그리하여 '3선' 지역의 기본은 공업 분야의 완성과 농공업의 조화로운 발전의 전략이었다.

'3선' 건설을 제1차 서부 대개발이라 부르기도 하였다. 교통, 운수면에서 촨치엔(川黔), 꾸이쿤(貴昆), 청쿤(成昆), 씨앙치엔(襄黔), 씨앙요우(襄玧) 등의 10개 철로 간선을 건설하고 8,046km의 철로를 확장하였다. 도로는 22.78만km를 새로 확장하고 항구는 3,042만 톤의 물동량을 움직일 수 있도록 증가시켜 미비한 서부 지역 교통을 개선시킬 수 있었다. 에너지, 제철면에서 구이저우따판쉐이(貴州大盤水), 허난(河南) 핑띵샨(平頂山) 등 50여 개의 석탄 채굴 지역, 꺼저우바(葛洲壩), 간쑤지우취안(甘肅酒泉) 강철 공장, 청두우펑(成都無縫) 강철관 공장, 구이저우루창(貴州鋁廠) 등 강철 공업 기업이 984개, 유색 금속 기업이 945개 생겨나고 충칭, 청두, 구이양(貴陽), 한중(漢中), 시닝(西寧) 등의 기계 공업 기지를 형성해나갔다.

'3선' 지역의 광범위한 대규모 건설은 힘껏 내륙과 소수 민족 지역 경제와 문화의 발전을 촉진시켜 인민 생활의 개선을 가져왔으며 내륙과 연해의 차이를 감소시켰다. 3선 지역의 종합적 개발은 장기간 내륙 건설의 기초가 되었다. 그러나 언급할 필요도 없이 3선 건설은 문제점과 부족한 점이 존재하였고, 전쟁 발발의 높은 가능성으로 시작되어 건설 규모가 지나치게 크고,

급하게 처리하며 전쟁 준비를 지나치게 강조(예를 들어, 단편적으로 '산, 산, 동'(山, 散, 洞)의 방침)하여 경제적 효율을 무시하게 되어 큰 낭비를 초래하였다.

3. 두 차례 국민 경제 발전의 전환점과 실패

(1) 국민 경제 발전의 첫 번째 전환점과 실패

'문화대혁명'은 1966년 6월부터 전국적으로 퍼지기 시작하였다. 홍위병은 전국 각지에 퍼져 도처의 반대파와 자본파가 투쟁하고 각 지역 당정 기구와 충돌하여 국민 경제에 심각한 피해를 주고 사회, 정치, 문화에 매우 큰 충격을 주어 1966년 하반기 국민 경제 발전에 심각한 문제점을 야기하였다. 우선 공업과 교통에 영향을 주었는데, 같은 해 연말 1,000만 톤의 화물이 움직이지를 않았다. 따라서 해운, 항구 물자가 심하게 쌓여갔고, 대략 5~10%의 공장 지도자들은 어려움에 처하게 되었다. 둘째, 상업, 대외 무역, 우전, 금융 등 경제 분야 또한 큰 영향을 주었다. 홍위병은 '파사구'(破四舊(포쓰지우))[92]를 시작으로 전통을 가진 간판을 모두 파괴하였다. 1966년 전국 일용품과 사회 상품의 도매가가 1965년에 비해 1.7% 하락하였다. 교통의 장애로 인해 대량의 우편물과 전신이 쌓여나가고 원활히 순환되지 않아 경제 건설과 인민 생활에 영향을 주었다.

1968년, 국민 경제는 최저점을 찍었다. 그러나 1969년 이후부터 1973년까지 '문화대혁명'과 실제의 최고 목표가 현실적이지 않아 국민 경제의 발전에 어려움을 겪기도 하였지만 전체적으로 본다면 호전되었다고 할 수 있다. 즉, 1968년에 비해 1969년 총생산이 25.3% 성장하였고, 1970년은 24.1% 성

92 역주: 포쓰지우(破四舊)는 네 가지의 낡은 것을 파괴한다는 뜻으로 문화혁명 당시 낡은 사상, 낡은 풍속, 낡은 습관, 낡은 문화의 네 가지를 배척한 것을 의미한다.

장하였다. 공업 총생산은 전체 사회 총생산에 비해 34.3%, 1970년에 비해 30.7% 증가하였으며, 농업 총생산은 1969년 전년도에 비해 1.1%, 1970년 11.5% 증가하였다. 제3차 5개년 계획을 전체적으로 본다면 1970년은 제3차 5개년 계획의 마지막 해인데, 농공업의 주요 상품 생산량을 보면 기본적으로 1965년 계획한 제3차 5개년 계획 목표를 달성하였다. 당연히 국민 경제 각 부문의 성장 속도는 제1차 5개년 계획 기간의 성장 속도보다 뚜렷하여 더 나아가 1963~1965년의 성장 속도에 비해 향상되었다.

1971년 이후 전체 국민 경제의 정체는 현저하게 호전되어, 1971년, 1972년, 1973년 국민 경제의 주요 목표는 몇 개를 제외하고는 모두 성장한 것으로 드러났다. 국민 경제의 계속되는 성장은 여러 요인의 종합적 결과이다. 이 여러 요인 중 인민과 군중의 안정을 요구하고 생산의 발전을 위한 노력이 합하여진 것이다. 이상의 일부 요소가 종합적으로 작용한 결과로 1969년 이후 회복과 성장을 하였지만 '문화대혁명'이 여전히 종결되지 않고, 장칭의 반혁명 단체의 간섭과 파괴가 계속되어 1974년 국민 경제는 또다시 좋지 않은 상태에 빠질 수밖에 없었다. 이런 감소는 1974년 주요 경제 목표가 국가 계획이 제시한 만큼 달성할 수 없었다. 예를 들어, 농공업 총생산이 비록 1973년에 비해 1.4% 성장하였지만 당년 계획의 95.6%밖에 달성하지 못하였다. 일부 주요 상품의 생산량 또한 목표한 계획만큼 달성하지 못하였다. 당해 강철 생산량은 계획 목표의 78.2%, 석탄 생산량은 96%, 발전량은 96.4%, 철로 화물 운송량은 약 92%, 재정 수입은 92.1%밖에 달성하지 못하였다. 일부 경제 목표는 1973년에 비해 약간 감소하였다. 예를 들어, 1973년에 비해 강철 생산량은 16.2%, 석탄 생산량이 1%, 철로 화물 운송량이 5.2% 감소하였으며, 전국 주민 소비 수준이 1973년에 비해 0.2% 줄었다.

(2) 국민 경제 발전의 두 번째 전환점과 실패

'4인방'이 '피린피콩'을 내세우고, 경제적으로 하락되었을 시기 저우언라이는 병환이 위중하여 덩샤오핑이 중앙의 일상 공작을 주관하였다. 이 시기 '4인방'이 많은 것을 간섭하고 파괴하여 경제 공작은 심각한 혼란 상태에 빠졌다. 덩샤오핑은 이런 위기 상태에서 대담한 혁명적 패기로 지도자의 재능을 발휘하여 매우 빠르게 정세를 회복시켜 국민 경제 발전의 두 번째 전환을 일으켰다. 그는 마오쩌둥이 제시한 안정적 단결 요구에 따라 국민 경제의 목표를 달성하도록 각종 회의를 주관하여 전면적인 정돈 지도 사상을 실시할 것을 명확하게 제안하였다.

정돈은 확실히 효과를 얻었다. 6월에 이르러 전국의 1일 평균 강철 생산량이 7.24만 톤에 달해 한 해 평균이 하루 생산량 수준을 웃돌았다. 심각한 재정난에 시달리던 대형 강철 기업의 생산도 호전되기 시작하여 전체 공업 경제 상황이 좋아졌다. 자료에 따르면 공업 전체 생산은 1975년 3월 이후 점차 좋아졌다. 상반기 전체 계획의 완성 상황은 원유가 49.8%, 석탄이 52%, 강철 생산량이 42.2%, 목재는 51.3%, 철로 화물 운송량이 48.9%이며, 전국 공업 총생산은 47.4%를 완성하였고 국가 재정 수입이 43%에 달하였다. 그 밖에 군대, 농업, 과학 기술, 문화 교육 등 각 방면에서 정돈을 실시해 뚜렷한 성과를 보였다.

덩샤오핑은 국민 경제의 각 부문과 기업을 정돈을 하여 전체 국민 경제는 모두 호전되는 상황이었으나 '4인방'은 완강하게 저지하고 반대를 하였다. 마오쩌둥은 1971년 겨울 병세에 들고, 특히 1975년 하반기 이후 병세가 악화되어 말과 행동이 모두 곤란한 상황에 처하자 '4인방'은 이를 이용하여 마오쩌둥에게 사실을 왜곡시키고 분쟁을 일으키도록 하였으며, 마오쩌둥이 잘못된 정책을 실시하도록 하여 좋지 않은 작용을 하였다. 1975년 11월 마오쩌둥은 '4인방'의 말만 믿고 '덩샤오핑을 비판하고 우파 사상을 공격하자'라는 운동을 발동시키기로 결정하였다. '4인방'은 4대 현대화를 '자본주의를 준비하는 기초'라고 공격하고, 공격하기 위한 합리적 규정 제도로 '수정주의왕 법'을 시행하고 사회주의를 공격하는 것은 '이윤이 우선'이며, '노동에 의한 분배'를 공격하는 원칙과 '자본 계급 강화 법권'의 정책 등을 내세웠다.

덩샤오핑이 주관이 되어 진행한 정돈 공작의 성공은 누구나 다 알 수 있는 것으로, '덩샤오핑을 비판하고 우파 사상을 공격하자'라는 운동은 진실에 위배하고 민심과 반대된 것으로 시작부터 엄청난 제지를 받았고 국민 경제 발전의 실패를 가져왔다.

4. '문화대혁명' 시기의 경제적 손실과 경험

(1) '문화대혁명' 시기의 경제적 손실

'문화대혁명' 기간, 세계적으로는 신기술 혁명과 '경제 도약'의 시기를 맞이하였고, 많은 국가들은 이 기간 국민 경제가 2배 이상 성장하여 선진국이 되었다. 하지만 중국은 오랫동안 혼란 속에 빠져 있어 다른 국가와의 차이가 많이 벌어진 것이 가장 큰 손실이라 할 수 있다. 10년의 혼란 속에 린비아오, 장칭 반혁명 단체의 파괴 행동 때문에 전국적으로 '좌파' 문제로 중국 국민 경제 발전이 여러 번 고비를 맞이하며 심각한 결과를 불러일으켰다. 이는 다음으로 표현할 수 있다.

1) 자본 축적과 소비 비례 관계의 불균형

1970년 이후 자본 축적률은 계속 높았다. 중국은 '1.5' 기간 자본 축적률

그림 3-5 문화대혁명 시기 GDP 성장률

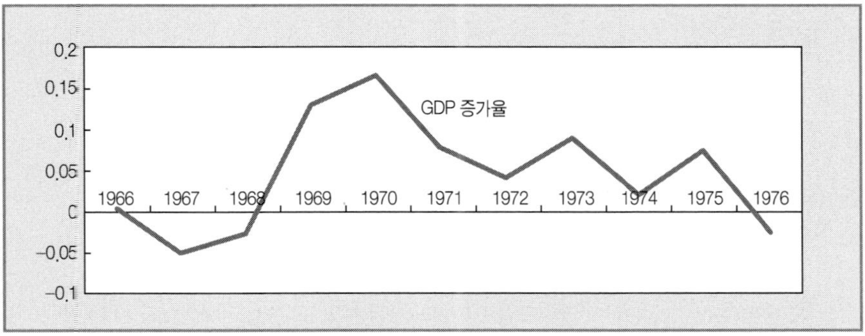

자료 출처: 국가통계국 국민 경제 종합 통계, 《신중국 50년 통계 자료 회보》, 중국통계출판사, 1999년판.

이 평균 24.2%, '3.5' 기간 평균 26.3%, '4.5' 기간 33%가 증가하였으며, 그 중 1971년은 최고로 높아 34.1%였다. 국민 소득 총액은 천천히 증가하였기 때문에, 급격한 인구 증가 상황하에 당연히 인민의 정상적인 소비에 영향을 주었다. 축적 자본 중 주택, 도시 공공 사업 등 비생산성 축적 자본의 비중이 '1.5' 시기는 40.2%에서 '3.5' 기간, '4.5' 기간 각각 25.5%와 22.4%로 하락하였다.

2) 농업, 경공업, 중공업의 심각한 불균형

전국 투자 총액 중 중공업이 차지하는 비중이 '1.5' 시기는 40.2%, '3.5' 기간에 51.1%, '4.5' 기간은 49.6%를 차지하여 농공업 총생산은 1966년부터 1976년까지 중공업은 32.7%에서 38.9% 상승하고, 농업은 35.9%에서 30.4%로 감소, 경공업은 31.4%에서 30.7%로 하락하였다. 공업과 농업은 내부적 불균형을 이루었다.

그림 3-6 1967~1976년 아시아 5개국과 GDP 성장률 비교

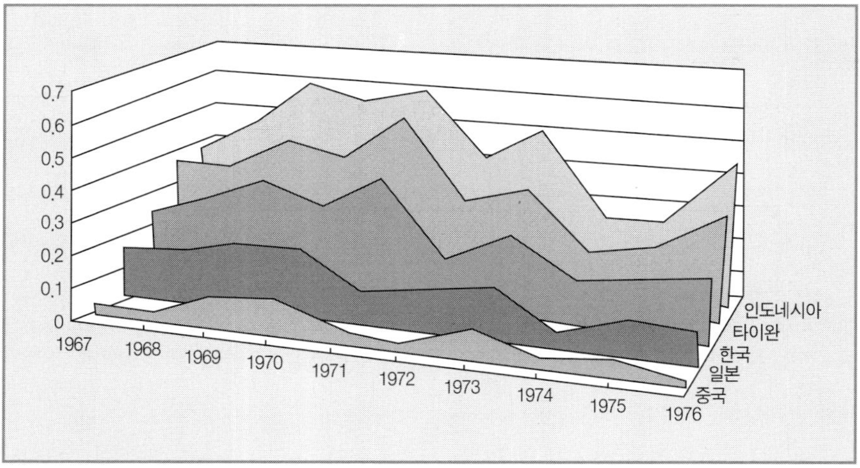

자료 출처: 앵거스 메디슨(영), 《세계 경제 천년사》, 북경대학출판사, 2003년판, p. 296 자료 재편집.

그림 3-7 1966~1976년 산업별 산업 생산액

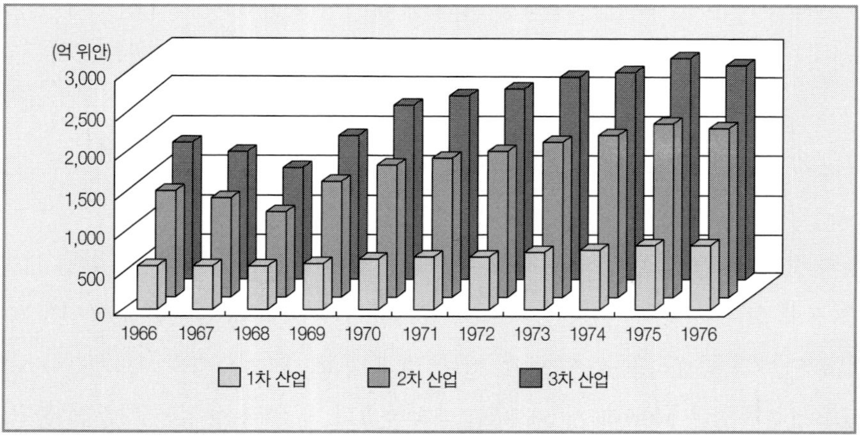

주: 위 그림은 산업별 생산 총액이 아닌 산업별 누적 생산액이다. 즉, 1966년의 경우 전체 GDP는 약 1,800 억 위안이다.

자료 출처: 국가통계국 국민 경제 종합 통계, 《신중국 50년 통계 자료 회보》, 중국통계출판사, 1999년판.

3) 농공업 생산과 교통 운수의 심각한 불균형

'1.5' 시기, 농공업 총생산이 67.8% 증가(그 중 공업 총생산이 1.28배 증가), 전체 화물 유동량은 1.38배이며, 그 중 철로 화물의 유동량이 1.24배 성장하였다. 1966~1976년 농공업 총생산은 100% 가까이 증가(그 중 공업 총생산이 1.25배 증가), 전체 화물 유동량이 77% 가까이 성장하고, 그 중 철로 화물 유동량은 28.2% 증가하였다.

4) 경제 이익은 전체적으로 하락

100위안당 축적되어 증가한 국민 소득이 '1.5' 기간 35위안에서 '3.5' 시기와 '4.5' 시기에는 각각 26위안, 16위안으로 하락하였다. 공업에서는 100위안당 자금 실질 이윤의 세금이 1966년 34.5위안에서 1976년 19.3위안으로 하락하였다. 상업 측면에서는 100위안당 자금 실질 이윤이 1957년 20위안에서 1976년 9.7위안으로 하락하였고 기본 건설은 고정 자산의 지불 사용률이 '1.5' 시기의 83.7%에서 '3.5' 시기와 '4.5' 시기 각각 59.5%와 61.4% 하락하였다.

5) 인민 생활 수준의 하락

전민 소유제의 각 부문 노동자는 1971년의 한 차례 조정 이후에 변동이 없었다. 1966년부터 1976년 평균 임금은 증가하지 않고 오히려 4.9% 감소하였다. 농민의 평균 수입은 10여 년간 기본적으로 증가하지 않았다. 농촌은 급격한 과도기를 겪고 생산은 '이량위강'(以糧爲綱(이량웨이캉))[93]만을 단편적

93 역주: 문화혁명 당시에 내세웠던 농업 생산 구호로 '식량 위주의 생산으로 농업을 향상시킨다'는 의미이다.

표 3-2 중국 각 교육의 학생 입학 상황: 1945~1995년

(단위: 천 명)

연도	고등학교	전문대	기타 중학교	초등학교	입학 전 예비 학교
1949	117	229	1,039	24,391	140
1952	191	636	2,509	51,100	424
1957	441	778	6,303	64,283	1,088
1960	962	2,216	10,260	93,791	29,331
1970	48	64	26,491	105,280	0
1978	856	889	65,483	146,240	7,877
1995	2,906	3,722	58,193	131,852	27,112

자료 출처: 마이띠센(麥迪森), 《앞으로 중국 경제의 미래》, 신화출판사, 1999년, p. 95.

으로 강조하여 농업부산품 가격의 압박으로 대부분 농민은 평생 일만 하고 수입은 적어 윈빠오(溫飽: 배불리 먹다)가 어려웠다.

그 밖에 중국 인력 자본 형성에 부정적 영향을 주었다. 60년대 고급 중등과 전문 교육은 큰 피해를 입어, 중고등 교육은 1960년의 962,000명에서 1970년 48,000명으로 감소하였다. '문화대혁명' 시기 대부분 중고등학교는 폐교를 할 수밖에 없었고 교사는 갖은 모욕과 박해를 받았다. 학생은 1966~1969년 홍위병의 파괴 행동을 자진하여 참가하고 이후 몇 년 동안 도시를 떠나 농촌이나 산촌으로 넘어갔다. 학교가 다시 개교하였을 때 사람들은 '평반'(平反(핑판): 명예를 회복시키다) 공작을 중시하고 학업을 중시하지 않았다.

(2) '문화대혁명'의 주요 경험

역사적으로 증명됐듯이 '문화대혁명'은 지도자의 잘못으로 시작되었지만 반혁명 단체를 이용하여 당, 국가, 인민에게 심각한 혼란을 일으켰다. 그 근원은 중국 사회의 모순과 잘못된 판단에 있으며 이렇게 출발하여 당과 국가의 사회주의 경제 건설의 근본적 지도 방침과 점점 거리가 멀어졌다. 이

'문화대혁명'은 우리에게 매우 깊은 가르침을 주었다. 마침 중공 제11회 6중전회의 〈건국 이래 당의 역사적 문제에 관한 결의〉에서는 다음과 같이 지적하였다.

"사회주의의 개조가 기본적으로 완성된 이후 중국은 해결해야 할 모순이 있는데, 그것은 인민의 생활이 나날이 성장함으로써 물질 문화의 수요 감소 이후 사회 생산 간의 모순이다. 당과 국가의 공작 중점은 경제 건설 중심의 사회주의 현대화 건설로 전환되어, 사회 생산력의 발전을 가져왔으며, 이런 기초하에 점차 인민의 물질 문화 생활이 개선되었다. 우리 과거의 잘못을 뿌리브터 바꾸지 않는다면 전략적 전환이 실현되기 어려울 것이다."

중화인민공화국의 건립과 사회주의 기본 제도의 성립으로 새로운 중국 역사가 열리게 되었다. 그러나 중국은 사회주의 노선을 걷기 위해서는 우선 사회주의가 무엇인지를 알아야 하고 어떻게 사회주의 문제를 해결할 것인지를 확실히 해두어야 한다. 전통적인 사회주의 경제 이론에는 일반적으로 인민의 공유제, 계획 경제, 노동에 의한 분배를 사회주의의 기본적 특징으로 보았고 사회주의의 본질을 사회주의 제도로 귀결시켜, 생산력을 생각하지 않고 사회주의를 추상적으로 논의하는데 이는 생산력 발전을 가로막는다. 또한 사회주의의 기본적 속성은 사회주의 원칙을 고수하고, 수많은 사회주의 조건하에, 생산력의 발전은 자본주의 제도를 부활하는 것이라 하여 반대하였다. 특히 '문화대혁명' 시기 이러한 지도 사상의 극단적이고 단편적인 발전이 절정에 이르렀다. 소유제 방면에는 '일대이공'(一大二公(이따얼공))과 '완전한 사회주의'(純粹的社會主義)를 추구하여 공유화 정도가 점점 커지고, 공유제 범위가 점점 넓어졌으며, 소유제 확대를 단편적으로 추구하여 '궁과도'(窮過渡(치옹궈두))[94]를 만들어갔다. 그리고 생산력 발전 요구에 따르지 않아, 생산력이 심각하게 파손되어 사회주의 제도의 우월성이 발휘되기 어려

94 역주: 가난한 사회주의를 고집할지언정 자본주의를 채택하지 않는다.

웠다. 분배 측면에서는 평등주의를 표방하고 '노동에 의한 분배'를 '자본 계급 법권'이라고 심하게 비판을 하였으며, 인민 생활에 관심을 두지 않았다. 경제 발전 측면에서는 상품 경제 및 가치 규율과 시장 기구의 역할을 무시하여 상품 경제 발전과 자본주의를 같은 것이라고 여겼다. 그 결과 자급자족의 자연 경제와 집중 분배 상품 경제의 모형을 중시하여, 사회 경제 발전이 장기적으로 정체되었으며, 인민 생활은 오랫동안 개선되지 않았고, 노동자의 생산 적극성이 저하되고, 사회주의 형성에 좋지 않은 영향을 주었다.

사회주의 건설은 중국 현실 상황에서 출발하여 마르크스주의의 기본 원리와 중국의 실제 상황을 합하여 진행하는 것이다. 마르크스주의 창시자는 사회주의 사회 형성 발전의 기본적 설정에 관한 것으로 강대한 물질의 기초하에 자본주의의 충분한 발전이 전제가 되어 설정된 것이다. 근대 세계와 중국의 구체적 역사적 조건에 따라 중국은 필연적으로 중국 공산당 지도자의 선택으로 사회주의 노선을 걷기로 결정하였다. 그러나 이것은 충분한 인식이 필요한 것으로 중국의 사회주의는 자본주의의 충분한 발전의 기초로 발생한 것이 아니라 반식민 반봉건 사회에서 태동한 것이다. 중국은 이전부터 생산력 발전 수준이 자본주의 발달 국가에 비해 많이 낙후되었고, 자본주의 경제 관계보다 상당히 미약하였다. 그래서 중국은 사회주의 노선을 걷기 시작한 후 오랫동안 초기 단계에 머물러 있었으며, 생산력 발전을 통한 사회주의에 필요한 물질적 기초가 많이 필요하였다.

각 국가는 국제 정세와 그 발전 추세에 따라 자국의 국내외 정책을 세워야 한다. 중국의 사회주의 건설, 그 과정 및 효과는 국제 환경과 밀접한 관계가 있으므로 정확한 예측과 국제적 정세를 파악해야 한다. 20세기 60년대 전후 국제 정세는 약간의 긴장 상태를 보였으나 마오쩌둥은 전쟁의 위험성을 지나치게 심각하게 예측하여 세계 대전이 발발할 것으로 생각하고 전쟁 준비를 가장 중요하게 생각하여 경제 건설을 점차 전쟁 준비의 형식에 포함시켰다.

정확한 예측과 국내 정세를 파악하고 안정적 단결에 의한 정치 국면을 유지, 보호하는 것은 사회주의 경제 건설에 있어서 없어서는 안 되는 조건이다. '문화대혁명'의 경험을 통해 우리는 정치적으로 안정되지 않는다면 경제가 정상적으로 발전할 수 없다는 것을 깨우쳤다. '문화대혁명'과 같은 일은 모든 것을 '계급 투쟁에 의한 강령'으로 주장하여 국가를 계속 동요시켜 시간, 공간적으로 모두 생산력 발전을 위한 조건이 될 수 없었다. 즉, 아무리 큰 희망도 꺾일 수밖에 없고 아무리 좋은 계획이나 방안도 실시할 수 없었다. 즉, 국내 정치의 안정적 단결이 경제 발전의 기본 조건이다.

제3절 역사적 전환 시기의 정치와 경제

1976년 10월 6일 '4인방'의 해체로 시작하여 1978년 12월 22일 당의 제11회 3중 전회는 끝이 났다. 우리는 이 특정한 시기를 가리켜 '역사적 전환' 시기라고 부른다. 왜냐하면 이 시기에 중국 20여 년간 계속되어온 좌파 노선에 의해 통치되었으며 이것이 계속될 것이기 때문이다. 물론 좌파 노선의 창시자가 세상을 떠났지만 그의 영향은 계속될 것이었다. 좌파 노선의 시행자로 그리고 마오쩌둥 좌파 노선의 문제점을 이용하여 국민을 이용하여 혼란에 빠지게 한 '4인방'은 치욕적인 역사의 기억으로 남겨지고 인민의 미움을 샀다. 이 시기는 화궈펑 등이 계속하여 좌파 노선을 이어갔다. 그리고 덩샤오핑, 예지엔잉(葉劍英)이 대표로 한 노선의 세력이 일어나고 있었다. 1976년 4월 천안문사건에는 이미 인민의 마음이 돌아섰다. 이와 같은 것이 중국 사회주의 역사의 큰 전환점이 된 기초가 되었다.

1. '두 개의 범시'(兩個凡是)

1976년 10월 6일 화궈펑은 예지엔잉 등의 지지 위에 '4인방'을 해체시키고 특별한 역사적 조건하에 중앙 주석이자 중공 중앙군사위원회 주석으로 선출되었다. 1976년 10월 10일 2개의 신문 논설에 〈수많은 인민 공동의 바람〉을 발표하였고, 그 중 첫 번째 신문에 공개적으로 '화궈펑 동지를 선두로 하여 당 중앙을 단결'이란 논제로 발표하였다.

1977년 1월 21일의 연설 요강과 초안 중 화궈펑은 명확하게

"대부분의 마오 주석의 결정한 정책을 우리는 반드시 유지하고 위반해서는 안 된다. 또한 마오 주석의 언행을 손상시킨다면 이를 반드시 제지해야만 하고 용납할 수 없을 것이다"

라고 밝혔다. 그 후 그는 '두 개의 범시'의 사상으로 사회 논설을 쓰기로 하였다. 이것이 화궈펑이 최초로 '두 개의 범시'란 말을 표현한 것이다. 1977년 2월 7일 〈인민일보〉, 《홍치》(紅旗) 잡지, 〈해방군보〉(解放軍報)에 〈문건을 열심히 익혀 강령을 습득하자〉라는 주제로 사회 논설을 발표하였다. 이 사회 논설에서는 공개적으로

"대부분 마오 주석의 결정한 정책을 우리는 반드시 유지해야 한다. 또한 마오 주석의 지시에 따라 우리는 시종일관 반드시 지켜야 한다"

라고 지적하였다. 화궈펑은 이 사회 논설을 통해 자신의 강령에 따라 나라를 통치할 것이라고 밝혔다. 즉, 그가 실시할 강령은 '두 개의 범시'였다.

2. 덩샤오핑의 제3차 활동 재개와 '두 개의 범시' 비판

1977년 4월 10일, 덩샤오핑은 아직 지도자의 직무가 회복되지 않았을 때 중공 중앙에 "이론적으로 '두 개의 범시'를 반대한다"고 서신을 썼다. 서신

에서는

"우리는 반드시 대대손손 정확하고 완벽하게 마오쩌둥의 사상을 이용하여 우리의 당과 군인 및 인민을 지도해야 하며, 당과 사회주의 사업, 국제적 공산주의 운동의 사업을 진행하여 승리하고 앞으로 나아가야 한다"

라고 말하였다.[95]

5월 24일, 덩샤오핑은 왕쩐(王震), 덩리췬(鄧力群)과 담화를 하며 '두 개의 범시'를 직접적으로 비판하였다. 그는

"한 사람이 공작을 진행할 때 문제점이 꼭 발생한다. 마르크스, 엥겔스, 레닌도 모두 문제점이 있었다. 만약 문제점이 없다면 왜 그들은 자주 고치고 또 고치었겠는가?…… 마오쩌둥 자신 또한 문제점이 있었다"

라고 말하였다.

당내 고위층은 마오쩌둥도 문제점이 있었다고 공개적으로 말하였다. 그 당시 이 말은 모든 사람을 놀라게 하였다. 덩샤오핑의 연설은 '두 개의 범시'를 비판하는 강력한 무기를 제공하여 당 내외에 큰 반향을 일으켰다.

1977년 7월 16~21일 중공은 제10회 3중 전회를 베이징에서 열었으며, 이는 '4인방'의 해체 이후 개최한 첫 중공 중앙 전회였다. 덩샤오핑은 중공 제10회 3중 전회 회의장에 나타났다. 그때 그의 나이 73세였다. 이것이 그의 30년대, 60년대, 70년대 '삼락삼기'(三落三起(싼루오싼치))[96]의 세 번째 활동을 재개한 것이다.

1977년 8월 12~18일 당의 제11차 전국대표대회가 베이징에서 거행되었다. 8월 18일 덩샤오핑은 폐막사에서

"우리는 마오 주석이 우리의 당에 설립한 실사구시의 훌륭한 전통과 기

95 《덩샤오핑문선》, 제2권, 인민출판사, 1994년, p. 39.

96 역주: 원래는 3번 떨어지고 3번 일어난다는 뜻으로 직위나 사업 따위에서의 변화를 의미하는 성어이나 덩샤오핑의 많은 인생 변화를 비유적으로 사용하기도 한다.

풍을 회복시키고 선양하여 발전시켜야 한다. 성실한 사람이 되야 하고, 솔직하게 말을 해야 하며 열심히 일을 수행하는 것이 공산당원의 기본이다"
라고 강조하였다.[97]

이 말은 핵심을 찌르는 말로 좌파 노선에 힘있게 투쟁한 것이다.

1978년 5월 11일 '경험은 진리를 검증하는 유일한 기준이다'라는 문장으로 〈광명일보〉(光明日報)에 특별 평론을 발표하였다. 그 후 〈인민일보〉에서 옮겨실어 대단한 반응을 불러일으켰다. 학계는 이 문장이 역사적 웅문이라 여겼다. 진리의 기준 문제에 관해 논쟁한 것으로, 당과 국가가 처한 중대한 역사적 전환점에서 덩샤오핑 등의 무산 계급 혁명가의 지도와 지지하에 전개된 것이다. 이 논쟁으로 새로운 시기의 사상 해방의 서막을 열었다.

진리 기준 문제는 '두 개의 범시'에 초점이 맞추어졌다. 덩샤오핑은 우선적으로 완벽하고, 정확하게 마오쩌둥의 사상을 이해하고, 마오쩌둥의 사상을 이용하여 당과 군대, 인민을 지도해야 한다고 하였으며, 마오쩌둥이 강조한 실사구시를 매우 명확하게 지적한 '두 개의 범시'는 마르크스주의와 부합되지 않아 토론의 주제가 되었다. 경험이 진리를 검증하는 유일한 기준이 된다는 토론은 전국적으로 큰 문제를 발동시켰고, 인식론에서 '두 개의 범시'의 진리관을 타파하고, '두 개의 범시'가 금기시되는 것과 충돌하여 인민에게 사상적 해방을 가져오고 인민의 사상을 정상적으로 되돌리기 위한 작업이 시작되었다.

진리 기준의 토론은 오랜 동안의 좌파 사상의 구속에서 빠져나와 실사구시의 마르크스주의 노선을 회복시키게 하였고, 수많은 간부와 군중이 과거에 성행한 개인 숭배와 교무주의의 정신에서 빠져나올 수 있도록 하였다. 그리하여 전국은 새로운 연구의 상황이 나타나 새로운 문제를 활발하게 토론케 하였으며, 새로운 국면을 해결하여 당의 중앙공작회의와 제11차 3중

97 《중국 공산당 제11차 전국대표대회문건회보》, 인민출판사, 1977년, p. 112 참조.

표 3-3 경제 회복 GDP와 주요 생산품 생산량

연도	GDP (억 위안)	제1차 산업 (억 위안)	제2차 산업 (억 위안)	곡식 (만 톤)	강철 (만 톤)	석탄 (억 톤)	원유 (만 톤)
1976	2,943.7	967	1,337.2	28,631	2,046	4,083	8,716
1977	3,201	942.1	1,509.1	28,273	2,374	5.5	9,364
1978	3,624.1	1,018.4	1,745.2	30,477	3,178	6.18	10,405

자료 출처: 국가통계국 국민 경제 종합 통계, 《신중국 50년 통계 자료 회보》, 중국통계출판사, 1999년과 《중국통계연감: 1983》, 중국통계출판사, 1983년.

전회를 열었고, 건국 이래 당 역사상 가장 깊은 의미가 있는 대전환의 사상적 기초를 마련할 수 있었다.

3. 경제 공작의 희생과 재차 약진

'4인방'의 해체 이후 중국 국민 경제는 다시 활기를 띠기 시작하고, 하락되고 정체되어 있던 국면에서 벗어났다. 1977년 상반기 전국 공업 생산 및 교통 운수는 회복되기 시작되었다. 7월 30일 중공 중앙은 국무원에 전달한 〈올해 상반기 공업 생산 정황에 관한 보고〉에서 상반기 전국 계획의 48%를 달성하였다고 밝혔다. 80종의 주요 공업 상품은 대부분 전년 동기 대비 큰 폭으로 증가하였고, 그 중 26종은 역사상 가장 높은 월 생산 수준에 달하였다.[98]

1978년 3월, 4월 중공 중앙과 국무원은 전국과학대회와 교육공작회의를 개최하였다. 4월 중공 중앙은 〈공업 발전을 가속화하기 위한 문제에 관한 결정(초안)〉(약칭 30조항)을 비준하였고, 5월 국무원은 〈성과급과 성과급 임금 제도 시행에 관한 통지〉를 비준하였다. 11월 국무원은 국영 기업 기금 제도를

98 《중화인민공화국 국민 경제와 사회발전계획 대사(大事) 요점(1945-1985)》, 홍기출판사, 1987년, p. 383 참조.

그림 3-8 농업, 경공업과 중공업의 재차 약진

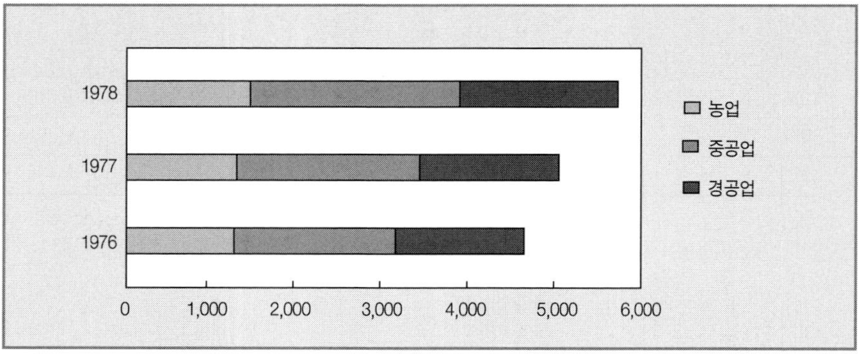

자료 출처: 국가통계국 국민 경제 종합 통계, 《신중국 50년 통계 자료 회보》, 중국통계출판사, 1999년판.

규정하였다.

계속 호전되는 상황 아래 경제 공작의 지도 사상은 또 새로운 문제가 나타났다. 당의 11대가 끝난 후 1977년 9월 11일 화궈펑은 국가계획위원회가 제시한 공업 성장 속도가 '지나치게 보수적'이라고 비판하고,

"이후 공업 부문은 전력을 다해 생산을 촉진시켜야 한다."

"내년의 축적을 가속화시켜야 한다"

라고 강조하였다.[99]

11월 24일부터 12월 11일에 열린 전국계획회의에서는 오랜 기간의 규획 문제를 연구하였다. 토론을 통해 국가계획위원회는 중앙정치국에 〈경제 계획에 관한 회보 요점〉을 제출하였다. 요점에서는 1985년까지 곡식 생산량이 8,000억 근, 강철이 6,000만 톤, 원유가 2.5억 톤에 이를 것이라고 밝혔다.

1978년 2월 5일 중앙정치국은 회보 요점을 비준하였다.[100] 2월 26일부터

99 《중국 공산당 역사대사기》, 인민출판사, 1991년, p. 328 참조.

100 《중화인민공화국과 국민 경제와 사회발전계획 대사(大事) 요점(1945-1985)》, 홍기출판사, 1987년, p. 385 참조.

참조 3-1

1949~1980년 중국이 처한 국제적 고립 시기 중대한 정치적 사건

1949년 10월	중화인민공화국 설립. 1949년 미얀마, 인도와 사회주의 국가와 외교 승인 1950년 아프가니스탄, 덴마크, 핀란드, 이스라엘, 노르웨이, 파키스탄 등의 국가와 외교 승인
1950년 2월	소련과 자금 제공과 기술 협조 동의- 전체 14억 달러의 차관과 1만 명의 기술자 파견 중국은 몽고 독립을 승인, 중-소는 장춘철로의 공동 경영을 동의, 소련이 뤼순 항과 다롄 항에 군이 주둔하는 것을 동의, 소련의 신강 지역 석탄 채굴을 동의
1950년 6월 25일	한국전쟁
1950년 6월 27일	미국 제7함대가 타이완에 투입
1950년 10월	중국 미국에 대항해 한국전쟁 참전
1953년 7월	한국전쟁 휴전
1958년	중국은 미국의 중국 분열 계략을 격퇴. 중소 관계의 축소, 흐루시초프는 핵무기 보조를 중단
1959년	시장(西藏) 반란, 달라이라마 인도로 망명
1960년	소련 전문가 철수
1962년	중-인 변경 전쟁
1964년	중국의 제1차 핵무기 시험 성공
1963~1969년	중-소 변경 지역 충돌
1971년 4월	미국은 중국과의 무역 운송 금지를 취소
1971년 10월	중국은 UN에 가입, 타이완은 탈퇴
1972년 2월	닉슨 방문
1972년 9월	일본 총리 중국 방문, 중-일 관계 정상화
1978년 12월	중-미 정식 외교 관계 건립
1979년 2~3월	중-베트남 전쟁
1980년	중국 세계은행과 국제통화기구 조직에 가입

자료 출처: 관련 역사 자료 정리.

3월 5일까지 제5회 전국인민대표대회의 제1차 회의가 열렸다. 회의에서 화귀펑을 대표로 한 국무원은 〈단결하여 사회주의 현대화 강국 건설을 위한 노력〉이란 주제로 정부 공작 보고를 하였다. 보고에서 회보의 요점이 제시한 높은 목표를 공표하고, 실제와 부합하지 않는 일부 중국의 현대화 건설에 대한 생각을 지적하였다. 예를 들어, 20세기 중국이 세계의 최고의 농업 생산 국가가 되는 것, 대부분 성의 공업 수준이 유럽의 선진국을 넘어서는 것, 농업 생산이 최고의 기계화, 전기화되는 것, 공업 생산의 주요 부분이 자동화되고 교통 운수의 고속화를 하는 것, 각 경제 기술 목표가 각 세계 선진 수준을 따라가거나 넘어서는 것 등등이다.

이런 사상적 지도하에 1978년 하반기 건설 속도를 부단히 가속화시키고 기본 건설 투자를 촉진하여 국외 도입 규모를 확대하였다. 아직 충분한 논증과 종합적 균형이 완성되지 않은 부분은 박차를 가하였다.

1958년부터 1978년은 중국 계획 경제 체제하에서 경제적으로 어려운 발전 시기이자 조정 시기였다. 구체적으로 중국 공산당원은 사회주의가 무엇인지, 어떻게 사회주의를 건설해야 하는지를 충분히 이해하지 못하였다. 문제에 대한 충분한 인식이 되지 않아 경제 건설이나 거시 경제 정책은 '계급 투쟁의 강령'을 초래하고, 무산 계급 독재 정치의 지속적 혁명 이론에 의한 경제적 경험과 정치가 경제보다 우선을 차지하여 정치가 모든 것을 통제하였다. 이러한 의식 형태로 나타난 미시적 기구는 국유 기업과 인민공사이며, 물질을 중요시하지 않고 오로지 정신적인 면만 강조하여 독특한 경제 발전이 이루어졌는데, 국제 환경의 영향이 또 다른 중요한 요인이었다. 혁명 정신의 관성과 존재하고 있던 불리한 국제적 환경은 '전쟁 준비를 위한 강령'이 경제 건설의 지도 사상이 되도록 하였으며, '3선' 건설은 서부의 초기 발전을 가져오고 국가의 경제 국면에 큰 영향을 주어 국가 경제 구조 전체에 큰 영향을 끼쳤다. 이 시기 중국은 스스로 발전할 수 있는 기회를 놓치고 경제 성장 속도는 세계 수준에 비해 12.5%가 늦었으며, 사회주의의 중국은 사회주의의 우월성이 전혀 표출되지 않았다.

개혁개방 초기의 경제 발전과 제도 전환(1971~1991)

4

개혁개방 초기의 경제 발전과 제도 전환(1971~1991)

'문화대혁명'이 끝나고 2년여의 배회기 동안 사상적 논쟁을 거쳐 20년 이상 지속되어온 좌파 사상 문제가 정리되었다. 1978년 말 제11차 3중 전회를 열었다. 이 회의에서 개혁개방 정책을 세워 이때부터 중국은 현대화 건설의 새르운 시기로 접어들었다. 1978~1984년 개혁의 중점은 농촌의 가족 단위 농업 생산 책임제(家庭聯産承包制)이며, 1984년 개혁 중점은 도시 국유 기업의 개혁을 시작으로 경제 체제의 여러 방면까지 진행되었다. 그러나 1982년 확립된 경제 체제 개혁 방향은 계획 상품 경제였는데, 1992년 이전까지 경제 개혁의 기본은 모두 '이중가격제'(價格雙軌制) 또는 '청부제'(承包制)[1]로 계획 경제와 시장 경제 간의 과도기 형식이다. 또한 개혁개방은 1979년 이후 여러 방면으로 전개되었다.

제1절 신경제 건설 지도 사상과 경제 정돈

1. 경제 건설 지도 사상의 변화

(1) 제11차 3중 전회

'4인방' 해체와 10년간 지속된 '문화대혁명' 종료 후 중국은 모든 분야가

1 역주: 한국에서는 도급제라는 말이 더 익숙하며 일괄 수주 방식을 의미한다.

되살아났다. 모든 간부와 군중은 '문화대혁명'의 잘못을 고쳐 10년 동안의 심각한 국정을 철저히 되돌려 중국이 어려운 국면에서 다시 일어나기를 강하게 원하였다. 경제의 지속적인 발전 및 현대화 건설의 새로운 국면을 열기 위해 가장 우선시되어야 하는 임무는 지도 사상을 고쳐야 하는 것이었다. 즉, '두개의 범시'로 대표되는 좌파의 잘못된 사상을 바로잡는 것이었다. 1977년 덩샤오핑(鄧小平)의 지지로 전국적인 진리 대토론장을 열어 장기적으로 뿌리 박힌 좌파의 잘못된 생각을 타파하였다.

1978년 12월 31일 3중 전회가 개최되기 전 중앙공산당 중앙회의에서 덩샤오핑은 〈해방 사상(사상의 자유성), 실사구시, 단결 일치〉에 대해 중요한 연설을 하였다. 이 연설 중 덩샤오핑은

"이전의 해방 사상은 중대한 정치 문제였다. 오로지 사상적 해방만이 우리를 마르크스, 레닌주의와 마오쩌둥(毛澤東)의 사상적 배경으로 누적된 문제를 해결할 수 있으며, 새롭게 발생할 수 있는 일련의 문제를 해결할 수 있다. 또한 신속한 생산력 향상에 적절치 않은 생산 관계 및 정치적 조작이 있다면 반드시 개혁이 필요하다. 자국의 실제 상황에 따라 4대 현대화에 관한 구체적인 과정, 방침, 방법, 조치를 정확히 실현될 수 있다. 하나의 당, 하나의 국가, 하나의 민족이 만약 교조주의적 사상에서 출발한 경직된 사상, 미신의 성행 등이 있다면 더 이상 국가 발전을 기대할 수 없고 또한 활기를 잃게 되어 이는 당이 망하고 나라가 망하는(亡黨亡國) 지름길일 것이다. 이는 마오쩌둥이 정풍(整風) 운동 중 자주 언급하던 내용으로 실제에서 출발하여 이론과 실제의 결합으로 사상적 해방과 실사구시의 지속적인 실현을 통해야 사회주의 현대화 건설이 순리적으로 진행될 수 있을 수 있다. 우리의 원칙은 '잘못이 있으면 반드시 바로잡아야 한다'(유착필규: 有錯必糾(요추어삐지우))이다. 즉, 과거의 모든 잘못된 것을 바로잡아야만 한다. 앞을 내다보며 새로이 발생하는 상황과 문제에 대해 반드시 연구해야 한다. 그렇지 않다면 앞을 향

해 나아갈 수 없을 것이다"
라고 하였는데, 이상의 발언 내용은 중앙공작회의의 전체 결론으로 앞으로 개최할 중공 제11차 3중 전회의 사상적 배경이 되었다.

12월 8일 열린 제11차 3중 전회에서 '두 개의 범시로 마오쩌둥의 결정과 지시를 절대적으로 따르는 것'은 잘못된 방침이라며 정확히 마오쩌둥 사상의 과학 체계를 지적하고 비판하며, '미래를 향한 사상적 해방, 생각의 전환, 실사구시, 단결 일치'라는 새로운 역사적 지도 방침을 수립하였다. 또한 전회에서는 공산주의의 사상적 기준을 높이 평가하며 마르크스주의의 사상 노선, 정치 노선, 조직 노선을 새로이 확립하여 당과 국가의 업무 중점을 사회주의 현대화 건설로 전환시켜야 하며, 개혁개방을 위한 전략적 정책을 실현시켜야 한다고 하였다. 또한 회의에서 '계급 투쟁에 관한 요강' 및 '무산계급의 독재 정치하의 계속적인 혁명' 등 옳지 않은 구호의 사용 중지 결정을 내렸으며, 1979년부터 전당 업무 중점이 사회주의 현대화 건설에 맞는 정책으르 전환되었다. 중국 공산당의 업무 중점으로 1957년 이래 해결되지 않았던 정책 전환 문제를 해결하여 당은 정치 노선의 근간이 되는 혼란스러운 세상을 고쳐 새로운 방향으로 나아갈 수 있게 되었다.

회의는 당시 심각한 경제 상황에 대해 다음의 정책 내용을 제기하였다. '장기적인 경제 상황의 불균형을 해결하기 위해 국민 경제를 조정하고, 농업 발전을 우선시해야 한다. 즉, 농업 발전을 국민 경제의 기초로 삼아야만 전체 국민 경제의 신속한 발전을 가져올 수 있다.' 또한 생산 발전을 토대로 점차 인민 생활을 향상시켜야 한다고 논의되었다. 가장 중요한 것은 이번 회의를 토대로 국내외 상황 변화를 직시하고 사회주의 건설이란 수요의 흐름에 따라 개혁개방의 필요성이 명확히 제기되었다는 점이다.

전회에서 4개의 현대화, 생산력 대폭 향상이란 목표 실현을 위해서는 반드시 생산력 발전의 부적절한 생산 관계 및 상부 구조상 다방면의 개혁이 반드시 필요하며, 경제 관리 체제와 경영 관리 방법에 대해 신중한 개혁을 진행해야 한다고 제기되었다. 기업 경영 자율권의 확대, 불분명한 당정 구조 변화가 요구되며 행정 기관의 간소화, 경제 규율에 따른 사건 처리가 필요하고, 가치 규율의 기능을 중시해야 한다고 밝혔다.

동시에 1970년대 국제 정세는 중대한 변화가 많이 일어난 시기였다. 1971년에 중국은 국제연합 안전보장이사회의 5개 상임이사국 중 하나가 되었다. 1972년에는 중미, 중일 간 외교 관계의 정상적 회복과 함께 1975년 중국은 유럽공동체와 정식적인 수교를 시작, 캐나다, 이탈리아, 뉴질랜드와 관계가 정상화되었다. 1979년 말 중국과 수교를 맺은 국가가 120국에 달해 신중국 건국 이후 전대미문의 국제적 위치를 차지하게 되었다. 20세기 중반의 제3차 기술 혁명은 전 세계의 급속한 발전을 가져왔으나, 중국의 경제 발전과 기술 수준은 다른 여러 국가에 비해 비교적 뒤쳐져 있었다. 이러한 상황에 대해 덩샤오핑을 비롯한 당 중앙의 대표자들은 평화와 발전이 이 시대의 주류라는 것을 모두 인식하고 있었으며, 자력갱생을 초석으로 삼아 평등호리(平等互利) 원칙으로 경제적 협력 관계로 발전시켜야 하며, 세계 선진 기술과 선진 설비 도입에 노력하여야만 경제 건설 발전의 촉진을 가져올 것이라 하였다.

제11차 3중 전회는 신중국 성립 이후 중국 공산당 역사상 큰 의미를 지닌 회의로 경제적으로 오랫동안 깊숙이 존재한 '극좌' 사상의 문제를 타파하여 개혁개방의 서막을 열었다. 이로써 중국 특색의 사회주의 현대화 건설을 추진하는 계기를 마련하였으며 중국의 마르크스주의 덩샤오핑 이론도 이 회의 전후로 점차 형성되었다.

제11차 3중 전회 종료 후 당은 실질 업무를 근본적으로 바로잡기 위해 건국 이후 역사적으로 남아 있는 적지 않은 문제를 차례차례 해결하였다. 제11차 6중 전회는 건국 이후 당의 몇 개의 역사적 문제에 관한 결의를 통해 지도 사상 아래 당과 국가는 문제를 바로잡아 정상적으로 되돌릴 것을 명시하였다.

마오쩌둥은 사상적 정치 상황 아래 거듭 해방 사상 방침을 표명하여 사회주의 노선의 견지, 인민 민주 전제 정치의 견지, 공산당 지도자의 지지, 마르크스, 레닌주의 견지 등의 정치적 태도를 분명히 하고 위의 네 가지 기본 원칙 아래 당의 사상 정치 업무와 사회주의 정신 문명 건설을 강화하여 현대화 사업을 위한 초석을 마련하였고, 대대적인 개혁개방의 신정책을 이행하기 위해 농촌 개혁을 선행하였다. 가족 단위 농업 생산 책임제를 위주로 쌍방의 경영 체제 결합을 전국 농촌에 보급하여 실행하여 수많은 농민의 적극성을 동원시킬 수 있게 되었다.

(2) 사회주의와 차별화된 계획 경제 제도

중국 공산당의 제11차 3중 전회 이후 덩샤오핑을 대표로 중국 공산당과 중국 경제학자는 사상 해방, 실사구시의 사상적 지도 아래 중국의 경제 체제에 대해 깊이 되돌아보는 계기가 마련되었다. 1979년 열린 토론회에서 덩샤오핑은

"우리는 기본 이론 문제, 공업 이론 문제, 농업 이론 문제, 상업 이론 문제, 관리 이론 문제를 포함한 수많은 경제 이론 문제에 직면해 있다"[2]

라고 지적하며 이러한 문제에 대해 심도 있는 연구를 호소하였다. 또한 덩샤오핑은 위의 문제에 대한 생각을 경제 체제, 즉 계획과 시장이 공존하는 계획 경제 체제와 시장 경제 체제의 분배에 대해 집중시켰다. 1979년 말 덩샤오핑은 미국 대표와의 접견시

'시장 경제는 오로지 자본주의 사회에서만 존재, 즉 자본주의 시장 경제

2 《덩샤오핑문선》, 제2권, 인민출판사, 1994년판, p. 180.

에서만 존재한다는 것은 분명 올바르지 않다. 사회주의가 시장 경제를 도입하지 않을 이유가 없으며 이것을 자본주의라고 말할 수는 없다"[3]
라고 제기하였다.

그는 시장 경제와 사회 제도의 차이를 강조하며 시장 경제의 도입이 자본주의의 도입을 의미하는 것이 아니며 시장 경제와 사회주의는 대립되는 것이 아니라고 주장하였다. 사회주의 또한 시장 경제를 발전시킬 수 있고, 시장 제도를 이용하여 사회 생산력의 발전을 촉진시킬 수 있다고 하였다. 그런 사상 아래 제도 체제를 전환한 이론을 기초로 중국을 이끌어나갔다. 당시 개혁은 사회주의 시장 경제 체제에 대한 의식이 명확히 세워져 있지 않고 오직 시장 조절 작용을 중시할 것을 강조하였지만, 경직된 계획 경제 관념인 전통적 사회주의를 처음으로 타파한 이런 인식으로 시장 경제와 사회주의의 결합을 가능하게 하였다. 1979년 이후 중국 경제 체제 개혁의 기본 내용은 계획적 배분 방식에서 시장을 기초로 한 방식으로의 자본 배분 방식의 전환, 즉 계획 경제에서 시장 경제 제도로의 전환이었다.

경제 업무 지도 사상의 전환 과정 중 장기적인 경제 업무를 위해 신중국 성립 후 경제 건설 경험 훈련을 숙지하고, 덩샤오핑의 사상을 지지한 천윈(陳雲), 리셴녠(李先念) 등의 대표 위원이 중요한 역할을 하였다. 천윈은 국정을 확실히 이해하는 것이 사회주의 현대화 건설의 결정적인 문제라고 여겼다. 1979년 3~4월 기간 중 천윈은

"우리는 4개의 현대화를 위해서는 실사구시를 중시해야 하며, 우선적으로 '실사'를 명확히 해야 한다. 만약 이것을 분명히 하지 않으면 다른 어떤 것도 할 수 없을 것이다"
라고 지적하였고, 리셴녠은

"중국의 많은 인구, 낙후된 경제, 낮은 인민 생활 수준은 급속한 개선이

3 《덩샤오핑문선》, 제2권, 인민출판사, 1994년판, p. 236.

필요하며 또한 적은 자본, 많은 노동력과 현대화는 모순이 된다. 우리는 반드시 실질적인 상황을 고려하여 사회주의 제도 아래 중국식 현대화 노선을 건설해야 한다"
라고 지적하였다.

이런 사상은 1979년 조정, 개혁, 정돈, 제고 방침의 기본 근거로 제기되었고, 이후 우리의 경제 건설의 지도 사상이 되었다.

2. 경제의 초기 정돈

(1) '신팔자 방침'(新八字方針)의 제의

1958년부터 1978년까지 20년간, 1961~1965년의 조정 시기를 제외한 중국 경제 건설은 오랫동안 '생산 가속화, 대규모 건설'을 맹목적으로 추구하는 우를 범하였다. 동시에 건설 과정 중 단편적으로 발전 공업화만 강조하여 농업과 경공업을 무시하였다. 또한 중공업의 건설 아래 단편적으로 '철을 중시'(이강위강: 以鋼爲綱(이깡웨이깡))하고 에너지 교통운수업을 무시하였으며, 중공업 내부의 단편적인 자급자족만을 강조하여 연관 산업의 건설이 쉽지 않았다. 이렇게 지속된 상황으로 경제 구조가 기형적으로 발전하여 몇 개 중공업 분야는 과도하게 발전하였고 농업, 경공업, 에너지 산업, 교통운수업, 건축업, 상업, 서비스업은 상당히 낙후되어 국민 경제는 심각한 불균형이 발생하여 저효율, 심각한 낭비, 큰 투자 비용에 비해 낮은 이윤 등의 좋지 않은 상황이 초래되었다. 그 밖에 도시와 농촌의 대량의 실업 인구 문제는 나날이 심각해져 국민 소득은 향상될 기미가 보이지 않았고, 생활 수준은 장기적으로 개선되지 않았다. 그러나 제11차 3중 전회의 결의는 몇 년 동안 지속된 국민 경제에 존재하고 있던 문제를 해결하여 종합적 균형 상태를 이루어 급속한 발전을 이룰 수 있는 토대를 마련할 수 있었다.

1979년 4월 5~28일간 열린 중앙공산당회의에서 정식으로 '조정, 개혁, 정돈, 제고'의 방침(간략히 '신팔자 방침'이라고 칭함)이 제기되어, 그 중 조정을 주제로 조정과 개혁을 동시에, 조정 중 정돈, 조정 중 제고를 진행하였다. '조정'은 경제 발전의 합리적 조절을 의미하며, 농업, 경공업, 중공업 간 또한 산업 간의 발전, 소비 간의 일련의 균형 관계를 통해 경제 구조를 합리적으로 유도하여 경제 발전의 균형을 추구하는 것을 의미한다. '개혁'은 경제 관리 제도의 개조와 변혁으로 중앙, 지방, 기업, 노동의 연관성으로 충분히 발휘하는 것을 의미한다. '정돈'은 기업의 관리자, 관리 제도, 노동 규율을 정돈하여 올바른 생산 순서 및 업무 절차의 확립을 의미한다. '제고'는 조정, 개혁, 정돈을 통해 경제 전반의 생산 수준, 기술 수준, 관리 수준, 경제 이익을 제고하는 것을 의미한다. 회의는 3~5년의 시간 동안 공업, 농업, 경공업, 중공업 간 또한 산업 간의 축적, 소비 간의 불균형을 해소하여 균형 관계로 회복시키고, 생산 발전을 기초로 하여 인민 생활 수준을 향상시킬 것을 결정하였으며, 몇 개의 경제 체제 개혁의 방향과 원칙을 제시하였다. 계획 경제를 위주로 시장 조절 작용을 통해 대기업의 자주권을 확대시켜 기업 경영의 향상과 노동자 이익을 연결시켰다. 한 명의 지도자, 분급 관리 원칙에 따라 중앙과 지방 관리 권한을 명확히 제한하여 행정 기구가 효율적으로 경제를 관리할 수 있도록 하였다.

(2) 경제 정돈

'신팔자 방침' 아래 국민 경제의 모든 방면은 정돈이 되기 시작하였다. 농업 생산 방면에서 농업 발전을 가속화시켜 공업과 농업의 비례 관계가 개선되었다. 구체적인 정책 방안은 1979년 9월 중공 제11회 4차 중국 공산당회의에서 통과한 〈중앙 공산당 농업 발전 가속화에 관한 결의〉였다. 결의문은 '삼급소유(三級所有(싼지수어요우)), 대위기초(隊爲基礎(뚜이웨이지추))'[4] 제도와 농촌의 정기 시장 발전 정책 조치 등의 산업 회복에 유효한 정책이 주요 내용이며 국가는 농업에 대한 지원을 강화하였다. 국가의 농업 기본 건설 투자 총액이 전체 기본 건설 투자 총액 대비 1978년 10.6%에서 1979년 11.1%로 증가하였다. 1979년의 국가 재정과 은행 대출의 농업 자본 총액은 1978년과 비교해 18.2% 증가하였다.[5] 또한 농공 상품의 가격 차이를 줄였고, 건국 이후 중공업에 편중된 공업화를 개선하였다. 중공업은 본래 자본집약형 산업인데, 중국은 건국 이전 100년 이상의 혼란 상태로 경제 발전 수준은 낮고 경제 구조는 농업 위주의 산업이었으나, 급속한 공업화 발전의 장려로 농업 잉여 생산물을 공업화 자금의 축적과 원자재 구입에만 투자하는 불균형 상태에 이르는 특유한 현상이 나타났다. 이런 현상은 '문화대혁명' 때 절정에 이르렀다. 따라서 반드시 정돈을 진행할 필요가 있었다. 1979년 식량, 면화, 유류, 돼지, 소, 양, 수산물 등의 농산물 가격이 올랐으며, 1980년 양가죽, 목재, 생칠, 홍마(紅麻) 등의 농산물 가격이 상승하여 각각 20.1%와 7.1% 증가되었다. 그 밖의 결의문은 농촌의 부담을 줄이자는 의견이 제기되어 '이량위강'(以糧爲綱(이량웨이깡))의 잘못을 수정하였다. 1979~1980년 곡식 작물의 재배 면적은 5,000만 묘(畝)를 줄이고, 경제 작물 면적을 2,200만 묘 늘렸다.

공업 생산 부문은 경공업 발전을 가속화시켜 공업 분야의 비례 관계를 조정하였다. 1979년, 경공업의 은행 대출을 증가시키고, 원재료와 연료 공급을 안정화하여 생산을 위한 문을 열어놓은 특수한 조치를 세웠다. 1980년경, 공업은 에너지, 원자재 공급 우선 조치, 개발, 혁신, 개조 우선 조치, 은행

4 역주: 三級所有, 隊爲基礎는 3급 소유제를 실시하되, 생산대를 기초로 한다는 뜻으로 3급 소유제는 농촌의 생산 요소의 소유 형태를 기초로 인민공사를 재편하는 것을 의미하고, 뚜이웨이지추는 생산의 기초 단위로 구분함을 의미한다.

5 이상의 수치는 자오더신, 《중국근현대경제사: 1949-1991》, 하남인민출판사, 2003년판, p. 320 참조.

그림 4-1 개혁 초기 국민 경제에서 차지하는 각 산업 비중과 축적률, 소비율 변화 (단위: %)

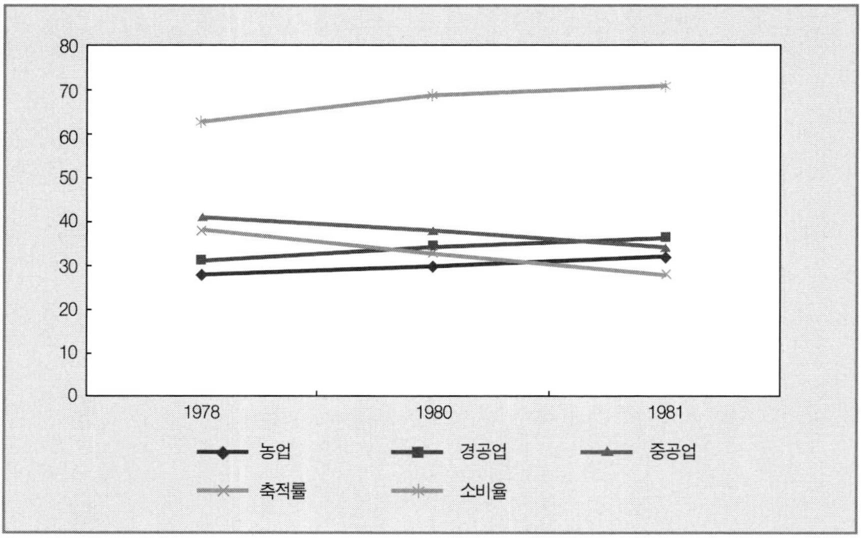

자료 출처: 《중화인민공화국 국민 경제와 사회발전계획요강》(1945~1985), 홍기출판사, 1987년판, pp. 449~450 자료와 《중국통계연감: 1983》, 중국통계출판사, 1983년판, p. 25 자료.

대출 우선 조치, 기본 건설 우선 조치, 외국 자본을 도입해 선진 기술 도입 우선 조치, 교통운수업의 장려 우선 조치 등의 '여섯 가지 선조치'(육개우선: 六個優先(류거요셴))를 취하고 동시에 수많은 경공업 집체 기업과 소상품 기업의 발전에 적극적인 지원을 하였다. 중공업에서 농업과 경공업, 안정된 시장 공급으로의 조정을 진행하였다. 군수 기업이 군수품과 민간 상품을 같이 생산하기 시작하였으며 민간 상품 생산액이 증가하였다.

소비 부문에서는 소비를 장려하여 국민 소득 중 소비와 저축의 관계를 개선하여 국민의 생활 부채를 상환하였다. 농촌에서는 분배 정책을 구체화하여 농부산물의 수매 가격을 높이고 일부 지역 집단 농업의 세금과 계획 수매를 감면하여 농가 수입을 증가시켰다. 도시에서는 노동자의 취업을 확대하고 노동자의 임금 수준을 높여 도시 시민의 소득을 증가시켰다. 동시에 기본 건설 중 노동자의 주택, 교육, 문화, 위생 등의 비생산 투자 부문도 확대하여 국민 소비 환경을 개선하였다.

이런 조정 조치는 좋은 효과를 얻었으며, 경제 구조면에서도 합리적인 조정이 이루어질 수 있었다.

그러나 짧은 시간 내에 좌파 사상을 없앤다는 것은 어려운 일이었고, 조정 또한 쉽지 않아 국민 경제는 여전히 불균형 상태에서 벗어나지 못하였다. 기본 건설 투자 규모는 줄지 않고 오히려 1978년에 500.99억 위안에서 1980년 558.98억 위안으로 증가하였다. 기본 건설 투자의 증가로 정부는 거액의 재정 적자를 초래하게 되었다. 1979년 재정 적자액은 170억 위안, 1980년 127억 위안이었다. 농업, 경공업은 소비용품 공급이 충분하지 않아 시장 유통 화폐 총액이 정상의 수요량을 초과하여 물가 상승을 초래하고, 이로 인해 통화 팽창 현상이 나타났다. 이런 상황으로 1981년 중앙 정부는 국민 경제에 대한 또 다른 조정을 단행하였다.

진일보한 조정의 필요성에 의해 1980년 12월 중앙 정부는 업무 회의에서 경제 형세와 경제 조정 문제에 관해 역점을 두어 토론을 열었다. 진일보한 조정의 목표는 '양평일온'(兩平一穩(량핑이원))으로, 단기간에 재정 수지의 균형, 대출 균형으로 물가 안정을 이루어 장기적으로 중국 국정에 부합하는 경제 현대화의 새로운 길을 여는 것을 의미한다. 그래서 중앙과 지방 정부 기관은 많은 업무를 진행하였다. 이렇게 1년의 조정으로 국민 경제 비례 상태는 조화로운 방향으로 진행되어 재정 수지도 평형 상태에 이르게 되었다. 1981년 사회 상품 도매 총액은 2,350억 위안으로, 1980년 대비 9.8%가 증가하였다. 수출입 무역 총액은 717.4억 위안으로 1980년 대비 27.2% 증가하였다. 또한 도농 인민 소비 수준은 1980년 대비 7.2% 증가, 과학, 교육, 문화, 위생 사업 또한 큰 발전을 이루었다. 이러한 성과로 경제 체제 개혁을 위한 발판을 마련할 수 있게 되었다.

그림 4-2 1979~1981년 재정 수지 상황

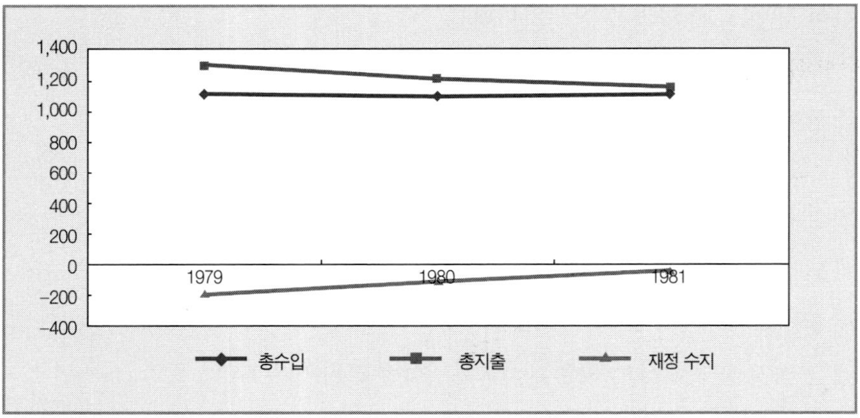

자료 출처: 《중국통계연감: 1983》, 중국통계출판사, 1983년판, p. 445 참조.

1982년 12월 제5회 인민대회 5차 회의에서 '6.5계획'의 기본 임무로 지속적으로 조정, 개혁, 정돈, 제고의 방침을 이행하며 더 나아가 과거부터 남아온 경제 발전을 저해하는 각종 문제를 해결하여 재정 경제를 호전시키는 것이 이후 경제와 사회 발전을 위한 밑거름이 될 것이라고 밝혔다. 조정은 투자 구조, 기업 조직 구조, 상품 구조와 기술 구조의 조정에 편중하여 조정하도록 하였다.

(3) 역사에서 제기된 새로운 사상의 결론

1981년 6월 중앙 공산당 11회 6중 전회에서 〈건국 이래 당의 몇 가지 역사적 문제에 대한 결의〉가 통과되었다. 이 결의를 통해 신중국 성립 이후 지도자의 경제 건설에 관한 경험을 포함한 역사 경험을 마무리지어 중국 상황에 맞는 사회주의 현대화 건설의 올바른 방향으로 나아가기 시작하였다. 이번 결의의 주요 내용은

"사회주의 경제 건설은 반드시 국정을 살펴서 최선을 다해 단계적 현대화 목표를 진행해야 한다. 급히 서두르지 말고 감정에 휘둘리지 말아야 한다. 또한 사회주의 생산 관계의 변혁은 생산력의 현황에 맞추어야만 생산 발전에 도움이 될 것이다"

로 대표되었다.

이런 인식으로 경제 건설 중 좌파의 잘못된 사상은 바로잡을 수 있었고, 앞으로 나아가 진행된 경제 현대화와 공업화 건설의 사상적 밑바탕이 된 경제 업무의 지도 방면에서도 역사적인 전환점을 맞이할 수 있었다.

1981년 11월 개최된 제5회 4차 인민대회에서 신중국 이래 '신팔자 방침' 실시 이후 경제 건설의 경험 교육에 대해 세부적인 결론을 지었다. 회의에서는 낮은 경제 이익은 오랫동안 중국 경제 발전에 존재하고 있던 문제들로 인한 것으로 좋지 않다고 결론지었다. 1980년과 1952년을 비교하면 공업 고정자본은 26배 증가, 농공업 총생산액은 8.1배 증가하였다. 그러나 국민 수입은 단지 4.2배 증가하고, 전국 국민 평균 소비 수준은 오직 1배 증가하였다.[6] 국내외 관계에서도 쇄국 정책이 좋지 않은 방향이며 또한 외부의 힘에만 의존하는 것도 좋은 것은 아니다. 그러므로 자력갱생의 전제하에 대외 개방을 위해 노력해야만 한다는 인식이 증가하였다. 또 세부적 결론을 통해 사상 변화에 대해 새로운 방향을 세웠다. 경제 건설은 반드시 실질 상황에 따라 속도를 맞추어 경제 이익을 향상시키고 인민에게 이득이 돌아갈 수 있는 방향으로 진행시켜야 한다고 결론지었다.

국민 경제가 새로운 국면으로 나아가기 위해 이에 적합한 열 가지 경제 건설 방침을 내세웠다. 그 방침으로 정책과 과학의 지지하에 농업 생산의 가속화, 소비 상품 산업 발전의 중요성, 중공업의 서비스 향상, 에너지 이용 효율성 제고를 통한 에너지 산업과 교통운수업의 건설 강화, 단계별 중요성에

6 《중화인민공화국 제5회 전국인민대표회의 4차 회의 문건》, 인민출판사, 1981년판, p. 12 참조.

따른 기술 개조로 현존하는 기업의 충분한 가치 향상, 부문별 기업의 전면적인 정돈과 재정비, 재산을 관리하는 방법을 연구하여 국가와 건설 자금 절약의 활성화, 대외 개방 정책을 지지하여 자국의 자력 갱생 능력 강화, 경제 관리 체제의 적극적 개혁 태도로 각 부문의 능동성을 효율적으로 유도, 전체 노동자의 과학 문화 수준을 향상시켜 과학 연구 난관을 극복, 국민의 사상으로부터 생산 건설과 국민 생활 수준의 향상을 내세웠다.

경제 발전의 새로운 모색은 신중국 성립 후 32년 중국 경제 건설 역사의 중요한 성과로 '신팔자 방침'에서 한 걸음 더 나아간 발전 방안이었다. 이로써 중국 경제 현대화와 공업화 과정 중 중대한 전략적 전환점을 맞이하였다.

제2절 농촌과 도시 경제 체제 개혁의 탐색(1978~1984)

1. 농촌 가족 단위 농업 생산 책임제의 실시

(1) 농촌에서부터 시작한 개혁

건국 이후, 중국은 급속한 공업화 수요와 중공업 집중 경제 발전 전략으로 국민 경제에서 농업 부문은 '단퇴'(短腿(두안투이))[7]를 초래하게 되어 '문화대혁명' 후 농업 생산력 증대가 국민 경제의 중요한 임무였다. 그 방법으로는 제도상으로부터 출발해 농민 제도의 바뀐 수요에 따라 농촌 경제 제도의 폐단을 고치는 것이었다.

'문화대혁명'이 끝난 1977~1978년 안후이 성과 쓰촨 등지의 농민은 농촌 인민공사의 경영 관리 체제로 인해 여러 방식의 생산 책임제를 고안했다. 이

7 역주: 원래는 짧은 다리라는 뜻이나 발전이 없고 미약한 부분을 의미하는 것으로 성장하지 못하는 농업을 뜻한다.

런 자발적 제도의 변혁은 끝내 정부의 승인을 얻어냈다. 제11회 3중 전회에서 통과시킨 〈농업 발전 가속화를 위한 몇 가지 결의(초안)〉에서 낙후된 농업의 급속한 변화를 위해서는 최근 2, 3년간 채택한 일련의 정책 조치를 고려하고, 농업 생산 책임제를 포함하여 내재되어 있는 농촌 경제 제도 개혁을 진행해야 하였다. 이렇게 개혁은 농촌부터 시작되었다. 현대 중국 발전사를 돌이켜보면 어렵지 않게 농촌이 변혁에 앞장서 있다는 것을 살펴볼 수 있다. 개혁 혁명 때에도 '농촌포위성시'(農村包圍城市(농춘바오웨이청스))[8]의 길을 걸었었다. 이때 사회주의 개조도 농촌의 생산 협력에서부터 영양분을 흡수하였던 경험이 있다. 이번에도 개혁의 선두 주자로 농촌으로부터 개혁이 시작되었다.

1977년 11월 안후이 성위원회는 〈현재 농촌 경제 정책에 관한 몇 가지 규정〉에 관한 발표를 하였다. 그 내용은 농촌의 일련의 작업은 생산이 중심, 생산자의 자주권 존중, 농민 가정 부업을 허락하여 생산물 정기 시장에서 매매 안정, 생산 책임제를 실시하여 농민 개인이 지은 농사도 개인이 책임진다는 것이었다. 얼마 지나지 않아 쓰촨 성위원회도 안후이 성위원회와 비슷한 문건을 발표하였다. 1978년 가을, 안후이 성의 가뭄이 심각해 가을 파종을 진행할 수 없는 상황이 되자 앞장서서 농가 조직별 생산 책임제, 농가 세대별 생산 책임제 등 책임제 형식을 도입하였다. 1978년 말 안후이 성은 '농가 세대별 생산 책임제'의 생산 단체는 1,200개에 이르렀고, 1979년 3.8만 개에 달하여 전국 성 총생산 단체의 10%에 이르렀다. 쓰촨, 구이저우, 간쑤, 내이멍구, 허난 등지도 '농가 세대별 생산 책임제'가 상당히 발전하였다. 1979년 농가 조직별 생산 책임제, 농가 세대별 생산 책임제, 농가 노동력 책임제, 농가 생산 조직 책임제 등의 여러 방식의 책임제가 병존하게 되었다. 전국적으로 50% 이상의 생산 조직은 농가 조직별 생산 책임제를 실시하였고, 4분의 1

8 역주: 농촌이 도시를 포위한다는 뜻으로 농촌의 중요성을 역설한 의미이다.

이상의 생산 단체는 생산 조직제를 실행하였다. 그 중 이후 농촌 생산 개혁에 가장 큰 영향을 미친 것이 농가 세대별 생산 책임제였다.

⑵ 가족 단위 농업 생산 책임제

한 작은 마을의 성공으로 큰 반향을 일으켜 전국 많은 곳에서도 '농가 세대별 생산 책임제'를 실시하였으나, 중국 정부의 저지로 널리 확대 보급에는 제약이 따랐다. 그러나 각 지역의 요구와 시험 실시를 통하여 성공한 곳의 성원으로 1980년 9월 중앙 공산당은 〈더욱 강화시킨 농업 생산 책임제에 대한 몇 가지 문건〉에서 책임제를 지역별로 구분하여 구체적인 실정에 맞게 적절한 대책을 세울 수 있도록 하고 '각종 경영 방식과 노동 조직, 다양한 임금 계산 방식 허용', '획일적으로 한 가지 모델로 묶지 말라'고 강조하여 발표하였다. 낙후된 산골 지역은 장기적으로 먹을 식량에 대해 수매한 식량을 되팔아 생산하고 대출에 의존하여 생활을 해나가는 생산 조직이어서 생산 조직 및 농민들은 집체에 대해 자신감을 잃은 상태였다. 그리하여 더욱 더 농업 생산 책임제에 대한 실시를 지지하였다. 이런 농가 생산 책임제에 대한 실시 후 오랫동안 안정적인 상태를 유지할 수 있었다. 이런 농가 세대별 생산 책임제의 형식은 사회주의 경제에 의한 것이며, 사회주의 노선에서 벗어난 것이 아니라는 인식은 사상 해방에 큰 역할을 하였으며, 이로써 가족 단위 농업 생산 책임제가 전국적으로 확대 보급되기 시작하였다.

20세기 70년대 말의 농가 세대별 생산 책임제는 건국 이후 네 번째였다. 당시 각 지역에서 농업 생산 책임제는 '농가 노동력 생산 책임제', '농가 조직별 생산 책임제', '농가 가구별 생산 책임제'의 세 가지 방식으로 실행되었다.[9] '농가 노동력 생산 책임제'는 집체 경제 내부의 일종의 노동 조직 방식

9 저우타이허(周太和) 등, 《당대 중국의 경제 제도 개혁》, 중국사회과학출판사, 1984년판, pp. 269~270 참조.

으로, 기본 방식은 생산 조직이 시간과 품질을 정하고 포상하는 작업량을 작업조에 나누어주는 것으로, 도급을 맡은 사람의 임무 완수 여부에 따라 포상을 하거나 벌을 내리는 것이다. '농가 조직별 생산 책임제'의 기본 방식은 생산이 가능한 토지를 정해 농가에 맡기는 것인데, 도급 생산 부분을 모두 생산 조직에 전가하는 것으로 생산된 초과량은 도급 생산자나 생산 조직이 나누어가지는 것이다. '농가 가구별 생산 책임제'는 농업 경영 방식의 기본 방식을 약간 변형시킨 것으로 집체 경영이 아닌 각 농가가 도급 생산 토지를 경영하는 것인데, 기본 방식은 토지를 소유한 집체(일반적으로 촌락위원회 대표)가 인구와 노동력에 따라 토지를 경영할 수 있도록 할당하는 것이다. 농가는 도급 계약서에 따라 국가에 세금을 납부하고, 일괄 구매 또는 구매 예약하는 것으로, 생산 조직에 일정 수량을 남겨두고 납부하되 준비금이나 공익금에 이용하고 남은 상품은 모두 농민이 소유하는 것이다. '농가 가구별 생산 책임제', '농가 조직별 생산 책임제'의 가장 큰 차이는 생산 조직의 통일적인 경영과 분배를 없애 '국가에 납부하고, 집체에 남긴 후, 나머지는 개인이 소유'하는 것이었다.

1980년 말 대표적인 두 가지 생산 조직은 연초 전국 생산 조직 총수치가 1.1%에서 14.9%로 증가하였다. 1982년 1월 중앙 공산당, 국무원이 발표한 농촌 경제 정책의 첫 번째 '제1호 문건'에서

"일반적으로 결합 생산은 도급 생산이 필요하고, '농가 가구별 생산 책임제', '농가 조직별 생산 책임제', '농가 노동력 생산 책임제'는 노동 조직의 규모 차이에 불과하며 생산의 진보와 낙후 여부를 나타내는 것은 아니다"

라고 명확히 지적하였다.

이로써 생산 책임제가 정식으로 정책 근거의 계기가 되었다. 1982년 전국적으로 두 가지 생산 조직제를 실시한 생산 조직이 이미 86.7%에 달하였고, 1983년 초에는 93% 이상에 이르렀다. 그 중 대부분이 '농가 가구별 생산

책임제' 였다. 이때 '농가 세대별 생산 책임제'와 '농가 가구별 생산 책임제'의 개념은 이미 큰 차이가 없어졌다. '농가 세대별 생산 책임제'는 농가 생산 책임제의 주류로, 중국 농업이 인민공사 집체 경제 제도에서 농민까지 '도급'하는 토지로 농가 농장 제도의 과도기를 넘어서는 것을 보여준다. 이러한 과정 중 농가 생산 책임제는 농촌 집체 경제 조직의 확대뿐 아니라 국영 농장까지 확대 보급되어 농가 농장 위주로 농장 관리 제도가 형성되었다. 또한 농업 생산 분야 이외에도 임업, 목축업, 부업, 어업 등에까지 확대되었다.

농가 생산 책임제는 농가 조직 형식으로 농업 생산을 진행하여 건국 이후 대집체 조직 형식을 대신할 수 있게 되었다. 농업 생산 활동, 농가의 분배는 생산 조직 간부의 분배를 대신하게 되었으며, 생산 계획, 원가 계산 등 생산 조직이 책임지던 부분까지도 농가가 책임을 지게 되었다. 토지는 기타 농업 생산과 관련된 요소까지 이전의 집체가 사용하던 방식을 각 농가가 분배하여 사용할 수 있도록 하였다. 이것이 첫 번째 제도의 변천 과정으로 농민은 생산 요소의 사용권을 얻었으며, 생산 잉여물의 지배권을 가지게 되어 경제적 지원을 얻을 수 있게 되었다. 농촌은 토지 제도 개혁으로 생산력 해방과 크게 발전된 생산 관계 혁명을 가져오게 되었다.

농업 생산 제도는 1978년부터 변화하기 시작하였으며 1984년 기본적으로 끝났다. 약 6년 동안 변천 기간을 가진 이 제도와 1949년 이후 다른 농업 생산의 제도 변천 과정의 차이점으로는 대중 운동 형식을 띠지 않았으며, 사상적 비판 및 정치적 압력이 없었다는 것이다. 또한 진행 속도와 목표를 정하지 않고 중앙 정부는 민심을 헤아려 국가가 제도 변천의 구체적인 방안을 고안해내고 이론과 정책적인 인도를 하였다. 이 제도가 짧은 시간 내에 큰 효과를 얻을 수 있는 원인으로는 건국 이후 이미 여러 번에 걸친 제도로 중국 농민들에게 비교적 익숙하였으며, 도급 경영 제도로 변화되는 과정 중 농민의 복지가 증진되고 기타 사회 집단 또한 복지를 위한 손실이 많지 않아,

사회 전반에서 변화 과정을 광범위하게 받아들일 수 있었다. 가족 단위 농업 생산 책임제의 확대와 발전은 중국 현대 경제사의 가장 성공적인 제도 변천 중 하나이다.

(3) 농업 경영 제도 변천의 경제 성과

20세기 70년대 말부터 80년대 초 농가 도급 경영 제도는 중국 농촌에 큰 변화의 바람을 불러일으켰다. 농촌 도급 경영제의 실시로 농민의 적극성이 발휘되어 농업 생산 발전을 촉진시키는 계기를 마련하게 되었으며, 그 중 가장 직접적인 경제 효과는 농산품의 수량이 대폭 증가하였다는 것이다. 1978~1984년에는 중국 농업 생산 방면에서 건국 이래로 일찍이 없었던 큰 변화가 일어났다. 1984년 전국 식량 총생산량이 최고 신기록인 40,731만 톤으로 1978년 대비 33.6%가 성장하였으며, 연평균 4.95% 성장하였다. 면화의 총생산량은 625.8만 톤으로 1978년 대비 1.89배 증가하였으며, 유류 총생산량은 1,191만 톤으로 1978년 대비 1.28배 성장하였다. 그리고 당료의 총생산량은 4,780만 톤으로 1978년 대비 1.01배 증가하였다. 광범위하게 살펴보면 목축업, 수산업 또한 크게 발전하였다. 농업 생산의 증가로 인해 중국 농촌 산업 구조가 점점 합리적으로 변화하였고, 임업, 축업, 부업, 어업 등의 비중도 크게 향상되었다.

농업 경영 제도의 변화는 중국의 농업 생산과 농민의 수입 수준을 대폭 성장시켰다.

McMillan(1980)은 1978~1984년 농업 총생산 증가율의 4분의 3 이상이 가족 단위 농업 생산 책임제가 주요 원인인 것으로 예측하였다.[10] 린이푸(林毅夫)는 1978~1984년 농업 총생산이 42.23% 성장하였는데, 그 중 각 개혁은 생산

10 청바오핑(程保平), 〈중국 농가 행위의 발전과 교정의 사고에 관한 논의〉, 《경제평론》, 2000년 제3기.

표 4-1 제도 변천으로 인한 농업 구조의 변화

연도	재식 농업 중 경제 작물 비중	농가 총생산량 중 농업 총생산량이 차지하는 비중	농촌의 공업 총생산 비중	농촌 건축업 총생산	농촌 상업 총생산	농촌 운수업 총생산
1978	11.9%	68.6%	19.4%	6.6%	3.7%	1.7%
1988	18.4%	46.8%	38.1%	7.1%	4.5%	3.5%

자료 출처: 국가통계국, 《분진의 40년》, 중국통계국출판사, 1989년판, pp. 23, 366.

표 4-2 농업 생산과 농민 수입 수준의 성장

연도	농, 임, 목, 부, 어업 총생산(억 위안)					농민 1인당 연평균 수입(위안)	농민 1인당 연평균 순수입(위안)
		농업	임업	목업	어업		
1978	1,357	1,118	48	209	22	152	134
1980	1,922	1,454	81	354	33	216	191
1985	3,619	2,506	189	798	126	547	398
1990	7,662	4,954	330	1967	411	990	686

자료 출처: 《중국통계연감》과 《중국농촌통계연감》.

율 향상을 유도하여 생산량이 48.64% 증가하였다. 이에는 가족 단위 농업 생산 책임제의 변천이 중요한 역할을 하여 생산을 46.89% 성장시켰다고 분석하였다.[11] 비록 각 학자들의 분석은 차이가 있지만 가족 단위 농업 생산 책임제가 경제 발전에 중대한 역할을 했던 사실은 모두 인정하고 있다.

가족 단위 농업 생산 책임 제도의 개혁 이후 농민의 자산이 크게 증가하여 1992년 중국 농촌의 총자산은 이미 95,196.12억 위안이며, 그 중 22.71%가 농가 사유 재산이고, 77.29%가 집체 자산 또는 기업 자산이었다. 1978년 전국 농촌 집체 사유 재산의 고정 자산인 720억 위안에 비교하면 크나큰 증가였다.

11 린이푸(林毅夫), 《제도, 기술과 중국 농업 발전》, 상해삼해서점, 1994년판, p. 95.

(4) 농업 현대화 건설의 시작

중국은 농업 대국으로 농업의 현대화가 이루어지지 않으면 경제 현대화 건설 또한 쉽지 않다. 가족 단위 농업 생산 책임제 개혁의 경제적 성과로 인해 농업 현대화의 새로운 건설이 이루어졌음을 알 수 있다.

이 제도 개혁은 중국의 절반 이상을 자급자족 경제에서 상품 경제로의 이행을 가능케 하였다. 1953년 계획 경제 체제의 시작과 국가가 중요한 생활물자를 계획적으로 일괄 수매하여 일괄 판매하던 농촌 시장의 작용을 약화시킬 수 있었다. 1958년 인민공사화 운동 이후 농촌의 경제 구조는 '소이전'(小而全(샤오얼췐))[12]의 구조 모형으로 변화되어 자급 충족 경향도 강화되었으나 1979년 개혁 후 이런 상황을 크게 바꾸어놓았다. 농업 생산 책임제로 농업 생산의 향상을 가져와 농업 잉여 생산물이 증가되었다. 이렇게 농촌에는 시장 전업 농가가 출현하였고, 경제 협력을 통하여 시장 기업과 상업 조직 형태르 나아갈 수 있었다. 1984년 상반기 전국 전업 농가는 3,000만 가구로 중국 농가의 16%를 차지하였다. 농촌 경제의 전업화 발전은 농촌 경제 상품화를 향상시키게 되었다. 농민의 생활 소비는 자급적 소비 구조에서 상품성 소비 구조로 전환되었다. 상품 경제는 농업 현대화에서 반드시 거쳐야 할 길이었다.

국가 농업 관리면에서 보면 제도 개혁은 국가 행정 부문의 필요성을 감소시켰으며, 농촌, 농업 관리에 대해 계획 경제 관리 방식에서 시장 경제 관리 방식으로 변화하게 되었다. 계획 관리면에서, 국가는 생산 조직의 농산품 수매량 관리 외에 다른 계획은 없었다. 세수 방면에는 모든 농촌, 특히 빈곤 지역 농촌은 세율을 감소하거나 세수 감면의 방법으로 농민의 농업 잉여물을 증가시키도록 하였다. 국가 농산품별로 다른 세율을 정하는 방법으로 농

12 역주: 작은 것이 모여 전체를 이룬다는 의미로 농업 개혁의 성향을 의미하는 말이다.

업 경제 구조를 조정하였다. 가격면에서 협상으로 인한 가격차를 축소시키기 위해, 1979년 농산품의 세수 가격을 대폭 올리고, 농업 생산 재료 가격을 낮추었다. 1979년부터 농산품 시장의 정가 범위를 넓혔다. 1978년부터 1984년까지 사회 농부산물 수매 총액이 중국 공시 가격에서 84.7% 차지하던 것을 33.9%까지 낮추었다. 농업 금융면에서 신용 합작사의 합작 경제 성격을 회복시켜 조직 민간 자유 대출, 주식 투자, 합작기금회, 신탁공사 등의 여러 방식으로 자금을 모을 수 있게 하였다. 상품 유통면에서 구입 판매 정책을 완화하여 개체 농가와 합작 경제 조직 경영 단체가 농산품 구입 및 판매를 허락하여 가격 공개, 시장 개방, 농촌 공급 수매 합작사 제도 개혁, 합작사의 합작 경제 성질을 회복하였으며 농촌 공급 수매 합작사가 농민 합작 상업 조직을 가능케 하였다. 이런 제도 개혁은 농업 현대화에서 반드시 필요한 부분이었다.

농업 기계화와 과학 기술 발전 측면에서 제도 개혁으로 현대 과학 기술과 농업의 결합 과정을 가속화시켜 중국 농업 기계화, 과학 기술화의 새로운 국면이 열리게 되었다. 기계화는 농업 현대화의 매우 중요한 특징 중 하나이다. 개혁 이전 중국 농업 기계화는 국가 또는 집체가 투자, 발전시켰다. 이것이 좋은 효과를 내지 못하는 것은 자명한 일이었다. 개혁 이후 농민은 토지 사용권과 농업 생산 잉여물 소유권을 획득하여 농민 생산 도구의 적극성을 크게 높였다. 1984년 말 전국 트렉터 총보유량이 411만 대에 이르러 1978년 193만 대에 비교해 배 이상이 증가하였다. 또한 과학 기술화도 큰 성과를 이루었다. 1984년 전국 3,000개 현에 농민 기술 학과와 기술 교육 센터를 설립하여 농업 기계화와 과학 기술화가 전통 농업에서 현대 농업으로 전환하는 계기가 되었다.

농업 구조면은 다양한 제도 변화로 농업 산업 구조의 변화를 가져와 단일 농작 구조가 다양해지고 종합적 산업 구조로 변하였다. 이런 종합화와 다양한 산업 구조 변화로 8억 농민이 기본적인 식량 생산과 소농업 생산 구조에서 벗어나 더욱 많은 농민이 공업, 상업, 건축 등의 영역까지 확대되어 토지에만 의지하던 것에서 소규모 도시 또는 대도시로의 진입이 가능하게 되었다. 이는 중국 농촌 산업 구조의 변화만을 의미하는 것이 아니라 국민 경제 전체의 경제 구조 변화를 의미하는 것이었으며, 이런 변화로 새로운 농업 발전을 위한 구조로 변한 것이었다.

2. 도시 경제 체제 개혁의 시행

1979~1984년, 농촌 경제 체제 개혁의 확대는 도시 경제 체제의 개혁까지 촉진시켰다. 경제 체제 개혁은 농촌으로부터 도시까지 확대되었다. 농촌 경제 체제 개혁은 확대 보급되는 동시에 도시 경제 체제 개혁 또한 시작되어 1984년 가을 도시 경제 체제의 개혁 또한 전면적으로 열리게 되었다. 문제 해결로 보자면 다음의 두 가지가 있다. 첫째, 시장 주체의 교육 문제, 즉 기업과 국가 간의 관계 문제 해결로 기업의 경제 효과 향상이 그 목적이다. 둘째, 시장 건설 문제로 시장 체계의 교육 강화로 경제 발전의 시장 역할 작용이다.

(1) 국가와 기업 관계의 초기 조정

국가와 국유 기업 간의 관계의 조정은 국유 기업에게 자주권을 얼마만큼 부여하느냐가 관건으로 경제 효과를 높이는 것이다. 계획 경제 체제하에 국가가 국유 기업에 관한 개혁을 진행하였던 것을 '하방'(下放(씨아팡): 하급 기관에 양도)하여 중앙 소속을 성급이나 성 이하 지방 정부에 관리하도록 이양하는 것이다. 1958년 중앙이 관리하던 9,300개 기업 사업 단위 중 8,100개의 기업을 지방 정부가 관리하도록 양도하고, 이후 권력을 양도하는 동시에 '대약진' 시기를 거치면서 경제 혼란 상태가 초래되었다. 1961~1964년 경제 조정 기간 중 여러 국유 기업이 중앙 정부의 관리로 바뀌었다. 그러나 경제 실적이 낮은 상황으로 인해 1970년 국무원은 다시 기업 관리를 하급 기관으로 이양하였다. 이렇게 권력이 상부 기관에 이양되는 성공하지 못한 조정은 끝났다.

1977년 이후 기업계와 경제계 인사는 보통 국유 기업의 경제 실적이 좋지 않은 것을 원인으로 국가의 기업에 대한 지나친 관리를 꼽았으며, 개혁 방향은 기업의 자주권을 확대시켜야 한다는 것이었다. 이렇게 70년대 말 기업에게 '송방방권'(松綁放權(쏭빵팡췐): 권력을 넘겨 하급 기관에 자주권을 주다), '확권양이'(擴權讓利(쿠오췐랑리): 권력을 확대해 양도하다)하자는 것이 경제 지도자들의 주요 의견이었다.[13] 이런 의견으로 1978년 10월 쓰촨 성은 6개 시범 공업 기업을 선택하였다. 또한 1979년 5월 국가경제위원회 등은 8개 시범 기업을 선택하여 국가와 기업 관계에 관한 개혁의 서막을 열었다. 시범 기업 개혁의 기본 내용은 기업 기금제를 이윤 공제 적립제로 바꾸는 것이었다. 정부는 제품 생산, 판매, 시험 제작, 자금 사용, 인사 관리, 직공 상벌 등의 일부 권력을 기업에게 주었고, 기업은 당위원회 지도자급 공장장 책임제를 실시하고 직공 대표 대회를 건립하였다. 이러한 개혁은 기업이 기업 권력의 책임 관리를 확대하여 기업 전체 직원의 이익을 증가시킬 수 있었으며 노동자의 민주 관리를 확대시켰다. 그래서 노동자와 기업 관리자의 적극성을 북돋을 수 있었다. 전국 여러 부문과 지역은 시범 기업의 경험을 습득하여 자체적으로 방법을 정하고, 개혁을 시행하도록 하였다.

이런 상황에 초점을 맞추어 국무원은 7월 5개의 문건을 발표하였는데,

13 허야오민(賀耀敏), 〈권한 확대와 이익의 양도: 국유 기업 개혁의 돌파구–옌바오화(袁寶華) 동지 방문〉, 《백년호》, 2003년 제8기.

기업의 자주권 확대에 관련된 문제를 확대하는 통일된 규정으로, 각 지역 및 부문은 통일된 규정에 따라 소수 기업에서 시험적으로 시행해보도록 하였다. 기업의 자주권 확대 시험 업무는 공업, 상업, 물자, 건축, 교통, 우전, 군, 공 사업 분야까지 확대 전개하였다. 1980년 시험적 공업 기업은 6,600개에 달하여 국가예산 공업 기업수의 약 16%, 총생산액의 60%, 이윤의 70%에 달하였다. 시험 기업은 총생산액, 실질 이윤, 산출 이윤의 증가 속도와 상품 품질 등의 경제 지표로 보면 자주권 확대를 실시하지 않는 기업에 비해 훨씬 높다는 것을 알 수 있었다. 그러나 '자주권 확대 개혁'은 기업 경제 규모의 확대를 가져왔으나 효율성 향상에는 기여하지 않았다. 이는 장기간의 산업 구조 불균형 현상이 근본적으로 바뀌지 않아 전국적으로 경제 질서 혼란이 야기되어 재정 적자는 증가하고 통화 팽창 문제 등이 발생하였다. 그래서 1980년 12월 중앙은 국민 경제 조정을 위해 국유 기업의 '방권양이'(放權讓利(팡췐랑리))에서 '기업 경제 책임제'로 고쳐 실행하였다.

경제 책임제는 '확권양이'의 지속적인 발전을 위한 것으로, 국가 계획 지도하에 사회 경제 이익을 제고시키기 위한 목적으로 권력을 책임지고 밀접하게 결합시켜 생산 경영 관리 제도를 실행하는 것이다. '기업 경제 책임제'는 주로 유보 이익, 이윤청부제, '이세대리(以稅代利(이수이따이리)), 대립핵산(對立核算(뚜이리까이쑤안)), 자부영휴(自負盈虧(즈푸잉쿠이))'[14]의 형식으로 국가와 기업 간의 경제 책임, 이익, 권력을 통일시키는 것을 강조하는 것으로 국가 경제 책임에 대해 기업이 최우선이 되는 것이었다. 1982년 80%의 공업 기업과 35%의 독립 예산 상업 기업은 이윤청부제를 실시하였다. 그러나 불합리한 원래의 가격 체계로 기업 경제 책임제 실시 후 기업 간 불균형이 생겼으며, 국가 이익 또한 보장하지 못하였다.

14 역즈: 以稅代利는 이윤은 세금을 의미한다, 對立核算自負盈虧는 스스로 손익을 책임진다는 의미로 당시 중국이 기업 경영에 있어 이윤의 확대를 위해 노력했던 구호이다.

1983년 이래로 '이수이따이리'(이개세(利改稅(리까이수이))라 불리기도 한다)의 개혁이 실행되었다. 1981~1982년, 기업 경제 책임제의 과정을 겪으며 '이수이따이리'의 형태가 발생하였다. 이것은 국가와 기업의 이윤 분배 관계에 있어 세수 형식을 고정시켜 국가 재정 수업의 안정적 성장을 보장할 수 있게 하였다. 1983년 4월 국무원은 〈국영기업 이개세(利改稅) 실시 방법에 관해〉를 통해, 1983년 6월 1일부터 이윤이 있는 국영 대 · 중소기업은 이윤의 55%를 '소득세 납부', '남은 이윤', '일부 국가가 심사, 결정하여 남겨둔 이윤 수준'을 기업에 남겨두고, 일부는 각 상황에 맞게 '체증 도급'(遞增包幹), '고정 비율', '정액 도급'(定額包幹)을 도입하여 세금 등의 방법으로 국가에 상납하는 것으로 조절하였다. '이수이따이리'의 개혁을 전면적으로 전개한 후 당해에 효과를 달성하여 기업은 생산액을 완성하고 이윤을 남겨 지난해에 비해 각 9%, 10.9% 증가하였다. 실질 이윤 중 국가는 61.8%를, 기업은 38.2%를 남겨 국가가 큰 부분을, 기업이 작은 부분을 차지하는 방식이 실현되었다.

처음 '리까이수이'가 실현된 이후 1984년 5월 10일 국무원은 〈국영 공업 기업의 자주권 확대에 관한 임시 시행 규정〉을 발표하였다. 1985년 5월 중앙 행정 부서와 국무원 업무 부서는 연합하여 〈국영 공업 기업 지도자 체제 개혁 중점 업무를 효율적으로 달성하기 위한 통지〉를 발표하여, 베이징, 톈진, 상하이 등 6개 도시의 일부 기업에 시험 시행하였다. 1983~1984년에는 '리까이수이'를 처음 시행한 시기였다. 기업의 세후 이윤은 여전히 각종 형식으로 국가와 기업 간에 분배되어 기업 간 불균등한 '대과반'(大鍋飯(따궈판): 평균 분배) 문제는 여전히 존재하고 있었다. 이런 이유로 1984년 9월에 국무원은 제4분기 '이수이따이리'의 제2차 개혁을 실행하였다. 즉, 국유 기업 이윤의 100% 전부를 '이세합일(利稅合一(리수이허이)), 안장납세(按章納稅(안장나수이))'[15]로 정상적인 궤도에 올려 철저히 기업 간 '따궈판' 현상을 불식시켰

15 역주: 利稅合一은 이윤과 세금은 일치해야 한다, 按章納稅는 장부에 맞추어 납세한다는 뜻으로 기업의 이윤에 따른 합

다. '리까이수이'를 채택하는 동시에 국유 기업 고정 자산 투자 지출에 대한 부담을 줄이고 국유 기업을 제약하기 위해 '발개대'(撥改貸(보까이따이))[16]를 채택하였다. 즉, 국유 기업 고정 자산 투자에 대해 원래의 재정 증자 충당금을 은행 차관으로 바꾸는 것이었다. 제2차 '리까이수이'는 소기의 목적을 달성하지 못하였다. 왜냐하면 기업과 노동자의 적극적 생산 의욕을 꺾어, 20개월 동안 공업 기업의 실질 이윤이 아래로 미끄러지는 양상이 나타났기 때문이다.

(2) 기타 시장 주체의 성장

시장 주체를 성장시키려는 노력은 국유 기업뿐 아니라 개체 경제, 가정농장, 향진(사회 단체) 기업, 외자 기업의 성장에도 영향을 끼쳤다.

'문화대혁명'이 종결된 후, 지식을 가진 많은 청년이 자신의 구직 문제를 해결하기 위해 도시로 모여들었다. 국가 또한 개체 경제 발전을 장려하는 일련의 법령을 발표하였다. 1979년 2월 국무원은 각 공상행정관리국에

"현지 시장 수요에 맞추어 관련 업무 주관 부문의 동의를 구한 후 정식 호적이 있는 여유 노동력을 수리, 서비스, 수공업의 개체 노동에 종사할 수 있도록 비준한다. 하지만 고용을 할 수는 없다"

는 사회주의 개조 후 최초로 개체 경제 발전을 위한 문건을 허락하게 되었다. 1980년 8월 〈중공 중앙은 전국노동구직회의 문건 전달에 관한 통지〉에서 '도시 개체 경제 발전의 장려와 육성'을 요구하였다. 1981년 6월 〈중공 중앙 건국 이래 역사 관련 문제에 관한 결의〉에서

리적인 과세를 의미하는 구호이다.

16 역주: 국가가 재정 자금 사용의 사용 수익을 더하기 위해 국가 예산 내의 기본 건설 투자 자금을 투자 자금에서 대출 자금으로 전환한 것이다.

"국영 경제와 집체 경제는 우리 국가의 기본적 경제 형식으로 일정한 범위의 노동자 개체 경제는 공유제 경제의 필요충분조건이다"

라고 지적하였다.

이 결의 형식을 통해 개체 경제 지위를 확인할 수 있었다. 1981년 7월 〈도농 비농업 개체 경영의 정책적 규정〉에서 개체 경영자는 반드시

"1명에서 2명까지 조수를 고용: 기술 또는 특수 기예를 가진 자로 2, 3명을 고용할 수 있으나 5명을 초과할 수 없다"

라고 규정하였다. 그리하여 8명 이하(8명 포함) 또는 이상을 고용한 곳을 경계로 개체 기업과 민영 기업으로 분류되었다. 1982년 9월 당의 12대 보고에서

"농촌과 도시 모두 노동자 개체 경제는 국가 규정의 범위 내 공상 행정 관리에 적합한 발전을 장려한다"

라고 지적하며 개체 경제의 범위를 확대하였다. 동년 12월 4일 수정한 〈중화인민공화국 헌법〉 제11조에

"법률 규정 내 도농 노동자 개체 경제는 사회주의 공유제 경제를 보완한다. 국가는 개체 경제의 합법적 권리와 이익을 보호한다. 국가는 행정을 통해 개체 경제를 관리, 지도, 원조, 감독한다"

라고 규정하였다.

개체 경제 정책을 헌법에 기록하여 비공유제 경제 발전을 위한 안정적인 정책적 지지를 얻을 수 있도록 하였다. 1984년 10월 20일 〈중공 중앙의 경제 체제 개혁에 관한 결정〉에서

"현재 도시와 향진 집체 경제 그리고 개체 경제 발전을 저해하는 모든 것을 제거하고, 조건을 만들어 법률적 보호를 받도록 해야 한다. 특히 노무를 우선으로 적절한 분산 경영을 통한 경제 활동으로 개체 경제를 대대적으로 발전시켜야 한다"

라고 지적하였다.

이러한 결정으로 개체 경제 발전을 정책적으로 보장 가능하게 되었다. 이런 법규의 공포로 개체 경제는 점차 발전하기 시작하였다.

그 밖에 농촌 경제 체제의 변화에 따라 농민은 '도급'촌집체가 소유한 토지에 가정이 조직한 농업 생산 위에 일종의 경제 형식이 출현하였다. 이 또한 일종의 기업과 유사하였다. 우징롄(吳敬璉)은 이를 가정 농장 또는 사업 주체 경제라고 정의하였다.[17]

향신 기업의 전신은 계획 체제하의 '사회 단체 기업'(社對企業)이다. 당의 제11회 3중 전회는 사회 단체 기업의 발전이 매우 큰 전환점이라며 〈중공 중앙의 농업 발전을 가속화시키기 위한 결정〉은 '사회 단체 기업은 큰 발전이 필요하다'라고 지적하였다. 가족 단위 농업 생산 책임제 실시에 따라 농촌은 사회 단체 기업의 발전을 위해 충분한 노동력을 제공해야 하며, 농촌 생산력을 해방시켜 농촌 잉여물을 확대시키고, 농촌 공업을 발전시켰다. 사회 단체 기업의 빠른 발전으로 1978년 총생산액이 493.07억 위안에서 1983년 1,016.83억 위안으로 증가하여 5년 만에 106.2%가 성장하였으며 연평균 성장 속도가 15.6%이었다. 1978년에 사회 단체 기업은 농촌 노동력을 2,826.56만 명을 흡수하여 1983년 3,234.64만 명에 달해, 1978년 대비 14.4% 성장하였다.

개혁개방이 진행되어 가며 외국 투자 기업은 초기 단계의 발전이 시작되었다. 1979년 공포한 〈중외합작기업법〉에 중국은 이전 외상의 직접 투자를 금지하는 것에서 직접 투자를 장려하는 법을 명시하였다. 외상의 직접 투자 기업 유형은 세 가지로 합자 기업, 합작 기업, 외상 독자 기업이 있다. 그러나 개혁개방 초기 불완전한 관련 법률 법규와 지방 정부 심사 권한의 제한으로 투자 환경이 좋지 않았다. 그래서 외상의 직접 투자는 상당한 제한이 있어 대부분의 기업이 '삼래일보'(三來一補(싼라이이부))[18]의 가공 기업이었다.

17 우징롄, 《당대 중국 경제 개혁》, 상해원동출판사, 2004년판, p. 169 참조.

18 역주: 중국의 외자 기업 진출 방법으로 싼라이(三來)는 來料加工(원자재 수입으로 가공), 來樣加工(샘플 수입 후 가공),

이 시기 해외 자본 연관 기업은 대부분 경제 특구, 특히 선전 경제 특구 내에 설립되었다.

(3) 중앙과 지방 재정 세무 조정과 정부 전체 효율성 향상[19]

경제학은 사회 경제 활동의 주체를 개인(가정), 기업, 정부 3개로 분류하여 앞의 두 가지는 개인 영역에 속하고, 나머지 한 개 주체는 공공 영역에 속한다. 이에 재무 활동은 2개 부분으로 나뉘는데, 하나는 개인 재무, 나머지는 공공 재정(약칭, '재정')이다. 정부의 운용은 수요 자본으로 정부만 존재한다면 재정 활동이 곧 서비스이다. 정부의 조직은 '과층제'(科層制(커청즈))[20]로 중앙과 지방을 나누고 중앙과 지방의 재정, 세무 관계를 해결하여 중앙과 지방의 직권을 분리하여 정부의 업무 효율성을 총체적으로 높이는 것이다. 그리고 시장 경제 중 정부는 시장 실패를 해결하고, 자원을 배분하여 수입 분배와 거시 경제 역할을 이행하며 재정 세무 제도를 잘 세워 국가 경제적 성

來件裝配(중간재 수입 후 조립)를 의미하며 이부(一補)는 補償貿易 제품 또는 기술의 외상 수입 후 완성된 제품으로 물품 대금을 대신하는 보상 무역을 의미한다.

19 역주: 이전의 재정 체제.
1950년 2월, 전국재정회의는 '통일 전국 재정 경제 업무'를 결정하고 '統收統支'를 엄격히 실행하는 재정 체제를 세웠다.
1953년, '一五'계획이 실시된 후 중앙, 성, 현 3급 예산 제도는 건립하여 예산 관리의 집중도가 약간 떨어졌다.
1958-1965년, 중앙과 지방 간 수지를 '제도에 의한 세수 결정, 연간 1회 변화'(以制定收, 一年一變)에서 '제도에 의한 세수 결정, 5년간 1회 변화'(以制定收, 五年一變)로 고쳤다.
1966~1967년, '수입과 지출의 연결, 전액 분할 달성'(收支掛鉤, 全額分成) 체제를 실시했다.
1968년, 수많은 공장이 생산 중단 또는 생산량 감소. 수입과 지출 두 가지를 실행했다. 즉, 예산 범위 내 재정 수입 전부를 납입하고, 지출 전체를 중앙이 통제하여 수지 균형이 맞지 않았다.
1969년, 생산이 약간 호전되어 '수지 균형, 총액 분배, 1년에 한 번' 규정을 회복하였다.
1970년, 중앙 권력을 약화시켜 중앙, 성, 현 관리 체제를 실시하여 '안정된 수입과 안정된 지출'(定收定支)이 증가했다.
1971년, '안정된 수입과 안정된 지출(定收定支), 수입 지출 분할 책임(收支包幹), 상납보증(保證上繳), 여유 자금의 유용(結餘留用), 매년 1회 결정(一年一定)'의 재정 관리 체제를 실행하였다.
1976년, '안정된 수입과 안정된 지출(定收定支), 수입 지출의 연결(收支掛鉤), 총액의 분할 완성(總額分成), 매년 1회 결정(一年一定)'의 재정 관리 체제를 시험 시행하였다(참조: 중국 포털사이트 百度百科).

20 역주: 科層制는 일종의 관념적 관료제로 독일의 사회학자 막스 베버가 제시한 제도이다. 사회학적 기초 위에 독일식 사회주의와 미국식 공업주의의 결합으로 조직을 건립하는 제도이다.

과를 높이는 것이다. 건국 이래 경제 체제의 변화로 중국의 재정 세수 체제는 시기별로 차이가 있다. 1980년에 실행한 신재정 체제는 상하이, 톈진, 베이징 3개 직할시 '통수통지'(統收統支(통쇼우통지))[21]를 제외하고, 기타 성과 자치구는 '분조흘반'(分灶吃飯(펀자오츠판))[22]을 시행하였다. 즉, 중앙과 지방은 규정된 방법에 따라 소득 분배하는 재정 관리 체제이다. 새로운 재정 분배 체제하에, 점차 국가는 어려운 국면에 접어들고 지방 수입과 수입 사용 권한이 넓어졌다. 지방은 수입을 늘리고 지출을 줄이는 적극성과 지방 경제 건설의 주도성을 높이게 되었다. 그러나 이러한 체제는 지방 경제를 강화시켜 지방 간의 질서 없는 경쟁이 야기되었다. 기업과 정부 간의 행정 복속 관계는 근본적으로 변화하지 않았다. 그리고 수많은 중앙 기업이 지방으로 귀속되는 관계가 오히려 심각해져, 지방 정부의 업무 왜곡 현상이 초래되어 단면적으로 지방 세수를 극대화시키는 상황이 되었다. 그래서 높은 이윤과 세금을 가져오는 지방 공업은 각급 지방 정부 업무의 중점이자 중심이 되었다. 그리하여 각지 맹목적인 새로운 업무, 반복적인 건설로 지속적인 발전 과열 현상이 나타났다. 동시에 지방 이익 체제에서, 지역 폐쇄와 지방 보호는 필연적인 것으로 전국 통일적 시장 형성에 영향을 주었다. 1981년 국가는 지방 재정의 거시적 통제를 강화시켜 재정 체제의 개혁 조정, 개혁의 건강한 방향으로의 발전을 도모하였다.

(4) 초기 도시의 시장 성장

1979년부터 생산재와 소비재를 국가가 계획적으로 일괄 수매하여 일괄 판매하는 유통 형식의 개혁이 시작되었다. 공업 생산면에서 256개의 물자를

21 역주: 統收統支는 일괄적으로 받고 일괄적으로 지급한다는 뜻으로 재정 집행에 있어서 중앙 재정과 지방 재정의 통일된 집행을 의미한다.

22 역주: 分灶吃飯은 부뚜막을 나누어 식사한다는 의미로 중앙 재정과 지방 재정의 분리 집행을 의미한다.

일괄 분배하고 30~40종의 중요 연료, 원료, 가전 제품을 제외하고 기타 물자는 무제한으로 공급하되 배급표를 통해 공급하였다. 기본 건설이 필요한 물자 공급면에서 하청을 받아 공급하는 것을 시범 시행하였다. 물자 경영면에서 생산재 시장과 각종 종합 교역 시장을 조직하여 원래의 물자를 통일적으로 배분하던 경영 방식에서 상업적 경영 방식으로 바꿨다. 공장에서 생산하는 소비재에 대해 국가가 일괄 수매하고 판매하되 계획적으로 수매하고, 주문하여 구입하고, 선택하여 구매하는 여러 가지 방식의 판매 방식을 시행하여 공업 기업의 자체 판매 권리를 확대하였다.

1982년 공업 소비품의 유통을 도농 분업에서 상품 분업, 도농 개방, 귀속 경영, 도농의 일괄적 관리의 새로운 체제로 고쳐 시장을 준비하는 계획을 세웠다. 유통 형식을 개혁하는 동시에 많은 상업 경로와 상업 경영 형식의 개혁을 진행하였다. 상업 경로면에서 국영 상업, 공급 수매 합작사의 상업 등 주요 경로 작용을 더욱 발휘할 수 있도록 하고, 집체, 개체 상업의 작용을 충분히 발휘할 수 있도록 하였다.

집체의 소유인 상업 소매 총액이 사회 상품 소매 총액에서 차지하는 비중이 1978년 7.2%에서 1982년 16.1%로 증가하였다. 동기간 개체 상업의 비중은 0.1%에서 2.9% 증가하였다. 상업 경영 형식면에서 공업과 상업 간, 공업과 외국 무역 간의 연합 경영 방식, 더 나아가 공장, 농장의 자체 판매 경영과 공장과 업주의 연계 경영, 무역 점포, 소상품 시장 등 일련의 경영 방식이 급속히 발전하였다. 1984년 도시 경제 체제의 종합적인 개혁은 유통 방면에 문이 활짝 열리게 되었고, 시장 개방을 통해 유통이 더욱 활성화되었다. 동시에 대내, 대외 개방 모두를 실시, '외인내연'(外引內聯(와이인내이리엔))[23]을 실시하여 외자와 기술의 도입과 흡수를 가속화시켰다.

그 밖에 정부는 행정 역량을 통해 업종 분할, 시장 분할을 없애 전문화

23 역주 : 해외의 우수한 자본, 기술 등을 도입하여 국내의 기업 등과 연계시키는 방법.

분업 더 나아가 수직적, 수평적 분할로 제한된 시장을 뚫고 나갈 수 있게 하였다. 도시 범위 내에 다음의 세 가지 방식을 채택하여 기업 개조와 경제 연합을 실시하였다. 첫째, 우량의 유명 제품을 내세워 전문화된 협력 생산을 조직한다. 둘째, 공예 협력 중심을 조직하여 첨단 공업 사업에 집중 생산한다. 셋째, 생산 서비스의 사회화를 조직하고 운수, 서비스 등 생산 전후 서비스를 집중 제공한다. 업종 간과 부문 간에 여러 형식의 경제 연합을 조직한다. 예를 들어, 부서를 뛰어넘는 자원을 종합 이용한 경제 조직을 조직, 기관 · 지역을 넘어서서 부품 전문화 협력 생산을 위한 경제 조직을 조직, 공업과 상업 간, 공업과 외국 무역 간, 농공업 연합 등의 여러 방식의 경제 연합을 발전시킨다. 전국 범위 내 전국적 규모의 업종별 회사를 조직해 전 업종의 각종 경제 활동에 대해 시스템적으로 접근을 한다. 도시를 중심으로 지역과 부문을 뛰어넘는 각기 다른 유형의 경제구를 세워, 더 넓은 범위의 수직적, 수평적 분할 관리 시스템과 합리적 경제 활동의 문제를 해결한다.

3. 초기 대외 개방의 전개

(1) 개방 기지의 구축

중앙이 제11회 3중 전회에서 대외 개방을 기본 국책으로 세운 이래로, 점차 연해에서 내륙, 남쪽에서 북쪽, 동쪽에서 서쪽, 단계별, 계층별로 구분하여 이를 대외 개방의 구조로 추진시켰다.

1979년 4월 중앙공작회의에서 광둥, 푸지엔 2개 성이 제출한 '수출 특구'의 시험적 운영 보고에 관해 토론하였다. 1980년 5월 16일 중공 중앙은 〈〈광둥, 푸지엔의 2개 성 회의 기요〉에 관한 결재〉 중, 정식으로 '경제 특구'라는 명칭으로 승인하고, 광둥, 푸지엔 2개 성에 대해 대외 개방의 특수 정책을 실행할 것을 결정하였다.

1980년 8월 제5회 전국인대 상무위원회는 제15차 회의에서 선전, 주하이, 산토우, 샤먼을 경제 특구로 시험 운영할 것을 비준하였다. 경제 특구는 '시장 조절을 위주로 지역적 수출 지향형 경제 형식'이다. 국가는 특구에 있는 기업의 개인 용도 화물에 대해 수입 관세와 공상통일세를 면하게 하였다. 국외 수입 상품에 대해 수입 관세와 공상통일세의 50%를 낮추어주었고, 특구에서 생산된 상품은 구역 내에서 판매하고 또한 수입 관세와 공상통일세의 50%를 낮추어주었다.

1984년 초 덩샤오핑은 특구를 시찰한 후 특구가 하나의 문(門)이라고 생각하였다. 즉, 기술의 문, 관리의 문, 지식의 문이며 대외 정책의 통로라며 대외 개방 도시를 증가시킬 것을 제안하였다. 5월 중공 중앙과 국무원은 〈일부 연해 지역 도시의 좌담회 기록〉에서 다롄, 친황다오(秦皇島), 톈진, 옌타이, 칭다오, 롄윈 항(連雲港), 난통(南通), 상하이, 닝보(寧波), 원저우(溫州), 푸저우, 광저우, 잔장(湛江), 베이하이 등 14개 연해 항구 도시를 개방하여 경제 특구의 우대 정책을 실시할 것을 지시하였다.

(2) 결합 제도의 성립

1) 외국 무역 체제

1956년 이후 계획 경제 체제의 건립으로 이에 상응하는 대외 무역 체제도 고도의 밀집성과 직접 행정 관리의 특색 있는 국가 독점 체제가 형성되었다. 1979년을 시작으로 개혁개방의 진행에 따라 대외 무역 관리 권한 또한 하급 기관으로 이양시켰다. 우선, 중앙은 지방과 부문으로 넘기고, 지방과 부문은 그 아래 기관으로 점차 권력을 넘겼다. 1985년, 국가는 대외 경영권의 행정적 통제를 느슨하게 풀기 시작하였으며, 대외 무역 구매와 조달 계획을 더 이상 세우지 않았다. 각 지역과 대외 무역 기관은 수출 계획과 시장 수요 공급 상황에 따라 물품 공급 회사는 직접 상품의 공급원과 연계하였으며, 이로써 많은 생산 기업과 업종은 대외 무역 경영권을 얻었다. 그래서 점차 장기적으로 존재해온 공업과 무역의 분리 문제와 생산과 소비의 불균형 문제를 해결해 나갔다. 개혁개방에 따라 국가 주관의 무역 기관 또한 개혁이 뒤따랐다. 1982년 공급 수매 합작사, 식량부, 상업부를 합병하고 통일시켜 상업부를 조직하였다. 주로 국내 무역[24]을 담당하게 하였다. 대외무역부와 국가수출입관리위원회, 외국투자관리위원회, 대외경제연락부를 대외경제무역부로 합치고 주로 대외 무역을 담당하였다.

2) 환율 제도

대외 무역 발전을 위해 수출을 장려하고 수입을 제한하였다. 1979년 8월 국무원은 〈대외 무역 발전을 위한 외환 수입 증가에 관한 문제에 관한 규정〉을 발표하여 1981년부터 공정 시세를 보류한 비무역 수지를 제외하고 일종의 환율을 규정하였다. 즉, 무역 외환 내부 결산 가격(약칭, 내부 결산가)을 수출입 무역 결산과 대외 무역 기업의 경제 이익을 계산하는 데 이용하였다. 이것이 인민폐 이중 환율의 효시가 되었다. 내부 결산 환율은 당시의 수출 환율 원가에 따라 결정되며, 그 이후 4년 동안 1달러당 2.80위안의 수준으로 고정되었다. 그리고 비무역 결산의 공개 시세에 이용되는 것은 1달러당 1.50위안 정도로 유지되었다. 1980년 중국은 국제통화기금 조직의 합법적인 지위를 회복하고, 국제통화기금 조직의 관련 규정에 따라 회원국은 여러 환율을 실행하였다. 그러나 단일 환율에 대해 과도한 시간을 단축시켜야 하였다.

24 역주 : 중국의 국내 무역이란 각 성 간의 거래를 말한다.

이러한 상황으로 1985년 1월 인민폐는 다시 단일 환율로 회복시키고 원래의 공정 시세를 대폭 조정하여 1984년 7월 2.30위안 달러/인민폐에서 1985년 1월 2.80위안으로 낮추었다. 그 후 여러 번의 조정을 거쳐 10월 30일 3.20위안으로 하락시켰다.

3) 관세와 세관 관리 제도 개혁

1980년 이전 중국 세관 관리는 일종의 이중 관리 체제였다. 즉, 각 지역에 설립한 세관은 지방 정부와 대외무역부 세관 관리국의 이중적 관리자의 영향을 받았으며 지방 관리가 주가 되었다. 계획 경제 체제하에 대외 무역은 행정 계획 통제를 받았기 때문에 세금 종류와 세율의 변화 등의 수출입을 조절하는 역할이 별로 요긴하지 않았다. 1980년 2월 대외무역부는 국가해관총서와 수출입상품검사총국을 독립시켰다. 동시에 각 성 및 직할시, 자치구는 각 지역 세관에 대해 감독 관리를 할 것을 규정하였다. 이것 또한 일종의 이중 관리이지만 국가해관총서의 관리자 위주가 되었다. 1984년 〈중화인민공화국 해관법〉은 '국무원은 해관총서를 설립하고 전국 세관을 통일 관리'에 대해 규정하고 수직적 해관 관리 체제를 확립하였다. 그 후 해관총서는 원래의 관세 조례와 세율 제도 개혁을 진행하고 국내외 경제 형세와 대외 무역 발전 상황에 맞추어 세율 지렛대를 사용하여 수출입 무역을 조절하였다.

4. '6.5(六五)'계획의 조기 완성

(1) 국민 경제의 안정적 지속적인 성장

1979~1984년 국내 생산 총액, 사회 총생산액, 공 · 농업 총생산액, 국민

표 4-3 국민 경제 주요 지표의 평균 성장 속도

(단위: %)

연도	사회 총생산 성장 속도	공 · 농업 총생산 성장 속도	국민 소득 성장 속도
1953~1978년 평균	7.9	8.2	6.0
'6.5' 기간 평균	11.0	11.0	9.7
1981	4.6	4.6	4.9
1982	9.5	8.8	8.3
1983	10.3	10.2	9.8
1984	14.7	15.2	13.5

자료 출처 《'6.5(六五)' 기간 국민 경제와 사회 발전 개황》, 중국통계출판사, 1986년판, p. 7 참조.

소득의 연평균 성장 속도는 각 8.8%, 9.1%, 9.1%, 8.3%였다.

1981년에서 1985년까지로 정한 '6.5' 계획은 국민 경제 총량 지표와 주요 생산 건설 지표에서 1984년에 이미 앞당겨 임무를 완성하였다.

1934년 사회 총생산액, 농업 총생산액, 공업 총생산액은 원래 규정한 1985년 지표의 119%, 104%, 119%에 달하였다. 산업별로 1984년과 1978년을 대비하면 제1차 산업은 52.6% 증가하여 연평균 7.3% 성장하였다. 제2차 산업은 66.9% 증가하여 연평균 8.9% 성장하였으며, 그 중 공업은 66.0% 성장하여 연 평균 8.8%가 성장하였다. 또한 제3차 산업은 78.3% 증가하여 연평균 10.1% 성장하였다. 그 밖에 여행 업종이 발전하기 시작하였다.

(2) 주요 비례 관계의 기본 조화 발전

가장 먼저 눈에 띄는 것이 농업 발전의 성과이다. 농업 생산은 지속적으로 빠르게 성장하였다. 농업 총생산액은 1984년 1978년 대비 55.4%가 증가해 연평균 7.6% 성장하여 신중국 성립 후 가장 빠르게 성장한 시기였다. 경공업의 급속한 성장은 이 시기 공업 발전의 또 다른 특징 중 하나이다. 1984년은

표 4-4 국민 경제 주요 비율

(단위: %)

연도	공·농업 총생산액		공업 총생산액		국민 경제 사용액	
	농업	공업	경공업	중공업	소비율	누적률
1978	27.8	72.2	43.1	56.9	63.5	36.5
1982	33.6	66.4	50.2	49.8	71.2	28.8
1983	33.9	66.1	48.5	51.5	70.3	29.7
1984	35.0	65.0	47.4	52.6	68.8	31.2

자료 출처: 《'6.5(六五)' 기간 국민 경제와 사회 발전 개황》, 중국통계출판사, 1986년판, p. 7 참조.

1978년 대비 면 생산량이 24.5% 성장하였고, 화학섬유 생산량이 1.58배 증가, 봉제 기계 생산량은 92.2% 증가, 자전거 생산량은 2.35배 성장, 손목시계 생산량은 1.81배 증가하였다. 선풍기, 녹음기, 세탁기, 냉장고. 텔레비전 등 가전 제품은 빠르게 가정에 보급되어 가전 제품 생산의 급속 성장을 가져왔다. 농업, 경공업, 중공업 생산은 이에 비하면 성장 속도가 빠른 편이 아니었다. 그 중 기계 공업의 생산은 정도 차이는 있지만 감소하였다. 수리 중추 공정의 거저우바(葛洲壩) 공정과 상하이 바오깡(寶鋼)의 건설은 큰 진척을 이루었다.

(3) 경제 이익의 향상

당년 가격으로 사회 노동자 1인당 평균 국민 소득을 계산하면 1979~1984년 755위안에서 1,119위안으로 증가하여 연평균 6.8% 증가하였고, 1953~1978년의 연평균 3.4% 속도를 뛰어넘었다. 공업, 농업 노동 생산성이 급속히 성장하여 누적 성과도 증가하였다. 1979~1984년 에너지 소비 수준은 이전에 비해 낮아져 100위안 기준 국민 소득 소비 에너지로 1979년 18.98톤(기준 연료)에서 1984년 12.5톤으로 감소하였다. 유동 자산 회전이 빨라져 국유 독립의 공업 기업은 각 100위안 기준 생산액으로 계산해 유동 자산에 대비하여 1978

년 32위안에서 1984년 27.4위안으로 감소하였다.

(4) 축적 중심에서 수요 중심으로 전환

1978~1984년 전국 1인당 국민 소득이 315위안에서 548위안으로 상승하여 매년 평균 9.6% 성장하였고, 1953~1978년 동안 연평균 3.9%의 성장 속도를 훨씬 뛰어넘었다. 소득 향상에 따라 전 국민의 소비 질이 향상되었다. 많은 가정은 식량이 위주인 '주식형'(主食型)에서 영양을 고려한 '부식형'(副食型)으로 변하기 시작하였다. 농촌 가정은 1인당 평균 화폐 순수입이 1978년 133.57위안에서 1984년 355.33위안으로 연평균 17.6% 성장하였다. 이 시기가 농촌 주민의 수입이 가장 빠르게 증가한 시기이다. 농촌 주민 수입이 도시 주민 성장 속도보다 빨라서 도농 간 소비 격차가 줄었다. 생활필수품의 수요는 기본적으로 만족시켜 1953년 이래 배급표를 이용하여 구매한 분배 형식의 소비를 점차 자주적 소비 방식으로 바꾸어 갔다. 소비 구조 또한 명확히 바뀌기 시작하여 내구성의 소비품, 특히 가전 제품 수요의 빠른 성장을 가져왔다. 생활 속의 새로운 요구는 생산 구조 조정을 가져오게 되었다.

개인 소득의 급속한 성장은 지불 능력의 수준을 강화시켜 국민 경제를 축적이 중심인 형태를 벗어나 수요가 중심인 형태로 바꾸었다.

(5) 중국 사회주의 경제 체제 이론 창조의 탐색

1979~1984년 도시 체제 개혁과 이 시기의 농촌 경제 체제 개혁은 경제 발전의 거대한 동력이 되었을 뿐 아니라, 더욱 중요한 것은 중국식 사회주의 경제 체제 신모델의 탐색을 하게 되었다. 이런 탐색 과정 중 일련의 새로운 경제 이론을 제시하였다.

1) 중국 특유의 사회주의 이론 건설

1982년 9월 덩샤오핑은 중국 공산당 제12차 전국대표대회 개막식 중

"우리의 현대화 건설은 반드시 중국의 실제 상황에서 출발해야 한다."

"마르크스주의의 이론에 중국의 구체적 실제 상황을 결합시켜 자신의 노선으로 걸어야 하며, 중국 특유의 사회주의를 건설하는 것이 우리의 오랜 역사 경험을 통해 얻은 기본적 결론이다"

라고 말하였다.[25]

중국 특유의 사회주의 건설은 자신의 노선을 걷는 것으로 중국 공산당이 새로운 역사의 지도 사상과 현대화 건설의 지도 사상을 세우는 것이다.

대회는 당이 새로운 시기에 전국 각 민족의 단결, 자력갱생, 완강한 투쟁을 통하여 공업, 농업, 국방, 과학 기술 현대화를 점차 실현하며 고도 문명, 고도 민주의 사회주의 국가로 중국을 건설하는 것이 임무라고 밝혔다. 이 임무를 실현시키기 위해 우선적으로 경제를 발전시켜야 하였다. 그리하여 회의는 1981년에서 2000년까지 중국 경제 건설을 위한 목표를 경제 이익 향상을 위한 전제하에 전국 공 · 농업의 연간 총생산량의 4배 향상을 위해 노력하기로 하였다. 즉, 1980년 7,100억 위안에서 2000년 28,000억 위안으로 증가시키는 것이다. 이 목표를 실현하면 인민의 물질과 문화 생활이 중산층 수준에 이르게 될 것이며, 공 · 농업 총생산량이 4배, 즉 20세기 마지막의 20년 중 공 · 농업 총생산량이 매년 평균 7.2% 속도로 성장하는 것을 의미한다. 이런 전략적 목표를 실현하기 위해 제12대는 농업, 에너지, 교통, 교육, 과학을 전략 목표의 3대 전략 중점 내용으로 정하였다. 대회는 경제 건설 목표를 제시하는 동시에 고도의 사회주의 정신 문명과 고도의 사회주의 민주 건설에 노력해야 한다고 밝혔다. 또한 사회주의 물질 문명과 정신 문명 건설을

25 《덩샤오핑문선》, 제3권, 인민출판사, 1993년판, pp. 2~3.

위해서는 사회주의 민주 발전의 계속적인 지지와 도움이 필요하다고 하였고, 고도의 사회주의 민주 건설은 우리의 근본 목표와 기본 임무 중 하나라고 밝혔다. 사회주의 민주 건설은 반드시 사회주의 법제 건설과 긴밀히 결합되어야 한다. 즉, 사회주의 민주 제도화, 법제화가 따라야 하며, 이런 이론과 임무 제시는 사회주의 현대화 건설의 전면적인 요구에 따라 사회주의 이론을 발전시켜 인민에게 사회주의에 대한 이해도를 높여야 한다고 지적하였다.

제12회 중전회의 거행에 뒤따라 덩샤오핑은 중앙정치국 상무위원, 중앙군위 주석, 중고위(中顧委(중구웨이))[26] 주임을 맡게 되어 제2대 중앙 지도자의 핵심이 되었다.

2) 사회주의 초기 단계 개념의 제시

제11회 3중 전회 후 중국 공산당은 새로운 역사적 조건하에 중국식 사회주의 건설을 위한 새로운 탐색을 시작하였으며, 이런 탐색은 중국 사회주의 발전 단계를 과학적 평가로 진행시켜야 하는 것이었다. 사회주의 초기 단계 이론은 이와 같은 조건으로 발생한 것이다.

중공 제11차 3중 전회 후 경제 생활에 새로운 변화가 많이 나타났다. 농업 생산의 가족 단위 농업 생산 책임제가 점차 보급되었으며, 국민 경제 중 여러 종류의 경제 요소, 특히 개체 경제, 민영 기업, 회자 기업이 출현하였다. 공동의 부(富)라는 목표하에 일부 사람, 일부 지역이 먼저 부유해지기 시작하였다. 상품 경제 발전에 노력하였는데 이런 변화는 원래의 사회주의 개념을 크게 타파하였다. 그래서 실물 경제의 급속한 발전을 가져왔다. 이 시기 과연 사회주의란 무엇인가, 사회주의 건설에 어떠한 문제가 있는가에 대

26 역즈: 중공 제12대에 성립된 중국 공산당 중앙고문위원회는 당의 신구 조화를 이루는 데 많은 역할을 한 것으로 알려져 있다.

한 문제점이 드러났다. 이런 문제의 해답은 우선 중국 사회주의의 단계별 특징에 대한 이론의 설명을 필요로 한다. 1979년 9월 중공 중앙 부주석 예지엔잉은 중국 성립 30주년 연설 중

"중국의 사회주의는 여전히 유아기와 같이 사회 제도가 미성숙하고 불완전하다. 그래서 우리는 개혁을 하여 올바른 사회주의 경제 제도와 정치 제도를 세워야 한다"

라고 지적하였다.

1981년 6월 중공 제11회 3중 전회는 〈건국 이래 당의 역사적 문제에 관한 결의〉를 통과시키고, 처음으로 당의 문건에서 '우리의 사회주의 제도는 여전히 초기 단계'라고 명확히 지적하였다.[27] 또 1982년 중공 12대에서 '지금 우리 사회주의는 여전히 초기 발전 단계'라고 지적하였다.[28] 사회주의 초기 단계 이론은 국정의 역사적 경험을 토대로 중국 사회 발전 현단계의 과학적 범위를 정하는 것이다. 이는 국정의 정확한 인식에서 출발하며 전국 공산당 전국 인민의 중점 임무가 사회주의 현대화 건설을 논증하고 심화한 개혁 방향을 명확하게 지시하여 중국 특유의 사회주의 노선 건설을 위한 중요한 이론적 기초를 세우는 것이었다.

3) 계획 상품 경제의 초기 방안

1979년 계획과 시장 관계 문제를 처리에 대해 중공 중앙은

"계획 경제를 위주로 우리의 국민 경제는 시장 조절의 보조 역할을 충분히 중시해야 한다"

라고 지적하였다.[29]

27 《중공 중앙 건국 이래 당의 역사적 문제에 관한 결의》, 인민출판사, 1981년판, p. 53.

28 《전면적인 사회주의 현대화 건설의 새로운 국면》, 인민출판사, 1982년판, p. 23.

29 중공중앙문선연구실, 《3중 전회 이래 주요 문선선》, 상, 인민출판사 1982년판, p. 141.

계획 경제를 위주로 시장 조절을 돕는 것이 실질 중국 경제 체제 개혁의 첫 번째 목표였다. 1981년 덩샤오핑 주석은 〈건국 이래 당의 역사적 문제에 관한 결의〉에서

"공유제를 기초로 계획 경제를 실행해야 하며 시장 조절의 보조 역할을 해야 한다. 사회주의 상품 경제와 상품 교환 발전에 노력해야 한다"

라고 지적하였다.

1982년 9월 중공 12대 보고에서 계획 경제를 위주로 시장 조절을 보조하는 원칙으로 '계획 생산과 유통은 중국 국민 경제의 주체'라고 상세히 논술하였다. 동시에 부분 상품의 생산과 유통은 계획에 의하지 않고 시장 조절에 의해 가능하다고 허락하였다. 즉, 각 시기 국가의 통일된 계획 범위 안에, 가치 규율의 자발적 조절 작용을 통한 구체적 상황에 맞추어 계획 생산과 유통은 추가된, 예속된, 이차적인 그렇지만 필수적인 도움이 되는 것이었다.

1984년 이전 중국 경제 체제 개혁은 탐색기였다. 개혁은 농촌과 도시에서 출발한 국한적 영역에서 진행한 것으로 전체 국민 경제 체제에 보편화된 것은 아니다. 개혁은 원래의 체제에 저촉되는 그리고 원래 경제 체제의 근본적 폐단은 극복하지 못하였다. 개혁은 중국 국정의 경제 체제 모델의 여러 가지 요소에 부합되는 새로운 체제 모형이 명확히 정해져 있지 않았다. 1984년 10월 중공 제12회 3중 전회는 〈중공 중앙 경제 체제 개혁에 관한 결정〉을 통과시켜 도시를 중심으로 경제 체제 개혁 임무와 계획 상품 경제의 목표 모델을 전개해 나가도록 하였다. 이것은 이미 존재하고 있는 사회주의 경제 이론과 경제 체제 개혁인 '계획 경제를 위주로 시장 조절을 보조'하는 모형을 깨뜨린 것이다. 이런 기초하에 상품 경제는 또 한번 발전을 도모할 수 있었다.

제3절 개혁개방의 전면적인 전개와 경제 건설 이론의 발전

1. 지도 이론, 노선 및 전략

(1) 사회주의 초기 단계 이론과 노선의 확립

1986년 중공 제 12회 6중 전회는 〈중공 중앙 사회주의 정신 문명 건설의 지도 방침에 관한 결의〉를 통과시켰다. 이 결의문에서 '중국은 여전히 사회주의 초기 단계'라고 지적하였다.[30] 중공 13대 회의가 개최되기 8개월 전, 즉 1987년 2월 덩샤오핑은 13대 보고에 '이론적으로 기술한 무엇이 사회주의인가, 우리의 개혁이 사회주의인가?'라는 기본 정신에 대해 밝혔다.[31] 또한 덩샤오핑은 8월

"13대, 서술한 중국 사회주의는 어떤 단계에 와 있는가? 바로 초기 단계이다. 사회주의는 본래 공산주의의 초기 단계이며, 우리는 사회주의 또한 초기 단계이며 아직 미발전한 단계이다. 모든 것은 이런 실제 상황에서 시작하며 실질 상황에 따라 규정을 세워야 한다"

라고 지적하였다.[32]

10월 개최한 중공 13대 회의에서 계통적 사회주의 초기 단계 이론을 형성하였다.

중국이 사회주의 초기 단계라는 논단은 두 가지 함축적 의미를 가지고 있었다. 첫째, 중국 사회는 이미 사회주의 사회였다. 중국은 반드시 지속적으로 사회주의 노선을 따라야 하는 것이었다. 둘째, 중국 사회주의 사회는 여전히 초기 단계이다. 중국 생산력의 미숙한 발전, 사회주의 생산 관계의

30 중공중앙문선연구실, 《12대 이후 주요 문선 선편》, 상, 인민출판사, 1988년판, p. 1180.

31 《덩샤오핑문선》, 제3권, 인민출판사, 1993년판, p. 203.

32 《덩샤오핑문선》, 제3권, 인민출판사, 1993년판, p. 252.

미성숙한 현실에 근거하여 사회주의를 인식해야 한다. 반드시 이런 현실에 맞추어야 당시의 단계를 넘어설 수 있었다.

사회주의 초기 단계는 당시 중국의 가장 기본적 국정이다. 국정은 재정과 정책이 기본이다. 중국의 사회주의 초기 단계라는 의미는 국정이라는 의미로 중공 13대는 사회주의 초기 단계의 기본 노선을

"지도자와 인민 각 민족의 단결, 경제 건설을 중심으로 4가지 기본 원칙을 지키고, 개혁개방, 자력갱생, 적극적인 창업으로 중국 건설의 부강, 민주, 문명의 사회주의 현대화 국가를 위해 노력해야 한다"

라고 제정하였다.[33]

이는 '하나의 중심(경제 건설), 두 개의 기본 내용(네 가지 기본 원칙, 개혁개방)'이었다. '하나의 중심'은 가장 높은 단계이며, '두 개의 기본 내용'은 상호 연결되고 의존적인 것으로 중국 특유의 사회주의 노선 건설을 위한 '하나의 중심'으로 직결시키는 것이었다.

(2) 계획 상품 경제 이론의 발전

1987년 10월 중공 13대는 개혁의 진척과 새로운 이론의 인식에 따라 새로운 경제 체제를 더욱 발전시킨 요약문을 만들었다. 요약문에서

"사회주의 계획 상품 경제 체제는 계획과 시장의 통일된 체제이다. 새로운 경제 업무 기구는 '국가가 시장을 조절, 시장이 기업을 인도'하는 기구이어야 한다"[34]라고 제시하였다.

'국가가 시장을 조절, 시장이 기업을 인도'하는 모델에서 국가는 계획 상품 경제의 거시적 조절자이고 기업이 미시적 운영 주체이다. 그리고 시장

33 중공중앙 문선연구실 《13대 이후 주요 문선 선편》, 상, 인민출판사 1991년판, p. 15.

34 중공중앙 문선연구실 《13대 이후 주요 문선 선편》, 상, 인민출판사 1991년판, pp. 26~27.

은 기업의 직접적 조절자로 국가가 하는 거시적 조절, 통제의 중개적 주체인 것이다. 또 〈계획과 시장 작용은 사회 전체를 모두를 아우른다〉에서는 더 나아가 사회주의 경제 체제에서 시장 기구의 위치와 역할은 발전을 촉진시키는 것이었다.

'국가가 시장을 조절, 시장이 기업을 인도'의 계획 상품 경제 모형은 운용 기구 문제를 해결하고, 상품 경제 모형의 내포된 의미를 보충한다. 이는 계획 상품 경제 모형의 구성 성분으로 사회주의 경제 이론 문제의 중요한 점이다. 덩샤오핑은 이것에 대해 높이 평가하며 '마르크스주의 기본 원리와 중국 사회주의 실질 상황을 결합시킨 정치경제학',[35] '중국의 역사 발전의 큰 획'이라고 말하였다.[36]

(3) '세 걸음'의 경제 발전 전략

1984년 4월 덩샤오핑은 스페인 부총리 구에라 접견시

"우리가 원래 정한 목표는 첫 단계 1980년 연평균 1인당 국민 총생산액 250달러를 기준 수치로 80년대에 2배인 500달러로 성장시킨다. 두 번째 단계로 이 20세기 말까지 2배인 1인당 평균 1,000달러로 성장시킬 것이다. 이 목표는 중국을 샤오캉(少康)[37] 사회에 진입시켜 가난한 중국을 샤오캉 중국으로 변화시키는 것을 의미한다. 이때 국민 총생산은 1조 달러로 비록 1인당 평균 수치가 높지 않지만 국가의 역량이 크게 증가한다. 우리가 제정한 목표 중 가장 중요한 것은 세 번째 단계로 21세기 30년에서 50년까지 4배 성장을 이루어 1인당 평균 4,000달러에 달할 것이다. 이때가 되면 중국은 중진국 수준에

35 《덩샤오핑문선》, 제3권, 인민출판사, 1993년판, p. 83.

36 《덩샤오핑문선》, 제3권, 인민출판사, 1993년판, p. 78.

37 역주: 샤오캉(少康)이란 중국의 신조어로 신흥 중산층을 뜻하는 말이다.

이른다"
라고 밝혔다.[38]

1987년 10월 개최한 중공 13대 회의에서 현대화 건설의 '세 걸음'(삼보주: 三步走(산부조우)) 전략 목표와 과정이 통과되었다.

"당의 제11회 3중 전회 후 중국 경제 건설의 전략 부서는 '三步走'(세 걸음)를 한다. 첫째, 국민 총생산액이 1980년 2배로 증가시켜 인민의 '원빠오'(溫飽)[39] 문제를 해결한다. 이 임무는 이미 실현되었다. 둘째, 20세기 말까지 국민 총생산액을 2배 성장시켜 인민 생활 수준을 샤오캉 수준에 이르게 한다. 셋째, 21세기 중반까지 1인당 평균 국민 총생산액을 중진국까지 이르게 하여 부유한 인민 생활을 가능케 하며 기본적인 현대화를 실현한다. 그 후 이 기초로 앞으로 계속 발전해 나간다"[40]
라고 제시하였다.

'三步走' 경제 발전 전략의 제정은 중국 현대화 건설의 목표와 과정으로 중대한 문제를 해결하기 위해서 필요하였다.

2. 개혁개방의 전면적인 전개와 체제 전환

(1) 전면적 개혁 강령의 제시

1979~1984년의 농촌 개혁은 큰 성과를 보였다. 농업 생산은 지속적으로 풍년이 었고, 농업 경제는 전문화, 상품화, 현대화 방향으로 전환되기 시작하였다. 그리고 도농 간 유통을 활성화하여 농업 부산물을 증가시키고 시장

38 《덩샤오핑문선》, 제3권, 인민출판사, 1993년판, p. 226.
39 역주: 따뜻하고 배부르다는 뜻으로 의식주의 해결을 의미한다.
40 중공중앙문선연구실, 《13대 이후 주요 문선 선편》, 상, 인민출판사, 1991년판, p. 16.

을 발전시켰다. 동시에 농민에게 과학 기술 및 문화 교육을 장려하여 공업품의 수요를 만족시켰다. 이것은 도시 경제 발전의 유리한 조건이자 더 큰 목표로 제시되었다.

중요한 위치로 자리잡은 도시화 개혁의 시행 시험 중 나타나는 문제는 도시를 중심으로 전면적 개혁의 급속한 진전이 필요하였다. 국가 경제, 정치, 과학 기술, 문화 교육의 중심인 도시는 현대화 건설의 주도적 역할을 해야 하였다. 체계적으로 개혁을 진행시켜야 도시 경제가 발전하며, 또한 주도적 역할을 하여 국민 경제를 더 빠르게 발전시킬 수 있었다. 가속화 개혁은 도시 경제의 더 나아간 발전의 내재된 요구 조건이자 국민 경제 전체 발전의 긴박한 요구 조건이었다.

1984년 10월 1일 중국 건국 35주년 기념식에서 덩샤오핑은

"현재의 가장 중요한 임무는 발전을 저해하는 현행 경제 체제를 체계적으로 개혁해야 하는 것이다. 동시에 전국 기업에 대해 계획적인 기술 개조를 해야 하는 것이다"

라고 지적하였다.[41]

1984년 10월 20일 중국 공산당은 제12회 3중 전회를 개최하고 〈중공 중앙의 경제 체제 개혁에 관한 결정〉을 하였다. 〈결정〉은 기업 활성화, 즉 수평적으로 연계시켜 시장을 확대하고 세 가지 문제를 조절, 통제, 강화하는 것이었다. 세 가지 문제를 해결해야만 하였다. 왜냐하면 사회주의 계획 상품 시장의 통일시키기 위해서이다. 이 과정 중 시장 주체(기업)–시장–정부 3개 주요 고리를 조절, 통제하지 않으면 안 되었다. 이러한 결정은 전면적 개혁 설계를 한 것과 같았고, 1984년 겨울부터 1985년 초까지 개혁의 중심은 농촌에서 도시로 바뀌었다.

기업 활성화는 〈결정〉을 통한 경제 체제 개혁의 주요 일환이고 기업의

41 《덩샤오핑문선》, 제3권, 인민출판사 1993년판, p. 70.

소유권과 경영권을 분리시키고 기업에 6대 자주권을 부여하였다. 국가 계획과 관리에 따른다는 전제하에 기업은 권리를 갖고 여러 종류의 경영 방식이 선택 가능하였다. 즉, 자신의 생산, 공급, 판매 활동을 선택할 권리, 남은 자금의 소유와 분배할 권리, 규정에 따라 기업의 직원을 해임하거나 고용할 권리, 노동력 이용과 임금, 장려금 방식을 기업 스스로 결정할 권리, 국가가 승인한 범위 내에서 기업 상품의 가격을 결정할 권리 등이 있었다. 요컨대, 개혁을 통해 기업을 진정한 경제 주체이자 자주적 경영자로 인정하며, 손익을 스스로 책임지는 생산자이자 경영자로서 인정하는 것이었다. 또한 자신의 기업을 위해 개혁하고 발전 능력을 스스로 갖추는 것으로 권리와 의무를 가진 법인이 되는 것이었다.

계획 상품 경제는 활력이 있는 시장 주체-사회주의 기업을 요구할 뿐 아니라 사회주의 시장을 통일시키고 발전시킬 것을 요구한다. 그래서 〈결정〉은 개혁 계획, 재정, 세수, 금융 기관, 합리적 가격 체제를 제시하였다.

〈결정〉은 다양한 경제 방식의 발전을 개혁의 중요한 위치에 두고 적극적 요소를 동원하기 위해 국가 재정과 계획하에 국가, 집체, 개인을 위한 방침을 실행하여 다양한 경제 방식과 경영 방식의 발전을 위해 노력해야 한다고 지적하였다. 국유제는 사회주의 경제의 주도적인 역할을 한다. 하지만 국유제 경제의 발전은 기타 경제 방식과 경영 방식의 발전을 제한하거나 배척해서는 안 되는 것이었다. 집체 경제는 사회주의 경제의 중요한 구성 요소로 여러 영역의 생산 건설 사업이 모두 집체에 의존하여 처리하는 방식을 내버려두어야 하였다. 개체 경제와 사회주의 공유제 경제의 연계는 사회주의 경제에 속해 있었다. 이것은 대체할 수 없는 역할을 하는 사회 생산의 발전, 인민 생활의 편리, 노동 취업의 확대에 대해 사회주의 경제는 반드시 고려해야 하는 것이었다. 국가는 도시와 향진 개체 경제의 발전을 저해하는 장애를 없애고, 조건을 세워 법률적 보호를 해야 하였으며, 특히 노무를 위주로 분산 경영의 경영 활동 중 개체 경제의 발전을 위해 노력해야만 하였다.

〈결정〉은 사회주의 계획 상품 경제 발전을 위해 중국은 '국내 · 외 시장 개발'을 해야 한다고 하였고, 대외 개방을 확대시켜 경제 특구를 활성화하고, 연해 항구 도시를 개방해야 한다고 하였다. 대외 경제 기술 교류와 합작의 규모를 적극적 확대하고, 외자를 이용하여 중국에 있는 외자 기업과 합자 기업, 합작 경영 기업, 독자 기업으로 확대시켜야 한다고 하였다.

(2) 도시 위주의 경제 체제 개혁의 발전

〈경제 체제 개혁에 관한 결정〉의 발표와 실시로 간부와 국민 사상이 또 한번 해방을 하게 되었다. 〈결정〉의 처음에는 자주 경영, 손익을 스스로 책임지는 상품 생산자와 상품 경영자는 국유 기업의 개혁을 목표로 행정과 기업의 분리 실시를 제안하여

"정부와 기업의 관계에 대해 오늘부터 각급 정부 부처는 원칙상 기업을 직접 경영 관리할 수 없다"[42]

라고 밝혔다.

이 회의 후 도시 위주의 경제 체제 개혁은 끊임없이 전개되었다.

1) 기업 자주권의 확대

도급 경영 책임제와 임대 제도 등 일련의 이익이 되는 탐색을 하였다. 정부의 직접적 간섭의 감소와 기업 자주권의 확대로 많은 기업의 경제 이익이 눈에 띄게 증가하였다. 국가통계국 자료에 따르면 1984년 공업은 기업 자주권의 확대로 기술 개조, 기술 유입, 기술 협작이 증가하여 1984년 공업 총생

42 《12대 이후 주요 문선 선편》, 중, 인민출판사, 1986년판, p. 573.

산은 1983년에 비해 14% 성장하여 원래 계획 규정한 성장 속도를 초과하였다. 권리 확대 등의 기업 발전을 위해 1985년 9월 국무원은 〈대 · 중형 국영기업의 활성화 문제에 관한 임시 시행 규정〉을 발표해 국영 기업의 발전, 기업 자주적 역할의 14개 조치를 세웠다. 1988년 4월, 제7회 전국 인대 1차 회의에서 〈중화인민공화국 전국민 소유제 공업기업법〉을 통과시켜 법률 형식으로 기업 자주권을 확실히 하였다.

1984~1988년 기업 도급 경영 제도는 생산력을 대폭 향상시켜 국유 기업의 발전에 단계적 공헌을 하였다. 그러나 국유 기업의 청부제와 중국 농촌의 청부제는 근본적인 차이가 있다. 농촌의 농가 청부제는 토지 등의 생산 요소를 도급하는 것이 주요 내용이고, 국유 기업의 청부제는 이윤과 세금 납부가 기본 도급 내용이다. 따라서 농촌 도급은 생산 요소 소유제이고, 국유 기업 도급은 분배 관계의 조절로 도급자가 국유 자산 능력을 분배하는 자격을 얻는 것이다. 그러나 소유자(국가)가 자산 리스크의 책임을 부담하지 않는 것으로 능력과 책임은 비대칭이다. 청부제는 원래 기업이 '이익을 스스로 책임'지는 것이지만 실제 국가는 소유자로서 '국가가 이익을 책임'진다. 기업이 청부제를 도입함으로써 정부 수입을 책임지는 동시에 중앙 정부와 지방 정부 간 '조세 청부제'(포세제: 包稅制(빠오수이즈))[43]를 채택하여 전체 세수 체제의 '중립 원칙'을 벗어났다. 즉, 지방 정부는 조세 청부액 납부 후 실질적인 세수의 정책 결정권을 얻었다. 지방 정부는 투자, 특히 외국인 투자를 유인하기 위해 투자자에게 세수 우대 정책을 펼쳐 통일적이지 않은 세수 정책을 펼쳤다. 또한 지방 정부는 조세 청부 임무를 마친 후 세금의 초과 납부가 발

43 우징롄(吳敬璉)이 분석한 청부제
청부제는 기업이 경영 자주권을 충분히 얻지 못하고 정치와 기업의 분리와 기업 간의 평등한 경쟁을 실현하지 못하게 하였다. 또한 경제 구조의 조절과 최적화에 장애가 되었으며 경제 효율 향상을 못하게 되어 개혁의 어려움을 가중시켰다. 청부제 제도는 본질적인 문제를 가지고 있다. 즉, 부분적 이익 통제권과 이익 요구권을 도급자에게 떠넘겨 기업 재산권의 경계를 더욱 모호하게 하여, 청부자와 도급자 간의 이익이 충돌하게 되었다. 쌍방은 모두 이익을 침해하는 행위가 더욱 많이 발생하였다(자료 출처: 吳敬璉, 《당대 중국 경제 개혁》, 상하이원동출판사, 2004년 관련 내용 정리).

생하지 않게 중앙 정부는 세금의 초과 납부액을 분배하였다. 그리하여 세법에 의거한 조세 징수로, 조세 청부제는 합법적으로 징수한 세금이 빠져나가지 않게 하였다.

이 시기 국유 대 · 중형 기업은 도급 경제 책임제를 실시하면서 동시에 소형 국유 기업에는 임차 제도를 실시하였다. 소형 국유 기업의 임차 제도는 우선 자산 평가를 하여 차임을 정하고 입찰 공고를 통해 경쟁 입찰하는 것으로 임차인의 재산이 담보가 되는 것이었다. 임차 기간에 임차인은 기간을 정해 임대인에게 차임을 지불하고 기업이 계약 규정에 따라 자주적인 경영을 할 수 있도록 하는 것이었다. 이는 기업의 공유제 형식을 바꾸지 않는다는 전제하에 일종의 소유권과 경영권을 분리시키는 형식이었다. 전면적 개혁 단계의 진입으로 소형 국유 기업의 임차제 개혁은 빠르게 발전하였다. 1986년 12월 전국 6만여 개 국유 상점은 임차제를 시행하여 그 중 대다수는 경영 개선을 가져와 경제적 이익을 제고시켰다.

2) 주주 제도의 발전

국유 기업 활성화 조치는 기업 자주권의 확대를 위해 도급 경영과 임차 제도 실시 외 일부 기업에서는 주주 제도의 개혁 조치를 실시하였다. 이것은 기업 재산권 개혁을 시험하는 것이기도 하였다. 초기 형태의 주주제는 개혁 이후 농촌에서 가장 먼저 나타났다. 제11회 3중 전회 후 중국 농촌의 일부 사회 협동 기업은 생산 능력을 높이기 위해 자발적으로 자금을 모아 주주가 되거나 주식 합작, 이익을 분배하는 방법을 채택하기도 하였다. 이런 방법은 현대적 의미의 주주제와 차이는 있지만 주주제로 나아가는 밑거름이 되었다. 1984년 4월 국가경제체제 개혁위원회는 도시 경제 체제 개혁 시행 업무에 관한 좌담회를 열었다. 회의 후 발표한 〈좌담회기요〉에서 도시 집체 기업과 국유 소형 기업을 활성화시키기 위해 '노동자가 임금으로 주식을 살 수 있으며, 연말에 이익을 분배 가능'이라는 방안을 발표하였다. 이 〈기요〉의 영향을 받아 1984년 7월 25일 '베이징티엔치아오바이화구펀요씨엔꽁쓰'(北京天橋百貨股份有限公司) 성립을 발표하였다. '티엔치아오바이화'(天橋百貨)는 신중국의 첫 주주 회사였지만 그 본보기가 되지는 못하였으나 주식은 '보식환본'(保息還本(바오씨하이번))[44]을 실행하였다.

1984년 10월 중공 중앙이 발표한 〈경제 체제 개혁에 관한 결정〉에서 전민 소유제 경제는 중국 사회주의 경제의 주도적 역할을 하지만 전민 소유제의 완성과 발전에 기타 경제 형식과 경영 방식의 발전을 제한하거나 배척해서는 안 되었다. 여러 경제 형식과 경영 방식의 공통 발전은 중국의 장기적 방침으로 사회주의 발전의 요구였다. 여기까지는 주주제에 관한 구체적인 동의는 없었지만 총체적인 방침상의 지지가 있었다. 같은 해 11월 '상하이페이러인샹꽁쓰'(上海飛樂音響公司)는 주주제를 시험적으로 시행하고 주식을 발행하여 중국 최초로 진정한 의미의 주주유한공사가 되었다. 또한 1986년 7월 국무원은 교통은행을 재조직하기로 결정하였다. 이것은 중국 최초 전국적인 주주제 금융 기업으로 주주제가 금융업까지 진출하였다는 의미를 가진다. 그 후 출현한 '선전파잔인항'(深圳發展銀行: 선전발전은행)은 국가, 기업, 개인이 같이 합자한 지역적 주주제 상업은행이다. 이 은행은 1987년 5월 특구 내 6개 신용사의 자금을 흡수하고 자유롭게 구매를 승인하여 인민폐 보통 주식을 공개 발행하였다(1주당 20위안). 또한 관리 측면에서 주주 총회와 이사회의 승인을 받은 총경리[45] 책임제로 실행되었다. 이것은 자금 시장, 건설과 은행이 기업화로 나아가는 중요한 개혁이 되었다.

이런 기초하에 1986년 12월 국무원은 〈기업 개혁의 기업 활성화 촉진을

44 역주: 보증된 주식으로 원금을 갚는 것을 의미한다.

45 역주: 총경리(總經理)는 최고 경영자 정도로 해석될 수 있다.

위한 규정〉에서

"각지는 자격 요건을 갖춘 전민 소유제 대·중형 기업을 선택하여 주주제를 시행, 실시할 수 있다"

라고 지적하였다.

1986년 말 중국은 주주제 기업이 6,000여 개에 달하였으며 주식으로 모은 자금이 60억 위안에 달하였다. 현대 기업의 자본 관리 방식의 일종으로 주주제는 국유 기업을 활성화시키는 데 큰 역할을 하였다. 또한 이것은 국가와 노동자 개인에게 하나로 연결시킨 기업의 재산권, 이익, 리스크를 소유하게 되어 기업의 경제적 이익을 부단히 증가시킬 수 있는 내재적 동력이 되었다. 1987년 당의 제13차 전국대표대회는 주주제를 사회주의 기업 일종의 조직 형태로 인정하고 지속적인 발전을 장려하여 주주제 기업이 발전하는 데 큰 영향을 끼쳤다.

3) 여러 방식의 경제 요소의 공통적 발전 원칙에 따른 소유제 구조의 개혁

① 정책 완화

집체 경제와 개체 서비스업을 발전시켜 개체 경제와 민영 기업의 발전을 촉진시킨다. 또한 사회 생산력과 도농 인민의 물질 생활을 향상시키도록 한다. 자료에 의하면 1987년 말 전국 향진 기업의 노동자는 8,776.4만 명, 총생산액은 4,743.1억 위안으로 농촌 사회 총생산의 50.3%에 달하여 처음으로 농업 총생산을 초과하여 농촌 경제 발전에 큰 작용을 하였다. 1987년 전국 도농 개체 공상호가 1987년 10만 호에서 500만 호로 증가하였다.[46] 그들의 생산 경영 활동은 기업 생산 경영의 공백을 채웠으며 시장 확대, 경제 활성화로 국민 생활을 발전시켰다.

46 《중국통계연감》(1988), 중국통계출판사, 1988년판, pp. 214, 293, 294 참조.

표 4-5 공업 총생산에 차지하는 각 경제 성분 비중

(단위: %)

연도	1978	1980	1985	1987
국유 기업	77.6	76.0	64.9	59.7
집체 기업	22.4	23.5	32.1	34.6
기타(민영과 외자 기업 포함)	0.0	0.5	3.0	5.7

자료 출처: 《중국통계연감》, 해당 연도판.

② '삼자'(三資(싼쯔)) 기업의 발전

국외 자금의 유입을 통해 외국 상인과 합자하여 공장을 세우거나, 합작하여 공장을 세우고 또한 외상 독자 기업을 세우는 등 선진 기술 설비를 도입하여 대외 무역을 확대시키고 외화 부족의 문제를 해결하였다. 또한 외국의 선진 생산 기술과 관리 경험을 토대로 중국 기업의 경영 관리 수준과 기술 수준을 향상시켰다. 1987년 6월 중국은 이미 비준한 중외 합작, 중외 합자, 외상 독자 기업이 8,516개, 협의 계약한 외자액이 171.76억 달러에 달하였다. 개체 경제, 외자 경제의 발전으로 공유제 주체인 여러 종류의 공동 소유제를 발전시킨 소유제 구조가 형성되었다.

4) 고용 제도와 분배 제도 개혁

기업 내부에서 노동 제도와 분배 제도를 개혁하여 기업을 활성화하는 것이 주요 내용이며 이후의 노동력 시장 형성에 기초를 마련하게 되었다.

고용 제도 개혁에 대해 1986년 4월 중공 중앙, 국무원은 〈노동 제도 개혁 시행에 관한 규정 통지〉를 발표하였으며, 얼마 후 〈국영 기업의 노동 계약제 시행 규정〉, 〈국영 기업 노동자 해고 시행 규정〉, 〈국영 기업 노동자 미취업 보험 시행 규정〉을 발표하였다. 1986년 10월부터 전국 소유제 공업 기업은 새로운 노동자를 모집할 때 모두 계약제를 시행하여 노동 제도 개혁의 중

표 4-6 소매 상업 중 차지하는 각 경제 성분 비중

연도	1978	1980	1985	1987
국유 기업	54.6	51.4	40.4	39.6
집체 기업	43.3	44.6	37.2	31.7
기타(민영과 외자 기업 포함)	2.1	4.0	22.4	28.7

자료 출처: 《중국통계연감》.

요한 사건이 되었다. 동시에 노동자 미취업 보험 제도 실행으로 해고당한 노동자가 준비 기회를 마련할 수 있도록 해 대도시에 노무 시장이 성립되어 전문 인재 및 여러 분야 노동력의 합리적 이동을 촉진시켰다.

분배 제도 개혁은 1985년부터 기업 내부의 경제 책임제를 구체화시켜 여러 방식의 임금, 장려금 등의 분배제 개혁을 실행하였다. 1986년 12월, 국무원은 〈기업 개혁의 기업 활성화를 위한 규정〉에서 기업의 임금, 장려금 등의 분배 제도를 위해 국가 규정의 임금 총액을 정책 범위 내 기업은 내부 노동자 임금, 장려금 분배의 구체적 방식과 방법을 자율적으로 정할 수 있으며, 상벌 제도를 통하여 노동량에 따라 분배하도록 하여 일한 만큼 임금을 가져가는 원칙을 실현시켰다.

5) 공장장 책임제와 도산법을 시행하여 기업 지도 경영 구조 개선

기업 내부 공장장 책임제를 실행한 것이 기업 지도 체제 개혁의 주요 내용이다. 또한 기업 지도 경영 구조의 개선을 주요 방향으로 기업 관리 구조를 개선하는 것이 기초가 되었다. 이에 따라 1985년 공장장 책임제를 실행하는 기업이 27,758개에 달하였다. 이런 광범위한 실행으로 1986년 9월 중공 중앙, 국무원은 〈전민 소유제 기업 공장장 업무 조례〉, 〈중국 공산당 전민 소유제 공업 기업 하부 조직 업무 조례〉, 〈전민 소유제 공업 기업 노동자 대표대회 조례〉를 발표하였다. 이 3개 조례의 발표와 실시로 중국 기업 지도 제도가 기업과 당정의 구별되지 않았던 것을 개선하기 시작하여, 당에 행정, 책임을 구분하여 공장장이 독립적으로 정책을 결정하고 전면적인 기업 생산을 지휘할 수 있게 되었다. 국가통계국 통계에 따르면, 1986년 말 전국 54,000개 국유 공업 기업 중 이미 23,000개 기업이 공장장 책임제를 실행하였다. 1987년 상반기 공장장 책임제를 실시하는 국유 대 · 중형 기업이 동일 종류 기업의 63.9%를 차지하였다. 적자생존의 구조를 확립하고, 이 시기에 기업 도산 제도를 시행하여 기업 지도 경영 구조의 개선을 촉진하였다. 1986년 12월 제6회 인대 상무위원회는 제18차 회의에서 〈중화인민공화국 기업도산법(시행)〉을 통과시켜 기업 개혁을 향해 한 걸음 더 나아가게 되었다.

(3) 정부 조정 수단의 전환

사회주의 발전은 계획 상품 경제로 정부와 시장 간의 관계를 합리적으로 처리해야 한다. 또한 시장의 수요와 공급의 자원 배분을 통해 계획 경제 체제를 개혁해야 하며, 공 · 농업 상품을 국가가 일괄 수매하여 일괄 판매하는 제도가 주요 내용으로 합당한 가치 규율의 가격 체계를 세워야 하였다. 이 때문에 중공 중앙과 국무원은 우선적으로 상업 체제와 가격 체계에 대한 개혁을 진행하였다.

1984년 7월 14일 국무원은 상업부의 〈이전의 도시 상업 체제 개혁에 관한 문제 보고〉에서 일용공업품을 1, 2, 3급으로 도매 단계를 개혁하였다. 도매점과 시장 도매 회사를 합병하여 도시 무역 센터를 건립하고 개방형, 여러 경로 방식, 적은 중간 단계의 도매 체제를 형성하였다.

7월 19일 국무원은 국가경제체제 개혁위원회, 상업부, 농목어업부(農牧漁業)에 〈농촌 상품 유통을 발전시키기 위한 보고〉를 전달하였다. 이 보고에서 총체적으로 농업이 현재의 농촌 상업 체제와 상품 생산의 급속한 발전에 적응 못하는 문제에 대해 반드시 근본적 개혁을 진행해야 한다고 지적하였다. 개혁의 주요 조치로는 국유, 집체, 개체의 다양한 경제 형식을 개혁하고, 일괄 수매, 지령 수매 품종을 감소, 국가의 일괄 수매 또는 지령 수매 후 농부산물과 비계획적 상품에 대해 예약 수매, 협상 판매를 실행한다. 또 가격은 시장 공급 수요에 따라 변동하며 행정 구획, 행정 기구에 따라 농부산물의 일괄 수매와 공급의 도매 체계를 바꿔 불합리한 경영 시스템을 개혁하여 공급 수매 합작사 체제 개혁 가속화, 농부산물 가공업, 전 국민, 집체, 개체를 함께 발전시키고 교통, 상업 경영 설비 역시 함께 발전시킨다 등으로 요약된다. 앞의 2개 문건에 따라 1984~1987년 중앙에서 지방의 상품 도매 체제를 꾸준히 개혁하여 공급 수매 합작사를 국영에서 민영 관리로 전환하고, 집체 소유제의 합작 상업과 여러 경제 요소의 연결, 다기능의 무역 센터와 도매 교역 시장을 발전시켜 농업 무역 시장, 소매 상점, 서비스, 수리, 요식업을 증가시켰다.

가격은 상품 경제 조건하에서 자원 배분의 중심이며, 시장 자원 배분의 정보를 반영하는 시장 경쟁의 조건이다. 이 때문에 가격 개혁은 계획 경제에서 상품 경제로 전환시키는 주요 관건이었다. 1984년 1월에 〈중공 중앙은 경제 체제 개혁에 관한 결정〉에서 계획 상품 경제를 건립하고 이에 상응하는 가격 체제인 '혼합 가격 체제'를 실행하여 점차 각종 상품의 가격을 개혁하기 시작하였다.

우선적으로 농산품 시장의 가격, 즉 농부산물의 가격 개혁을 단행하였다. 1979년부터 국가는 농산품의 수매 가격을 높였다. 식량과 식용유의 일괄 수매 가격을 20% 높이고 구매 가격을 30%에서 50%로 올렸으며, 면화의 일괄 수매 가격을 15%, 구매가를 30%, 돼지 수매가를 26%, 소는 40%, 계란은 26%로 높였으며, 주민에게 물가에 따라 보조금을 지급하였다. 1985년 초 국가는 식량 일괄 수매를 없애고 식량, 면화류의 공동 수매제를 실시하여 가격을 원래의 일괄 수매가에서 일정 비율에 따라 가격을 올리고 평균으로 계산하였다. 합등 외부 수매가를 시장 가격에 맞추고 국가와 농민이 협상을 통해 결정하였다. 1985년 돼지, 소, 양, 조류, 계란, 생선, 채소 등의 부식품 가격을 개방하였다. 또한 주민에게 물가에 따라 보조금을 지급하였다. 농수산물 가격이 대폭 올라가고 농민 수입이 하락하는 상황에서 국가는 주요 농산품의 가격을 조정하여 농부산물의 65%에 변동 가격과 시장 가격을 적용하였다.

다음은 요소 시장 가격, 즉 생산재 가격을 개혁하였다. 1984년 5월 10일 국무원은 〈국무원의 한층 확대된 국영 공업 기업 자주권에 관한 규정〉을 발표하였다. 그 발표문에는

"공업 생산재 기업은 자체 판매를 가능하게 하며 그 비중은 일반적으로 국가 계획의 초과 생산 부분에서 20%보다 높거나 낮지 않은 범위로 한다. 기업은 가격을 정할 권리가 있으며 또한 공급 수요에 따른 협상가이다"

라고 제시하였다.

1985년 1월 24일 국무원의 관련 부문과 위원회는 발표한 문건에서 20%의 제한 제도를 취소하여 규정은 시장 판매 가격보다 약간 낮출 수도 있으며 시장 조절에 참여가 가능하게 하였다. 이때에 이르러 생산재 계획 가격과 시장 가격이 병존하는 이원화 제도가 정식으로 형성되었으며, 주요 생산재는 모두 계획 가격과 시장 가격이 동시에 존재하게 되었다.

마지막으로는 공업 제품 시장의 가격, 즉 소비공업품의 가격 개혁이었다. 1985년을 시작으로 소비공업품 가격을 올리거나 내리는 조정을 하였다. 면, 알루미늄, 솥, 자전거, 담배, 술 등의 가격은 높이고, 화학섬유, 손목시계, 녹음기 등 일부 소비품의 가격을 낮추었다. 그 밖에 단거리 철도 운송료를 적당히 올려 운수 구조를 조정하였으며, 원자재, 공업 원유 등 주요 생산재의 계획 분배 가격은 기본적으로 변동이 없었고 기업의 자체 판매에 따라 시

장이 조절하도록 하였다.[47] 이렇게 소비공업품의 가격은 대부분 시장에 의해 형성되었다.

여러 종류의 가격 병존은 기본적으로 계획 상품 경제 발전에 따른 것인데, 농산품과 공업품의 가격 차이를 대폭 줄여 농업 생산의 발전을 추진하였다. 1986년의 농산품 수매 가격 수준은 1978년에 비해 77% 증가하였고, 농촌의 공업품 판매가는 1978년에 비해 14% 증가하였다. 그러나 가격 이원화 체제는 사회 경제 생활 중 적지 않은 모순과 문제를 만들었다. 첫째, 경제 구조적 모순이 가중되어 농업과 에너지, 원자재 등 기초 산업 발전은 완만하게 하였으나 상품 공급이 부족하여 전체 국민 경제 발전을 저해하였다. 둘째, 기타 개혁 조치의 성과와 발전에 영향을 미쳤다. 셋째, 부패의 소지가 되어 일부 권력자와 가족, 친척은 가격 이원제의 차액을 이용하여 권력과 돈으로 교역을 하여 벼락부자가 되는 등 대중은 큰 불만을 가지게 되었다.

시장 체계의 육성은 유통과 가격의 문제를 합리적으로 조절할 뿐 아니라 시장 주체 세력을 강화시키고 시장 규모를 확대하였다. 제11차 3중 전회 이후 기업 자주권의 확대로 기업 간 각각 다른 내용과 방식의 수평적 경제 통합을 하였다. 1986년 3월 23일 국무원은 〈수평적 경제 통합을 추진하기 위한 문제에 관한 규정〉에서 기업 간 통합이란 수평적 경제 통합의 기본적 형식으로 발전의 중점으로 삼아 지역별, 부문별, 업종별 경계로 인한 제한을 하지 않고 제도로 한정을 하지 않는 것이다라고 규정하였다.

이 규정으로 상품 시장, 요소 시장의 형성과 발전에 도움이 되었으며, 수직적, 수평적 분할 관리 시스템과 지역별 분할을 깨뜨릴 수 있었다. 그래서 기업의 경제 통합 중 자주권 보호, 물자의 수평적 유통 촉진, 생산과 과학기술 결합의 강화, 자금의 수평적 융통을 발전시켰다. 수평적 경제 통합이

47 중공 중앙 문선연구실 편, 《12대 이후 주요 문헌 선편》, 중, 인민출판사, 1986년판, p. 700.

가장 급속히 전개된 곳은 종합적 개혁 시행 도시였다. 이것은 대·중형 기업이 중심이 되어 형성된 특징이 있으며, 도농의 집체 기업과 향진 기업이 여러 각도, 여러 방식의 도농 경제 연합체로 형성되었다. 많은 연합체는 물자 교환, 생산 협작 등의 간단한 연합 형식에서부터 원자재부터 가공, 과학 연구, 상품 판매 등을 하나로 연결, 발전시켜 지역적 연합을 전국적 연합으로 확대 발전시키고 시장 규모의 확대에 큰 도움이 되었다.

사회주의 시장 체계의 육성은 상품 경제를 발전시키고 정부 기능을 전환시켰다. 그 때문에 국가는 간접 통제를 위주로 거시 경제 조절 체계를 건립하였다. 전면적 개혁 단계에 진입한 후 국무원은 '직접 통제에서 간접 통제로 가는 과도기'라고 지적하며 반드시 계획, 투자, 재정, 세수, 금융에 더불어 도시 조합 체제 등 일련의 개혁이 필요하다고 지적하였다.

계획 체제 개혁의 진행에 따라 사회주의 계획 상품 경제의 거시적 통제 체계를 건립하는 것이 관건이었다. 계획 체제의 개혁이 없다면 진정한 시장 경제 체제의 건립이 불가능하다. 따라서 1984년 10월 이후 중앙에서 지방까지 모두 지령적 계획은 줄이고 지도적 계획을 확대하여 계획 관리의 권한을 축소시켰다. 지령적 계획 관리 대상의 공업 상품 품종이 1984년 120여 종에서 1987년 60종까지 줄었다. 그 생산액은 공업 총생산에 차지하는 비중이 40%에서 17% 정도로 축소되었으며, 국가가 일괄 분배하던 물자를 1984년 259종에서 26종으로 줄였다. 상업 방면에서 국가의 직접 계획 관리 상품은 188종에서 23종으로 줄었으며, 소상품과 계획 외 상품은 모두 시장 조절 형태로 바뀌었다. 시장 조절의 상품 품종과 수량은 점차 증가하였다.[48]

계획 체제의 개혁은 투자 부문에도 나타났다. 지방 정부는 지방 사무소의 충분한 정보를 가지고 자본이 향하는, 수익률이 높은 업종과 기업에게 투자의 적극성을 확대시키기 위해, 일부 투자 심사권을 하급 기관에 양도하고

48 전국인대 상무위원회 판공실, 국가계획위원회 등, 《개혁과 발전(1983~1987)》, 중국계획출판사, 1988년판, p. 22.

투입 산출 청부제를 시행하였다. 1987년 국가계획위원회가 심사, 비준한 생산성 건설 항목과 기술 개조 항목의 자금 제한액을 1984년 1,000만 위안에서 3,000만 위안 이상으로 올리고 3,000만 위안 이상의 투자 권한을 지방에 양도하였다. 비생산성 건설 항목에 대해 원칙적으로 각 성시가 스스로 시행하여 심사, 비준하였다. 1987년 사회 전체 투자 총액 중 국가 투자는 25.4%로 지방과 기업의 투자권을 확대하였다.

정부는 전체 효율을 높이고 중앙과 지방의 높은 적극성을 발휘하기 위해 중앙과 지방의 수입과 지출의 권한을 제한하였다. 이것은 재정 세율 체제 개혁에 한 걸음 더 다가선 것으로 1984년 이전 국가의 '통수통지'(統收統支(통수이통즈))의 재정 제도에서 '확분수지'(劃分收支(화펀쇼우즈), 분급포간(分級包幹(펀지빠오간), 속칭 분조흘반: 分遯吃飯(펀자오츠판))제의 재정 관리 체제로 바꿨다. 광둥, 푸젠 두 개 성은 각각 공출 할당 도급과 기준 보조금 도급 체제를 실행하였다. 조세의 종류를 구분하여 수입에 따라 '분세제'(分稅制(펀수이즈))[49]를 시행하여 경험을 축적하게 되었다. 또한 경제 발전에 따라 증치세,[50] 자원세, 건설세 등 새로운 세금을 징수하였고, 이에 따라 세금 징수금의 증가로 경제 조절 능력이 향상되었다.

금융 체제 개혁으로 독립적인 중앙은행과 여러 형식이 병존하는 새로운 금융 체계를 건설하였다. 1982년 7월 14일 국무원은 〈인민은행의 중앙은행으로서의 직능과 기타 전문 은행과의 관계에 관한 요청〉에서 중국인민은행은 중앙은행의 직능을 수행하나 기업 신용 대출과 도농의 저축 업무를 지속적으로 수행하며 중앙은행의 직능으로 정해지지 않은 업무까지 수행하도록 하였다. 1983년 9월 17일 국무원은 〈중국인민은행이 중앙은행 직능의 전문적 수행에 관한 규정〉을 발표해 '중국인민은행이 전국 금융의 국가 기관으

49 역주: 세원 분배 제도로 세금의 종류와 세원에 따라 전체 세수를 국세와 지방세로 나누는 것이다.

50 역주: 증치세란 부가가치세와 동일한 개념의 세금이다.

로 국무원 직속 관리한다'. '주요 직책은 금융 거시 정책을 진행하고 신용 대출 자금 관리를 강화하여 화폐 안정화를 지속한다'. '그리고 1984년 1월 1일 정식으로 중앙은행 직능을 행사하며 상업은행의 업무를 새롭게 성립된 중국공상은행과 기타 전문 은행에 전달한다'라고 하였다. 그에 따라 중앙은행을 중심, 전문 은행이 주체가 되어 기타 금융 기구와 병존하며 정부 기업 직책으로 분리된 은행 체계가 처음으로 형성되었다. 1986년 1월 국무원은 〈중화인민공화국 은행 관리 임시 조례〉를 발표해 국무원의 지도와 관리하에 중국인민은행은 전국 금융 사업의 국가 기관으로서 국가의 중앙은행이라고 규정하였다. 이로써 중국인민은행은 중앙은행의 지위를 갖고 법규의 형식을 확정지었다.

은행 체계를 통일하는 개혁은 20세기 70년대 원래의 상업 은행 체계를 회복시켰으며, 경제 발전에 따른 새로운 은행을 건립하였고 80년대는 이 절차를 가속화시켰다. 1979년 2월 중국농업은행이 복구되었고, 3월 중국인민은행에서 중국은행을 분리시켜 설립하였으며, 외환관리국을 설립시켰다. 1981년 12월 국외 자금 조성을 책임지기 위한 중국투자은행을 설립하였고, 1970년 6월에 국무원은 중국인민은행으로 예속시켰던 재정부에 속한 중국인민건설은행을 1972년 다시 중국인민건설은행으로 회복시켰다. 1984년 1월 1일 중국공상은행이 정식으로 출범하였다. 이런 분리로 외환 업무, 농촌 업무, 고정 자산 투자 업무, 도농 주민 저축 업무를 위주로 중, 농, 공, 건 4대 '전문 은행'이 모두 성립되었다. 국가는 상품 경제 발전을 위해 1985년 1월부터 신용 대출 관리에 대해 '통일적 계획, 자금 분리'의 원칙에 따라 과거에 존재하던 '대과반'(大鍋飯(따궈판)) 현상을 없애기 시작하였다.

이렇게 시장 경제 수요에 발맞춰 금융 체계와 금융 관리 방법을 점차 완성하여 기본적으로 시장 주체를 융자의 수요에 맞추었다.

상기의 경제 체제 개혁에 따라 건립된 광범위한 은행과, 다양한 내용으로 국가는 1981년 도시 경제 체제의 종합적 개혁을 시행하기 시작하였으며, 1985년 국무원이 비준한 종합적 개혁 시행 도시를 7개에서 1986년 말 72개로 늘렸다. 이 72개 종합 개혁 시행 도시는 6개 방면에 변화가 나타났다. 첫째, 기업 경영 자주권의 확대로 합리적 분배가 가능해진 기업은 발전의 내재된 동력을 얻을 수 있게 되었다. 둘째, 소유제 구조의 초기 조정과 개혁을 거쳐 중국의 생산력 발전 수준에 맞추었다. 셋째, 상품 시장의 급속한 발전으로 생산과 수요의 조절 작용에 대해 가치 규율을 증진시켰다. 넷째, 국외 경제 기술 교류와 국내 수평적 경제 관계를 발전시켰다. 다섯째, 도시가 경제 중심의 역할을 발휘하여 사회 경제 발전에 중요한 역할을 하였다. 여섯째, 국가 관리 경제 방식을 초기 개혁하여 거시적 관리 방면을 유리하게 개선하였다. 이러한 변화는 1984년 10월부터 1987년까지 중국 거시 경제 체제 개혁에 발전을 가져와 전국 범위 상품 경제에 일정한 기초를 마련할 수 있었다.

(4) 농촌 상품 경제의 발전과 향진 기업의 흥기(崛起)

도시 위주의 경제 체제 개혁의 전면적 전개로, 농촌 상품 생산 발전의 가속화에 유리한 조건을 위한 농촌 개혁의 심화 발전을 시행하였다. 가족 단위 농업 생산 책임제의 보급으로 원래의 '일대이공'(一大二公(이따얼꽁))의 특징을 가진 인민공사 체제를 점차 해체하였다. 1980년 5월 하순 중공 쓰촨 성 광한(廣漢)위원회는 성위원회의 지지로 개혁적 정치 사회 일체의 제도를 시행하고 인썅(陰鄕)의 인민공사를 없애고 향정부, 향당위원회를 회복하였다. 1983년 10월 중공 중앙, 국무원은 정식으로 농촌의 정치, 사회를 합친 체제인 공민공사를 없애고 향(진)정부를 농촌 기초 정권으로 건립한다는 결정을 내렸다. 그 후 각지 농촌의 인민공사의 해체로 원래의 정부 관리 직능을 도시 향(진)정부로 대체하도록 하였다. 1985년 봄에 이 업무는 전부 끝났다. 전

참조 4-1

식량 유통 체제의 제1차 개혁

1953년 10월 16일과 11월 19일 중공 중앙과 국무원은 각 〈식량의 일괄 수매와 일괄 판매에 관한 결의〉, 〈식량의 계획 수매와 계획 공급 시행에 관한 명령〉을 공포하였다. 전국은 식량, 식용유의 일괄 수매 공급 정책을 시행하고 1954년 가을 후 면화에 대해 같은 정책을 시행하였다. 1955년 8월 국무원은 〈농촌 식량 일괄 수매 공급에 관한 임시 방법〉을 공포하여 농촌 식량에 대해 '정산, 정구, 정소'(定産, 定購, 定銷(띵찬, 띵고우, 띵샤오))'[51]를 시행하였다. 이는 식량 유통 체제가 31년의 일괄 수매 공급 시기로의 진입을 의미하고 있다.

1985년 계약 구매와 시장 수매의 결합 제도를 시행하였다. 판매면에서 농촌은 구매 동가를 실행하고 각종 농부산물을 식량의 특혜로 판매하던 것을 금지하였다. 도농의 공업용 곡물, 기름의 일괄 구매를 협의 구매로 바꾸고 식품과 떡이나 빵 등의 공물은 일괄 구매와 협의 구매를 동시에 가능하게 하여 계획 조절과 시장 조절의 결합시킨 식량 유통 이원제를 형성하였다. 1985년 춘절에 중공 중앙, 국무원은 〈농촌 경제 활성화를 위한 10개 항목 정책〉을 발표하였다. 이 10개 항목 정책으로는 '개별 품종 외 국가는 농민에게 농산물 일괄 수매를 실시하지 않으며 각 상황에 따라 계약 수매와 시장 수매를 실행한다'고 밝혔다. 이 문건에서 어떠한 기관과 개인도 농민에게 지령적 생산 계획을 내릴 수 없다고 하였다. 중국은 31년의 농산물 일괄 수매 제도를 개혁하여 이렇게 중국 최초의 식량 유통 체제 개혁으로 전환하였다.

국 공산당은 9.2만 개의 향(민족 자치구 포함), 진정부를 건립하고 또한 82만여 개의 촌민위원회를 건립하여 분리되지 않은 농촌 당정의 상황을 마칠 수 있었다.

가족 단위 농업 생산 책임제의 보급, 시행과 인민공사 제도의 취소는 농촌 상품 경제 발전에의 조건이 되었다. 농촌 경제는 전업화, 상품화 현대화

51 역주: 정량 생산, 정량 구매, 정량 소비를 의미한다.

방향으로 바뀌었다. 1985년 식량을 합동 구매와 시장 수매를 결합한 제도도 실행하기 시작하였다. 같은 해 국가는 도농 주민의 식량과 식용유 이외 농부산물의 도매 가격을 개방하였으며, 농업세를 과거 농민의 실물 징수에서 현금 징수로 바꾸었다. 이런 조치는 생산 영역을 유통 영역까지 확대시켰고, 농업 생산과 시장의 관계를 밀접하게 하여 농촌 경제를 계획 상품 경제의 궤도에 오를 수 있게 하였다.

가족 단위 농업 생산 책임제와 새로운 농산물 수매 제도의 이행으로 농민에게 적극적인 생산의 자극을 주었다. 그들은 농업, 임업, 목축업, 부업, 어업 생산 경영을 자극하는 동시에 자금을 모아 잉여 노동력을 가공업, 상업, 운수업, 서비스업 등으로 확대시켰다.

1986년 1월 중공 중앙과 국무원은 1년 동안의 제2차 농촌 개혁에 대한 단계적 결론을 내었다. 중앙은 중국 농촌은 농업 생산 책임제 이후 농산물 일괄 수매 제도의 개혁과 산업 구조의 조정으로 큰 실효를 거두었다고 파악하였다. 가장 중요한 의미는 농촌 경제 활성화와 상품 경제의 수평적 연계에 발전이 있었으며, 비교적 취약하였던 임업, 목축업, 어업과 가공업, 서비스업에 발전이 있어 농촌도 이에 따른 종합적 경영을 진행하여 앞으로 나아갈 방향을 제시하였다는 것이다. 실질적으로 농촌 개혁의 방침 정책은 정확하였으며 앞으로 반드시 지속적으로 시행해야 한다고 증명되었다. 결론적으로 1986년 농촌 전체 공업의 정책을 실현시키고 개혁을 심화시켜 농업 생산 조건을 개선하여 '산전산후'(産前産後(찬치엔찬호우))[52]의 서비스를 조직하여 농촌 경제의 지속적 안정을 위해 협조 발전을 시행해야 하였다.

1987년 초 농촌 경제 체제의 새로운 구조는 이미 실현되었다. 생산자의 경영 자주권이 확대되었으며 농산물 구매 체제 개혁의 심화에 따라 많은 농산물이 기본적으로 시장 교환에 따랐으며, 식량 등은 계약, 예약 구매와 시

52 역주: 생산 전과 후를 총괄하는 서비스 형태.

장 수매가 동시에 존재하는 '이원제'가 시행되었다. 또한 상품 시장의 발전에 따라 노동력, 자금, 기술 등은 수평적 이동이 시작되어 국가 계획 지도 아래 시장 체계가 점차 건립되었다. 산업 구조 개혁으로 식량 작물과 경제 작물을 합리적으로 분배하였고, 임초업, 목축업, 수산업의 비중을 높였으며, 공업, 채광업, 건축업, 운수업, 상업, 기타 서비스업을 균형 있게 발전시켜 원래 단일 부문 경영과 도농 간 분할되었던 산업 구조를 타파하여 농촌 경제를 종합적 경영으로 바꾸었다. 이런 변화는 농업 생산의 발전을 가속화시켰다. 1986년 농업 총생산액은 1980년 2,223억 위안에서 3,947억 위안으로 증가하여 매년 평균 10%의 성장률을 보였다. 또한 1952년부터 1978년 26년간 평균 3.2%의 속도에서 2배 이상 가속화되었다.[53]

이 단계에 향진 기업 또한 큰 발전을 이루었다. 제1차 개혁, 즉 가족 단위 생산 책임제의 시행은 우선 농촌의 인민공사 체제하의 은폐되던 농촌 잉여 노동력을 표면으로 드러나게 하였고, 합법적으로 비농업으로의 이동의 자유를 주었다. 이로써 농촌은 많은 노동력이 해방되어 공 · 상업에 풍부한 노동력을 공급할 수 있게 되었고 농촌의 기능인이 자신의 능력을 발휘할 수 있는 계기가 되었다. 또한 농업 효율의 제공은 농업 잉여의 증가를 가져와 향진 기업의 축적을 증가시켰다. 또한 농촌 수입 향상으로 농민 소비 수준을 증가시켜 향진 기업 제품의 시장 확대를 가져왔다. 제2차 개혁은 새로운 농촌 수매 체제의 시행과 산업 구조의 조정이었으며, 해방된 노동력이 제2, 3차 산업으로 확대될 수 있는 여건을 마련하였다. 동시에 국가는 향진 기업에 신용 대출, 세수 우대 정책을 실시하여 농민에게 채광과 기타 개발 사업을 장려하고 향진 기업의 재산 이동을 엄격히 금지하였다. 그리하여 집체 경영 위주에서 개체, 개인 경영의 향진 기업을 급속히 발전시켰다. 1987년 전국 향진 기업 종사자가 8,805만 명에 이르고 총생산액이 4,764억 위안으로 농촌

53 까오샹췐(高尙全), 《9년여의 중국 경제 체제 개혁》, 인민출판사, 1987년판, p. 19.

참조 4-2

향진 기업과 사회 단체 기업의 차이

'사회 단체 기업'은 그 지역에서 재료를 구하고, 그 지역에서 가공, 그 지역에서 판매를 하는 '삼취지'(三就地(싼찌우띠)) 원칙을 준수해야 한다. 즉, 넓은 시장으로 발전이 불가능한 자기의 생산 제한제로 자급자족성 경영 범위의 생산을 한다. 그러므로 '사회 단체 기업'은 지도자 및 발전 경제학자들의 표현으로 '전통의 자연 경제 부문'이라고 할 수 있다. 그리고 향진 기업은 농업에서 이미 시행하고 있는 가족 단위 농업 생산 책임제의 조건하에 조성되고 발전된 것으로 시장 경제 발전과 같이 간다고 할 수 있다.

자료 출처: 우징롄, 《당대 중국 경제 개혁》, 상하이원동출판사. 2003년판, pp. 104~105.

사회 총생산액의 50.4%에 달하였다. 이것은 농촌 경제의 역사적인 큰 변화였다. 농촌의 제1단계 개혁의 가장 큰 성과는 가족 단위 농업 생산 책임제의 보급으로 중국 농촌 생산력에 매우 큰 발전을 가져왔다는 것이라면, 제2단계 개혁의 성과는 향진 기업의 새로운 출현으로 농촌 생산력이 큰 발전을 가져온 것이 괄목할 만하다.

향진 기업은 농촌 개혁의 심화로 흥기하였다. 1984년 3월 중공 중앙, 국무원은 농목어업부에 〈사회 단체 기업 창립의 새로운 국면에 관한 보고〉를 전달하였다. 그 통지 중 원래의 사회 단체 기업을 향진 기업으로 이름을 바꾸었고, 향진 기업은 사회 단체 기업과 다르게 새로운 성격과 내용이었다. 그리고 향진 기업은 다양한 경영 형태의 주요 구성 부분으로 농업 생산의 주요 뼈대이자 많은 농민이 부유하게 될 수 있는 주요 경로로 작용하고, 국가 재정 수입의 새로운 주요 근원이자 국영 기업의 보충을 할 수 있다고 지적하였다.

향진 기업은 독립적으로 계산하고 손익을 스스로 책임지며 비교적 큰 자주권으로 경영이 신축적이다. 그래서 쉽게 시장 수요에 적응할 수 있다. 이것은 강한 경쟁력과 생명력을 가지고 국가 유관 정책의 지지하에 급속히 발전하였고, 그 발전 속도는 전체 국민 경제 발전의 평균 수준 이상이었다. 1985년 농가, 연합 경영 농가가 설립한 기업은 1984년 600만 개가 증가하였으며 향진 기업 총수입이 1984년 66.9% 증가하였다. 1986년 향진 기업 총개수 중 농가, 연합 경영 농가가 설립한 기업이 차지하는 비율이 88.6%에 달하였다. 향진 기업의 총생산액이 1985년에 비해 29.8% 성장하였다. 1987년부터 1988년 2년간 향진, 촌락, 연합 경영 농가, 개체가 설립한 농촌 소형 기업이 많이 증가하여 농민은 '사개윤자'(四個輪子(쓰거룬즈))[54] 함께 분발하여 모두 샤오캉에 도달하자라고 하였다. 이것과 동시에 향진, 촌급 집체가 설립한 비교적 큰 기업은 '영두간상'(迎頭趕上(잉토우간샹))[55]으로 수량이 나날이 늘어났다. 전반기의 향진, 촌급 기업 규모의 확대, 수준의 발전으로 점차 안정적인 국면에 이르렀다. 그 중 일부는 이미 향진 기업 집단을 조직하여 국유 대·중형 기업과 '삼자'(三資(싼즈)) 기업 수준까지 높였다.

능민의 향진 기업 창립의 확대로 각 지역의 특색 있는 경제 발전 모델을 만들어냈다. 20여 년간 중국 각지 경제 발전 모델을 합하여 약 10여 종에 달한다. 그 중 쑤난(蘇南) 모델, 온저우(溫州) 모델, 주장(珠江) 모델이 대표적인 경제 모델이며, 중국 각지 경제 발전 과정 중 보통 앞의 3개 모델의 영향을 받았다. 그 밖에 푸지엔치아오썅(福建僑鄕) 주주 경영 형식 특징의 진장(晋江) 모형(취안저우(泉州) 모형이라고도 칭함), 상하이 교외에 대표적인 도시 간 긴밀 결합형의 후지아오(滬郊) 모형 또한 유명하다. 이렇게 다른 특징을 가진 향진 기업 모형은 각각의 지역 경제와 사회 조건 아래 형성된 것이다. 또한 현

54 역주: 4개의 바퀴라는 뜻으로 모든 생산 요소를 의미한다.

55 역주: 선두를 따라잡는다는 뜻으로 후발 주자들이 선진 주자들을 따라잡는 것을 의미한다.

지 농민이 여러 생산 요소를 종합적으로 이용하고 조직한 결과로 농민의 가족 단위 농업 생산 책임제 이후의 가장 큰 성과였다. 이것은 농촌의 잉여 노동력이 농업에서 빠져나와 농촌을 부유하게 하고 현대화 건설을 실현하고, 공업화 더 나아가 전체 경제 개혁과 발전에 새로운 길을 제시하였다.

(5) 체제의 마찰과 경제 파동

제도 개혁 과정 중 원래의 체제와 신체제 간에 모순과 마찰이 발생되었다. 이로 인해 사회 경제 생활에 새로운 문제와 어려움이 생겨났다.

1984년 4분기 전면적 개혁의 급속한 시행으로 2개 체제 요소의 마찰이 가중되었고 정책 간 미시적 활성화 조치를 채택하는 반면 국민 경제의 거시적 통제의 부재로 이를 조절하는 조치가 따라와 주지 못하여 고정 자산 투자와 소비 자금 팽창의 문제가 대두되었다. 1985년, 사전에 준비한 금융 개혁과 임금 개혁 당시 1984년 실제 대금에 맞추어 각 전문 은행은 스스로 신용 대출 자금을 분배할 수 있는 결정을 내렸다. 경제 이익에 따른 임금 개혁시 기업의 총임금은 1984년의 실질 금액에 따라 계산한 결정이었다. 그리하여 일부 금융 기업의 증가한 금액으로 많은 문제를 해결해야만 하였다. 또한 일부 기업은 임금의 증가로 임금이나 보상금 또는 각종 보조금을 지급해야 하였다. 이것으로 인해 10~12월 신용 대출 규모와 소비 자금의 증가를 가져왔다. 신용 대출의 통제 불가능으로 인해 고정 자산의 팽창을 가져오기도 하였다. 1984년 사회 고정 자산 투자액이 전년도에 비해 동기 대비 28.2%가 성장하였다. 소비 자금과 신용 대출 규모의 증가로 일부 도시는 철재, 자동차 등의 생산재가 날개 돋친 듯 팔렸으며 가전 등 내구소비재 가격이 대폭 상승하였다. 일부 지역은 수출 경쟁이 치열해져 일부 품목의 내구소비재를 앞다투어 생산하여 외환 지출이 무섭게 증가하였고 대외 무역 수지가 적자로 돌아서 국가 외환 보유액이 급격히 하락하게 되었다. 투기 세력은 이 기회를 이용하여 외환 투기성 매매를 하였고, 상품 투기를 통하여 큰 이익을 남기는 등 시장 질서를 어지럽혔다. 1985년 초 전년도 4분기의 대량 자금 투자의 작용으로 고정 자산 투자와 공업 생산 발전을 가속화시키고 큰 물가 상승이 있었다. 1985년 1분기 공업 생산, 국유제 기본 건설 투자, 도매 물가 지수는 동기 대비 각각 22.9%, 35%, 5.6% 증가하였다. 증가폭은 전년 4분기를 초과하여 외환 보유액이 하락하였다. 경제 성장의 과열로 경제적 흐름이 긴장 상태를 보였다. 경제 체제의 전면적 개혁은 이런 형태로 나아갔다.

경제 체제 개혁의 초기 성공을 위해 정부는 거시적 통제를 강화, 금융 긴축 조치를 채택하여 총수요와 총공급의 균형을 위해 노력하고 경제 체제 개혁의 순리적인 시행을 위해 힘을 썼다. 1985년 4월 금융 긴축 정책을 중심으로 전면적으로 경제 긴축 조치를 시행하였다. 주요 조치로는 화폐 발행과 신용 대출 규모를 축소, 고정 자산 투자 계획을 조정하여 고정 투자 규모 통제, 소비 자금의 과열 성장 통제, 외환 사용에 관한 관리를 강화하여 수출을 증가시키고 외환 수지 균형을 이루도록 노력하였다. 긴축 정책은 7월부터 효과를 나타내기 시작하였다. 공업 성장 속도가 하락하기 시작하여 8월에는 20% 이하로 하락하였고 9~12월에는 10.2% 감소하였다. 투자 규모는 초기부터 통제하여 연말 물가 상승폭이 하락하기 시작하였으며 경제 과열 현상이 축소되기 시작하였다.

1985년 9월 중국 공산당 전국대표회의는 국민 경제와 사회 발전을 위한 제7차 5개년 계획을 건의하였다. '7.5' 기간 개혁을 중점으로 하여 앞으로 5년간 또는 장기적인 기간 기본적인 새로운 경제 체제의 기초를 확립해야 한다고 하였다. '7.5' 계획에 따라 1986~1987년 사회 총수요를 통제에 역점을 두고 빠른 발전 속도를 해결하고 고정 자산 투자 규모의 증가와 소비 자금 증가 과열 문제를 해결하려고 하였다. 1986년과 1987년 2년 동안은 기본적으로

1985년의 투자 규모를 유지하고 투자 구조를 조정하여, 중점 건설에 치중하고 사회 총수요가 총공급을 초과하는 문제를 해결하기로 하였다. 총수요를 통제하는 동시에 구조 조정을 확대하여 공급과 수요를 개선하고, 고정 자산 투자 규모를 엄격히 통제하여 생산량의 제한을 풀어 경제 안정에 힘쓰고 적당한 발전 속도를 유지하기로 하였다. 국무원은 1986년 〈고정 자산 투자 규모 통제에 관한 규정〉을 발표하여 새로운 항목을 엄격히 통제하고 건설 항목에 대한 관리를 철저히 하여 건설 조건에 맞지 않은 항목은 멈추거나 속도를 완만히 할 것을 요구하였다. 이렇게 고정 자산 투자 성장의 과열 현상을 늦추었다. 1986년과 1987년 전체 사회 고정 자산 투자는 전년 대비 각각 18.7%와 20.6% 성장하였다. 그 중 국유제 기업의 고정 자산 투자는 각 17.7%와 14.4% 성장, 국유제 기업의 기본 건설 투자는 9.5%와 12.6% 성장하여 1985년 속도보다 늦추어졌다.

1986년과 1987년에 구조 조정, 국민 경제의 빠른 성장 속도, 경제 생활 중 나타나는 세 가지 문제는 다음과 같다.

1) 사회 총수요의 총공급 초과, 통화 팽창

1986~1987년 국가 예산 내 투자는 기본적으로 통제되었으나 예산외 자금은 통제가 어려웠고, 고정 자산 투자 대출액은 계속적으로 증가하여 1987년 전체 사회 고정 자산 투자는 1985년에 비해 43.2% 성장하였다. 집단 구매력은 매년 빠른 속도로 증가하고 소비가 지속 증가하였다. 1985~1987년 물가는 3년 연속 대폭 증가해 1986년 이후 매달 상승하였다. 1987년부터 물가 성장은 9, 10월 두 달을 제외하고 거의 매달 상승하였다. 물가 상승의 주요 특징은 가격 제한을 풀어 식품류 가격이 10.1% 상승하였으며, 그 중 채소류와 알류 가격은 각 17.7%, 16.5% 상승하고, 식품류 가격 상승은 저소득 계층의

실질 수입과 소비 수준 변화에 큰 영향을 끼쳤다.

2) 경제 구조 불균형의 문제 대두

1987년의 식량, 면화 생산량이 1984년 대비 각 433만 톤, 201.3만 근이 줄었고, 유류는 1985년에 비해 50.6만 톤 감소하였다. 농산품 공급의 감소로 농부산물 가격이 대폭 증가하여 물가 지수 상승에 큰 영향을 끼쳤다. 농업은 전체 국민 경제 발전과 안정에 중요한 문제이다. 또한 기초 공업, 기초 설비는 전체 국민 경제와 가공 공업의 지속적인 발전을 가져온다. 1986년과 1987년에 1회성 에너지 생산은 3.3% 성장하여 동기 국민 총생산을 감소시켜 국민 수입은 연평균 9.5%, 9.0% 속도로 성장하였다. 에너지 생산과 국민 경제 발전의 불균형적 상황은 점점 심해졌다.

3) 경제 질서의 혼란

신구 체제의 교체 단계의 모호한 시장 조절과 행정 경계로 인해 경제 활동에 영향을 끼쳤다. 또한 이원제는 '심조'(尋租(쑨주))[56] 활동을 초래하고 부패 현상의 증가로 국민의 불만이 커졌다.

56 역주: 자금 세탁 또는 돈 세탁을 의미하는 말로서 이때는 특권 계층의 횡령 또는 제계와 정계의 유착을 통한 자금 마련 그리고 특권을 이용한 수익 등을 의미한다.

제4절 개혁개방의 심화와 경제 체제 개혁의 배회

1. 개혁의 심화

(1) 노동력 시장의 육성

도시와 농촌의 노동력 시장 형성 과정 중 농촌 노동력의 이동이 일종의 추진력 역할을 하여 도시와 농촌 노동력 배분 구조의 개혁과 제도 자체의 개혁을 실시할 수 있게 하였다. 이 시기를 돌아보면 노동력 시장의 육성과 발전 과정은 다음의 2단계로 구분할 수 있다.

1) 제1단계: 시장 형성 단계(1979~1984)

가족 단위 농업 생산 책임제의 보편화로 대량의 농촌 잉여 노동력이 생겨 향진 기업의 발전으로 잉여 노동력은 취업 기회를 가질 수 있었다. 이때 농촌 노동력은 기본적으로 촌락과 촌락 간의 이동, 농업과 비농업 간의 이동이었다. 아울러 농촌에 있는 지식인의 취업 문제를 해결하여 도시의 개체, 개인 경영, 경제 발전을 가져왔다. 1980년 8월, 전국노동취업회의에서 중공 중앙, 국무원이 제정한 〈도시와 농촌 노동 취업을 위한 의견〉에서 '노동 부서가 취업을 소개하거나 자발적으로 취업하고, 스스로 직업을 구한다'는 것을 취업 방침으로 다방면의 취업 경로를 모색하여 노동력 자원 배분의 새로운 구조를 형성해야 한다고 지적하였다. 1981년, 중공 중앙은 〈경제 활성화와 도시와 농촌의 취업 문제를 해결하기 위한 방법에 관한 규정〉에서 다각도로 취업 제도를 해결하고자 하며, 각 도시는 계약 노동자와, 임시 노동자, 고정 노동자로 결합시킨 새로운 노동자 사용 제도 시행을 장려한다고 밝혔다. 또 도시와 농촌 시장의 노동력 시장은 원래 체제의 여러 방면에서 형성되고 발전하였다. 농촌에 있는 지식인 취업 문제를 기본적으로 해결한 후 국가는 농촌 잉여 노동력의 이동 문제에 대해 생각하기 시작하였다. 1984년 중공 중앙은 〈1984년 농촌 업무에 관한 통지〉와 국무원의 〈농민의 소규모 도시의 호적 입적에 관한 문제〉에서 농민이 자신의 식량을 가지고 도시로 진입할 수 있고, 30년간 유지되어온 도시와 농촌의 분리된 노동력 시장인 '경직(견빙: 堅氷(지엔삥))' 현상이 사라지고 농촌 노동력의 이동은 빠른 성장을 보였다. 전체적으로 이 단계의 개혁은 경제와 사회 생활 중 구체적 문제에 관한 개혁으로 기본적인 제도 여건의 조정으로 핵심 조정에 속한다.

2) 제2단계: 시장 육성 단계(1985~1992)

이 단계에서 중국 개혁의 중점인 농촌에서 도시로의 이동이 시작되었으며, 국유 기업이 진정한 시장 주체라 한다면, 노동력 시장과 내재된 생산 요소의 결합은 반드시 필요하였다. 1985년 노동부는 〈기업의 임금에 관한 내용을 상부에 올리기 위한 방안의 통지〉를 하달하였다. 이것은 중국 기업의 노동력 임금 시장화 개혁의 시작이라 할 수 있다. 지난 몇 년 동안의 개혁 기초하에 1986년 국무원은 〈노동력 제도의 4개 조항에 관한 통지〉에서 전국은 노동 계약제를 시행하고 보험 제도를 건립한다고 발표하였다. 같은 해 7월 국무원은 〈국영 기업의 노동 계약제 시행에 관한 임시 규정〉을 발표하여 새로운 노동자는 노동 공급과 수요의 쌍방 자주권을 확립하고, 노동자 고용의 주체를 국가에서 기업으로 전환시켰다. 같은 해 말 전국인대 상무위원회는 〈중화인민공화국 기업도산법(임시 시행)〉을 통과시켜 법률의 형식으로 기업의 자주 경영권 확립과 기업 도산을 허락하여, 전민 소유제 기업 노동자의 취업 종신제를 타파하고 취업 노동자가 시장을 통하도록 하여 노동력 시장의 형성을 촉진시켰다.

노동력 시장의 형성은 노동력 자원의 최적 배분을 가능하게 하고 상품과 생산 요소 시장의 발전, 비국유 경제 발전을 촉진, 경제적 효율을 향상하였으며, 국유 기업 노동자의 '철밥통' 현상을 타파하여 국유 기업 개혁에 유리하게 작용하였다. 1987년 국유 기업은 '삼철'(三鐵(싼티에))[57]의 노동 제도를 개혁하여 몇십 년간의 종신 고용 제도가 동요되기 시작하였다. 또한 비국유 경제의 신속한 발전으로 도시에 진입한 대량의 구직자와 농촌의 노동력을 흡수하였다. 1988년 7회 전국인대 제1차 회의에서 〈중화인민공화국 전 국민 소유제 공업기업법〉이 통과되어 전 국민 소유제 공업 기업의 독립적 상품 생산 단위, 분배권의 향유, 고용과 퇴직자에 관한 권리를 규정하였다. 1992년 7월 국무원은 〈전 국민 소유제 공업 기업의 경영 구조 전환 조례〉를 발표하여 노동 채용, 인사 관리, 임금과 포상금 분배의 자유권을 규정하고 전 직원의 노동 계약제 시행을 시작하였다. 같은 해 노동부는 〈전 직원 노동 계약제의 확대 시행에 관한 통지〉를 하부 기관에 전달하여 신구 채용 제도 모순을 완화시켰다. 또한 노동력 시장의 여러 해의 경험을 거쳐 큰 발전을 이루게 되었다.

(2) 토지 제도 변화와 부동산 시장의 발전

경제 체제 개혁에 따라 도시의 토지 무상 배당 제도의 필요성이 대두되었다. 1982년 우선적으로 선전 경제 특구가 무상에서 유상 토지 사용을 시작하여 등급별 토지 사용자에 대해 각 기준에 맞게 토지 사용권을 냈다. 1984년부터 푸순(撫順), 광저우 등의 도시 또한 시작되었다. 1986년 〈토지관리법〉

57 역주: 세 가지 철이라는 뜻으로 티에꽁즈(鐵工資)는 철의 월급 즉 안정된 임금, 티에판완(鐵飯碗)은 철의 밥그릇 즉 평생 직업, 티에지아오이(鐵交椅)는 철의 의자 즉 변함없는 직위를 의미하여 당시 중국 국유 기업의 노동 환경을 비유한 말이다.

을 만들어 토지 사용의 '이원제', 즉 행정 이양과 유상 양도의 두 가지 방식의 토지 사용 제도와 토지 시장의 초기 구상을 제시하였다.

1987년 11월 국무원이 비준한 선전, 샹하이, 톈진, 광저우, 샤먼(廈門), 푸저우(福州)에서 토지 사용 개혁이 진행되었다. 1987년 12월 1일에 선전 시는 가장 처음 공개 경매 방식으로 8,588m^{2}의 면적을 양도, 사용 기한을 50년 토지 사용권으로 결정하였다. 토지 사용권이 중국에서 처음으로 자산 가치로서 시장에 진입한 것이며 국유 토지 사용권의 입찰 경매의 효시가 되었다. 그 뒤를 이어 1988년 4월 전국인대는 〈헌법〉 개정을 실시하여 한편으로 토지 임대의 예전 제도를 없애고, 또 한편으로 '토지 사용권은 법률 규정에 따라 양도 가능하다'라는 새로운 제도를 만들었다. 이런 기초 아래 1990년 5월 국무원은 〈도시와 농촌의 국유 토지 사용권의 매매와 양도에 관한 임시 조례〉에서 토지 사용권은 협의와 입찰, 경매의 세 가지 방식으로 양도가 가능하다고 규정하였다. 무상에서 유상, 무제한에서 기간 제한 등 유동성이 없는 방식에서 유동성 있는 방식으로 중국 토지 사용 제도는 처음으로 큰 규모의 변혁기가 시작되었다.

국유 기업 개혁의 진행으로 1986년 원래의 후생 복지형 주택 배분 제도의 개혁이 시작되었다. 1988년 초 국가는 도시 주택 제도 개혁의 가속화를 결정하고 3년에서 그 이상의 기간 내 전국적으로 단계별로 주택 상품화를 위한 시행을 한다고 밝혔다. 또한 주택 건설 자금이 선순환 단계에 이르고 주택 건설 자금의 증가를 촉진시켜 도시 주민의 거주 조건을 개선하여 소비 구조의 합리성을 촉진하였다. 이렇게 도시 주택 투자 주체의 다원화, 즉 이전의 단일적 국가 예산 투자(기본 건설과 개조 투자 포함)가 국가, 기업, 개인이 일체가 되어 투자 체계로의 전환을 이루었다. 1980년 이후 국가 투자 부문이 차지하는 비중은 점차 감소되었고 기업과 개인의 투자 부문은 빠르게 상승하였다. 특히, 개인 투자가 연평균 50%의 급속한 성장을 이루었다. 1979~

1991년 주택 투자가 국민 총생산과 사회 고정 자산 투자 중 차지하는 금액이 매년 7% 이상 증가하였고, 심지어 24% 이상 증가하기도 하였다. 세계은행은 중국 주택 건설의 성과가 국제 기준에 따르면 신기록을 세웠으며, 중국은 20세기 80년대 성과는 중국이 이룰 수 있는 수준을 뛰어넘어 1인당 평균 국민 총생산 7,500달러의 국가 수준에 근접하였다고 발표하였다.

(3) 화폐 시장과 자본 시장의 육성

1978년 개혁 이래 중국 화폐 시장의 발전은 콜 머니, 어음 매매, 정기 예금 증서 양도, 단기 증권 시장과 환매 계약 등 금융 업무에서 나타났다.

먼저 콜 머니 시장의 발전을 살펴보면, 80년대 중반 국유 전문 은행의 독립적 신용 대출 업무의 시작, 은행 지방 분점은 일정한 신용 대출 자주권을 획득하여 은행 간 자금 융통과 과부족 조절의 장려로 대부 시장이 발전되고, 1984년 정식으로 콜 머니 대부 시장이 형성되었다.

두 번째로 어음 매매 시장의 발전은 개혁 이후 상업 신용의 회복, 어음 인수와 할인 업무가 출현하였다. 1980년 상하이, 안후이, 허베이, 충칭, 선양 등지에서 상업 어음 인수와 할인 업무의 시험 시행을 하고 1985년에는 전국적으로 확대되었다. 중앙은행의 기타 은행에 대한 상업 어음업이 1986년 시작되었다. 이렇게 어음 시장은 기본적으로 개선이 되었다.

세 번째로 90년대 이전 중국 자본 시장이라 하면 주로 채권 시장과 주식 시장을 포함한다.

우선 채권 시장은 1981년을 시작으로 국가는 매년 국채를 발행하였다. 또한 금융 채권은 1985년부터 발행하였고, 기업 채권은 1987년 정식으로 발행하기 시작하였다. 1980년대 초 정부는 대규모의 국채를 발행하였으나 자본 시장 발전의 의도는 없었다. 주로 소유주의 인수와 행정 기관이 분배한

참조 4-3

선전 증권거래소와 상하이 증권거래소

선전 증권거래소는 1990년 12월 1일 설립되었다. 중국 내 증권거래소의 하나로 선전 증권거래소는 중국 증권 시장과 함께 성장하였다. 13년 동안 선전 증권거래소의 성과는 지역 제한과 관념의 속박에서 탈피로 일개 신흥 도시에서 전국 증권 거래 중심의 위치로 우뚝 설 수 있었다. 13년간 선전 증권거래소는 국민 경제에 3,390억 위안 자금 조달로 현대 기업 제도의 건립, 경제 구조 조정 추진, 자원 배분의 최적화, 시장 경제 지식 전파로 중요한 역할을 하였다.

상하이 증권거래소는 1990년 11월 26일 설립, 3월 19일 정식 업무를 시작하였다. 13년의 지속적인 발전을 통해 상하이 증권 시장은 이미 중국 내 가장 큰 증권 매매 시장이 되었다. 상장 기업수, 상장 주식수, 시가 총액, 유통 시가, 증권 교역 총액, 주식 성립 금액과 국고채 적립 금액 등에서 1위를 차지하였다. 2002년 12월 말 상하이 증권거래소는 3,500만의 투자자와 715개 상장 기업, 상장 증권 종류가 828개에 달하였다. 상장 주식 시가 총액은 25,364억 위안, 2002년 상장 기업 누적 자금 조달액이 614.30억 위안으로 국민 경제 지주 기업, 중점 기업, 기초 업종 기업, 하이테크 기업은 상장을 통해 자금 확대를 위한 자금을 조달하고 경영 체제를 전환하였다.

그 밖에 1986년 이후 초상은행, 선전발전은행, 광둥발전은행, 푸지엔흥업은행 등 지방 은행이 성립되었으며, 옌타이(煙台)와 벙부(蚌埠) 시에 주택저축은행이 생겼다. 1987년 상하이를 기준으로 교통은행과 중국국제신탁투자회사 부설 중신실업은행의 2개 전국적 주주제 상업 은행이 설립되었다. 이런 은행의 성립으로 국유 은행의 통일적인 구조를 탈피할 수 있게 되었으며 비공유제 경제의 발전을 촉진시킬 수 있었다. 또한 보험 회사 등 금융 기구 또한 출현하였다. 1987년 3월 11일 중국인민은행이 비준한 중국인수보험유한공사는 국내 업무를 시작하고, 1988년 회사제 중국평안보험공사가 설립되어 상품 경제 발전의 상업 보험의 발전을 이끌게 되었다.

비시장화의 방식을 통해 발행하였다. 1986년 8월 중국인민은행 선양시 분행은 선양시 신탁 투자 회사를 비준하고 처음으로 기업 채권의 양도 업무를 시작하여 중국 최초의 합법적 증권 매매 시장이 출현하였다. 1988년 4월에는 선양, 하얼빈, 상하이, 충칭, 우한(武漢), 광저우, 선전 7개 도시에서 동시에 국고채 양도 업무를 시작하고 채권 유통 시장을 열었다. 같은 해 6월 제2차 국고채 양도 업무는 28개 성시의 54개 대 · 중도시에서 시험 시행을 비준하여 국채 교역 위주의 증권 매매 시장이 형성되기 시작하였다. 1990년 중국 국채 양도 시장의 전면적인 개방으로 개인이 발행한 국고 채권을 전부 시장으로 양도하기 시작하였다. 이렇게 채권 시장의 형성에 따라 채권 발행은 행정적 분배에서 금융 기관의 일괄 구매 및 판매로, 그리고 다시 공개 입찰 방식으로 완전한 시장화 교역으로 진입하였다.

둘째, 주식 시장의 발전을 보면, 주식 매매는 우선 상하이와 선전 2곳에서 시작하였다. 주식은 1983년 선전에서 처음으로 사회 공개 발행하였다. 1986년부터 일부 국유 기업은 주주제 개혁 시행 실시를 통하여 사회 공개 발행 주식의 수량이 증가하였다. 그러나 1992년 이전 주식의 종류와 출자금, 주식 시세의 제한으로 주식 매매 규모와 매매자의 수는 매우 적었다. 1989년 상하이에 설립한 최초 주식 업무 창구 거래소로 시작되었고, 1990년 12월 19일 상하이 증권거래소의 정식 설립, 1991년 7월 3일 선전 증권거래소가 정식으로 출범하였다.

(4) 재정, 대외 무역과 외환 체제의 변혁

1) 재정 체제의 청부제

1986년 국무원은 '분세제'(分稅制(펀수이즈))에서 '분조흘반'(分遯吃飯(펀자오츠판)) 체제로 바꾸었으나 당시 개혁은 실시되지 못하여 '편자오츠판' 체제가 사라지지 않았다. 그러던 중 1988년 '재정 청부제'를 정식으로 실시하였다. 1988년 실행한 '재정 청부제'는 1980년의 '편자오츠판' 체제가 계속 발전된 것이다. 이것의 특징은 전국 37개 성, 시, 자치구, '계획단열시'(計劃單列市) 등 모두 '도급' 체제로 전환하였고 각각 다음의 6개 도급 방법으로 실행하였다. 그 방법으로는 소득 증가 도급, 총액 분배, 총액 분배에 성장 분배 합계, 상해액(上解額(상지에어)) 증가 도급, 정액 상해(上解(상지에)),[58] 정액 보조이다.

'편자오츠판'과 '재정 청부제'의 방법에는 차이가 있으나 본질적으로는 모두 재정 청부제에 속한다. 이런 제도 시행 후 단기적으로 각급 지방 정부의 생산 증가와 소득 증가를 촉진시키기 위한 역할을 하였다. 그러나 중장기적으로 살펴보면 이것은 자원의 효율적 배분과 시장 제도 형성의 부정적 영향이 더 컸다. 우선 각 지역 간 분담 불균형과 성과가 높은 지방 정부에 대한 과도한 분담이 형성되었다. 재정 분배는 종적 관리제 위주에서 횡적 관리제 위주르 바뀌어 시장 분할을 강화시켜 통일된 시장 형성에 방해가 되었다. 그리고 재정 수입의 기초가 불안정하고 국가 경제력이 정부 이행 책임에 충분하지 않게 되었다. 중앙 예산 수입이 점차 줄어 재정 법률의 해이와 재정 체제의 혼란을 야기하였다.

2) 대외 무역 체제의 청부제

1985년 이후 수출 관리면에서 도급 경영 책임제를 시행하였다. 1985~1987년 시험 시행을 거쳐 1988~1990년 청부제를 전면적으로 이행하여 지방 정부, 대외 무역 전문 기업, 공업 무역 회사가 각각 중앙 도급 수출 외화 취득 가능액, 상납 외환 총액, 대외 무역 경영 이익의 세 가지 지표로 지방의

58 역주: 지방 정부의 예산 중 일정 부분을 중앙정부의 예산에 보충하는 것.

적극성을 자극하였다. 이런 기초로 1990년 국무원은 수출 재정 보조금 제도를 없애고 기업의 이익과 손실을 스스로 책임지는 체제를 성립하였다. 1980년 후반, 특히 90년대 초 수입 체제에 대한 전면적 개혁이 진행되었다. 예를 들면, 관세를 대폭 낮추어 중국 세금의 평균 수준으로 발전을 이끌었으며, 수입 계획 관리 범위를 축소하여 수입 관리 체제의 투명도를 높였다.

3) 이중 외환 관리제

국제통화기금(IMF) 조직은 1987년 연간 보고서에서 중국은 이미 기금 조직에 통지하여 1986년 1월 1일을 기점으로 인민폐 변동 환율제를 실시하여 이전(1973~1985)의 더블 바스켓 제도를 대신한다고 밝혔다. 1986년을 시작으로 정부는 중국에 있는 외자 기업 간 외환 조정을 진행하고 그 후 규정은 국민도 외환 조정에 참여할 수 있다고 하였다. 당시 외환 조정 가격은 규정상 공정 시세가에서 10%를 높였다. 이렇게 남긴 외환의 증가로 조정 외환의 거래액이 점점 많아지고 가격은 점점 올라 이 기간은 명목상 단일 환율이지만 실질적으로는 새로운 이중 환율제가 형성되었다.

1988년 중국 각 성, 자치구, 직할시는 외환 조정 중심을 설립하였다. 이는 중국 외환 조정 시장의 정식적인 출범을 의미한다. 그리하여 인민폐는 정식으로 이중 환율제, 즉 공정 거래가와 조정 가격이 병존하는 방식으로 실행되었으나 조정 시장은 중앙은행의 관리와 간섭을 받았다. 그 밖에 국가의 엄격한 외환 관리 제도에도 불구하고 외환 시장에서는 암시장이 존재하였다. 각 시장마다 가격 차이는 크게 났다. 1991년, 외환 조정 시장 가격은 1달러당 인민폐 5.7위안이나 암시장 가격은 7~8위안에 달하였다. 1993년 경제 성장은 수입 수요의 팽창을 자극하였고 조정 가격은 계속 하락하여, 가장 낮은 가격이 인민폐 11~12위안에 달하였고 공정 거래가는 계속 1달러당 인민폐 5.50~

5.80위안을 유지하였다. 결론적으로 1986~1993년 환율 제도는 단일 계획 관리에서 계획과 시장이 함께 공존하는 심층적 개혁 구조로 바뀌었다.

그 외 물자 유통면으로 1988년 국무원의 개혁을 통해 국무원 물자 관리 부문의 업무를 취소하고 국가 계획에 의한 물자 분배에서 기업이 직접 사용을 위해 분배하는 방식으로 바뀌었다. 이렇게 주관 부문은 기업의 행정 간섭을 약화시켜 물자 유통에 존재하던 수직 · 수평적 분할 관리를 극복하여 생산재 시장의 발전을 촉진시킬 수 있는 계기가 되었다.

(5) 시장 주체의 확대 발전

1) 국유 기업

공업 기업의 청부제 시행을 제외하고 1988년 2월 국무원은 〈전 국민 소유제 공업 기업 도급 경영 책임제 조례〉를 발표하였다. 교통, 건설, 농림, 물자, 상업, 외국 무역 등의 국유제 기업은 위의 조례에 따라 도급 경영 책임제를 시행하였다. 이 조례를 통해 도급 경영 방법의 통일적 실시와 도급 경영 책임제의 확대와 발전을 촉진하였다.

2) 향진 기업

농촌 개혁과 시장 기구의 작용에 따라 노동 집약형 가공업을 중심으로 향진 기업은 점차 발전하였으며 중국 공업화의 새로운 활력이 되었다. 노동 집약형 가공업은 농촌 잉여 노동력의 이동 문제를 해결하고 국제 시장의 외환 축적을 가능케 해 도시 공업 구조의 고급화에 필요한 자금과 기술을 얻을 수 있게 되었다.

3) 개체와 민영 경제

1987년 초 중공 중앙은 〈농촌 개혁의 심화〉 중

"사회주의 사회의 초기 단계로 상품 경제 발전, 장기간 내 개체 경제와 소수의 민영 기업의 존재는 피할 수 없다"

라고 지적하였다.

이것은 중공 중앙이 자본주의 공 · 상업의 사회주의 개조 후 처음으로 민영 기업의 존재를 인정한 것이며, 정식으로 '민영 기업의 존재를 허락, 관리 강화, 이익을 꾀하고 병폐를 없애는 지도 방침'을 밝혔다.

1987년 13대 보고에서

"전 국민 소유제 이외 기타 경제 요소는 큰 발전을 이루지 않았으며 아직 부족하다. 또한 도시 합작 경제, 개체 경제와 민영 경제의 발전을 촉진해야 한다"

라고 지적하였다.[59]

1988년 4월 7회 인대 1차 회의에서 통과한 〈중화인민공화국 헌법 수정안〉은

"국가는 법률 규정 범위 내 민영 경제의 존재와 발전은 인정한다. 민영 경제는 사회주의 공유제를 보완한다. 국가는 민영 경제의 합법적 권리와 이익을 보호하여 민영 경제를 지도, 감독, 관리한다"

라고 규정하였다.[60]

법률상 민영 기업은 중국 내에 존재하고 발전의 역사적 위치에 있다고 분명히 밝혔다. 국가 정책의 완화로 개체 경제와 민영 경제는 모두 처음 발전의 고도기를 맞이하였다. 1988년 말 전국 도시에 등록한 개체 공 · 상호는

59 《13대 이래 중요 문선 선편》, 상, 인민출판사, 1991년판, p. 31 참조.

60 《중화인민공화국법률회편(1985-1989)》, 인민출판사, 1991년판, p. 2 참조.

1,455만 호, 종사자수는 1979년 31만 명에서 2,304.9만 명으로 증가하였다. 전국(시장(西疆), 산시(山西), 헤이룽장 제외) 도시 등록한 민영 기업은 20,638개, 고용 인원수는 72만 명까지 발전하였다. 만약 대량의 집체 기업으로 등록한 수와 개체 공·상호, 공동 개체, 향진, 거리(街道) 기업의 민영 기업을 합하면 실질 민영 기업은 20여만 개를 차지하였다.[61]

이렇게 노동력 시장, 자금 시장, 토지 시장 등의 요소 시장은 발전하기 시작하였으며 각 시장 추세의 수요를 충족시켰다. 재정, 금융, 대외 무역, 외환, 가격 등의 체제는 '청부제' 또는 '이중제'의 개혁 단계 과도기에 있었다. 국유 기업 개혁의 과도기 형식은 '청부제' 범위 내의 확대이며, 비공유제 경제는 큰 발전을 이루어 계획 시장 경제의 골격이 생겨나게 되었다.

2. 가격 개혁과 경제 환경 개선

(1) 가격 안정

1988년 2월 중앙 지도자들은 1987년의 경제 상황은 상당히 좋아졌다고 평가하였다. 물가 상승은 총수요가 총공급을 초과해서가 아니라 가격 개혁에 지나치게 신중하여 농민의 적극성을 유도하지 못하였기 때문으로 평가되었다. 즉, 공급이 수요를 따라가지 못한 것으로 평가되었다. 그 때문에 물가 문제 해결을 위해서는 농부산물의 수매 가격을 높여 농민의 이익을 향상시키고 생산 발전을 촉진하기로 하였다. 더불어 도시 주민의 식품 보조를 시행하고 과거의 구입과 판매의 손액 차액 보조금을 농민에게 지급하여 민심을 안정시키기로 하였다. 이런 사상적 지도 아래 1988년 초부터 경제 업무 방침은 사회 집체 구매력만을 조절하고 통제하는 것으로 경제 안정화를 우

61 루바이푸(陸百甫), 《大重組-중국 소유제 구조 재편성의 중대한 문제》, 중국발전출판사, 1998년판, p. 170 참조.

선적으로 두지 않았다. 1986년과 1987년 경제 안정을 위한 가격 개혁 조치를 취하지 않았다. 가격 개혁 속도를 늦추어 통화 팽창은 계속되고 경제는 약화되었다. 1985년, 1986년, 1987년 전국 도매 물가 상승 지수는 각 8%, 6%, 7.3%였다. 3년 동안 22.8% 상승한 것이었다. 1987년 9월 11일 국무원은 〈가격 관리 조례〉를 발표하고 시장 기구는 가격 형성 기구를 도입하여 기업의 가격 권리와 의무를 강조하고, 경제 수단의 가격 관리 체제를 처음으로 도입, 직접 관리와 간접 통제의 상호 결합의 가격 관리 방식을 최초로 확립하였다.

1988년 상반기 개혁의 가속화와 급속한 경제 성장을 하였다. 제1분기 공업 총생산은 지난해 동기 대비 16.7% 증가하여 1985년 제3분기 이후 성장폭이 가장 컸다. 경제 고속 발전의 요인으로 여러 방면의 경제 체제 개혁이 중요한 역할을 하였다. '싼즈'(三資) 기업, 향진 기업의 빠른 발전은 연해 지역 경제 발전을 가속화시켰다. 특히, 장쑤, 푸지엔, 산둥, 광둥 등 4개 성의 공업 총생산 성장폭이 24~31%였다. 공업 생산의 빠른 성장으로 수요, 공급이 증가하였으나 수요 성장폭이 훨씬 빠른 편이었다. 상반기 현행 가격에 따라 합계한 사회 총공급은 17.2%, 사회 총수요는 31.4% 증가하였다. 전국 상품 소매 물가 지수는 지난해 동기 대비 1월은 9.5%, 3월은 11.6% 성장하였다. 물가 상승으로 도시 주민 생활의 지출이 늘었다.

경제의 가속 발전과 통화 팽창은 나날이 심각해져 1988년 5월 30일 중공 중앙정치국은 제9차 전체 회의를 개최하여 중국의 개혁은 중요한 단계로 진입하였다고 판단하였고, 현재 여전히 미해결된 문제가 존재하며 이런 난제를 빨리 해결하지 못할수록 점점 심각해져 개혁이 더 힘들어지지만 더 이상 물러설 수 없고 물러설 곳이 없다고 밝혔다. 회의에서는 반드시 역사적으로 유리한 시기를 맞이하여 앞으로 나아가 개혁 중 피할 수 없는 문제를 해결해야 한다고 하였다. 또 회의는 사회주의 상품 경제 발전을 위해 가치 규율에 따라 가격을 조절해야 하며, 가격은 개혁 중 반드시 해결해야 하는 난제라고 하였다. 따라서 가격 개혁과 임금 개혁의 방안을 제시한다고 발표하였다.

회의 후 가격 개혁이 가속화되었다. 7월 말 가격 개혁은 다음의 조항을 포함하였다. ① 식량, 식용유, 누에고치, 섬유, 사탕수수, 차 등의 농부산물의 수매 가격, 석탄, 전기, 유류 등 에너지 가격을 올린다. ② 돼지고기, 설탕, 채소, 계란 가격을 개방, ③ 컬러 텔레비전 가격의 상승, ④ 면방직품 가격 상승, ⑤ 술, 담배류 가격의 조절, ⑥ 공업 상품 가격의 관리 권한 이양 등이 가격 개혁의 내용이었으며, 이런 조치는 가격 수준을 더욱 높였다. 1984~1987년 물가는 매년 상승하여 사람들은 통화 팽창에 대한 우려가 높아졌다. 그래서 1988년 2월을 기점으로 소수 도시는 상품 사재기 현상이 나타났다. 5월 가격 안정화에 관한 결정과 7월 가격 개혁 조치로 가격 상승은 더욱 빨라져 통화 팽창에 대한 걱정이 더 커지고 상품 사재기 현상이 더욱 심각해져 상품이 사재기 대상이 되었다.

건국 이래 최초로 상품 사재기 고조 현상의 규모는 매우 컸다. 1988년 상반기 물가는 계속 상승하여 소매 가격 지수는 7월에 거의 20%, 8월 23.2%가 상승하였다. 같은 해 소매 물가가 18.7% 상승하였다. 많은 지역에서 대량 인출에 따른 은행 파산으로 인해 중공 중앙은 9월 1988년 제4분기부터 몇 년 내 경제 환경 정비, 경제 질서 정돈 '치리정돈'(治理整頓(쯔리쩡둔): 경제 환경을 정비하고 경제 질서를 시정하다)에 중점을 두어 경제 발전과 개혁을 위해 양호한 경제 환경을 조성한다고 결정하였다. 가격 개혁은 수포로 돌아갔다.

(2) 경제 환경 정비, 경제 질서 시정

'경제 환경 정비, 경제 질서 시정'은 두 가지 단계를 거쳐 진행되었다. 1988년 제4분기부터 1989년 제3분기를 그 1단계라 할 수 있다. 국무원은 일련의 '경제 환경 정비, 경제 질서 시정' 조치를 채택하였다. 총수요를 줄이고

참조 4-4

사재기 현상

가격 상승으로 인한 사재기 현상은 물가를 더욱 상승시키는 작용을 하였다. 베이징(北京)은 4가지 주요 부식품의 가격 조정 후 가격 상승은 문건에서 규정한 폭을 빠르게 넘어섰다. 돼지고기는 한 근에 2.5위안에서 4.9위안까지 올랐고, 계란은 한 근에 1.5위안에서 2.7위안까지 상승, 토마토는 최고 한 근에 8위안까지 올랐다. 상하이 사람들은 외화를 바꿔 화폐 가치를 유지하였고 암시장 거래 가격이 대폭 상승하여 홍콩달러 대 인민폐 가격이 1월 100 대 68에서 7월 100 대 85까지 상승하였다.

7월 28일 국가는 13종 술, 담배의 시장 가격에 대해 개방할 것을 결정하고 전국 대도시 및 중소도시는 술, 담배류의 사재기 현상이 나타났다. 베이징, 텐진, 상하이의 상점은 하루 판매량을 준비하고 개점을 하는 즉시 몇 시간 안에 모두 팔려나갔다.

8월 19일은 전국적으로 사재기 현상이 나타났다. 상하이를 예를 들면 가죽 재킷, 오리털 이불, 양모 이불, 털실, 침대 커버, 내의, 세탁기, 청소기, 녹음기, 오디오, 금 제품 등이 사재기 품목이었다. 은행 앞은 돈을 인출하려는 사람들로 붐벼 상하이 은행은 구조 요청을 하였다. 상하이화리엔(華聯) 상점은 평균 2분당 한 대의 세탁기가 팔려 하루에 500대를 판매하였다. 8월 28일 상하이 시 정부는 긴급 조치를 취해 표를 이용해 소금과 성냥을 팔고, 쓰던 냄비를 새 것으로 교환해 주고 결혼 증서, 호적을 가지고 구매를 실시하였다. 29일부터 31일까지 물가가 전체적으로 상승한 것이 아니여서 사재기 현상은 자연스레 수습이 되었다.

자료 출처: 안창(宋强)·차오비엔(喬邊), 《50년간 인민의 기억》 중 〈1988: 상업 추세〉 1절과 왕삥린(王炳林), 《1988년 사재기 고조 현상》 자료 정리.

소비자 수요의 빠른 성장을 통제, 저축을 장려, 유통 질서를 정리하여 시장 물가 관리와 감독을 강화하고 재정 금융 긴축 정책을 실시하였다. 1989년 물가 총지수는 매달 감소하여 마침내 전국 인민의 통화 팽창으로 인한 공황 상태가 안정되었다. 그러나 중앙의 금융 긴축, 물가 제한, 기초 설비 건설 동결, 이자율 상승 등 '급속한 조치'(急刹車)의 방식으로 경제의 '경기 급랭'이 발생하여 결과적으로 심각한 부정적 영향을 야기하였다. 1989년 하반기 시장은 경제 불황에 빠졌고, 기업과 단체 간 대금 결재 유보 현상이 나날이 심각해졌고, 서로 돈을 갚지 않는 채무가 빈번히 발생하였는데, 이런 현상을 '삼각 채무 관계'(삼각채: 三角債(싼지아오자이))라고 불렀다.

1989년 제4분기부터 1991년 말이 '경제 환경 정비, 경제 질서 시정'의 두 번째 단계이다. 이때는 긴축 경제 방침을 계속 이어가되 긴축 정도를 조절하고 구조 조정에 치중하여 이익을 높이고 생산량을 증가시켜 시장의 불경기와 공업 생산 하락을 해결하고 적당한 경제 성장을 촉진하였다. 1991년 말 통화 팽창을 감소시켜 국민 경제는 단시간의 불황 후 정상적인 성장 속도를 회복하여 '경제 환경 정비, 경제 질서 시정' 임무를 기본적으로 완성하였다.

1989년 9월 29일 장쩌민(江澤民) 주석은 중화인민공화국 40주년 기념 대회에서

"'경제 환경 정비, 경제 질서 시정'을 통하여 개혁 방침을 심화하고 3년에 또는 그 이상의 기간 안에 근본적인 사회 총수요가 총공급을 초과하는 모순을 완화하고 통화 팽창을 없애 국민 경제의 어려움 해결해야 한다"

라고 지적하였다.[62]

11월 6일부터 9일까지 중공 13회 5중 전회를 베이징에서 개최하였다. 이번 회의에서 〈경제 환경 정비, 경제 질서 시정과 개혁 심화에 관한 결정〉을 심의 통과하였다. 이 결정에서는 이번 경제적 어려움은 몇 년간 깊이 누적된 문제가 집중적으로 반영된 것으로 현재 존재하는 문제와 어려움이 많아 해결하는 데 어려움이 매우 크다고 규정하였다. '경제 환경 정비, 경제 질서 시

62 중앙중공문선연구실 편, 《13대 이래 중요 문선 선편》, 중, 인민출판사, 1991년판, p. 619.

정'은 빠르게 해결하는 것은 짧은 시간 안에 불가능하며, 중앙은 당년을 포함한 3년에서 혹은 장시간 안에 사회 총수요가 사회 총공급을 넘어서는 모순을 완화하여 통화 팽창을 막고 국민 경제의 기본적인 안정적 발전을 도모하여 20세기 말까지 국민 총생산 4배 전략을 위한 기초를 세워야 한다고 밝혔다.

"'경제 환경 정비, 경제 질서 시정' 기간이든 아니면 완성 후이든 모두 장기 지속적, 안정, 발전의 방침을 지속시켜야 한다."

또한

"단편적 고도의 발전 속도를 방지하여 경제 이익 향상을 경제 발전의 우선순위에 두어야 한다"[63]

라고 밝혔다.

중공 13회 5중 전회 회의가 끝난 후 '경제 환경 정비, 경제 질서 시정'은 매우 빨리 핵심 문제 해결 단계로 진입하여 국무원은 다음의 세 가지 조치를 채택하였다.

첫째, 산업 구조 조정을 실시하여 농업, 에너지, 교통 등 비교적 취약한 기초 산업 투자를 늘린다. 13회 5중 전회에서는 전당 전국은 농업을 중시하고 농업 발전을 장려하여 식량, 면화 등 주요 농산품의 안정적 성장을 확보한다.

둘째, 총량을 통제하여 긴축 정도를 조정하고 시장을 연다. 1990년 3월 14일 중국인민은행, 중국공상은행, 중국농업은행, 중국은행, 중국인민건설은행은 전국 은행 전화 회의를 실시하여 상반기 은행 규모를 높일 것을 결정하였다. 3월 21일부터 대금 이자율을 1.26% 낮추고 4월 1일부터 1989년 8월까지 대리 지불 위탁 결산 방식을 취소하여 국가의 지령적 계획 생산의 많은 부분을 차지하던 회수 대금 부담을 돕는다.

63 중앙중공문선연구실 편, 《13대 이래 중요 문선 선편》, 중, 인민출판사, 1991년판, p. 687.

셋째, 지속적으로 경제 질서를 정돈하여 생산을 정상적으로 돌리고 경제의 지속적이고 안정적 발전을 위한 환경을 조성한다. 이것은 다음의 세 가지 내용을 포함한다. 회사 정돈, '삼각채' 정리, 생산재 가격에 대한 구조적 조정을 진행한다.

중공 13회 5중 전회 회의 후 1년여의 노력 후 '경제 환경 정비, 경제 질서 시정'은 큰 성과를 얻었다.

첫째, 물가의 대폭 성장을 진정시키고 통화 팽창을 통제하였다. 1990년 10개월간의 물가 상승폭은 계획한 목표보다 낮은 4% 정도였다.

둘째, 과도한 공업 발전 속도, 과도한 건설 규모와 과열된 소비를 진정시켰다. 한동안 감소하던 공업 생산을 다시 증가시켜 전국 공업 총생산이 6% 성장하였다.

셋째, 기본 건설 규모를 통제하여 소비 시장의 부진한 경기를 회복하였다. 경제 구조 조정은 순조로운 출발을 하였다. 농공업 비율의 조정과 동시에 공업 생산 내부 구조 또한 합리적인 방향으로 능률적으로 조정하였다.

넷째, 경제 질서의 혼란한 상태를 바로잡았다. 그 밖에 1990년 3월 국무원은 '삼각채' 업무 부서를 정리하고 1년여의 노력을 거쳐 '삼각채' 정리 업무는 큰 효과를 얻었다. 1992년 경제 회복을 통해 투자 규모가 확대되어 '삼각채' 문제는 점차 사라져갔다.

'경제 환경 정비, 경제 질서 시정' 기간 개혁, 개방 또한 심화 발전하여 일부 분야에서는 중대한 정책을 실행에 옮겼다.

농촌의 가족 단위 농업 생산 책임제 개선의 기초 아래 농업 사회화 서비스 체계와 농산품 시장은 발전하였다. 국영 대 · 중형 기업은 도급 경영 책임제를 실시하는 동시에 일련의 외부 환경 개선과 내부 기구의 조치를 채택하여 기업을 활성화하며 기업 그룹 조직을 진행하고, 주주제와 리스제의 시험 시행을 하였다. 비공유제 경제가 국민 경제에서 차지하는 비중이 지속적으로 상승하여 경제 성장에 적극적인 역할을 하였다. 가격 개혁에서 25년 동안 움직이지 않았던 도시 주민 식량 및 식용유 판매 가격을 조정하여 장기적으로 과소평가되었던 부분적 기초 공업 상품 가격을 높였다. 또한 일부 상품은 계획 내, 외 두 종류의 가격을 합치거나 가격 차이를 축소시켜 시장 가격에 근접하도록 하였다. 대외 무역 기업은 점차 자주 경영, 스스로 손익을 책임지는 새로운 체제를 실시하여 대외 무역과 대외 경제 기술의 교류를 촉진시켰다. 계획 체제, 금융 체제, 유통 체제는 각종 경제 지렛대를 통해 경제 운영을 조절하였다.

금융 시장의 개혁 또한 큰 성과를 얻었다. 1990년 11월 26일 국무원이 권한을 부여하고 중국인민은행의 비준을 얻어 상하이 증권거래소는 정식으로 설립되었다. 이것은 중국인민공화국 건립 이래 중국에 개업한 최초의 증권거래소였다. 그 후 1991년 7월 3일 선전 증권거래소가 정식으로 개업하였다. 이 두 개의 증권거래소 운영으로 주식 집중 거래가 실현되어 전국적인 증권거래 시장이 형성되었다. 또한 1990년 12월 5일 전국 증권 거래 자동 입찰 시스템과 그 후 NET 시스템을 갖추어 중국 증권 집중 거래 시장을 형성하여 주식제의 발전을 촉진하였다.

대외 개방의 1985년 2월 중공 중앙 국무원은 창장(長江) 삼각주, 주장(珠江) 삼각주, 민난(閩南)의 씨아(夏), 장(臘), 취안(泉) 삼각주 지역의 대외 개방을 결정하고, 이 곳들을 경제 특구, 연해 개방 도시 이후 중국의 대외 개방 전략의 '제3행동 지역'으로 정하였다. 1988년 국무원은 쟈오둥(膠東) 반도, 랴오둥(遼東) 반도를 연해 경제 개방 지역으로 결정하였다. 같은 해 4월 하이난 경제 특구를 설립을 결정하여 하이난(海南)을 전국 최대 경제 특구로 설립하였다. 1990년 6월 국무원 리펑(李鵬) 총리는 최초로 이를 대외에 선포하고 중앙 정부는 상하이 시 푸둥(浦東) 지역의 개발과 개방에 동의하였고, 푸둥 지역을 다른 경제구에 비해 우월한 우대 정책 조치를 취하여 경제 발전을 도모하였다. 푸둥의 우대 정책 중 가장 이목을 끈 것은 외자 기업이 설립한 제3산업과 금융 상품 도매업을 허가하고, 대외 무역 상인의 중계 무역과 외자 은행 설립을 허가한 것이다. 이것은 매우 큰 의미를 가지고 있었다. 푸둥 지역 개발을 시작한 후 다국적 기업, 중외 금융 기구들이 개혁개방 도시로 몰려들어 외국인 투자는 매년 증가하였다. 수출 지향형, 다기능, 현대화의 신도시는 기적적으로 눈부신 발전을 하여 상하이 전체와 더불어 창장 삼각주와 창장 유역 전체까지 높은 발전을 하였다. 푸둥 지역은 상하이의 상징이 되어 1990년대 중국 개혁개방의 눈부신 성과를 나타내는 중요한 지표가 되었다.

'경제 환경 정비, 경제 질서 시정'은 1990년 하반기까지 큰 성과를 거두었으나 중국 경제는 여전히 정상적 발전 궤도에 미치지 못하였다. '경제 환경 정비, 경제 질서 시정'의 첫 번째 단계인 수요의 축소와 시장의 가동은 임시적인 조치로 두 번째 단계를 실시, 즉 '경제 환경 정비, 경제 질서 시정'을 통하여 개혁 심화의 중점을 구조 조정으로 전환하여 효율을 향상시키도록 힘썼다.

'경제 환경 정비, 경제 질서 시정' 조치를 확고히 하는 단계인 1990년은 중국의 '7.5' 계획의 마지막 해이기도 하였다. '7.5' 계획의 완료, '8.5' 계획과 10년 계획 제정은 '경제 환경 정비, 경제 질서 시정' 기간의 매우 중대한 일이었다.

'7.5' 계획 5년인 1984~1988년 동안 지속적인 발전을 하였으며 1989~1991년 3년의 '경제 환경 정비, 경제 질서 시정 조치'의 2단계 기간을 거쳤다. '7.5' 계획의 첫 번째 해인 1986년 중국은 당의 12대 회의에서 제시한 첫 번째 전략 목표인 '국내 총생산을 2배 성장'을 실현하여 원래 계획보다 4년을 앞당겼다. 비록 '경제 환경 정비, 경제 질서 시정' 기간의 중국 경제 발전 속도는 늦어졌지만 몇 년 전의 가속화 발전과 '경제 환경 정비, 경제 질서 시정' 시기의 발전이 더해져 1990년 말까지 '7.5' 계획이 규정한 국민 경제와 사회 발전의 각 항목의 지수는 대부분 완성하거나 초과 완성하였다.

'7.5' 기간 국민 총생산은 매년 평균 7.8% 성장, 농공업 총생산은 매년 평균 11.3% 성장하였다. 국민 평균 소득은 매년 7.5% 증가하여 '7.5' 계획 규정을 뛰어넘었다. 1990년 농업 총생산은 7,382억 위안으로 1985년에 비해 25.3% 성장함으로써 매년 평균 4.6% 성장하여 계획보다 4%를 초과하였다. 1990년 전국 공업 총생산은 23,851억 위안으로 1985년 대비 85.3%로 매년 평균 13.1% 성장하여 계획보다 7.5% 초과 성장하였다. '1.5', '6.5' 시기 이후 세 번째로 고속 성장 시기를 맞이하였다. 그러나 불균형 발전이 고조된 채 계획이 시작되고 3년 동안은 경기 과열로 연평균 공업 생산이 16.7% 성장, 다음의 2년은 '경제 환경 정비, 경제 질서 시정' 기간으로, 긴축 조치에 의해 불경기가 초래되어 성장 속도가 늦어져 연평균 8.1% 성장하였다. 그러나 공업 구조의 불균형, 지역 구조의 불균형은 좋아지지 않아 낮은 경제 이익 문제는 나날이 고조되었다.

1990년 사회 상품 소매 총액이 8,300억 위안으로 1985년에 비해 92.8% 성장하여 매년 평균 14% 성장하였다. 물가 상승 요인을 없애면 실질 성장은 3.5%에 그쳤다. '7.5' 기간 수출입 총액은 4,864억 달러로 '6.5' 시기에 비해 92.7% 성장하였으며, 그 중 수출 총액이 2,324억 달러로 93.7% 성장, 수입 총액은 2,539억 달러로 91.8% 성장하였다. '7.5' 시기 중국은 국가급 중대한 과학 기술 성과가 14,148 항목으로 '6.5' 시기보다 1.42배 증가하였다. 바이오 기술, 농업 과학, 고급 물리, 컴퓨터 기술, 로켓 기술, 위성 통신 기술, 반도체 이론 연구 등의 영역의 과학 기술 성과는 이미 국제 선진 수준에 도달하여 인민 생활 수준에 큰 도움을 주었다.

1990년 전국 노동자 평균 화폐 임금이 2,140위안으로 1985년에 비해 992 위안 증가하였으며, 물가 상승 요인을 없애면 연평균 실제 2.4% 성장하였다. 동기 농민 1인당 평균 순수입은 연평균 4.2% 성장하였으며, 주민 소비 수준은 연평균 3.4% 성장하였다. 인민 건강 상태, 영양 수준, 평균 수명 등 생활의 질적인 지표는 이미 중진국 수준에 도달하였다. 1단계 전략 목표를 앞당겨 실현하고 '7.5' 계획보다 초과 달성하여 '20세기 안에 4배 성장' 목표를 위한 기초를 세울 수 있었다.

1990년 12월 30일 당의 제 13회 7중 전회는 심의를 거쳐 〈중공 중앙 국민 경제와 사회 발전에 관한 10년 계획과 '8.5' 계획의 건의〉를 통과시켰다. 13회 7중 전회의 〈건의〉에 따라 국무원은 〈중화인민공화국 국민 경제와 사회 발전에 관한 10년 계획과 '8.5' 계획 강령〉을 제정하였다. 1991년 4월 9일 7회 전국인대 4차 회의는 이 강령을 비준하였다. 이것은 중국 개혁개방과 사회주의 현대화 건설 사업은 이미 1989년 이후의 어려움을 극복하였다는 것을 의미한다. 즉, 새로운 발전 단계에 진입한 것이다. '8.5' 계획을 처음 시작할 때 '경제 환경 정비, 경제 질서 시정' 조치 또한 마지막 단계에 이르러 중공 13회 7중 전회는 '경제 환경 정비, 경제 질서 시정', 개혁 심화의 주요 임무 조정을 확실히 하였다. 1992년 3월 20일 7회 전국인대 5차 회의에서 리펑은 〈정부 업무 보고〉에서 정식으로

"현재 중국 경제 상황을 보면 '경제 환경 정비, 경제 질서 시정' 조치의 주요 임무는 이미 기본적으로 완성되어 경제 발전의 특별 단계는 기일 내에 마칠 수 있을 것이다"

라고 선포하였다.

돌이켜보면 '경제 환경 정비, 경제 질서 시정' 조치는 중국 개혁개방 역사 중 특수한 중간 역할을 하는 단계라 할 수 있었다. '경제 환경 정비, 경제 질서 시정'은 10년간의 개혁개방과 경제 고속 발전이 가져오는 문제를 완화시켜 본래의 심각한 경제 문제를 바로잡았다. 3년여의 '경제 환경 정비, 경제 질서 시정' 조치를 통해 경제 발전 형세를 회복시켰을 뿐 아니라 양호한 경제 환경을 조성하게 되었다. '경제 환경 정비, 경제 질서 시정' 조치 기간

중 국민 경제 발전을 위한 지도 사상을 지속시키고, 안정, 조화를 형성하였다. 이는 1990년대 국민 경제 발전에 매우 중요한 역할을 하였다. 주관, 객관적인 면에서 1992년 이후 중국 경제의 고속 발전과 중국 경제 체제 개혁을 실현하기 위한 훌륭한 기초가 되었다.

(3) 경제 체제 개혁의 배회기

3년의 '경제 환경 정비, 경제 질서 시정'은 경제 생활 중 급히 해결해야 하는 문제와 계층 간 심각한 모순을 호전시켰다. 이것은 주로 경제 구조 불합리의 개선으로 '경제 환경 정비, 경제 질서 시정' 기간 국민 경제 구조 모순을 개선하는 데 큰 역할을 하였다. 그러나 여전히 기업 이익 하락, 재정적 어려움 등은 이전보다 문제가 심각해졌다.

중국 경제 중 계층 간 심각한 모순은 계획 경제 체제하에 장기간에 걸쳐 형성된 것이다. 또한 경제 체제 전환 과정 중 새로운 문제가 발생하였는데, '경제 환경 정비, 경제 질서 시정' 기간 정부가 경제적 방법을 강구하여 '경제 환경 정비, 경제 질서 시정'을 실시함으로써 이 기간 개혁 경제 체제에서의 어떤 방면에는 진전이 있었지만 전체적으로 보면 계획 경제 체제하의 행정은 단기적으로 경제의 계층 간 모순을 해결하는 것에 급급하였다. 그러나 이 모순을 해결하기 위해서는 구조 조정과 심화한 체제 개혁이 필요하였다.

이런 상황이 발생한 원인은 당시 사람들이 계획과 시장에 대한 인식 부족에서 비롯되었다. 1989년 6월 9일 덩샤오핑은 이 같은 문제에 대해

"우리는 계획 경제와 시장 조절의 결합을 견지하는 것은 변하지 않을 것이다. 실제 업무 중 조정 기간에 우리는 더 강화시킨 계획을 세워야 하며 시장 조절을 강조해야 하여 활성화시켜야 한다. …… 중요한 것은 중국은 절대 폐쇄적 국가가 아니다. …… 절대 과거로 되돌아가면 경제는 죽을 수밖

에 없다"
라고 말하였다.[64]

또 다른 인식으로는 계획 경제는 사회주의 제도의 우월성을 보여주는 것으로 만약 계획 경제를 약화시키거나 부정을 한다면 시장 경제를 실현하는 것과 같아 경제 생활과 사회 생활의 혼란을 야기하게 될 것이라는 관점이다. 중국 경제 개혁 목표는 과거의 개혁은 과도하게 경제를 관리하여 전체적으로 시장 조절 역할을 할 수 없게 만들어 경제를 악화시켰으나, 사회주의 공유제가 기초인 경제 전체를 시장 경제로 맡길 수는 없다는 것이었다. 80년대 말에서 90년대 초 시장 경제와 자본주의를 합친 시장이 주도하는 경제 체제 개혁과 대외 개방의 '자본 계급 자유화'에 대해 비난을 하고 경제학계에는 '유(有)계획, 무(無)시장'이라는 말이 유행하였다. 그리하여 당시 개혁의 배회기에 '경제 환경 정비, 경제 질서 시정' 조치의 행정 수단을 더 많이 이용하였다.

1979~1991년은 개혁개방의 초기로 개혁 방향의 탐색 단계로 볼 수 있다. 중간에 가격 조정의 실패와 같은 약간의 문제가 있었지만 개혁의 성과는 매우 중요하다. 이 시기에 각종 시장 경제 주체의 육성으로 국가 기업 개혁은 큰 진전이 있었으며 주요 시장 체계가 건립되었다. 또한 대외 개방의 구조가 처음 형성되었다. 국가는 시장 경제 건설의 많은 경험을 축적하여 경제 건설에 괄목할 만한 성과를 얻었다. 그리하여 사회주의 경제 체제의 제도적 변화를 위한 좋은 기초를 세울 수 있게 되었다.

64 《덩샤오핑문선》, 제3권, 인민출판사, 1993년판, pp. 306~307.

5

새로운 시기의 경제 발전과 사회주의 경제 체제의 건립(1992~2001)

제1절 국제, 국내 경제 발전 환경

제2절 중국 시장 경제 체계의 발전

제3절 당과 정부의 국민 경제에 대한 거시 조정(駕馭)

5

새로운 시기의 경제 발전과 사회주의 경제 체제의 건립(1992~2001)

제1절 국제, 국내 경제 발전 환경

90년대 들어서서 중국 경제 발전을 위한 국제 환경과 국내 환경은 모두 양호한 상태였고, 기회와 도전이 공존하는 시기였다. 전체적인 국제 형세는 좋은 편이였고 세계화와 지역화 추세가 명확해졌으며, 소련과 동유럽의 격변은 중국에 경종을 울렸다. 또한 네 개의 작은 용, 네 개의 작은 호랑이 국가의 발전은 중국에게 자극제가 되었다. 국내 경제는 일정 시기의 발전을 통하여 경제 발전의 기초를 마련하였다. 동시에 신구 체제의 마찰로 인하여 제도 개혁이 절실하게 요구되었으며, 덩샤오핑(鄧少平)은 남방담화 시찰을 통하여 고정되어 있는 사유를 제거하였고 더욱이 사상 해방을 통하여 인식을 통일하였다. 당의 '14대'는 목표를 명확히 제시하였다.

1. 국제 환경의 변화

(1) 전반적인 국제 형세

이 시기의 국제 정세는 양극화의 정세가 종결되었고 다극화로 전환하는 과도기에 진입하였다. 국제 사회는 새로운 분화와 개조에 힘을 집중하고 있었다. 서방의 주요 선진국들은 국내적으로는 정치 문제가 복잡하였으며 경제는 쇠퇴하였다. 그들은 사회주의 중국의 힘을 적대하여 각종 간섭과 제재를 멈추지 않았으나 중국에 큰 위협이 되지는 않았다. 중국은 이러한 국제 정세하에 비교적 긴 평화로운 시기를 가졌으며 경제 성장에 큰 힘을 쏟고 있었다. 이러한 평화로운 시기는 중국에게는 역사적 기회이기도 하였다. 1990년 6월 덩샤오핑은 '발전 기회론'을 제시하였다. 덩샤오핑이 강조하기를,

"현재 중국은 보기 드문 발전의 기회를 맞이 하였으며, 이 기회를 잃지 않도록 하여야 한다. 많은 사람이 지금이 중화 민족의 역사적 기회임을 알지 못하는데, 염황 자손 몇백 년간 얻기 힘든 역사적 기회이다. 지금은 확실히 기회이다. 이 기회를 잃지 않도록 하여야 한다."

또 그는 여러 번 강조하기를,

"이 기회를 살려야 한다. 지금이 바로 절호의 기회이다. 나는 이 기회를 잃지 않을까 걱정이 된다. 기회를 잡지 못하여 기회를 날려버리면 시간은 순식간에 지나가버린다."

"현재 세계에서 발생하는 큰 전환이 바로 기회인 것이다"

라고 하였다.

요약하자면, 전반적인 국제 정세는 20세기 90년대 발전에 유리한 조건이 마련되었으며, 중국은 이러한 역사적 기회를 잡도록 하여야 하였다.

20세기 80년대 말, 서방 주요 공업화 국가들은 경제 쇠퇴를 겪었는데 실업률은 상승하였고, 이미 포화 상태에 있던 국내 시장은 축소되었으며 잉여자본은 더욱 증가하였다. 필연적으로 새로운 국제 시장과 국제 투자처를 찾게 되었다. 통계에 의하면 중국의 1992년 국제 무역량은 7.4억 달러에 이르렀으며 2%를 조금 넘는 점유율을 보여 발전 잠재력이 매우 컸다. 세계 각국의 대외 직접 자본 투자가 이미 2조 달러에 이르렀으며 그 후 몇 년간 큰 폭의 증가세를 유지하였다. 이는 중국의 경제 발전에 대하여 개방의 확대와 외자의 이용, 기술 유치 등에 유리한 기회를 제공하였다. 일반적인 의미에서 중국은 생산 요소의 범세계적 자유로운 유동과 재화 분배에 참여하였으며

비교 우위를 더욱 더 잘 발휘하여 국내 경제의 고속 발전을 촉진하였다. 동시에, 전 세계 범위의 자원 분배 과정 중, 선진국의 선진 관리 경험을 배우고 선진국의 과학 기술 및 자본을 이용함으로써 경제 관리 수준을 제고하고, 과학 기술 수준을 제고하며, 중국의 산업 구조 조정을 추진하여 중국 경제 발전을 촉진하고, 선진국과의 경제 격차를 축소할 수 있었다. 즉, 중국은 '후발우위'를 발휘하여 '도약식 발전'(跨越式發展)을 할 수 있었던 것이다.

(2) 경제의 세계화와 지역화 추세

90년대 이후 세계 경제의 세계화 수준은 부단히 제고되었다. 국제 투자는 신속히 증가하였고, 대외 무역은 국제 교류 중 가장 활기 있는 부분이 되어 각국 경제 발전에 있어서 없어서는 안 될 구성 부분이 되었다. 제2차 세계대전 이후 다국적 기업이 대량으로 출현하였고, 자원 분배와 상품 판매가 전 세계적으로 이루어졌으며, 전 세계 무역의 규칙이 통일되었다.

90년대 이후 경제 지역화 추세가 분명해졌다. 유럽연합(EU), 북미자유무역지역(NAFTA)과 아태경제협력기구(APEC) 등의 지역 경제 협력 기구가 창설되었다. 이 밖에도 아프리카에서는 동남아프리카공동시장과 서아프리카공동시장, 라틴아메리카공동시장, 동남아시아국가연합(ASEAN)과 아랍자유무역지역 등의 기구들도 90년대에 신속히 생겼다. 이러한 기구들은 지역 경제 내지 세계 경제 발전에 모두 중요한 역할을 하였다.

경제의 세계화와 지역화라는 시대적 경제 발전의 큰 추세 속에 경제 발전을 원하는 모든 국가가 이러한 추세에 편입하지 않을 수 없었다. 쑨중산(孫中山) 선생은

"천하의 대세는 그 기세가 드높아서, 따르는 자는 번영하고 역행하는 자는 망한다"

라고 하였다.

중국은 개발 도상국이며 대국으로서 필연적으로 역사적 추세에 순응하여야 하고 부단히 세계 경제 발전의 큰 흐름을 따라야 하였다. 장쩌민(江澤民)은

"현대 세계에서는 어떠한 국가도 봉쇄 상태로는 발전을 하기 어렵다"

라고 강조하였다.

(3) 소련 및 동유럽 격변의 교훈과 주변 국가의 압력과 도전

20세기 80년대 말, 90년대 초 세계의 큰 추세는 기이한 경관을 보였다. 소련이라는 초강대국은 해체되었고, 이는 70여 년의 역사가 있는 사회주의 국가의 해체로 기억되고 있다. 이와 같은 운명을 가지고 있던 동유럽의 사회주의 국가들도 변화와 개혁이 일어났다. 이러한 변화의 근원을 살펴보면 많은 이유가 있지만 경제 건설의 실패는 그 중 중요한 원인으로 꼽힌다.

소련의 경직된 경제 체제는 경제 발전의 요구에 부응하지 못하였고, 그 원래 기능은 점차 사라지게 되었으며, 이로 인하여 효율이 저하되고 동기 부여가 미약하여 운영이 실패하게 되었다. 군비 경쟁은 의심할 여지 없이 매우 중요한 요인이었는데, 이는 아래의 두 가지 측면에서 알 수 있다. 하나는 군비 경쟁은 자원 낭비를 초래하였고, 다른 한 측면은 군비 경쟁으로 인하여 경제 구조가 기형적으로 변하였다는 것이다. 체제 건설 사상의 역사적 한계성이란 측면에서 보면 소련의 구(舊)경제 체제는 전통 공업화 시기의 생산물 경제 모델 설계의 산물이다. 소련의 경제 체제는 이론상으로 마르크스주의 경전의 미래에 대한 구상에 기계적으로 맞추었으며, 주로 상품과 화폐 관계 단절을 설계한 것으로 표현되었다. 체제 설계의 현실적인 지도로는 사회주의 본질은 상품과 화폐를 배제하여 없애야 하는 것으로 인식되었다.

이러한 생산물 경제 모델은 특정한 역사적 조건하에서 특별한 작용을 하였다. 그러나 이는 경제 발전 법칙에 부합되지 않았으며, 또한 사회주의 경제의 본질을 합리적으로 구현하지 못하였다. 그러나 장기적으로 사람들은 이러한 특수한 조건하에 발생하는 경제 체제를 고정화, 신성화하였고 부단한 개혁의 필요성을 느끼지 못하였다. 이러한 사유 관념의 경직은 필연적으로 격변을 일으키게 되었다. 소련과 동유럽 국가의 격변의 경험을 통하여 덩샤오핑은

"사회주의 제도는 자본주의 제도보다 우월하다. 이는 많은 측면에서 드러나지만 우선적으로 경제 발전의 속도와 효과에서 나타나야 한다. 그렇지 않으면 아무리 과장을 하여도(큰소리를 쳐도) 소용이 없다"

라고 하였다.[1]

사회주의 진영 중의 소련과 동유럽의 격변과 달리 자본주의 시장 경제를 실행한 국가들은 경제적으로 큰 발전을 이루었다. 중국의 주변국 중에서 이전에 중국인에게 미발전 지역으로 인식되었던 작은 국가(蠻夷小邦)들이 오히려 중국보다 발전하였다. 특히 '네 마리의 작은 용'으로 불리었던 타이완, 홍콩, 한국, 싱가포르가 그들이다. 이 네 개 국가의 경제 발전은 부러움의 대상이 되었을 뿐 아니라 아시아 네 개의 호랑이 국가(태국, 말레이시아, 인도네시아, 필리핀) 경제도 장족의 발전을 이루었다. 이들 국가 경제의 발전은 중국에게는 압력과 도전을 가져왔다.

1 《덩샤오핑문선》, 제2권, 인민출판사, 1994년판, p. 251.

2. 사회주의 시장 경제 체제 목표의 확립

(1) 국내 경제 발전의 난관

20세기 70년대 말 이후, 중국 경제는 고속 성장을 하였다. 그러나 중국의 경제 발전 수준은 국제적으로 상대적 지위에서는 뚜렷한 변화가 있지는 않았다. 1980년부터 1989년까지 1인당 GNP로 보았을 때 중국은 세계 21위에서 24위로 떨어졌다. 저소득 국가의 1인당 GNP의 평균값과 비교하였을 때 중국은 12%에서 6% 정도의 큰 폭으로 하락하였다. 선진국과의 상대적 격차 또한 확대되었는데, 1980년 중국 1인당 GNP는 미국의 2.55%에서 1989년 1.67%로 하락하였다.

1984년 이후 개혁개방의 추진, 경제 발전과 함께 다양한 심층적인 모순이 발생하였다. 이러한 모순은 개혁의 심화에 큰 장애가 되었다. 첫째, 사회 총수요와 사회 총공급 간의 모순이 더욱 확대되었다. 투자 수요와 소비 수요의 팽창 국면을 형성하였고, 이로 인하여 극심한 인플레이션이 발생하였다. 1984년 이후, 중국의 경제 발전은 꾸준히 과열 상태에 놓여 있었는데, 투자 규모는 매년 확대되었고, 소비는 과도하게 증가하여 4년 연속 사회 총수요가 총공급을 초과하는 상태가 지속되었다. 부단히 팽창하는 투자 수요와 소비 수요에 맞추어 매년 화폐 발행량의 증가율은 경제 성장률보다 높았다. 화폐량의 높은 증가는 필연적으로 물가의 보편적인 상승을 이끌었으며, 이로 인하여 인플레이션과 이후의 가격 개혁에 실패하였다.

경제 발전의 성과와 과실은 사람들의 사고 대상이 되었다. 비록 중국은 과거의 좌파 사상을 수정하였으나 많은 사람들 사유의 깊은 곳에서는 경제 건설의 전진 방향에 대하여 명확하지 않은 상태였다. 이에 중국은 심사숙고하게 되었다.

이론계와 경제학계에서는 시장 경제가 사회주의에 속하는지 자본주의에 속하는지에 대한 문제를 제시하였다. 이들은 중국 경제는 공유제에 기초한 계획 상품 경제이지 시장 경제가 아니라고 하였다. 시장 경제는 사유제의 기초하에 건립하는 것이고 완전히 시장에 의해 조절되는 것으로 보았다. 더 나아가 계획 경제와 시장 경제 모두 하나의 사회 경제이지만 그들간 경제 제도에는 질적 차이가 존재한다고 보았다. 계획 경제는 사회주의 경제 제도에 속하는 것이고, 반면 시장 경제는 자본주의 경제 제도에 속한다는 것이다.

이와 다른 의견들도 다양하게 존재하였다. 1990년 1월 우징롄(吳敬璉)이 《개혁》 잡지에 발표한 문장에 의하면,

"상품 생산 및 교환이 존재하는 곳에는 반드시 시장 경제가 존재한다. 고도로 발전한 상품 경제에서 시장은 희소한 자원을 분배하는 역할을 한다. 그리하여 시장 경제라고 부르는 것이다."

그 해 5월 우징롄은 또 다시 《개혁》 잡지에

"사회주의 상품 경제 또한 사회주의 시장 경제로 부를 수 있다. 내가 보기에는 사회주의 경제는 계획 경제일 수도, 시장 경제일 수도 있는 것이다"

라고 자신의 관점을 피력하였다.

덩샤오핑이 지적하기를,

"자본주의와 사회주의의 차이는 계획과 시장에 있는 것이 아니다. 사회주의도 시장 경제가 있을 수 있고, 자본주의도 계획에 의해 조정될 수 있는 것이다. …… 계획과 시장 경제는 모두 필요한 것이다"

라고 하였다.

그는 계획 경제와 시장 경제의 인식상 사람들은 모호한 인식을 가지고 있는 것에 대해 말하기를

"사상은 더욱 해방되어야 하고 더욱 대담하게 행동하여야 한다"

라고 하였다.

덩샤오핑의 장려하에 상하이 시위원회 연구소의 인원과 〈해방일보〉(解放日報) 사설 편집부가 공동으로 조직한 '황푸핑'(皇甫平)은 1990년 2월 15일부터 4월 22일까지 〈개혁개방의 선두 주자 만들기〉, 〈개혁개방이 필요한 신사상〉, 〈광대한 개방의 의의에 더욱 강화되어야 할 것〉, 〈개혁개방에는 덕과 재능을 겸비한 간부가 필요〉등 4편의 문장을 통하여 사상 이론계에 새로운 바람을 일으켰다.

(2) 남순강화[2]와 사상 해방

사람들의 이론이 분분하고, 전진하는 길이 매우 불확실할 때 총설계사인 덩샤오핑은 가족과 관련 인사들을 대동하고 남방 지역 순찰(南巡)을 시작하였다. 1992년 1월 17일 베이징을 시작으로 1월 18일부터 2월 21일까지 35일간 6,000km의 일정을 소화하였다. 우창(武昌), 선전, 주하이(珠海), 상하이 등을 시찰하고 베이징으로 돌아온 후 또한 쇼강(首鋼)을 시찰하였다. 시찰 과정 중 최근 몇 년간의 해결되지 않은 중대한 이론 문제에 대해 명확하게 설명하였다.

① 혁명은 생산력을 해방하는 것이고, 개혁 또한 생산력을 해방하는 것임을 확실히 인식시켰다. 과거에는 사회주의 조건하에서 생산력의 발전을 이야기하였고, 개혁을 통하여 생산력을 해방하여야 한다는 것은 언급하지 않아 완전하지 못하였다. 생산력 해방과 생산력 발전 두 가지 모두 언급하는 것이 옳다고 제시하였다.

② 공산당의 '하나의 중심, 두 개의 기본점'의 기본 노선을 조금의 흔들림 없이 견지하여야 한다. 덩샤오핑이 강조하기를 공산당 11회 3중 전당대

2 역주: 강화는 중국어 講話로 연설을 의미한다.

회에서 채택한 노선, 방침, 정책, 관건들을 견지하여야 하는데, 이는 곧 '하나의 중심, 두 개의 기본점'을 견지하는 것이다. 사회주의를 견지하지 않고 개혁개방을 하지 않으며 경제를 발전시키지 않고 인민 생활을 개선하지 않는 것은 망하는 결과를 초래할 것이다. 기본 노선은 백 년간 변하면 안 된다고 하였다.

③ '3개의 유리한' 표준의 전제하에 대담하게 실험을 진행하여야 한다고 제시하였다. 덩샤오핑은

"판단의 주요 기준은 주로 사회주의 사회의 생산력 발전에 유리한지, 사회주의 국가의 종합적인 국력에 유리한지, 인민 생활 수준 제고에 유리한지를 보아야 한다"

라고 제시하였다.

사회주의 본질은 생산력을 해방하는 것이고 생산력을 발전시키는 것이며 착취를 소멸하여야 하고 양극 분화를 제거하고 최종적으로 공동의 부유를 이루는 것이라고 하였다.

④ 시대적 기회를 이용하여 더욱 빠른 발전을 이룩하여야 한다. 관건은 경제 건설을 잘할 수 있는가에 달렸다. 덩샤오핑이 말하기를

"기회를 잡아 자신을 발전시켜야 하는데, 관건은 경제 발전을 하는 것이다."

그는 '발전이야말로 변치 않는 도리'라는 관점을 피력한 것이다. 또한 '과학 기술은 제일 중요한 생산력'이라는 관점을 강조하였다.

"경제 발전을 더욱 빠르게, 반드시 과학 기술과 교육이 뒷받침되어야 한다. 과학 기술은 제일의 생산력이다"

라고 하였다.

⑤ 두 마리 토끼를 다 잡는 것을 견지하여야 한다. 한 손에는 개혁개방을 잡아야 하고, 또 다른 한 손에는 각종 범죄 활동을 소멸해야 한다. 덩샤오핑

이 지적하기를, 개혁개방의 전 과정에서 부패를 청산하여야 한다. 또 간부와 공산당원은 올바른 정치를 하기 위한 관건이라고 하였는데, 이는 모든 개혁개방 과정 중에서 반드시 네 가지 기본 원칙을 시종일관 견지하여야 한다는 것이다.

⑥ 정확한 정치 노선은 정확한 조직 노선에 기초하여 보장되어야 한다고 제시하였다. 덩샤오핑이 말하기를, 중국에서 일처리를 잘하는지, 사회주의와 개혁개방을 견지할 수 있는지, 경제 발전을 더욱 빠르게 이룩할 수 있는지, 국가가 오랜 시간 안정적으로 통치될 수 있는지의 관건은 사람에 달렸다고 할 수 있다. 덩샤오핑이 강조하기를, 마르크스 레닌 사상을 배움에 있어서 핵심 내용을 배울 수 있어야 하고 또한 이용할 수 있어야 한다. 실사구시는 마르크스주의의 정수이다. 개혁개방의 성공은 원칙에 의거한 것이 아니라 실천에 의한 것이고, 실사구시에 의한 것이라고 하였다.

⑦ 마르크스주의의 역사 유물주의를 사용하려면 인류 사회 발전 법칙을 알아야 한다. 덩샤오핑이 말하기를

"나는 확신한다. 세계에 마르크스주의를 찬성하는 사람이 많아질 것이다. 왜냐하면 마르크스주의는 과학적이기 때문이다. 그는 역사 유물주의를 이용하여 인류 사회 발전의 법칙을 설명하였다"

라고 하였다

덩샤오핑의 남순강화는 장시간 중국인의 사상을 속박한 많은 중대한 인식 문제에 대하여 해답을 제시한 것이며 새로운 단계로 진입하는 개혁개방과 현대화 건설에 사상적 기초를 제공하였다. 이러한 사상 해방과 실사구시 사상의 지도하에 중국의 현대화 건설의 새로운 여정이 시작된 것이다.

(3) 중공 14대와 사회주의 시장 경제 체제 목표 모델의 확립

덩샤오핑 남순강화 발표 이후, 1992년 10월 12일부터 18일까지 중국 공산당 14회 대회가 베이징에서 개최되었다. 대회에서 중국 경제 체제 개혁의 목표는 사회주의 시장 경제 체제의 건립이며, 이를 통하여 사회 생산력을 한 단계 더 해방하고 발전시킴을 명확히 제시하였다. 중국 경제 발전은 사회주의 시장 경제 체제를 창립해야 하는 역사의 새로운 단계로 진입한 것이다.

장쩌민은 제14회 대회 보고 중에서 중국 경제 체제 개혁 목표는 사회주의 시장 경제 체제를 건립하는 것이며, 이를 통하여 생산력의 해방과 발전에 진일보 유리하도록 하여야 한다고 하였다. 제14회 대회를 통하여 사회주의 시장 경제 개혁 목표를 확인하고 사회주의 경제는 계획이 있는 상품 경제라는 것을 보다 철저하고 온전하게 인식시켜주었다. 사회주의 시장 경제 이론은 중국 특색의 사회주의 이론 건설을 더욱 풍부하게 해주었고 마르크스주의의 사회주의 이론에 관한 중대한 돌파와 발전을 가져온 것이었다.

당 14대의 경제 체제 개혁의 목표는 사회주의 시장 체제의 건설임을 천명하였고, 총체적으로 사회주의 시장 경제 체제의 기본 특징을 개괄하였다. 당의 14대 3중 전체 회의에서 통과한 〈중공 중앙 사회주의 시장 경제 체제 건립에 관한 약간의 문제에 대한 결정〉은 당의 14대가 확정한 경제 체제 개혁의 목표와 기본 원칙을 체계화하고 구체화한 조치로, 사회주의 시장 경제 체제 건설의 로드맵과 기본 틀을 제시한 것이다. 당의 16회 3중 전체 회의에서 통과한 〈중공 중앙 사회주의 시장 경제 체제의 개선에 관한 약간의 문제에 대한 결정〉에서 진일보한 시장화를 위한 제도 변천에 대하여 자세한 설명을 하였다.

① 공유제를 주(主)로 하고 다양한 소유제를 공동 발전하는 소유제 구조

를 건립한다. 공유제를 주(主)로 하고 다양한 소유제를 공동 발전하는 것은 사회주의 초급 단계의 하나의 기본 경제 제도이다.

② 국유 기업의 경영 메커니즘을 전환하고 현대 기업 제도를 건립한다. 현대 기업 제도의 기본 특징은 재산권이 명확하고 권리와 책임이 명확하며 정치와 기업을 분리하며 관리를 과학적으로 하는 것이다.

③ 시장 시스템을 육성하고 개선한다. 금융 시스템을 개혁하려면 금융 시장을 개선해야 하고 점차적으로 노동력 시장을 형성하여야 한다. 부동산 시장을 규범화하고 발전시켜야 하며, 정상적인 토지 사용권의 가격 및 시장 형성 메커니즘을 건립하여 도시 주택 제도의 개혁을 가속화하여야 한다.

④ 정부 기능을 전환하여 건전한 거시 경제 조정 시스템을 건립하여야 한다. 정부의 경제 관리 기능은 거시 경제 정책을 제정하고 집행하는 것, 기초 시설의 건설, 경제 발전에 양호한 환경 제공 등이 위주가 되어야 한다. 정부는 경제 수단, 법률 수단 및 필요한 행정 수단으로 국민 경제를 관리하여야 하고 기업의 생산 및 경영 활동에 직접적으로 관여하여서는 안 된다.

⑤ 합리적인 소득 분배 제도를 건립하여야 한다. 사회주의 시장 경제 조건하에서 소득 분배 제도는 효율성을 우선 고려하고, 형평성을 함께 고려하는 '효율우선(效率優先(팡뤼요우씨엔)), 겸고공평'(兼顧公平(지엔구공핑))[3]의 원칙을 따라야 하고, 노동량에 따른 분배 위주, 다양한 분배 방식의 병존하는 제도를 시행하여야 한다.

⑥ 여러 방면의 사회 보장 제도를 건립하여야 한다. 사회 보장 체제는 사회 보험, 사회 구제, 사회 복리, 특수 계층에 대한 보장 제도와 사회 연금, 개인 저축 적립 보장 등이 있다.

시장 메커니즘의 효율적인 자원 배분을 가능하게 하는 순기능을 인정하는 동시에 시장 경제 체제의 내재적인 결함도 간과해서는 안 되었다. 시장

3 역주: 효율성을 우선으로 하고, 공평함을 아울러 돌본다.

메커니즘의 단점과 한계점은 단순한 시장 조절은 합리적인 자원 배분이 어려울 뿐 아니라 사회 경제의 조화로운 발전 또한 어렵다는 것이다. 이는 정부의 경제 조정 및 계획에 의한 조정의 필요성을 입증하는 것이라 할 수 있다. 중국이 사회주의 시장 경제 체제를 건립한다는 것은, 즉 시장으로 하여금 국가 거시 경제 조정의 기초하에서 자원 배분에 대해 기초적인 작용을 하며, 경제 활동으로 하여금 가치 규율의 요구를 따르고 공급과 수요의 관계 변화에 적응하도록 하는 것이었다. 또한 가격 기제와 경쟁 메커니즘의 기능을 통하여 자원을 효율적인 부분에 배치하도록 하고 기업에게 경제적 동기 부여를 하여 적자생존의 원칙을 실현하는 것이었다. 또한 시장의 각종 경제 신호에 대한 반응에 민첩하게 대응하는 장점을 통하여 생산과 수요가 적시에 균형에 이르도록 촉진할 수 있다는 것이었다.

제2절 중국 시장 경제 체계의 발전

1. 시장 주체의 진일보 발전

(1) 국유 기업과 현대 기업 제도

1992년 중국 공산당 14회 대회 이후, 국유 기업의 개혁은 배분 관계에서 재산권 관계의 개혁을 중점으로 하는 단계로 전환되었다. 재산권 제도의 개혁을 기초로 하는 현대 기업 제도 건설은 국유 기업 개혁의 기본적 내용이 되었고 1994년 실시된 보세 제도의 분세 제도 개혁과 함께 진행되었다. 1993년 11월 중공 제14회 2중 전체회의에서 〈사회주의 시장 경제 체제의 약간의 문제에 관한 결정〉에서 제시하기를, 국유 기업 개혁의 심화는 반드시 '기업 제도의 혁신을 힘껏 진행하는 것이다'라고 하였다. 이는 국유 기업 개혁의 사고 방식을 '권리를 부여하고 이윤을 양보한다'는 것에서 기업 제도의 혁신으로 전환함을 제시한 것이다. 어떻게 제도 혁신을 진행할 것인가에 대한 질문은 위의 〈결정〉에 의하면 '현대 기업 제도의 건립'을 통하여 제도 혁신을 이룰 수 있다고 하였다. '현대 기업 제도'는 현대적인 회사를 지칭하는 것으로 〈결정〉에서 명시한 '재산권을 확실히 하고, 권한과 책임을 명확히 하며, 정치와 기업을 분리하고, 관리를 과학적으로 하는 것'을 기본 특징으로 하는 기업 제도이다.

1993년 12월 29일 전국인민대표대회는 〈중화인민공화국 회사법〉을 통과시켜 1994년 7월 1일부터 시행하였다. 1994년 11월 국무원은 '전국 현대 기업 제도 시범 회사 건립 공작 회의'를 개최하고 100개 국유 기업을 선정하여 회사 제도 개혁을 시범적으로 진행하기로 결정하였다. 주주권의 다원화를 통한 기존 국유 기업의 진정한 기업으로의 개조를 강조하지 않았기 때문에, 절대 다수의 시범 회사는 형식적인 기업 개혁을 통하여, '국유 독자 기업'으로 변신하여 현대 기업 제도에서 말하는 기업의 필수 요건을 갖추지는 못하였다.

1997년 당의 15차 대회에서 진일보한 의견이 제시되었는데, 모든 국유 경제를 잘 운용하는 데 초점을 맞추어 큰 것은 잡고, 작은 것은 놓아주어 국유 기업에 대하여 전략적인 개조를 실시함으로써, 국유 기업의 개혁을 모든 사회 경제 소유제 구조 개혁 범위 안으로 끌어들여야 한다고 하였다. 국유 기업은 다년간 축적된 체제상의 폐단이 아직 근본적으로 해결되지 않았기 때문에, 민영 경제, 외자 경제와의 경쟁으로 인하여 90년대 후반 국유 기업의 경영 실적은 매우 걱정스러운 수준이었다. 중대형의 국유 기업 중 1/3만이 이윤을 창출하였고, 1/3은 손해(明虧)를 보았고, 나머지 1/3은 암묵적인 손해(暗虧)를 보았다. 이에 15회 인민대표회의와 15회 1차 전당대회에서는 전당, 전국 인민을 향해 국유 기업 개혁과 어려움을 벗어남의 동원령을 내리기도 하였다. 30여 년의 기간 동안 개혁, 개조, 관리 강화를 통하여 대다수 중대형 국유 기업은 손해를 보는 어려운 상황을 벗어났고 20세기 말까지 대다수 주요 중대형 국유 기업은 기초적인 현대 기업 제도를 채택하였다. 이후, 비교적 긴 시간을 사용하여 국유 경제에 대한 전략적 조정과 국유 기업에 대한 전략적 개조를 기본적으로 완성하였고, 더욱 합리적인 배치와 구조를 형성하게 되어, 비교적 완성된 현대 기업 제도를 건립하게 되었다. 이것이 바로 국유 기업 개혁과 어려움 극복의 '3년의 두 가지 목표'(三年兩大目標)이다. 1998년 3월 19일 주룽지(朱鎔基)는 9차 전국인민대표회의 1차 회의에서 거행한 기자 초청회에서 제시하기를, 이번 정부의 임무는 개괄하여 말하면 '하나의 확보, 세 개의 도달, 다섯 항목의 개혁'(일개확보, 삼개도위, 오항개혁: 一個確保, 三個到位, 五項改革(이거췌바오, 싼거다오웨이, 우샹가이거))[4]이라 하였다. 그 중 하나가 국유 기업 개혁이었다.

국유 기업 개혁의 목표와 관련하여, 당과 정부는 이하의 네 가지 방면에서 국유 기업 개혁을 추진하였다.

첫째, 각 성시(省市)의 당정 지도자와 기업 책임자에게 당의 15대 정신을 관철하고 국유 기업 개혁을 적극으로 추진하도록 호소하였다. 1998년 3월 24일부터 26일까지 장쩌민의 위탁을 받아, 당 중앙과 국무원의 명의로 주룽지는 장춘에서 랴오닝, 지린(吉林), 헤이룽장 및 네이멍구(內蒙古) 등 네 개의 성 및 구의 당정 관련 주요 인사와 좌담회를 개최하였다. 1999년 4월 22일부터 8월 12일까지 장쩌민은 차례로 청두(成都), 우한(武漢), 시안(西安), 칭다오(靑島), 다롄(大連)에서 국유 기업 개혁과 발전 좌담회를 개최하였다. 이 좌담회

4 역주: '하나의 확보'(一個確保)는 올해 중국 경제 발전 속도를 8%로 인플레이션율을 3% 미만으로 유지하여 인민폐가 평가절하되지 않도록 하는 것이다. '세 개의 도달'(三個到位)은, 첫째 3년 정도의 시간 동안 대다수 대형, 중형 국유 기업이 적자 경영의 어려움에서 벗어나고 현대 기업 제도를 건립하는 것이다. 둘째는 3년 내에 금융 시스템을 철저히 개혁하는 것을 확정하고, 중앙은행의 관리 감독 기능 강화와 상업 은행의 자주 경영의 목표를 금세기 말 이전(20세기 말)에 실현하는 것이다. 셋째, 정부 기구 개혁의 임무를 3년 내에 완성하는 것이다. '다섯 가지 항목의 개혁' (五項改革)은 양식 유통 체제, 투자 융자 체제, 주택 제도, 의료 제도, 재정 세수 제도 개혁을 지칭한다.

에서 부단히 강조하기를, 국유 기업의 개혁과 발전을 전면적으로 추진하는 것은 밀어부쳐야 하고 절대 돌아갈 수 없는 관문이라고 하였다. 이번 전투는 국유 기업 개혁의 성패와 관련되어 있을 뿐 아니라 모든 경제 체제 개혁의 성패와도 관련되어 있다고 하였다.

둘째, 국유 기업 3년간 어려움의 극복 목표를 제시하였다. 국유 기업은 다년간 축적된 체제적인 폐단이 완전히 제거되지 않았고 또한 민영 경제 및 외자 경제와 경쟁으로 인하여, 90년대 후반 국유 기업의 경영 실적은 걱정스런 수준이었다. 1996년 국유 기업의 영리 상황은 대략 1/3은 이득, 1/3은 손해(明虧), 1/3은 암묵적 손해(暗虧)였다. 1997년에는 전 업종이 손해를 입었다. 동시에, 국유 자산 유실이 심각한 수준에 다다랐으며, 부채율 또한 매우 높은 수준이었다. 소위 '국유 기업 3년 어려움의 극복 실현'은 1998~2000년 3년간, 적자가 나고 있는 6,599개의 국유 기업 중 대다수를 적자 국면에서 흑자로 전환하려는 것을 지칭한다. 이러한 목표를 실현하기 위해서, 정부는 다양한 조치를 취하였는데, 이러한 조치들로는 채무를 주식으로 전환, 은행 이자율 낮춤, 기술 개조를 위한 대출 및 어음 할인, '다섯 가지 작은 기업'을 폐쇄, 감원을 통한 효율성 증대뿐 아니라 상장을 통한 융자를 도왔고, 수출 관련 세금 환급 정책 실시 등이 시행되었다.

셋째, 재취업 관련 업무를 실행에 옮겨, 국유 기업의 감원을 통한 효율성 증대가 가능한 조건을 만들어주었다. 1998년 6월 9일, 중공 중앙과 국무원이 〈국유 기업 하강(下崗) 직원의 기본 생활 보장 및 재취업 업무에 관한 통지〉를 발표하였다. 〈통지〉에서 제시하기를, 현재와 앞으로의 시기는 국유 기업 하강 직원의 기본 생활 보장 및 재취업 문제를 주로 해결하여야 하며, 그들의 기본 생활 보장을 최우선 임무로 삼아야 한다고 하였다. 이 〈통지〉에서 중앙은 인사 서비스 산업의 하강 인원에 대하여 공상 등기 수속을 간편화하고, 3년간의 영업세, 기업소득세, 행정 관리 비용을 면제해주고, 정책적으로 하강 인원이 서비스업에 종사할 수 있도록 해준다고 밝혔다. 외부 환경이 개선됨에 따라, 국유 기업의 감원을 통한 효율성 증대 개혁은 대담하게 전개되었다. 노동 부문에서 공포한 자료에 의하면, 2001년 6월까지 하강 직원은 2,811만 명에 이르렀다. '재취업 서비스 센터'는 정부의 지원을 받아 크게 발전하였다. 1998년 9월 말 '재취업 서비스 센터'는 이미 12.4만 개로 확대되었다. 국유 기업의 하강 직원은 기본적으로 '재취업 서비스 센터'에 배치되었으며, 센터에서 책임 관리하였다.

넷째, 기업 정리(治理) 방식이 진일보 발전하였다. 1998년 이후의 대 · 중형 국유 기업의 주식회사화 제도 개혁(公司化改制)은 대체적으로 3개 회사의 상호 연결된 절차를 포함하였는데, 즉 정치와 기업의 분리를 실현하고, 독점적 기업을 경쟁적 기업으로 개조하며, 자산의 재구성을 통하여 국내외 증권시장에서 상장하는 것이 그 내용이다. 국유 기업의 주식회사화 과정 중 여러 가지 문제점이 발생하였는데, 가장 전형적인 것은 '내부인 규제(控制)'의 실패였다.[5] 국가는 국유 기업을 규제하기 위하여, 국가의 국유 기업에 대한 규제를 강화할 필요가 있었다. 그리하여 국가의 국유 기업에 대한 규제는 주로 국유 기업에 조사 특파원(稽查特派員)을 파견하는 방식으로 이루어졌다. 1998년 〈국무원 조사 특파원 조례〉가 공포되어 실시된 후, 국가는 연달아 두 번에 걸쳐 총 38명의 조사 특파원을 파견하여, 62개의 중점 국유 기업에 머물며 현지 조사를 전개하였다. 2000년 3월 국무원은 〈국유 기업 감사회 잠정 조례〉를 반포하였다. 또 다른 방면으로는 동기 부여를 보장하고 증거의 진실성을 확보하기 위하여, 대부분 지역은 일부 국유 기업에 대하여 회계원 파견제를 시행하기도 하였다.

5 '내부인 규제'(內部人控制)의 실패는 현대 기업의 주주가 주식이 너무 분산되어 있거나 혹은 다른 원인으로 인하여, 기업에 대한 잉여 지배권을 잃어버림으로써 발생하는 잉여 지배권과 잉여 수입 수취권 간 서로 균형을 이루지 못하는 문제를 가리킨다. 기업은 내부인에 의한 규제는 주주의 이익에 손해가 되는 결정을 자주 하게 됨으로써, 기업이 쇠퇴의 길을 가게 될 수 있다.

표 5-1 국유 기업 및 국유 지분 지배 기업(國有控股企業)의 발전: 1998~2001년

연도	수량(개)	공업 총생산액(억 위안)	공업 증대액(억 위안)	이윤 총액(억 위안)
1998	64,737	33,621.04	11,076.90	525.14
1999	61,301	35,571.18	12,132.41	997.86
2000	53,489	40,554.37	13,777.68	2,408.33
2001	46,767	42,408.49	14,652.05	2,388.56

자료 출처: 중화인민공화국 국가통계국, 《중국통계연감: 2007》, 중국통계출판사, 2007년.

위에 언급한 정책과 조치하에, 국유 기업은 3년 어려움의 극복 목표를 달성하였을 뿐 아니라 기업의 이윤도 증대되었다.

(2) 민영 기업

1992년, 덩샤오핑의 남순강화 이후 전국에서는 경상계의 열기가 최고조에 달하여, 많은 사람들이 공직에서 사직하고 상업계로 몸을 던졌다. '하해'(下海(씨아하이))와 '전민경상'(全民經商(췐민찡샹))[6]은 이 시기 가장 널리 사용되는 단어가 되었다. 개인, 민영 경제의 발전은 유래 없는 기세로 발전하였다. 1992년, 14대에서는

"소유제 구조상, 전 인민 소유와 집체 소유제를 포함한 공유제를 위주로 하여, 개체 경제, 민영 경제, 외자 경제를 보충하여, 여러 종류의 경제가 공동 발전하고 다른 경제가 자의적으로 여러 형식의 연합 경영을 실행할 수 있다" 라고 강조하였다.

1993년 11월 〈중공 중앙 사회주의 시장 경제 체제 건립 문제에 관한 결정〉에서 지적하기를,

6 역주: 下海는 원래 바다에 나가다라는 뜻으로 고기를 잡으러 가다는 의미로 사용되나 이때는 사업을 하지 않던 사람이 사업을 하다라는 의미로 사용되었고, 全民經商은 전 인민이 상업에 뛰어들다라는 의미이다.

"적극적으로 국유 경제와 집체 경제의 발전을 촉진하는 동시에, 개체, 민영, 외자 경제의 발전을 독려하고 법에 의하여 관리를 강화하여야 한다"
라고 하였다.

1997년 9월, 당의 15대 보고에서 지적하기를,

"공유제를 주체로 삼고, 여러 소유제 경제를 공동으로 발전시키는 것이 중국 사회주의 초급 단계의 기본 경제 제도이다."

"개체와 민영 등 비공유제 경제는 중국 사회주의 시장 경제의 중요한 구성 부문이다."

"재산 법률 제도를 건전히 하고 법에 의하여 각종 기업의 합법적 권익과 공평한 경쟁을 보호하여야 한다"
라고 하였다.[7]

개체 및 민영 경제를 장려하는 다양한 정책의 지도 아래, 각 지방에서 또한 관련 조치와 구체적 시행 방법을 제시하여, 개체 및 민영 경제가 신속하게 새로운 발전을 할 수 있도록 하였다. 이 시기에는 민영 기업의 수가 매우 빠르게 증가하였을 뿐 아니라, 규모 또한 부단히 확장되었다. 1994년, 전국에 등록된 자본이 500만 위안을 초과하고, 고용 인원이 500인을 초과한 민영 기업은 647개사, 평균 등록 자본금은 1,239만 위안, 유·무형 자산의 평균은 2,190만 위안이었다.

1999년 3월 15일, 9회 인대 2차 회의에서 통과된 〈중화인민공화국 헌법 수정안〉 제16조에 제시하기를,

"법률 규정 범위 내의 개체 경제, 민영 경제 등 비공유제 경제는 사회주의 시장 경제의 중요한 구성 부문이다", "국가는 개체 경제와 민영 경제의 합법적인 권리와 이익을 보호한다. 국가는 개체 경제와 민영 경제에 대하여 인도, 감독, 관리를 시행한다"[8]

7 《중국 공산당 제15차 전국대표대회 문건 회보》, 인민출판사, 1997년 9월판, pp. 21~23 참고.

그림 5-1 개체 공상호 수량과 종사자수

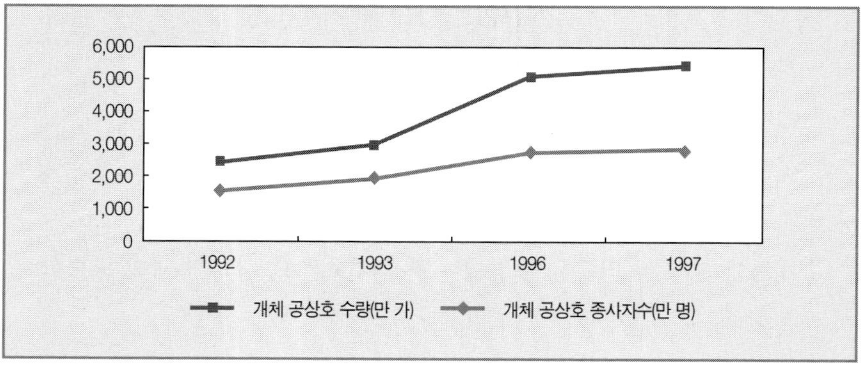

그림 5-2 민영 기업 수량과 종사자수

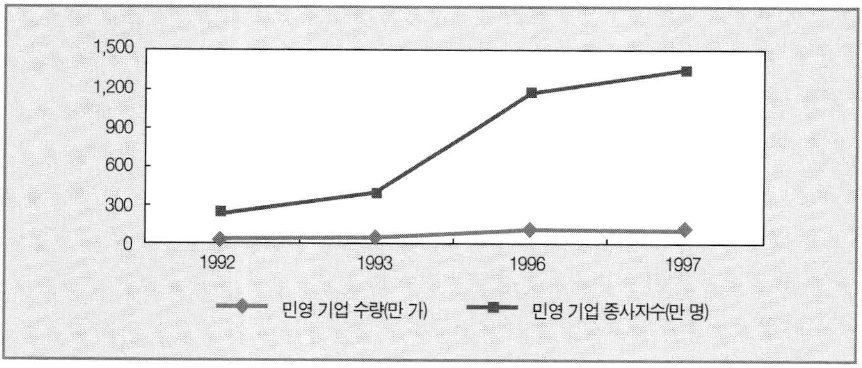

자료 출처: 쭈팡밍(朱方明),《중국의 사유경제》, 중국성시출판사, 1998년판, pp. 76~79.

라고 하였다.

전국공상연합회의 통계에 의하면, 1990년부터 2002년까지 13년간, 전국 개체, 민영 기업의 수량은 95.6% 증가하였고, 종업원 수는 2.6배, 생산액은 30.5배, 사회 소비 소매액은 21.9배 증가하였다.

8 국무원법제판공실 편,《신보 중화인민공화국 상용 법률 법규 전서》, 중국법제출판사, 2000년 4월판, p. 24 참고.

(3) 향진 기업

90년대에 들어서서, 향진 기업은 이미 중국 경제의 주요한 구성 부문이 되었고, 중국 경제 고속 성장의 지지 기반이 되었다. 1992년 향진 기업 총생산액은 17,975.40억 위안에 달하였고, 향진 기업 직원수도 10,581.10만 명에 이르렀다. 1993년 향진 기업 총생산액은 23,500억 위안, 직원수는 1.2억 명에 다다랐다. 향진 기업의 1993년 총생산액은 1984년에 비해 12.75배 증가하였고, 직원수는 1.3배 증가하였다. 90년대 중반에 이르러서, 이미 향진 공업은

그림 5-3 향진 기업 수량(만 가)

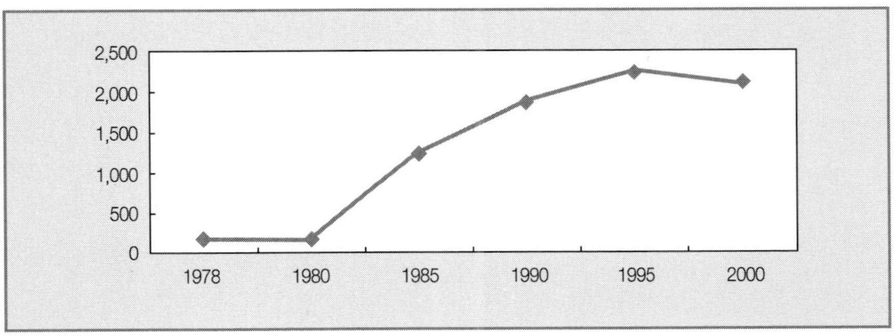

그림 5-4 향진 기업 직공수(만 명)

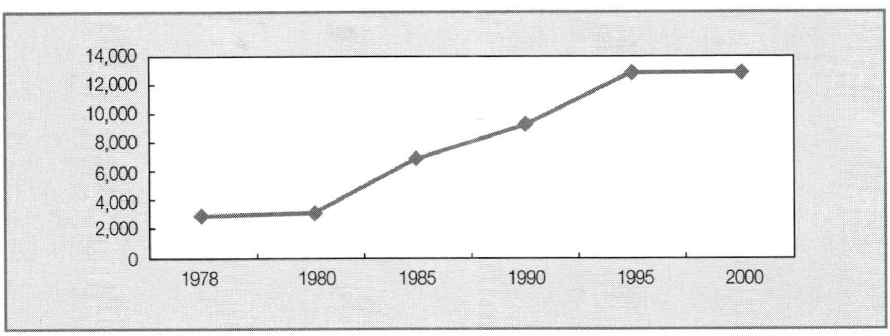

자료 출처: 《중국통계연감》, 각 연도; 농업부 향진기업국, 《전국향진기업통계연보 및 재무결산자료》, 2000년.

중국 공업 생산 중 1/3을 차지하였다. 첫 향진 기업은 시장 경쟁 중에 신속히 커져갔고 시장 경쟁 업종에서 선두 주자로 성장하였다.

(4) 외상 투자 기업

덩샤오핑의 남순강화와 중공 14대, 15대, 16대를 개최하고, 중국 대외 개방이 연해에서 내륙으로의 추진에 따라, 외자 기업 또한 유래 없는 전성기를 맞이하였다. 1992~1994년의 짧은 3년의 기간 중, 전국에서 모두 179,711개의 외자 기업의 건립을 비준하였고, 실제 투자액도 691.81억 달러에 달하였으며, 매년 약 6만 개의 외자 기업과 800억 달러의 합의 투자액, 230억 달러의 실질 투자액 규모로 외자 기업이 생겨났다. 1995년 중국은 외국인 직접 투자(FDI) 300억 달러를 유치하였으며, 1996년 400억 달러를 초과하였다. 그 후로 2001년까지 매년 평균 400억 달러 수준을 유지하였다. 2000년 10월 〈외상(外商)기업법 실시 세칙〉이 반포되었고, 외자 독자 기업은 합자 기업, 합작 기업과 함께 주요한 외상 투자 방식이 되었다.

2. 상품 시장과 요소 시장의 개선

(1) 국가 계획 민생 상품과 식량 시장 발전의 관계

1990년에 이르러서, 식량 생산은 대풍년이 들어서서, '매곡난' 문제가 또 출현하였다. 이로써 중국의 두 번째 식량 유통 체제 개혁이 시작되었다.

1991년 말, 국무원은 〈농산품 유통의 진일보 활성화에 관한 통지〉를 발표하여 국가 식량 수매 임무를 완성함을 보장하는 상황에서, 식량에 대한 장기간 경영 정책 개방의 실행을 요구하였다. 1992년 9월, 〈고생산, 고품질, 고

효율의 농업 발전에 관한 결정〉을 공포하였는데, 이는 두 번째 식량 개혁의 진정한 기점이었다. 〈결정〉에 명시하기를,

"각 방면의 수용 능력과 각종 조치를 고려한 전제하에(각 성(省)은 여전히 국가가 매년 수매하기로 한 500억kg의 식량을 보장하여야 하였다), 개방할 수 있는 조건을 갖춘 성, 자치구, 직할시 모두 실시 방안을 제시하고 국무원의 비준을 위해 보고할 수 있다"

라고 하였다.

1993년 2월 국무원은 또다시 〈식량 유통 체제 개혁의 가속화에 관한 통지〉를 반포하였다. 이 해 4월, 전국 95% 이상의 현과 시에서 식량 가격과 경영을 개방하였고, 5월에는 베이징에서도 마침내 식량 가격을 개방하였다. 이때까지 전국 식량의 소매 판매 가격은 기본적으로 전부 개방하였고, 40년간 실시한 도시 주민 식량 공급 제도, 즉 통일 수매 제도(統銷制度)는 취소되어, 계획 경제의 상징물이었던 '식량표'(糧票)는 역사의 무대에서 사라졌다.

이번 개혁개방의 척도는 매우 컸고, 영향이 미치는 범위 또한 광범하였지만 이번 개혁은 이전 개혁보다 개혁의 반향 또한 더욱 빨랐다. 직접적인 원인은 식량 가격의 상승이었다. 1993년 하반기부터 시작하여, 전국 식량 가격은 또 한번 대폭 상승하였다. 1994년 초 국가 정책은 다시 긴축 정책이었다. 정부는 이번에는 식량 가격 관리 제도를 선택하였다. 전국 범위에서 식량 수매는 정부 식량 부문에 의하여 전문 경영되었고, 식량 개별상들은 모두 식량의 수매를 허락하지 않았다. 상당수의 도시에서 식량 통일 수매(糧食統銷)가 다시 실행되었다. 1995년 2월, 중앙 농촌공작회의는 더욱 명확하게 '미대자'(米袋子(미따이즈))[9] 성장책임제(省長負責制)를 제시하여, 각 성의 최고 관리자에게 직접 식량 문제를 해결토록 요구하였다.

1998년 초, 중공 중앙 및 국무원은 중앙 2호 문건 중 '4가지 분리와 하나

9 역주: 쌀포대의 뜻으로 백성들의 식량을 의미한다.

의 개선'(사분개, 일완선: 四分開, 一完善(쓰펀카이, 이완산))을 제시하였다. 즉, 식량 체계에서 정치와 기업의 분리, 비축과 경영의 분리, 중앙과 지방 정부 책임의 분리, 신구 식량 재무제표의 분리, 식량 가격 체제의 개선을 통하여 농민의 생산 의욕과 소비자의 이익을 더욱 잘 보호할 수 있게 되었고, 사회주의 시장 경제 요구에 적응하고 중국 국정에 적합한 식량 유통 체제를 세울 수 있게 되었다. 같은 해 하반기에 식량 개혁은 또 새로운 표어가 생겼는데, '세 가지 정책과 하나의 개혁'(삼항정책, 일항개혁: 三項政策, 一項改革(싼샹정처, 이샹가이거))이 그것이다. 소위 '세 가지 정책'은 보호 정책 가격에 의하여 농민의 남은 식량을 사들이고 시장 가격에 맞추어 판매하며 수매 자금은 폐쇄적 운영을 하는 것이다.[10] '하나의 개혁'이란 식량 기업 개혁을 가속화는 것인데, 감원을 통해 효율을 높이고, 하강 직원을 여러 곳으로 보내고, 비용을 낮추고, 효율을 제고하는 것이라 할 수 있다. 그러나 이러한 조치는 시종 1992년의 '식량 개혁' 정책 중 소위 '식량의 상품화, 경영의 시장화'의 높은 수준에는 이르지 못하였다.

2000년 봄, 국무원의 비준을 거쳐, 저장 성은 전국에서 첫 번째로 식량 수매의 시장화 개혁을 시행하였다. 저장 성 개혁 방안의 주요 내용은 지령적 재배 계획과 식량 수매 임무를 전부 취소하였고, 농민은 시장의 흐름에 따라 각종 농업 생산에 종사할 수 있게 되었다. 식량 시장은 전면적으로 개방하여

10 보상 가격에 의한 농민의 잉여 양식 구매는 1997년에 정한 규정이다. 당시 양식은 연이어 풍년이 들어, 양식 가격이 폭락했고, 농민의 증산은 수확의 증가로 이어지지 않았으며, 곡물 가격의 하락이 농민에게 손해를 입혔다. 중앙은 농민의 파종에 대한 적극성이 사라지고, 양식 생산의 새로운 감소가 야기되는 것을 걱정하였다. 그리하여 보상 가격 제도를 만들어 기업들이 수매하도록 요구하였다. 이러한 정책의 목적은 양식 수매를 국가의 통제하에 두어서, 양식을 독점하여 양식 가격을 통제함으로써 기업이 보상 가격의 기초에 합리적인 비용과 적당한 이윤을 더하여 양식을 사들이도록 하여, 적당한 가격에 판매를 하도록 하는 것(順價銷售)이다. 적당한 가격에 판매를 실현하는 것은 기업은 새로운 적자 상태를 피할 수 있고, 농업발전은행이 관리를 강화하고, 적시에 자금을 대출하고 이자를 회수하여, 수매 자금에 대한 손해를 피할 수 있는 것이다. 냉장고의 냉각기와 마찬가지로 시종 폐쇄된 환경에서 운행하여 새어나가지 않도록 하는 것이다. 기업이 양식을 수매하려면 은행은 대출을 하여, 양식을 팔 때까지 기다렸다가 원금과 이자를 회수하는 것이 바로 폐쇄적인 운영이 의미하는 것이다.

여러 소유제 주체가 식량 경영에 참여하도록 허락하고 장려하였으며, 식량 수매 및 보조금 지급은 점진적으로 취소하기로 하였고, 식량의 가격은 시장 가격에 따라 변할 수 있도록 하였다. 가장 관건인 두 가지 관련 개혁 조치는 식량 행정 관리 부문과 이 부문에 속한 경영성 기업을 완전히 분리하였고, 행정 관료들이 식량 관련 기업의 경영인으로 겸임하는 것을 금지하는 것이었다. 드한 식량 관련 국유 기업은 경매, 지분 합작, 합병, 임대, 파산 등의 형식을 통하여 전면적인 전환을 하였다.

2001년 8월 20일, 국무원은 전국식량공작회의를 열어, 〈식량 유통 체제 개혁 심화에 관한 의견〉을 정식으로 공포하여, 개혁 범위를 전국으로 확대하고, 중점적인 개혁은 저장, 상하이, 광둥, 푸지엔, 하이난, 장쑤, 베이징, 텐진의 8개의 성 및 직할시에서 하기로 하였다. 〈의견〉은 개혁을 16글자로 압축하여 표현하였는데, 이는 '판매 지역을 개방하고, 생산 지역을 보호하며, 성장이 책임지고, 제어 및 규제를 강화한다'(방개소구, 보호산구, 성장부책, 가강조공: 放開銷區, 保護産區, 省長負責, 加强調控(팡카이샤오취, 바오후찬취, 셩장후저, 지아챵따오콩))이며, 이로써 세 번째 식량 개혁이 시작되었다.

또 하나 언급할 가치가 있는 시장은 면화 시장이다. 1992년과 1993년 연속 2년간 면화는 대폭으로 감산되었으며, 이로써 면화의 공급과 수요 간에 모순이 생기게 되었고 면화 시장의 성장이 정체되었다. 1994년8월 국무원은 베이징에서 개최한 전국면화공작회의에서 가격을 개방하지 않고, 수매를 개방하지 않으며, 또한 판매도 개방하지 않는다는 '삼불방개'(三不放開(싼뿌팡카이))를 제시하였다. 90년대 중반 이후, 면화는 연속 몇 년간 증산하였으며, 공급과 수요의 모순이 축소되었고 면화 시장 건립에 물질적 조건이 마련되었다. 1998년 11월 국무원이 공포한 〈면화 유통 체제 개혁의 심화에 관한 결정〉은 면화 시장의 개선을 위하여 제도적인 조건이 마련된 것이라 할 수 있다.

(2) 노동 시장과 호적 제도

기본 생산 요소 중에서 노동력은 가장 중요한 요소이고, 중국의 노동력 자원은 매우 풍부하다. 노동력에 비교적 충분한 취업 기회를 제공할 수 있는지는 주민 소득과 생활 수준의 제고를 결정할 뿐 아니라, 사회의 안정에도 직접적인 영향을 미친다. 노동력이 산업 간 요소 소득의 차이에 따라 자유롭게 이동할 수 있는지는 국가의 시장화 정도를 반영하는 것이다. 중국의 노동 시장은 계획 경제 체제하에서 존재하지 않았다. 중국 개혁이 부단히 심화됨에 따라, 여러 방면의 제도 변화가 추진되어, 노동 시장이 형성되었고 시장화 정도가 부단히 제고되었다. 이런 노동 시장의 발전은 노동력 이동과 관련된 제도들의 변화를 제한하는 데 이로운 것이었다.

노동 시장은 시장 경제 체제 목표가 명확해진 후, 관련 제도가 변화함에 따라 현저한 발전을 하게 되었다. 이 시기에 중국은 사회주의 시장 경제 체제 건설의 목표를 정식으로 확립하였으며, 노동력의 시장화 개혁을 사회주의 시장 경제 체제 건설 중 하나의 상대적이고 독립적인 중요한 부문 개혁의 과정에 들어온 것으로 여겼다. 이 시기의 노동 시장 제도 변화의 주요 특징은 아래와 같다.

첫째, 제도 변화가 전방위적이었다. 시장 경제 체제의 목표에 의하면, 기업이 노동 생산 요소와 노동 소득의 결정을 하도록 하고, 노동력에 대한 사회 보장 제도의 건설 등 여러 방면에서 체계적이고 종합적인 전방위 제도 변화를 진행하도록 요구하고 있다. 1993년 11월 중공 14회 3중 전체회의에서 〈사회주의 시장 경제 체제 건설의 몇 가지 문제에 대한 결정〉을 반포하였는데, 여기서 노동 시장 체계를 건립하고 취업, 노동력 사용(用工), 임금 방면 등의 시장화를 촉진하여야 한다고 명시하였다. 또한 노동 시장에 적합한 사회 보장 체계를 건립하여야 한다고 제시하였다. 같은 해 12월, 노동부는 〈사회주의 시장 경제 체제 시기 노동 체제 개혁에 관한 로드맵〉에서 제시하기를, 노동 시장의 육성과 발전 목표는 경쟁이 공평하여야 하고, 운영이 질서가 있어야 하며, 규제 및 제어가 효력이 있어야 하고, 서비스가 개선되어야 하는 현대적인 노동 시장의 건립이다라고 하였다. 1999년 노동과 사회보장부는 〈노동 시장 임금 지도 가격 수준 건립에 관한 통지〉를 하달하여, 임금 관리 방식에 대하여 개혁을 진행하였고, 정부의 기업 임금 분배에 대한 관리를 직접 관리에서 간접 조절로, 총량 조절에서 수준 조절로, 행정 수단에서 경제 및 법률 수단으로 전환하였다. 2000년 6월 중공 중앙 및 국무원에서 제정한 〈소도시의 건전한 발전 촉진에 관한 몇 가지 의견〉에서 도시에 거주하는 농민에 대하여 차별적인 정책 시행을 금지하며, 소도시에 적합한 사회 보장 제도를 적극적으로 타진하도록 제시하였다. 2001년 3월 전국인민대표회의에서 심의하고 통과시킨 〈중화인민공화국 국민 경제 및 사회 발전 제10회 5개년 계획 요강〉에서는 도시와 농촌 간 종합적인 개혁 방향을 견지하고 도농 노동 시장의 점진적인 통합을 추진하여 도농 인구의 질서 있는 유동 메커니즘을 형성할 것을 제시하였다.

둘째, 제도 변화의 법제화이다. 시장 경제는 본질적으로 법제 경제여야 한다. 따라서 노동 시장 개혁의 여러 제도적 준비가 기본적으로 성숙한 상황에서, 정부는 강제적인 제도 변화를 통하여 이러한 변화를 시작하였는데 이것이 노동 입법이다. 1994년 7월 8회 전국인민대표대회 8차 회의에서 〈중화인민공화국 노동법〉을 통과시켰다. 이 법률의 실시는 시장 경제 중의 노동 시장 건설에 있어 중요한 작용을 하였다. 〈노동법〉은 중국이 사회주의 시장 경제 발전의 요구에 맞추어 반포한 최초의 노동 관련 법률이다. 새로운 노동 관계를 규범화한 기본 법규인 것이다. 20세기 90년대 중 후반, 노동 제도 개혁과 노동 시장 법규의 중점은 '재취업'과 실업보험, 사회 보장 제도의 건립으로 옮겨갔다. 1998년 6월 중공 중앙과 국무원은 〈국유 기업 하강 직원의 기본 생활 보장과 재취업 업무에 관한 통지〉를 공포하였다. 2000년 12월 노동과 사회보장부는 〈노동 시장 관리 규정〉을 반포하고 〈노동법〉의 관련 법규로 노동 시장 건설을 규범화하고, 노동 시장의 건강한 발전을 촉진하는 데 사용하였다. 각 지방 정부 또한 이 부문의 법제화 건설을 강화하여, 전국의 25개 성, 시, 자치구에서 노동 시장 관리에 관한 지방 성 법규 또는 규장 제도를 발표하였다.

셋째, 제도 변화의 국제화이다. 중국의 제도 변화는 두 개의 비교적 큰 성과를 얻었는데, 하나는 시장 경제 체제의 확립이고, 다른 하나는 세계와 발맞춘 제도화 기반의 건설이다. 중국의 개혁은 중국의 개방과 관련성이 크다. 개혁은 국외의 성숙한 시장 경제 체제의 경험을 부단히 흡수하고 개선하는 것이고, 중국 시장화 건설 과정 중 국제 경험과 본국의 상황, 역사, 문화, 전통을 부단히 결합하고 이를 응용하는 것이다. 2001년 11월 노동과 사회보장부에서 제시한 〈임금 단체 협상시 운영 방법〉은 미국과 기타 서방 국가 중 비교적 유행하는 임금 결정 방법과 유사한 방식을 추진하였다. 이 〈방법〉은 협상 주체, 객체, 과정에 대해 구체적인 규정을 두었고, 노동 가격의 시장화를 위해 새로운 게임 규칙을 제정하였다. 이 규칙은 노동력의 담판 지위를 강화하고, 공회(工會) 조직 대표 직원이 협상 기업의 노동 관계에 참여하는 기능을 강화하였다. 공회는 하나의 조직으로서 전체적으로 직원의 합법적 권익을 보호하여 노동 시장이 자원 배분에 있어 더욱 효율적으로 운영되도록 하였다.

노동력 이동을 저해하는 모든 요인 중, 호적 제도는 가장 근본적인 제도적 구속이다. 도농 간 노동 시장의 성장을 막는 제도적 근원인 것이다. 현재 비록 시장화 개혁에 따라 이러한 제도적 구속이 점진적으로 느슨해지고 있지만, 호적 제도는 여전히 노동 시장의 효율적 배분을 저해하고 있었다.

우선, 호적 제도의 존재로 인하여 절대 다수의 농촌 노동력과 그들의 가

참조 5-1

신중국 호적 제도의 변천

- 1958년 〈중화인민공화국 호구 등기 조례〉를 반포하고, 호구 이전 심사 제도와 호구 증빙 제도가 정식으로 확립되었다.
- 1963년 공안부는 국가 계획이 공급한 상품 식량(商品粮)인지 아닌지에 의거하여, 호구를 '농업 호구'와 '비농업 호구'로 분류하였다.
- 1975년 헌법을 수정하여, 인민의 이주 자유에 관한 조문을 취소하였다.
- 1977년 11월 국무원은 〈공안부의 호구 이전 처리에 관한 규정〉을 통과하고, 농촌에서 도시로의 이주와 소도시에서 대도시로의 규제 원칙을 확립하였다.
- 1980년 10월 전국도시계획회의에서 '대도시 규모를 규제하고, 중등 도시를 합리적으로 발전시키고, 소도시를 적극적으로 발전시킨다'는 도시 발전 방침을 제시하였고, 이주에 대하여 지표와 정책의 이중 규제를 진행하기로 확정하였다.
- 1984년 국무원은 농민이 식량을 스스로 도시로 들여와 정착하는 것에 대한 허가를 발표하였다.
- 1992년 말 국무원은 '호적 제도 개혁 문건 초안 작성 소조'(戸籍制度改革文件起草小組)를 설립하였다.
- 1993년 9월 30일 국무위원은 회의를 개최하여 호적 제도 개혁 문제를 연구하고, 소도시 호적 제도 개혁을 이로써 시작하였다.
- 1997년 국무원은 공안부 〈소도시 호적 관리 제도 개혁 시범 방안〉을 비준하여 소도시 호적 제도 개혁 시범 업무를 시작하였다.
- 1998년 7월 22일 국무원은 공안부의 〈현재 호구 관리 업무 중 몇 가지 중요한 문제 해결에 관한 의견〉을 비준하여 부분 도시 호적 이전 중 생기는 문제를 해결하였다.
- 2001년 3월 30일 국무원은 공안부의 〈소도시 호적 관리 제도 개혁에 관한 의견〉을 비준하여 소도시 호적 제도 개혁을 전면적으로 추진하였다.

족은 도시 영구 거주의 법적 허가를 얻을 수 없다. 그리하여 그들의 이주는 임시적이고 유동적일 수밖에 없다. 이러한 신분은 종종 이주자 행위에 왜곡을 야기하게 되었다. 예를 들어, 그들의 소비 행위, 자녀 교육에 대한 투자 행위, 심지어 사회적 일상 행위 등에서, 합법적이고 안정적인 호적 신분이 없다는 이유로, 이상하고 규범에 맞지 않는 행동을 하게 되었다.

두 번째로, 취업 정책, 보장 체제, 사회 서비스 공급 등 모든 방면에서 외지인에 대한 차별적 대우의 근본 원인은 모두 호적 제도에서 기인한다. 모든 대우의 차별은 해당 지역 호구가 있는지에 의해 식별되며, 모든 차별성 정책은 모두 호구 등록지에 근거하여 실시된다. 이러한 배타적인 정책이 지속적으로 실시됨에 따라 노동 시장 형성과 노동 자원의 효율적 배치를 심각하게 방해하고 있었다.

마지막으로, 비록 도시 편향적인 정책의 많은 부분이 이미 혹은 현재 개혁이 진행되고 있지만, 호적 제도가 존재하는 한 정책이 공회전할 가능성이 존재한다. 20세기 90년대 중반 이후, 이미 느슨해진 도시 취업 정책은 재차 도시 편향적으로 회귀하여 외지 노동에 대한 배척이 커지게 되었다.

(3) 부동산 시장과 토지 사용 제도 및 주택 제도

현대 경제학 이론에 의하면 자연자원은 경제 성장을 촉진하는 3대 생산요소 중 하나이다. 그러므로 토지, 주택의 시장화 배분은 사회주의 시장 경제 체제의 내재적인 요구이며, 또한 중국 개혁의 시장화 과정을 가늠할 수 있는 중요한 기준 중의 하나이다. 중국의 경험에 의하면 부동산 시장 또한 경제 발전을 촉진하는 힘 중의 하나이다.

'9.5' 기간에는 토지 사용 제도 개혁을 계속 심화하였다. 1996년부터 농경지 동태적 균형의 원칙을 제시하였다. 1997년에 이르러 토지 관리 문제점의 근본적 해결을 위한 정책을 강화하였다. 〈토지관리법〉을 전면적으로 수정하였고, 건설 점용 경작지(建設占用耕地)를 동결하였으며, 토지 이용 마스터 플랜을 수정하여, 토지 용도 관리 제도를 확립하였다. 이러한 제도의 변천은 토지 시장의 성장과 발전에 기초적인 작용을 하였다. 〈헌법〉상 제도 변화에 대한 허가, '임시 조례' 규정의 구체적인 시행 방법은 법률 법규 범주에서 토지가 생산 요소로서, 생산 요소 시장에 의해 수요자에게 배분되는 특성을 회복한 것이라 할 수 있다. 1998년 9월 29일 개최된 9회 인민대표 상무위원회 4차 회의에서 〈토지관리법〉을 다시 수정하여 반포하였다. 또 국무원은 1998년 12월 27일 〈토지관리법 실시 조례〉를 반포하였다. 토지 시장이 형성됨에 따라, 공급자는 수요자에게 토지를 유상 양도하기 시작하였다. 이 제도는 지방 정부의 학습으로 빠르게 확산되었고, 보편적인 제도로 자리잡게 되었다.

사회주의 경제 체제의 건립에 따라, 시장을 통한 토지 자원의 배분이 시작되었고, 시장을 통한 토지 가격의 결정이 당연시되었다. 시장 경제의 성장 정도가 비교적 높은 지방, 예를 들어 광둥, 장쑤, 저장 등의 성에서는 기존의 기초 위에 토지의 시장화를 계속 추진하였다. 광둥, 저장 등의 성은 경영성 용지를 일률적으로 경매 입찰하여 토지를 파는 제도를 확정하였다. 즉, 토지의 가장 높은 가격을 제시한 수요자에게 양도하는 제도로 토지 가격 결정의 시장화 수준이 더욱 커지게 되었고, 토지 시장이 더욱더 개선되었다. 1998년 국토자원부는 〈광둥성 도시 국유 토지 사용권 공개 경매 입찰 관리 방법〉을 전달하고, 1999년 1월 〈국유 토지 사용권의 경매 입찰을 통한 양도를 진일보 추진하는 것에 관한 통지〉를 하달하였다. 지방 정부의 적극적인 추진과 국토자원부의 지지에 의해, 중국 토지 제도는 두 번째의 대규모 변혁기가 시작되었다.

2000년 1월 6일, 국토자원부는 〈국토자원부의 토지 유형 시장 건설에 따른 토지 사용권의 규범적인 거래의 촉진에 관한 통지〉를 반포하여, 토지 거래 관리 제도를 건전히 하고, 유형 시장의 운영을 규범화하였다. 이 〈통지〉

에서는 토지 거래 제도에 대해 세분화와 규범화를 추진하였다. 우선 건설 용지 공급 총량을 규제하였다. 토지는 다른 생산 요소와 같이 재생산할 수 있는 것이 아니므로 토지 공급의 총량은 한정적이기 때문이다. 만약 건설 용지가 과다하여 토지 사용이 적시에 이루어지지 않을 경우, 토지의 경작지로서의 가치를 착취하고 토지 이용률이 낮아지는 것과 같다. 두 번째는 도시 건설 용지의 집중 공급 제도이다. 도시 정부는 새로 증가되는 용지 공급을 통일적으로 관리하여야 한다. 하나의 도시 범주 내에서 새로 증가되는 건설 용지는 시(市)정부의 토지 행정 관리 부문에 의해 통일적으로 징용되고, 통일적으로 제공되어야 하며, 시 관할구(市轄區)와 각종 원(圓), 구(區)의 새로 증가되는 건설 용지 또한 반드시 시정부의 통일적인 공급 경로를 통해야만 한다. 세 번째는 토지 사용권 공개 거래 제도이다. 양도할 토지의 계획은 반드시 지정된 장소에서 관련 매체를 통하여 전 사회에 공포하여야 한다. 규정에 의하면 경매 입찰이 필요한 토지는 반드시 경매 입찰 방식을 채용하여야 하며, 협의에 의한 양도는 반드시 협의 결과를 공포해야 하였다. 네 번째는 기준 토지 가격의 정기적 갱신 및 공포 제도이다. 다섯째는 토지 등기 조회 가능 제도이다. 여섯째는 단체(集竟)적 정책 결정 제도이다. 이러한 제도들은 주로 토지 거래의 제도적 규범화와 토지 가격의 시장화를 보장하는 것으로 토지 제도 전환기에 자산의 유실을 감소시킬 수 있는 조치였다.

2001년 국무원은 〈토지 자산 관리 강화에 관한 통지〉를 발표하여, 건설 용지 공급 총량을 엄격히 규제하고, 국유 토지의 유상 사용 제도를 실시하였으며, 경매 입찰 방식을 추진하였다. 토지 사용권 양도 관리를 강화하였으며, 토지 가격 관리를 강화하고, 토지 심사의 행정 행위를 규범화하는 등 여섯 가지 부문에서 구체적인 요구 사항을 제시하였고, 근본부터 제도까지 토지 자산 관리를 강화하였다. 또한 토지 자산 관리제도상 구체적 제도를 제정하였다. 이는 토지 유형 시장, 토지 기준 가격, 정보 공개 전달 제도 등등 각

참조 5-2

주택 제도 개혁 연혁

- 1958년 〈중화인민공화국 호구 등기 조례〉를 반포하고, 호구 이전 심사 제도와 호구 증빙 제도가 정식으로 확립되었다.
- 1980~1986년 국무원은 주택 제도 개혁을 담당하는 전문 기관이 없어, 주택 개혁 시범 업무를 국가도농건설환경보호부에서 국무원의 지도하에 구체적으로 집행하였다.
- 1986년 국무원은 '주택제도개혁지도자소조'(住房制度改革領導小組)를 설립하여, 판공실을 아래 두고, 국무원 판공실의 지도하에, 국무원과 각 지역 주택 개혁 정책의 연구와 지도 업무를 진행하였다.
- 1991~1993년 국무원주택제도개혁지도자소조는 체제개혁위원회로 편입하였다. 이전부터 각 지역의 주택 개혁 업무는 해당 지역 각급 지방 정부에서 상응하는 부문 조직을 설립하여 집행하였고, 일부 지역의 주택 제도 개혁 부문은 해당 지역의 체제개혁위원회로 편입되었고, 일부 지역은 건설청에 의해 관리되었다.
- 1988년 1월 15일 국무원은 첫 번째 전국주택제도개혁공작회의를 개최하였다. 2월25일 국무원은 〈전국 도시 시기와 분류에 따른 주택 제도 개혁 실시의 추진에 관한 방안〉(國發[1988]11호)을 비준하여, 전체 방안을 두 단계로 나누어 진행하는 것을 확정하였다. 첫 단계는 임대료를 인상하는 것이었다. 공공 주택의 투자 이윤, 유지비, 관리비, 부동산세 등을 점차 직원의 임대료에 포함하기로 하였다. 두 번째 단계는 공개적인 보상이었다. 직원의 보상을 모두 급여에 포함하게 하여, '불법적 보상'(暗補)을 없앴다. 주택 제도 개혁은 시범 업무를 확대하는 단계로 진입하였다.
- 1991년 6월 7일 국무원은 〈지속적인 적극적이고 적정한 도시 주택 제도 개혁의 진행에 관한 통지〉(國發[1991]30호)를 반포하여, 단계적 임대료 인상, 임대 보장금의 지급, 신주택 제도, 공공 임대 주택 등 다양한 형식의 주택 개혁의 새로운 방안을 추진하였다.
- 1991년 10월 7일 제2차 전국주택제도개혁공작회의가 베이징에서 개최되었다. 1991년 11월 국무원 판공청이 국무원주택제도개혁지도자소조의 〈도시 주

택 제도 개혁 추진에 관한 의견〉을 통과시킨 것은 전국 주택 개혁의 전면적인 시작을 상징하는 것이었다. 〈의견〉에서 공공주택 저임대료 제도 실시를 요구하고, 현행 공공 주택의 실물 복지 분배 제도를 화폐 임금 분배 제도로 전환하여, 상품 교환(매매 및 임대)을 통하여 주택에 대한 소유권과 사용권을 취득하도록 하여, 주택이라는 특수한 상품이 소비 시장에 진입하게 되었다.

- 1993년 11월 30일 제3차 전국주택제도개혁공작회의를 베이징에서 개최하였다. 주요 의제는 〈국무원의 도시 주택 제도 개혁의 가속화에 관한 결정(초안)〉을 토론하는 것이었다. 이번 주택 개혁 회의는 〈소폭의 임대료 인상과 단계적인 건립〉의 주택 개혁 방안을 수정하였다.
- 1994년 7월 18일 국무원은 〈도시 주택 제도 개혁 심화에 관한 결정〉(國發[1994]43호)을 반포하고 집행하였다. 여기서 도시 주택 제도 개혁은 종합적인 형태가 갖추어져야 하고 단계적으로 추진하여야 한다고 강조하였다. 안정적으로 공공 주택을 판매하는 것을 요구하였고, 공공 주택 판매에 대하여 더욱 엄격하고 구체적인 규정을 두었다. 표준 가격에 의하여 구매한 주택은 부분적 소유권만 인정하는 것을 명확히 하였다. 임대료의 적극적인 개혁을 요구하여, 임대료 개혁은 각 지역 물가 통제 지표 및 임금 개혁과 서로 결합하여 진행하도록 하였다. 또한 기존의 주택 판매 정책과 연관 있는 원칙을 제시하였다.
- 1998년 3월 국무원은 주택제도개혁지도자소조를 건설부에 편입하고, 전국 주택 개혁 업무의 정책 연구와 지도 업무를 '건설부 주택 및 부동산사'(建設部住宅與房地産司)에서 집행하도록 하였다.
- 1998년 6월 국무원은 전국 주택 제도 개혁과 주택 건설 공작 회의를 개최하였다. 7월 초, 국무원은 〈국무원의 주택 제도 개혁의 진일보 심화와 주택 건설 가속화에 관한 통지〉(國發[1998]23호)를 반포하여 실시하였다. 주택의 실물 분배를 중지하고, 점진적으로 주택 분배의 화폐화를 핵심으로 하고, 이와 더불어 주택 건설, 공급, 금융시행법을 개혁하여, 주택 교역 시장을 발전시킴으로써, 주택 건설을 가속화하는 개혁 목표를 실현하는 것을 제시하였다. 〈통지〉의 기본 원칙은 국가의 통일적 정책 목표 지도하에 지방 정부가 결정하고, 지역 특성을 고려하며, 최선을 다하여 집행하는 것을 견지하는 것이다.

국가, 단위 및 개인이 합리적으로 부담하는 것을 견지하는 것이었다. '새로운 주택은 새로운 제도에 의해, 기존의 주택은 기존의 방법으로'(新房新制度,老房老辦法)의 원칙을 가지고, 안정적으로 전환하는 것이다. 2002년 말까지 전국 31개 성시 및 자치구에서 주택 개혁 심화 방안을 제정하였다. 개인의 분양 주택 구입 면적 비율은 이미 96.2%에 이르렀다.

- 2002년 3월, 국무원은 〈주택 공적금 관리 조례〉를 수정하였고, 〈국무원의 공정금 관리의 진일보 강화에 관한 통지〉를 발표하였다.

지방정부에게 토지 사용 제도에 있어서 학습의 장이 되었다. 이번 학습들이 중국 토지 제도에서 세 번째 큰 규모의 변혁기였다.

다년간의 토지 시장 건설을 통해, 현재 중국의 토지 시장은 이미 성숙하였다. 20세기 80년대 초반에 시작한 중국 도시 거주 제도 개혁은 1988년까지 전면적으로 추진되었으며, 개혁의 포커스는 복지형 주거제에서 주택의 시장화 및 사회화로 전환하는 것, 주택이 각 사업 단위에 종속되는 것에서 전체 사회로 전환하는 것에 맞추어졌다. 즉, '주택의 상품화'(住房商品化)였다. 주택 제도의 변화를 통해, 중국의 부동산 산업은 원래의 면목을 회복하였고, 30년의 종적을 감추는 과정을 거친 후, 새로이 독립된 업종으로 발전하게 되었다.

1992년 이후, 사회주의 시장 경제 체제의 점진적 건립과 개선에 따라, 도시 주택 제도 개혁을 더욱 심화시켰고, 부동산 산업의 신속하고 맹렬한 발전이 추진되었다. 그러나 그 발전이 갔던 길은 많은 우여곡절이 있었다. 발전 시기는 명확하게 이하의 네 가지 과정으로 나눌 수 있다. 그 중 1992년부터 1998년까지는 개혁개방 후 중국 부동산 산업의 조정과 부동산 시장의 형성 시기라고 할 수 있고, 그 후 중국 부동산 산업은 건전하고 질서 있는 발전기로 진입하였다.

1) 1992~1993년 6월 '부동산 과열'

1992년 전국 각 지역에서는 건설 붐이 일어나 부동산 산업은 매우 뜨거워졌고 부동산 개발 회사는 연초 3,000여 개에서 1년 사이에 12,400여 개로 빠르게 증가하였다. 정부 또한 부동산 산업을 매우 중시하였고, 1992년 6월 건국 이래 처음으로 전국부동산공작회의를 베이징에서 개최하였다. 같은 해 9월 전국부동산개발경험교류회의를 주하이(珠海)에서 개최하였다. 10월에도 부동산공작회의를 개최하였다. 이러한 회의는 중국 부동산 산업의 고속 발전을 도왔다. 부동산 산업의 고액의 수익은 많은 부문과 기업 사업 단위, 심지어 개인까지 부동산 개발 시장의 진입을 촉진하였다. 1993년 상반기 '부동산 열기'는 계속 뜨거워졌고, 부동산 산업은 계속하여 빠른 속도로 증가하는 추세를 유지하였으며, 부동산 개발 회사는 또 6,000여 개가 새로 증가하여 총기업수가 20,000개를 초과하였다.

2) 1993년 6월~1995년 국가의 부동산 산업에 대한 정비, 시정 및 거시 조정 정책의 진행

부동산 산업의 기형적이고 과열된 발전 문제에 대해서 1993년 6월24일 중앙은 6호 문건을 발표하였다. 문건은 명확히 규정하기를, 건설부에 의해 주도되어 토지, 공·상업, 세무 등의 부문을 조직하여, 각종 부동산 개발 경영 기구에 대한 1차적인 전면 조사가 진행되었다. 1993년 하반기에는 상반기와 비교하여 부동산 개발 투자 증가율이 14.9% 하락하였다. 그러나 1년 단위로 보면 전국 부동산 개발 투자 총액은 여전히 커서, 1992년에 비해 164.9%가 증가하였다. 1993년 하반기에 부동산 열기가 식은 이후, 1994년 부동산 산업의 높은 투자 증가 추세는 억제되었으나, 투자 규모는 계속 확대되어 1993

년보다 41.3% 증가하였다. 1994년 7월 5일 〈중화인민공화국 도시부동산관리법〉을 반포 실시함으로써 중국 부동산 산업은 법률적 기초가 생기게 되었다. 1995년 부동산 투자는 여전히 증가 추세를 유지하였으나, 전국의 각 성간 차이가 비교적 컸다. 국가의 거시적 조정을 거쳐, 1995년 부동산 투자는 조정을 받기 시작하였고, 개발의 중점은 점차적으로 '개발구 열기', '고급화 열기'에서 도시 주민을 위한 보통 주택 건설로 전환하였다.

3) 1996~1998년 시장의 주택 공급 문제와 부동산 시장 구제 대책

1996년 이후, 중국 부동산 산업은 줄곧 두 가지 문제에 직면하였다. 첫째는 1992년 이래 부동산 산업의 고속 발전 이후 대량으로 쌓인 미분양 주택을 처리해야 하는 것이었고, 둘째는 시장의 유효 수요 부족 문제를 해결하는 것이었다. 분양 주택에서 빈 집은 증가하였고 판매도 부진하여 개발상뿐 아니라 은행, 지방 정부 또한 어려운 시기를 보내게 되었다. 은행이 걱정하는 것은 대출 회수가 어려워져 원금 및 이자를 회수하지 못하는 것이다. 지방 정부로서는 부동산 관련 세금이 지방 정부 재정과 도시 건설에 있어 중요한 재원이므로, 모든 지방 정부는 지역 내 부동산 시장이 활기를 띠기를 바랐다. 부동산의 불경기는 토지 및 자금이 동결되는 것뿐만 아니라, 투자에 대한 흡인력과 지방 정부의 이미지 및 정치적 업적에도 영향을 미치는 것이다. 그리하여, 정부 또한 호구, 토지 가격, 불합리한 비용, 부동산 구매 담보 대출 등 여러 가지 시장 구제 조치를 취하였다.

4) 1999부터 현재까지 부동산 시장의 건전하고 질서 있는 발전

1999년 이래, 주민 구매 주택은 급증하여, 주택 구매 비율이 매년 증가하

표 5-2 주택 판매 면적: 1992~2001년

연도	부동산 판매 면적(만 m^2)	그 중 주택 판매 면적(만 m^2)
1992	4,288.86	3,812.21
1993	6,687.91	6,035.19
1994	7,230.35	6,118.03
1995	7,905.94	6,787.03
1996	7,900.41	6,898.46
1997	9,010.17	7,864.30
1998	12,185.30	10,827.10
1999	14,556.53	12,997.87
2000	18,637.13	16,570.28
2001	22,411.90	19,938.75

자료 출처: 중화인민공화국 국가통계국 편, 《중국통계연감: 2007》, 중국통계출판사, 2007년판.

였다. 2000년 건설부가 베이징, 상하이, 톈진, 충칭 등 전국 28개 대·중도시 주택 시장을 조사한 자료에 의하면, 개인 주택 구매 비율은 상하이의 경우 97.5%, 톈진은 96.5%, 창춘은 93%였다. 더욱이 2001년 이래 전국 대부분 도시의 개인 주택 구매 비율은 99% 이상에 달하였다. 개인 주택 비율 증가는 주로 부동산 개혁의 결과였다. 이는 도시 주택 제도 개혁의 심화와 주택 분배에서 화폐 분배로의 전환에 따라, 집단 구매가 시장에서 점차적으로 퇴출되어, 개인 주택 소비는 이미 부동산의 주요 시장 주체가 되었다. 더욱이 중고 주택 시장도 개방하여, 부동산 1, 2, 3등급 시장의 연동 발전 효과는 점차 뚜렷해져, 전체 부동산 시장이 점차 호전되었고, 부동산 시장의 건강하고 질서 있는 발전이 이루어졌다.

(4) 금융 시장의 발전

1996년, 중국은 은행 간 단기 대부 시장에서 전국 통일의 네트워크를 만들었다. 단기 대부 자금의 이자율은 시장의 수급 관계에 의해 결정되도록 하였다. 이때부터 단기 대부 시장은 더욱 규범화된 발전을 하게 되었다. 1995년 〈중화인민공화국 어음법〉 반포 이후, 규범화된 어음 시장이 형성되고 발전하였다. 2002년 상업 어음 발행액은 16,139억 위안이었고, 어음 할인액은 23,073억 위안이었으며, 상업 어음 미수기 금액은 7,347억 위안, 어음 할인 잔액은 5,200억 위안이었다.[11] 1994년 정부 단기 채권의 발행에 따라, 환매 계약 시장 또한 발전하기 시작하였다. 화폐 시장의 개선과 함께, 이자율의 시장화도 발전하였다. 공개 시장 조작은 이미 중앙은행의 기초 화폐를 조절하는 주요 정책 수단이 되었으며, 공개 시장 이자율은 이미 화폐 시장의 기준 이자율이 되었다.

중국 자본 시장의 발전은 주로 국채 시장, 주식 시장, 펀드 시장의 발전에서 나타났다. 우선 국채 시장을 살펴보자면, 국채 규모는 부단히 확대되고 있었다. 1981년 48.66억 위안의 국고채 발행을 시작으로 하여, 2002년까지 5,934억 위안을 발행하였고, 연말에 잔액이 19,300억 위안에 달하였다. 국채 종류는 나날이 다양화되었다. 초기 발행한 국고채를 제외하고, 일련의 새로운 국채 종류가 연달아 발행되었고, 기한상 점점 더 다양한 선택이 가능하게 되었다. 국채 시장 거래 수준은 크게 제고되었고, 거래 제도 또한 부단히 개선되었다. 상하이 증권거래소 이외에, 국채 거래망은 전국 대 · 중도시로 확대되어, 거래 결산 시스템이 모두 네트워크화되었고, 거래 방법도 더욱 선진화되었으며, 거래 절차도 규범에 부합하게 되었다.

다음으로 주식 시장을 살펴보면, 1992년 이후에야 빠른 발전을 하게 되

11 중국금융학회 편, 《중국금융연감: 2003》.

었다. 우선 주식 시장 규모가 확대되었다. 2001년 말까지 중국 상장 회사 총수는 이미 1,160여 사에 달하였다. 주식 투자는 이미 개인 및 사회 법인 투자 중 하나의 주요 투자 대상이 되었다. 다음으로 거래 방식의 기술 수준과 규범화 정도도 제고되었다. 상하이와 선전의 두 거래소는 거래 장소, 업종 정보, 거래 서비스 기능을 제공하여 집행하였으며, 조정과 중재, 증권 가격 지수의 편제, 거래 행위와 업무 훈련의 감독 등을 책임졌다. 증권 회사와 증권 영업부는 거래소 회원 기구의 신분으로 주식 거래 업무에 종사하도록 하였다. 거래소의 창립과 동시에, 베이징은 전국적인 증권 거래 시장 네트워크의 자동 가격 신고 시스템(自動報價系統)을 만들어, 전국 통일의 증권 시장을 형성하는 데 도움을 주었다. 또한 주식 시장의 기초인 기업 주식 경제도 신속한 발전을 하였다. 현대 기업 제도 건설을 목표로 하는 국유 기업 개혁은 기업의 주식회사화 절차를 추진할 수 있었다. 중대형 국유 기업 개혁 중 하나의 중요한 방식은 유한 주식회사로의 전환하는 것이다. 기업은 주관 부문과 체제개혁위원회의 비준을 거쳐, 자산 신용 평가 회사에 의해 기업 순자산을 국유 주주권과 기업 집체 법인 주주권으로 주식을 나누고, 이를 또다시 사회 각계 판매 부문 법인과 개인에게 나누던지, 혹은 법인과 개인의 신규 주식을 흡수하도록 하여, 4종류 주주권 구조를 가진 주식 유한회사를 형성하였다. 주식회사의 상장 후의 유통은 A, B, H의 세 가지로 나누었다. A주는 중국 대륙에서의 거래로 인민폐로 결산하는 주식이다. B주는 이미 홍콩, 마카오, 대만 지구 등 국외의 법인과 개인 종사자의 거래로 한정하는 것에서 내륙 주민 거래까지 확대하였다. 이는 외화로 결산된다. H주는 해외 증권거래소에 중국 주식을 상장하는 것이다.

1997년 '중국인민보험그룹'(中國人民保險集團公司)을 해체하여 생명보험, 재산보험과 재보험 등 세 개의 보험 회사로 분리하였다. 동시에 중국에서의 외자 독자 보험 회사는 이미 8개에 달하였고, 중외 합자 보험 회사는 1개, 보험 중개 기구는 2개가 있었다. 〈중화인민공화국 보험법〉은 1998년 12월 29일 반포되었고, 1999년 7월 1일부터 시행되었다. 증권 회사는 중국인민은행을 벗어난 이후, 전국에 90개 사로 증가하였다. 이 밖에 90년대 이래 개혁개방의 심화에 따라 외자 은행의 업무 범위 또한 부단히 확대되었다.

3. 대외 개방과 경제의 세계화

(1) 지리 지역상의 진일보한 개방

1992년 3월 국무원은 '하이난(海南) 난양푸(南洋浦) 경제개발구' 개발 및 건설을 비준하였고, 난양푸 경제개발구에서 '보세구'의 각종 정책을 실시하도록 결정하였다. 이는 중국 대외 개방의 중대한 조치였다.

90년대 들어서서, 정부는 대외 개방의 '사연전략'(四沿戰略(쓰옌짠뤼))을 제시하였고, 대외 개방을 확대하였다. 이는

① 연해(沿海). 발해만(渤海灣)에서 북부만(北部灣)까지 모든 연해 지역 발전에 치중하는 것을 의미한다.

② 연변(沿邊). 중국은 내륙 국경선이 2.2만km이고 15개 주변 국가와 육지 국경을 맞대고 있다. 내륙 변경 지역은 9개의 성과 자치구의 42개 주, 맹, 지구, 지급시(州, 盟, 地區, 地級市), 130여 개의 현, 기, 현급시(縣, 旗, 縣級市)를 포함한다. 개혁개방 이래, 중국 변경 주민과 변경 외부 지역과의 교류는 점점 빈번해졌고, 대외 교류의 규제는 점점 느슨해졌다. 1992년 3월 9일, 국무원은 헤이룽장(黑龍江) 성의 헤이허(黑河) 시, 쇼우펀허(綏芬河) 시 및 네이멍구(內蒙古)의 만저우리(滿洲裏) 시 및 지린(吉林) 성의 훈춘(琿春) 시의 개방을 결정하였다. 6월 9일 신장(新疆)의 이닝(伊寧), 보러(博樂), 타청(塔城) 등 세 개의

변경 도시와 광시(廣西)의 핀샹(憑祥) 시와 동싱진(東興鎮), 윈난(雲南)의 완딩(諍町) 시, 뤠리(瑞麗) 시, 허코우 현(河口縣)을 개방하였다. 같은 해 7월 30일 네이멍구의 얼롄하오터(二連浩特) 시를 개방하였다. 이러한 변경 개방 도시들에 대하여, 국가는 연해 개방 도시와 유사한 특수 정책을 채택하였다. 국무원의 규정에 따르면, 변경 개방 도시는 '변경경제합작구'(邊境經濟合作區)를 개설할 수 있으며, 이러한 경제 합작구의 우대 정책은 연해 도시의 경제 기술 개발구와 유사하였다. 그러나 구체적인 우대 정책 기준은 다른 점이 있었는데, 변경 경제 합작구의 주요 목표는 국내 기업을 유치하는 것이었으므로 국내 기업에 대한 우대 조치를 제정하였다.

③ 연강(沿江). 연강은 상하이(上海) 푸둥(浦東)의 개발 및 개방을 시작으로 하여, 충칭(重慶) 이하 창장(長江) 유역의 전면적인 개방을 주력으로 추진하는 것이다. 이로써 동서를 관통하며, 남북에 영향을 미치려는 것이다. 1980년 4월 17일, 국무원은 일찍이 창장 연안에 창지아캉(張家港), 난통(南通), 무후(蕪湖), 지우장(九江), 우한(武漢), 청링지(城陵磯), 충칭 등 8개의 대외 무역 운송 항구 건설을 비준하였다. 그 중 5개의 내륙 항구는 단지 국유 선박에 대해서만 개방하였다. 1991년 이들 항구는 외국 선박에 대해서도 개방이 확대되었다. 1992년 7월 무후, 지우장, 웨양(嶽陽), 충칭, 우한 등 5개 도시는 내륙 개방 도시로 지정되어, 연해 개방 도시와 동등한 개방 정책을 시행하게 되었다.

④ 연로(沿路). 연로는 유럽 및 아시아를 연결하는 '따루치아오'(大陸橋)의 일부분으로 중국 경내의 동부 지역 항구에서 신장(新疆) 아얼타이(阿爾泰) 산까지의 철도 주변 지역이다. 지역 개방 정책의 최후의 목표는 내륙의 성도(省會) 도시를 개방하는 것이다. 1992년 6월 국무원이 우선적으로 개방한 성도는 우루무치(烏魯木齊), 쿤밍(昆明), 난닝(南寧)이다. 7월 연강 5개 도시의 개방과 동시에 후허하오터(呼和浩特), 하얼빈(哈爾濱), 창춘(長春), 스자좡(石家莊), 타이웬(太原), 시안(西安), 란저우(蘭州), 시닝(西寧), 꾸이양(貴陽), 인촨(銀川), 허

페이(合肥), 난창(南昌), 창샤(長沙), 청두(成都), 정저우(鄭州)의 개방을 결정하였다. 이로써 연해 개방 지역에 위치한 성도 도시들과 더불어 중국은 이미 시장(西藏) 라싸(拉薩)를 제외한 모든 성도 도시를 개방한 것이다. 국무원의 규정에 의하면 내륙에 위치한 성도 도시의 대외 개방 정책은 연해 개방 도시와 같다고 명시하였다.

이로써 중국은 90년대 중반 전방위적이고, 입체적이며 넓은 영역을 포괄하는 대외 개방의 신국면으로 접어들었다.

(2) 제도상의 진일보 진전

90년대 초반부터 시작하여, 수입 체제(進口體制)에 대하여 비교적 전면적인 개혁을 진행하였다. 예를 들어, 주동적으로 관세를 연속하여 대폭 내렸고, 이로써 점차적으로 개발 도상국의 평균 수준에 근접하게 되었다. 수입 계획 관리 범위가 축소되었고, 수입 관리 체제의 투명도를 증가시켰다.

1994년 40여 년간 지속된 대외 무역의 지령적 계획(指令性計劃)을 취소하기 시작하였고, 지도적 계획(指導性計劃)으로 대체하였다. ① 대외 무역 수출입 총액과 수출의 외환 수취와 수입의 외환 사용의 지도적 계획, ② 국가 경제와 국민 생활에 관련된 주요 대량 수출 상품에 대하여 총수출액 규제와 허가증 심사 관리를 시행하였다. 1994년 5월 16일, 〈대외무역법〉을 반포하고 실시하였다. 또한 중요한 대외 무역 제도인 수출 관세 환급 제도는 90년대 이래 여러 가지 조정이 진행되었다. 수출 환급은 국가가 재정 수단을 통해서 수출품 생산을 장려하고 수출 경쟁력을 제고하려는 하나의 조치를 가리킨다.

1994년 종합 개혁은 수출 관세 환급을 보류하여 수출로서 외화벌이를 장려하기로 결정하였다. 그러나 관세 환급과 세금 징수의 괴리로 인하여, 세금 환급액의 증가는 세금 징수와 수출액의 증가를 초과하였고, 수출 관세 환급을 사취(騙取)하는 행위가 자주 발생하여, 국가 재정 수입이 대량으로 유실되었다. 어찌할 도리가 없는 상황에서, 정부는 수출 관세 환급률을 내리는 방법을 선택할 수밖에 없었다. 1995년 5월 25일, 국무원은 〈국무원의 수출 관세 환급률 인하와 수출 관세 환급 관리 강화에 대한 통지〉를 반포하여, 1995년 7월 1일부터 수출 관세 환급률을 평균적으로 3% 인하한다고 선포하였다. 그러나 재정 부담 능력이 여전히 부족하였으므로, 국무원은 1995년 10월 6일 다시금 문건을 하달하여, 수출 관세 환급률을 더 인하하기로 결정하였다. 구체적으로는 석탄, 농산품 수출 관세 환급률은 3%로 고정시켰으며, 농산물을 원료로 하는 가공 공산품과 기타 13%의 부가가치세를 부과하는 상품에 관해서는 수출 관세 환급률을 10%에서 6%로 인하하였고, 17%의 부가가치세를 부과하는 상품에 대해서는 환급률을 14%에서 9%로 인하하였다.

1997년 시작된 아시아 금융 위기로 인하여 중국의 수출은 큰 폭으로 하락하였으며, 정부는 1998년부터 점차적으로 수출 관세 환급률을 인상하였다. 1999년 7월까지 평균 수출 관세 환급률은 기존의 6%에서 15%까지 인상되었으며, 이는 중국이 아시아 금융 위기를 극복하고, 내수를 확대하며, 디플레이션을 피하는 데 큰 공헌을 하였다.

대외 무역 관리 체제 개혁과 동시에, 국가가 주관하는 무역 기구 또한 진일보 개혁을 경험하였다. 1993년 〈제8회 전국인민대표대회 제1차 전체회의의 국무원 기구 개혁 방안에 관한 결정〉에 의하면, 상업부(商業部)와 물자부(物資部)를 해체하고, '국내무역부와 국가경제무역위원회'(國內貿易部和國家經濟貿易委員會)를 설립하여, 대외경제무역부를 대외경제무역합작부로 개명하였다. 1998년 〈제9회 전국인민대표대회 제1차 전체회의의 국무원 기구 개혁 방안에 대한 결정〉에서 국내무역부(內貿部)를 취소하고, 기존의 국내무역부를 국가경제무역위원회에 속한 '국내무역국'(內貿局)으로 재편하였고, 동시에 국가계획위원회를 국가발전계획위원회로 개명하였다.

2001년 4월 국무원이 비준한 〈국가경제무역위원회가 관리하는 국가국 기구 개혁과 국가경제무역위원회 기관 내부 기구 조정 설계 방안〉에서 국가 국내무역국을 취소하고, 그 행정 기능은 국가경제무역위원회로 편입시켰으며, 동시에 국가경제무역위원회 '무역시장사'(貿易市場司)를 '무역시장국'(貿易市場局)으로 개명하였다.

환율 제도 또한 큰 변화가 있었다. 1994년 1월 1일부터, 인민폐 환율을 통합하였다. 외화 조절 시장과 인민폐 외화 조절 시장 환율을 취소하고, 인민폐 환율을 외화 시장 수급에 기초하여 단일적인 '관리가 있는 변동 환율제'(有管理的浮動彙率制)를 시행하였다. 새로운 외화 관리 체제 안에서 인민폐 환율은 아래의 몇 가지 특징을 가지게 되었다. 첫째, 인민폐 환율은 다시는 정부 행정 당국에 의해 직접적으로 제정되고 공포되지 않게 되었으며, 외환 지정 은행에서 자율적으로 확정되고 조정되게 되었다. 둘째, 외환 지정 은행에서 제정된 환율은 시장의 수급에 기초하여 정해지게 되었다. 셋째, 시장 수급에 기초하여 형성된 환율은 통일적이게 되었다. 동시에, '은행 외환 결산 제도'(銀行結簡彙制度)를 시행하고, 국내 기업의 외화 유보와 상납을 취소하였으며, 기업의 외화 수입은 반드시 당일 외환 상황에 의해 외환 지정 은행에서 결산하도록 하였다. 또한 외화가 필요할 경우 관련 증빙 서류에 의거하여 외환 지정 은행에서 신청하여 바꾸도록 하였다. 규범적이고 통일적인 은행 간 외환 시장을 건립하기 위하여, 1994년 4월 4일 중국외환거래센터가 정식으로 운영되었으며, 통일적인 외환 거래 시장이 기존의 행정 구역에 의해 설계된 분산적인 외환조절센터를 대체함으로써, 중국 외환 시장 발전이 새로운 단계로 진입하는 상징이 되었다. 이로써 중국 국경 내에서의 외화 가격 계산, 결산, 유통이 금지되었다. '외화 교환권'(外彙券)이 1995년 1월 1일부터 유통 영역에서 퇴출되기 시작하였다. 외자 은행은 상하이 푸둥 지역에서 인민폐 업무를 시범적으로 할 수 있게 되었다. 최대한 빨리 안정적으로 인민폐 경상 항목 개혁의 목표를 달성하기 위하여, 중국인민은행은 1996년 일련의 외환 체제 개혁 조치를 발표하였는데 그 내용은 다음과 같다.

1996년 1월 29일, 중국인민은행은 〈중화인민공화국 외환 관리 조례〉를 반포하여 4월 1일부터 정식으로 실시되었으며, 몇 가지 경상 항목하의 비무역 및 비경영성 거래 사항의 외화 교환 제한 조치를 취소하였다.

1996년 5월 13일, 국가 외환관리국은 〈국내 주민 개인 사정에 의한 외화 교환 방법〉을 발표하고, 7월 1일부터 정식 시행하였다. 개인 용도의 외화 교환에 대한 제한을 취소하고, 외환 공급 범위를 확대하였고, 그 기준을 제고하였으며, 기준 이상의 외화는 국가외환관리국의 심사 후 교환이 가능하도록 하였다.

1996년 6월 26일, 중국인민은행은 〈외환 결제, 외환 매도와 외환 지불 관리 규정〉을 반포하고, 외상 투자 기업을 은행 외환 결산 체계에 포함되도록 하였고, 기존에 있었던 소량 외화 교환 제한의 취소 및 상관 법률 법규의 철회를 선포하고, 1996년 연말 이전까지 인민폐 경상 항목의 교환이 가능하도록 실시하였으며, 국제통화기금 협정 제8조의 요구를 앞당겨서 실현하였다. 1996년 12월 1일까지 중국 정부는 인민폐를 경상 항목 내에서 자유로운 교환을 앞당겨 실현하였다고 선포하였다.

1997년 10월 15일부터 중국은 부분적으로 수출 기업과 외자 기업에게 15%의 외화 수입을 유보하도록 허가하였다. 1994년 건립된 전국 은행 간 외환 시장에서 매매한 외화는 미국달러와 홍콩달러이며, 홍콩달러와 미국달러는 연계 환율 제도(聯系彙率制度)를 시행되어서 외환 대수(比價, ratio of exchange)가 기본적으로 고정되었고, 매일 거래 가중 평균 가격으로 형성된 인민폐 시장 환율은 실질적으로 인민폐와 미국달러 간 환율이었다. 이로 인하여 인민폐 환율은 실질적으로 미국달러에 고정되었고, 기타 외화의 환율은 각 외화와 미국달러 간 환율에 근거하여 계산된 것이다. 이러한 메커니즘

은 현재까지 유지되고 있다.[12]

대외 무역 체제는 집중 통일 관리에서 지방 정부 및 기업의 자주권이 확대되는 방향으로 전환되었다. 또한 환율 체제는 인민폐 환율이 고평가된 고정 환율제에서 더블 바스켓 환율 제도(雙軌彙率制)와 관리가 있는 단일 변동 환율 제도(有管理的單一浮動彙率制)로의 전환은 모두 국가의 대외 개방 정도의 부단한 심화와 공업화 전략의 내향형(內向型)에서 수입 대체, 수출 주도 및 전방위 개방으로의 변화와 서로 맞추어나가는 것이었다.

(3) WTO 가입

2001년 12월 11일, 중국은 정식으로 WTO에 가입하여 143번째 회원국이 되었다. 중국의 WTO 가입은 중국에게 중요한 의의가 있다. ① 중국의 국제 무역 환경 개선에 유리하였다. 중국의 WTO 가입 후 다변국의 최혜국 대우를 얻을 수 있었다. 동시에, 다변 무역 체제를 이용하여 수출 시장의 다원화를 실현할 수 있었다. ② 발전 중 조약국의 우대 대우를 누릴 수 있어, 중국의 대외 경제 무역 발전에 좋은 기회를 제공하였다. ③ 중국이 더욱 많은 외국 자본을 유치하는 데 유리하였다. ④ 중국 개혁개방과 사회주의 시장 경제의 발전을 촉진할 수 있고 국제 시장과의 연계를 가속화하여, 중국 경제가 고속 발전을 유지할 수 있게 되었다. 중국의 세계 경제로의 진입은 세계의 여러 국가에게도 이점이 있었다. 중국은 발전 중인 대국이며, 또한 무역 대국이도 하다. 중국의 WTO 가입은 세계 무역 발전을 촉진할 수 있고, 외국 기업의 중국에 대한 투자와 더욱 효율적인 자원 배분을 촉진할 수 있다. 반면 WTO 가입 후, 방직업, 자동차 제조업, 화학 공업, 농업, 은행업, 보험업, 정보 산업

12 역주: 상기의 현재 중국 외환 관리 제도는 미국달러에 인민폐 환율을 결정하고 기타 외화의 환율을 대달러 환율에 연동하여 결정하는 형식의 일종의 페그제 형태를 취하고 있다.

등 중국의 많은 산업은 도전에 직면하게 되었다.

(4) 사회 보장 체계의 건립

사회 보장을 실시하고 사회 보장 체계를 건립하는 것은 사회 발전의 요구이자, 경제 체제 개혁의 중요한 내용 중 하나이다. 전환 중인 중국에 대해서 사회 보장 체계의 건립은 그 독특한 의의를 지니고 있다.

첫째, 국유 기업의 시장 경쟁의 주체적 지위를 더욱 개선할 수 있다. 사회 보장 체계 형성과 진정한 사회화의 조건에서, 국유 기업은 양로, 고용, 의료 등 일련의 정책적인 책임에서 벗어날 수 있고, 기업 경영의 법칙에 의한 시장 경쟁에 참여할 수 있는 것이다.

둘째, 노동력 시장의 성장과 형성을 촉진할 수 있다. 사회 보장 제도 건립 후에야 기업은 그 수요에 의하여 노동자를 고용하고, 노동 자원의 효율적인 배분이 가능하게 되며, 진정한 노동 시장이 형성되는 것이다.

중국의 전통적인 보장 체제는 계획 경제와 연관되어 있다. 주로 소련과 기타 사회주의 국가의 선례를 참조하여, 그 특징은 도시 주민의 취업을 보장하는 노동 제도와 관계가 있었다. 1951년 2월, 중앙 인민 정부가 반포한 〈중화인민공화국 노동 보험 조례〉에서는 국가의 종합적 고려 및 기업에 의한 직원과 직원 가족에 대한 양로 보험, 의료 보험, 상해 보험 등 전면적인 노동 보험을 실시하게 되었다. 이 조례에 의하면 우선적으로 대형 국유 공업 기업에 노동 보험 제도를 도입하였고, 이후 점차적으로 국유 상업 및 무역 등 업종으로 확대하였다. 이러한 제도적 안배는 정부가 도시 주민 취업을 보장한 이후, 직원의 거의 모든 사회 보장은 국가에 의하여 기업을 통하여 제공되는 것이었다. 기업은 직원의 종신 고용, 의료 보건, 양로, 주거, 자녀 탁아소, 입학뿐 아니라 직원에 대한 생로병사, 장애의 모든 부분을 보장하는 것이다.

농촌에서는 중국 전통 사회의 방법을 따라 가족에 의한 사회 보장이 주요한 사회 보장 형식이었다.

20세기 70년대 말부터 시작된 경제 개혁, 특히 국유 기업의 개혁과 함께 전통 사회 보장 체제는 직원들의 양로, 의료, 실업 보험의 새로운 요구에 더 이상 부합하지 않았다. 1986년 국무원은 〈국영 기업 노동 계약제 실행에 대한 잠정 규정〉에서 지적하기를, 노동 계약제를 시행한 새로운 직원들에 대해서, 그 퇴직 비용은 사회의 종합적 고려를 기반으로 실행하기로 하였는데, 이것이 바로 제도 변천의 물꼬를 튼 것이라 할 수 있다. 국가 개혁이 심화되고, 노동 시장과 노동 자원 시장 배치의 건립에 대한 필요가 증대됨에 따라, 시장 경쟁 주체의 질서 개선을 위하여, 특히 경영이 어렵고, 퇴직 직원의 양로비와 현직에 있는 직원의 의료비 지불이 어려운 국유 기업을 해결해야 하였다. 그리하여 이 시기 보장 체계는 사회화, 시장화를 목표로 개혁이 시작되었고, 양로, 의료, 실업 등 사회 전반에 걸쳐 시범 시행하였다. 즉, 현행 사회 보장 조건이 기본적으로 불변하는 것을 보장하는 전제하에 점차 사회화 보장 체계로 전환하고, 현금 수납 및 현금 지불 방식 위주로 사회 보장을 시행하여 사회 전반과 개인 계좌를 연결하는 '사회 보장 자금 조달 모델'(保障籌資模式)을 건립하는 것이었다.

20세기 90년대 이래, 중국 정부는 나날이 사회 보장 자금 조달과 보장 방식을 명확히 하였는데, 그것은 도시 직원 양로와 의료 보험금을 사업 단위와 개인이 공동으로 부담하여, '사회 시스템과 개인 계좌의 연계'(社會統籌和個人賬戶相結合)를 시행하는 것으로 개괄할 수 있다. 1991년, 국무원은 〈직원 양로 보험 제도 개혁에 관한 결정〉을 반포하고, 도시에서 양로 보험 기금의 사회 시스템을 널리 알리기 시작하였다. 이와 동시에 80년대 중반부터 의료 보장 제도에 대한 변혁의 실험이 시작되고, 일부 도시에서는 '큰 병 의료 비용 사회 시스템'을 시범적으로 시행하였다. 사회 시스템를 시행한다는 것은 국가가 자신의 신용으로 보장하여, 통일적인 납부 방식 또는 사회 보장제의 형식을 통하여 통일적으로 사회 보장 기금과 보장의 지불에 대한 자금을 마련하고, 사회 보험의 공제성(共濟性)을 실현하는 것이다.

1993년 14회 3중 전체회의에서 통과된 〈사회주의 시장 경제 체제 몇 가지 문제에 관한 결정〉에서 여러 단계의 사회 보장 체계를 건립해야 한다고 지적하였고, 주요 내용은

"도시 직원 양로와 의료 보험금을 사업 단위와 개인 공동으로 부담하여, 사회 시스템과 개인 계좌의 연계를 시행한다"

라는 것이었다.

1995년 3월 국무원은 〈기업 직원 양로 보험 제도 개혁 심화에 관한 통지〉를 발표하여, 기본 보험은 사회 시스템과 개인 계좌를 연계하는 제도를 시행하고, 점차적으로 기본 보험과 기업 보충 보험 및 개인 저축성 보험을 연계하는 여러 종류의 양로 보험 제도를 형성할 것을 명확히 하였다. 〈통지〉에는 두 개의 구체적 실행 방법을 제시하였는데, 첫 번째는 국무원 체제개혁판공실에 의해 제시된 것으로, 주요 내용은 '큰 비중의 개인 계좌, 작은 비중의 사회 시스템'(大個人賬戶, 小社會統籌)으로 이 방안은 이미 퇴직 및 휴직한 직원의 양로 문제에 대하여, 기업이 일정 비율의 비용을 납부하여 기금 자금 조달 문제를 해결하는 것이었다. 두 번째 방안은 노동부에 의해 제시된 것으로, 기본 원칙은 '큰 비중의 사회 시스템, 작은 비중의 개인 계좌'(大社會統籌, 小個人賬戶)였다. 대부분 지역은 모두 두 번째 방안을 선택하였다.

1997년 7월 국무원은 〈통일적인 기업 직원의 기본 양로 보험 제도 건립에 관한 결정〉(이하 '26호 문건'이라 칭함)에서 명확히 규정하기를, 전국 도시 기업 직원 기본 양로 보험은 통일적인 방안을 시행한다고 하였다. 이 방안은 '사회 시스템과 개인 계좌의 결합'을 기초로 하여 개인 납부 비율, 개인 계좌 규모, 양로비 분배 기준을 통일하였다. 직원 본인 납부 비율은 임금의 11%

로, 직원이 기본 양로 보험 개인 계좌를 만들어 개인이 납부한 전액을 개인 계좌에 기입하고, 그 남은 부분은 기업이 납부한 비용에서 전환하였다. 개인 납부 비율은 1997년 임금의 4%를 하회할 수 없게 되었다. 1998년부터 2년마다 1% 포인트씩 인상하여, 최종적으로 본인 납부 비율이 임금의 8%에 이르도록 하였다. 조건이 좋은 지역과 임금 증가 속도가 비교적 빠른 해에는 개인 납부 비율 인상 속도도 이에 맞추어 빠르게 인상하도록 하였다. 개인 납부 비율의 인상에 따라 기업이 납부해야 하는 액수는 3%까지 감소하였다. 사회 시스템 부분은 지방 정부가 기업 납부 비율을 결정하였다. 그러나 개인 계좌 브문을 포함하는 기업 납부 비율은 일반적으로 기업이 지불한 임금 총액의 20%가 초과하지 않도록 하였다. 양로비 지불은 두 부분으로 나누어졌는데, 첫째는 기본 양로비로, 해당 지역 직원 상반기 월평균 임금의 20%로 그 기준을 삼았다. 둘째는 개인 계좌 양로비로 월별 배분 기준은 개인 계좌 누적 저축액을 그 금액의 120%로 나눈 액수이다. 방안의 최후 과도기 기한은 1998년 말까지였다.

1998년 국무원은 〈도시 직원 기본 의료 보험 제도 건립에 관한 결정〉을 반포하였는데, 이는 도시 직원 의료 제도 개혁의 전면적인 전개를 의미하였다. 이러한 새로운 제도에서 의료 기본 제도는 의료 보험 시스템 기금과 개인 계좌의 두 부분에 의해 보장이 제공되었다. 기본 의료 보험 시스템 기금은 주로 큰 병과 입원 비용으로 지불되어 사회 공제(共濟) 원칙이 실현되었다. 지방 정부급 이상의 행정 단위를 시스템 단위로 삼았다. 개인 계좌는 주로 작은 병과 진료 비용으로 지불된다. 개인 계좌와 개인 자아 보장 능력을 연결시킴으로써 의약 비용의 확대를 견제하였다. 이와 동시에 의료 기구, 약품 유통 체제의 개혁을 추진하여, 병원, 환자, 보험 기구와 약품 생산 및 유통 기구 등 여러 방면의 상호 견제 메커니즘을 만들어 의료 비용의 상승을 제어하였다.

1999년 국무원은 〈도시 주민 최저 생활 보장 조례〉를 반포하고 시행하였다. 전국에서 보편적으로 도시 주민 최저 생활 보장 제도를 만들었다. 도시 주민 최저 생활 보장 자금은 지방 인민 정부에 의하여 재정 예산에 편입되었다. 지방 정부는 해당 지역 도시 주민 기본 생활을 유지하는 데 필요한 비용에 근거하여, 최저 생활 보장 기준을 확정하였다. 가정 1인당 소득이 최저 생활 보장 기준을 하회하는 도시 주민은 모두 최저 생활 보장 대우를 신청하여 얻을 수 있었다. 도시 주민은 최저 생활 보장 대우를 얻은 후, 가정 소득 조사를 통하여, 가정 1인당 소득과 최저 생활 보장 기준의 차액 부분을 얻을 수 있었다.

4. 정부 기능 전환과 현대 거시 조절 체계

(1) 정부 기능

전 세계 모든 국가의 경제 발전 시기에는 정부와 시장의 관계를 고려해야 한다. 경제학의 기본 이론에 의거하여, 시장 경쟁 제도는 거래 비용을 절약하는 제도이며, 자원의 최적 배분을 실현할 수 있는 제도이다. 그러나 시장 경제 또한 한계점을 가지고 있는데, 예를 들어 독점이나 정보 비대칭으로 인한 도덕적 해이, 역선택 등의 문제로, 이를 '시장 실패'라고 부르며, 시장 실패로 인하여 정부의 개입이 필요한 것이다. 그러나 정부는 자기 자신의 문제로 인하여 경제에 관여할 때, 또한 '정부 실패'도 존재한다. '시장 실패'와 '정부 실패'를 극복하기 위한 가장 좋은 방법은 정부와 시장 두 가지를 적절하게 결합하여 두 부문의 긍정적 작용을 충분히 발휘하도록 하는 것이다.

시장 실패를 해결하기 위한 메커니즘은 여러 종류의 행정 명령과 규제적인 관리 감독 조치를 운영하는 것에서부터 시장 역량을 성장시키고, 시장을 창립하고, 대중의 참여를 유도하는 것까지 여러 형식이 있을 수 있다.

중국에서는 정부와 시장의 관계에 대한 토론은 꼭 필요하다. 중국의 개혁개방 과정은 정부가 주도하는 것이고, 시장 경제 체제 건립 과정 또한 정부가 제도 변천을 진행하는 과정이기 때문이다. 시장화 과정 중에 중국 정부는 공공재를 공급하고, 거시 경제를 안정화하며, 외부성을 관제하고, 독점을 금지하는 등의 기본적인 경제 기능을 맡을 뿐만 아니라, 계획 경제 체제를 개혁하고, 시장 경제 체제의 기능을 개선하는 역할도 하고 있다. 중국 경제의 시장화 과정은 정부의 기능을 점차적으로 전환하고, 정부 규모를 축소하며, 경제 관리 방식을 개혁하여, 시장 경제 체제를 개선하는 과정인 것이다.

(2) 기능 전환과 현대 거시 조절 체계의 개선 과정

현대 거시 조절 체계의 개선 과정은 정부가 규모를 축소하고, 정부 기능을 전환하고 정부의 경제 간섭 방식을 변화시키는 과정이다. 92년 이후 시장 경제 체제 건설의 제도 변천 목표를 위하여, 재정 및 세제, 금융, 가격 관리, 외환 관리, 정부 기구 등 다방면의 개혁을 적극적으로 추진하였고, 이로써 시장 경제 체제의 적응에 필요한 거시 조절 체계를 기본적으로 건립하였다.

재정 및 세제 개혁을 살펴보면, '분세제'(分稅制) 재정 관리 체계를 시행하여, '부가가치세'(增值稅)를 위주로 하는 '거래세'(流轉稅) 제도를 추진하였고 내자 기업과 개인 소득세 제도를 통일적으로 규범화하였다.

금융 체제 개혁을 보면, 체제상 중앙은행이 국무원 지도하에 독립적으로 화폐 정책 기능을 수행하도록 확립하여, 중앙은행의 거시 조절 능력이 증대되었다. 전문 은행(專業銀行)은 자산 부채 비율 관리를 시행하였고, 진정한 상업 은행으로 전환을 추진하여, 국가개발은행, 중국농업발전은행, 중국수출입은행이 설립되어 정책적인 대출 업무를 전문적으로 수행하였다.

외환 관리 체제를 보면, 환율 이원제를 시행하고, 시장 수급에 기초한 단일적인 관리가 있는 인민폐 변동 환율 제도를 건립하였다. 은행 간 외환 거래 시장이 생겨, 환율 결정 메커니즘을 개선하고, 합리적이고 상대적으로 안정적인 인민폐 환율이 유지되었다. 외화 소득 결산제를 시행하고, 외화 유보와 상납, 액수 관리 제도를 취소하였다. 은행 외환 매도 제도를 시행하고 인민폐는 기준에 다다르면 교환이 가능하도록 하였다.

가격 메커니즘을 보면, 시장 가격을 기초로 한 가격 형성 메커니즘을 이미 확립하였고, 상품 시장과 요소 시장에서 주요 작용을 하도록 하였다.

정부 기구 개혁을 보면, 1993년과 1998년에 연달아 두 번의 정부 기구 개혁을 실시하여 정부 기능을 진일보 전환하고 정부의 거시 조절 기능을 강화하였다.

5. 사회 중개 조직의 발전과 시장의 전문화 분업 수준의 심화

조직은 중요한 것으로, 특히 시장 경제 체제에서는 각 분야의 전문적인 조직이 있어야 하고, 효율적인 조직은 경제 성장의 관건이다. 기업, 가정과 각종 법률 사무소, 회계 사무소 등 모두 시장 경제 체계에서 자신의 이익 최대화를 하는 조직들이다. 그들이 제공한 상품은 차이가 있는데, 기업은 유형의 상품을 더욱 많이 제공하고, 가정은 노동력을 제공하며, 다른 기타 조직들은 서비스를 제공한다. 이러한 분업은 시장의 전문화 분업을 더욱 심화시킨다.

개혁개방 이후 기업과 가정 조직의 발전과 변화에 관해서는 앞서 이미 소개하였다. 따라서 이번에는 주로 정부와 기업 간에 시장 주체에게 정보, 자문, 교육, 중개, 법률 등 각종 서비스를 제공하고, 각종 시장 주체에게 협력, 평가, 검사, 중재 등 활동을 제공하는 기구나 조직에 대해 소개할 것이다. 이러한 조직들은 총괄하여 중개 조직이라고 부를 수 있다.

(1) 중개 조직의 발전

1993년 중국은 세 번째 정부 기구 개혁을 추진하였다. 명확히 제시하기를, 정부의 행정 관리 기능은 주로 종합적인 계획을 하고, 정책을 장악하고, 정보를 인도하며, 조직 협력을 이끌어, 서비스를 제공하며, 관리 감독을 하는 것이다. 경제 수단, 법률 수단과 필요한 행정 수단을 종합적으로 운용하여, 기업 행위를 조절하고, 공공 교육을 강화하고 시장 기능을 발전시키는 것이다. 시장 경제의 요구와 사회 발전의 수요에 근거하여, 중앙과 지방 정부의 관계를 정상화하며, 각급 정부와 부문의 책임을 명확히 하고, 합리적인 분업을 시행하며, 업무 중복을 막는 것이다. 행정 운영 메커니즘을 개선하고, 정부 업무 절차와 일처리 규칙을 명확히 하는 것 등등이다. 이 시기에 사회주의 시장 경제 체제를 명확히 제시하였으므로, 중개 조직의 발전으로서는 의식 행태상 장애 요인이 제거되었고, 고속 경제 성장의 객관적 현실 또한 중개 조직 발전에 대해 그 필요성을 제시하였으며, 시장 경제는 더욱 많은 전문적인 회사가 전문적 서비스를 제공하는 것을 요구한다. 이로써 제도의 거래 비용을 절감할 수 있으며, 전체 인원의 복지 수준을 제고할 수 있다. 이러한 제도 변천의 배경하에 중개 조직은 역사적 도약을 실현할 수 있었다. 수량의 증가뿐 아니라 질적으로도 많은 진보를 이루었다. 특히 중개 조직이 제도상 구체체하의 정부 기구에 소속된 부문에서 신체제하의 민사 권리를 누리고 민사 책임을 지는 법인 실체로의 변화를 기본적으로 완성한 것은 시장 경제 중 독립적으로 결정을 하는 시장 주체가 된 것을 의미한다.

1998년 중국은 네 번째 정부 기구 개혁을 추진하였다. 개혁의 목표는 업무 수행의 효율을 높이고, 협조적인 운영을 공고히 하며, 행위 규범적인 행정 관리 체계를 만듦으로써, 국가 공무원 제도를 개선하고, 높은 자질의 전문성 있는 행정 관리 간부 팀을 만들어, 점차적으로 사회주의 시장 경제 체제에 적응하는 중국의 특색 있는 행정 관리 체제를 만드는 것이다. 개혁을 통하여, 정부는 '소정부, 대사회' 방향으로의 발전을 준비하고, 이러한 개혁은 애덤 스미스가 제시한 '야간 경찰'의 시장 경제 중의 정부 기능을 향하는 것이다. 1998년 정부 기구 개혁 중 기구 개혁, 정부 기능 전환, 사회 중개 조직의 발전은 긴밀하게 관련되었다. 이 시기에 중국은 모든 회계, 감사 사무소를 철저하게 각급 정부 소속 기구에서 분리하여 독립적인 중개 조직이 되도록 하였다. 국유 법률 사무소를 취소하여 공동 경영제, 주식회사제로 규범화하였다. 정부 보조금을 누리는 중개 조직을 완전히 시장화하였다. 기계공업국, 석탄공업국, 국내무역국 등의 국가국을 철회하고, 그 중 대부분 기능을 관련 상회 혹은 협회 등의 관련 중개 조직으로 이전하였다. 이러한 배경하에 중개 조직은 장족의 발전을 이루었으며, 시장 경제 체제 중 전문적인 서비스를 제공하는 독립적 기구가 되었다. 시장 진입, 시장 경쟁, 시장 거래 질서, 시장 행위 등 방면에서, 증명, 공증, 평가, 협력, 중재 등 중개 서비스와 대리, 자문 서비스, 거래 장소 제공 등 전문적인 서비스를 제공하여, 시장 주체 사이, 시장 주체와 정부 기관 사이에서 전문적인 기구가 되었다. 요약하자면, 중개 조직의 발전은 중국 시장 경제 체제 개혁과 경제 발전의 현실과 긴밀히 관련되어 있다.

(2) 중개 조직의 전문화 분업

시장 경제에서 조직의 수량, 인원에 의거하여, 그들의 전문화 분업 정도를 측정하는 것은 가능하다. 회계 중개, 법률 중개, 상업 협회 및 업종 협회의 중개, 보험 중개 등 네 가지 방면에서 살펴보고자 한다.

① 회계 중개: 중국은 1991년부터 등록 회계사 자격을 취득하는 전국 통일 시험을 시작하였다. 1994년 〈중화인민공화국 등록회계사법〉이 시행되었고, 1999년 〈중화인민공화국 등록회계사법〉을 수정하였다. 2001년 말 중국 등록회계사협회에 등록된 회계사는 13만 명에 달하였고, 회계사 사무소도 4,300개에 달하였다. 20세기 80년대, 중국은 점차 회계 시장을 개방하였다. 현재 이미 많은 국제 회계 회사가 중국에서 설립되어 회원사를 만들었다. 모두 20여 개 국가의 수험생이 중국의 등록 회계사 자격 시험에 참가하였다. 세계 저명한 회계 법인들도 중국에서 업무를 시작하였다.

② 법률 중개: 2002년 상반기까지 전국 법률 중개 서비스 기구수는 4.8만여 개에 달하였고, 관련 업무 종사자는 25만여 명에 달하였다. 법률 업무 영역은 꾸준히 확대되어, 회복 시기 초기의 단순한 형사 변호 업무에서 현재의 경제, 금융, 부동산, 증권, 하이테크 등의 시장 경제 각 영역까지 확대되었다. 국제 간의 협력도 꾸준히 확대되었다.

③ 상업 및 각 업종의 협회 중개: 현재 중국의 업종 협회와 상업 협회는 통계상으로는 민간 조직에 포함되어 있다. 2002년 상반기, 중국에 등록된 각종 민간 조직은 23만여 개가 있으며, 그 중 사회 단체는 13.4만 개, 비영리 기업인 민간 단체는 10만여 개가 있어 사회, 경제, 문화, 과학 기술, 교육, 법률 등 각 영역을 포함하고 있다.

④ 보험 중개: 1995년 전국 인민대표대회에서 〈보험법〉을 공포하였다. 현재, 전국에는 보험 대리 업무 기구가 10만 개 있다. 중개인 시험 제도도 이미 만들어졌다. 1999년부터 베이징, 상하이, 광저우 등지에서 많은 보험 중개 회사가 허가를 받아 설립되었다. 2001년 3월 중국 첫 번째 보험 평가 회사(保險公估公司)가 설립되었다. 이로써 보험자들이 믿을 만한 독립적인 평가 체계가 제공된 것이다. 2001년 초, 중국 보험 관리 감독회는 41개의 보험 중개 조직을 일괄적으로 허가하여, 중국 보험 중개 조직은 56개 사에 이르렀

고, 여기에 기존의 6만여 개의 보험 겸업 대리 기구를 합하면, 중국 보험 중개 조직 시장 주체의 틀이 기본적으로 형성되었다고 할 수 있다.

6. 국민 경제 경기 변동 중의 발전

'14회 대회' 이후, 중국 공산당과 중국 정부의 지배 상황은 사회주의 시장 경제 체제 목표의 인도하에, 중국의 경제 발전을 이끌었고, 경제 발전 중 존재하는 많은 문제점을 극복하고 있었다. '15회 대회' 이후에는 중국 공산당과 중국 정부의 적절한 정책 지도하에, 개혁개방과 경제 및 사회 발전이 지속적으로 진보하였고, 현대화 건설의 두 번째 전략 목표를 실현하였으며, 세 번째 전략 목표를 향한 매진을 시작하고 있었다.

(1) 국민 경제 경기 변동 중의 발전

국내 총생산은 1992년 2.7조 위안에서 2002년 11조 위안까지 증가하였으며, 물가 상승률을 고려하면 매년 평균 10.4%의 성장을 하였다. 같은 기간 세계 경제 연평균 성장률인 3% 수준보다 빠를 뿐 아니라, 동시에 세계에서 경제 성장 속도가 가장 빠른 국가 중 하나였다. 장기간 어려움에 빠졌던 중국 농산품의 심각한 공급 부족 문제를 완전히 해결하였고, 주요 농산품의 생산량은 총량이 균형을 이루었으며 풍년에는 여유분도 생기게 되었다. 중국은 단지 세계 경작지의 10%만 차지하고 있으나 전 세계 인구의 22%의 식량 문제를 해결하고 있어, 인민들의 생활 수준은 빈곤한 상태에서 따뜻하고 배부른 상태(溫飽), 여기서 또다시 중산층 상태로의 도약을 실현하여, 전체적으로는 중산층 수준에 이르렀다. 국가의 세수는 매년 대폭 증가하여, 전국 재정 수입은 1992년 3,483억 위안에서 2001년 16,386억 위안으로 증가하였다. 국가

그림 5-5 중국 GDP와 1인당 GDP 성장률의 변화: 1992~2001년

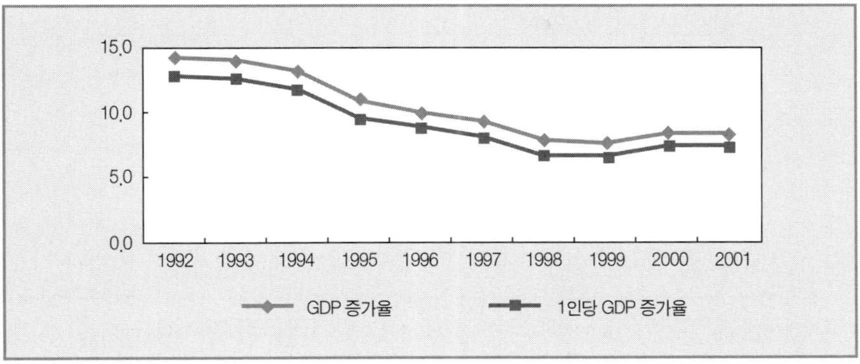

자료 출처: 중화인민공화국 국가통계국 편, 《중국통계연감: 2007》, 중국통계출판사, 2007년판.

그림 5-6 상품 소매 가격 지수와 주민 소비자 가격 지수의 변화: 1992~2001년

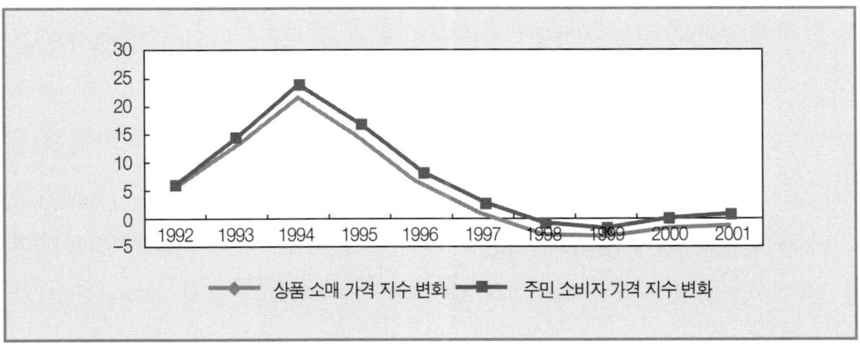

자료 출처: 중화인민공화국 국가통계국 편, 《중국통계연감: 2007》, 중국통계출판사, 2007년판.

외화 보유도 1992년 194억 미국달러에서 2001년 2,121억 미국달러로 증가하였다.

1992년부터 2001년까지 중국 경제가 비록 경기 변동을 거치면서 발전해 왔지만, 이러한 변동 횟수는 이전보다 작아졌다. 개혁개방 이후, 중국 경제는 줄곧 '풀어주면 살아나고, 통제하면 죽는다'(일방취활, 일통취사: 一放就活,

그림 5-7 중국 GDP 증가율: 1978~2001년

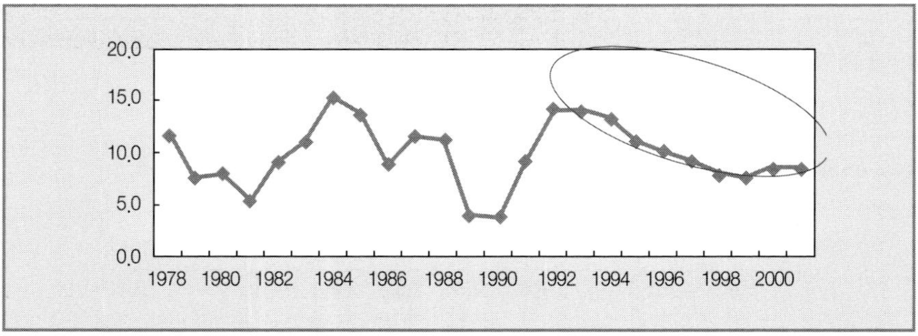

자료 출처: 중화인민공화국 국가통계국 편, 《중국통계연감: 2007》, 중국통계출판사, 2007년판.

一統就死(이팡찌우훠, 이통찌우쓰))는 악순환을 벗어날 수 없어서, 어느 한 수준으로 꾸준하게 유지할 수가 없었다. 90년대 후반 이후, 중국 경제는 점차적으로 안정적인 상태로 돌아왔다. 이는 중국 경제가 선순환의 경제 성장 궤도에 오르고 있는 것을 입증하는 것이다.

1992년부터 2001년까지 중국 국민 경제는 경기 변동 과정을 거치면서 성장하였다. 1992년 덩샤오핑이 남방강화를 한 이후, 1989~1990년의 침체기를 지나 또 한번의 번영 시기가 도래하였다. 1991년 GDP 증가 속도는 회복하여 9.2%에 이르렀고, 1992년에는 14.2%에 달하였으며, 1993년과 1994년에는 각각 두 자리수인 14.0%와 13.1%를 유지하였다.[13] 이러한 경제 번영은 주로 공업 설비와 부동산 영역의 투자에서 온 것이다. 이 두 가지 영역의 투자 증가율은 1992년 44% 수준이었고, 1993년 62%이어서, 자원 사용이 급증하여 가격 또한 급상승하였다. 1994년 소매 물가 지수가 21.7%까지 상승하였고, 주민 소비 가격은 24.1%에 이르렀다. 이 시기의 번영은 이로 인하여 높은 인플레이션을 야기하였다. 높은 인플레이션을 관리하기 위하여 중국 공산당과

13 이상 데이터 출처는 2007년 《중국통계연감》. 단, 2002년 《중국통계연감》의 데이터는 다르게 나타나 있는데, 2002년 《중국통계연감》에는 13.5%와 12.6%로 되어 있다.

중국 정부는 즉시 자금 공급 상황을 긴축하여, 긴축 화폐 정책을 실시하였으며, 은행의 대규모 대출을 제한하였다. 1996년 말, 중국 경제는 '연착륙'을 성공적으로 이끌었다. 그러나 GDP 증가율은 10% 수준으로 떨어졌다. 상품 소매 물가 지수는 6.1%로 떨어졌고, 소비자 가격 지수 또한 8.3%로 하락하였다.

1997년 11월 인플레이션율이 기준선 이하로 떨어져서, 중국 경제는 디플레이션 단계로 진입하였다. 상품 소매 가격 지수는 1998년에 2.6% 수준으로 떨어졌고, 1999년에는 3% 수준이었다. 디플레이션으로 인하여 GDP 증가는 확연히 느려져서, 1998년과 1999년 각각 7.8%와 7.6%를 기록하였다. 중국 경제의 경기 변동은 중국 경제 발전과 관계 있을 뿐 아니라, 1997~1998년의 아시아 금융 위기와도 관련이 있다. 투자 과열, 소비 부족, 수출 부진 등 모두 중국 경제 경기 변동의 주요 원인이었다. '15회 대회' 이후, 중국 공산당과 중국 정부의 적절한 정책의 지도하에, 중국은 아시아 경제 위기의 충격을 견뎌내었다. 세계 경제 성장이 느려지고, 내수가 심각하게 부족하고, 1998년과 1999년 연달아 대홍수 재해 등을 겪는 불리한 조건 속에서 경제 회복을 실현하였다. 2000년과 2001년 GDP 증가율은 8.4%와 8.3%에 이르렀다. 1인당 GDP 증가 추세는 GDP 증가 추세와 대부분 같았다.

(2) 경제 구조 조정의 현저한 성과

1992년부터 2001년까지 경제 구조의 전략적 조정이 추진되었다. 구조의 조정은 산업 간, 지역 간, 경제와 사회 간 더욱 조화로운 발전을 촉진하고, 중국 경제 전체의 자질과 국제 경쟁력을 제고하려는 것이었다. 경제 구조의 전략적 조정은 주로 산업 구조를 꾸준히 개선하였고, 공업 구조 조정이 큰 성과를 보였으며, 농업 구조 조정이 기본적인 효과를 얻는 등의 주요 성과를

그림 5-8 중국 3차 산업 구조의 변화: 1992~2001년

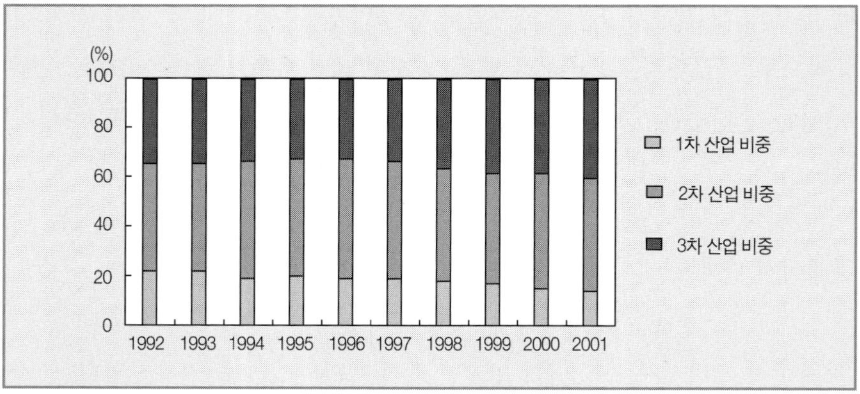

자료 출처: 중화인민공화국 국가통계국 편, 《중국통계연감: 2007》, 중국통계출판사, 2007년판.

보였다. 경제 구조의 전략적 조정 중 중국 3차 산업 구조는 점차적으로 조화롭게 되었고, 경제 성장의 질과 효율이 확연히 제고되었다.

3차 산업 증가액의 GDP 비중은 1992년 21.8 : 43.5 : 34.8에서 2001년 14.4 : 45.1 : 40.5로 조정되었다. 3차 산업 종사자 구조는 1992년 58.5 : 21.7 : 19.8에서 2001년 50.0 : 22.3 : 27.7로 조정되었다. 3차 산업이 국내 총생산액 증가에 공헌한 비율 또한 꾸준히 변하여 1992년의 1.2 : 9.2 : 3.8에서 2001년의 0.4 : 3.9 : 4.0으로 변하였다.

중국 산업 구조는 10년 동안 꾸준히 개선되어왔다. 동시에, 공업 구조 조정도 큰 성과를 보였다. 하이테크 산업, 그 중 특히 IT 산업을 집중적으로 발전시켜, 국민 경제 및 사회 정보화를 적극적으로 추진하였다. 여러 항목의 하이테크 산업화 시범 프로젝트를 실시하여, 자주적인 지적 소유권을 지닌 중대한 과학 기술 성과를 단기간에 이루었다. 하이테크 산업 개발구와 공업구의 역할을 충분히 발휘하여, 하이테크 산업 서비스 체계를 적극적으로 발전시켰다. 개혁개방을 추진하고 투자를 확대함으로써, 중국 IT 산업은 도약

그림 5-9 3차 산업의 국내 총생산의 증가에 대한 공헌: 1992~2001년

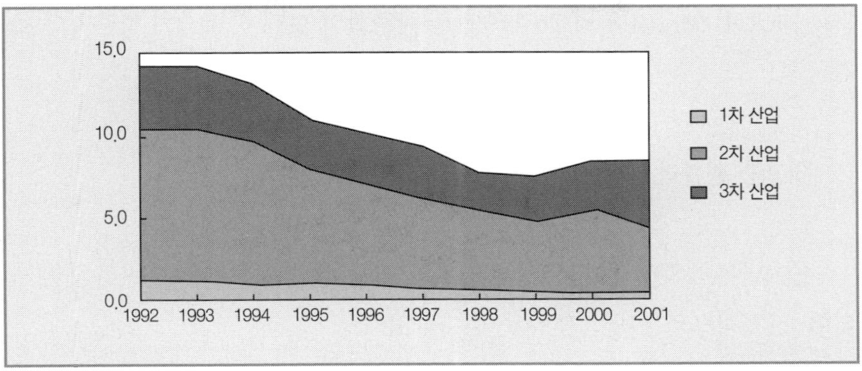

자료 출처: 중화인민공화국 국가통계국 편, 《중국통계연감: 2007》, 중국통계출판사, 2007년판.

적 발전을 할 수 있었다. 또한 전통 공업을 적극적으로 개선하고 제고하였다. 국채 보조금, 기술 개진 프로젝트 허가 등의 방법을 통하여, 중점 산업과 중점 기업, 중점 생산품을 지원하여 대규모 기술 개조와 구조 조정을 추진하였다.

1999년 중국은 전면적으로 농업 구조 조정에 착수하기 시작하였다. 정책 지원과 정보 서비스 및 기술 서비스 강화를 통하여, 농민이 시장 수요에 맞추어 재배 구조 및 품종 구조를 조정하도록 인도하였고, 목축업과 수산식량업을 발전시켰다. 이로써 농업 생산의 지역적 분포를 조정하였다. '기업과 농민의 결합'(公司加農戶), '주문식 농업'(訂單農業) 등의 방식을 적극적으로 널리 알림으로써, 농업의 산업화 경영을 발전시키고, 수많은 농민의 시장 진입을 이끌었다. 동시에 식량 공업이 충분한 기회를 이용하여, 경작지를 숲으로 환원시켜 농업 구조 조정을 촉진하고, 농민 수입을 직접적으로 증가시켰다. 농업 구조 조정 중 각 지역적 특성에 적합한 정책 시행을 견지하고, 행정명령을 지양하였으며, 농민의 의견을 존중하였다. 또 한편으로는 서비스업을 발전시켰다. 시장 진입 장벽을 낮추었으며, 발전 환경을 개선하였고, 현

대 경영 방식과 기술을 보급하여, 전통 서비스로 하여금 진일보 발전을 이루도록 하였다. 동시에 여러 가지 조치를 채택하여 현대 서비스의 빠른 발전을 적극적으로 지원하고 장려하였다.

(3) 인민 생활의 현저한 개선

1992년부터 2001년까지, 경제 발전과 더불어 인민 생활은 현저하게 개선되어, 전체적으로는 중산층 수준에 다다랐다.

도시 주민 가정 1인당 가처분 소득은 1992년 2,026.6위안에서 2001년 6,859.6위안으로 증가하였으며, 매년 평균 실질 증가율은 8.6%에 이르렀다. 농촌 주민 가정 1인당 순소득은 784위안에서 2,366.4위안으로 증가하여, 매년 평균 실질 증가율은 3.8%였다. 도시 주민 가정의 엥겔 지수는 1992년 53%에서 2001년 38.2%로 변하였으며, 농촌 주민 가정의 엥겔 지수는 1992년

표 5-3 도시 주민 가구 1인당 소득과 엥겔 지수: 1992~2001년

연도	도시 주민 가구 1인당 가처분 소득(元)	농촌 주민 가구 1인당 순소득(元)	도시 주민 가구 엥겔 지수(%)	농촌 주민 가구 엥겔 지수(%)
1992	2,026.6	784.0	53.0	57.6
1993	2,577.4	921.6	50.3	58.1
1994	3,496.2	1,221.0	50.0	58.9
1995	4,283.0	1,577.7	50.1	58.6
1996	4,838.9	1,926.1	48.8	56.3
1997	5,160.3	2,090.1	46.6	55.1
1998	5,425.1	2,162.0	44.7	53.4
1999	5,854.0	2,210.3	42.1	52.6
2000	6,280.0	2,253.4	39.4	49.1
2001	6,859.6	2,366.4	38.2	47.7

자료 출처: 중화인민공화국 국가통계국 편, 《중국통계연감: 2007》, 중국통계출판사, 2007년판.

그림 5-10 도시화 수준의 변화: 1992~2001년

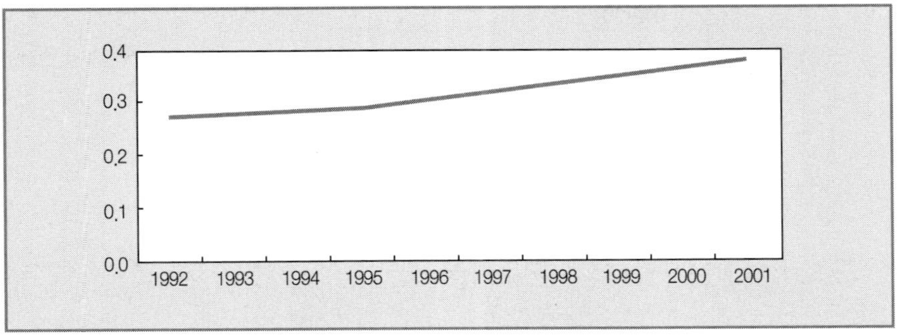

자료 출처: 중화인민공화국 국가통계국 편, 《중국통계연감: 2007》, 중국통계출판사, 2007년판.

57.6%에서 2001년 47.7%로 변하였다. 도시 주민 인민폐 저축 예금 잔액은 1992년 1.2조 위안에서 2001년 7.4조 위안으로 증가하였다. 주민 소유의 주식, 채권 등 기타 금융 자산 또한 큰 증가를 보였다. 농촌 빈곤 인구도 큰 폭으로 감소하였다.

도 · 농 시장은 번영하여, 전체 사회 소비품 소매 총액은 1992년 1.1조 위안에서 2001년 4.3조 위안으로 증가하였다. 도시 주민 1인당 주택 건축 면적은 1992년 14.8m^{2}에서 2001년 20.8m^{2}로 증가하였으며, 농촌 주민 1인당 거주 면적은 18.9m^{2}에서 25.7m^{2}로 증가하였다. 도시화 수준도 제고되어,[14] 1992년의 27%에서 2001년 38%로 증가하였다. TV, 세탁기, 냉장고 등 가전 제품도 더욱 보급되었고, 컴퓨터, 승용차는 나날이 더 많이 주민 가정 속으로 들어갔다. 공공 서비스 시설과 1인당 녹지 면적도 꾸준히 확대되었다. 법정 연휴의 증가로 인하여 여행객이 큰 폭으로 증가하였다. 체육, 문화 및 오락 소비도 확연히 증가하였다. 의료 보건 조건도 꾸준히 개선되었으며, 인민들의 건강 수준도 더욱 좋아졌다. 평균 예상 수명은 2000년 71.4세로, 중등 선진국 수준에 이르렀다.

14 도시 인구수가 총인구수에 차지하는 비율로 측정한 도시화 수준이다.

그림 5-11 중국 수출입 총액 및 차액: 1992~2001년

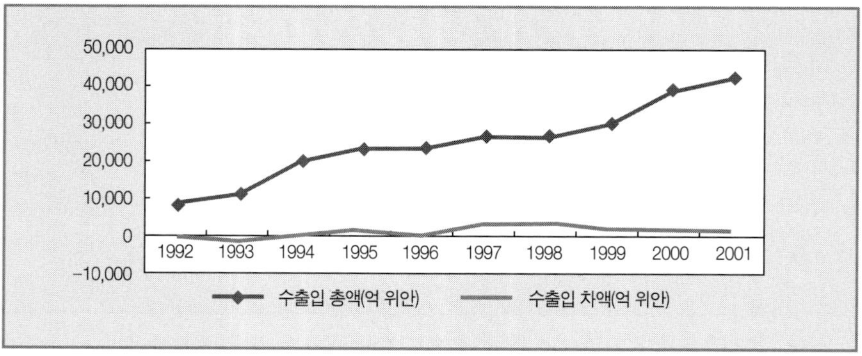

자료 출처: 중화인민공화국 국가통계국 편, 《중국통계연감: 2007》, 중국통계출판사, 2007년판.

(4) 대외 개방의 넓이와 깊이의 확장

과거 20년 중국은 신속하게 폐쇄 경제에서 반폐쇄, 반개방 경제로 전환하여, 신흥 경제국 중 가장 개방적인 시장과 경제국이 되었다. 중국의 외향적 경제는 특히 가공 무역의 신속한 발전으로 인하여 중국의 대외 무역이 신속히 확장된 결과이다. 중국 무역이 전 세계 무역 총액에서 차지하는 비율은 1978년 1% 미만에서 2001년 5%에 근접하게 되었다.

중국이 전 세계 무역에서 차지하는 지위는 개방 초기의 32위에서 2001년 6위권으로 상승하였다. 중국의 외자 이용 수준도 크게 제고되었다. 세계 500대 기업 중 이미 400여 개의 기업이 중국에 투자하였다. 2001년 말에도 이미 중국에 있는 외국 투자 기업은 39만여 개에 이르렀으며, 동시에 중국 기업의 국외에서의 기업 설립 누적수는 6,310개에 이르렀다. 15년의 노력을 통하여, 중국은 2001년 12월 정식으로 WTO에 가입하였으며, 이는 대외 개방이 새로운 단계로 진입하였음을 상징하는 것이다.

요약하면, '14회 대회' 이후 10년간 중국 경제는 큰 성과를 얻었으며, 개

혁개방과 경제 발전은 모두 현저한 진보를 이루었고, 국민 경제는 경기 변동과 함께 발전하였고, 경제 구조는 더욱 개선되었다. 인민 생활 수준도 제고되었고, 동시에 대외 개방 또한 새로운 수준에 이르게 되었다.

7. '8.5'와 '9.5'의 경제 성과

(1) '8.5' 계획 성과와 문제점

① 국민 경제는 빠른 성장을 지속하였다. '8.5' 기간에는, 국민 총생산이 연평균 12% 증가하였다. 그 중 1차 산업은 연평균 4.1% 증가하였고, 2차 산업은 17.3%, 3차 산업은 9.5% 증가하였다. '8.5' 기간의 경제 성장 속도는 중국의 과거 어느 때보다 빨랐을 뿐만 아니라, 전 세계에서 유례가 없을 정도로 빠른 성장을 이룩하였다. 1991년부터 1994년 사이에는 중국 국내 총생산이 연평균 12.7% 성장하였으며, 동기간 전 세계 연평균 경제 성장률은 1.9%로, 그 중 선진국은 1.7%, 개발 도상국은 5.3%를 기록하였다.[15]

② 경제 체제 개혁은 확연한 발전을 이루었는데, 국민 경제의 시장화, 사회화 정도가 확연하게 제고되었으며, 사회주의 시장 경제 체제가 점차적으로 건립되고 있었다. '8.5' 기간 동안, 15년의 탐색을 거쳐, 중국은 마침내 사회주의 시장 경제 체제의 목표와 기본 틀을 확립하였으며, 이로써 개혁의 속도를 가속화하였다. '분세제'(分稅制)를 핵심으로 하는 새로운 재정 체제와 부가가치세 위주의 새로운 세제는 이미 기본적으로 건립되었고 정상적 운영을 할 수 있게 되었다. 새로운 거시 조절 체계의 틀은 기본적으로 완성되어, 거시 조절 정책을 강화하고 개선하여 확연한 효과를 얻을 수 있었다. 가격 또한 더욱 개방하여, 시장의 자원 배분 능력이 확연히 강화되었다. 국유

15 마홍(馬洪), 〈저자 머리말〉, 《중국통계연감: 1996》, 중국경제연감사, 1996년판에서 재인용.

기업 및 농촌 개혁, 계획, 투자, 유통, 사회 보장 체제 개혁, 주택 제도 개혁과 정부 기구 개혁 모든 분야에서 새로운 진전이 있었다. 공유제를 위주로 하고 여러 종류의 경제 요소가 공동으로 발전하는 구조가 이미 형성되었다.

③ 대외 개방의 전체적인 패턴도 기본적으로 형성되었다. 대외 무역이 신속하게 성장하였고, 외자 이용 또한 대폭 증가하였다. '8.5' 기간 동안, 대외 개방이 연해 지역에서 국경, 주요 하류, 주요 철도선 주변 지역과 내륙 성도 도시로 확대되었고, 경제 특구는 대외 개방 창구의 중요한 역할을 지속적으로 발휘하여, 푸둥 지역의 개방 개발은 큰 진전을 이루었다. 대외 개방의 영역도 일반적인 가공 공업에서 기초 공업과 기초 시설로 확대되었다. 외국인 직접 투자도 중소기업에서 대기업으로 확대되어, '여러 방면, 여러 단계, 여러 형식'(多方位, 多層次, 多形式)의 대외 개방 국면이 기본적으로 형성되었다. 수출입 무역은 5년 동안 1조 미국달러를 초과하였다. 5년 동안 실제 이용한 외자는 1,600억 미국달러를 초과하였다. 선진 기술과 관리 경험을 유치함으로써, 국내 생산 기술과 관리 수준의 제고를 촉진하였다.

④ 산업 구조 조정 또한 현저한 업적을 이루었다. 수리 건설은 가속화되었고, 에너지, 교통, 통신 건설은 역사의 최고 수준을 기록하였으며, 지주 산업 또한 빠른 속도로 성장하였다. '8.5' 기간 동안, 우선은 수리 건설이 가속화되었다. 창장싼씨에(長江三峽), 황허샤오랑디(黃河小浪底), 베이징페이라이협(北京北江飛來峽) 등 댐과 수리의 핵심 사업이 연이어 착공하였다. 황회하이핑위웬(黃淮海平原) 관개와 인따루타이(引大入泰) 등 일련의 수리사업의 건설을 시작하여, 농촌의 사람과 가축의 식수 사업 건설에 있어 비교적 큰 발전을 이루었다. 다음으로, 에너지, 교통, 통신 건설이 속도를 내어, 생산 능력이 제고되었고, 국민 경제 발전의 난관이 어느 정도 완화되었다. 세 번째는 지주 산업이 빠른 성장을 하였다. '8.5' 기간 동안, 자동차, 전자, 석유화학 등 산업의 생산 능력이 빠른 속도로 증가하였고, 경제 규모가 있는 연생산 15만

대 승용차, 45만 톤 에틸렌, 300만 대의 컬러 TV의 생산 기지가 형성되었다. 경공업 및 방직 생산품은 국내 시장 수요를 만족하여, 국제 시장에서 비교 우위를 발휘할 수 있어 수출이 대폭 증가하였다.

⑤ 각 지역은 지역 특색에 맞추어 우세한 산업을 발전시켰고, 지역 경제는 다른 수준으로 발전하였다. '8.5' 기간 동안, 각 지역 경제는 모두 큰 발전을 이루어서, 경제 및 사회 면모가 현저한 변화를 가져왔다. 동부 연해 지역은 자본, 기술, 인재, 지리적 우세를 바탕으로 자본 및 기술 집약 및 대외 의존도가 높은 산업이 신속하게 발전하였다. 대외 경제 기술 교류 수준이 진일보 제고되었으며, 파급 및 시범 작용이 진일보 강해졌다. 중서부 지역은 자원의 우세를 바탕으로 농업, 에너지, 원자재 등 산업이 더욱 커져서 전국 경제 발전을 지탱하였다.

⑥ 과학 기술 및 교육 사업이 크게 발전하여 사회 사업이 전면적으로 발전하였다. '8.5' 기간 동안 과학 기술 연구는 더욱 강화되었고, 5년간 국가급 연구 프로젝트가 16만 개 항목에 이르렀다. 일련의 기술 장비 연구가 성공적이었고, 생산 및 건설 과정에서 응용이 이루어졌다. 각종 교육 사업은 신속하게 발전하여, 총인구의 90% 이상을 차지하는 지역에 초등학교 교육이 보급되었고, 9년 의무 교육이 보급되었으며, 중등 직업 교육을 발전시키는 업무도 순리적으로 추진되었다. 고등 교육 구조 조정도 가속화되었다. '중국 21세기 의사 일정'(中國21世紀議程)을 제정하여, 지속 발전 가능한 발전 전략을 확정하고, 환경 및 생태계 보호를 중시하게 되었다.

⑦ 도농 주민 생활 수준의 제고가 비교적 빨라 생활의 질이 더욱 개선되었다. '8.5' 기간 동안, 물가 인상을 고려한 도시 주민 1인당 생활비 소득은 연평균 7.7% 증가하였고, 농촌 주민 1인당 순소득은 연평균 4.5% 증가하였으며, 소비품 소매액은 연평균 10.6% 증가하였다. 1995년 말, 주민 저축 예금 잔액은 3조 위안에 근접하였으며, 이는 '7.5' 기간 말보다 약 2조여 위안이 증

가된 수치이다. 빈곤 인구는 '7.5' 기간 말의 8,500만에서 6,500만으로 감소하였다. 도시 1인당 거주 면적은 '7.5' 기간 말의 6.7m²에서 7.9m²로 증가하였다. 전화 보급률 또한 1.1%에서 4.6%로 제고되었으며, 도시 직원에 대해서는 매주 5일 근무제를 시행하게 되었다.

물론 '8.5' 기간의 국민 경제는 발전하는 가운데 여러 문제가 발생하였다. 몇몇 문제는 비교적 명확하였는데 주요 내용은 다음과 같다.

첫째, 1993년 시작한 고인플레이션은 1994년 개혁개방 이래 최고 수준을 기록하였고, 1995년 비록 큰 폭으로 하락하였으나 높은 인플레이션 수준을 근본적으로 전환하지 못하였다.

둘째, 농업의 기초가 약한 국면은 근본적인 변화를 찾을 수 없었다. 인구 증가와 생활 개선, 경제 발전의 요구에 맞출 수가 없었다. 농민의 부담이 과중하였고, 소득 증가도 완만하였으며, 농촌 인구의 잉여 문제도 해결할 수 없었다.

셋째, 국유 기업의 효율과 이윤이 하락하는 추세를 근본적으로 전환하지 못하였다. 기업은 적자에 시달리고, 국유 자산 유실 문제가 적절한 해결책을 찾지 못하였다.

넷째, 소득 분배 방면에서 신구 체제의 전환과 기존 경제 발전의 불평등으로 인하여 지역 간, 도농 간, 사회 구성원 간의 소득 격차가 확대되는 추세를 보였다.

다섯째, 경제 위법 및 범죄 현상이 만연하여, 국유 자산 유실과 정부 관료의 '지대 추구' 현상이 끊이지 않았다.

(2) '9.5' 계획의 성과

① 종합 국력이 더욱 신장되었다. '9.5' 기간 동안, 국민 총생산액의 증가

율은 8%를 초과하였으며, 2000년 국내 총생산액은 8.6조 위안에 달하여서, 경제 총량은 세계 9위에서 7위로 도약하였다. 식량 비축량은 역사상 최고 수준에 달하였다. 국가 외화 보유량도 1,500억 미국달러를 초과하여 세계 2위를 차지하였다.

② 거시 조절 정책은 탁월한 효과가 있었다. '9.5' 기간 동안 경제 생활 중에 존재하는 특별한 문제에 대해서, 인플레이션을 억제하는 것을 거시 조절의 첫 번째 임무로 삼아 적절한 긴축 재정 정책과 화폐 정책을 시행하였고, 종합적인 관리 조치를 취하여 높은 인플레이션 국면을 전환하였다. 경제 성장 속도를 여전히 높은 수준으로 유지하는 상태에서 물가 상승폭을 비교적 낮은 수준으로 하락시켜 국민 경제의 순조로운 연착륙을 실현하였다. 1997년 이래, 아시아 금융 위기와 국내 유효 수요 부족 등의 문제에 대해서 적극적 재정 정책과 안정적인 화폐 정책을 실시하였고, 국채 발행, 투자 확대, 소비 촉진, 수출 증가를 통하여, 디플레이션 국면의 발전을 효율적으로 억제하였다. 2001년 상반기에는 경제 발전이 중요한 전환기를 맞이하여 국내 총생산이 동기 대비 8.2% 증가하였고, 사회 수요는 전면적으로 반등하였으며, 수출입은 큰 폭으로 확대되어, 경제 운영이 선순환 궤도에 진입하였다.

③ 생산품 부족 상태는 기본적으로 종결되었다. 경제 구조가 빠르게 변화하는 효과를 보였다. 시장 수급 관계는 판매자 위주 시장에서 구매자 위주 시장으로의 역사적인 전환점을 맞이하였다. 2001년에는 공급 초과 비중이 80%를 차지하며, 공급이 부족한 생산품은 2%에 불과하였다. 하이테크 산업이 신속하게 발전하여, 새로운 경제 성장 동력이 되었다. 서비스업은 안정적으로 성장하였고, 신흥 산업은 일어나기 시작하여, 점차적으로 취업을 흡수하는 중요한 경로가 되었다. 경제 성장의 질과 효율은 지속적으로 제고되어서, 전체 사회의 노동 생산성과 1만 위안 생산액당 소모하는 에너지의 비율은 계획 예상 목표를 초과 달성하였다.

④ 기초 시설 상황이 크게 개선되었다. '9.5' 기간 동안 적극적 재정 정책을 실시하는 역사적 기회를 이용하여 내수가 확대되었으며, 국채 발행을 통하여 투자를 확대하고, 일련의 중대 사업을 진행하였다. 농림수리 건설이 현저하게 가속화되었고, 주요 하류와 호수 주변의 제방을 1만여 km 건설 및 보수하였다. 도로 건설은 유래 없는 빠른 발전 시기를 맞이하였다. 투자 규모가 '8.5' 기간보다 4.5배 증가하였으며, 새로 건설한 도로는 24만km에 이른다. 그 중 고속도로는 1.3만km 건설되었다. 철도 건설 규모 또한 역사상 최고 수준에 이르러 새로 건설한 철도 6,000km의 운영에 들어갔다. 도시 기초 시설 건설도 가속화되었다. 500여 근(斤)의 식량 저장고가 건설되어 식량 조절 능력이 효율적으로 개선되었다. 전력 건설은 안정적인 발전을 하였는데, 발전기 용량이 3.15억kW에 달하여서, '8.5' 기간 말보다 9,778만kW가 증가하였다. 전력망 건설은 역사상 가장 빠른 단계로 진입하여 주요 전력망 건설이 점차 늘어났으며, 도농 전력망 개조가 초보적인 효과를 얻었다. 기초 시설과 기초 사업의 신속한 발전은 경제 사회 발전의 병목 현상을 기본적으로 해결하고, 장기적인 발전 잠재력을 더욱 강화할 수 있다.

⑤ 인민들의 생활은 전체적으로 중산층에 도달하였다. 도시 주민 소득과 농민 1인당 순소득은 각각 5,854위안과 2,210위안에 이르렀다. 주민 소비 구조는 현저히 개선되었으며, 생활의 질은 진일보 제고되었다. 농촌 빈곤 인구는 1995년의 6,500만 명에서 1999년 3,400만 명으로 감소하였다.

⑥ 각종 사회 사업도 발전하였다. 과학 진보는 가속화되고 교육을 우선적으로 발전시켰다. 기초 학문에 대한 연구, 실용적인 기술, 핵심 기술과 첨단 기술 항목에 많은 지원을 하였으며, 기술 혁신과 과학 기술 성과의 산업화가 효과를 보기 시작하였다. 혁신 사업을 시작하여, 선진 과학 기술에 대한 연구를 강화하였다. 이로써 중국은 미국, 일본에 이에 고성능 슈퍼 컴퓨터를 개발할 수 있는 능력이 있는 국가가 되었다. '선저우'(神舟) 호의 비행

실험은 성공적이었고, 유인 우주선 사업은 큰 진보를 하였다. 디지털 고화질 TV와 희토류 재료 응용 및 생물 기술 등 응용 과학 연구 성과의 산업화도 큰 진전을 보였다. 전국에는 기본적으로 9년의 의무 교육이 보급되었으며, 기본적으로 청장년층의 문맹이 사라졌다. 고등 교육 학생 모집수는 '8.5' 기간보다 증가하였고, 학생 모집 규모는 크게 확대되었다. 문화, 방송 영화, 신문 출판, 보건 및 체육 등 각종 사회 사업은 전면적인 발전을 하였다. 대중 도시 문화 시설의 건설이 가속화되었다. '9.5' 기간 말에는 라디오, TV 인구의 보급률이 각각 91.5%와 92.5%에 이르러, '8.5' 기간 말보다 12.8% 포인트와 8.1% 포인트 증가하였다. 인구의 과도한 증가 속도는 어느 정도 진정되었고, 인구의 자연 증가율은 1995년 10.6%에서 8.8%로 하락하였다. 기본적으로 인구 재생산 유형이 '고출생, 저사망'에서 '저출생, 저사망, 저증가'의 역사적인 전환을 실현하였다. 생태 환경 건설 투입도 현저히 증가되었다. 경작지를 숲으로 환원하는 정책과 천연림의 보호 사업이 시작되었으며, '세 개의 하천: 회허, 랴오허, 하이허'(三河: 淮河, 遼河, 海河) 및 '세 개의 호수: 타이후, 뎬지, 차오후'(三湖: 太湖, 滇池, 巢湖)의 수질 개선이 큰 성과를 얻었고, 도시 환경 질도 개선되었으며, 전 국민의 환경 보호 의식이 현저히 강해졌다.

⑦ 각 항목의 개혁이 더욱 심화되어, 사회주의 시장 경제 체제가 기본적으로 건립되었다. 국유 기업의 개혁은 새로운 진전을 보였으며, 대다수 대 · 중형 주요 국유 기업은 현대 기업 제도를 기본적으로 건립하였다. 또한 대다수 적자 상태에 있는 대 · 중형 국유 기업의 어려움 극복 목표도 예상대로 실현되었다. 국유 기업의 실직한 '하강'(下崗(씨아캉)) 직원의 기본 생활 보장, 실업 보험, 도시 주민의 최저 생활 보장 등 '세 가지 보장선'(三條保障線) 제도가 기본적인 틀이 형성되었고, 도시 직원의 기본 양로 보험, 실업 보험, 도시 직원의 기본 의료 보험을 주요 내용으로 하는 사회 보장 제도가 기본적으로 형성되었다. 정부 기구 개혁도 중요한 진전을 보였다. 공유제를 기본으로 하

고, 여러 소유제 경제를 공동으로 발전시키는 기본 경제 제도가 더욱 공고해졌으며, 소유제 구조의 개선이 큰 진전을 보였다. 현재, 공유제는 국민 경제 중에서 주요한 지위를 차지하게 되었다. 국민 경제의 시장화 정도는 더욱 제고되었고, 시장의 자원 배분 중에서 기초적인 작용은 현저히 강해졌다. 재정 및 세제, 금융, 투자 및 융자, 가격, 외환, 대외 무역 등 개혁이 지속적으로 추진되었으며, 거시 조절 체계도 진일보 개선되었다.

⑧ 전방위적인 대외 개방 구조가 기본적으로 형성되었다. 대외 무역 규모는 꾸준히 확대되어, 수출입 총액이 4,000억 달러를 초과하여 세계 무역에서 9위를 차지하였다. 수출 상품 구조가 개선되어 일반적인 가공 제품 위주에서 기계 전자 제품의 수출 위주로 전환을 실현하였다. 시장 다원화 전략은 새로운 진전을 보여서, 홍콩, 미국, 일본, EU 등 전통적인 무역 파트너의 수출은 빠른 증가를 유지함과 동시에 신흥 시장을 개척하여 성과를 이루었다. 외자 이용은 2,800억 달러에 이르러, '8.5' 기간보다 1,100억 달러가 증가하였다. 외국인 직접 투자의 과학 기술 함량도 증가하였고, 다국적 기업의 중국에서의 투자가 증가하였으며, 단일 항목 투자의 규모도 확대되었다.

제3절 당과 정부의 국민 경제에 대한 거시 조정(駕馭)

국민 경제가 경기 변동과 더불어 성장하는 과정은 당과 정부의 국민 경제에 대한 거시 조정의 과정이라 할 수 있다. 당과 정부의 경제에 대한 조정을 통하여, 중국의 제도 전환은 순리적으로 진행되었으며, 경제는 지속 가능한 발전을 실현하였고, 산업 구조는 진일보 개선되었으며, 지역 구조도 꾸준히 개선되었다. 중국 공산당은 경제 발전 지도 사상의 확립을 통하여 경제를 이끌었다. 중국 정부는 당의 정신이 관철되도록 최선을 다하였고, 실질적인 문제를 해결해 나갔다. 1997~1998년의 아시아 금융 위기와 내수 부족 문제에 직면해서, 중국 정부는 적절한 대응 정책을 통하여 어려움을 극복하였을 뿐 아니라, 중국 경제의 건전한 발전을 이루었다. 사회 균형 발전과 경제의 지속 가능한 발전을 촉진하기 위하여 당과 정부는 일련의 전략 선택을 추진하였다. 이 모든 것은 중국 공산당과 중국 정부의 경제를 이끌고, 경제를 관리하는 수준과 능력을 보여준다.

1. 당의 '14회 대회'와 '15회 대회'에서의 경제 발전 지도 사상의 확립

(1) 당의 '14회 대회'에서 사회주의 시장 경제 체제 건설의 목표를 확립함

당의 '14회 대회'에서 사회주의 시장 경제 체제 건설의 목표를 확정하였고, 총체적으로 사회주의 시장 경제 체제의 기본적 특징을 개괄하였다. 당의 14회 3중 전체대회에서 통과한 〈중공 중앙의 사회주의 시장 경제 체제 건설의 몇 가지 문제에 관한 결정〉에서, 당의 14회 대회에서 확정한 경제 체제 개혁의 목표와 기본 원칙을 더욱 체계화하고 구체화하는 것으로 사회주의 시장 경제 체제의 로드맵과 기본 틀을 제시하였다. 당의 16회 3중 전체회의를 통과한 〈중공 중앙의 사회주의 시장 경제 체제의 몇 가지 문제에 관한 결정〉에서는 진일보 시장화를 위한 제도 변천 방향을 자세하게 설명하였다.

그 내용을 보면, 첫째 공유제를 위주로 하여 여러 소유제가 공동 발전하는 소유제 구조를 건립하는 것이다. 공유제를 위주로 하고 여러 소유제가 공동 발전하는 것은 사회주의 초급 단계에서 하나의 기본 경제 제도이다.

둘째, 국유 기업 경영 메커니즘을 전환하여 현대 기업 제도를 건립하는 것이다. 현대 기업 제도의 기본 특징은 재산권을 명확히 하고, 책임과 권한을 명확히 하며, 정치와 기업을 분리하며, 과학적인 관리를 하는 것이다.

셋째, 시장 체계를 성장시키고 개선하는 것이다. 금융 체제를 개혁하려면 금융 시장을 개선하여야 한다. 노동 제도를 개혁하려면 점진적으로 노동 시장을 형성하여야 한다. 부동산을 규범화하고 발전시키려면 도시 주택 제도 개혁을 가속화하여야 한다.

넷째, 정부 기능을 전환하여, 건전한 거시 경제 조절 체계를 만드는 것이다. 정부는 경제 수단, 법률 수단과 필요한 행정 수단을 운용하여 국민 경제를 관리하고, 기업의 생산 및 경영 활동에는 직접적인 관여를 하지 않아야 한다.

다섯째, 합리적인 소득 분배 제도를 건립하는 것이다. 사회주의 시장 경제 조건하에서, 분배 제도는 '효율우선, 공평겸고'(效率優先, 兼顧公平) 원칙을 실현하여야 한다. 노동에 의한 분배를 위주로 하고, 다양한 분배 방식이 병존하는 제도를 시행하여야 한다.

여섯째, 다방면의 사회 보장 제도를 건립하는 것이다. 사회 보장 체계는 사회 보험, 사회 구제, 사회 복지, 사회 시스템 및 개인 저축 적립 보장 등을 포함한다.

시장 메커니즘이 효율적인 자원 배분을 하는 것을 충분히 긍정하는 동시에 시장 경제 체제 또한 시장 메커니즘의 내재적인 한계점을 인식하여야 한다. 시장 메커니즘의 이러한 한계점은 정부의 조절과 계획 조절의 필요성을 다시 확인할 수 있다.

(2) 당의 '15회 대회'에서의 개혁의 지속적인 추진

1997년 9월 당의 '15회 대회'는 제시하기를,

"앞으로 다가올 21세기 이전의 10년 동안, 중국은 두 번째 전략 목표를 실현하고, 세 번째 전략 목표를 향해 매진하고 있는 중요한 시기이다. 이 시기에 비교적 안정된 사회주의 시장 경제 체제를 건설하고, 국민 경제의 빠르고 건강한 발전을 지속하는 것은 반드시 해결하여야 할 두 가지 과제이다. 사회주의 시장 경제의 개혁 방향을 견지하려면, 개혁으로 하여금 중대한 방면에서 새로운 성과를 얻어야 하고, 경제 구조를 개선하고, 과학 기술을 발전시키고, 대외 개방 수준을 제고하는 등 다방면에서 중대한 진전을 이룸으로써, 빠른 속도, 높은 효율, 총체 수준을 부단히 제고하는 조화로운 경제 발전의 길을 가야 한다"

라고 하였다.

이 목표를 달성하기 위하여, '15회 대회'는 경제 발전과 제도 변천에 관한 지도 사상을 제시하였다. 주요 내용은 다음과 같다.

첫째, 소유제 구조를 조절하고 개선하는 것이다. 공유제를 위주로 하고 여러 종류의 소유제 경제를 공동으로 발전시키는 것은 중국 사회주의 초급 단계에서의 하나의 기본적인 경제 제도이다. 비공유제 경제는 중국 사회주의 시장 경제의 주요한 구성 성분인 것이다.

둘째, 국유 기업의 개혁을 가속화하는 것이다. '소유권을 명확히 하고, 책임 및 권한을 명확히 하여, 정치와 기업을 분리하며, 과학적인 관리를 하는' 요구에 의하면, 중 · 대형 국유 기업에 대해 규범적인 기업 제도 개혁을 시행하여 기업으로 하여금 시장에 적응하는 법인 실체와 경쟁 주체가 되도록 해야 한다.

셋째, 분배 구조와 분배 방식을 개선하는 것이다. 노동에 의한 분배를 위주로 하고, 여러 분배 방식이 병존하는 제도를 견지해야 한다. 노동에 의한 분배와 생산 요소에 의한 분배를 결합하여, '효율우선, 공평겸고'의 원칙을 견지해야 한다.

넷째, 시장 메커니즘의 작용을 충분히 발휘하고, 거시 조절 체계를 정상화하는 것이다. 각종 시장을 계속 발전시켜고, 자본, 노동력, 기술 등 생산 요소 시장을 중시하여, 생산 요소 가격의 형성 메커니즘을 개선해야 한다.

다섯째, 농업의 기초적 지위를 강화하고, 경제 구조를 조절하고 개선해야 한다. 중국 경제 발전 상황에 의하면, 경제 구조에 대한 전략적 조정을 추진해야 한다.

여섯째, 과학 교육을 통한 부국 전략과 지속 발전 가능한 전략을 시행하는 것이다. 과학 기술과 교육 체제 개혁을 심화하여, 과학 기술, 교육과 경제의 결합을 촉진하여야 한다.

일곱째, 대외 개방 수준을 제고하는 것이다. 더욱 적극적인 자세로 세계를 향해 나아가야 하며, 전방위, 다방면, 넓은 영역의 대외 개방 구조를 개선하여, 국내외 두 개의 시장과 두 종류의 자원을 더욱 잘 이용하여야 한다.

여덟째, 인민 생활을 꾸준히 개선하는 것이다. 경제 발전을 기초로 하여, 전국 인민이 중산층 생활을 하도록 하고, 점차적으로 더욱 높은 수준을 향하여 전진해야 한다.

이러한 지도 사상은 사회주의 경제 이론 건설에 중요한 공헌을 하였으며, 동시에 국내 경제 발전의 새로운 정책 제정에 기초를 다지게 되었고, 중국 시장화에 있어 취해야 하는 제도 변천의 방향을 인도하였다.

2. 경제에 대한 정부의 거시 조정 정책

(1) 국내외 경제 발전 환경의 변화

1997년 7월 아시아 금융 위기의 촉발을 계기로 중국뿐 아니라 전 세계의 거시 경제 형세가 변화하였다. 각국이 직면한 경제 문제는 이미 인플레이션이 아닌 디플레이션이었다. 일부 경제학자는 이를 '침체 경제학이 돌아왔다'[16]고 하였고, 중국은 1997년에 수요 부족, 시장 부진의 국면이 나타났다.

16 폴 크루그먼, 《불경기 경제학의 회귀》, 중국인민대학출판사, 1999.

그 원인은 다음과 같다.

첫째, 1993년 이후 긴축 조치에 관성이 붙었다. 20년 동안 중국 경제는 대체로 '높은 성장–인플레이션–거시 관제–긴축–정체–풀어줌–확장'의 궤적에 의하여 발전해 왔다. 1993년부터 여름철에 시작한 긴축 정책은 1996년 겨울에 현저한 효과를 보였다. 1997년에는 대체적으로 제로 인플레이션율을 실현하였다. 다른 나라에서 물가 억제 정책 조치 이후 통상적으로 발생하는 정체 효과와 마찬가지로 중국도 디플레이션의 과정이 시작되었다.

둘째, 국유 경제에 대한 전략적 개조를 하는 과정에서, 한편으로는 일부 잉여 생산력을 포기하였고, 다른 한편으로는 대량의 국유 기업 직원의 '실업'(하강: 下崗(씨아캉))에 직면하였다. 1997년 말, 전국 실업자수는 1,200만 명 정도로 1996년보다 300여만 명 증가하였다. 취업 상태의 악화는 도시 주민 소득의 증가 추세를 늦추기 시작하였고, 1997년 도시 주민 실제 1인당 가처분 소득은 3.4%가 증가하여 90년대 이래 최저 수준에 이르렀다. 이는 수요의 감소를 야기하였다.

셋째, 개혁 과정 중에서 특히 주택 제도 개혁과 사회 보장 제도 개혁의 과정에서 국가가 모두 책임지었던 구제책은 빠르게 사라졌지만, 새로운 제도의 건립은 느려서 사람들의 저축 성향이 제고되었고, 이로 인해 소비가 감소하였다.

넷째, 1995년까지 중국은 5년을 앞당겨 11회 3중 전체회의에서 확정한 중국 경제 건설의 3단계 발전 전략의 두 번째 단계 목표를 달성하여서, 20세기 말 국민 총생산은 다시 두 배가 되었다. 인민들의 생활 수준은 기본적으로 빈곤 상태에서 중산층 상태로 역사적인 도약을 실현하였다. 군중의 '온포'(溫飽(원바오))[17] 문제는 이미 해결되었다. 이때에 국내 소비 구조는 한 단계 성장하였고, 국민의 의료, 교육, 주택 등 방면의 수요는 나날이 증가하였

17 역주: 따뜻함과 배부름이라는 뜻으로 기본 생활을 의미한다.

다. 그러나 이와 동시에 이 방면의 공급은 제한적이어서 수요 부족의 모순이 발생하였다.

다섯째, 아시아 금융 위기의 영향이다. 아시아 경제와 금융의 지속적인 동요로 인하여, 선진국 화폐의 심각한 평가 절하와 수입 구매 능력의 대폭적인 감소가 진행되었고, 이로 인하여 중국의 수출이 대폭 감소하였다. 이와 동시에 이들 국가의 중국에 대한 외국인 직접 투자(FDI)는 큰 폭으로 감소하였다. 이러한 다섯 가지 요인이 동시에 작용하여 중국 경제 발전 환경에 큰 변화가 발생하였고, 인플레이션은 더 이상 문제가 되지 않았고, 중국 경제는 전면적인 수축 문제가 발생하였다.

(2) 대응 조치

중국 정부는 국내외 경제 환경 변화에 따라, 국내 경제 발전에 있어 내수 부족의 특징에 대하여 '내수 확대'와 '금융 리스크 대비'의 기본 방침을 제시하고, 이 방침을 달성하기 위해 적극적 재정 정책과 안정적인 화폐 정책을 실시하였다. 주요 내용으로는 정부의 재정 지출을 증가하고, 은행의 예금 및 대출 이자율을 인하하여, 주민 소비와 개인 투자를 촉진하였다.

정부 지출의 증가는 주로 국채 발행을 통하여 재정 적자 폭을 확대하고, 공공 사업성 지출을 증가하며, 기초 시설 건설에 집중 투자하여 실현하였다. 1998년부터 2002년까지 5년간 발행한 장기 건설 국채 누적액은 6,600억 위안에 달하였고, 고속도로, 교통, 발전, 대형 수리 사업 등의 기초 시설 건설과 기초 산업 건설에 쓰였다. 1999년 중앙은행은 안정적인 화폐 정책 실시를 선포하고 또다시 은행 이자율을 대폭 인하하였다. 이번 조정을 통하여 1년 만기 예금 이자율은 2.25%로 하락하였고, 1년 만기 대출 이자율은 5.85%로 떨어졌다. 이후 여러 차례의 조정이 진행되었다. 1999년 주민 저축 이자 소득에 대해 20%의 비례세를 부과하여 징수하기 시작하였다. 예금 이자율이 비교적 낮고, 이자세를 내야 하기 때문에 사람들은 소비를 늘리기 시작하였고, 이로 인하여 주민 소비의 수요 증가 효과가 나타났다. 이와 동시에 대출 이자율이 비교적 낮은 수준이었기 때문에 민간 기업가의 자금 조달 비용이 감소하였고, 이로 인해 개인 투자의 수요 증가 효과가 촉진되었다.

적극적인 재정 정책과 안정적인 화폐 정책 이외에, 중국 정부는 기타 여러 조치를 통하여 주민 소비와 수출 진작을 꾀하였는데, 그 주요 조치는 다음과 같다.

첫째, 연휴 기간을 연장하고 중·저소득층의 도농 주민의 소득을 증가시킴으로써 주민 소비를 자극하였다. 1999년 5월, 중국은 처음으로 '5.1절'과 '10.1절'의 7일간의 장기 연휴제를 시행하였다. 같은 해 9월 18일 〈전국 명절과 기념일 휴가 방법〉에서 중국은 1년 동안 '5.1절', '10.1절', 춘절의 세 공휴일을 두기로 규정하였다. 2000년 6월 중국은 매년 세 시기의 황금주가 있다고 명확히 제시하였다.

둘째, 의료와 주택 개혁이다. 1998년 중국은 의료 체제 개혁을 진행하였다. 1998년 7월 1일, 중국은 또 주택 개혁을 시작하여, 정부 부문이나 국유 기업이 무상이나 저가로 직원들에게 주택을 제공하는 복지 분배 제도를 철폐하고, 시장 메커니즘을 도입하여 개인 주택 구매의 분양 주택 제도를 실시하였다.

셋째, 교육 개혁이다. 고등 교육 기관의 학생을 확대 모집하고, 교육 경제를 시작하여 수요를 촉진하였다. 1999년부터 교육 체제의 개혁이 심화됨에 따라, 국가는 대규모로 고등 교육 기관 학생을 확대 모집하기 시작하였고, 짧은 3년의 기간 동안 모집 학생수는 1998년 108만 명에서 2001년 206만 명, 2002년 290만 명으로 확대되었다. 동시에 상응하는 학비도 인상되었다.

넷째, 수출 관세 환급률의 확대를 통하여 수출을 확대시켰다. 수출을 통한 경제 성장의 촉진을 위하여, 1998년 중국 정부는 수출 관세 환급률을 점차적으로 인상하였으며, 수출 상품의 종합적인 환급률을 기존의 6%에서 15%로 인상하였다. 2002년 생산 업체가 자영으로 수출하거나 외국 기업 위탁을 받아 수출을 대리하는 물품에 대한 수출 관세 환급에 대하여 세금의 '면제, 상쇄, 환급'(免, 抵, 退(몐, 띠, 투이))의 방법을 전면적으로 시행하였다.

동시에, 금융 리스크를 제거하기 위하여, 1998년 정부는 2,700억 위안의 특별 국채를 발행하여, 국유 상업 은행 자본금에 지원하였다. 1999년 연이어 중국신달자산관리회사, 중국동방자산관리회사, 중국화융자산관리회사, 중국장성자산관리공사를 설립하여, 각각 중국건설은행, 중국은행, 중국공상은행, 중국농업은행의 불량 자산을 구매하거나 위탁 관리하도록 하였다.

행정 간섭을 최소화하고, 지역 경제와 금융 발전을 추진하고, 중앙은행의 금융 감독을 강화하기 위하여, 1998년 말부터 중국인민은행은 경제 구획에 의하여 전국에 성과 시를 9대 지역으로 나누어 각 지역에 분행[18]을 설치하고, 중국의 몇십 년간 행정 구역에 의해 나뉘어 있던 지행[19] 기구의 틀을 철저하게 개혁하였다. 1997년 이후 중국인민은행과 관련된 감독 관리 기능의 귀속에도 몇 가지 변화가 생겼다. 1997년 11월 원래 중국인민은행이 관리 감독하던 증권 경영 기구를 중국증권관리감독위원회에서 통일적으로 관리 감독하도록 하였다. 1998년 11월 중국보험업관리감독관리위원회가 설립되어 전국 상업 보험 시장의 관리 감독을 책임지게 되었다.

이러한 조치를 통하여 은행 체제를 진일보 합리적으로 개선하였고, 은행과 기업 간의 관계 또한 정상화됨으로써 중국 경제 발전 과정에 존재하던 금융 리스크를 대폭적으로 감소시켰다.

18 역주: 분행(分行)이란 한국의 지점 따위의 뜻이나 지행에 비해 규모가 작고 여러 군데에 설치되어 있는 지점을 의미한다.

19 역주: 지행(支行)이란 한국의 은행 지점을 의미한다.

3. 안정적이고 건강한 경제 발전 촉진을 위한 전략적 선택

경제의 안정적이고 건강한 발전을 촉진하기 위하여, 중국 공산당과 중국 정부는 일련의 발전 전략을 실시하고, 경제 발전 중의 지역 불평등, 인구와 자원 간 모순의 심화, 과학 기술 수준의 상대적인 낙후 문제 등을 해결하려 하였다. 서부 대개발 전략 또한 '내수 확대'의 경제 발전 기본 방침을 나타내는 것이다.

(1) '두 개의 큰 국면' 사상과 서부 대개발 전략

서부 대개발 전략은 중공 중앙이 덩샤오핑의 중국 현대화 건설 '두 개의 큰 국면'(양개대국(兩個大局): 량거따쥐) 전략 사상에 관하여 중대한 전략적 선택을 관철한 것이다. 동시에 투자를 통한 내수 증진에도 도움이 되었다. 일찍이 50년대, 마오쩌둥은 그의 저명한 〈10대 관계론〉에서 연해 공업과 내륙 공업의 관계를 잘 처리하여야 한다고 제시하였다. 80년대와 90년대 초, 덩샤오핑은 '두 개의 큰 국면'의 전략 사상을 제시하였다. 1999년 6월 17일, 장쩌민 총서기는 서북 다섯 개의 성 국유 기업 개혁 발전 좌담회에서

"세기가 교차하는 역사적 기회를 이용하여 서부 대개발의 진행을 가속화하여야 한다"

라고 강조하여, 적시에 서부 대개발 전략을 제시하였다. 1999년 9월, 중공 15회 4중 전체회의에서 통과한 〈중공 중앙의 국유 기업 개혁과 발전의 몇 가지 중대한 문제에 대한 결정〉에서 국가는 서부 대개발 전략을 실시하여야 한다고 명확히 제시하였다. 1999년 11월, 중공 중앙과 국무원이 개최한 경제공작회의에서, 부서의 2000년 업무 진행시에 서부 대개발 전략 실시를 중시하라고 하였다. 2000년 1월, 국무원 서부대개발지도자소조는 서부 지역 개발 회

의를 개최하고, 서부 지역 발전의 기본 사상과 전략 임무의 가속화를 연구하였고, 각 부서는 서부 대개발의 중점 업무를 실시하였다. 2000년 3월 중순, 국무원 서부지역개발지도자소조 판공실이 정식으로 설립되고 업무를 시작하였다. 2000년 10월 중공 15회 5중 전체회의에서 〈중공 중앙의 국민 경제 및 사회 발전 열 번째 5개년 계획 제정에 관한 건의〉에서 서부 대개발 실시와 지역 간 균형적 발전 촉진을 전략 임무로 삼고,

"서부 대개발 전략을 실시하고, 중서부 지역 발전을 가속화하여, 경제 발전, 민족 단결, 사회 안정을 실현하고, 지역의 균형적 발전을 실현하여, 공동 부유를 최종적으로 실현하는 것은 '세 걸음 전략'(第三步戰略) 목표를 실현하는 중대한 조치이다"

라고 강조하였다.

2001년 3월 제9회 전국인민대표대회 4차 회의에서 통과한 〈중화인민공화국 국민 경제 및 사회 발전 제10회 5개년 계획 요강〉에서 서부 대개발 전략의 실현에 대해서 또다시 구체적 내용을 설명하였다. 서부 지역은 산시(陝西), 간쑤(甘肅), 닝샤(寧夏), 칭하이(靑海), 신장(新疆), 쓰촨(四川), 충칭(重慶), 윈난(雲南), 구이저우(貴州), 시장(西江), 광시(廣西), 네이멍구(內蒙古) 12개 성과 자치구 및 직할시를 포함한다.

서부 대개발의 총체 전략 목표는, 21세기 중엽 전국에 기본적으로 현대화를 실현하게 되면, 근본적으로 서부 지역의 낙후한 면모를 변화시키고, 경제 번영, 사회 진보, 생활 안정, 민족 단결, 산수 수려, 인민 부유의 새로운 서부를 건설하는 것이었다. 2000년에서 2002년까지 서부 대개발 전략은 현저한 효과를 나타냈고, 서부 12개의 성과 시는 경제 발전에 있어 중대한 진전을 이루었다.

(2) 지속 가능한 발전 전략과 과학 및 교육을 통한 국가 발전 전략

중국 현대화 건설은 인구가 많고, 1인당 자원이 적으며, 경제 발전과 과학 기술 수준이 비교적 낙후한 조건하에서 진행되는 것이었다. 90년대 중반 이후 이러한 조건은 점차 경제의 진일보 발전에 걸림돌이 되었다. 경제의 안정적이고 건강한 발전을 촉진하기 위해 중국 공산당과 중국 정부는 새로운 조치를 제시하고 실시하였다.

첫째, 지속 가능한 발전 전략이다. 중국의 국가 상황이 반드시 지속 가능한 발전 전략을 실시하여야 하는 상황에 처해 있다. 인구는 많고, 1인당 자원은 상대적으로 적고, 환경의 수용 능력은 제한적이어서, 이러한 국가 상황은 경제와 사회 발전의 기본 요소를 제약하고 있다. 경제와 사회의 균형적인 발전을 하려면, 반드시 인구 증가를 억제하고, 자원을 합리적으로 사용해야 하며, 자연 환경을 보호함으로써, 인구 증가와 사회 생산력 발전, 경제 건설과 자원 및 환경이 서로 조화롭게 발전하여, 선순환을 실현하고, 경제와 사회 발전이 지속적으로 발전할 수 있는 잠재력과 양호한 조건을 보장하여야 한다. 둘째, 지속 가능 발전 전략의 실현은 중국 현대화 건설의 발전 자체에 필요한 것이고 또한 필연적인 선택이다. 중국은 개발 도상국으로 경제 고속 발전 단계에 있고, 사회 생산력을 제고하고, 종합적인 국력을 증강하며, 인민 생활 수준을 제고하여야 하는 역사적 임무에 직면해 있다. 동시에 인구, 자원, 환경 등의 심각한 어려움에도 직면해 있어서 지속 가능 발전 전략은 필연적인 선택이다. 2001년 7월 1일 장쩌민 총서기는 공산당 건립 80주년 기념 대회에서 중국의 지속 가능 발전 전략을 전면적으로 진술하였다.

"지속 가능 발전 전략 실시를 견지하는 것은 경제 발전과 인구, 자원, 환경의 관계를 올바르게 처리하는 것이고, 생태 환경과 생활 환경을 개선하는 것이며, 공공 시설과 사회 복지 시설을 개선하여, 생산력 발전 및 부유한 생활의 생태가 양호한 문명 발전의 길을 힘껏 여는 것이다"
라고 하였다.

중국 지속 가능 발전 전략은 하나의 민족이 자신의 발전에 대한 신중한 선택이라고 할 수 있으며, 생태 환경에 대한 총체적인 관심이고, 인류 문명에 대한 한 국가의 위대한 공헌이라고 할 수 있다.

둘째, 과학 및 교육을 통한 국가 발전 전략이다. 1995년 5월 반포한 〈중공 중앙 국무원의 과학 기술 진보의 가속화에 대한 결정〉에서 처음으로 전국에서 과학 및 교육을 통한 국가 발전 전략의 실시를 제기하였다. 장쩌민은 대회에서

"과학 및 교육을 통한 국가 발전 전략은 과학 기술이 최고의 생산력이라는 사상을 전면적으로 구체화하여, 교육을 근본으로 함을 견지하고, 과학 기술과 교육을 경제 및 사회 발전의 중요한 위치에 놓아, 국가의 과학 기술 실력을 강화하고 생산력 전환 능력을 실현하여, 전 민족의 과학 기술 문화 자질을 제고하는 것을 가리킨다"
라고 하였다.

1996년, 8회 전국인민대표대회 4차 회의에서 국민 경제 및 사회 발전 '9.5' 계획과 2010년 장기 목표를 정식으로 제시하여, '과학 및 교육을 통한 국가 발전 전략'은 중국의 기본적 국가 정책이 되었다. 과학 및 교육을 통한 국가 발전 전략의 실시는 반드시 중점이 있고 선택이 있게 선진 기술을 받아들임과 동시에, 중국 자신의 혁신 능력을 강화하여야 하였다. 1998년 2월 4일, 장쩌민은 중국과학원의 〈지식 경제 시대의 영접과 국가 혁신 체계의 건설〉의 연구 보고에 대해서

"지식 경제, 혁신 의식은 중국 21세기의 발전에 매우 중요하다. 동남아 금융 위기는 전통 산업의 발전 속도를 늦추었지만, 산업 구조 조정에 있어서는 기회를 제공하였다. 과학원과 또 다른 팀에서 어떤 사상을 제기하였는데,

나는 그들이 시범 업무를 통해 먼저 나아가는 것을 지지한다. 진정한 우리 자신의 혁신 체계를 만들어내야 한다”

라고 하였다.

지식 경제의 도전에 직면하여, 중국은 반드시 끊임없이 국가 자주 연구 개발 능력을 제고하고, 과학 기술 역량을 빠르게 성장시키며, 안정된 국가 과학 혁신 체계를 구축하는 것을 견지하여야 한다. 과학 및 교육을 통한 국가 발전 전략의 실시는 지식과 인재를 존중하여야 한다. 인재는 과학 기술 진보와 경제 사회 발전의 제일 중요한 자원이다. 중국 현대화 건설의 과정은 큰 부분에서 국민 자질의 제고와 인재 자원 개발에 의해 결정될 것이기 때문이다.

1992년 중공 14대회에서 경제 체제 개혁의 목표는 사회주의 경제 체제 건설임을 명확히 하였다. 이는 적극적으로 개혁의 진일보 전개를 추진하려는 것이었다. 이 시기에 각종 체제는 진일보 개선되었고, 각종 상품 시장과 요소 시장은 진일보 건립되었다. 정부 기능의 전환은 가속화되어 사회주의 시장 경제 체제의 수요에 적응하였다. 1997년 아시아 금융 위기와 국내외 정세 변화를 맞이하여, 중국 정부는 내수 확대 정책을 채택하여 아시아 금융 위기가 미치는 악영향을 극복하였다.

6

국민 경제 성장의 높은 안정과 사회주의 시장 경제 체제의 진일보 개선(2002~2009)

09/01 10:00
09/01 10:03
10:08
10:17
10:23
00:32
00:44

6

국민 경제 성장의 높은 안정과 사회주의 시장 경제 체제의 진일보 개선(2002~2009)

제1절 경제 발전이 직면한 새로운 문제와 경제 발전을 촉진시키기 위한 새로운 사상

중국의 경제 발전과 개혁 심화, 세계 경제로의 진입에 따라 중국 경제 발전에 새로운 문제들이 나타났다. 이러한 문제를 해결하기 위해 중국 공산당과 중국 정부는 시세를 파악하고 상황 변화를 예측하여 경제 발전을 촉진하기 위한 새로운 생각을 제시하였다.

1. 경제 발전과 심화된 개혁이 직면한 새로운 문제

'15대' 이후 국민 경제는 빠르고 지속적으로 발전하였다. 중국 공산당과 중국 정부는 '내수 확대' 방침을 실시, 시기 적절한 재정 정책과 안정적 화폐 정책의 채택으로 유럽 금융 위기와 세계 경제 파동의 불리한 상황을 극복하여 빠른 경제 성장을 이룰 수 있었다. 그러나 경제 체제의 지속적인 확대와 심화된 개혁으로 '16대'는 경제 발전의 새로운 문제에 부딪치게 되었다.

(1) WTO 가입 이후 직면한 도전 과제

세계무역기구(WTO) 가입은 중국 경제가 세계 경제에 발맞추려는 전략적 조치이자 중국이 경제 발전을 위해 필연적으로 갈 수밖에 없는 방향이라 할 수 있다.

중국의 WTO 가입은 개혁개방을 촉진시키고, 세계 경제 활동의 깊이 있는 참여를 실현시켰다. 또한 수출 확대로 대외 무역 발전을 가져왔으며, 국제 무역에서 자국의 합법적 권익을 보호받을 수 있게 되었다. WTO 가입으로 중국 제도 구조의 개선, 세계 경제 조류에 발맞춘 제도적 효율성의 제고, 중국 투자와 시장 환경의 개선으로 외자 투자 조건을 마련할 수 있게 되었다. 그러므로 WTO 가입은 중국 경제가 새로이 직면한 일련의 도전이라 할 수 있다. 중국은 여전히 개발 도상국이므로 대부분 산업은 성장 단계로 발전 수준이 한계가 있어, 대외 개방 이후 충격을 받는 것은 당연한 결과였다. 각 업종과 기업이 받는 충격을 이겨낼 수 있느냐 여부가 중국 경제가 해결해야만 할 과제였다.

우선적으로 농업이었다. 생산 방식의 차이로 중국 농업은 가구 중심으로 한 가구당 몇 묘(畝)를 생산하였으나 미국의 농장주는 몇백만 헥타르의 토지에 기계를 도입하여 오직 몇 사람이 모든 생산을 하였다. 이는 대량의 노동력, 물력(物力)을 줄일 수 있을 뿐 아니라 생산된 곡식 품질이 중국보다 크게 앞섰으며, 더구나 창고 저장의 선진 기술 방법으로 생산 이윤이 중국에 비해 몇 배 이상 높았다. 또한 미국 정부는 농업에 대한 여러 가지 보조금 지급 방식을 채택하여 미국 농업 경쟁력은 중국에 비해 크게 앞서 있다. 수입 개방 후 중국 정부는 중국 농업을 지켜낼 수 있느냐가 커다란 관건이었다.

둘째는 국유 기업이었다. 국유 기업 개혁 이후 경제적 효율성은 약간 향상되었으나 경쟁력은 여전히 한계를 가지고 있었다. 개방 이후 시장 형평성의 조건을 충분히 충족시키지 못한 중국 국유 기업이 자신의 경영 관리 수준과 효율성을 지속적으로 향상시키는 동시에 대량의 해외 자본과 높은 관리 수준을 갖춘 대형 기업에 맞서서 시장 경쟁에서 살아남을 수 있는지 여부가 중국 정부가 해결해야 할 문제였다.

마지막으로 금융 체제였다. 금융 체제는 경제 발전의 핵심이라 할 수 있다. 양호하지 않은 금융 체제는 지속적이고 안정된 경제 발전을 가져오기 어렵다. 중국은 유럽 금융 위기를 통해 금융 개혁이 완성되지 않은 상태에서 지나친 개방은 좋지 않다는 것을 배웠으며, 특히 자본 계정의 전면적 전환을 너무 급하게 진행해서는 안 된다는 것을 배웠다. 그러나 중국의 폐쇄적인 금융 체제 상태로 유럽 금융 위기를 대처해 나갈 수 있는가 하는 의문을 가지고 있었다. 따라서 중국의 금융 체제 개방은 순서에 따라 진행시켜야 하였다. 중국의 은행 체제 및 각종 금융 시장은 모두 상당히 많은 준비를 하였으나 불분명한 권리 책임 및 재정부와 은행, 은행과 은행, 은행과 국유 기업의 채무 관계는 서로 모순점이 있었으며, 악성 부채와 채무의 계산이 어렵다는 것이 큰 문제였다. 어떻게 중국의 금융 체제를 빠르고 효율적으로 개선할지, WTO 가입 후 큰 충격을 받지 않을 방법이 없는지, 국제 투자자의 기회를 장려하고, 중국 금융 기업이 외자 금융 기업과 경쟁이 가능하도록 할 방법 등이 모두 중국 정부가 고려해야 할 문제였다. 결론적으로 WTO 가입은 중국을 세계 경제로 진입시키는 동시에 경제적으로는 해결해야 할 수많은 문제에 직면하는 것이다.

(2) 소득 분배의 변화

개혁개방 이후 중국 경제는 괄목할 만한 성과를 내었다. 또한 동시에 소득 분배 문제가 나날이 심각해지고 있었다. 중국의 국민 소득 분배는 정부, 기업, 주민 개개인 간 불합리한 요인이 존재하였다. 특히 지역 간, 도농 간, 계층 간 여전히 큰 차이가 있었다. 1978년 국가, 기업, 주민의 분배 비율이 각 33.9%, 11.1%와 55.0%에서 2002년 각 20.5%, 14.3%와 65.2%로 변하였다. 24년간 국가 소득 비중이 13.4%, 기업 소득 비중은 3.2%로 하락하였으나 개인 소득 비중은 15.2%가 상승하였다. 주민 소득 비중의 상승, 국가 소득 비중의 하락, 기업 소득 비중의 안정이란 소득 분배의 변화가 개혁개방 이후 기본적인 특징이라 할 수 있다. 그러나 전체적으로 국민, 국가, 기업의 순서인 분배 구조에는 아무런 변화가 없었다. 경제적 기초와 자연 조건의 차이로 인해 중국 경제 발전은 지역 간의 불균형이 존재하며 경제 발전과 분배가 모두 동부 지역 위주로 발전되고 서쪽 지역은 낙후한 구조를 보였다. 개혁개방 이후 경제 발전과 소득 분배 정책의 조정으로 주민 개개인은 삶의 수준이 향상되었다. 그러나 도농 주민 간 소득 분배의 차이는 더욱 심해지고, 도시 국민의 지불 가능 소득이 국민 지불 가능 소득 중 차지하는 비율은 증가하였지만 농촌 주민의 지불 가능 소득이 국민 지불 가능 소득 중 차지하는 비율은 감소하였다. 불균형한 소득 분배 이외에 계층 간 소득 분배에도 격차가 있어 중하위층 소득은 하락하고 상류층의 소득은 상승하여, 소득이 고소득층으로 집중되는 현상이 나타났다. 2002년 도시 주민의 최고 소득 가정은 10%로 그 재산 총액이 도시 전체 주민 재산의 45%를 차지하고 있었다. 반면에 도시 주민의 10%가 최저 소득 가정으로 그 재산 총액이 도시 전체 주민 재산의 1.4% 정도밖에 안 되었다. 그 밖에 80% 가정의 재산 총액은 53.6%였다. 고소득층으로의 소득 집중 현상은 더욱 심각한 문제였다. 농촌 주민의 소득 분배 또한 도시 주민과 비슷한 상황으로 소득이 고소득층으로 집중되는 불균형한 상태를 보였다. 세계은행의 통계에 따르면 1982년 중국의 전국 주민 소득 지니 계수는 0.28, 1990년 0.35, 2001년 0.45로 상승하였다. 중국사회과학원 경제연구소 소득분배연구팀의 연구에 따르면 전국 주민 소득 지니 계수는 1988년 0.382에서 2002년 0.454로 상승하였다.[1] 소득 분배의 불균형은 경제와 사회 발전에 좋지 않은 영향을 준다. 첫째, 농민 소득의 증가가 더뎌지고 도시의 저소득 계층이 증가하여 시장 개발과 소비 수요의 확대에 심각한 제약이 따

1 리스(李實) · 웨이중(魏衆) · 띵싸이(丁賽), 〈불균형한 중국 주민 재산 분포, 그 원인에 대한 연구 분석〉, 《경제연구》, 2005(6).

표 6-1 동부, 중부, 서부 지역의 차이 변동: 1980~2002년

지역	1980년	1990년	2000년	2002년
동부	50.2(134%)	51.5(137%)	57.3(147%)	57.9(154%)
중부	29.8(88%)	28.3(83%)	25.6(78%)	24.7(74%)
서부	20.0(70%)	20.2(71%)	17.1(61%)	16.9(59%)

주: 표 수치는 전국 GDP에서 차지하는 비중(단위: %), 괄호 안의 수치는 전국 1인당 GDP 비율.
자료 출처: 《중국통계연감》.

른다. 둘째, 독점과 불평등한 경쟁으로 소득 격차가 심화되어 주민의 노동 생산성의 적극성과 창조성이 저하되어 효율성이 떨어지게 된다. 셋째, 주민은 소득 불균형과 부패 현상에 대한 불만이 커져 사회 안정에 좋지 않은 영향을 준다.

(3) 도농 관계 문제

중국은 경제가 발전함에 따라 도농 관계를 더 이상 간과할 수 없게 되었다. 개혁개방 이전인 계획 경제 시기 도농 관계는 일찍이 심각하게 왜곡된 과정을 겪었다. 구체적으로 살펴보면, 첫째 농공 상품의 평등한 거래가 어렵다는 것이다. 둘째, 도농 간 요소 간의 자유로운 이동이 불가능하다는 것이다. 50년대 이후 중국은 점진적으로 호구 관리 제도를 엄격히 시행하여 농촌 인구가 도시로 유입되는 것을 제한하여 도농 간 인구 이동을 국가가 직접적으로 계획하고 통제하였다. 셋째, 도시 주민과 농민 간의 권력과 발전 기회의 불평등이다. 개혁개방 이후 시장 기구의 유입으로 도시 요소 시장의 유통과 규모는 확대되어 도농 관계는 점차적으로 개선되었다. 그러나 계획 경제 체제하에 형성된 도농을 분리한 이원(二元) 구조 체제는 근본적으로 변함이 없어 도농 경제는 양호한 순환 상태에 진입하지 못하였다. 그 주요 내용으로

표 6-2 도농 주민 가족 1인당 평균 소득의 차이: 1978~2000년

연도	농촌 주민 가족 1인당 평균 순소득(元)	도시 주민 가족 1인당 지불 가능 소득(元)	도농 주민 1인당 소득 차액(元)	도농 주민 1인당 소득 비율(배)
1978	133.6	343.4	209.8	2.57
1980	191.3	477.6	286.3	2.50
1985	397.6	739.1	341.5	1.86
1990	686.3	1510.2	823.9	2.20
1995	1,577.7	4,283.0	2,705.3	2.71
2000	2,253.4	6,280.0	4,026.6	2.79

자료 출처: 《중국통계연감》, p. 102.

는, 첫째 도농 주민 소득 격차의 확대이다. 중국 도농 차이는 '6.5' 시기 농민 소득의 급격한 증가가 이후 감소되었으나 그 이후 '7.5', '8.5', '9.5' 시기에 점점 도농 간의 차이가 극심해졌다. 둘째, 도농 사회 발전의 현저한 차이로 주로 교육, 의료, 사회 보장 등에서 나타났다. 2000년 제5차 전국 인구 조사 통계에 따르면, 농촌 인구의 초 · 중등 이상의 교육 정도는 39.1%를 차지하여 도시 인구의 64.5%를 차지하는 수준과 큰 차이를 보였다. 농촌의 초등학교 교육 정도는 42.8%, 15세 이상 문맹률이 8.3%로 도시에 비해 23.8%와 4.0%가 높은 수준으로 조사되었다. 농촌 인구는 주로 초등학교 및 중학교의 교육 수준이 대부분이며, 도시 인구는 주로 고등학교 및 그 이상의 교육 수준이 대부분으로 이것이 중국 도농 간의 가장 큰 불균형이라 할 수 있다. 앞으로 도농 간의 차이는 점차 심각해질 것이라 예상된다. 그러므로 이 차이를 극소화시키는 정책적 조치는 필연적인 것이라 할 수 있다.

도시와 농촌을 분리한 이원(二元) 경제에서 현대 사회 경제 구조로의 변화가 향후 중국이 걸어나가야 할 사회 경제 발전의 기본 노선이라 할 수 있다. 그리고 도농 간의 이원 경제 구조의 개혁은 공업화와 도시화 과정의 지속적 발전과 함께 이루어져야 하며, 도농 간 종합적 개혁 방안을 추진하여

도농을 통합한 경제 제도 체계를 건설해야 한다. 도농의 통일 제도 체계의 건설을 위한 총체적 개혁 방안은 적게 구한다는 '소취'(少取(샤오취)) 정책을 개선하고 많이 남긴다는 뜻의 '다여'(多予(뚜오위)) 정책을 강화시켜 제한을 완화한다는 뜻의 '방활'(放活(팡화)) 절차를 가속화시키는 것이다.

(4) 자원 환경 문제

중국 에너지 자원은 비교적 풍부하지만 인구가 많아 1인당 평균 자원 보유량은 세계적으로 낮은 수준이다. 석탄과 수력 자원의 1인당 평균 보유량은 세계 평균 수준의 50%, 석유 및 천연가스 1인당 평균 보유량은 세계 평균 수준의 1/5 정도이다. 또한 중국의 자원 이용률은 32%에 그쳐 선진국에 비해 10% 정도가 낮으며 그 차이가 비교적 크다. 중국의 핵 에너지, 태양 에너지, 풍력 에너지, 밀물과 썰물을 이용한 에너지, 지열 에너지 등 신자원 에너지와 재생 에너지의 개발 정도는 선진국에 비해 매우 낮은 수준이다. 중국이 한 번에 생산할 수 있는 석탄과 에너지의 소비 비중이 76%와 68.9%에 달해 석탄 이용률이 세계에서 가장 높은 국가로 나타났다. 이것은 세계 평균 수준(석탄 소비량 26.5%)과 공업 국가(석탄 소비량 21.4%)의 에너지 사용 구조와는 큰 차이가 있음을 보여준다. 지나치게 높은 석탄 사용은 중국 에너지 구조가 비효율적이고, 환경적 압박이 크다는 것을 알 수 있다. 석탄 이외에 중국이 현대화를 실현시키기 위해 석유, 천연가스 자원도 상당히 많은 양이 필요하지만 국내에서 공급할 수 있는 수량은 한계가 있다. 중국은 1993년부터 석유 수입국이 되어, 수입량이 1993년 988만 톤에서 2002년 7,000만 톤 이상으로 연평균 약 25%씩 증가하고 있다. 대외 의존도 또한 6.4%에서 30%까지 상승하였다. 매년 증가하는 석유 수입량과 낮은 석유 보유량으로 중국은 전 세계 원유 가격 변화에 민감하게 반응할 수밖에 없다. 석유 부족으로 중국은 앞으로 에너지 확보를 위해 노력해야 할 것이다. 에너지 수요의 급속한 증가로 오염 배출량이 많아져 환경 보호에 대한 압박이 심해졌다. 현재, 일부 지역의 환경 오염과 생태 환경 파괴는 이미 심각한 정도에 이르렀다. 수질, 대기, 토지 오염은 도시에서 농촌까지 확대되고 있다. 근래 10년 동안 중국이 병충해 예방을 위해 사용한 농약이 매년 농약 사용 면적의 23억 묘(畝), 화학비료 사용량이 2,930만 톤에 달한다. 그러나 농약과 화학비료의 유효한 사용량은 30%(국외 선진 농업 지역의 1/2)로 그 나머지의 양은 모두 대기 중이나 토양, 강이나 하천으로 흘러들어 수역 부영양화 또는 식용수의 질산화를 초래한다. 전국 90% 이상의 자연 초원이 사라지고 생물 다양성이 감소되었다. 또한 경제 발전과 인구 성장에 따라 지구 환경이 파손되고 있다. 오존층의 파괴, 열대 우림의 파괴, 온난화, 산성비 등 전 세계 환경 문제가 점차 심각해져 인류의 생존과 발전에 영향을 미치고 있다. 생태 파괴와 환경 오염은 중국 경제에 커다란 손실을 끼치며 나아가 인민의 생활과 건강까지 위협하고 있다.

(5) 개혁 심화, 신체제의 개선

1992년 사회주의 시장 경제 체제의 목표가 확립된 이후 중국은 10년 동안 발전을 통해 이미 초기적 확립을 이루었다. 그러나 여전히 개선할 부분이 있으며 개혁의 심화가 필요하였다. 특히 정부 기구의 개혁과 역할 변화가 필요하였다. 정부의 역할을 어떻게 정할지 또한 사회주의 시장 경제 체제에 어떻게 융화를 시킬 것인지, 다시 말해 정부와 기업의 분리, 관상(官商) 분리의 실현을 통해 순조로운 중국 경제 개혁과 발전을 도모해야 하는 것이 깊이 탐색할 문제이다. '15대' 이래 경제 발전을 거쳐 중국 인민의 '온포'(溫飽(원바오)) 문제를 해결하였고 주민 소비 구조가 향상되어 인민은 더 이상 정부가 심판관이나 운동선수의 역할을 하기를 원하지 않았다. 즉, 정부가 지나치게 경제에 간섭하는 것을 원치 않았다. 국유 기업의 계속된 개혁으로 정부가 경제에 간섭하는 일이 점점 줄었다. 중국 경제 발전에 내재된 객관적 규칙 및 서비스형 정부로의 변화를 요구하고 있었다. 국내 경제 개혁과 발전은 주민 소비 구조의 개선에 의한 것이지 정부 지출의 투자 확대에 의한 것만은 아니었다. 국제적 상황에 비추어보면 WTO 가입 후 중국의 시장 경제 체제는 세계 조류에 맞추어 나갈 필요가 있었다. 그 중에는 정부 역할의 변화도 포함되어 있었다. 시장 경제 체제는 정부의 역할이 시장을 대체할 수 없고 시장을 보조해주는 역할을 할 뿐이었다. 중국 경제 개혁과 발전을 위해서는 반드시 심층적인 체제 개혁이 필요하였다. 정부 역할의 변화 이외에 금융, 세제, 무역 체계 또한 개혁이 필요하며, 그래야 국제 시장에서 경쟁이 가능하고 경제의 더욱 큰 발전을 가져오게 될 것이었다.

2. '16대' 이후 경제 개혁과 발전을 위한 새로운 생각

중국은 사회주의 시장 경제 체제의 초기적 확립 이후 경제 발전과 제도 변화에 새로운 문제와 도전을 받게 되었다. 이러한 문제와 도전에 직면하여 2002년 11월 8일 중국 공산당은 '16대'를 열었다. 이 대회에서는 20년 전면적 샤오캉(小康) 사회 건설이라는 거시적 목표를 제시하였다. 2003년 중공 16회 3중 전회 '이인위본'(以人爲本(이런웨이번): 사람을 근본으로 삼는다)의 과학적 전개와 중국 사회 경제 발전의 '오개통주'(五個統籌(우거통초우): 5가지 통일된 계획)의 전면적 조정을 제시하였다. 2004년 중공 16회 4중 전회는 사회주의 건설과 조화로운 사회 건설에 대한 구상을 하였다. 이것은 경제 개혁과 발전에 대한 새로운 구상을 촉진시켰다.

(1) 전면적인 샤오캉 사회 건설

당의 '16대'는 중국이 이미 '원바오'를 해결하여 인민 생활이 전체적으로 샤오캉(小康: 중산층) 수준의 기초가 세워졌으며 샤오캉 사회 건설을 위한 깊이 있는 구상이 필요하다고 지적하였다. 즉, 2020년까지 역량을 강화시켜 10억 이상 인구의 높은 수준의 샤오캉 사회 건설을 도모하여 경제 발전 촉진, 민주화 건설, 과학 교육 진보, 문화 번영, 사회 화합, 인민 생활을 발전시켜야 하며, 이 시기의 건설과 몇십 년의 노력하에 21세기 중반에는 현대화 건설을 실현시켜 부강하고 민주적인 문명 사회주의 현대화 국가를 실현시켜야 한다는 것이다.

전면적 샤오캉 사회 건설이 경제 건설의 중심이 되어야 하며 지속적으로 사회 생산력을 해방시키고 발전시켜야 한다고 하였으며, 그 주요 조치로는

① 신형 공업화 노선을 지향하고 과학 교육 진흥국을 위한 전략과 지속 가능 발전 전략을 실시한다. 정보가 공업화를 촉진시키고, 공업화가 정보화를 가져오기 위해 과학 기술 보유량을 높이고, 경제 이익 달성, 자원 소모량 감소, 환경 오염 감소, 인력 자원 활용을 통해 신공업화 노선을 걷는다.

② 농촌 경제의 번영은 도시화로의 발전으로 가속화시킨다. 도농 경제 사회 발전을 위한 통일된 계획, 현대화 농업 건설, 농촌 경제 발전, 농민 소득 증가는 전면적인 샤오캉 사회 건설의 중대한 임무이다.

③ 서부 대개발을 적극적으로 추진하여 균형적 지역 경제 발전을 촉진한다. 서부 대개발의 전략적 실시는 전국적 발전과 민족 단결 및 국경 지대의 안정과 관련이 있다.

④ 기본 경제 제도를 견지하고 개선하며 국유 자산 관리 체제 개혁을 심화한다. 공유제 경제를 확립하고 발전시켜야 한다. 또한 비(非)공유제 경제

발전을 장려하고 지지해야 한다.

⑤ 현대화 시장 체계를 확립하여 거시적으로 제어하고 조절해야 한다. 시장이 자원 배분에 기초적 역할을 발휘하도록 하여 통일적, 개방적, 경쟁적으로 그 절차에 맞게 현대화 시장 체계를 확립한다.

⑥ 분배 제도 개혁을 심화하고 사회 보장 체계를 확립시킨다. 노동, 자본, 기술, 관리 등 생산 요소의 참여와 분배 원칙, 즉 노동 분배가 중심이 되고, 다양한 분배 방식이 병존하는 분배 제도를 확립한다.

⑦ 국내 투자 유치, 해외 진출을 결합시켜 대외 개방 수준을 높인다. 국내외 시장을 충분히 이용하고, 자원 배분을 최적화하고 발전 공간을 개발하여 개혁을 촉진한다.

⑧ 취업 기회를 확대하고 인민 생활을 개선한다. 경제 발전의 확대와 도농 주민의 소득 확대에 따라 소비 구조를 최적화하고 인민의 다양한 물질 문화의 수요를 만족시킨다.

(2) '이런웨이번'의 과학 발전관

과학 발전관이 가장 중시하는 것은 발전으로, 그 핵심이 '이런웨이번'(以人爲本)이고, 기본은 지속 가능한 전면적 조정이며, 기본 방법은 통일적으로 계획하고 두루 살피는 것이다. 이에 다음의 네 가지는 서로 연관이 있다. 구체적으로:

첫째, 중국 공산당의 국가 집권 첫 번째 임무는 발전이다. 전면적 샤오캉 사회 건설과 현대화 건설의 제3단계 전략 목표를 실현하여 인민의 물질 문화 생활 수준을 높이고 발전에 따라 국력을 강화시켜 중화 민족의 위대한 부흥을 실현시킨다. 그리고 발전에 따라 조국 통일을 실현하고, 세계 평화를 유지하고 공동 발전의 책임을 지며 급변하는 국제 정세에 흔들리지 않도록 한다. 또한 국방력을 증대시켜 국가 안정을 수호한다. 인민의 사상적 인식 문제를 해결하여 사회주의에 대해 반대하는 사람에게 사회주의와 조국의 미래에 신념을 가질 수 있도록 한다. 이는 모두 발전에 따른다.

둘째, '이런웨이번'은 과학 발전관의 핵심이다. 과학 발전관이 강조하는 '이런웨이번'은 중국 공산당의 전심을 다해 인민을 위하는 방침과 완전히 일치한다. '이런웨이번'의 '런'(人)이 의미하는 것은 대부분의 인민을 말하는 것이다. 현대 중국은 노동자, 농민, 지식인 등이 주체로 사회 각 계층 모두를 포함하는 광범위한 인민 군중이다. '이런웨이번'의 '번'(本)이 의미하는 것은 근본으로 모든 업무의 출발점과 목표점인 것이다.

셋째, 과학 발전관은 전체적으로 조화롭게 지속시키는 발전 관념이다. 과학 발전관이 추구하는 전체적인 발전은 중국 특색의 사회주의 사업의 총체적 구조에 따라 경제 건설을 중심으로 중국 특색의 사회주의 경제, 정치, 문화, 사회 건설을 이루는 것이다. 과학 발전관은 조화로운 발전관으로 현대화 건설 각 단계의 발전을 촉진, 각 단계의 상호 조화를 이루어 생산 관계와 생산력, 상부 구조와 경제 기초의 상호 조화를 촉진한다. 과학 발전관이 요구하는 지속적인 발전은 생산 발전의 지속, 풍족한 생활, 양호한 문명 발전을 의미하는 것이며, 자원 절약형, 환경 친화적 사회를 건설하고, 속도와 구조 수준을 통일시키고 경제 발전과 인구 자원 환경의 조화를 통해 인민이 좋은 생태 환경에서 생활을 향유하도록 하고 경제 사회의 지속적인 발전을 실현시킨다.

넷째, 통일적 계획과 여러 방면을 살피는 것은 과학 발전관의 기본적이고 중요한 현실이다. 당의 '16대' 이래 당 중앙 후진타오(胡錦濤) 총서기는 과학 발전관의 중대한 전략적 구상을 제시하였다. 방법론적 의미로는 과학 발전관 실현은 중국 특색의 사회주의 사업의 중대한 관계에 대한 정확한 인식을 가지고 처리하며, 여러 방면을 통일적으로 계획하고 두루 살피는 것을 기본으로 한다. 즉, 전체적으로 통일된 계획에 의해 전체 업무를 완성하고 대중 이익에서 나타나는 문제를 해결하는 것이다. 당의 '16회 3중 전회'는 도농간 발전에 대한 통일된 계획, 지역 발전의 통일된 계획, 경제 사회 발전의 통일된 계획, 인간과 자연의 조화로운 발전의 통일된 계획, 국내 발전과 대외개방 발전의 통일된 계획 등 '오개통주'(五個統籌(우거통초우)) 사상을 제시하였다.

(3) 사회주의의 조화로운 사회 건설

중공 '16대'는 2020년 전면적인 샤오캉 사회의 발전 목표를 제시하였다. 그 중 '조화로운 사회'가 핵심 내용 중 하나였다. 2004년 열린 중공 '16회 4중 전회'는 '조화로운 사회 건설이 매우 중요한 역할을 한다'라고 명확히 지적하였다. 조화로운 사회주의 사회 건설은 중국의 경제 사회 발전을 위한 매우 중요한 목표이자 중국 경제 사회 발전의 중요한 조건이다. 조화로운 사회 건설은 과학 발전관의 핵심 내용으로 경제와 사회 발전의 중요한 귀착점이자, 당이 전면적인 샤오캉 사회로의 출발점으로 제시한 중대 전략 임무이다. 조화로운 사회는 민주 정치, 공평 정의, 성심을 다하는 우호, 충분한 활기, 절차적 안정, 인간과 자연이 서로 조화를 이루며 발전하는 것이다. 구체적으로는 농촌과 도시, 인간과 자연, 인간과 사회, 사회와 경제, 정치와 경제, 물질 문명과 정신 문명의 조화로운 발전이다.

조화로운 사회주의 사회 건설의 발전 과정은 반드시 과학 발전관을 구체화하고 그 정수를 경제 사회 건설의 각 방면에 관철시키는 것이다. 구체적으로 보면, 첫째 경제 발전이 조화로운 사회 건설의 강력한 기초가 되어야 한다. 조화로운 사회주의 사회 건설은 기본적으로 경제 발전의 총체적 발전 과정에 의해 결정되는 것이다. 또한 안정되고 빠른 경제 발전은 과학 발전관의 근본적 요구이자 조화로운 사회주의 사회 건설의 물질적 기초이다. 둘째, 사회 사업의 조화로운 발전은 조화로운 사회 건설의 핵심 내용이다. 전체적으로 조화로운 지속 가능한 과학 발전관은 각 방면의 사회 사업을 크게 발전시키고 사회 관리와 공공 서비스의 개선을 가져오며 이는 경제 실력을 향상시키는 조건이 되어 각 방면의 경제 사회 관계를 조절하고, 조화롭고 지속 가능한 경제 사회 발전을 촉진시켜 사회 전체가 건강하게 바뀌게 된다. 셋째, 사회 보장 능력의 향상은 조화로운 사회 건설의 강력한 지렛대 역할을 해야 한다. '이런웨이번'은 과학 발전관의 근본적 요구로 사회의 인민 생활 사회 보장 수준 향상이 중요한 위치를 차지하며, 정확한 국가 정책의 실현은 사회 보장 체계 건설을 강화하고 개선시켜 사회 보장 능력과 수준이 전체적으로 향상됨으로써 사회 전체 인민이 조화로운 사회 건설이 가져오는 훌륭한 성과를 충분히 향유할 수 있게 될 것이다.

3. 경제 발전과 개혁에 관한 '17대'의 새로운 제시

2007년 10월 중국 공산당 제17차 전국대표대회가 열렸다. 후진타오 대표가 제16회 중앙위원회의 〈전면적인 샤오캉 사회 건설의 새로운 성공과 노력을 위한 중국 특색의 사회주의의 위대한 시작〉의 주제로 발표문을 보고하였다. 이번 대회의 주제는 중국 특색 사회주의의 위대한 시작은 덩샤오핑 이론과 '3개 대표'의 중요한 지도 사상으로서 과학 발전관을 관철시키고 지속적인 해방 사상, 개혁개방의 견지, 과학의 발전, 사회적 조화의 촉진이 샤오캉 사회 건설의 새로운 성공과 노력을 위한 것이었다. '17대'는 중국 경제 개혁과 발전의 새로운 제시를 하였다. 그 구체적 내용은

첫째, 개혁개방 노선의 회고, 개혁개방 방향의 제시. '17대'는 개혁개방이 당대 중국 역사상 중요한 일이며 중국 특색의 사회주의 발전, 중화 민족

의 위대한 발전을 위해 반드시 걸어가야 할 길이라고 밝혔다. 사회주의가 중국을 구할 수 있고 개혁개방만이 중국을 발전시키고 사회주의와 마르크스주의를 발전시킨다고 하였다. 또한 개혁개방은 새로운 위대한 혁명으로 그 길이 반드시 순탄치만은 않을 것이고 한 번에 달성할 수는 없을 것이라 하였다. 또한 가장 근본적인 것은 개혁개방은 당과 인민의 마음이고 시대의 조류, 방향과 노선에 부합시킨 것으로 그 성과와 성적은 가히 부정적일 수 없으며, 이를 위해 멈추거나 되돌아간다면 안 된다고 하였다.

둘째, 과학 발전관 강조. '17대'의 지속적인 샤오캉 사회 건설과 중국 특색의 사회주의 발전을 위한 새로운 발전 단계는 반드시 덩샤오핑 이론과 '3개 대표'의 중요한 사상적 지도하에 과학 발전관을 철저히 실행하는 것이었다. 과학 발전관의 가장 중요한 것은 발전이며, 그 핵심은 '이런웨이번'이고 그 기본적 요구 조건은 전면적 조정과 지속 가능한 발전이며, 기본적 방법은 다방면을 계획하고 두루 살피는 것이었다. 과학 발전관의 철저한 시행은 개혁개방의 지속적인 심화를 요구한다. 치국 정치의 각 단계마다 철저하게 시행한 개혁 혁신 정신은 동요하지 않는 개혁 방향, 개혁 정책의 과학성 제고, 조화로운 개혁 조치의 증대라 할 수 있다.

셋째, 전면적 샤오캉 사회 건설을 위한 목표로 제시된 새로운 요구. '17대'는 '16대'에 확립한 전면적 샤오캉 사회 건설 목표의 기초하에 발전에 관한 새로운 더 높은 목표를 제시하였다. 즉, 조화로운 발전의 증진, 경제를 빠르게 발전시키기 위한 노력, 민주적 사회주의의 확대, 인민 권익과 사회 공평 정의의 보장, 문화 건설의 강화, 민족 전체의 문화 수준의 향상, 사회 사업 발전의 가속화, 인민 생활의 전면적 개선, 생태 문명의 건설, 에너지 자원 절약과 생태 환경의 보호하는 산업 구조, 성장 방식, 소비 구조의 형성이 그것이었다.

넷째, 국민 경제의 빠른 발전을 촉진시키기 위한 제시. '17대'는 미래 경제 발전 목표를 실현하기 위한 관건은 경제 발전 방식 전환의 가속화, 사회주의 시장 경제 체제 발전 과정의 개선이라고 밝혔다. 경제 구조의 전략적 조정을 거쳐 산업 구조를 최적화해야 한다. 중국 특색의 신형 공업화와 국내 수요의 확대, 특히 소비 수요의 확대 방침을 견지하기 위해서는 경제 성장 방식의 변화가 반드시 필요하다. 자주적 창조력의 향상을 중시하여 창조형 국가를 건설해야 한다. 환경 보호 수준을 높인 에너지 자원 절약과 생태 환경 보호를 강조하여 지속 가능한 발전 능력을 증진시켜야 한다. 경제 전반적인 수준과 국제 경쟁력을 향상시킨다. 사회주의 시장 경제에 대한 규율을 충분히 인식하여 기본적 경제 제도, 현대화 시장 체계, 심화된 세제, 금융 등 체제 개혁을 개선한다. 즉, 제도적으로 시장이 자원 배분의 기초적 역할을 충분히 발휘할 수 있도록 과학적 발전의 거시적 조정 체계에 유리하도록 한다. 도농 발전을 통일적으로 계획하여 사회주의 신농촌 건설을 시행한다. 지역의 조화로운 발전을 위한 국토 개발의 구조를 최적화한다. 대외 개방의 정도를 확대하여 개방형 경제 수준을 높인다.

다섯째, 민주와 민생의 강조. '17대'는 인민 민주는 사회주의의 생명이라고 지적하였다. 사회주의가 발전할수록 민주 또한 발전한다. 한편으로는 사회주의 민주 정치를 발전시키고 다른 한편으로는 경제 민주화를 촉진시킨다. 도시의 저소득층과 농민의 소득 향상을 통해 더 많은 인민이 중국 경제 개혁과 발전의 결실을 향유할 수 있도록 한다. 또한 지역 경제의 조화로운 발전을 통해 낙후 지역이 중국 경제 개혁과 발전의 결실을 향유할 수 있도록 한다. 정부 역할의 전환을 통해 서비스형 정부를 건설하여 더 많은 사람이 정부의 공공재 공급과 공공 서비스 혜택을 누릴 수 있도록 한다. 경제 발전의 기초하에 사회 건설을 더욱 중시하고 사회 보장에 주력하며 민생을 개선하기 위한 사회 체제 개혁을 시행한다. 즉, 공공 서비스의 확대, 사회 관리 구조의 개선, 사회 공평 정의의 촉진, 인민 전체 의무 교육 제도, 근로 제도, 의료 서비스, 양로 제도, 주택 제도를 누릴 수 있도록 노력하여 조화로운 사회 건설을 촉진시킨다. 교육을 우선적으로 발전시켜 인력 자원 강국을 건설한다. 취업 확대를 위한 발전 전략을 실시하여 노동 취업 기회를 확대한다. 소득 분배 제도 개혁을 심화하여 도농 주민의 소득을 증가시킨다. 도농 주민의 사회 보장 체계를 확립하여 인민의 기본적 생활을 보장한다. 기본적 의료 의생 제도를 확립하여 인민 전체 건강을 증진시킨다. 사회 관리를 개선하여 사회의 안정적 단결을 위한다.

결론적으로 중공의 '17대'는 중국 경제 개혁과 발전에 대한 새로운 제시를 하였다. 그 중 가장 중요한 점은 '민주'에 대한 강조라 할 수 있다.

제2절 사회주의 시장 경제 체제의 진일보 개선

1. 세제, 금융, 투자 체제 개혁의 심화 및 거시적 조정 체제의 확립

중국 경제는 시장화 건설의 시행과 사회주의 시장 경제 체제의 개선을 위해 세제, 금융, 투자 체제 개혁의 심화, 정부 역할의 변화, 진일보한 거시적 조정 체제의 확립이 필요하였다. 이것은 조방형 경제 성장 방식에서 집약형 경제 성장 방식으로의 전환에 도움이 되고, 경제 전체의 조화로운 지속 가능한 발전을 촉진시킬 수 있다. 당의 '16대' 이래 세제, 금융, 투자 등의 체제 개혁이 심화되었고 거시적 조정 체제가 확립되었다.

금융 체제 개혁은 일련의 개혁 중 가장 중요한 부분이었다. 금융 위기를 경험한 후 중국 금융 체제 개혁은 더욱 복잡하고 긴박해졌다. 높은 효율성과 높은 경쟁력을 갖춘 금융 체계와 금융 제도의 확립은 중국 경제가 21세기에 반드시 풀어야 할 과제이다. 금융 체제 개혁의 심화는 WTO 가입 이후 국제 경제 경쟁의 기초라 할 수 있다. 그러므로 중국은 심화된 금융 체제 개혁과 개선된 자본 시장 및 금융 시장의 건립이 반드시 필요하였다. 2002년 이후 중국의 금융 체제 개혁은 심화되었으며 특히 주식 시장과 채권 시장이 건립되어 기업의 직접적 융자 비율이 점차 높아졌으며, 국내 상장 기업의 수가 2003년 1,287개에서 07년 1,550개 기업으로 증가하였다. 기업 채권 발행액은 2003년 358억 위안에서 5,059억 위안으로 증가하였다. 또한 중국 정부는 금융업의 관리 감독을 강화하여 기초적 제도를 확립하고 다양한 시장 체제를 건설하여 금융 기업의 효율적인 운영을 가져왔다. 또한 환율 제도 개혁이 시작되었다. 개혁 심화 과정 중 정부는 금융 리스크를 낮추고 금융의 안정적인 발전을 위해 노력하였다.

세제 개혁 또한 매우 중요하다. 세제는 국가 재정의 중요한 근원으로 세제 부담의 공평성과 효율성을 보장하기 위해 진일보한 세제 개혁이 필요하며, 세제의 기초 확립을 위해서 합리적인 세율 정책과 각종 세금의 규범화 확립이 필요할 뿐 아니라 현행하는 세제의 적극적인 개혁이 필요하였다. 2002년 이래 중국 정부는 점차 증치세의 징수 범위를 확대시켰고 중소기업의 세금 압력을 감소시켜 중소기업의 발전을 장려하였다. 또한 수출 기업의 수출 환급 세율을 유동적으로 조정하였다. 수출 경기가 좋지 않을 때는 수출 환급 세율을 높이고, 수출 경기가 좋을 때는 수출 환급 세율을 감소시켰다. 그 밖에 과학 기술 기업의 발전을 위해 중국 공산당과 정부는 합리적인 세수 구조를 통해 산업 구조 조정을 장려하였으며, 도태되거나 낙후된 기업에게는 과학 기술 연구 투자를 시행하도록 장려하였다. 또한 중앙과 지방의 세수 범위를 합리적으로 규범화하여 중앙 재정의 비중을 높이고 사업의 권리와 재정의 권리를 확실히 구분하였다. 당의 '16대' 이후 중국의 재정 지출 체제 또한 개혁을 하였다. 지역 차이와 도농 간 차이를 해소하기 위해 중국 재정 지출은 이전 지출을 확대하고 서부 지역과 농촌으로 적극적 지원을 하였다.

또한 교육, 위생, 사회 보장 등의 공공재 투입을 증가시키기 위해 노력하였다. 이전 지출을 통해 농촌의 기초 설비 건설을 개선하여 농촌의 기초 교육, 공공 위생, 농경지 수력 설비를 위한 지원을 증가시켰다.

투자 체제의 개선 또한 중요한 의미를 가진다. 수출, 투자, 소비는 중국 경제 성장의 중요한 세 가지라 할 수 있다. 따라서 투자 과정의 합리적 규범화와 기업 투자 자주권의 실현은 정부 투자 항목의 비준 범위를 점차적으로 축소시키고 기업 투자 항목의 비준 제도와 준비 제도를 완비하였으며, 이는 모두 경제 발전의 중요한 의미를 가지게 되었다. 2002년 이후 중국 정부는 정부 투자 범위와 중앙과 지방의 투자 권한을 합리적으로 정하였으며, 정책 결정 규칙과 과정을 개선하여 자금 이용 효율성을 제고시켜 정부 투자 항목의 정책 결정 책임의 규명 제도를 확립시켰다. 또한 과학 민주 정책 기구를 완비하였고 중대 사항에 대한 단체의 정책 결정, 전문가 자문, 사회 공시 및 증언 청취, 정책적 잘못에 대한 책임 추궁 등의 유관 제도를 개선하였다. 이러한 제도의 개선은 투자의 규범화에 도움이 되고 투자의 효율성을 높여 잉여 생산 능력과 자금 운용의 비효율성을 낮출 수 있도록 하였다. 그리하여 취업 기회를 넓히고 경제의 안정적이고 지속적인 발전을 촉진시켰다.

현대 경제학 이론에서 이미 증명되었듯 경제 발전은 파동의 주기성을 가진다. 그러므로 정부의 거시 조정적 역할은 경제 발전의 파동을 개선시킬 수 있으며, 경제의 안정적이고 지속 가능한 발전을 보장한다. 정부는 정확하고 통일적으로 효율적인 원칙과 정책 결정을 하고 집행하며 감독 체계를 통일시키고, 과학적 정책 결정, 권리와 책임, 합리적 분업, 원활한 집행, 실효성 있는 행정 관리 체계를 확립시켜 서비스형의 정부, 책임 있는 정부, 법치 정부로서의 역할을 이행해야 한다. 2002년 이후 정부 역할의 변화로 중국 정부는 점차 정무를 공개하고 제도화를 실현하였고, 신문 발표 제도를 개선하여 정부 업무의 투명성을 제고시켰다. 또한 인민이 정부 업무의 알 권리, 참여권, 발표권, 감독 권한을 보장하도록 노력해왔다. 중국 정부는 전면적으로 법에 따른 행정을 시행하고, 행정 기관과 공무원은 법정 권한과 절차 이행의 책임에 따라 정부 문책제를 적극적으로 시행하여 집행법 책임 추궁제를 건립하였다. 거시적 경제 조정으로 중국 정부는 더 많은 경험을 쌓을 수 있었고 경제 발전 능력을 향상시킬 수 있어, 2003년 SARS 공공 위생 위기를 훌륭히 대처해 나갈 수 있었고, 2002~2007년의 고도 경제 성장을 이어갈 수 있었다. 중국 정부는 거시 경제 발전에 대한 예측 능력이 점차 향상되었고 적절한 시기의 경제 조정을 해나갔다. 사회주의 시장 경제 체제의 진일보한 개선과 정부의 거시적 조정 기구의 합리적 조절, 정부 조정은 행정 부문에서 점차 경제, 법률로 이어졌다. 시장 공개, 이자율, 환율 등은 모두 정부의 거시적 조정 수단이다. 중국 정부의 거시적 경제 정책은 일관성 있고 안정적이어서 채택한 재정 정책과 화폐 정책으로 통화 팽창을 통제할 수 있어 경제 발전에 도움이 되었다.

2. '보조' 기구 형성, 사회주의 신농촌 건설

일반적으로 세계 각국의 공업화 발전 과정을 살펴보면 공업-농업의 관계는 다음의 세 가지 단계를 거친다. 첫째, 농업이 공업을 보조하는 원시적 축적 단계, 둘째 공업 스스로의 축적, 공업과 농업이 각각 스스로 발전하는 공업화 중간 단계, 셋째 공업 축적으로 농업을 보조하는 농업 보조의 공업 성숙 단계이다.

근래에 국민 경제의 급속한 발전으로 중국은 '공업이 농업을, 도시가 농촌을 보조하는' 역사적 단계가 왔다. 중국 재정 수입에서 농업세가 차지하는 비중이 점차 낮아져 2004년에는 1%에도 미치지 못하였다. 2004년 중앙 1호 문건에서는 담배를 제외한 농업특별세를 없애고 농업세를 감면하였으며, 농사를 짓는 농민에게는 직접적인 보조금을 지급하여 많은 혜택을 주고 대형 농기계를 구입할 수 있는 보조금을 지급하였다. 2005년 중앙은 '3농' (三農)[2]을 지지하는 것을 1호 문건의 주제로 정하였다. 이는 중국의 발전 전략과 정책에 매우 큰 변화가 있다는 것을 반영하는 것이라 할 수 있으며, 농업 축적 단계에서 공업이 농업을 보조하는 방식으로 바뀐 것이다. 중앙경제공작회의에서는

"우리는 현재의 추세에 따라 국민 소득 분배 구조를 조정해야 하며 '3농'의 발전을 적극적으로 지지해야 한다"

라고 명확히 지적하였다.

2007년 당의 16회 5중 전회는

"공업이 농업을 보조하고 도시가 농촌을 지원해야 한다"

라고 지적하고, '사회주의 신농촌 건설'을 밝혔다. 이는 거시 경제 정책의 매우 중요한 것 중 하나라 할 수 있다. '17대'는 더 높은 목표를 세워 공업이 농업을 활성화시키고 도시가 농촌을 살피는 것에 대해 지적하며 도농 경제 사회 발전 일체화의 새로운 구조를 형성시켰다. 이것은 '공업이 농업을 보조, 도시가 농촌을 지원'에 대한 방향과 목표를 명확히 하여 '3농' 공업 발전을 위한 더욱 유리한 환경과 기회를 얻을 수 있었다.

보조 정책으로 농업 지원을 위한 재정 지출이 계속 증가하였다. 2004년 중국 정부는 농업에 대한 직접 보조금을 116억 위안으로 정하였다. 이는 보조금 총액의 96%에 달하는 금액으로 6억 명에 달하는 농민이 국가 보조금 정책으로 인한 혜택을 누릴 수 있었다. 전국 13개의 농업 생산 성(省)은 농업 직접 보조를 통해 13,892만 가구의 농민에게 1가구당 평균 74위안을 증가시킨 금액으로 수매하였다. 국가는 13개 농업 생산 성(省)에 보조액을 28.5억 위안, 농기구 구매를 위한 보조액을 7,000억 위안을 지급하였다. 2005년 농업세

2 역주: '3농'이라는 것은 농업, 농촌, 농민을 의미하는 것으로 중국 농업의 핵심 3요소를 의미한다.

를 내지 않은 농민이 8억 명에 달하였다. 2005년 전국 농업 직접 보조금은 2004년에 비해 13.8% 증가하였다. 2006년 농업 직접 보조금은 10억 위안이 증가하였다.

보조 정책에 따라 사회주의 신농촌의 건설이 새로운 시기의 매우 중대한 역사적 임무가 되었다. 2006년 2월 후진타오는 중앙정치국 제28차 단체 학습 시간에

"중국 특색의 사회주의 사업의 전면적인 출발은 적극적이고 확실하게 사회주의 신농촌 건설이라는 중대한 역사적 임무를 시행하며 사회주의 신농촌을 건설하여 많은 농민에게 혜택을 줄 수 있는 민심 프로젝트로 만들어야 한다"

라고 지적하였다.

2006년 9월 원자바오(溫家寶)는 전국 농촌의 종합개혁공작회의에서 농업세 취소를 지적하여 중국 농촌 개혁이 새로운 단계로 진입하였음을 알렸다. 중국은 농촌의 종합 개혁의 중요성과 어려움을 충분히 인식하여 높은 효율을 위한 농촌 행정 관리 체제와 운영 기구를 건립, 도농 간 공공 재정 제도와 농촌의 의무 교육 제도의 사회 보장 제도를 확립, 농민 세금에 대한 부담을 덜고 농촌의 공익 사업 발전을 촉진하기 위한 사회주의 신농촌을 건설해야 한다고 하였다.

3. 기업 개혁의 심화, 창조형 국가 건설

기업 개혁은 21세기 경제 발전을 위해 반드시 해결해야 할 과제이다. 1997년 중국 국유 기업 개혁을 시작으로 기업 개혁의 가장 중요한 부분을 계속 차지하였다. 3년의 분류와 합병 등의 조치를 통해 국유 기업은 3년의 곤경에서 벗어나기 위한 목표를 실현하였다. 이것은 중국 기업 개혁이 이루어

낸 큰 성과이다. 사회주의 시장 경제 체제의 진일보 개선과 경제 발전에 따라 기업 개혁의 임무는 아직 끝나지 않았다고 할 수 있다. 독점, 기업 재산권 등은 여전히 해결해야 할 문제이다. 특히 국유 기업의 수는 지방 국유 기업의 수에 비해 여전히 너무 많으며, 국유 자본은 우세 업종, 관련 영역이 대기업으로 집중되고 있다. 대 · 중형 국유 기업의 주주권 구조 또한 관리 수준 향상 등의 개선이 필요하다. 독점 기업 개혁은 시작 단계로 여전히 국유 기업 개혁의 중점 사항이라 할 수 있다. 국유 자산 관리 체제 개혁은 또한 초기 단계이다. 기업은 경제 성장 방식의 변화에 큰 공헌을 하였다. 2006년 상반기 석탄, 석유화학, 유색금속, 전력 등 업종의 에너지 소모 수준이 상승하였다. 이것은 대부분 매우 중요한 위치에 있어 전체에 중대한 영향을 미칠 수 있는 업종과 국유 대형 기업이었다. 국유 기업은 사회에서 여전히 중요한 부분을 책임지고 있다. 이윤만을 목표로 삼지 않고, 이익 관계자와의 관계, 특히 노동자와의 관계와 기타 사회적 책임을 고려해야 하였다. 기업은 이윤 극대화 목표를 위해 시장 경쟁에서 소비자의 이익을 고려하지 않고, 비합법적 수단을 이용하여 기업의 경제적 이익을 높이려고 하므로 기업 관리 감독은 기업 개혁 과정 중 중점적으로 다루어야 하는 부분이었다.

2002년 이래 중국 정부는 기업 개혁을 심화시켰다. 합병과 우세한 기업 규모의 확대를 통해 중국 기업의 해외 진출 전략에 도움이 되었고, 다국적 기업과의 경쟁에도 유리해졌다. 독점을 없애 기업의 시장 경쟁력을 높였다. 이는 기업이 완전한 시장 주체가 되어 기업 내부의 힘을 키우고 창의성을 높이는 데 큰 도움이 되었다. 일련의 개혁을 거쳐 독점 기업과 업종은 점차 사라졌다. 민영 기업의 급속한 발전, 주주제 기업, 주식 합작 기업의 규모 확대로 경제 성장에 큰 공헌을 하였다. 또한 국유 및 국유 지주 기업의 이익은 점차 증가하였다. 공업 증가치 성장 속도는 민영 기업은 2004년 22.8%에서 2007년 26.7%, 주주제 기업이 2001년 10.4%에서 2007년 20.6%, 주식 합작 기업이 2001년 9.2%에서 2007년 17.5%로 증가하였다. 국유 및 국유 지주 기업의 공업 증가치 성장 속도는 2001년 8.1%에서 2007년 13.8%로 증가하였다.

21세기 초 중국 약품 및 식품 안전 문제가 계속 대두되었다. 약품은 가짜 약품이 시장에 유입되어 환자의 생명의 위협과 경제적 손실을 가져왔다. 식품 안전 문제 또한 중국 인민의 건강에 심각한 영향을 끼쳤다. 치치하얼(齊齊哈爾) 시의 가짜 약품 사건에서 '분유 문제', '수단홍'(蘇丹紅)[3] 소동에서, 낮은 품질의 소시지에서 각종 인스턴트 식품 등 모두 수많은 문제를 노출시켰고, 약품과 식품의 생산, 가공, 운송, 저장, 판매 과정에 숨어 있는 문제가 있는 것으로 드러났다. 중국 정부는 식품 약품 안전 문제에 대한 관리를 강화하기 위해 사후 처리 업무를 관리하고 제도와 식품 약품 안전 관리 체계 건설을 강화하였으며 〈식품안전법〉의 입법 과정을 가속화하였다. 또한 의료 제도 개혁을 적극적으로 진행하여 의료 감독 관리를 강화하였다.

창조형 국가 건설은 중국 공산당과 중국 정부가 국내외 발전 형태를 종합적으로 분석하여 제시한 중대한 지도 방침이다. 이는 중국의 경제 사회 발전을 과학 발전 궤도로 높이는 선택이었다. 당의 '16대'는 자주 창조 전략을 제시하였다. 2005년 7월 원자바오는 국가과학교육지도팀의 제3차 전체회의에서 자주 창조를 위해 주력할 것을 강조하였다. 2005년 12월 베이징 인민대회당에서 '선저우' 6호의 인공위성 발사 성공을 축하하기 위해 개최된 대회에서 후진타오는 자주 창조 능력을 높이고 중요하게 여겨 중국의 과학 기술의 실력을 향상시켜야 한다고 지적하였다. 2006년 전국과학기술대회에서 후진타오 총서기는 창조형 국가를 건설하기 위한 전략적 목표를 제시하였다. 이 목표에 따르면 중국은 2020년 전체적으로 샤오캉 사회가 건설될 것이고 전 세계 창조형 국가 중 선두를 차지할 것이라 밝혔다. 같은 해 중국은 〈2006~2020년 국가 정보화 발전 전략〉을 발표하여 미래 중국 정보화 발전

3 역주: 공업 염색에 사용되는 유기 화합물의 일종.

목표, 임무, 중점 전략, 조치에 대해 밝혔다.

중국의 과학 기술의 창조 능력은 횡적으로 보면 여전히 취약하다. 중국 역사상 과학 기술이 GDP에서 차지하는 비중은 1960년 2.32%가 가장 높고, 그 이후 매년 하락하여 2004년 1.23%에 그쳤다. 이는 관련 법규 규정의 1.5%와는 약간의 차이가 있다. 또 중국의 대외 기술 의존도는 50%에 달해 미국과 일본의 5%에 비해 상당히 높고, 고정 자산 투자 중 차지하는 40%의 설비 투자 비중 중 60% 이상이 수입에 의존하고 있으며 중국 보유의 자주 지적 재산권의 핵심 기술 기업은 3/10,000이다. 2004년 공업 기업 기술을 들여오는 데 든 경비 지출이 397억 위안, 이전 경비 지출은 61억 위안으로 일본과 한국에 비해 크게 뒤쳐져 있다. 중국 과학 기술 능력은 세계 49개 주요 국가 중 28위를 차지한다. 그러므로 반드시 자주 창조 능력을 향상시키고, 과학 기술 발전을 가속화시켜 중국의 국제 경쟁력을 높여야 한다.

4. '以人爲本, 好(하오: 좋은 품질), 快(콰이: 빠른 속도)'의 경제 발전을 촉진

중국 경제 발전은 '이런웨이번'이라 할 수 있다. 중국 공산당과 중국 정부는 '입당공평(立黨公平(리당공핑)), 집정위민'(執政爲民(즈정웨이민))[4]이념을 항상 강조하였다. 경제 발전에서 중국 정부는 경제 발전의 성과는 모든 인민과 함께 누려야 한다고 강조하였다. 중국 정부는 이것이 '이런웨이번' 사상을 실현하는 것이라 여겼다. '이런웨이번'의 정신은 당이 창립된 이후 계속하여 강조한 근본 사상-인민을 위한 핵심 사상이다. 당의 모든 노력과 업무는 인민을 위한 것으로 모든 것을 실현하고, 발전시키고, 모든 인민의 기본적 이익을 보호하고 유지하기 위한 것으로 이것이 당과 국가가 행하는 모든 업

4 역주: 당은 항상 공평하고 인민을 위해 집정한다는 중국 공산당의 통치 이념.

무의 출발점이자 종착점이다. 또한 인민 주체를 존중하고 인민이 창조 정신을 발휘할 수 있도록 하고, 인민의 권익을 보장, 공동의 부를 위해 사회 전체 발전을 촉진하고 그 발전은 인민을 위한 것이자 인민에 의한 것으로 발전, 성과는 인민과 공동으로 향유한다는 것이다. '이런웨이번'이 경제 발전에서 다음과 같은 영향을 주었다. 첫째, 전체에서 인간 개개인을 강조하는 것으로 바뀌었다. '17대' 보고에서 처음으로 과거 국내 총생산의 2배의 목표를 국내 총생산의 총액에서 1인당 평균의 개념으로 바꾸었다. 이런 변화는 경제 지표가 1인당 평균 국내 총생산의 향상이 1인당 소득 향상의 기초이자 전제라는 것을 의미하는 것이다. 1인당 국내 총생산이 대폭 상승한다는 것은 주민의 1인당 소득의 향상을 뜻하는 것이자 개혁 발전의 성과가 각 사회 구성원에게 돌아갔다는 것을 뜻한다. 둘째, 생태 건설을 더욱 중시한다. '17대' 보고에서는

"생태 문명 건설이란 기본적인 에너지 자원을 형성하고 생태 환경의 산업 구조, 성장 방식, 소비 구조를 보호하는 것이다"

라고 밝혔다.

셋째, 민생을 중시한 사회 구조를 실현하고 인민 생활의 전체적인 개선을 가속화시킬 것을 제시하였다. 교육, 취업, 의료, 분배, 사회 보장, 사회 치안 등의 업무는 민생 문제와 직접적인 관계가 있는 문제이다. 당의 '17대' 보고에서는

"인민 전체의 교육, 노동, 의료, 양로, 주거를 위해 노력하여 조화로운 사회를 건설해야 한다"

라고 밝혔다.

이것은 처음으로 사회 건설이 민생을 위한 개선점을 서술한 것으로 17대 보고는 '이런웨이번'의 이념을 충분히 실현시켰다.

'좋은 품질(好), 빠른 속도(快)'는 중국 경제 발전의 새로운 이념이다.

1990년대 초 중국이 사회주의 시장 경제 건설을 시작한 이래 경제 발전에서 '빠른 속도, 좋은 품질'(又快又好)이란 표현을 하였었다. 10여 년 동안 '빠르게'를 '좋게' 보다 약속이나 한 듯이 항상 먼저 표현하였다. 2005년의 중앙경제공작회의는 경제 발전을 언급할 때 '빠르고 좋게'(又快又好)라고 표현을 하였다. '빠른 속도'는 최근 중국 경제 발전의 특징이 되었다. 1990년부터 2005년까지 중국 경제는 평균 성장 속도는 9.7%, 경제 총액은 전 세계에서 1990년 11위에서 2005년 4위까지 올랐다. 그러나 중국은 '조방형'의 빠른 성장에 따른 대가를 부담해야 하였다. 에너지 자원의 높은 소모와 그로 인해 발생한 환경 오염과 생태 환경의 파괴는 경제 사회의 조화로운 발전을 제약하는 문제로 대두되었다. 과학 발전의 중시는 '좋은 품질'이라는 개념에 가장 우선한 당면 과제이다. 2006년 중앙경제공작회의는 특히 '좋고, 빠르게'를 강조하였다. '빠른 속도'는 경제 발전 속도를 강조한 것이고, '좋은 품질'은 경제 발전 수준과 이익을 의미하는 것이다. '빠른 속도, 좋은 품질'에서 '좋은 품질, 빠른 속도'로의 변화는 중국 경제 사회 발전의 새로운 인식의 변화이며 새로운 단계로의 경제 발전 규율의 인식에 대한 변화이다. '11.5'규획 또한 '좋은 품질'과 '빠른 속도'를 동시에 발전시키는 것을 강조하여 이는 최근 중국 경제 발전의 목표가 되었다. '좋은 품질, 빠른 속도'를 모두 합한 것이다. '좋은 품질, 빠른 속도'는 경제의 안정과 빠른 성장을 유지하고 큰 폭의 오르내림을 방지하여 좋은 것을 우선으로 하고 빠른 속도를 그 다음으로 최적화 구조를 중시하여 수준과 효율성을 향상시키도록 노력하는 것이다. 중국은 이미 경제의 '좋은 품질과 빠른 성장' 발전을 위한 많은 조건을 갖추고 있다. 중국은 과학 발전관을 내세운 경제 사회 발전을 지지하고, 성장 방식을 전환하여 속도, 품질, 효율성을 조화시키고, 소비, 투자, 수출을 조화시키며, 인구, 자원 환경을 조화시켜 '좋은 품질, 빠른 속도'의 발전을 도모하여 경제 사회 발전을 과학 발전의 궤도로 상승시켜야 하였다.

후진타오는 2006년 12월 25일 오후 진행된 중공 중앙정치국 제37대 단체 학습 중

"에너지 자원은 인류 사회 생존과 발전의 중요한 물질적 기초이자 우리의 샤오캉 사회 건설과 사회주의 현대화를 실현하기 위한 물질적 기초이다" 라고 지적하였다.

자원 절약을 기본 국책으로 삼고 자원 절약형, 환경 친화형 사회를 건설하여 경제 발전을 꾀하고 인구, 자원, 환경이 서로 조화를 이룬 과학 발전관을 실현하기로 하였다. 또한 신흥 공업화를 위한 필수적인 조건은 지속 가능한 발전을 실현시키는 것이며, 이는 경제 안전과 국가 안전을 보장하기 위한 필수 조건이다. 2007년 중국 국무원 원자바오 총리는 절약하고 적게 배출하기 위한 환경 보호 조치 업무를 강조하고, 앞으로 중국의 절약하고 적게 배출하기 위한 환경 조치 방안을 발표하였다.

5. 대외 경제 관계의 발전

WTO 가입 이후 중국 대외 개방은 점차 확대되었다. 중국 공산당과 중국 정부는 대외 경제 관계를 적극적으로 발전시켰다. 당의 '16대' 이후 중국 공산당은 대외 교류를 적극적으로 진행하고, 각국과 적극적으로 교류를 하여 공통의 인식을 넓히고 세계 경제 구조와 발전에 대한 인식을 확대하였다. 또한 중국 정부의 각종 합작과 협력 관계를 적극적으로 진행, 세계와 지역 조직의 각종 활동에 적극적으로 참여하였고, WTO의 가입은 서방의 선진국 및 개발 도상국, 제3세계 국가의 경제 합작 관계를 위해 공동으로 탐색하고 깊이 있는 교류를 지속적으로 이어나가게 되어 대외 무역을 촉진하는 작용을 하였다. 동시에 주변 국가와의 경제 합작 관계의 발전을 중시하였다. 예를 들어, 동남아시아국가연합, 아시아 국가 범위 내의 경제 교류를 확대하였다.

이러한 합작과 교류는 한편으로는 중국 정치와 경제적 지위를 향상시키고 다른 한편으로는 세계에 중국을 이해하고 인식시키는 계기가 되도록 하였다. 중국 경제 실력의 향상에 따라 대외 무역은 급속도로 성장하여 화물 수출입 총액이 1978년 세계 29위에서 2006년 세계 4위로 뛰어올랐다. '10.5' 기간 대외 무역 의존도는 62%에 달해 이는 1978년에 비해 52%가 상승하였는데, 폐쇄 경제 무역에서 개방 경제 무역으로의 변화에 의한 것으로 괄목할 만한 성장이라 할 수 있다. 무역 발전에 따라 중국 문화 또한 세계에 널리 알릴 수 있게 되었다. 중국 문화와 중국 시장은 동시에 외국인의 투자와 취업 기회를 흡수할 수 있었다. 2002년 이래 해외 직접 투자는 대폭 성장하여 2006년 853.2억 달러로 세계에서 두 번째로 해외 직접 투자를 많이 받는 국가가 되었다. 중국은 이미 전 세계에서 가장 개방적인 '신흥 시장'으로, 실질적 개방도가 2000년의 36%에서 2004년 75%로 상승하였다. 이는 중국, 인도, 러시아 등 10개 신흥 시장 경제 국가 중 가장 높은 것으로, 중국 시장은 이미 세계 시장의 중요한 하나의 구성 부분이 되었다.

제3절 정부의 취업, 소득에 대한 조정과 사회 보장 제도의 발전

1. 새로운 시기 이후 취업 현황과 추세 및 정부 정책

중국은 13억 인구로 세계에서 가장 많은 인구와 노동력을 가진 국가이다. 취업 기회의 확대와 노동자의 구직 요구를 만족시키는 것이 중국이 오랫동안 당면한 중요한 과제였다. 당의 '16대' 이래 당 중앙, 국무원은 민생을 더욱 중시하게 되어 취업 확대가 경제 사회 발전에 더욱 중요한 위치를 차지하게 되었다. 취업 정책에 대한 적극적인 시행을 통해 취업을 확대하고 취업

그림 6-1 도시, 농촌 취업자수 변화: 2002~2008년

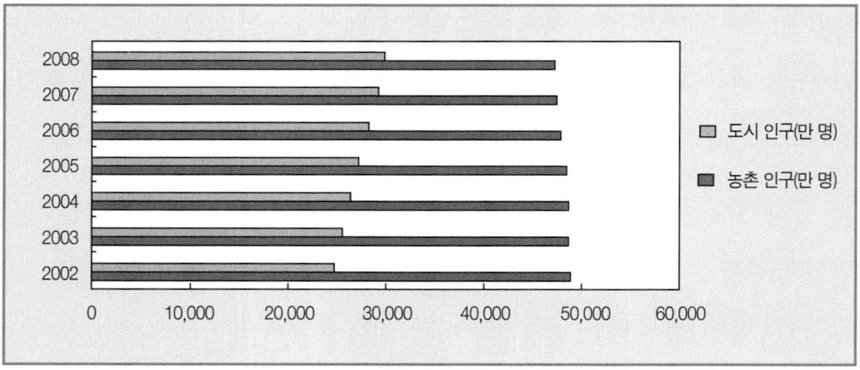

자료 출처: 국가통계국, 《중국통계제요 2009》, 중국통계출판사, 2009년판, p. 45.

구조 개선을 통해 각 지역 취업 및 재취업 업무에서 눈에 띄는 성과를 내어 결과적으로 실업률을 효율적으로 통제할 수 있는 기본적인 안정 상태에 있다고 할 수 있다.

중국 도농 취업자수는 2002년 73,740만 명에서 2008년 77,480만 명으로 3,740만 명이 증가하여 연평균 623만 명이 증가하였다. 그 중 도시 취업자수는 24,780만 명에서 30,210만 명으로 연평균 905만 명이 증가하였고, 농촌 취업자수는 48,960만 명에서 47,270만 명으로 연평균 282만 명이 감소하였다. 도시화와 공업화의 가속화에 따라 도시의 취업 기회는 점차 늘어나 도시 취업은 전국 수준을 넘어섰다. 취업자수가 전국에서 차지하는 비중이 2002년 33.6%에서 2008년 49.0%로 상승하였다. 도시의 취업 기회의 증가는 농촌 잉여 노동력의 도시로의 이동을 가져와 농촌 취업자수가 전국 취업자수에서 차지하는 비중이 2002년 66.4%에서 2006년 61.0%로 하락하였다.

취업자수는 지속적으로 안정되고 증가하였으며 취업 구조가 개선되었다. 2008년 전국 1차 산업 취업자수는 30,654만 명으로 2002년에 비해 6,216만

그림 6-2 취업자수로 본 산업 구조 변화: 2002~2008년

(단위: %)

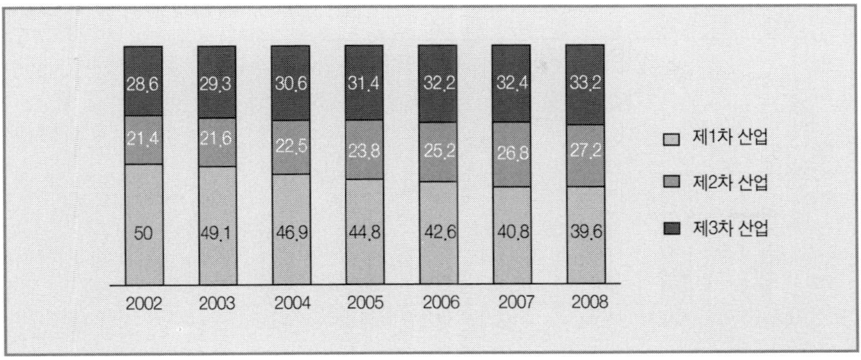

자료 출처: 국가통계국, 《중국통계제요 2009》, 중국통계출판사, 2009년판, p. 44.

명이 줄어 16.9% 하락, 연평균 1,036만 명이 감소하였다. 2차 산업은 21,109만 명으르 2002년에 비해 5,329만 명이 늘어나 33.8% 증가, 연평균 888만 명이 증가하였다. 3차 산업은 25,717만 명으로 2002년에 비해 4,627만 명이 늘어 21.9% 증가, 연평균 771만 명 증가하였다. 중국 1차, 2차와 3차 산업의 취업자 수의 비중이 2002년 50.0:21.4:28.6에서 2006년 39.6:27.2:33.2로 변하였다.

취업 확대를 위한 노력과 동시에 정부는 실업을 통제하기 위한 조치를 취하였다. 중국 경제의 빠른 성장과 취업 정책의 확대 실시로 2002~ 2008년 도시에 등록된 실업률이 평균 4.0~4.3%로 비교적 낮은 수준을 유지하고 있다.

노동력수와 구조적 모순이 나타나는 상황에서 실업률을 효율적으로 통제하여 취업 구조를 기본적으로 안정시킬 수 있었다. 이로 인해 창조적이고 조화로운 사회 환경을 건설하여 경제 사회의 지속적인 안정과 발전에 중요한 작용을 할 수 있었다.

당과 정부는 취업, 민생을 중시하는 것을 중요한 업무의 하나로 여겼다. 당의 제16회 5중 전회에서 통과된 〈중공 중앙 국민 경제와 사회 발전의 11가

그림 6-3 도시에 등록된 실업자수와 실업률의 변화: 2002~2008년

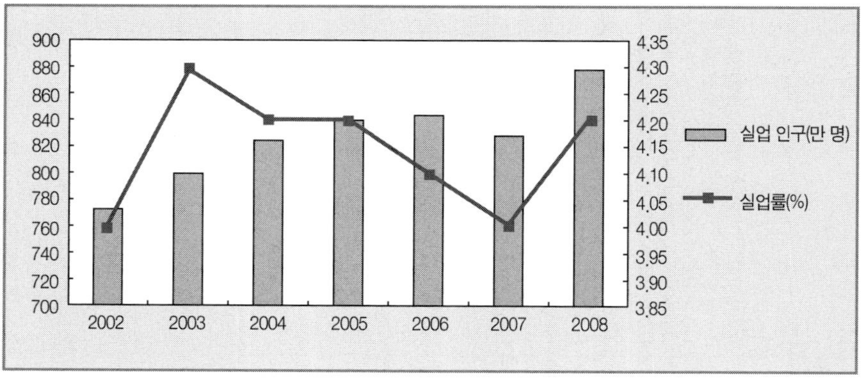

자료 출처: 국가통계국, 《중국통계제요 2009》, 중국통계출판사, 2009년판, p. 46.

지 제 5개년 규획에 관한 건의〉에서 취업의 확대를 경제 사회 발전의 중요한 위치에 두고 취업 정책을 적극적으로 지원해야 한다고 지적하였다.

2005년 11월 국무원은 〈취업과 재취업 업무 공작의 진일보 강화에 관한 통지〉를 하부 기관에 전달하였다. 〈통지〉에서는 세제 우대를 발표하여 상업 무역 기업, 서비스 기업, 노동 취업 서비스 기업 중 가공 기업 성격의 소형 기업의 실체를 가진 기업은, 당해 〈재취업 우대증〉을 소지한 구직자에 한해 실질 채용 인원에 따라 네 가지의 세금을 감면한다고 규정하였다. 또한 〈통지〉에서는 농촌 노동력의 도시 취업과 지역적 이동 취업 제한을 취소하고 이의 합법적 권익을 보장하는 정책 조치를 개선하여 최초로 조건부의 지역 개발인 도농 일체화를 위한 노동력 시장의 시행 업무를 발표하였다.

'11.5' 기간 당 중앙은 계속하여 취업 확대를 경제 사회 발전의 중요한 위치에 두어야 하고 취업 정책을 적극적으로 시행하여 취업 기회를 지속적으로 확대시켜 지원해야 한다고 강조하였다. 또 시장의 활성화는 취업을 확대시키는 작용을 한다고 지적하였다. 노동자의 창업과 자신의 직업을 찾는

것을 적극적으로 장려하여 여러 종류의 취업 방식을 개발하고 발전시켜야 하며, 정부는 취업의 공공 서비스 역할을 촉진시키기로 하였다. 특히 일부 수준이 낮은 노동자에 대해 직업 훈련을 시키고 정부 보조로 사회 참여와 교육 기관에 참여할 수 있도록 하여 구직자의 취업 능력을 향상시키기로 하였다. 법률 법규를 개선하고 취업에 대한 세금, 대출 등의 우대 정책 조치를 채택하여 각 기업이 많은 구직자를 채용할 수 있도록 하고 취업의 효율성 있는 기관 형성을 장려하고 촉진시킬 수 있도록 하였다. 취업을 방해하는 체제적 장애를 없애기로 하고, 또한 도농의 통일된 노동력 시장을 형성하고 건립하여 규범화된 시장 질서로 노동자의 합법적 권익을 보호하기로 하였다.

국제 금융 위기로 국무원은 〈경제 상황을 고려한 취업 공작 업무에 관한 통지〉를 발표하였다. 통지에서는 더욱 적극적인 취업 정책을 펼쳐 전방위적인 취업 확대를 해야 한다고 요구하였다. 통지는 20인 이상의 기업은 30일 전에 상황을 설명해야 한다고 명확히 밝혔다. 〈통지〉는 기업 규모에 따른 인원 감축 행위에 대해 노동자의 합법적 권익을 보장해야 한다고 요구하였다. 20인 이상 또는 20인이 안 되지만 기업 총노동자수의 10% 이상을 차지하는 기업은 30일 이전에 공회 또는 전체 노동자에게 설명을 하고 공회와 노동자의 의견을 수렴한 후 당 지역의 인력 자원 사회의 행정 부문에 보고하여 인원 감축 방안을 이행하도록 하였다. 그 밖에 〈통지〉는 각지의 정책적 의존도를 높여 노동자의 다른 경로로의 취업을 장려해야 한다고 하였다. 또한 공공 취업 서비스를 강화, 특히 취업 교육 계획을 실시하여 많은 노동자의 취업 능력을 향상시킬 수 있도록 도와야 한다고 하였다.

2. 소득 차이의 확대, 정부의 소득 분배에 대한 조정

개혁개방 이래 중국의 초기 분배 구조는 다음과 같은 특징을 보인다.

첫째, 중국 경제의 발전에 따른 도농 주민 간의 소득 분배의 차이는 점차 확대되는 추세로 도시 주민의 지불 가능 소득은 상승, 농촌 주민의 지불 가능 소득은 점차 하락하였다. 도농의 소득 격차는 '6.5' 기간 농민 소득이 급속히 증가하다가 다소 감소하였으나, 그 이후 '7.5', '8.5', '9.5', '10.5' 계속하여 소득 격차는 점점 심해졌다.

둘째, 계층별 소득 분배의 차이가 발생하여 중·저소득층의 소득 비중 하락, 고소득층 비중 증가에 따른 고소득층 소득 집중 현상이 나타났다. 세계은행의 통계에 따르면, 1982년 중국의 전국 주민 소득 지니 계수는 0.28, 1990년 0.35, 2001년 0.45로 상승하였다. 중국 사회과학원 경제연구소의 소득분배과제연구팀의 연구에 따르면 전국 주민 소득 지니 계수의 차이는 1988년 0.382에서 2002년 0.454[5]로 상승하였다. 소득 분배로 인해 나타나는 문제는 경제와 사회 발전에 다음과 같은 좋지 않은 영향을 준다. ① 농민 소득의 더딘 성장과 도시 저소득 계층의 확대는 노동 시장 개발과 수요 확대를 심각하게 제약한다. ② 독점과 불평등한 경쟁은 소득 차이를 확대시키며, 이는 인민의 노동 생산에 대한 적극성과 창조성을 감소시켜 효율성 향상에 불리하게 작용한다. ③ 불평등한 소득 분배와 부패 현상은 인민의 불만을 야기하여 사회 안정에 좋지 않은 영향을 준다.

셋째, 재산 차이와 소득 차이가 병존하였다. 소득 수준의 향상에 따라 인민의 재산 축적 또한 증가하였다. 개인(특히, 부자)이 보유한 재산(예를 들어, 부동산, 주식, 채권, 보석, 비단과 고급 가구)은 이전에 비해 크게 증가하였다. 그러나 중국의 분배는 큰 차이를 보이며, 그 중 가장 중요한 특징은 재산과 재산소득의 차이가 매우 크다는 것이다. 이런 재산 차이와 소득 차이가 병존하는 구조는 앞으로 계속될 것으로 보인다. 또한 경제 발전 수준의 향상에 따라

5 리스(李實)·웨이중(魏衆)·띵싸이(丁賽), 〈불균형한 중국 주민 재산 분포, 그 원인에 대한 연구 분석〉, 《경제연구》, 2005(6).

표 6-3 노동 차이의 변화: 1978~2008년

연도	농촌 주민 1인당 평균 가정 순소득(위안)	도시 주민 1인당 평균 지불 가능한 소득(위안)	도농 주민 1인당 소득 차액(위안)	도농 주민 1인당 평균 소득 비율(배)
1978	133.6	343.4	209.8	2.57
1980	191.3	477.6	286.3	2.50
1985	397.6	739.1	341.5	1.86
1990	686.3	1,510.2	823.9	2.20
1995	1,577.7	4,283.0	2,705.3	2.71
2000	2,253.4	6,280.0	4,026.6	2.79
2001	2,366.4	6,859.6	4,493.2	2.90
2002	2,475.6	7,702.8	5,227.2	3.11
2003	2,622.2	8,472.2	5,850.0	3.23
2004	2,936.4	9,421.6	6,485.2	3.21
2005	3,254.9	10,493.0	7,238.1	3.22
2006	3,587.0	11,759.5	8,172.5	3.28
2007	4,140.4	13,785.8	9,645.4	3.33
2008	4,760.6	15,780.8	11,020.2	3.31

자료 출처: 중국국가통계국, 《중국통계요약: 2009》, 중국통계출판사, 2009년, p. 209.

재산 차이는 점점 소득 차이의 격차를 벌려 중국 사회 분배 차이의 주요 원인이 될 것으로 예측되었다.

넷째, 공공 서비스 분배의 심각한 불균형이었다. 공공 서비스 중 기초 교육과 기초 위생 보장은 사회 구성원 전체 특히 저소득 계층과 약자에게 더 긴급히 요구된다. 중국의 도시 인구는 전체 인구 중 35%밖에 차지하지 않지만 그들이 80%의 위생 자원을 사용한다. 부유한 사람은 정부가 서비스의 역할을 충분히 이행하지 않아 받는 피해가 가난한 사람에 비해 훨씬 적다. 그 이유는 그들은 그런 서비스를 돈을 지불하고 구입이 가능하나 그런 것을 구입할 능력이 없는 사람들은 이러한 서비스를 누릴 기회가 없기 때문이다.

당 중앙과 국무원은 최근 몇 년 동안 분배를 처음으로 조절하기 시작하였다. 1999년 제정한 '양개확보'(兩個確保(량거췌바오): 두 개의 확실한 보장) 정책은 국유 기업에서 퇴직한 노동자 등 저소득 계층의 기본적인 생활을 보장하는 정책인데, 국유 기업의 퇴직 및 휴직 노동자에게 임금을 지급하고 각지 지방 정부는 구체적 상황에 따라 확정된 실직 노동자의 기본적 생활 보장과 실업 구제, 도시 주민의 최저 생활 수준을 보장하는 것으로 원래의 기초 보장에서 30%를 향상시킨 것이었다. 전국 기관은 노동자 1인당 평균 임금을 120위안 높였고, 기관과 기업의 퇴직금, 사업 단위 노동자 고정 임금과 상여금 등의 보조금을 높였다. 각지의 국유 기업에서 퇴직한 노동자에게 지급하던 부족한 양로금에 대해 1회성 보조를 하였다.

사회적 공평성을 위해서 중국은 분배 제도를 개선해야 하며, 그 중 2차 분배는 사회적 공평성을 확대하기 위한 중요한 과정이었다. 당의 '17대' 보고에서는

"최초 분배와 재분배는 모두 고효율과 공평의 관계를 고려하고 재분배에서 사회적 공평성을 특히 중요시여겨야 한다"

라고 지적하였다.

근래 중국 정부는 2차 분배에 관한 일련의 소득 분배 차이를 조절하는 새로운 조치들을 발표하였다. 이 조치의 주된 내용은 사회 보장(농촌 지역의 의료 보장 포함) 자금 투입을 확대하여 각 예산 중 사회 보장 지출의 비중을 높였으며, 국유 상장 기업의 국유주 비율을 낮추고, 복권 발행 등의 방식을 확대하여 사회 보장 기금을 마련하기로 하였다. 그리고 재취업의 세금 우대 정책을 제정하고 실시하고, '3농'의 투입을 확대하고 정책 지지도를 높인다는 것이었다.

최근 국가는 2차 분배 영역의 조정을 강화하여 공공 지출과 기본 공공 서비스(공공 기초 설비와 사회 보장 서비스 포함)의 중점을 많은 농촌과 농민에게 돌아갈 수 있도록 하였다. 그리고 정부는 재정의 공공성을 확실히 보장하여

교육, 사회 보장, 공공 위생 등의 수요를 만족시킬 수 있도록 하였다. 재정 분배는 국가가 소득 분배에 참여하고 사회 공평성을 위한 기본적 수단을 보호하는 것으로 이것이 2차 분배 구조의 중점이라 할 수 있다.

3. 사회 보장의 확대와 수준의 향상

2004년 정부 공작 업무 보고에서는

"중국 국정에 맞게, 경제 발전 수준에 힘입어 사회 보장 체제를 건립한다"

라고 발표하였다.

그 이후 '두 개의 확실한 보장', '세 가지 보장' 시행부터 도시 사회 보장 체계의 시험 시행의 개선과 농촌 주민의 최저 생활 보장 제도 건립까지 사회 보장 체계의 개선이 전면적으로 확대되었다.

2005년 당의 16회 5중 전회는 사회주의와 조화로운 사회 건설에 대해 전면적 시행을 결정하고

'취업 확대, 사회 보장 체계의 개선, 분배 관계의 개선, 사회 사업의 발전을 주력 내용으로 각 이익 단체 관계를 처리하고 인민이 가장 관심 있어 하고 직접적이고 현실적인 이익 문제를 해결해야 한다"

라고 강조하였다.

그 중 사회 보장 체계 개선의 중점 내용으로 이것이 사회적 공평성을 촉진시키고 조화로운 사회를 건설하기 위해 중요한 역할을 할 것이라고 밝혔다.

중앙은 '11.5' 규획의 건의에 있어 재정에서 사회 보장 투자를 확대할 것을 명확히 지적하며 기본적 양로 보험 사회를 건설하고 사회 후생 사업과 사회 브조 체계 건설을 강화할 것이라고 밝혔다. 이는 특히 '도시로 유입된 노동자의 사회 보장 문제에 대한 해결', '조건을 갖춘 지역의 농촌 최저 생활 보장 제도의 건립에 대한 적극적 탐색' 등에 대해 처음으로 명확히 지적한

것이었다.

2005년 9월 국무원은 〈2005년 농촌의 세금 제도 개혁의 시험 시행 공작 업무에 관한 통지〉를 발표하고 농촌의 '오보호'(五保戶(우바오후))[6] 공양 제도(供養制度)를 개선하고 농촌의 '우바오후' 공양 보조금을 각급 재정 예산에 포함시켜 농촌의 '우바오후' 생활을 기본적 보장하도록 한다고 밝혔다.

2006년 1월 국무원은 새로운 〈농촌 우바오 공양(五保供養) 공작 업무 조례〉를 발표, 농촌의 '우바오후'를 농민 공양에서 정부 공양으로 바꾼다는 것이 그 핵심 내용이다.

2007년 3월 원자바오 총리는 〈정부 공작 업무 보고〉 중 전국 농촌의 최저 생활 보장 제도의 건립을 명확히 제시하였다. 같은 해 7월 국무원은 〈전국 농촌 최저 생활 보장 제도 건립에 관한 통지〉를 발표하여 농촌 최저 보장 제도의 건립에 관한 구체적 요구 사항과 기준 등을 밝혔다. 2008년 중앙 재정은 농촌 최저 생활 보장 제도의 건립과 개선을 지원하여 매월 1인당 평균 재정 보조금 기준을 30위안에서 50위안으로 올리고, 중앙 재정은 중서부 지역과 동부 일부 지역의 보조금 비율을 2007년 1/3에서 2008년 70%로 늘렸다.

2009년 5월까지 전국 도시 주민 최저 생활 보장 대상자는 2,336.5만 명, 가구수는 1,121.3만 호이며, 농촌 주민 최저 생활 보장 대상자는 4,456.1만 명, 가구수는 2,071.3만 호, 농촌 주민 우바오 집중 공양 대상자는 156.5만 명, 우바오 부분 공양 대상자는 395.2만 명이었다.[7]

2002년 10월 당 중앙, 국무원은 농촌 위생 공작의 결정을 강화시켜 신농합(新農合(신농허)) 제도의 건립을 촉구한다고 명확히 밝혔다. 2003년 새로운 형식의 농촌 합작 의료를 시험적으로 시행하였다. 당의 16회 6중 전회는 새로운 형식의 농촌 합작 의료를 가속화하여 시행할 것을 명확히 요구하였다.

6 역주: 다섯 가지의 보호를 받는 세대라는 뜻으로 음식, 의복, 의료, 주거, 장례의 다섯 가지 사회 보장 혜택을 받는 세대나 개인을 의미한다.

7 민정부(民政部), 〈2009년 5월분 민정사업통계 매월호〉, 민정부 홈페이지 통계 데이터.

2006년 말 열린 중앙경제공작회의에서는 2007년 신(新)농합 제도를 전국 80% 이상의 현(시, 구)에 시행하도록 한다는 목표를 세웠다. 2008년 말까지 전국 2,729개 현(시, 구)은 새로운 형식의 농촌 합작 의료를 시행하여 8.15억 명의 농민이 참여하였고, 그 참여율이 91.5%에 달하였다. 2008년 자금 출자 총액이 785.0억 위안에 달하였고, 1인당 평균 출자액이 96.3위안이었다. 전국 신농합 기금 지출액은 662.0억 위안, 보상 지출액 수혜자는 총 5.85억 명이며, 그 중 입원 보상이 0.51억 명, 진료 보상이 4.86억 명, 검사 및 기타가 0.48억 명에 달하였다.[8]

2008년 10월 당의 17회 3중 전회는

"여러 지역에서 기본을 보장하고 다양한 계층의 지속 가능한 원칙을 철저히 지켜 농촌 사회 보장 체계를 강화해야 한다. 개인 납세, 단체 보조, 정부 보조가 결합된 새로운 형식의 농촌 사회 양로 보험 제도를 건립해야 한다"

라고 지적하였다. 게다가 농촌 양로 보험 공작 업무 일정을 제시하였다.

2008년 말까지 전국적으로 기본 양로 보험에 참여한 농민 노동자는 2,416만 명으로 이는 도농 취업 농민 노동자 중 17%를 차지하는 인원이었다. 그러나 가정 양로가 여전히 농민 양로의 주요한 방식으로 약 39.3%의 농촌 노인은 생활에 어려움을 겪고 있으며, 45.3%의 농촌 노인 생활이 보장되지 않고 있었다. 농촌 발전과 조화로운 사회를 건설하기 위해 2009년 6월 24일 국무원 상무위원회 회의에서는 2009년 전국의 10% 현(시, 구)에서 새로운 형식의 농촌 사회 양로 보험(新農保(신농바오))을 시험 시행할 것을 결정하였다.

2003년 국무원은 〈부동산 시장의 안정적 발전에 관한 통지〉에서 공공임대 주택 제도인 '겸조방'(兼租房(찌엔주팡))의 건립과 개선을 발표하여 정부의 주거 보장 역할을 강화하고 도시 최저 소득 가정의 기본적 주거 주택 요

8 위생부(衛生部), 〈2008년 중국 위생 사업 발전 통계 공표〉, 위생부 홈페이지 통계 정보 중심 데이터.

구를 만족시킬 것을 밝혔다. 2005년 건설부는 〈도시 최저 소득 가정 주거 주택 현황 조사에 관한 통지〉를 발표하여 최저 가정의 가족수, 호주 유형, 주거 주택 위치, 주택 면적, 주택 유형, 주택 설비 등을 포함한 기본적 상황, 주거 환경과 주거 주택 보장 등에 대한 조사를 실시하였다.

2007년 국무원은 도시 '찌엔주팡' 제도의 진일보한 건립 및 개선 방안과 확대 보장 범위를 요구하는 〈도시 최저 소득 가정 주거 주택의 어려움 해결에 관한 의견〉을 발표하였다. 이러한 정책으로 보장형 주거 주택 건설이 눈에 띄는 성과를 보였다. 2007년 각지 '찌엔주팡' 건설의 투자액이 93.8억 위안으로, 이것은 2006년 이전 전국 '찌엔주팡' 자금의 총액을 넘어서는 수치이다. 2008년 전국 '찌엔주팡'의 투자는 2007년 연말 이전 누적된 투자 총액을 넘어섰다.

2009년 5월 주거 주택과 도농건설부는 〈2009~2011년 '찌엔주팡' 보장 규획〉을 발표하였다. 전체 목표는 2009년부터 2011년까지 3년의 기간 내에 747만 호의 현재 도시 최저 소득 가정의 주거 주택 문제를 기본적으로 해결한다는 것이다. 그 중 2008년 제4분기 '찌엔주팡' 38만 세대의 건설을 시작하여 3년 내에 '찌엔주팡' 518만 세대를 신축하고 191만 호의 가정에 대해 주택 대출 보조를 하기로 하였다. 중앙은 재정적으로 어려움이 있는 지역에 대해 '찌엔주팡' 보장 보조를 강화하여 2009년 '찌엔주팡' 건설에 중앙 보조 기준으로 서부 지역은 400위안/m^2, 중부 지역은 300위안/m^2, 랴오닝(遼寧), 산둥(山東), 푸젠(福建) 성 등 재정적으로 어려움 있는 지역은 200위안/m^2를 보조하기로 하였다.

2009년부터 2011년까지 임업구, 개간 지구, 석탄 채광 지역 등 판자촌 240만 가구 주민의 주거 주택의 이사, 수리, 개조 문제를 기본적으로 해결하기로 하였다. 2009년부터 2011년 전국은 매년 평균 130만 세대의 경제형 주거 주택을 신축하기로 결정하였다.

끊임없는 노력을 통해 중국은 이미 사회 구제, 사회 후생, 주거 주택 보장, 사회 자선 사업을 모두 포함시킨 사회 보장 제도를 형성하였다. 지금까지 중국의 사회 보장 제도는 전체적으로 안정적이고 좀더 확대된 범위로 향상된 수준의 각종 사회화 관리 서비스 체계를 건립하였다.

제4절 거시적 조절 강화로 세계 금융 위기에 대처

1. 중국 금융 개혁의 심화와 자본 시장의 육성

당의 '16대' 이후 중국은 금융 업무의 성과가 좋아 금융업이 급속이 발전하고 있으며, 금융 개혁이 잘 이행되어 금융의 각 방면에 잘 발휘되고, 나아가 금융 부문이 대외 개방을 확대시키고 금융의 관리 감독과 법제적 건설이 강화되었다.

2003년 4월 중국 은행업의 관리감독위원회의 성립으로 은행, 금융 자산 관리 공사, 신탁 투자 회사 등의 금융 기구를 통일적으로 관리 감독하게 되었다. 그 이후 중국인민은행은 국무원 조직 부문으로

"화폐 정책을 제정하고 시행하며 관련 금융 기구의 운행 규칙을 개선하고 중앙은행으로서의 거시 경제 조절 및 시스템상 위험을 방지하고 완화시키는 역할을 한다"

라고 규정하였다.

2003년 당의 16회 3중 전회는 금융 거시적 조절을 지적하며 이자율 시장화의 시행, 시장 수요 공급으로 이자율이 결정되고 중앙은행은 화폐 정책을 통해 시장 이자율을 정한다고 결정하였다.

당의 '16대' 이래 중앙은 주식 채권 시장의 발전을 매우 중요하게 여겼

다. 당의 16회 5중 전회에서 통과된 〈중공 중앙 국민 경제와 사회 발전의 11가지 5개년 규획에 관한 건의〉에서

"주식과 채권 등의 자본 시장을 적극적 발전, 기초적 제도 건설을 강화하고 다양한 시장 체계를 건립하여 시장의 역할을 개선시켜 직접적 융자 비중을 향상시킨다"

라고 지적하였다.

채권 시장의 발전에 관한 구체적 요구인 〈국무원 자본 시장 개혁개방과 안정적 발전에 관한 의견〉에서

"채권 시장을 적극적으로 발전시킨다. 엄격한 위험을 통제한 상황하에 조건에 부합한 기업은 발행 기업을 통한 채권 융자 자금을 장려한다. 채권 융자 발전의 정체된 상황을 개선하고 채권 시장의 종류를 증가시켜 자본 시장의 조화로운 발전을 촉진한다. 기업 채권 발행, 거래, 정보 공개, 신용 평가 등의 규정 제도를 제정하고 개선하여 자산 저당, 신용 담보 등의 채무 보상 보장 기구를 건립한다. 또한 집중적 관리 감독, 통일된 상호 연합된 채권 시장을 건립한다"

라고 밝혔다.

동시에 중국의 채권 시장은 점차 성숙되어갔다. 중국 채권 시장의 종류는 주로 국채, 정책성 금융 채권, 특수 금융 채권, 기업 채권 등 4종류이다. 근래에 국채 발행액과 기업 채권 발행은 모두 급속히 증가하였다. 2004년 국채 발행액은 6,924억 위안, 2008년 8,558억 위안으로 연평균 5.9%가 증가하였다. 2004년 기업 채권 발행은 327억 위안, 2008년 8,435억 위안으로 25배가 성장하였다.[9]

중국의 주식 시장 규모는 끊임없이 성장하였다. 1990년 주식 시장이 설립된 이래 중국 상장 기업수는 1990년 10개에서 2008년 1,625개로 증가하였

9 중국국가통계국, 《중국통계요약: 2009》, 중국통계출판사, 2009년, p. 87.

다. 주식 시장의 자원 배분 역할 또한 강화되었다. 주식 시장의 연간 자금 조달액이 1991년 5억 위안에서 2008년 3,656.7억 위안으로 성장하였다.

당의 '16대' 이후 중국 국유 독자 상업 은행의 상업화와 시장화의 개혁 진행이 가속화되었다. 2003년 말 이전 중국은행, 건설은행은 각 225억 달러의 국가 외환 보유 자금을 얻었으며, 2005년 4월 공상은행은 150억 달러의 외환 보유 자금을 얻어 3개 대형 은행의 총액이 600억 달러의 자금을 넘어섰다. 그 이후 3개의 대형 은행은 재무팀을 다시 조직하여 주식회사를 설립하고 해외 전략 투자자와 국내외 투자자를 모집하여 IPO를 진행하였다.

2005년 이후 국유 상업 은행은 각기 다른 방식으로 상장을 진행하였다. 2005년 6월과 10월 교통은행과 건설은행은 홍콩 주식 시장에 상장하였다. 2006년 6월과 7월 중앙인민은행은 최초로 중국 상업 은행의 H+A 주식의 상장 모형을 실행시켜 홍콩과 상하이 주식 시장에서 시작하였다. 공상은행은 중국 은행업의 국내외로의 상장에 앞장서서 2006년 10월 A주와 H주를 상장하였다. 2009월 1월 전국금융공작회의는 중국농업은행의 '전체적으로 개혁, 상장 시작'의 개혁 목표를 명확히 하였다. 이로써 농업은행의 주식 개혁 시기가 도래한 것이다.

2004년 1월 31일 국무원은 〈자본 시장 개혁 개방과 안정적 발전에 관한 의견〉(국9조(國九條)라고 칭하기도 함)을 발표하여 주주권 분배 개혁의 서막을 올렸다. 2005년 4월 29일 증권관리감독위원회는 〈상장 회사의 주주권 분배 개혁의 시험 시행에 관한 통지〉를 발표하여 주주권 분배 개혁 시험 시행 업무를 시작하게 되었다. 2005년 6월 10일 '삼일중공'은 주식 개혁의 가장 높은 표를 얻어 주주권 분배 개혁의 첫 번째 주자가 되었다. 현재 대부분 상장 기업은 주식 개혁 과정을 완성하였다.

유통주와 비유통주의 서로 같지 않았던 가격, 같은 주식이지만 권리가 같지 않았던 과거의 문제를 주주권 분배 개혁을 시행함으로써 상장 기업 대

주주의 비모범적인 행동의 발생을 감소시키고, 상장 기업은 기업 시장 가치를 반영한 주식 가격 변동에 관심을 가지기 시작하였으며 중 · 소액 주주의 중요성을 인식하게 되었다.

과거의 제도적 결함을 '연근발기'(連根拔起(리엔근바취))[10]의 기치 아래 정비하여 얼마 지나지 않아 투자자는 빠르게 믿음을 가지게 되었고 중국 증권 시장은 제2의 봄이 찾아왔다. 2007년 10월 11일 상하이와 선전 시장은 1.27억 호를 가지게 되었다. 상하이 지수는 2005년 6월 6일 가장 낮은 998.23에서 2007년 10월 15일 6,000선을 돌파하였다. 이러한 시장의 주요 역량은 증권 투자 기금, QFII, 보험 자금, 사회 보장 기금 등 기관 투자자였다.

이 시기 보험업 또한 빠르게 성장하고 있었다. 2002년 전국 보험 기구는 44개, 2008년 보험 기구는 130개로 증가하였다. 전국 보험료 수입은 2002년 3,054억 위안에서 2008년 9,784억 위안으로 증가하여 2002년의 3.23배가 되었다. 2009년 5월 보험업의 자산은 3.62조 위안에 달한다.[11] 1980년 국내 업무가 회복된 이후 2004년 초 보험업 최초의 1조의 누적액을 24년간 사용하고, 두 번째 1조의 누적액을 3년 만에 사용하였고, 세 번째 1조의 누적액을 2년 만에 사용하였다. 건립된 지 얼마 안 된 전문 보험 중개 시장은 역할을 개선, 비교적 합리적인 분업, 공평한 경쟁, 공동 발전을 위한 보험 시장 체계로 형성되었다.

상장 융자는 이미 보험 기업 규모화 발전의 새로운 과정이 되었다. 2003년 11월 중국인민보험은 홍콩에 상장을 시작하여 중국 최초로 해외에 상장한 국내 금융 기업이 되었다. 2003년 12월 중국인수보험은 뉴욕과 홍콩에 동시 상장을 진행하여 당해 국제 자본 시장에서 최초 공개 발행 융자액이 가장 높은 신기록을 세우기도 하였다. 2004년 6월 중국평안은 홍콩에 상장하여

10 역주: 뿌리부터 잘라낸다는 의미이다.

11 중국보험감독위원회, 〈2009년 105월 보험업 경영 수치〉, 보험감독위원회 통계 홈페이지.

중국 최초 집단 형식의 해외 상장한 금융 보험 기업이 되었다. 2007년 중국 내륙의 자본 시장의 활성화에 따라 중국인수, 평안은 계속적으로 A주로 되돌아왔다.

당의 '16대' 이후 선물 시장은 부단히 발전하였다. 2004년 1월 31일 국무원은 《자본 시장 개혁개방과 안정적 발전에 관한 의견》에서

"선물 시장의 초기 성장은 위험을 엄격히 통제한다는 전제하에 대량 상품의 생산자와 소비자에게 발행가와 보험 매출의 역할인 상품 선물을 제공한다"

라는 심의를 통화시켰다.

같은 해 4월 상하이 선물거래소는 증권관리감독위원회의 비준으로 석유 선물 거래를 시작하였다. 그 이후 정저우(鄭州) 상품거래소의 면화, 백설탕, PTA와 채유 선물, 다롄(大連) 상품거래소의 옥수수, 콩기름, 선형 저밀도 폴리에틸렌의 거래가 시작되었고 상하이 선물 또한 거래를 시작하였다.

2003년 6월 국무원은 장쑤(江蘇) 등 8개 성에 농촌 신용사 개혁의 시험 시행을 결정하여 2004년 8월 전국적으로 시행되었다. 이 개혁은 농촌 신용사의 관리 체제, 재산권과 조직 방식 등의 일회성 개혁이었다. 현재 농촌 신용사의 재산권 제도 개혁은 안정적으로 진행되고 있으며 새로운 감독 관리가 건립되었으며 개혁 업무는 전체적으로 큰 진전을 보이고 단계적으로 성과를 내고 있다.

2. 미국의 '서브프라임 모기지' 사태로 인한 세계 금융 위기

2007년 4월 미국은 '서브프라임 모기지 사태'가 발발하였고, 이는 홍수처럼 미국, 유럽의 금융 기구에까지 퍼져 전 세계 금융 위기를 초래하였다.

경제적 도약을 위해 2001~2004년 미국연방준비제도이사회는 13차례 이

자율을 낮추었다. 이자율 인하 정책은 미국 경제 성장을 자극하는 작용을 하였으나 동시에 부동산 과열 현상을 이끌었다. 낮은 이자율로 미국인은 부동산 투자에 열을 올리게 되었다. 신용 대출을 통해 부동산을 구입하고자 하는 사람들은 금융 시장의 하나의 붐인 2차 담보 대출을 하였다. 2차 담보 대출은 신용 조건이 충분치 않은 구매자들의 선택을 받았다. 또한 대출 기관 간의 치열한 경쟁으로 갖가지 고위험군 2차 담보 대출 상품이 개발되었다.

느슨한 대출 자격의 심의 기준은 부동산 거래 시장의 활력을 주는 중요한 원동력이었으나 반면 위기를 낳는 원인이 되었다. 2004년 6월을 기점으로 2006년 6월 미국연방준비제도이사회(미연준)는 17차례 연속적으로 이자율을 높이고 기준 이자율을 1%에서 5.25%로 조정하여 부동 이자율을 중심으로 2차 담보 대출 이자율이 계속 올라 대출자의 상환 부담과 압력이 가중되었다.

2차 담보 대출을 진행할 때 대출 기관과 대출자 모두 어려움이 발생하면 부동산을 팔거나 또 다시 융자를 받으면 될 것이라고 여겼다. 그러나 사실상 미연준의 17차례 이자율 조정으로 부동산 시장은 계속 얼어붙게 되어 대출자는 자신의 부동산 매매가 어려워졌다. 즉, 부동산을 팔게 되더라도 그 가치가 남은 대출금 상환이 어려운 지경에 이르렀다. 그래서 2차 담보 대출 시장의 위약률이 계속 높아졌다. 이것은 대출 시장의 자금원에 충격을 주고 나아가 그 영향이 2차 담보 대출 시장 전체로 퍼져나갔다. 동시에 부동산 시장 가격은 부동산 소유자의 손실 제한 심리의 영향으로 계속 하락하였다. 이 두 가지 요인이 합해져 마태 효과가 형성되어 악순환이 되었고 그 결과 '서브프라임 모기지' 사태가 발발하게 되었다.

미국 부동산 시장의 거품이 빠지고 대량의 '서브프라임 모기지'론 위약은 '서브프라임 모기지' 사태 발발의 직접적인 원인이었다. 또한 허술한 부동산 금융 관리와 자산 증권화는 또한 차선 상품 위기의 숨겨진 원인이며,

미국 정부는 '서브프라임 모기지' 기관의 위법을 방임하고, 금융 파생 상품의 관리 감독을 철저히 하지 않고, 금융 기관의 고위험군 거래를 소홀히 하고, 심사 기구의 미비한 관리 감독으로 '서브프라임 모기지' 사태의 발발은 필연적일 수밖에 없었다.

'서브프라임 모기지' 사태 발발로 미국은 큰 부채를 떠안게 되고, 158년의 역사를 가지고 세계 8위이자 미국 내 4위를 차지하던 미국 리먼 브라더스 투자은행은 2008년 9월 15일 파산을 선포하였다. 이것은 미국 '서브프라임 모기지' 사태 발발 위기가 미연준의 전 의장 그린스펀이 밝힌 '100년에 한 번 오기 힘든 금융 위기'인 것을 의미하는 것이었다. 이후 미국 정부는 부동산 대출을 관할하는 2개의 기관인 Fannie Mae과 Freddie Mac을 발표하고 미국 역사상 최대 규모의 금융 구제 계획을 가동시켰다.

미국 국회는 2008년 10월 7,000억 달러에 달하는 금융 지원 방안을 비준하였다. 금융 지원 방안의 핵심 내용은 정부 구매 은행과 기타 금융 기구의 불량 자산을 지원하여 신용 대출의 긴축을 완화시키도록 하였다. 그러나 투자자들은 미국 금융 위기를 여전히 걱정하여 미국 경제는 '심각한 도전'에 직면하였다.

금융 위기의 영향이 깊어지는 가운데 미국 정부의 금융 체계의 구제 계획은 큰 압박을 받았고 금융계의 자금 부족 현상은 점점 심각해졌다.

금융 위기의 발발은 미국 금융 기구의 부동산 담보 대출 손실이 대폭적으로 증가, 수많은 미국의 부동산 담보 대출 채권 기관은 크나큰 손해를 입었다. 2009년 7월 3일까지 미국은 52개 은행이 문을 닫았다. 이는 1992년 이래 가장 큰 기록으로 2008년 25개에 비해 두 배를 넘어서는 수치였다.

2009년 5월 미국의 20개 주요 도시의 부동산 중개는 2006년 7월 최고치에 비해 32% 하락하였다. 통계에 의하면 2010~2011년 미국의 부동산은 계속 하락하거나 정체할 것으로 나타났다.

미국 노동부가 2009년 7월 2일 발표한 자료에 의하면 미국의 6월 새로 등록된 실업자수가 46.70만 명에 달하여 실업률이 9.5% 상승하였으며, 이는 26년 만의 신기록으로 예측보다 훨씬 빠르게 실업률이 증가하였고, 이는 미국 경제 침체의 배경이 되었다.

금융 위기는 세계 전체에 영향을 주었다. 그 중 가장 심각한 지역이 유럽이었다. 아일랜드는 유럽공동체 중 경제 쇠퇴가 가장 먼저 나타난 국가로 2008년 제1분기와 2분기의 GDP가 모두 하락하였다. 영국은 2008년 제3분기 GDP가 0.5% 하락하였다. 이러한 수치는 1992년 이래 경제 성장이 처음으로 감소한 것으로, 전년 동기 대비 영국 경제는 0.3% 성장을 하여 선진국 중 영국이 먼저 침체에 빠졌다.

유럽공동체에서 가장 발달한 국가 중 하나인 독일은 2008년 제3분기 GDP가 0.5% 하락하여 시장 예측을 훨씬 벗어난 결과를 보였다. 독일 경제는 12년 만에 가장 심각한 경제 침체에 빠졌다. 통계에 따르면 2008년 유럽공동체의 제3분기 GDP가 1분기 대비 0.2% 하락하였다. 유럽 경제는 15년 만에 처음으로 침체에 빠졌다.

일본의 금융 위기로 인한 직접적 영향은 유럽과 미국에 비해 심하지 않지만 간접적인 영향은 비교적 심각하였으며, 주로 주식 시장의 침체와 수출 감소로 나타났다. 금융 위기는 전 세계로 퍼져나갔으며, 그 영향은 아시아 신흥 경제 국가에도 큰 영향을 주었다. 이들 국가는 해외 수요 감소로 인한 충격으로 일부 국가의 투자자와 소비자의 신뢰가 하락하게 되었다.

금융 위기가 발발한 초기, 아프리카 및 국가 금융 체계가 잡히지 않은 지역이 받을 피해는 많지 않을 것으로 예상하였으나 아프리카 선진국의 투자가 감소하고 수출입의 감소로 아프리카 경제 또한 적지 않은 피해를 입었다. 세계은행은 금융 위기로 인해 아프리카의 2009년 경제 성장이 전년도 4.9%에서 2.4%까지 낮아질 것이라고 예측하였다.

표 6-4 IMF와 세계은행이 예측한 세계 GDP 성장률

연도	IMF(국제통화기금)		WB(세계은행)		
	2008년	2009년	2008년	2009년	2010년
세계	3.7	2.2	2.5	0.9	3.0
선진국	1.4	-0.3	1.3	-0.1	2.0
신흥 개발국	6.6	5.1	6.3	4.5	6.1
미국	1.4	-0.7	1.4	-0.5	2.0
일본	0.5	-0.2	0.5	-0.1	1.5
EU	1.2	-0.5	1.1	-0.6	1.6
인도	7.8	6.3	6.3	5.8	7.7
러시아	6.8	3.5	6.0	3.0	5.0
브라질	5.2	3.0	5.2	2.8	4.6
중국	9.7	8.5	9.4	7.5	8.5

자료 출처: IMF, 세계은행.

금융 위기는 실물 경제에 중요한 영향을 주었다. 자동차업계의 위기는 전 세계로 퍼졌다. 미국, 일본을 이어 유럽의 자동차업계는 전대미문의 어려움에 처하게 되었다. 금융 위기는 도매 기업에게 인수 합병의 기회를 가져왔으나 금융 위기가 인수 합병에 적극적으로 참여한 기업이 자금의 어려움을 겪지 않을까 하는 우려를 낳았다.

결론적으로 금융 위기는 세계 경제에 큰 영향을 주었다. 세계 경제는 '강력한 장기적 성장'을 '심각한 예측 불허' 상황으로 바꾸어놓았다.

세계의 가장 큰 경제 체제와 외향형 경제 구조를 가진 중국 또한 이러한 금융 위기 상황에 따른 변화에 민감할 수밖에 없었다. 미국은 당시 중국의 제2 수출 대상국이었다. 미국의 수입 수요 하락은 중국 수출에 큰 영향을 주었다. 중국 상무부 통계에 따르면 2009년 1~5월 전국 수출입 총액이 7,634.9억 달러로 동기 대비 24.7% 하락하였다. 5월 한 달 전국 수출입 총액이 1,641.3억 달러로 동기 대비 25.9% 하락하였다.

중국 GDP의 성장 속도는 금융 위기로 인해 영향을 받았다. 2007년 중국의 GDP 성장 속도는 13.0%, 2008년 9.0%의 속도로 하락하였다. 세계은행은 2009년 중국 GDP 성장률이 7.2%일 것이라고 예측하였다. 7.2% 성장률 중 6%는 정부가 지출에 영향을 주거나 세금 인하로 인한 자극이 성장을 이끈 것이다.

금융 위기로 인한 영향은 중국을 하루하루 변화시켰다. 그 이유는 수출의 감소가 중국의 경제 성장과 취업에 영향을 주었기 때문이다. 대학생 취업의 어려움, 노동 집약형 기업의 어려움으로 많은 농민 노동자가 고향으로 돌아가는 상황이 되었다. 달러의 가치 하락으로 중국은 거액의 외환 보유액을 가지게 되어 국제적 구매력이 향상되었다. 그 밖에 미국은 미국의 이자율 하락 주기성으로 중국이 사용하는 이자율이 높아져 통화 팽창을 막기가 어려워졌으며, 미국 경제의 침체로 국제적 단기 자본이 중국으로 유입되어 국내 금융 리스크를 가중시켰고, 유동성 과열로 중국 경제는 통화 팽창이 초래되어 자산 가격이 지속적으로 상승하여 중국 경제 발전을 저해하는 결과를 초래하였다.

3. 중국 정부의 대응 조치

2008년 11월 15일 후진타오 국가 주석은 워싱턴에서 G20 정상회의에 참가하여 국제 금융 위기가 중국 경제 발전에 큰 영향을 주었고, 중국은 정세 변화에 따른 조정 정책에 따라 거시 조정의 예측성, 대응성, 유효성을 강화시켜 경제 안정, 금융 안정, 자본 시장 안정을 유지하고, 경제를 안정적이고 빠르게 발전시킬 것이며, 중국 경제 발전의 기본적 방침은 바뀌지 않을 것이라고 밝혔다. 중국 경제의 안정적이고 빠른 발전 방침은 국제 금융 안정을 유지하고 세계 경제 발전을 촉진시키는 데 큰 공헌을 할 것이라고 밝혔다.

미국 '서브프라임 모기지' 사태의 발발로 당 중앙, 국무원은 거시 조정 정책을 세워 거시 조정의 주요 업무인 2008년 초의 '양방'(兩防(량팡))[12]을 연중의 '일보일납'(一保一控(이바오이라))[13]으로 바꾸고, 경제의 안정적이고 빠른 성장을 유지하고 급속한 물가 상승을 통제하는 정책으로 조정하였다.

미국의 '서브프라임 모기지' 사태 발발 위기가 국제 금융 위기로 퍼져 중국 경제에 큰 영향을 주자 중앙은 주도면밀히 살펴 조치를 취하였다. 원자바오 국무원 총리는 11월 5일 국무원 상무위원회 회의를 열고 재정 정책을 적극적으로 시행하고 적합한 화폐 정책을 펼칠 것이며 내수를 확대하여 경제 성장을 촉진하는 조치를 취할 것이라고 밝혔다.

① 보장형 비영리성 주택 건설을 가속화한다. 공공 임대 주택 건설을 지원하고 판자촌 지역을 개조하며, 유목민의 비영리성 주택 건설을 실시하여 농촌 붕괴 위험 주택 개조의 시행을 확대한다.

② 농촌 기초 설비 건설을 가속화한다. 농촌의 가스와 식수 안정 공정과 도로 건설을 가속화하여 농촌의 전력망을 개선하고, 남수북조(南水北調) 등 중대 수력 공장 건설과 위험 저수 시설 개조를 강화하여 대형 관개 절수 개조를 하여 빈곤 구제력을 높인다.

③ 철로, 도로, 비행기장 등 주요 기초 설비 건설을 가속화한다. 주요 전용 운송 도로, 석탄 운반 통로와 서부 간선 철로를 건설하고 고속도로망을 개선, 중서부 간선 비행장을 설치하고 비행장을 건설하여 도시 전력망 개조를 가속화한다.

④ 의료 위생, 문화 교육 사업 발전을 가속화한다. 기초 의료 위생 서비스 체계의 건설을 강화, 중서부 지역의 농촌에 초·중등 학교와 숙소를 개조

12 역주: 2008년 초반에 중국 정부가 사용했던 통화 팽창 억제 정책과 경제 과열 방지 정책.

13 역주: 2008년 중반에 중국 정부의 경제 정책으로 경제 성장은 유지하고 통화 팽창은 억제하는 정책.

하여 중서부 지역의 특수 교육 학교와 농촌 지역에 종합 문화 서비스를 건설한다.

⑤ 생태 환경 건설을 강화한다. 도시의 폐수, 쓰레기 처리 설비 건설과 유역 수질 오염 방지 처리를 가속화하여 주요 산림과 자원 보호 공정 건설을 강화함으로써 에너지를 절약하고 온실 가스 배출을 줄이는 공정 건설을 지지한다.

⑥ 자주적 창조와 구조 조정을 가속화한다. 하이테크 기술의 산업화 건설과 산업 기술 진보를 지지하고 서비스업 발전을 지지한다.

⑦ 지진 피해 지역의 재건 업무를 가속화한다.

⑧ 도농의 주민 소득을 향상시킨다. 다음해 곡식 최저 수매 가격을 향상, 농자재 종합 보조, 우량종 보조, 농기구 보조 등의 기준을 높여 농민의 소득을 증가시킨다. 저소득층의 사회 보험 대상 수준을 향상시키고, 도시와 농촌의 보조를 증가시키며, 기업 퇴직자의 기본적 양로금 수준과 우대 생활 보조 기준을 향상시킨다.

⑨ 전국 모든 지역과 모든 업종의 증치세 전환 개혁을 실시하여 기업 기술 개조를 장려하고 기업 부담을 1,200억 위안 감소시킨다.

⑩ 금융 부문의 경제 성장 지지도를 높인다. 상업 은행의 신용 대출 규모 제한의 취소, 신용 대출 규모의 합리적 확대, 중요 공정인 '3농', 중소기업과 기술 개조의 강화와 함께 재편성된 조직의 신용 대출 지지, 소비 신용 대출 성장점을 핵심 육성한다.

상기 서술한 공정 건설의 초기 예산은 2010년 말 약 4조 위안의 투자액이 책정되었다. 그 중 보장성 비영리 주택 건설 프로젝트에 2,800억, 농촌 민생 공정과 농촌 기초 설비가 약 3,700억, 철로, 도로, 비행기장, 도농 전력망에 18,000억, 의료 위생, 문화 교육 사업이 400억, 생태 환경 투자가 3,500억,

자주 창조 구조 조정이 1,600억, 재난 회복 중건이 1조 위안이었다.

경제 성장의 원동력인 '삼두마차' 중 대외 수요의 수축으로 인한 수출의 지속적인 감소를 국내 수요를 확대시켜 해결해 나가는 것이 정책의 핵심이었다. 2009년 중앙 정부 예산은 250억 위안의 보조 자금을 편성하고 가전 제품, 자동차, 오토바이 등의 하향을 지원하였다.

내수 확대와 외부 수요 유지가 정부의 노력 방향이었다. 2008년부터 중국은 일련의 대외 무역의 안정적 성장을 위한 정책 조치를 펼치고 다양한 제품의 수출퇴세율을 계속하여 높였다.

국제 금융 위기에 대응하기 위해 개혁의 동기를 심화하였다. 2008년 이래 국제 금융 위기에 대응한 계획 조치로 주요 영역과 부문은 개혁의 새로운 진전을 보였다. 항공, 전신 등의 업종은 재편성하고, 유가와 난방유의 세제 개혁을 진행, 도농의 의무 교육 제도를 전면적으로 시행, 의약 위생 체제 개혁을 가동시켰다.

외부 경제의 충격으로 비합리적 구조와 생산 능력 잉여, 부족한 핵심 기술 등의 제약으로 인한 중국 경제 발전의 많은 모순과 문제점이 표출되었다. 산업 구조 조정과 최적화의 시행은 계획의 관건이 되었다.

2009년 1월 14일부터 2월 25일의 40일간 국무원은 6차례 연속으로 상무회의를 열고 자동차, 강철, 방직, 탑재 구조, 선박, 전자 정보, 경공업, 석유화학, 유색금속, 물류 등의 열 가지 항목의 주요 산업 조정과 진흥 계획을 심의, 통과시켰다.

주요 산업 조정과 진흥 계획의 제정과 실시는 경제의 안정적이고 빠른 발전과 주요 조치를 강화시키는 것이었다. '조정'과 '진흥'이 열 가지 항목 산업 계획의 골자였다. '조정'과 '진흥'의 네 글자는 중국의 공업 대국으로의 길을 앞당기고 자신감과 결심을 높이는 것이었다.

고등학교 졸업자의 취업 촉진을 위해 국가는 수요 공급을 장려하고 보조하기 위한 일련의 조치를 내세웠으며, 각 기업과 과학 연구 단체의 고용, 고등학교 졸업생의 고용을 장려하고 지지하였으며, 졸업자의 기초적 구직, 자주적 창업을 인도하고 장려하였다.

농민 노동자의 취업을 위해 중앙과 지방은 농민 노동자의 훈련과 재취업을 위한 투자를 증가시켜 여러 경로로의 농촌 노동력 취업을 장려하고, 농민노동자의 가까운 곳으로의 취업과 고향으로 돌아가 창업을 할 수 있는 기회를 마련하였다. 인력 자원과 사회보장부의 소식에 따르면 반 년의 노력을 통해 현재 고향으로 돌아간 농민 노동자의 96%가 취업 기회를 얻었다고 밝혔다.

의료, 교육, 주거 주택은 일반 사람들이 가장 관심이 있는 민생 문제이자 항상 마음속에 고민하는 세 가지 일이었다. 중앙과 지방은 이 세 가지 일을 중요한 위치에 두었다.

의료 개혁은 2009년 정식 발동되어 도농 주민 전체는 기본적 의료보험료를 납부하였다. 중장기 교육 규획은 제정을 가속화하였으며, 국가는 교육에 대한 투자를 대폭 증가시켰다. 보장형 주거 주택 건설은 속도를 높여 2009년 중앙 재정은 보장형 주거 주택 공정에 493억 위안인 1.7배 높인 액수를 배치하였다. 3년 내 750만 도시 저소득 가정에 240만 임업 지역, 개간 지구 등 주민의 주거 주택의 어려움을 일찍이 해결하였다.

일련의 정책 조치로 2009년 제1분기 중국 경제는 이미 적극적인 변화가 나타났다. 첫째, 국내 수요의 계속된 상승, 고정 자산 투자의 급속한 성장, 소비 수요의 안정적 성장이었다. 수출입이 동기 대비 하락하였지만 매달 향상되었다. 이것은 많은 업종과 기업의 생산이 점차 회복되고 있다는 것을 나타낸다. 둘째, 규모 이상의 공업의 성장 속도는 매달 상승하였다. 두 달 동안 동기 대비 3.8% 성장하고 3월 동기 대비 8.3%가 성장하였다. 셋째, 제조업의 구매 지수와 기업가의 신뢰가 향상되어 중국 경제의 일부 영역의 기업 분위기가 회복되었다. 넷째, 시장의 믿음이 향상되어 경제가 활성화되었다.

이런 적극적인 변화는 중국 경제의 전체적인 상황이 호전되고 있다는 것을 나타내는 것으로 투자 증가 속도의 향상, 소비의 안정적이고 빠른 성장, 국내 수요로 인한 경제 성장이 확대되었으며, 농업 생산의 향상과 여름 재수확은 풍작이었고, 공업 성장 속도의 안정적인 상승, 구조 조정과 에너지를 절약하고 온실 가스 배출을 줄이는 조치가 진전되어 지역 조정 발전의 새로운 형태가 나타났다. 또한 금융 시장 운영의 안정, 정확한 시장 예측으로 사회에 대한 신뢰도가 상승하였으며, 도시 취업 기회의 증가와 재난 후 중건의 빠른 시행이 이루어졌다.

이로써 중앙이 금융 위기에 대응한 조치와 계획은 정확하고 효율적이었다는 것을 알 수 있다. 그러나 경제 회복의 기초가 안정적이고 탄탄치 않아 불확실한 요소가 여전히 존재하고 있다는 것을 알 수 있다.

제5절 국민 경제의 안정적 성장

당의 '16대' 이후 중국 공산당과 정부의 각종 전략과 정책의 계속된 시행으로 중국 경제는 고도의 안정적 발전으로 괄목할 만한 성과를 내고 있었다. 2008년 중국은 독일을 넘어서 세계 제3위의 경제 주체가 되었다. 중국 경제의 앞날이 순탄치만은 않지만 미래의 새로운 도전이 직면해 있었다.

1. 국민 경제의 안정적 성장

당의 '16대' 이후 중국 공산당과 정부는 과학 발전관을 철저히 시행하고 각 항목의 심화된 개혁을 시행하여 대외 개방의 적극적 확대, 거시적 조정의

그림 6-4 중국 국내 총생산과 성장 속도: 2002~2009년

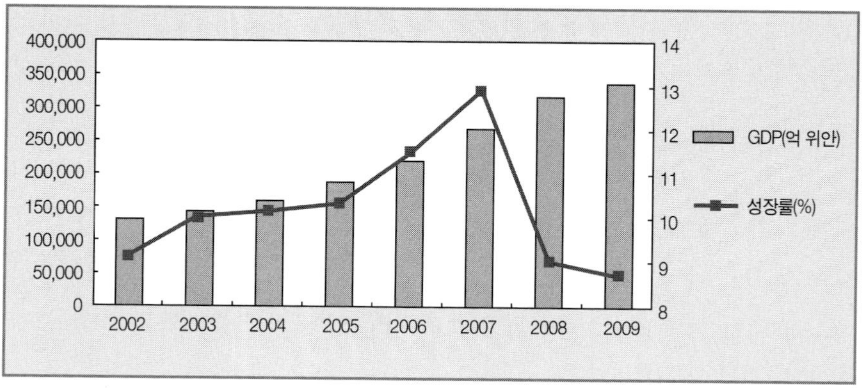

자료 출처: 중화인민공화국 국가통계국, 《중국통계연감: 2009》, 중국통계출판사, 2009년판; 중국 해당 연도의 국민 경제 및 사회 발전 통계 공보.

개선, 경제 발전 방식의 전환으로 무역 보호주의를 극복하기 위해 노력하였으며 유가의 상승과 'SARS' 전염병의 전파와 자연재해 등 복잡하고 변화가 많은 국내외 경제 환경의 불리한 상황에도 경제 사회 발전은 눈에 띄는 성과가 있어 종합적 국력이 명확히 증대, 국제적 지위가 향상되고 샤오캉 사회 건설에 큰 진전을 보였다. 2008년 100년에 한 번 오기 힘든 금융 위기로 중국 당과 정부는 대응 조치에 대한 계획을 세워 중국 경제 성장의 지속과 경제의 우선 회복을 실현하였다. 구체적으로 다음에서 실현되었다.

① 경제의 지속적 안정과 빠른 성장으로 국내 총생산이 세계 6위에서 4위로 발돋움하였고, 1인당 평균 국민 총소득이 중등 소득 국가 대열에 들어섰다. '16대' 이래 국민 경제는 빠른 속도의 성장뿐 아니라 지속 시간이 길고 안정적으로 국민 총생산과 1인당 평균 수준이 크게 향상되어 국민 경제 사회 발전의 제3차 전략 목표의 튼튼한 기초를 닦을 수 있었다. 경제에서 5년 연속 10% 이상의 성장 속도, 2004년 10.1%, 2005년 10.4%, 2006년 11.1%와

그림 6-5 중국 주민 소비 가격 변동: 2003~2009년

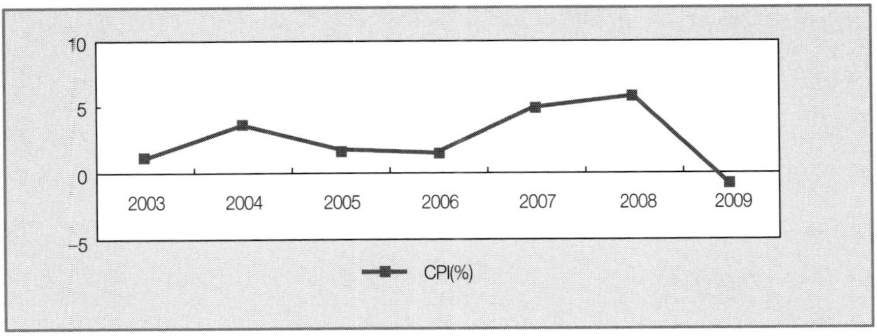

자료 출처: 중국 해당 연도의 국민 경제 및 사회 발전 통계 공보.

2007년 11.4%가 성장하였다. 2008년 국제 금융 위기의 영향으로 GDP 성장 속도가 주춤하여 9% 성장을 하고, 2009년은 8.7%의 성장을 보였다. 주민 소비 가격 또한 변동이 있어 2003년 1.2% 상승, 2004년 3.9% 상승한 이후 계속 하락하였다. 2007년 약간 회복하여 4.8%에 달하였다. 2008년 다시 한 번 상승하여 5.9%에 달하였다. 금융 위기의 영향으로 2009년 국민 소비 가격 지수는 급속히 하락하여 -0.9%였다.

국내 총생산은 5년 동안 상승하여 세계 4위를 차지하였다. 2002년 중국 국내 총생산은 120,333억 위안, 2007년 246,619억 위안에 달하였다. 국내 총생산의 증가로 2005년 중국 국내 총생산이 프랑스와 영국을 앞서 세계 순위가 6위에서 4위로 뛰어올랐고 2007년 4위의 자리를 계속 지켰다. 2008년 독일을 넘어서 세계 3위가 되었다. 1인당 평균 국민 소득은 2배가 증가하여 중등 소득 국가의 대열에 올랐다. 2002년 중국 1인당 평균 국민 소득이 처음으로 1,000달러를 넘어서 1,100달러에 달하였고, 그 이후 5년 내인 2007년 2,000달러를 넘어섰다. 이것은 중국이 샤오캉 사회 건설을 위해 한 걸음 다가섰다고 할 수 있다.

② 경제 구조 조정의 새로운 도약으로 도시와 농촌이 산업 발전을 위한 협력이 증진되었다. '16대' 이후 경제 구조 조정에 적극적인 변화가 나타났다. 중앙의 서부 대개발 실시의 확정과 둥베이(東北) 지역의 오랜 공업 기지의 진흥은 중부 지역의 발전을 촉진시키고 동부 지역의 우선 발전을 장려하는 지역 협력 발전 전략의 시행을 위한 것으로, 각 정책 조치가 요구하는 수준으로 도달되었으며, 지역 경제 발전의 협력성에 적극적인 변화가 나타났다. 2003~2006년 각 지역의 국내 총생산이 대폭 증가하여 2006년 동부 지역의 국내 총생산이 128,593억 위안을 차지하여 2002년의 1.96배이고, 중부 지역의 국내 총생산은 2002년의 1.0배, 서부 지역의 국내 총생산은 2002년 1.91배, 둥베이 3성의 국내 총생산은 2002년의 1.72배에 달하였다. 2007년 중부와 서부 지역에 대한 투자가 크게 확대되었다. 동부 지역의 투자액은 72,314억 위안으로 전년 대비 19.9% 성장, 중부 지역은 34,283억 위안으로 33.3% 성장, 서부 지역은 28,194억 위안으로 28.2% 성장하였다. 2009년, 동부 지역의 투자액은 95,653억 위안으로 전년 대비 23.0% 성장, 중부 지역은 49,846억 위안으로 35.8% 성장, 서부 지역은 49,662억 위안으로 38.1% 성장하였다. 둥베이 지역 투자는 23,733억 위안으로 26.8%가 성장하였다.

도농 경제는 도시화 수준의 계속된 향상으로 조화로운 발전을 하였다. 2006년 도시화율이 43.9%로 2002년에 비해 4.8%가 상승하였고 연평균 1.2%가 상승하여 도시화 수준이 지속적으로 향상되었다. 도시화 수준의 향상으로 2003~2006년 도시 총인구는 연평균 1,874만 명이 증가, 농촌 총인구는 연평균 1,125만 명이 감소하여 대량의 농촌 인구가 도시로 유입되어 도농 경제의 조화로운 발전이 촉진되었다. 사회주의 신농촌 건설 조치의 시행에 따라 농촌의 도로, 통신, 전력 등 기초 설비가 건설되었고, 농업세의 감면, 각종 보조금의 확대로 농민 소득이 계속 증가되고 농촌 기초 설비가 강화되어 도농 경제가 조화로운 발전을 이루었다.

제3차 산업 비중이 계속 향상되었다. 2003~2006년 제3차 산업의 비중이 40.1%에 달해 그 비중이 계속 상승하였다. 그 중 교통 운수, 우전 사업의 성장이 매우 빠르다. 2003~2006년 교통 운수, 창고, 우전 사업은 평균 10.0%씩 성장하였다. 2007년 교통 운수, 창고와 우전 사업의 증가액은 13,649억 위안으로 전년 대비 9.7% 성장하였다. 2009년 교통 운수, 창고와 우전 사업의 증가액은 17,058억 위안으로 전년 대비 3.7% 성장하였다. 금융업 또한 계속적으로 발전하였다. 2007년 말 국내 상장 기업(A, B주) 수량은 전년 말의 1,434개에서 1,550개로 증가하였다. 2009년 말 전체 금융 기관 외환의 각 예금 잔고가 61.2억 위안으로 전년 초에 비해 13.2억 위안 증가하였다. 2009년 처음 공개한 장외 주식이 36개, 자금 출자액이 204억 위안이었다. 1년 동안 보험 회사의 보험료 수입이 11,137억 위안으로 전년 대비 13.8% 성장하였다.

③ 경제 운용 수준과 효율성의 향상으로 국가 재정 수입과 기업 이윤이 지속적으로 대폭 증가하여 에너지를 절약하고 온실 가스 배출을 줄이는 좋은 효과를 보였다. 재정 소득은 5년 동안 2배가 증가하였다. 국가 재정 수입은 2003년 20,466억 위안에서 2007년 49,449억 위안으로 증가하였다. 재정 소득이 국내 총생산에서 차지하는 비중이 상승하여 2006년 재정 소득이 국내 총생산의 18.4%를 차지하였으며 2002년의 15.7%에 비해 2.7%가 증가하였다. 2009년 재정 소득은 68,477억 위안으로 전년 대비 7,147억 위안으로 11.1%가 성장하여 경제 사회의 안정적이고 조화로운 발전에 효율성을 보장하였다.

기업 이윤은 5년 연속 20% 이상의 속도로 성장하였다. 기업 이윤의 대폭 증가, 빠른 성장은 기업의 발전을 가속화하고 기업의 적극적인 발전을 자극하여 미래의 기업 발전을 위한 좋은 경제적 기초를 마련하게 되었다. 에너지를 절약하고 온실 가스 배출을 줄이는 목표 책임제에 따라 구조 조정이 강화되어 낙후된 생산력을 높이고 주요 업종과 기업 주요 영역 조정 등 각 조치의 시행으로 에너지를 절약하고 온실 가스 배출을 줄이는 목표를 적극적으

그림 6-6 중국 곡식 생산량과 성장 속도: 2003~2009년

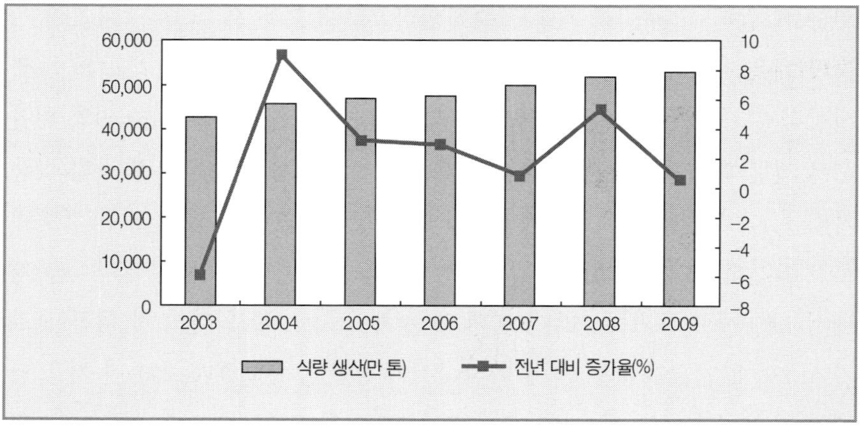

자료 출처: 중국 해당 연도의 국민 경제 및 사회 발전 통계 공보.

로 진행할 수 있었다. 에너지 소모는 3년 연속 상승하고 2006년 하락하였다. 2007년의 에너지 소모 총량은 26.5억 톤 기준으로 석탄이 전년 대비 7.8% 성장하였다.

④ 농업 생산의 안정적 성장, 공업 생산의 빠른 발전, 수요 공급 능력이 대폭 향상하였다. 곡식 생산량은 3년 연속 증가하고, 면, 유(油), 고기 등 주요 농산품이 안정적으로 증가 생산되었다. '16대' 이후 '공업이 농업을 보조하고, 도시가 농촌을 지원'하고 사회주의 신농촌의 건설, '3농' 문제를 해결하기 위한 전면적인 정책 체계의 건립으로 농업 생산은 안정적 성장을 이룰 수 있었다. 농업 생산량은 2003년 역사적 최저치를 기록한 이후 점차 증가하여 2004년 46,947만 톤으로 1998년 이후 연속 5년 동안 하락하던 상황을 바꾸었다. 2005년, 2006년, 2007년 3년 연속 증가 생산되었다. 2007년 곡식 생산량은 50,150만 톤을 기록하고 2008년 52,871만 톤, 2009년 53,082만 톤을 기록함으로써 전년 대비 211만 톤이 증가하여 0.4% 상승하였다.

공업 생산의 급속한 성장 중 에너지, 원자재가 생산량의 급속한 성장을

이루었다. 주요 농공업 제품이 세계에서 우위를 차지하게 되었다. 2008년 곡물, 육류, 면화, 땅콩, 유채씨, 과일과 찻잎의 생산량이 세계에서 1위를 계속하여 차지하였고 사탕수수 생산량은 세계 3위, 대두 생산량이 세계 4위를 차지하였다. 주요 공업 생산품 생산량 중 강철, 시멘트, 텔레비전과 면포의 생산량이 세계 1위를 차지하고, 발전량이 세계 2위, 설탕 생산량이 세계 3위, 원유 생산량이 세계에서 5위를 차지하였다. 2009년 전체 공업 증가액이 134,625억 위안으로 전년 대비 8.3%가 성장하였고, 규모 이상의 공업 증가액이 11.0% 성장하였다. 그 중 국유와 국유 주주 기업이 6.9%, 집체 기업이 10.2%, 주주제 기업이 13.3%, 외상(外商)과 홍콩, 마카오, 타이완 투자 기업이 6.2%, 민영 기업이 18.7% 성장하였다. 경 · 중공업으로 분류해서 본다면 경공업이 9.7%, 중공업이 11.5% 성장하였다.

⑤ 고정 자산 투자의 급속한 성장, 기초 산업과 기초 설비의 강화가 이루어졌다. '16대' 이후 고정 자산 투자에서 특히 기초 산업과 기초 설비 투자의 급속한 성장으로 많은 주요 건설 항목의 생산, 교통, 통신, 에너지 등 기초 산업과 기초 설비의 강화로 중국 경제 발전의 장기적인 문제인 석탄, 전기, 석유, 운송 등 '장애' 제약에서 벗어날 수 있었다. 2007년 사회 전체 고정 자산 투자는 137,239억 위안으로 전년 대비 24.8% 성장하였다. 동부 지역 투자는 72,314억 위안으로 전년 대비 19.9% 성장, 중부 지역은 34,283억 위안으로 33.3% 성장, 서부 지역은 28,194억 위안으로 28.2% 성장하였다.

⑥ 대외 경제의 전대미문의 급속한 발전으로 수출입 무역 총액은 3계단이 올라 세계 3위를 차지하고 외환 보유액 세계 1위국이 되었다. '16대' 이후 세계무역기구 가입의 과도기이자 개혁개방 이후 중국 대외 경제가 가장 빠르게 발전한 시기로 대외 개방의 깊이와 범위가 확대되었고 2개의 시장과 자원 이용도가 향상되었다. 2002년 화물 수출입 총액이 6,208억 달러, 2007년 21,738억 달러에 달하였다. 수출입 무역 총액은 2003년 프랑스와 영국을 뛰

어넘어 4위를 차지하고, 2004년 일본을 뛰어넘어 세계 3위가 되었다.

외자 사용의 급속한 증가로 대외 투자가 빠르게 증가하였다. 2006년 실질적인 대외 직접 투자 사용액(은행, 보험, 증권 등 금융 기관이 이용한 외자 수치를 포함)이 630억 달러로 2002년 527억 달러에 비해 연평균 4.6% 성장하였다. 외자 사용의 급속한 증가로 2002년 이후 계속 세계 3위를 차지하고 있다. 외자 사용의 계속적인 증가와 해외 진출 전략 실시로 대외 투자가 크게 성장하였다.

국제 여행 수입의 성장이 나타났다. 2002년 이후 중국은 여행 자원 개발이 가속화되고, 여행 경영 기관의 창의성이 높아졌으며, 여행사의 경영 관리 수준이 제고되었다. 세계은행의 자료에 따르면 중국 국제 여행자수는 2002년 세계 5위에서 2005년 4위를 차지하였으며, 2005년 세계 국제 여행 소득 중 중국 국제 여행 수입이 3.7%를 차지함으로써 2002년 대비 0.1% 상승하여 세계 6위가 되었다. 2009년 국내 해외 여행자수가 19.0억 명으로 전년 대비 11.1% 증가, 국내 여행 수입이 10,184억 위안으로 16.4% 성장하였다.

외환 보유액은 세계 1위를 차지하였다. 2007년 말 국가 외환 보유액은 15,282억 달러로 전년 말 대비 4,619억 달러가 증가하여 세계 1위를 차지하였다. 2009년 말 국가 외환 보유액은 23,992억 달러로 전년 말 대비 4,531억 달러가 증가하였다. 연말 인민폐는 1달러 : 6.8282위안으로 전년 말 대비 0.1% 절상되었다.

⑦ 도농 주민 생활의 지속적인 향상과 개선이 이루어졌다. 인민은 많은 개혁과 발전으로 인한 혜택을 얻었다. '16대' 이후 국민 경제의 안정적이고 빠른 발전, 사회 보장과 구제 제도의 부단한 건립과 개선에 따라 인민은 많은 개혁과 발전으로 인한 혜택을 얻어 도농 주민 생활 수준이 크게 향상될 수 있어 샤오캉 사회 건설을 위해 한 단계 다가설 수 있었다. 도농 주민 소득이 매년 급속히 성장하였다. 2007년 농촌 주민의 1인당 평균 순소득이 4,140

위안으로 가격 상승 요인을 없애면 전년 대비 실질 성장률이 9.5%이었다. 또한 도시 주민의 1인당 지불 가능 소득이 13,786위안으로 실질 성장률이 12.2%에 달한다. 농촌 주민 가정의 엥겔 지수(즉, 주민 가정 식품 소비 지출이 가정 소비 총지출에서 차지하는 비중)가 43.1%, 도시 주민 가정의 엥겔 지수는 36.3%였다.

⑧ 교육, 과학 기술, 문화, 위생 등 사회 각 부문 사업이 발전함으로써 경제 사회 또한 함께 빠르게 발전하였다. '16대' 이후 과학 발전관의 전면적 시행으로 교육, 과학 기술, 문화, 위생 등 사회 각 부문 사업은 국민 경제와 안정적이고 빠르게 발전하여 경제 사회도 함께 발전하는 양상을 보였다.

2. 중국 경제 발전의 도전 과제

중국 경제는 계속 발전해야 하고 개혁도 지속되어야 한다. 그러나 개혁의 발전 환경은 많은 변화가 발생할 수 있다. 중국이 직면한 주요 도전 과제는 다음의 다섯 가지이다.

첫째, 국제 정치 환경의 도전이다. 중국은 발전중인 사회주의 대국으로 한편으로는 제도 자체의 미성숙한 발육과 다른 한편으로는 사회 제도의 차이로 인해 국제 정치에서 불리한 입장에 처해 있다는 것이다. 의식 형태와 사회 제도의 차이로 미국은 오랜 기간 중국을 경계, 굴복의 대상으로 삼았다. 타이완 문제는 중국 국가 안전이 직면한 큰 불안정 요소이다. 장기적으로 미국은 계속 타이완을 하나의 '패'(牌)로 중국을 굴복시킬 것이라고 여겼다. 그 밖에 미국은 전 세계적으로 반공 전략을 강력하게 시행하고 기타 수많은 국가들, 특히 일부 대국은 서로의 관계를 분분이 조정하여 모략을 증강시켜 세계의 지역 전략에 중대한 변화가 발생하고 또한 중국의 주변 안전 문제에 새로운 변수가 나타나는 경우도 발생하였다. 중국 주변 지역은 민족 분열 세력, 테러리즘 세력과 종교 집단 세력의 집산지이다. 2003년 12월 10일 원자바오 총리는 하버드대학에서 〈중국의 앞으로 나아가야 할 비전〉이란 주제로 강연을 하였다. 이 강연에서는 처음으로 '중국화평굴기'(中國和平崛起(쭝궈허핑줴치))[14] 사상을 논술하였다. 2003년 12월 26일 마오쩌둥 탄생 10주년 좌담회에서 후진타오 국가 주석은 '화평굴기'의 발전 노선과 독립 자주의 평화 외교 정책을 지지한다고 재차 강조하였다. 2004년 3월 14일 원자바오 총리는 10회 인대 2차 회의 기자 회견에서

"중국 화평굴기의 중요한 내용은, 첫째 중국의 굴기는 세계 화평의 좋은 시기를 충분히 이용하여 발전을 위해 노력하고 자신을 강대하게 하는 것이다. 또한 자신을 발전시켜 세계 평화를 유지한다. 둘째, 자신의 역량, 독립 자주, 자력갱생을 중국의 굴기의 기초에 두고 넓은 국내 시장과 충분한 노동력과 풍부한 자금 축적에 의지하고, 개혁이 가져오는 메커니즘의 창조이다. 셋째, 중국의 굴기는 세계를 벗어날 수 없다. 중국은 반드시 대외 개방 정책을 펼쳐 평등호리 원칙에 따라 세계와 우호 국가 발전 경제 무역 관계를 유지한다. 넷째, 중국의 굴기는 오랜 시간이 필요하며 적어도 몇 대의 노력을 거쳐야 할 수도 있다. 다섯째, 중국의 굴기는 어느 누구와도 무관하지 않으며 어느 누구든지 위협을 가할 수 없다. 중국은 현재 어디에도 군림하고 있지 않으며 미래에 아무리 강대할지라도 영원히 군림하지 않는다"

라고 강조하였다.

중국 공산당과 중국 정부는 계속하여 중국 발전은 자신에 의한 것이고, 세계와 함께 하며, 다른 사람을 위협할 수 없다고 강조하였다. 그러나 국제 정치 환경은 중국 화평굴기에 반드시 좋지만은 않을 것이다. 그래서 이것이

14 역주: 2003년 후진타오 국가 주석이 내걸었던 외교 전략으로 원래의 뜻은 '평화롭게 우뚝 선다'라는 의미를 가지고 있으며 평화와 자주성을 견지하는 전략이다. 미국과 일본 등 기존 강대국의 대중국 압박이라는 중국 위협론 확산에 대한 대응책으로 내세운 전략으로, 내부적으로는 고도의 성장을 유지하고 성장에 따르는 위험을 방지하고 대외적으로는 우호와 번영을 추구하는 정책 기조이다. 군사적 위협 없이 평화로운 성장을 이루겠다는 의지를 담고 있다.

하나의 도전 과제이다.

둘째, 국제 경제 환경의 도전이다. 약 30년의 개혁개방으로 중국이 명실상부한 세계 무역 대국이 되었고, 그 대외 무역 성장 속도는 국내 총생산의 성장 속도를 훨씬 넘어섰다. 데이터에 의하면 1978년 중국의 대외 무역 의존도는 9.8%에 그쳤으나, 1900년대 수출의 빠른 성장으로 대외 무역 의존도는 향상되어 2006, 2007년 70%까지 뛰어올라 신중국 성립 후 가장 높은 수준이다. 높은 무역 의존도로 중국과 세계 경제의 마찰을 증가시켰다. 큰 무역 수지는 인민폐 절상에 큰 압박을 받고 중국과 미국, 유럽 등 국가와 지역 사이의 무역 마찰을 가중시켰다. 또한 국제 수지 불균형의 확대는 많은 외환 보유로 발생하는 모순이 격화되어 국내 유동성의 과열 문제가 나날이 심각해졌다. 그 외에 더욱 중요한 것은 중국의 수출입 총액이 매우 높지만 중국은 여전히 무역 강국이 아니라는 사실이다. 경제 세계화의 심화로 중국 경제는 앞으로 더욱 큰 국제 경쟁의 압박과 더 많은 '신무역 장벽'의 제한을 받을 것이며 외부 제약 요소가 더욱 증가하였다. 경상 거래의 전환이 실현된 후 자본 관리 제도의 효율성이 저하되고 금융 리스크가 존재하는 중국 경제는 세계 경제에 의해 받는 영향이 점점 커져 주변 환경이 좋지 않다면 중국 또한 벗어나기가 쉽지가 않다. 2007년 미국의 '서브프라임 모기지' 사태 발발과 경제적 악화는 중국 경제가 무시할 수 없는 영향을 주었다. 그 밖에 중국은 현재 사회주의 시장 경제 체제의 초기 건설이 개선되고 있지만 중국의 시장화 정도는 여전히 높지 않고 시장 경제 체제에서 미성숙한 부분이 적지 않다. 중국의 자본 시장, 기술 시장과 노동력 시장은 여러 가지 요소의 제약이 따르며 개선이 필요하다. 과학 기술 진흥국 전략을 시행하고 창조형 국가의 뜻을 세웠지만 중국은 창조력이 여전히 부족하다. 중국 공산당과 중국 정부는 '두 가지 이용' 사상을 제시하였지만 국제 자본 시장의 다변화와 국내 자본 시장의 미성숙, 국제 에너지 시장의 불안정과 국내 경제 발전으로 인한 에너지 수요 등의 요인으로 대외 무역 시장의 무역 마찰이 나날이 가중되어 진정한 '두 가지 이용' 사상을 완벽히 실현시키기 위해서는 때를 기다려야 할 것이다. 미래 중국의 경제 발전은 안정적인 평화와 양호한 국제 경제 환경이 필요하다. 이것이 중국 미래의 도전 과제이다.

셋째, 국내 자원과 환경의 도전이다. 장기적인 중국 경제의 급속한 성장으로 대량의 에너지, 원자재 등의 자원이 대량 소모되어 자원이 부족하고 환경적인 지탱 능력이 약한 것이 중국 경제 사회 발전이 처한 현실이다. '17대' 보고 중 '16대' 이후 중국이 앞으로 직면할 어려움과 문제를 열거할 때 '경제 성장의 자원 환경 대가가 매우 크다'는 것을 중요하게 여겼다. 보고에서는 중국의 장기적으로 형성된 구조적 모순과 조방형 성장 방식은 근본적으로 바뀌지 않았다. 조방형 경제 성장 방식은 높은 투입, 높은 소모, 낮은 산출, 낮은 품질의 경제 성장 방식이다. 이러한 경제 성장 방식은 주로 큰 건설 규모, 대량의 생산 요소 증가를 통한 경제 성장으로 기술 진보와 과학적 관리를 무시하고 생산 요소의 사용률과 경제 운영 수준의 향상을 중시하지 않는다. 조방형 경제 성장 모형의 실행은 일정 기간 내 객관적 필연성으로 뛰어넘을 수 없지만 경제의 일정 규모와 수준을 달성한 후 여전히 이러한 성장 모형을 지속적으로 실행한다면 일련의 모순과 문제가 따른다. 그 중 가장 중요한 문제는 에너지의 높은 소모, 낮은 에너지 이용률, 심각한 자원 낭비, 생태 환경 파괴이다. 현재 중국의 에너지 이용률은 30%, 선진국은 40~80%이다. 중국의 에너지 소모는 일본의 6배, 미국의 3배, 한국의 4.5배이다. 12종류 주요 원자재 소비는 선진국에 비해 5~10배 가량 높다. 2006년 중국 GDP 총량이 세계의 총량에서 차지하는 비율은 5.5%이지만 중국의 석탄, 강철, 시멘트가 세계에서 소비하는 양은 각 15%, 30%와 54%를 차지한다. 농업에서는 물, 화학비료 등의 이용률이 낮다. 선진국은 이미 분무식 관개와 점적관수가 발전하였지만 중국은 여전히 관개, 누수가 심각하다. 물, 경작지, 산림 자원의 소모가 심각해져 일부 지역의 수질 토양 유실과 사막화가 가중되고 있으며 환경 오염이 상당히 심각한 상태이다. 최근 송화 장(松花江)의 수질 오염과 타이후(太湖) 사건은 모두 에너지 소모, 환경 보호 문제가 심각한 상태에 있다고 할 수 있으며 일부 지역의 오염 문제는 이미 간과할 수 없는 지경에 이르렀다. 경제 성장 방식의 빠른 전환으로 한정된 자원을 절약하고 합리적으로 이용해야 한다. 그래서 17대 보고에서는

"자원 절약형, 환경 우호적인 사회 건설을 공업화, 현대화 발전 전략에서 매우 중요히 여겨야 한다."

"절약, 대체, 순환 이용과 오염의 선진 기술을 개발, 에너지 보호와 재생가능 에너지의 발전, 토지와 수질 보호, 과학적이고 합리적인 에너지 자원 이용 체계를 건설하여 에너지 자원 이용률을 제고해야 한다. 그리고 환경 보호 산업을 발전시켜야 한다"

라고 지적하였다.

넷째, 개혁개방이 시행된 이후, 특히 서부 대개발의 실시, 둥베이 지역의 오래된 공업 기지의 진흥, 중서 지역 굴기 촉진, 동부 지역을 우선 발전시키고 전체 지역 발전 전략의 장려를 한 후 각지 경제 사회 발전 수준은 매우 크게 발전하고 인민 생활이 크게 개선되었지만 지역 간 불균형적인 발전과 발전을 방해하는 원인은 근본적으로 바뀌지 않았다. 통계에 따르면 2000년부터 2006년까지 동부 지역의 장쑤(江蘇), 산둥(山東), 광둥(廣東) 3성 지역의 생산 총액은 각 8,554억 위안, 8,338억 위안, 10,741억 위안에서 21,548억 위안, 21,847억 위안, 25,969억 위안으로 증가하였다. 그리고 서부의 칭하이(靑海), 닝샤(寧夏) 2개 성은 각 264억 위안, 295억 위안에서 641억 위안 707억 위안으로 증가하였다. 보다시피 매우 빠른 발전을 하고 있지만 그 차이가 매우 크다는 것을 알 수 있다. 동쪽과 중서부 지역 1인당 GDP 차이는 점점 확대되었다. 대외 무역과 외자 사용에서 동부 지역이 절대적인 우세를 차지하고 있

다. 지역 경제 발전의 불균형으로 도농 소득 차이가 확대되고 있다. 몇 년째 전국 농민 1인당 평균 순소득은 급속히 발전하고 있으나 여전히 도시의 소득 차이는 점점 벌어지고 있다. 전체 인구 중 농민이 대다수를 차지하고 있으며 평균 농민 3명의 소비량이 도시 주민 1명과 맞먹는 소비량이다. 2006년과 2007년 도시 주민의 지불 가능한 소득의 증가 속도와 농민 1인당 평균 순소득 증가 속도를 비교하면 도시 주민의 증가 속도가 평균 4%가 더 빠르며 이전에 비해 더욱 큰 차이가 벌어지고 있다. 산업 간의 차이도 더욱 벌어지는 추세이다. 과학 발전관, 전면적 샤오캉 사회 건설을 철저히 시행하기 위해서는 지역 간 조화로운 발전을 촉진시켜야 하고 지역 발전의 차이를 줄여야 한다. 또한 반드시 균등적으로 공공 서비스를 제공하여 지역 간 생산 요소의 합리적 유동을 도와야 한다. 저소득 계층의 소득을 높여 중소득 계층의 비중을 확대시키고 고소득 계층을 조절해야 한다. 그리고 산업 간의 차이를 감소시켜야 한다.

다섯째, 중국은 과학 교육 진흥국 전략을 시행하고 창조형 국가 건설을 해야 한다. 그러나 부인할 수 없는 것은 현재 중국의 창조 능력은 여전히 더욱 향상시켜야 한다는 사실이다. 교육 제도의 개혁을 통해 중국의 의무 교육을 받는 사람은 증가하였지만 여전히 현재 중국의 인력 자원 수준은 세계 수준과 비교하였을 때 높지 않으며 중국의 내재된 창조 체계가 미성숙하여 자주적 창의 능력을 발휘하고 육성하는 데 불리하다. 자주 창조 능력의 부족으로 중국 공업 기업의 이윤 증가 폭은 감소하였다. 장기적으로 중국 기업의 자주 창조 능력은 심각할 정도로 부족하다. 중국 특허 취득의 3/4은 외국인이 소유하고 있다. 특허 신청이 가장 많은 10개 전자 정보 기업이 5년간 신청한 수량은 미국 IMB 기업이 1년에 신청한 특허 수량과 맞먹는다. 자주적 지식 재산권의 핵심 기술 부족으로 적지 않은 업종이 기술의 산업 전이[15]의 위

15 역주: 기술 공동화 현상으로 인해 자국 산업을 오히려 생산비가 낮은 외국에서 역수입하는 현상.

험이 존재하고 있다. 중국 경제 발전은 자원 의존형에서 창조형으로 전환이 요구되며 외국 기술 의존형에서 자주 창조형 전략으로의 전환이 필요하다. 중공 '17대'는 창조 능력의 육성에 대해 더 높은 요구를 제시하였다. 창조 능력의 향상 여부가 중국의 미래 경제 발전을 위한 중요한 도전 과제이다.

중국 경제 능력의 상승과 공업화 과정의 가속화에 따라 중국 경제 발전이 당면한 환경 제약 문제가 점점 심각해지고 있으며, 인민이 경제와 사회의 전체적 발전에 대해 요구하는 바가 점점 높아지고 있다. 중공 '16대'는 전면적인 샤오캉 사회 건설을 위한 목표를 제시하였다. 그 이후 '이런웨이번'의 과학 발전관과 조화로운 사회 건설 사상을 제시하였다. 중국 공산당과 중국 정부는 새로운 사상을 아우르는 경제 발전을 촉진하기 위한 새로운 정책들을 내놓고 사회주의 시장 경제의 심화된 개혁을 적극적으로 시행하였다. 일련의 개혁 조치로 중국의 사회주의 시장 경제 체제는 한 단계 개선되었다. 2008년 중국은 전 세계 금융 위기의 영향을 받았으나 당과 정부는 이에 대해 적극적으로 대응하여 일련의 조치를 통해 중국 경제는 우선 최저점을 빠져나와 회복되었다. 전체적으로 경제 발전, 개혁 심화는 당과 정부 나아가 인민 전체의 노력을 통해 중국 경제는 2002~2009년 큰 성과를 내었고, 많은 경제 지표에서 중국이 선두 자리를 차지하고 있다.

7

역사 회고 및 미래 전망

7 역사 회고 및 미래 전망

건국 60년 동안의 경제 발전 역사를 살펴보면, 중국의 경제 건설은 거대한 성과를 이룬 동시에, '계획 경제'에서 '계획이 있는 시장 경제', '시장 경제'로의 지속적인 제도 변천 과정에 있으며, 이러한 제도 변천은 경제 성과의 제고에 큰 역할을 하였다. 동시에 개혁개방 이래로 중국과 홍콩, 마카오, 타이완 간의 경제 교류가 나날이 확대되었고, 홍콩, 마카오, 타이완 상호간에도 중요한 무역 및 투자 파트너 관계가 형성되어서, 양안사지(兩岸四地) 간 점차적으로 '중화경제구'로 불리는 경제 협력체가 형성되어, 더욱 밝은 미래의 발전이 예상된다.

제1절 제도 변천의 회고

건국 60년간 중국 경제 건설은 큰 성과를 이루었다. 중국의 GDP는 이미 1952년의 679억 위안에서 2008년의 300,670억 위안으로 증가하였고, 30조 위안의 관문을 돌파하여, 전년 대비 9.0%가 성장하였다. 1인당 GDP 또한 1952년의 118위안에서 2008년 22,698위안으로 증가하였다. 수치상으로는 경제 총량뿐 아니라 1인당 GDP 수준도 건국 이래 모두 큰 증가를 보였다.

60년 동안 중국 경제는 기본적으로 상승하는 추세를 보이며 성장하였다. 80년대, 특히 90년대 이후, 경제 성장은 과거 수십 년보다 확연히 빨랐는데, 왜 이러한 큰 변화가 발생하였을까? 많은 사람들은 그 원인이 중국의 제

그림 7-1 1952년 이래 중국 GDP 및 1인당 GDP의 변화

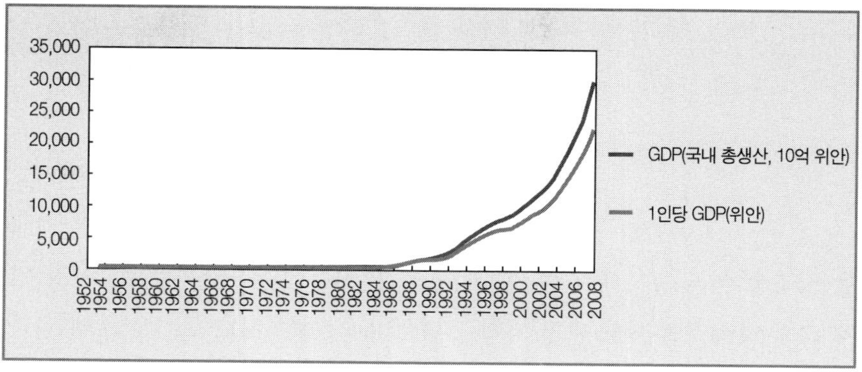

자료 출처: 중국국가통계국, 《중국통계연감》, 상관 자료 재분석.

도 변천에 있다고 보았다.

고전 경제학에서는 경제 성장의 주요 원인은 자본의 축적이라고 보고, 높은 저축률과 투자율은 경제 성장의 중요한 전제 조건이라고 보았다. 그리하여 경제 성장에 있어서 상대적으로 기술 진보와 인력 자본의 역할을 크게 강조한다. 그러나 경제학의 역사학파와 제도학파는 이에 의문을 가진다. 슘페터는 일찍이 말하기를,

"역사의 서술은 순수하게 경제적인 것이 아니다. 그것은 필연적으로 순수 경제 제도 방면의 내용에 속하지 않은 것들을 반영한다"[1]

라고 하였다.

그는 역사 연구시에 경제 제도 요인이 경제 발전에 미치는 영향에 대해 주의할 것을 일깨워준 것이다. 알프레드 첸들러 또한 주장하기를,

"미국 공업의 성장은 시장 확장이 야기한 제도 변천의 산물이고, 미국 경제 중 규모 경제의 많은 부분은 제도 혁신의 산물이지, 기술 변천의 결과

1 슘페터, 《경제분석사》, 권1, 상무인서관, 1991년판, p. 29.

가 아니다"[2]

라고 하였다.

그 후, 경제사학자들은 한 걸음 나아가 지적하기를, 경제 발전에 대해 말하자면 제도의 변화는 외생 변수이고, 경제 발전에 결정적인 영향을 미친다. 과거 통상적으로 경제 성장의 기술 진보와 생산력의 변화를 설명하는 것은 단지 경제 성장 자체를 말하는 것이지 경제 성장의 원인이 아니며, 제도 변천이야말로 경제 성장의 원인인 것이다. 그러나 무엇이 제도인지에 대해서는 학자들에 따라 다른 정의를 내리고 있다. 경제학 내부에서 다른 경제학자들 사이에도 다른 해석이 있다. 그 중 저명한 경제학자 슐츠(Theodore W. Schultz)의 관점에 의하면, 제도는 인간의 행위를 통제하는 데 쓰이는 일련의 규칙을 지칭하며, 제도는 정치, 사회, 경제 각 분야를 포함한다. 경제 기능 부분을 집행하는 것에 대해 말하자면, 제도는 서비스 공급자들이 경제 성장의 수요에 맞추어 형성되는 것으로, 일부 제도들은, 예를 들어 화폐 제도 등은 교역 비용을 낮추는 데 사용된다. 또한 일부 기업 제도 등은 투자 리스크를 줄이는 데 사용된다. 이러한 간단명료한 제도에 대한 정의에서 알듯이 제도의 함의는 매우 넓고, 중국의 건국 이래 계획 경제 체제에서 시장 경제 체제로의 전환은 의심할 여지없이 제도 변천의 과정인 것이다. 아래에서 중국의 몇십 년간의 제도 변천의 과정을 살펴보자.

우리가 제2장에서 살펴보았듯이, 건국 초기 중국은 중공업 우선 발전 전략을 논리의 기점으로 삼아, 상응하는 왜곡된 거시 정책 환경과 고도로 집중된 자원 계획 배분 제도 및 자주적이지 않은 미시 경영 메커니즘을 특징으로 삼는 3위1체의 전통 경제 체제를 형성하였다. 이러한 고도로 집중된 계획 경제 체제는 중국의 자금이 부족하고, 물질 기초가 낙후한 상황하에서 비교적 완전한 중공업 체계를 신속하게 건립하였다. 그러나 이러한 체제는 노동자,

2 A · D · 챈들러, 《전략과 구조》, 케임브리지 메사추세츠 이공학원출판사, 1972년판.

농민의 생산 동기가 부족하고, 농업, 경공업, 중공업 간 비율이 심각한 불균형을 초래하는 등의 문제를 야기하였다.

이러한 체제하에서, 재정 및 금융 등 거시 조절 수단은 발전 전략의 주요 수단으로 사용되었다. 국가는 행정 권력과 이러한 수단들을 이용하여, 기업, 생산팀 등에 대해, 심지어 가정의 생산과 소비에 대해 관리를 추진하였으며, 자원을 중공업 부문에 집중 배치하였다. 모든 경제 활동은 기본적으로 계획을 통하여, 행정 명령 방식으로 추진되었고, 모든 기업과 생산팀이 무엇을 생산하는지, 얼마를 생산하는지는 국가 계획에 의해 규정되었다. 기업이 생산한 공업품은 국가에 의해 통일적으로 조달되고 판매되었으며, 농촌 생산팀이 생산한 농산물 또한 국가에 의해 통일적으로 수매되어 판매되었다. 국영 기업에 필요한 자금도 국가가 계획에 의거하여 배분하였으며, 필요한 관리자와 노동자도 각각 국가에 의해 임명되고 채용되었다. 국가는 또한 양식표, 포표(粮票, 布票) 등의 각종 배급표를 배급하는 방식으로 주민의 소비를 관리하였다. 그러나 계획 수립자는 수만 가지 상품의 품종과 가격, 용도 등의 내용을 다 알 수 없을 뿐만 아니라, 사회 수요의 변화도 알 수 없어서, 사회 자원의 최적 배분 상태에 다다를 방법이 없고 경제 효율에 심각한 악영향을 미치게 되었다. 동시에 국가가 기업에게 하달한 명령은 단순히 총생산량의 형식적인 규정일 뿐이어서 기업은 자주 생산량을 중시하고 상품의 질에 대해서는 경시하였고, 에너지 낭비와 낮은 생산성의 결과를 초래하였다. 그리하여 계획 경제 시대에서 경제는 매년 일정 정도의 성장을 하고 각 개별 연도의 성장 속도는 비교적 높았으나, 경제 성장의 질은 높지 않았고 낭비가 비교적 컸다.

개혁개방이 시작됨에 따라, 중국은 점진적으로 전통의 고도 집중 계획 체제를 개혁하기 시작하였고, 개혁개방 초기의 '돌다리를 두드리며 강을 건너는 전략'(摸石頭過河)의 권력 하향 및 이익 양보(放權讓利)에서부터 점차적으로 시장 경제 체제 목표를 명확히 하는 것까지, 상품 시장, 자본 시장, 노동 시장, 기술 시장이 점차적으로 성장, 발전하기 시작하였고, 시장 교역의 규칙과 제도 또한 점차적으로 만들어지고 점차 개선되어, 중국의 계획 경제에서 시장 경제 체제로의 전환이 한 걸음씩 나아가게 되었다. 그 중, 1978년 12월 중공 11회 3중 전체 회의에서 체제 개혁과 대외 개방의 추진을 결정하였고, 1984년 10월 12회 3중 전체회의에서 통과한 〈중공 중앙의 경제 체제 개혁에 관한 결정〉에서 계획 있는 상품 경제를 제시하였다. 1992년 14대 정치 보고에서 개혁의 목표는 사회주의 시장 경제 체제 건설임을 확정하였고, 이 3개의 결정은 각각 3개의 이정표라 할 수 있고, 중국 경제 개혁 발전의 3단계, 즉 개혁의 시장과 과정 설정 단계, 쌍궤 체제 형성과 점진적인 개혁 확인 단계, 시장 경제 체제를 향한 전면적 전환 단계 등을 상징한다.

첫 번째 단계의 개혁은 실천적으로 보면 탐색의 단계이고, 이론적으로는 주로 시장과 계획 경제 간의 관계에 대하여 연구 및 토론을 진행하여 상품 경제와 사회주의 간 서로 융합할 수 있는 문제에 대해 공통된 인식을 이루려는 것이다. 이 시기, '농촌 가정 공동 생산 책임제'의 실시는 농민의 생산 동기를 높였고, 농촌의 생산력을 극대로 해방시켰다. 1984년부터 시작된 중국의 경제 체제 개혁은 농촌에서 도시로, 시범 지역에서 전국으로 널리 확대되었고, 전면적 발전의 새로운 단계로 진입하였다. 이 단계의 개혁 방향은 계획이 있는 상품 경제였으며, 가장 큰 특징은 이중 가격 제도를 실시한 것이다. 1988년 국가는 가격 개혁을 한 번 실시하였으나, 사재기 열풍과 물가의 급속한 인상으로 인하여 실패하였다. 세계 범위에서 보면, 배급 체제에서 상품 체제로의 전환 단계에는 많은 국가가 모두 소비품에서 이중 가격 제도를 실시하였고 이중 가격 제도는 보편적으로 '도야'(倒爺(다오예)), '관도'(官倒(관다오))[3] 등의 문제가 발생하여, 부패의 온상이 되었다. 그러나 이중 가격의

3 역주: 다오예(倒爺)는 상품의 투기꾼을 의미하고, 관다오(官倒)는 관리가 직권을 남용하여 투기를 하는 행위를 의미한다.

존재로 인한 가격 개혁 과정에서 이익 보상을 통하여, 거대한 개혁 비용의 문제를 극복할 수 있었고, 개혁을 순조롭게 진행하는 데 유리하였다. 그리하여 해외 일부 학자(예를 들어, 스티글리츠)는 '하나의 유익한 발명'과 '천재적인 해결 방법'이라고 칭송하였다. 상품, 환율, 이자율에서 '이중 제도'의 과도적인 형식을 취한 것 이외에, 기타 영역의 개혁 또한 과도적인 형식을 취하였다. 예를 들어, 국유 기업 개혁에서 많은 부분에 도급제를 실시하였고, 심지어 '자산 경영 책임제' 등의 과도적인 형식을 취하기도 하였다. 재정 영역에서는 '재정승포제'(財政承包制, 또는 '재정포간제'(財政包幹制)라고 부른다)의 개혁을 실시하였다. 양식 수매 및 판매 체제에서는 계획 수매 및 판매와 시장 수매 및 판매를 병존하는 '이중 제도'를 실시하였다. 이와 동시에 증량 개혁 또한 여러 영역에서 전개되었다. 향진 기업, 외자 기업 등 민영 경제는 발전하기 시작하였다. 이렇듯 점차적으로 이중 제도, 과도적인 안배와 증량 개혁을 특징으로 하는 점진적 개혁이 점차적으로 형성되었고, 자원의 배분이 점차적으로 최적화되었으며, 경제 효율 또한 제고되기 시작하였다. 1992년 시장 경제 체제의 목표를 확립한 이후, 각 지역 시장 체제의 성장과 시장 경제의 발전은 매우 빨랐으며, 각 영역의 이중 가격 제도도 점차적으로 취소되었다. 재정, 금융 등 거시 조절 메커니즘은 과도적인 안배에서 시장 경제에 적응하는 방향으로 전환하였다. 국유 기업의 개혁 또한 국가와 기업 간의 관계 조정에서 기업 자체의 경영 메커니즘을 변화시키는 방향으로 전환됨으로써 민영 기업과 외자 기업의 발전 또한 진일보하게 되었다. 이러한 과정에서 자원의 배분은 부단히 최적화되었고 경제 효율도 부단히 제고하였으며, 경제 성장은 유래 없는 고속 성장 시기에 진입하게 되었다.

이상의 경제 체제의 변화와 실제 경제 성과 간에는 얼마나 큰 상관성이 있을까? 린이푸(林毅夫)[4]가 말하기를, 제도와 경제 성장 간의 관계는 매우 복

4 역주: 린이푸 교수는 북경대학 경제학과 교수로 세계은행 부총재 등을 역임한 바 있다.

잡한 문제여서, 제도 구조와 장기적인 성과 차이의 이론적 근거를 찾는 일은 경제학자에게 막 시작된 것이다. 그리하여 우리는 20여 년 경제 고속 성장 중 계획 체제에서 시장 체제 변천의 공헌이 얼마인지 정확하게 판정할 수 없다. 그러나 우리는 여전히 각각의 구체적인 제도 안배가 가져온 작용을 통하여, 전체 제도 변천의 성과에 대하여 극히 일부분만을 보고 있다고 할 수 있다고 하였다. 제4장에서 언급한 바와 같이, 린이푸 등 학자는 가정 공동 생산 책임제(家庭聯産承包制)의 경제에 대한 공헌율을 분석하였다. 린이푸는 재정 분권과 같은 이러한 재정 제도의 변화와 경제 성장에 대하여 분석을 하여, 회귀 결과에 의하여 두 가지 결론에 도출하였다.

"첫째, 제도 안배는 매우 중요하여, 재정 분권이 중국 경제 성장에 긍정적인 작용을 하였다. 둘째, 재정 분권은 주로 자원 배분의 효율을 제고하는 방식으로 더욱 많은 투자를 야기하여 중국의 경제 성장률을 제고시켰다."[5]

"또한 많은 연구에서 발견하였듯이, 기업 자주권의 확대는 국유 기업의 생산성을 급속히 제고시켰다. 그리하여 제도(여기서는 주로 경제 체제를 일컬음)의 변화가 중국 60년간의 경제 업적 제고에 중요한 작용을 하고 있다."

'다시 말하면, 왜 건국 초기에 큰 우월성을 갖는 계획 체제를 시장 경제 체제로 전환해야 한다고 명시하였었는가? 신제도 경제학 중 두 가지 저명한 제도 변천 모델이 있다. 유도적 변천 모델과 강제적 변천 모델이 그것이다. 전자는 신제도의 창조는 개인이나 한 무리의 사람들에 의한 것이며, 이익을 얻을 수 있는 기회에 반응할 때 스스로 창조, 조직, 실행하는 것이다"(린이푸, 1989).

그러나 후자는 국가 주도하에 진행된 제도 변천을 지칭하며, 국가는 제도 서비스를 제공하는 것을 통하여, 심지어 강제력, 행정 명령을 빌려 제도 변화를 추진하는 것이다. 왜 이러한 차이가 있는 것일까? 왜냐하면 유한한

5 린이푸 · 류즈창, 〈중국의 정치 분권과 경제 성장〉, 《북경대학 학보: 철사판》, 2000년 제4기.

이성의 세계에서, 노동 분업의 발전은 사회에 의하여 각종 노동 분업 모델을 통하여 얻은 조직 정보와 개인의 실험 모델에 관한 동태적 결정 간의 상호 작용으로 결정된 것이다. 만일 선진국이 점진적인 실험을 통하여 노동 분업 관련 유용한 모델을 이미 발견하였다면, 경제 발전의 후발 국가는 노동 분업의 중간 단계를 뛰어넘어, 노동 분업의 유효한 모델을 모방하였을 것이다. 여기서 선진국과 후발 국가가 실현한 변화는 각각 유도형 변천과 강제형 변천으로 볼 수 있다. 20세기 30년대, 소련은 많은 선진 자본주의 국가의 전문가를 초청하여 종합적인 공업 투자 계획을 제정하였고, 동시에 많은 전문화된 공업 기업을 창립함으로써 고도의 전문화된 공업의 도약을 실현하였다. 마찬가지로 20세기 50년대 중국은 소련과 동유럽 전문가의 도움하에 독립적인 공업 체제의 건립을 완성하였다. 그러나 양샤오카이(楊小凱)와 삭스 등은 선진 자본주의의 공업화 모델을 모방하는 전략은 자본주의의 기본적인 제도가 부족할 때, 단기적으로 주목할 만한 경제 성과를 얻을 수 있다고 여겼다. 그러나 모방의 잠재력이 소진되거나 노동 분업의 네트워크가 나날이 복잡해짐에 따라, 이러한 전략의 장기적인 대가는 단기적인 이익을 초과하게 되었다. 이러한 체제는 자체적인 제도 혁신 능력과 상관된 제도의 기초 설비가 없기 때문이다.[6] 즉, 계획 경제 체제가 상대적으로 짧은 시간 내에 건립한 노동 분업의 유효한 모델을 이용하여, 공업화의 틀을 건립한 이후, 제도 변천을 진행하고 혁신 능력을 제고할 필요가 있는 것이다. 혁신이 있어야 발전이 가능하기 때문이다.

슘페터는 《경제 발전 이론– 이윤, 자본, 대출, 이자와 경제 주기에 관한 고찰》의 제2장 '경제 발전의 근본적인 현상'에서 지적하기를, 혁신과 발전을 통일적인 것으로, 혁신이 없으면 경제는 간단한 순환 답보의 상태에 처해 있다고 할 수 있고, 발전이 있을 수 없다. 혁신이 있어야만 발전이 있다고 하

6 양샤오카이 · 리리밍(李利明), 〈충격요법과 점진주의〉, 《경제학 태동》, 2001년 7월.

였다. 또한

"경제 구조는 부단히 내부에서 혁신되고, 구(舊)구조를 파괴하고 신(新)구조를 창조하는 것이다"

라고 강조하였다.

이러한 창조적 파괴는 경제 발전을 촉진한다. 그래서 '혁신'은 '내재적인 요소'이고, '경제 발전' 또한 '내부의 자체적인 창조성에서 나오는 하나의 변화'인 것이다. 그리하여 이러한 혁신 정신을 가지고 있는 사람은(즉, 기업가[7]) 곧 '경제 발전'의 주요 조직자와 추진자가 되어, '기업가 정신'(즉, 혁신 정신)의 형성을 촉진할 수 있는 사회, 최대 한도로 사람들의 능동성과 창조성을 발휘할 수 있는 사회가 되어, 경제가 끊임없이 발전하도록 하는 원천이 되는 것이다. 그러나 사회주의 계획 경제 체제하에서, 기업은 재산권의 독립성이 없어서, 기업가를 육성할 수 없고, 기업도 없고, 시장도 없고, 자원의 합리적인 배분이 이루어지지 않는 것이다. 적시에 경제 중의 각종 정보와 진취적인 기업가 정신을 얻을 수 없는 것은 더욱 논의할 여지가 없다. 20세기 30년대 랑게와 폰 미제스가 계획 체제와 시장 체제에 대해 논쟁을 전개할 때, 미제스는 계획 체제가 사회주의 불성립의 한 원인이라고 여겼다. 그는 계획 체제가 선진 공업 모델의 모방을 통하여 단기간 내에 경제의 고속 발전을 이룰 수 있음을 인식하지 못하였다.

신제도 경제학은 제도 변천의 원인이 상대 가격과[8] 선호의 변화에 있다고 보았다. 상대 가격의 변화는 더욱 합리적인 제도가 생겨나는 동기를 제공한다. 신중국 성립 초기에 경제와 기술 수준이 모두 매우 낙후하였기 때문에, 계획 경제 체제가 야기한 모방 효과가 그로 인한 손실의 혁신 효과보다 크다는 것이다. 즉, 최종적으로 양(陽)의 총효과를 얻을 수 있다면, 경제 발전

7 이때의 기업가는 특정 직종을 말하는 것이 아니며, 전문적인 사회 계급은 더더욱 아니다. 단지 창조적 정신을 포용하는 사람을 의미한다.

8 이때의 가격은 다른 제도하에서의 경제적 업적과 비용의 비교로 구할 수 있다.

에 따라 왜곡된 거시 정책과 행정 수단의 자원 동원이 경제적 동기에 의한 파괴와 그로 인해 야기된 혁신 효과의 손실은 모방 효과의 이익보다 클 가능성이 크다는 것이다. 이때 혁신에 유리한 제도 변화가 반드시 진행되어야 하는 것이다. 그리하여 지난 세기 70년대 말 국내외 환경 변화와 중국 국내에서 자발적으로 출현한 국부적인 제도 혁신의 상황하에서, 국가는 잠재력 모방의 여력이 다 소진되었을 때, 적시에 개혁개방의 결정을 내림으로써 전체 경제 체제의 변화를 추진하여, 사람들의 혁신 정신이 발휘되도록 함으로써 생산성이 크게 증대되었다. 20여 년간 국가는 줄곧 이러한 변화를 위해 양호한 제도적 환경을 제공하였고, 공산당 16차 대회에서 명확히 제시하기를

"혁신은 민족 진보의 영혼이며, 국가 흥성 발전의 끊임없는 동력이며, 당이 영원히 발전할 수 있는 원천이기도 하다"

라고 하였다.

2004년 '양회'에서는 또한 '이런웨이번'을 제시하였다. 만일 제도의 각도에서 보면, 이 두 관점은 중국 경제 제도와 기타 제도가 더욱 효율적인 방향으로 변천하고 사회 또한 발전의 안정적인 동력을 얻음으로써, 근대 이래 무수한 의인지사가 갈망하던 국가의 번영과 부강 및 중화 민족의 위대한 부흥을 실현하는 것을 표명한 것이다.

그러나 중국 제도의 변천 과정은 그렇게 순조롭지만은 않아, 중간에 우여곡절을 겪었으며, 성장률 변동 또한 매우 컸다.

그림 7-2에서 보듯이, 매년 연평균 성장률이 비교적 높음에도 불구하고, 변동 또한 매우 컸다. 매년 경제가 이렇게 큰 변동을 보이는 원인은 당시 경제 체제 및 정치 변동 등과 관계 있을 뿐 아니라, 건국 초기의 발전 전략과도 큰 관계가 있다. 앞서 말하였듯이, 건국 초기의 중공업 우선 발전 전략은 중국 산업 구조의 심각한 불균형을 초래하였고, 불균형의 결과가 50년대 말, 60년대 초에 나타난 것이다.

그림 7-2 1953년 이후 경제 성장률

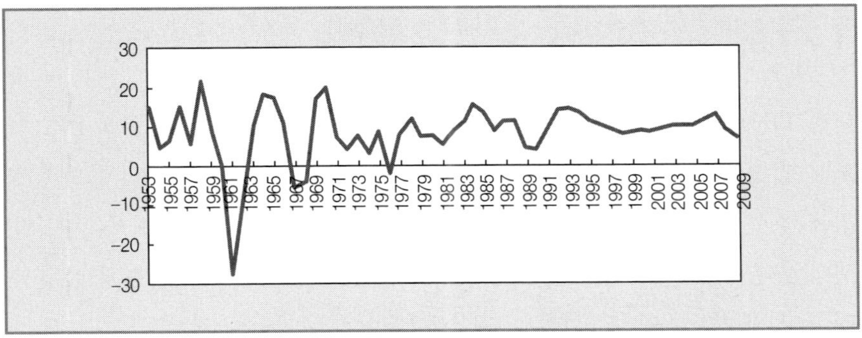

자료 출처: 중국국가통계국, 《중국통계연감》(상관 자료), 중국통계출판사, 해당 연도판; 중국국가통계국, 《중국통계적요: 2009》, 중국통계출판사, 2009년판, p. 22, 2009년 데이터는 세계은행의 발표 중 《중국경제계보》의 예측치.

중공업 우선 발전의 '1.5' 계획 이후, 1958년부터 중국은 또다시 '제철 위주의 산업 발전' 및 '영국 · 미국 초월 전략' 등의 구호 아래, 실제 필요한 철강 생산량과 거리가 먼 높은 지표를 맹목적으로 추구하였고, 결과적으로 1960년 국민 경제 비율은 전체적인 불균형의 어려움에 봉착하여, 상품 공급이 부족하고 물가가 오르게 되었다. 동시에, 철강 생산에 투입한 인원 및 물자가 너무 많아 농업 생산에 심각한 영향을 미쳤고, 심지어 농업에서 생산은 많았으나 거둬들이지 못하는 상황이 발생하여 1959~1961년 대기근이 발생하였고, 국민 경제 발전에 큰 악영향을 미쳤다. 이에 대해서, 1961년에 '조절, 공고, 충실, 제고'의 방침을 제시하여 국민 경제에 대하여 조절을 추진하고, 농업 노동력의 증가와 양식의 수매 임무를 감소시키며, 농업세를 인하하고, 농산물 및 부생산물의 가격을 인상하는 등의 조치를 통하여 농업을 회복하였다. 또한 공업 발전 속도를 늦추고, 공업 내부 구조를 조절하고, 기초 시설 건설 규모를 축소하는 등의 조치를 통하여, 왜곡된 국민 경제 구조는 어느 정도의 조정을 이루었다. 이러한 조치는 1965년에 기본적으로 완성하여, 국민 경제는 이러한 기초 위에 계속해서 발전하게 되었다. 이것이 첫 번째 비교적 큰 변동이었다.

이어서 10년의 문화대혁명 시기가 시작되었다. 그림에서 보듯이, 이 10년간 1970~1971년 및 1975년 전후에 각각 저우언라이 총리와 덩샤오핑의 주도하에, 경제는 어느 정도 회복하고 발전한 것을 제외하고는, 여러 상황하에 경제 성장 속도는 모두 빠르지 않았으며 심지어 2년간 마이너스 성장이 발생하였다. 이것은 확연히 문화대혁명이 야기한 경제 질서의 혼란과 유관하며, 동시에 중국은 경제 계획의 수립에 있어서, 빠른 성과를 추구하며, 맹목적으로 무모하게 진행하는 폐단을 답습하였고, 단편적으로 높은 축적을 강조하였으며, 과도한 중공업 발전을 추구함으로써, 경제 효율과 인민 생활을 경시한 것과 관련이 있다. 예를 들어, '4.5' 계획에서는 1975년 철강 생산량이 1970년보다 106~135% 증가한 3,500만~4,000만 톤을 달성할 것을 요구하였다. '문화대혁명' 종료 이후, '좌' 편향적인 잘못된 사상을 근본적으로 제거하지 못하여, '두 개의 범시'(兩個凡是)는 여전히 성행하였고, 이것은 경제 영역에서 두드러지게 나타나서, 결과적으로 77, 78년도에 또 한번 외국 선진 기계 설비를 대량으로 도입하는 '양약진'(洋躍進)이 발생하였다. 비록 생산 총량상 이 시기의 2년 동안은 증가 추세가 나타났으나, 10년간의 동란이 야기한 구조적 불균형 상태는 더욱 악화되었다. 결과적으로, 1978년 전의 20년 동안, 1961~1965년까지 경제 구조에 대한 조정이 있기는 하였으나, 대부분 농업, 경공업, 중공업 간 그리고 중공업 내부에서 모두 심각한 비율의 불균형이 나타났고, 경제적 낭비가 심각하였으며, 투자 비용이 크고, 효율은 낮은 문제점이 존재하였다. 1979년 국가는 '조절, 개혁, 정돈, 제고'의 구호를 제시하고, 국민 경제에 대하여 조절을 진행하여, 농업의 기초적 지위가 명확해지고, 경공업과 중공업 간의 비율에 대해 조정이 이루어졌으며, 모든 경제 구조가 정상 상태를 회복하기 시작하였다. 이렇듯 문화대혁명과 '양약진' 및

1979~1983년의 경제 대조절을 거치면서, 경기 변동의 하나의 주기가 또 한번 나타나게 된 것이다.

그러나 이번의 조절 중에서, 가공업의 발전이 과도하게 빠른 새로운 문제가 출현하였다. 기초 시설, 원자재 공업이 가공업 발전 속도를 따라잡지 못한 이유로, 수급상의 모순이 두드러지게 되었고, 더욱이 농부산품의 공급 증가 속도가 도농 주민의 구매력 증가 속도에 못 미치게 되어, 인플레이션이 발생하기 시작하였고 점점 심각한 상태가 되고 있었다. 그리하여 1988년 9월, 중앙 정부는 정리정돈 및 전면적 개혁의 심화 방침을 제시하여, 인플레이션을 억제하는 한편, 경제 구조를 조절하는 데 주력하였다. 이로써 농업, 에너지 공업, 원자재 공업, 교통운수업 등의 산업은 공급이 증가하였고, 1989~1991년 경제 증가 속도는 매년 증가하였다. 이 시기에 경기 변동의 또 다른 작은 주기가 나타난 것이다.

1988년 시작된 이번 조정은 비록 부족한 상품 공급을 적절하게 증가시키고 인플레이션을 억제하였으나, 경제 구조 방면에 두드러진 모순은 부분적으로 완화하였고, 구조 불균형 문제를 근본적으로 해결하지는 못하여, 에너지, 교통, 주요 원자재 등 기초 산업과 기초 시설에서는 여전히 국민 경제 발전을 제약하는 '병목 현상'(공급 부족)이 존재하였다. 특히 1992년 출현한 새로운 주기의 경제 과열 현상은 구조적 모순을 더욱 두드러지게 하여, 지역 구조, 기업 조직 구조는 개선되지 못하였고 오히려 더욱 악화되었다. 최종적으로, 1994년 악성 인플레이션의 주요 원인이 되었다. 1993년 하반기 이후, 경제 과열과 인플레이션을 억제하기 위하여, 중국 정부는 거시 조절을 강화하여, 긴축 재정 정책과 화폐 정책을 이용하여 수요의 팽창을 억제하였고, 동시에 지속적으로 가격 체제, 유통 체제 및 재정 체제, 금융 체제의 개혁을 추진하였다. 1996년까지 거시 조정은 이미 큰 성과를 보였다. 그러나 경제 총량 균형 상태가 명확히 개선되는 상황하에서, 구조적 모순은 또다시 발생하게 되었다. 기존에 존재하던 기초 산업과 기초 시설이 낙후되는 국면은 개선되지 않았을 뿐 아니라, 어느 부분에 있어서는 '병목 현상'이 더욱 악화되었다. 이 외에 '대이전, 소이전'(大而全, 小而全(따얼촨, 샤오얼촨))[9] 및 맹목적인 중복 건설 문제는 더욱 심각해졌고 국민 경제의 전체 수준과 효율의 제고가 제약받게 되었다. 그리하여 1997년 이후 정부는 또 한번 경제 구조 조절의 강도를 강화하였다.

요약하면, 이 시기 경제 발전은 경제 제도의 지속적인 변천 및 경제 구조의 부단한 조절 과정과 경기 변동 중에 점차적으로 높은 경제 발전 수준으로 향하는 과정을 걸어왔다. 이 시기 경제 발전과 구조 조정은 큰 성과를 이루어서, 국내의 총수급 관계가 부족 상태에서 상대적 과잉 상태로, 판매자 우선 시장에서 수매자 우선 시장으로 근본적으로 전환되었다. 그러나 중국의 계획 경제 체제에서 시장 경제 체제로 전환의 완성은 아직 멀었으며, 국민 경제 중에 여전히 많은 근본적인 구조적 모순이 존재하였다. 또한 최근 몇 년 동안, 경제의 세계화 추세가 강화되고, 과학 기술 혁명이 신속하게 발전하여, 많은 국가는 현재 자국 경제 구조에 대하여 유래가 없는 전략적인 조절을 추진하고 있다. 그리하여 중국은 이미 경제 구조를 통하여 경제 발전을 촉진하는 새로운 역사적 단계에 진입하였으며, 이러한 조절은 일반적 의미의 적응적 조절이 아니며, 새로운 과학 기술 혁명을 태동하고 경제의 전체적 국면과 장기적 발전에 대하여 중대한 영향이 있는 전략적 조절인 것이다. 또한 국부(局部)적인 조절이 아니고, 산업 구조, 지역 구조 및 도농 구조를 포함하는 경제 전반적인 수준과 경쟁력을 제고하는 등, 지속 가능한 발전을 실현하는 목표로 삼는 전면적인 조절인 것이다. 만일 중국이 이러한 구조 조정을 잘 진행한다면, 경제 체제 전환(經濟轉軌) 임무를 원만하게 완성할 수 있고, 현대화 건설의 목표 실현을 위하여 기초를 다지는 것이다.

9 역주: 대이전은 크고 전면적인 것을 추구하다, 소이전은 작지만 알차다라는 뜻이다.

제2절 홍콩, 마카오, 타이완 경제의 발전

1997, 1999년 홍콩과 마카오는 각각 중화인민공화국의 특별행정구로 편입되었고, 타이완은 중국과 분할할 수 없는 한 부분이다. 근 몇십 년간 이 세 지역의 경제 건설 또한 큰 성과를 이루었다.

1. 홍콩 경제 발전 상황

홍콩은 천연 심수항의 조건을 갖추어, 대형 선박이 정박하기 적합한 곳이다. 그리하여 홍콩 섬은 1841년 영국에 의하여 점령당한 이래로 1950년까지 기본적으로 중개 무역 위주였다. 또한 홍콩은 이로 인하여 조그마한 어촌에서 하나의 번영한 도시로 발전하였다. 제2차 세계 대전 이후, 국제 사회의 중국에 대한 무역 금지 조치는 홍콩의 중개 무역 경제에 큰 악영향을 미쳤다. 생존을 위하여 홍콩은 불가피하게 수출 주도형 공업을 발전시키게 되었다. 50년대부터 홍콩은 중국의 공업 원자재와 일본의 자금 및 기술에 의존하여 공업화를 진행하였고, 1970년에 공산품 수출은 이미 총수출의 81%을 차지하여, 홍콩은 단순한 중개 항구에서 공업화 도시로 전환되었음을 표명한 것이고, 이로써 홍콩 경제의 첫 번째 전환이 완성되었다. 70년대 초, 홍콩은 경제 다원화 방침을 추진하기 시작하여, 금융, 부동산, 무역, 관광업이 신속하게 발전하였다. 80년대부터 중국의 개방은 홍콩 경제 발전의 주요한 외부 요인이 되었고, 홍콩 제조업의 대부분은 중국 내지 지역으로 이전되었다. 각종 서비스업은 전면적으로 고속 발전을 하여, 홍콩 경제는 제조업에서 서비스업으로 두 번째 전환을 완성하였다.

홍콩은 1961년부터 1978년 사이의 GNP 평균 성장 속도가 9.1%에 이르렀으며, 이후 10년간 비교적 안정적이었다. 그러나 7.4%의 성장 속도를 유지하여, 서방 선진국에 비해서는 훨씬 빠른 편이었다. 그리하여 경제 발전이 비교적 빠른 타이완, 한국, 싱가포르와 함께 '아시아의 네 마리 작은 용'으로 불리었다. 그러나 20세기 90년대 이후, 경제 성장 속도는 느려졌고, 그 원인은 홍콩 경제의 전면적인 서비스업 전환에 따라, 제조업이 대규모로 내지 지역으로 이전되어, 제조업 공동화 현상(즉, 제조업이 과도하게 이전되어 2000년 홍콩 제조업 비중은 5~6%였고, 서비스업은 80% 이상이었다)이 발생하였다. 또한 1997년 동남아 금융 위기의 충격으로 인하여, 2001~2002년 홍콩 경제 성장은 모두 1% 수준에 머물렀고, 2003년이 되어서야 3% 이상의 성장을 보였다.

역사 이래로 홍콩은 세계적인 자유 항구였다. 홍콩은 거의 모든 국가와 지역의 상품과 자금 및 인력의 진입과 수출에 대해 어떠한 장애물도 설치하지 않았고, 홍콩 자체적인 세제 또한 매우 간단하여 기업이윤세, 소득세, 부동산세(公司利得稅, 薪俸稅, 物業稅) 등 세 가지 세금만 과세하여, 세제가 가장 간단하고 안정적이며, 세금 부담이 가장 적은 지역으로 평가되었다. 2003년 6월 26일 캐나다 프리데릭 54개 경제학원 공동으로 발표한 2002년도 세계 경제 자유 연보의 순위에서 홍콩은 이미 연속으로 6차례 전 세계에서 가장 자유로운 경제 주체로 선정되었다. 자신의 유리한 지리 위치와 자유 개방 정책에 의하여, 홍콩은 아시아 태평양 지역의 국제 무역, 금융, 항공 운송 중심으로 발전하였다. 홍콩은 아시아 태평양 지역에서 가장 좋은 융자 시장, 가장 완비된 금융 제도 및 금융 시설과 가장 우수한 금융 인재를 갖춘 곳이 되었다. 홍콩은 거래액 기준으로 전 세계 일곱 번째 큰 외환시장이 있고, 해외 총자산 기준으로 전 세계 4위의 은행을 가지고 있는 금융 중심지이었다. 대외 무역액 기준으로는 홍콩은 전 세계 10대 및 아시아 3대 국제 은행 중심이고, 4대 황금 시장이 있었다. 홍콩 주식 시장의 시가 총액은 아시아에서 일본과 중국 다음으로 세 번째로 커졌다. 1999년 11월 홍콩GEM이 개장되어, 2002년 3월까지 127개의 회사가 등록하였다. 2000년 홍콩의 무역 총액은 3조

2,307억 홍콩달러에 이르렀고, 세계10대 무역 주체가 되었다. 홍콩 컨테이너 물동량은 1,810만 상자에 이르러 세계 1위를 차지하였다. 2003년 홍콩은 2,000만 개 표준 컨테이너를 처리하여 동기 대비 4.5% 증가하였고, 5년 연속 전 세계 물동량이 가장 큰 항구가 되었다. 이 밖에 홍콩은 세계 최고 수준의 국제 공항을 갖추어, 태국 방콕 공항에 이어 아시아에서 두 번째로 큰 공항이 되었다. 홍콩은 해운, 해상 사고 법률 서비스 체계와 해운 융자 시장을 건립하였다. 홍콩의 해상 사고 중재 기구는 그 공정성 및 고효율성 등으로 인하여 홍콩의 해운업계가 아시아에서 최고라는 평을 받게 되었다. 그리하여 1994년 11월 9일 미국 '포브스' 지에서 일찍이 가장 아름다운 세계 10대 상업 도시 순위에서 1위를 차지하였다.

홍콩의 이러한 이점으로 인하여, 다년간 홍콩은 중국 내지의 자금, 기술, 관리 등 중요한 대외 창구 및 중개 역할을 하여, 개혁개방 이래 중국 내지 경제의 고속 발전에 큰 공헌을 하였다. 홍콩의 고급 전문 인력은 직접적으로 내지와 관련된 영역의 관리에 참여하였는데, 한 예로 증권 선물 및 감독위원회의 전주석인 량딩방(梁定邦)과 전 고급 관료 스메이룬(史美倫) 여사는 각각 중국증권관리감독위원회의 수석 고문 및 부주석에 임명되어, 증권 시장 관리 감독 업무에 참여하였다. 동시에 중국 내지 역시 홍콩 경제에 큰 발전 공간을 제공하였는데, 특히 70년대 말부터 내지에서 개혁개방을 시행한 이래로, 중국 내지 및 홍콩 간의 경제 협력이 점차 증가하였다. 현재 홍콩 대부분의 제조업은 내지 지역으로 이전되면서 기업 규모가 계속 확대되었고, 홍콩의 서비스업은 두 지역 간의 투자 및 무역 활동에 다양한 서비스를 제공하며, 업무 또한 신속히 증가하였다. 또 다른 방면으로는, 대량의 내지 기업이 홍콩에서 상장하여 자금을 조달함으로써 홍콩 금융 증권업의 발전을 촉진하였다. 1985년부터 줄곧 중국 내지는 홍콩의 가장 큰 무역 파트너가 되었다.

1997년 7월 1일부로 홍콩은 중국에 반환되어, 중화인민공화국의 특별행정구로서 홍콩 발전의 새로운 역사적 전기를 맞이하였다. 2001년 12월 19일 중국의 WTO 가입 이후, 홍콩특별행정장관 둥지엔화(董建華)는 수도에서의 보고 기회를 이용하여, 중앙 정부에게 내지와 홍콩 간에 FTA와 유사한 체제 건립을 건의하였고, 중앙 정부의 허가를 얻게 되었다. 중앙 정부는 대외무역경제합작부에 지시하여 태스크 포스를 구성하여, 이 문제에 대해 공동 연구를 실시하였다. 1년여의 연구와 준비를 통하여, 2003년 6월 29일 홍콩과 내지는 '더욱 긴밀한 경제 무역 관계 안배' 협의(CEPA)를 홍콩에서 체결하였다. 규정에 의하면, 쌍방은 2004년 1월 1일부터 CEPA의 상품 무역 및 서비스 무역 자유화에 대한 구체적 방안을 시행하였다. 또한 지속적으로 상호간의 개방을 확대하고 CEPA 내용을 확충하여, CEPA가 동태적인 발전 효과를 갖추도록 하였다. 상품 무역 방면에서는 홍콩은 계속하여 모든 내지에서 생산한 상품의 수입에 대해 무관세를 적용하기로 하였다. 중국 내지는 2004년 1월 1일부터 홍콩에서 생산된 상품의 내지 수출 규모가 비교적 큰 273종 상품에 대해 무관세를 시행하기로 하였다. 서비스 방면에서는 2004년 1월 1일부터 중국 내지는 17개 업종에서 홍콩에 대하여 진일보 개방하기로 하였고, 여기에 포함되는 업종으로는 컨설팅, 회의 및 전람회, 광고, 회계, 건축 및 부동산, 의료 및 치과의, 유통, 물류, 포워더, 창고, 운수, 여행, 영상 및 음향, 법률서비스 및 은행업, 증권업, 보험업 등 홍콩 대부분의 서비스업을 포함하였다. 상품 무역과 서비스 무역 이외에, CEPA는 내지와 홍콩 간에 무역 및 투자의 편의를 증진하기 위해 일곱 가지 영역을 제시하였다. 그 중 특별히 중요한 것은 통관의 편리화였다. CEPA는 쌍방 해관 정보 통보 제도의 건립을 요구하여, 데이터 네트워킹과 전자 세관의 발전 가능성을 타진하였다. 즉, 기술 수단을 통하여 쌍방 간 통관 리스크에 대한 관리를 강화하고, 통관 효율을 제고하려는 것이다.

이러한 규정은 이미 점차적으로 시행되고 있어, 2003년 11월 18일 국무원의 비준을 거쳐, 중국인민은행은 홍콩에서 개인 인민폐 예금, 교환, 은행카드와 송금 업무 등 은행 업무에 대해 결산을 제공하고 있다. 19일, 광둥성과 홍콩 쌍방은 상설 연락 기구 설립에 동의하여, 홍콩달러 수표와 인민폐 수표는 각각 상대 지역에서 사용할 수 있게 되었다. 2003년 12월 24일 결산은행 업무를 맡고 있는 홍콩은행의 전면적인 심사와 홍콩 금융관리국의 협상을 거쳐, 인민은행은 중국은행(홍콩)에게 홍콩은행 개인 인민폐 업무 결산은행의 권한을 부여하였다. 2004년 2월 25일 홍콩은행은 개인 인민폐 업무를 시행한 이래로 시장 반응은 이상적이어서, 인민폐 예금이 점차적으로 증가하였다. 무관세의 상품 무역 또한 2004년 1월 1일부터 정식으로 실행하였다. 홍콩 문회보에 실린 문장에서 CEPA의 홍콩 경제, 고용, 공업 등 방면에 대한 영향을 열거하였는데, CEPA 실시 이후 경제 성장은 1%의 효과가 있을 것으로 보았다. 즉, 매년 약 140억 위안의 경제 성장을 이루고, 3년 내에 고용은 10만~20만 개 증가할 것으로 예측하였다. 홍콩으로 이미 이전된 일부 고부가가치 공정이 회류할 가능성이 있다고 보았고, 특히 우세 산업, 예를 들어 시계, 방직 등 산업을 꼽았다.

2004년부터 홍콩 경제는 이미 양호한 발전 추세를 보이고 있다. 통계에 의하면, 홍콩 생산 총액은 2004년 15,041.47억 홍콩달러로, 2003년과 비교하여 8.2%가 증가하였다. 2005년에는 17,317.68억 홍콩달러를 달성하여, 2004년에 비해 7.3% 성장하였다. 2006년에는 18,374.06억 홍콩달러로, 2005년에 비해 6.1% 성장하였다.[10]

홍콩 반환 10년간, '일국양제'(一國兩制)의 '새로운 홍콩' 건설은 경제 개혁과 경제 발전 방면의 성과에서 97년 홍콩 반환에 대해 정치적 편견을 지닌

10 홍콩 특별행정구 정부 통계처 홈페이지 http://sc.info.gov.hk; 국무원 홍콩 사무판공실 홍콩연구소 주편, 《홍콩경제연감 2000》~《홍콩경제연감 2005》, 홍콩경제연감사, 2000~2005년판.

‘창쇠신향항’(唱衰新香港(창슈아이신샹강))[11]들을 포함한 국제 사회의 긍정적인 평가를 얻게 되었다. 홍콩 반환 10년간, 서방 자본주의 세계에서 영향력이 큰 미국의 월스트리트와 미국 전통기금회가 발표한 전 세계 경제 자유 지수 보고, 스위스 로잔 국제발전학회에서 발표한 년도 세계경쟁력연보 등에서 홍콩 평가 등급은 시종 전 세계 1위 혹은 상위 5위 안에 들었다.

2007년 10월 15일 후진타오는 중공 ‘17대’의 〈중국 특색의 사회주의의 위대한 깃발을 높이 들어, 전면적인 샤오캉 사회 건설의 신승리를 쟁취하도록 분투하자!〉는 보고서에서 다시 한 번 ‘홍콩, 마카오의 장기적 번영과 안정을 유지한다’고 강조하고, 문제를 ‘당의 새로운 형세하에 치국리정(治國理政)이 직면한 중대 과제’의 전략임을 인식하여야 한다고 하였다. 또 그는 강조하기를,

“홍콩, 마카오가 반환된 이래, 일국양제의 실천이 나날이 풍부해지고 있다. 일국양제는 완전히 옳은 것이고, 강대한 생명력을 지닌다”

라고 하였다.

2. 마카오 경제 발전

1553년 포르투갈은 광둥 지방 관료를 뇌물로 포섭하여 마카오에서 체류할 수 있는 특권을 획득하였고, 이로써 마카오에 대한 통제가 시작되었다. 이후 17세기 20년대까지는 마카오의 번영기였다. 이 시기 마카오는 거의 모든 중국의 대외 무역을 독점하였고, 중국 대외 무역의 중개항과 중요한 국제 통상 도시였다. 17세기 20년대 이후 중일 무역이 회복하기 시작하였고, 포르투갈은 마카오를 중개항으로 하는 중일 무역에 대한 독점적 지위가 흔들리

11 역주: ‘새로운 홍콩의 쇠약을 노래하다’라는 뜻으로 97년 홍콩 반환 이후 홍콩이 점점 약해지고 있다고 주장하는 사람들을 지칭하는 말이다.

기 시작하여, 40년대 일본은 포르투갈과의 무역을 완전히 금지하였다. 이와 동시에 중국 정국은 혼란스러워 생산 능력이 크게 감소되었다. 네덜란드 또한 이 시기에 해상 패권을 쥐게 되어 해상 교통 항로를 독점하였고, 이러한 요인들은 마카오 대외 무역에 큰 충격을 가져왔고, 마카오는 번영에서 쇠퇴 시기로 전환하기 시작하였다. 게다가 이는 한 세기 이상 지속되었는데, 18세기 20년대 중국 정부가 중국 상인의 난양(南洋)에서의 무역을 금지하여서, 마카오에 거주한 포르투갈인은 중국의 대외 무역 독점권을 얻음으로써 마카오 경제가 짧고 잠시적인 번영을 이루었을 뿐이었다. 19세기 중엽 이후, 교통 수단의 발달과 증기선이 범선을 대체함으로써, 항구가 좁고 만이 얕은 마카오는 다시는 새로운 원양선 정박의 필요를 만족할 수 없게 되었다. 이로써 국제 무역의 중추적인 지위는 완전히 상실하게 되었고, 경제는 도박, 매춘, 아편, 불법 노동력 무역 등 특수 업종으로 전환하게 되었다.

제2차 세계 대전 기간 중, 마카오는 포르투갈 정부의 중립 정책으로 인하여 한동안 번영하였다. 태평양전쟁 발발 이후, 마카오는 사면이 격리된 '외딴 섬'으로 전락하여 경제가 쇠퇴하였다. 전쟁 종결 이후, 경제는 다시 회복하였지만, 한국전쟁이 발발하자 미국은 1952년부터 홍콩, 마카오에 대한 무역 통제를 실시하였고, 마카오의 제례용 향, 폭죽, 성냥 등 전통적인 공업은 의존하던 시장을 잃게 되었고 공장은 대량으로 도산하였다. 1957년 포르투갈은 법령을 통하여 마카오의 면세 상품이 포르투갈령 지역에 반입될 수 있도록 허가하였다. 이로 인해 일부 공장주는 마카오에 투자하였고, 마카오의 의류, 핸드백, 가구, 채색 자기 등의 업종이 발전하면서 마카오 경제는 회복되기 시작하였다. 70, 80년대에 마카오는 세계 경제 발전의 유리한 시기적 기회와 유럽연합과 미국이 1972년과 1976년에 선후로 마카오에 대해 보편적인 세제 혜택을 시행하기로 하였던 유리한 조건을 발판으로 삼아, 수출 가공업의 발전을 가속화하였고, 경제 발전을 촉진할 수 있게 되었다.

70년대 공업화 과정 중, 마카오는 점차적으로 수출 가공업, 관광 및 도박 산업, 금융업, 부동산 및 건축업 등 4대 지주 산업이 형성되었다. 이들 산업의 지위는 시기별로 다르게 나타났다. 80년대에는 수출 가공업이 최대 산업이었고, 매년 가공 관련 산업은 두 자리수의 빠른 성장을 이루어, 80년대 중기 한때는 생산 총액의 36.9%에 이르렀다. 90년대 이후에 제조업이 내지로 이전됨에 따라 제3차 산업은 점차적으로 성장하였고, 그 중 여행 및 도박 산업이 가장 두드러졌다. 마카오 여행 및 도박 산업은 도박 산업을 핵심으로 하여, 관광 산업, 호텔 산업, 요식업, 오락업과 여행객 운수업, 악세서리 제조 등을 포함한 다원화된 연관 산업을 포함하였으며, 이미 제조업을 대체하여 최대 산업으로 성장하였다.

도박 및 관광업은 여전히 마카오 정부 재정의 주요 수입원이다. 통계에 의하면, 1993~1997년 도박업의 세금이 직접세 중 75% 이상 차지하였고, 마카오 정부의 일반 수입에서 차지하는 비중은 45.1%에서 59.5%로 상승하였다. 그 중 1995년에는 61.1%에 이르렀다.[12]

2002년, 마카오 특구 정부는 도박업 독점 경영을 깨고 도박 경영권을 보차이(博彩), 용리(永利), 인허(銀河) 등 세 개의 오락회사에게 나누어줌으로써, 마카오 도박 산업의 발전이 새로운 단계로 진입하게 되었다. 최근 몇 년간, 내지 여행객은 이미 마카오의 최대 여행객으로 부상하였다. 2002년 초에 중국 내지는 '마카오 여행' 정책을 실시한 이후, 2003년 7월 28일 광둥 성 8개 도시와 베이징, 상하이에서 '자유 여행' 정책을 추진하여 내지 여행객이 진일보 증가하게 되었고, 도박 및 여행 산업은 더욱 큰 발전을 얻게 되었다.

90년대 이후, 주변 지역의 투자 환경 개선으로 마카오의 경쟁력은 하락하였다. 동시에 마카오 자체적으로 산업 구조 조정 및 산업 고도화의 심각한 도전에 직면하였다. 마카오의 경제 성장 속도는 하락하였고, 심지어 1996~

12 탕촨펑(湯傳鋒), 〈마카오 산업 구조 성공 요인과 발전 추세 분석〉, 《국제상무》, 대외경제 무역대학학보, 2000년판 3기.

표 7-1 1990~1998년 마카오의 경제 성장률과 실업률

연도	1990	1991	1992	1993	1994	1995	1996	1997	1998
경제 성장률(%)	5.0	3.3	12.1	5.2	4.6	3.6	−0.5	−0.1	−3.3
실업률(%)	3.2	3.0	2.2	2.2	2.5	3.4	4.3	3.2	5.4

주: 1998년의 경제 성장률은 8월 추산분, 실업률은 9~10월분.
자료 출처: '양오먼' 통계 및 조사부('舊澳門'統計暨普査司).

1999년 마카오 경제는 4년 연속 마이너스 성장을 기록하였다. 1999년 12월 20일 마카오는 중국에 반환되었고, 이로써 마카오의 발전은 새로운 기회를 맞이하였다. 반환 이후 몇 년간 마카오 경제는 지속적인 성장을 하였다. 2000년에는 몇 년간 지속된 마이너스 성장 국면을 벗어났고, 처음으로 4%의 플러스 성장을 이루었다. 2001년 마카오 생산 총액은 498억 마카오달러를 달성하였고, 2002년 538억 마카오달러로 상승하였다. 동시에 2002년 말, 마카오 외환 보유액은 305.5억 마카오달러에 이르러 2001년과 비교하여 8.35% 성장하였다. 그리하여 경제 성장률과 외환 보유고 증가율은 모두 8%를 넘는 성과를 이루었다. 2003년 중국 내지와 홍콩의 CEPA 서명 후 오래되지 않아 〈내지와 마카오의 더욱 긴밀한 경제 무역 관계 건립에 관한 안배〉를 10월 17일에 체결하였다. 마카오 CEPA와 홍콩의 CEPA 원칙은 동일하여, 내용은 기본적으로 비슷하였지만 마카오 자신의 특징을 더욱 구현하였다. 구체적으로 보면, 마카오는 홍콩 산업 구조와 다르기 때문에, 마카오가 무관세 혜택을 얻는 273개 상품 세목은 홍콩과 다소 다르다. 또 마카오는 심수항이 없기 때문에, 마카오는 홍콩을 통하여 중국 내지로 수출할 수 있다. 투자 및 무역 편리화 방면에는, 홍콩은 중의약의 협력이 있지만, 마카오는 이 분야에 비교적 취약하다. 홍콩 CEPA와 동일하게 마카오 CEPA 또한 2004년 1월 1일 정식으로 시작되었다.

CEPA는 주로 세 가지 영역을 포함한다. 상품 무역, 서비스 무역, 투자 편리화가 그것이다. 쌍방 간 실질적인 모든 상품 무역의 관세와 비관세 장벽을 점진적으로 감소 혹은 취소함으로써 서비스 무역의 자유화를 점진적으로 실현하고, 쌍방 간 실질적인 차별 조치를 감소 혹은 취소함으로써 쌍방의 공동 발전을 촉진하는 것이다. CEPA 규정은 2004년 1월 1일부터 상품 무역 중 273개 마카오산 상품은 무관세로 내지 시장에 진입할 수 있도록 허가하였고, 서비스 무역 영역 중 18개 서비스 업종은 내지 시장의 진입이 쉬워졌다.[13] 마카오 경제계 인사의 보편적인 관점은 CEPA의 체결은 마카오 경제의 '성장 품질'을 제고하는 '역사적인' 지렛대가 될 것이라고 하였다. ① CEPA는 마카오 경제 발전에 새로운 발전 공간을 개척하게 하였다. ② CEPA는 마카오가 국제 경제 무역 협력하는 데 유리하다. ③ CEPA는 마카오의 주도 산업 발전에 유리하다. ④ CEPA는 마카오의 산업 구조를 진일보 최적화할 것이다. ⑤ CEPA는 마카오가 세계 경제 변동에 대처하는 데 유리하다.

2004년 6월 1일부터 3일까지 주장(珠江) 유역의 광둥(廣東), 광시(廣西), 쓰촨(四川), 윈난(雲南), 구이저우(貴州), 후난(湖南), 장시(江西), 푸젠(福建), 하이난(海南) 등 9개 성과 홍콩, 마카오 등 두 개 특구 정부는 공동으로 주최한 '범 주강 삼각주 지역 협력 및 발전 포럼'(泛珠三角區域合作與發展論壇)을 광둥, 홍콩, 마카오 등 3개 지역에서 개최하였고, '범 주강 삼각주 지역 협력 프레임 협의'(泛珠三角區域合作框架協議)를 체결하였다. 이로써 '9+2'의 지역 경제 협력 기제가 활성화되었음을 천명한 것이다. '9+2' 지역 협력 기제의 활성화는 마카오의 '마카오 서부 지역 상업 및 무역 서비스 산업'의 영향 범위를 크게 심화시키고 강화하였다. CEPA의 시행은 마카오와 내지의 더욱 긴밀한 협력을 추진하는 데 제도적 보장을 제공하였다. 범 주강 삼각주의 지역 협력은 또한 CEPA의 촉매 작용과 결합하여, 마카오에 더욱 넓은 발전 공간과 더욱

13 〈내지와 마카오의 더욱 긴밀한 경제 무역 관계 건립에 관한 안배(內地與澳門關於建立更緊密經貿關系的安排)〉(2003년 10월 17일), 중화인민공화국 상무부 홈페이지 홍콩, 마카오 페이지(http://tga.mofcom.gov.cn)의 CEPA 전문 페이지.

풍부한 상호 보완적인 자원을 제공하여, 새로운 서비스 영역과 발전 기회를 주고 있다. '9+2' 지역 경제 협력이 정식으로 운영하기 시작한 5년간, 마카오와 범 주강 삼각 지역 각 성시(省市) 간의 양자 혹은 다자 간의 경제 교류와 협력 관계가 전면적으로 발전하여, 마카오의 '내지와 포르투갈어 사용 국가 간 경제 무역 서비스 제공, 광둥 성 서부 지역 상업 무역 서비스 제공 및 전 세계 화교 상인 연계 서비스 제공' 등 독특한 지역적인 이점이 발휘되어 긍정적인 작용을 하였다.

2008년 말까지 중국 내지 허가된 누적 마카오 자본 항목은 1만 1,988개에 달하였고, 실제 이용 마카오 자본은 82.3억 달러에 이르렀다. 내지는 마카오에서의 프로젝트 하청, 노무 협력, 설계 컨설팅 수가 모두 7,793항목에 이르렀고, 계약 금액은 14.3억 달러, 완성한 영업액은 12.4억 달러, 2008년 말까지 마카오의 노동자수는 54,299명에 이르렀다. 2008년 말까지 내지의 마카오에서 완성한 누적 영업액이 91.8억 달러에 달하였다.[14] 개혁개방 30년 동안 홍콩, 마카오는 내지의 중요한 무역 파트너이자 가장 큰 국경 외(境外) 투자처 및 투자자로써, 내지 경제 발전에 중요한 공헌을 하였다. 동시에, 내지는 홍콩 경제의 중심 지역으로써, 홍콩의 제조업과 서비스업 발전에 광활한 공간을 제공하여, 홍콩 경제의 전환을 촉진하였다. 마카오는 지역 면적이 비교적 작고, 인구도 적은 편이지만, 내지의 경제 무역과 관계가 매우 밀접하였다. 다년간 내지와 홍콩, 마카오의 경제 무역 교류와 협력은 이미 매우 높은 수준에 달하였다.[15]

14 참조: 중화인민공화국 상무부 홈페이지 '통계 자료'(http://tga.mofcom.gov.cn/jingmaotongji/jingmaotongji.html).

15 〈CEPA 개황〉(2006년 6월 16일) 참고: 중화인민공화국 상무부 홈페이지 홍콩, 마카오 메인 페이지 http://tga.mofcom.gov.cn의 〈내지와 홍콩 마카오 경제 무역 합작 발전 논단 전문〉 메인 페이지.

3. 타이완의 경제 발전

1945년 일본이 전쟁에서 패한 이후, 1895년 갑오전쟁부터 시작된 타이완에 대하여 실행한 식민 통지를 마감하였다. 1949년 국민당이 타이완으로 퇴거하면서 은행에 쌓아두었던 395만 냥의 황금, 1,136만 냥의 은과 은화 및 미국달러 등을 정부 예산 지출의 주요 재원으로 사용하였다. 미국은 극동 전략의 고려하에, 한국전쟁 발발 이후 1950년부터 1965년까지 타이완에 15억 달러의 경제 원조와 30억 달러의 군사 원조를 제공하였고, 이러한 자금 및 원조는 직간접적으로 타이완 경제의 회복과 발전을 촉진하였다.

전후 초기, 타이완 정국은 혼란스러웠고, 물자는 부족하였으며, 물가는 치솟았다. 타이완 당국은 토지 개혁과 화폐 제도 개혁, 외환 및 무역 관리 강화, 전력, 화학비료, 방직, 식품, 시멘트 등 민생 공업을 우선적으로 발전시키는 조치를 통하여, 타이완 공 · 농업 생산과 해외 무역은 1952년 전쟁 이전의 가장 높은 수준까지 회복하였고, 물가 또한 안정을 되찾았다. 개혁 조치 중 토지 개혁을 가장 중요시하였고, '감조'(減租(지엔주)),[16] '공지방령'(公地放領(꽁띠팡링)),[17] '경자유기전'(耕者有其田(경저요치티엔))[18]의 다양한 토지 개혁 조치를 통하여, 농촌 생산력을 제고하였고, 양식 공급의 부담을 완화하였다. 어느 정도 타이완 경제 위기 발생을 해소하였고, 농촌 자본이 공업 및 상업으로 전환되는 데 유리하게 되어 공 · 상업의 발전을 촉진하였다.

경제가 안정화된 이후 타이완 내의 공업 발전을 위하여 공업화 기초를 건립하였는데, 1953년부터 타이완 당국은 수입 대체 발전 전략을 채용하였다. 타이완 초급 상품의 생산과 수출을 통하여 외화를 벌어들이고, 수출 중

16 역주: 지엔주(減租)는 농민의 소작료, 토지세, 대출 이자 등을 낮추는 정책을 말한다.

17 역주: 꽁띠팡링(公地放領)은 공공 토지의 경계를 허문다는 뜻으로 농민들에게 공공 용지를 개방하여 농사를 지을 수 있도록 하는 정책을 의미한다.

18 역주: 경저요치티엔(耕者有其田)은 경작자가 농지를 소유하게 하는 정책이다.

가, 수입 감소, 국제 수지 개선에 유리한 산업, 즉 투자액이 적고, 기술 수준이 낮으며, 고용을 늘릴 수 있으며, 자신이 생산할 수 있는 방직, 식품, 시멘트, 플라스틱, 가전 등 민생 공업을 우선적으로 발전시킴으로써 수입 상품을 대체할 수 있었고, 외화 유출을 줄일 수 있었다. 경제 건설 설계의 지도와 미국 원조의 조합 속에 수입 대체 공업은 연평균 11.7%의 성장 속도를 기록하여서, 50년대 말에 이르러 수입 대체 목표는 기본적으로 실현하였으며, 타이완 물가는 안정적이었고, 물자의 공급은 나날이 충족해졌으며, 수출 구조도 개선되었다. 그러나 타이완 시장은 규모가 작아 일부 공업 생산 능력은 공급과잉 현상이 나타나기 시작하였다. 타이완 경제가 새로운 도전에 직면하게 되어 새로운 출로를 찾기 시작하였다.

50년대 말부터 타이완은 비교적 광범위한 재정, 대외 무역, 금융 개혁을 진행하였다. 이중 환율 제도를 단일 환율로 개선하고, 수입 제한을 줄였으며, 수입 원료의 각종 세수도 감소시켰다. 수출을 장려하고, 수출 환급 제도를 시행하였다. 〈투자 장려 조례〉를 반포하였고, 이러한 조치는 타이완에게 수출 주도형 경제 발전의 길을 가는 데 기초를 다지는 역할을 하였다. 이러한 기초하에 타이완 당국은 해외 수출 공업의 발전을 장려하였는데, 국영 경제의 경영 범위를 축소하고, 민영 경제 발전을 크게 장려하였다. 60년대부터 70년대까지 까오슝(高雄), 타이중(台中)에 3개의 수출 가공 지역을 조성하여, 수출 가공 공업과 대외 무역의 발전을 추진하였다. 이로써 타이완은 점차적으로 가공 수출에 의존하고, 경방직 공업과 소비 전자 공업을 핵심으로 하는 외향성 경제 체계를 건립하였다.

외향성 경제 전략의 실시를 거쳐, 타이완 경제는 고속 발전을 이룰 수 있었다. 1963~1973년까지, 공업 연평균 성장률은 18.3%였고, 그 중 제조업의 연평균 성장률은 20.1%, 공업 총생산은 국내 총생산액에서 차지하는 비중이 1960년의 26.9%에서 1973년 43.8%까지 상승하였다. 1962년 공업 생산품의 수출 비율은 50.5%에 달하였고, 처음으로 농산품 수출액을 초과하였다. 1964년 타이완 경제는 최초로 두 자리수 경제 성장을 하였고, 재정 수지 또한 14년 동안의 만성적인 적자 상태를 벗어나 흑자를 기록하였다. 1인당 국민 소득은 최초로 200달러를 돌파하였고, 1965년 대외 무역액은 최초로 10억 달러를 초과하였으며, 그 중 방직품은 설탕을 초과하여 타이완의 최대 수출품이 되었다. 1966년 중공업 총생산액 비율은 최초로 경공업을 초과하여 52%에 달하였다. 1968년 제조업 총생산액은 최초로 농업을 초과하여, 타이완이 농업 경제 시대에서 공업 경제 시대로 넘어섰음을 상징하였다. 수출입 무역은 1971년 장기적인 무역 적자 국면이 전환되었고, 수출 구조 또한 개선되어 공산품 수출이 80%를 차지하며, 농산품 위주에서 공업품 수출 위주로 전환을 실현하였다. 이로써 타이완은 낙후된 농업 경제 지역에서 진보된 외향성 경공업 위주의 공업 경제 지역으로 전환하였다.

70년대 초, 중동전쟁과 세계 석유 위기의 발생은 에너지가 부족한 타이완 경제에 유래 없는 충격을 가져다주어, 타이완은 경제 정책을 조정하기 시작하였다. 주요 내용으로는 공업 구조의 개선, 산업 구조 고도화 촉진, 농촌 건설 강화, 농업 현대화의 촉진, 교통 시설의 개선, 현대화 운수 시스템의 건립, 에너지와 해양 자원의 개발, 대외 무역의 확대 등이다. 1979년에 이르러서는 '10대 건설 프로젝트'(十大建設工程計劃) 중 프로젝트 항목 대부분을 완공하여, 타이완은 발달한 교통, 항구 운수 시스템 및 현대화의 제철, 석유화학 공업을 건립하였고, 중공업과 경공업이 비교적 완전한 공업 체계를 갖추게 되어 타이완 경제는 새로운 단계에 올라서게 되었다. 1978년까지 중공업 생산액이 제조업에서 차지하는 비중은 58%에 달하였고, 1979년 공업 생산품 수출 비율은 90%를 초과하였으며, 30년 전과 상반되었다. 대외 무역은 300억 달러를 돌파하여 세계 제21위로 뛰어올랐고, 타이완의 '아시아의 네 마리 작은 용'의 지위를 확립하게 되었다.

1979년 제2차 세계 에너지 위기의 발발로 타이완 경제는 또 한번 충격을 받게 되었고, 이에 타이완 당국은 경제 발전 전략을 불가피하게 다시 수정하였다. 이른바 '책략성 공업'(策略性工業)의 발전을 제기하였는데, 이는 기술 수준과 부가가치가 높고, 에너지 집약도와 오염 수준이 낮고, 산업 연관 효과가 크고, 시장 잠재력이 큰 이른바 '양고, 양저, 양대'(兩高, 兩低, 兩大(량까오, 량띠, 량따)) 산업을 발전시키는 것이다. 100여 개의 우선 발전 상품 항목을 선택하여 기존 중화학 공업 발전 항목을 수정하였으며, 〈투자 장려 조례〉도 수정하여, 책략성 공업 발전에 대해서는 우대 조치를 시행하였는데, 특히 기술 집약적 공업 투자는 10%에서 15%의 투자 세액 공제의 우대 혜택을 부여하였다. 하이테크 공업의 발전을 위해서, 타이완은 1980년에 정식으로 신죽(新竹)과학원구를 정식으로 설립하여, 감세, 저이자 대출 등 많은 우대 조치를 제공하였다. 20여 년의 발전을 통하여 신죽과학원구는 큰 성과를 거두어, 가장 성공한 '실리콘밸리' 중 하나가 되었다. 60, 70년대 가공 수출구는 경방, 전자 공업 위주로 타이완의 외향형 경제 발전의 상징이자 창구였다면, 신죽과학원구는 IT 및 반도체 산업 위주로 타이완 하이테크 산업 발전의 요람이라 할 수 있다. 2001년에 이르러 타이완 IT 산업의 14개 상품, 예를 들어 감시용 카메라, 컴퓨터 메인 보드, 마우스 등 상품의 시장 점유율은 세계 1위였고, 모두 이 곳의 기업에서 창조한 것들이다. 타이완은 기술 집약형 산업 발전을 강화하는 동시에 전통 공업 또한 국외로 이전하기 시작하였다. 80년대 중반, 미국의 무역 보호주의 부담하에, 타이완의 새로운 화폐는 큰 폭으로 평가절상되었다. 또한 임금도 신속히 상승하였고, 토지 가격도 폭등하였다. 타이완 경제 발전 환경에 중요한 변화가 발생하였다. 노동 집약적 가공 수출 공업 등 사양 산업 혹은 전통 산업은 새로운 타이완 화폐의 평가절상, 임금 및 토지 등 생산 비용의 신속한 상승의 상황하에서 점차적으로 비교 이익과 비교 우위를 상실하게 되어, 외국으로 이전하게 되었다. 그래서 80년대 후반, 타이완의 전통 산업은 신속하게 중국 대륙, 동남아로 이전하였다. 이후, 대외 투자는 타이완 경제 발전의 하나의 큰 추세이자 특징이 되었다.

전통 산업의 이전에 따라, 타이완 당국은 1986년 자유화, 국제화, 제도화의 경제 전환 시행을 제시하여, 외환 관리를 없애고, 점차적으로 이자율 자유화, 내부 시장의 개방, 수입 관세 축소, 비관세 장벽 감소, 국영 기업의 민영화 추진, 민영 은행 설립의 개방 등을 실행하여, 시장 개방, 관여 축소, 경제 자유화 실현, 경쟁력과 효율 제고의 목표를 제시하였다. 이와 동시에 산업 고도화 및 미국 이외의 외국 무역 시장 확대 등을 중대한 조정 내용을 목표로 삼고, 통신, 정보, 소비 전자, 반도체, 정밀 기계와 자동화, 우주 산업, 고급 재료, 특수 화학 및 제약, 의료 보건 및 오염 방지 등 10대 신흥 산업을 지주 산업으로 삼았다. 10여 년의 경제 전환을 통하여, 타이완 경제는 자유화, 국제화 방면에서 진전을 보였고, 산업 고도화도 효과를 보았으며, 자본 및 기술 집약적 공업이 제조업에서 차지하는 비중이 60%에 달하였다. 그 중 IT 산업의 발전이 특별해서, 그 산업 생산액은 세계 상위권에 속한다. 타이완은 한동안 세계 4대 집적 회로 생산 지역이었고, 마이크로 칩 생산액이 전 세계의 70%를 차지하였으며, 정보 산업 생산액은 세계 4위였다(한때는 3위). 2000년 후, 서비스업 생산액은 GDP의 65% 이상을 차지하여 타이완 경제의 주체가 되었다. 제조업의 내부 구조를 보면, IT 반도체 산업 위주의 하이테크 산업이 타이완의 지주 산업이며, 기술 집약적 생산품은 이미 새로운 수출의 주력이 되었다.

양안 경제 무역 관계를 보면 1949년 국민당이 타이완으로 물러난 이후부터, 타이완과 대륙의 무역은 30년간 중단되었다. 1979년에 양안 관계가 풀리면서 홍콩을 경유한 간접적인 무역이 점차 회복하였다. 그러나 초기 무역량은 많지 않았다. 1987년 타이완 당국은 최초로 대륙의 27개 항목의 농공 원료의 간접적 수입을 개방한다고 선포하였다. 동시에 정식으로 타이완 동포의 대륙 친지 방문을 개방하여, 38년간 닫혔던 해협의 문이 열리게 되었다. 양안 경제 무역 왕래 또한 이에 따라 신속히 발전하였다. 홍콩 세관의 통계에 의하면, 1979년 양안 간접 무역액은 0.77억 달러에 불과하였으나, 1979년 이후 양안 관계의 완화에 따라 양안 경제 무역 관계는 점차 발전하기 시작하였다. 1987년 양안 간접 무역은 15.2억 달러에 이르렀고, 1992년에는 74.1억 달러까지 증가하였다. 타이완 상인의 대륙 투자가 증가하게 됨에 따라 양안 무역액도 점차 증가하였다. 1995년 무역액은 178.8억 달러로 전년 대비 9.5% 성장하였다. 1998년에는 205억 달러에 달하였고, 2002년에는 400억 달러를 돌파하여 446.6억 달러를 달성함으로써 전년 대비 38.1% 증가하였다. 마찬가지로 90년대 후반, 타이완 대외 수출의 대륙 시장 의존도는 이미 10% 포인트를 상회하였고, 이후 매년 증가하여 2000년 이후 20% 포인트 상승, 2002년 1월에서 7월은 24% 포인트에 달하였다. 대륙은 이미 미국을 제치고 타이완 경제 발전의 가장 큰 수출 시장과 무역 흑자의 무역 대상국이 되었다. 통계에 의하면, 1981년부터 1989년까지 타이완의 대륙에 대한 무역 흑자는 30억 달러에 달하였고 1990년 갑자기 36억 달러로 증가하였으며, 타이완 무역 흑자액의 약 30%를 차지하였다. 1993년 100억 달러를 돌파하였고, 2000년 200억 달러를 초과하였다. 1990년부터 2000년까지 타이완은 대륙에 대한 누적 무역 흑자액이 1,500억 달러에 달하였다.[19] 이와 동시에 90년대 중반 이래로 타이완은 줄곧 대륙의 최대 무역 적자 대상 지역이었다.

대륙의 평화 통일 정책의 인도하에, 대륙은 적극적으로 해협 양안의 '3통'(三通)을 추진하여, 양안 '인류, 물류, 정보류'(人流, 物流, 信息流)가 부단히 확대됨에 따라, 양안의 직접적인 '3통'이 마침내 실현되었다. 2005년 4월 29일 중공 중앙 총서기 후진타오와 당시 중국국민당 주석 롄잔(連戰)은 북경에서 양당 60년 이래 최초 회담을 개최하였고, 공동으로 〈양안 평화 발전 공동

19 우커리(餘克禮), 〈양안의 WTO 가입 후 경제 상호 관계 전망〉, 《타이완연구》, 2001년 제3기.

방안〉(兩岸和平發展共同願景)을 발표하였다. 그 중 제3조에서는

"양안 경제의 전면적인 교류를 촉진하고, 양안 경제 협력 기제를 건립한다."

"나아가 안정적인 경제 협력 기제를 건립하고, 양안 협상의 회복을 촉진한 후, 우선 양안의 공동 시장 문제를 토론한다"[20]

라고 제시하였다.

2005년 5월, 내륙은 수입 가능한 타이완 과일 품종을 12종에서 22종으로 늘렸고, 그 중 15종 과일에 대해서는 2005년 8월 1일부터 정식으로 수입 무관세 조치를 실시하였다. 2006년 4월 양안 경제 무역 포럼에서, 15개 항목의 양안 교류 협력을 촉진하고 타이완 동포에게 혜택이 미치는 정책 조치를 제시하였다. 2006년 10월 양안 농업 협력 포럼 기간에는 내륙은 20여 개 항목의 양안 농업 협력을 확대하고 광대한 타이완 농민에게 혜택이 미치는 정책 조치를 선포하였다. 2007년 4월 제3회 양안 경제 무역 문화 포럼에서 교통부와 민항총국은 각각 양안 직항을 촉진하는 다섯 개 항목 정책 조치를 선포하였다. 후진타오 총서기는 당의 '17대' 보고 중에 지적하기를,

"중국은 양안 동포의 공동 고향으로 양안 동포가 협력하여 잘 가꿔나가고, 우리의 공동 화원을 건설해나가야 한다"[21]

라고 지적하였다.

이를 통하여 양안 경제 무역 교류 및 협력의 수준을 높이고, 자발(自發)적인 '기능적 협력'(功能性合作)에서 자각(自覺)적인 '제도적 일체화 협력'(制度性一體化合作)의 희망으로 제고하였다.

수십 차례의 기대와 몇 대에 걸친 노력 끝에, 많은 사람이 바라던 양안

20 〈중국 공산당 총서기 후진타오와 중국 국민당 주석 롄잔 회담신문 공보〉, 〈인민일보〉, 2005년 4월 30일.

21 후진타오, 〈중국 특색의 사회주의의 위대한 깃발을 높이 들어, 전면적인 샤오캉 사회 건설의 신승리를 쟁취하도록 분투하자!〉, 〈인민일보〉, 2007년 10월 25일.

해운의 직항, 항공 운수 직항과 직접적인 우편 배달이 2008년 12월 15일에 정식으로 시작되었다. 이로써 양안 동포는 매우 바라던 직접적인 '3통'이 기본적으로 실현되었고 해협 양안 교류 왕래는 새로운 단계로 진입하였다. 이는 양안 관계가 새로운 형세 아래 얻은 또 하나의 중대한 진전이다. 2008년 12월 15일 양안 '대삼통'(大三通)의 실현은 내륙 및 타이완 간의 경제 무역 왕래의 진일보 발전에 더욱 양호한 사회 환경을 제공하였다. 양안 간 왕래의 편리는 관련 물류 비용과 시간 비용을 감소시키고, 타이완의 산업 경쟁력을 제고시켰다. 현재 상황을 볼 때, 타이완과 체결한 CEPA 협의는 양안 동포가 모두 원하는 것이다. 종합적으로 관찰하면, 타이완 상품은 국제 시장의 점유율이 모두 하강하는 추세이다. 타이완 경제는 국제 경제 영역에서의 영향력이 감소하고 있다. 중국 내륙의 상품 시장 점유율은 전면적으로 상승하고 있고, 국제 경제 영향력은 지속적으로 증가하고 있다. 타이완 경제가 다시 한 번 고속 성장을 하려고 한다면, 반드시 내륙 지역과 더욱 넓고 깊은 협력을 하여, 하루빨리 '양안사지'(兩岸四地)의 경제 발전권에 융합되어야 한다.

4. '양안사지'의 중화 경제권

대륙, 홍콩, 타이완, 마카오 경제 발전 수준이 다른 '양안사지'는 비교적 큰 보완성과 협력의 잠재력이 있다. 홍콩과 타이완은 충분한 자금과 양호한 공업 기초를 갖고 있어, 국제 시장 네트워크를 개척할 수 있는 능력을 지닌다. 반면에, 중국은 풍부한 자연 자원과 노동력 자원 및 광활한 시장을 갖고 있고, 두터운 과학 기술 역량도 갖고 있다. 만일 '양안사지'의 경제 우세가 결합할 수 있다면, 서로 단점을 보완하고 장점을 취하여 상호 호혜할 수 있어 강대한 생산력 효과가 배증할 수 있다. 이는 이미 근래에 나날이 신속하게 발전하는 홍콩, 타이완 및 대륙 경제, 과학 기술 협력의 현실에 의해 입증

되고 있다. 대륙 개혁개방 이후, 타이완, 홍콩, 마카오와 대륙의 경제 무역 협력은 신속히 발전하였다. 1985년에서 1997년까지 대륙의 홍콩과 마카오, 타이완 무역액은 123억 달러에서 714억 달러로 증가하였다. 홍콩, 마카오, 타이완의 대륙에 대한 직접 투자와 기타 투자액은 9.6억 달러에서 253억 달러로 증가하였다. 그 비중은 79.8%에 이른다. 대륙과 홍콩 두 지역의 무역은 1978~2001년의 23년간 78배 증가하였으며, 대륙은 일찍이 이미 홍콩의 최대 무역 파트너이자 최대 외자 투자처가 되었다. 2003년 홍콩은 대륙의 제2 무역 파트너이자 최대 외자 투자처가 되었다. 홍콩과 타이완 간의 관계도 마찬가지로 매우 밀접하여, 홍콩은 타이완과 대륙 무역의 중요한 중추 역할을 하였다. 타이완에 대해 말하자면, 90년대 이후 수출의 미국에 대한 의존은 1984년 수출에서 차지하는 비중이 48.8%였는데, 1995년 23.7%까지 감소하였다. 홍콩, 대륙, 타이완은 1993년 이미 마카오의 3대 수입 대상 지역이자 주요 무역 파트너였다. 특히 90년대 이후 홍콩, 마카오, 타이완은 제조업이 내륙으로 이전되어 내륙과의 관계가 더욱 긴밀해졌다. 양안사지는 이미 점차적으로 '의존 효과'(依存效應)가 발생하였고, 나날이 상호 연결, 상호 의존적인 경제 협력체가 형성되고 있다. 동시에 사지(四地)는 최근 경제 발전이 모두 양호하여, 경제 총량은 낙관적이다. 1995년에 이르러 중국 대륙, 타이완, 홍콩의 GDP 총액 합계는 1조 928억 달러에 달하였고, 무역 총액은 8,625.6억 달러, 외화 보유액은 일본을 초과한 2,000억 달러에 이르러 세계 1위가 되었다. 그리하여 90년대 전후 점차적으로 '중화 경제권' 혹은 세계은행이 말한 '중화 경제구'의 표현이 생기게 되었다.

'중화 경제권'은 80년대 초 홍콩 학자에 의해 최초로 제시된 아이디어이다. 80년대 후반 중국 대륙과 홍콩, 마카오, 타이완 학자는 열띤 토론을 하였고, 90년대 중국 경제의 지속적인 고속 발전과 대륙과 홍콩, 타이완의 경제 무역 관계가 나날이 긴밀해지게 되어 국제 사회에서 큰 반향을 일으키게 되었다. 1993년 4월 세계은행은 한 보고서에서 정식으로 대륙, 타이완, 홍콩, 마카오의 '양안사지'를 포함한 모든 중국을 하나의 완전한 분석 단위로 삼아, '중화 경제구'(Chinese Economic Area, 즉 CEA)로 지칭하였다. 미래 10년 예측에서 '중화 경제구'는 미국, 일본, 독일과 대등한 세계 경제의 '제4축'이 될 것이라 하였다. 미국 〈비즈니스위크〉는 2002년 12월 9일 표지글의 제목을 '대중화'(大中華(따쭝화))로 정하여, '대중화 경제권'의 수입 측면에서의 영향은 현재 전 세계에 의해 감지되고 있다고 하였다. 세계은행의 통계 데이터에 의하면, 4년간의 시간을 거쳐 '대중화 경제권'은 전 세계의 총수출에서 차지하는 비중이 6.9%에서 9.6%로 상승하여, 일본을 초월하였다. 골드만 삭스(아시아)가 예측하기를, 중국 대륙과 타이완 모두 WTO의 규정에 따라 그들의 시장을 개방한다면, '대중화 경제권'의 수출입 무역 총액이 2조 달러를 초과할 것이라 보았다. 이 수치는 중국 대륙, 홍콩, 타이완 간 내부 무역액은 포함하지 않은 것이다. 이로써 중화 경제권의 수출입 무역 총액은 거의 일본의 2배와 미국의 2/3에 이를 것이다. 구매력 방면에서는 세계은행의 계산에 따르면 '대중화 경제권'은 유럽연합을 초과할 것이고, 그 모든 국내 생산 총액은 12조 달러에 이를 것이다. 이러면 거의 일본의 3배에 이를 것이다. 어느 시기에 달하면 홍콩, 중국 대륙과 타이완의 증권 교역 시장의 자본이 아마도 도쿄 2.1조 달러의 증권 교역 시장에 도전을 내밀 것이다.

예측에 의하면 미래 15년에서 20년 내에 '대중화 경제권'이 점차적으로 형성될 것이다. 2030년에 이르면 대중화 경제권의 GDP 총량은 6조 달러에 이를 것으로 예상된다. 전 세계의 경제 총량 중 대중화 경제 총액은 미국과 대등한 상태까지 이를 것이다.

제3절 중국 경제의 미래 전망

다년간의 노력을 거쳐, 중국 경제 발전은 적지 않은 성과를 이루었다. 동시에 중국 경제가 거대해짐에 따라 중국 경제 발전의 기초와 조건에도 변화가 발생하고 있다. 경제 발전을 제약하는 불리한 요인들도 있고, 경제 발전을 촉진하는 유리한 요인도 동시에 존재한다. 중국의 당과 정부는 경제 성장 방식의 전환과 경제 발전 전략의 지도, 적시에 유효한 거시 조정 정책의 실시를 통하여, 최대한 불리한 요인의 제약을 축소하고, 경쟁 우위를 발휘하여, 중국 경제를 지속적으로 전진시켜, 중국 민족의 위대한 부흥을 실현하고자 노력하고 있다.

1. 경제 발전을 제약하는 불리한 요인

중국 에너지 자원의 총량은 비교적 풍부하다. 하지만 인구가 많아, 1인당 에너지 자원 보유량은 세계에서 비교적 낮은 수준에 있다. 석탄과 수력 자원의 1인당 보유량은 전 세계 평균 수준의 50% 정도이며, 석유, 천연가스의 1인당 자원량도 세계 평균 수준의 1/15 정도이다. 동시에 중국의 에너지 이용률 또한 32% 정도의 낮은 수준으로, 선진국과 비교하면 10% 포인트 낮은 수치이다. 중국의 원자력, 태양 에너지, 풍력, 조수 에너지, 지열 에너지 등 신에너지와 재생 에너지의 개발은 선진국과의 차이가 매우 크다. 중국은 1차 에너지의 생산과 소비 구조 중, 석탄 비중은 76%와 68.9%에 이르러 세계에서 석탄 비중이 가장 높은 국가이다. 세계 평균 수준(석탄 소비 26.5% 차지)과 공업화 국가(석탄 소비 21.4% 차지)의 에너지 구조와는 차이가 크다. 석탄 비중이 매우 높은 구조는 중국 에너지의 효율이 매우 낮게 되고 환경 보호 부담이 매우 크다. 석탄 이외에, 중국 현대화 과정에 필요한 석유, 천연가스 자원량 또한 매우 크다. 그러나 국내에서 공급할 수 있는 자원 공급량은 이 수요량을 따라갈 수 없다. 중국은 1993년부터 이미 석유 순수입국이 되었으며, 석유 수입량은 1993년의 988만 톤에서 2002년의 7,000여만 톤으로 증가하여, 연평균 증가가 약 25%에 이르렀으며, 대외 의존도 또한 6.4%에서 30%로 상승하였다. 매년 중국 석유 수입량의 증가와 석유의 전략적 저장의 부족으로 중국은 세계 원유 가격 변화의 영향을 크게 받게 되었다. 석유 부족은 중국의 미래 어떤 시점에 에너지 안보에 있어 주요한 문제가 될 것이다.

에너지 수요의 큰 폭의 증가는 주요 오염물 배출량의 증가를 가져왔다. 환경 보호의 부담도 커지고 있다. 현재 일부 지역 환경 오염과 생태 악화는 이미 매우 심각한 수준에 이르렀다. 수질, 대기, 토양 등 오염이 나날이 악화되고 있고, 고체 폐기물, 자동차 배기 가스, 영구적인 유기 화합물 등 오염이 꾸준히 증가하고 있다. 또한 환경 오염은 도시에서 농촌으로 확대되고 있다. 최근 10년간 중국에서 사용한 농약은 해충을 없애는 데 큰 효과를 보았다. 매년 사용한 농약 면적은 23억 묘(畝), 매년 화학비료 사용량은 2,930억 톤이다. 그러나 농약, 화학비료의 유효 사용률은 30%(선진국 농업 지역의 1/2 수준)밖에 되지 않아, 나머지는 대기 중으로 휘발되거나 물을 따라 토양과 강, 하천, 호수로 들어가서, 수역의 부영양화나 식수원의 질산염 양이 기준을 초과하게 된다. 전국 90% 이상의 천연 초원이 사라졌고, 생물의 다양성도 감소하였다. 동시에 경제 발전과 인구 증가에 따라, 전 세계 환경이 급격히 악화되었고, 오존층이 파괴되었으며, 열대 우림이 소실되고, 온실 효과와 산성비 등 전 세계 환경 문제가 인류의 생존과 발전을 심각하게 위협하고 있다. 생태 파괴와 환경 오염은 중국 경제에 거대한 손실을 가져다주고, 인민 생활과 건강에 큰 위협이 되고 있다.

다년간의 발전을 거쳐, 중국의 도시화 수준은 이미 크게 제고되었다. 그러나 도시화, 현대화의 부담은 여전히 크다. 중국은 대량의 농촌 인구가 아직 도시로의 이전이 필요하기 때문이다. 현대화를 측정하는 기준에 의하면, 도시 인구는 적어도 60%에 이르러야 현대화 국가라고 할 수 있다. 이러한 낮은 도시화 수준에 의하면, 중국은 몇 억에 이르는 농촌 인구를 도시 인구로 전환하여야 하는 과제에 직면한 것이다. 이러한 인구의 도시로의 이전 이후, 어떻게 그들의 역할을 농민에서 시민으로 전환하여야 하는가는 정부가 문화, 교육상 일정한 힘을 쏟음으로써 도시화의 순조로운 진행을 도와야 한다. 몇 억 인구가 도시에서 안정된 생활을 할 수 있는 것은 공업화 및 고용 창출에 필수적인 것이다. 어떻게 경제를 발전시키고, 경제 발전 모델을 전환하며, 더욱 많은 고용을 창출하며, 동시에 경제 발전 잠재력과 혁신 능력을 제고시키는가는 정부가 해결할 난제들이다. 이와 함께 1인당 토지 면적이 작고, 1인당 자원 또한 풍부하지 않는 등의 원인으로 중국 자원 환경이 도시화, 현대화의 수용 능력에 대하여 큰 도전에 직면하게 되었다.

중국의 개혁개방은 도 · 농 경제 사회의 고속 발전을 가져왔고, 세계가 주목하는 위대한 성과를 얻었다. 중국의 도시화 수준은 이미 큰 폭으로 제고되었고, 도 · 농 주민의 물질적 생활과 정신적 생활은 모두 크게 개선되었다. 그러나 중국 도 · 농의 2원화의 구조적인 특징은 근본적인 변화가 발생하지 않았다. 도 · 농 주민은 여전히 두 종류의 다른 신분 대우의 사회에 속해 있다. 1인당 소득 수준이나 소비 수준을 보건, 주민이 누리는 사회 보장, 의료보험, 문화 교육 수준 등 어떤 방면에서도 도 · 농 간의 차이는 여전히 매우 크다. 비록 최근 10년간 도 · 농 종합 발전 정책을 실시하였지만, 도 · 농 차이는 큰 변화가 없었다.

경제 기초와 자원 조건의 차이로 인하여, 중국 경제 발전은 지역 간 격차가 생겼고, 경제의 발전과 분배 모두 '동중서경'(東重西輕)의 국면이 나타났다. 최근 몇 년간 서부 대개발 전략, 둥베이 노후 공업 기지 진흥 전략, 중부 진흥 전략을 연이어 실시하였지만, 지역 경제 발전의 불균형 문제는 여전히 존재한다. 이는 중국 당과 정부가 직면한 큰 과제이기도 하다.

중국 경제의 발전에 따라 도 · 농 주민 간의 소득 분배 차이 또한 확대되는 추세를 보여, 도시 주민 가처분 소득이 주민 가처분 소득에서 차지하는 비중이 상승하고, 농촌 주민 가처분 소득이 주민 가처분 소득에서 차지하는 비중은 하락하였다. 중국 도 · 농 간 격차는 '6.5' 기간에, 농민 수입의 빠른 증가로 인하여 다소 감소하였으나, 이후 '7.5', '8.5', '9.5' 기간에는 도 · 농 격차가 꾸준히 확대되었다.

소득 분배는 다른 집단 간에 차이가 존재하여, 중 · 저소득군 소득 비중은 하락하였으며, 고소득 집단 비중은 상승하여, 수입은 고소득 집단으로 집중하는 현상을 보였다. 세계은행 추산에 의하면, 1982년 중국 전국 주민 소득 지니 계수는 0.28이었고, 1990년 0.35로, 2001년에는 0.45로 상승하였다. 중국사회과학원 경제연구소 소득분배과제팀의 연구에 의하면, 전국 주민 소득 지니 계수 격차는 1988년 0.382에서 2002년 0.454로 상승하였다.[22] 소득 분배 중에 존재하는 이러한 문제들은 경제 및 사회 발전에 불리한 영향을 가져다준다. 첫째, 농민 소득 증가가 느려지고, 도시 저소득층이 확대되어, 도 · 농 시장 확대와 소비 수요 확대를 심각하게 제약한다. 둘째, 독점과 불공정 경쟁으로 인한 소득 격차의 확대는 인민 군중의 생산 노동 적극성, 창조성 등에 악영향을 주고, 효율 제고에 불리하다. 셋째, 군중들의 소득 분배의 불공정과 부패 현상에 대한 불만 정서가 증가하여 사회 안정에 영향을 준다.

2. 경제 발전에 유리한 요인

중국의 기본적인 경제 제도는 사회주의 시장 경제 체제이다. 이 체제에서 소유제 구조는 공유제를 위주로 여러 다양한 소유제 경제가 공동으로 발

22 리스 · 웨이중 · 닝사이, 〈중국 주민 재산 분포 불균등과 그 원인의 경험 분석〉, 《경제연구》, 2005년 제6기.

전한다는 것이다. 분배 제도는 노동에 의한 분배를 위주로 다른 분배 방식을 보충하여 효율과 평등을 동시에 고려한다는 것이다. 1차 분배에서는 효율을 중시하고, 2차 분배에서는 평등을 중시한다는 것이다. 중국의 독특한 소유제 구조와 분배 제도는 중국 경제의 지속 가능한 발전에 유리하여, 개혁으로써 발전을 촉진하고, 발전으로써 안정을 촉진하여 개혁, 발전, 안정 3자 간의 플러스 효과를 실현하는 것이다. 공유제 위주라 함은 일부 국가 경제와 국민 생활과 관계되는 업종은 인민 전체를 대표하여 정부에 의해 관리하는 것을 보장하는 것이다. 다양한 소유제의 공동 발전이라 함은, 외국 투자자들과 국내 기업가의 자주 혁신을 독려하고 경제 건설 중 능동성을 발휘하도록 하는 것이다. 분배 제도는 중국 특색의 사회주의 추구를 구현한 것으로, 일부 사람들이 먼저 부유해지고, 이들이 다른 사람들의 부를 이끌며, 마지막으로는 공동 부유를 이룬다는 것이다. 공동 부유는 사회주의 건설의 본질적인 목표이자 사회주의 본질의 함의인 평등, 정의의 구현이기도 하다.

사회주의 핵심 가치 체계의 기본 내용은 마르크스주의 지도 사상, 중국 특색의 사회주의 공통 이상, 애국주의를 핵심으로 하는 민족 정신과 개혁 혁신을 핵심으로 하는 시대 정신, 사회주의 '영욕관'(榮辱觀)을 포함한다.

마르크스주의는 인류 역사상 가장 과학적이고 가장 선진적이고, 가장 엄격한 사상 체계로서, 사람들이 세계를 인식하고, 세계를 개조하는 강대한 사상 무기이다. '마오쩌둥 사상', '덩샤오핑 이론', '3개 대표' 중요 사상은 중국화된 마르크스주의이다. 중국 경제 체제의 심오한 변혁, 사회 구조의 심오한 변동, 이익 구조의 심오한 조정, 사상 관념의 심오한 변화의 새로운 형세 아래, 발전하는 마르크스주의로써 실천을 지도해야만이 마구 얽혀 복잡한 사회 현상 중 본질을 정확히 볼 수 있고, 방향을 명확히 하며, 편향성을 극복하고, 맹목성을 축소할 수 있다.

중국 특색의 사회주의 공통 이상은 바로 중국 공산당 영도하에, 중국 특색의 사회주의 길을 감으로써, 중화 민족의 위대한 부흥을 실현하는 것이다. 이러한 이상은 각 계층과 각 집단의 공통된 소망을 유기적으로 결합한 것으로, 노동자, 농민, 지식인과 기타 노동자, 건설자, 애국자의 이익과 소망을 집중적으로 표현한 것이다. 이로써 광범위한 사회의 공감대를 얻을 수 있고, 강한 포용성을 가지며, 강대한 호소력, 친화력, 응집력을 가질 수 있다.

오천여 년의 발전 역사 과정 중 중화 민족은 애국주의를 핵심으로 하는 단결되고 통일된, 평화를 애호하는, 근면하고 용감한, 끊임없이 자기 발전을 꾀하는(團結統一, 愛好和平, 勤勞勇敢, 自强不息) 위대한 민족 정신을 형성하였고, 이는 이미 중화 민족의 '생생불식'(生生不息(셩셩부씨))[23]과 '신화상전'(薪火相傳(씬훠샹좐))[24]하는 정신적 명맥을 형성하였다. 개혁개방 이후 중국 인민은 사회주의 현대화 건설의 위대한 실천 중에서, 개혁 혁신을 핵심으로 하는 시대 정신을 형성하였다. 민족 정신과 시대 정신이 당대 중국 발전을 추진하는 강력한 정신적 힘이 되었다.

'팔영팔치'(八榮八恥(빠롱빠츠))[25]를 주요 내용으로 하는 사회주의 영치관은 당대 중국 사회에서 가장 기본적인 가치관의 방향과 행위 준칙을 명확히 하여, 사회주의 기본 도덕 규범의 본질적인 요구를 표현하였고, 중화 민족의 전통 미덕과 우수한 혁명 도덕 및 시대적 요구의 유기적인 결합을 표현하였다. 그것은 사회 풍조를 인도하는 깃발로서, 사회주의 시장 경제의 조건하에서 무엇을 응당히 견지하고 제창하여야 하는지, 무엇을 반대하고 억제하여

23 역주: 셩셩부씨(生生不息)는 사물이 끊임없이 생장하고 번성한다는 의미이다.

24 역주: 씬훠샹좐(薪火相傳)은 스승의 지혜를 서로 전수받는다는 의미이다.

25 역주: 팔영팔치는 후진타오 주석이 2006년 3월 4일 전국 정협(政協) 민영민진연조회(民盟民進聯組會)에서 주장한 신시대 사회주의 영욕관(榮辱觀)에 대한 논술이며 구체적인 내용은 '조국에 대한 사랑은 영예, 조국에 대한 위해는 수치, 인민을 위한 봉사는 영예, 인민에 대한 배신은 수치, 과학의 숭상은 영예, 우매와 무지는 수치, 근면한 노동은 영예, 편한 것을 좋아하고 일하기 싫어하는 것은 수치, 단결과 상호 부조는 영예, 남에게 해를 끼치고 자기만을 위하는 것은 수치, 성실하고 신의를 지키는 것은 영예, 이익을 좇아 의를 잊는 것은 수치, 규율과 법을 지키는 것은 영예, 법을 어기고 규율을 혼란하게 하는 것은 수치, 각고분투하는 것은 영예, 교만과 사치 그리고 음란방탕한 것은 수치'이었다. 후에 '팔영팔치'(八榮八恥)로 개괄하였다(참고: 네이버 중국어 사전).

야 하는지에 대해 명확히 지적한 것이다. 또한 전체 사회 구성원이 가치관의 방향을 정하는 데 있어 기본적인 기준을 제시한 것이다.

사회주의 핵심 가치 체계는 중국 사회주의 제도의 내재적인 정신의 혼이자 중국 인민이 위대한 부흥을 실현하는 데 있어 정신적인 지주로서, 중국 경제 발전에 도움이 된다.

중국은 또한 현대화를 추구하는 당과 정부가 있다. 경제 성장과 발전 과정 중에서, 현대화를 추구하는 당과 정부는 경제 주체의 안정적인 전진을 지도할 수 있다. 근대 이래, 중국 경제 발전 수준은 상대적으로 낙후하여, 서방 자본주의 국가의 경제 성장 무대로 전락하였다. 낙후되고, 현대화 의식이 없는 청나라 정부가 주요 책임자였다. 중국 공산당은 노동자 계급의 이익과 의지를 대표할 뿐만 아니라, 중국의 광대한 인민과 모든 중화 민족의 이익을 대표할 수 있다. 모든 중화 민족의 가장 큰 이익은 바로 경제 발전이다. 경제 발전의 길은 현대화, 도시화, 공업화로 요약될 수 있는데, 중국 당과 정부는 이에 대하여 매우 정확한 인식을 가지고 있다.

개혁과 발전의 경제 실천 중에서, 중국 정부의 거시 경제 조절 능력은 나날이 제고되고 있다. 1993~1996년의 연착륙 분기점을 기준으로 중국의 거시 조절 수단에 큰 변화가 발생하였다. 1978~1991년까지 중국 정부의 조절 수단으로는 주로 행정과 계획이 위주였다. 조절 목표 또한 인플레이션 억제였다. 1992년 이후, 시장 경제 체제가 기본적으로 건립되었다. 정부의 거시 경제 관리는 기존의 직접적인 행정 및 계획 수단 위주에서 경제 및 법률 등 간접적인 수단 위주로 변화하였고, 필요에 따라 행정, 정부 투자 등의 직접적인 수단이 보조적으로 시행되었다. 재정 및 화폐 정책의 작용은 나날이 커져갔다. 조절 목표는 인플레이션 억제뿐 아니라, 디플레이션 방지도 고려되었다. 공급 부족 경제 시대가 종결됨에 따라, 상품 공급은 수요를 초과하는 현상이 나날이 보편적이 되었다. 경제 발전 과정에서는 인플레이션의 가능

성도 있지만, 디플레이션의 가능성도 동시에 존재한다. 경험이 증명하듯이, 중국 정부는 개혁개방 이래로 6차례의 거시 조절 중 모두 좋은 조절 능력을 보였다.

2008년 정부의 거시 조절 능력은 더욱 강해졌다. 연초에 물가 상승 폭은 비교적 크고, 경제는 과열되어서, 거시 경제 정책은 '두 개의 긴축'을 실시하였다. 세계 금융 시장의 혼란이 가중됨에 따라, 중국 수출 증가 속도는 급격히 늦춰졌고, 인플레이션 압력도 완화되었다. 경제 침체의 압력이 점점 커서, 연중에는 거시 조절이 '두 개의 긴축'에서 경제의 안정적인 빠른 발전을 유지하고 물가의 바른 상승을 억제하는 '일보일공'(一保一控)으로 전환하였다. 4사분기에 접어들어, 국제 금융 위기는 실물 경제에 큰 충격을 주어 세계 경제 성장이 대폭 느려졌다. 중국 경제 발전에 대한 악영향이 나날이 커지게 되어, 거시 조절은 '적극적 재정 정책과 적절하게 풀어주는 화폐 정책'으로 전환하였다. 게다가 성장을 촉진하고, 내수를 확대하며, 구조를 조정하고, 민생을 개선함으로써, 현재 문제를 해결하는 동시에 발전 역량을 강화하는 데 초점을 맞추었다. 동시에 일련의 재정, 화폐, 산업 등 정책 조치를 내놓음으로써, 거대한 자연재해와 전 세계 금융 위기의 중국 경제에 대한 충격을 감소시키며, 국민 경제의 양호하고 빠른 발전을 유지하는 데 중요한 작용을 하였다. 정부의 거시 조절 능력의 강화는 중국 경제가 순항하는 데 유리하다고 할 수 있다.

도 · 농 균형 발전 정책은 중국 당과 정부의 경제 발전의 정확한 조치이자 중국 경제 발전의 '호신부'(護身符)라 할 수 있다. 각 국가의 현대화 과정에서, 모두 농민의 개조와 전환 문제에 직면하였었다. 현대화 자체가 공업 문명이 농업 문명을 대체하는 것을 의미하기 때문이다. 농민이 전통적인 농업 생산 방식을 벗어나야만이, 농업이 현대 산업이 되어야만이, 근본적으로 도 · 농 이원 구조가 제거되어야만이 진정한 현대화를 실현할 수 있는 것이다. 각 국가와 마찬가지로, 중국 농민은 중국 현대화 건설에 있어 중요한 공헌을 하였다. 농업의 잉여 생산에 공헌을 하였고, 공업화에 있어 필요한 원자재를 제공하였다. 그러나 경제 발전에 따라 이러한 초점을 맞추는 불균형 발전 전략은 경제의 지속적인 진보에 불리하다. 그리하여 도 · 농의 균형적인 발전을 통하여, 농민 소득 수준을 향상시키고 농민 생활 수준을 개선하며, 도농 일체화(城鄉一體化)를 실현하는 것이 필요하다. 2002년 당 중앙은

"도 · 농 경제 사회 균형적 발전, 현대화 농업의 건설, 농촌 경제의 발전, 농민 소득 수준의 향상은 전면적인 샤오캉 사회을 건설하는 데 있어 중대한 임무이다"

라고 명확하게 제시하였다.

2003년 당 중앙 농촌공작회의에서 도 · 농 균형 발전 정책이 진일보 강조되었다. 2005년 사회주의 신농촌 건설의 중대한 역사적 임무를 제시하였다. 2007년 농촌 지원과 농촌 우대 정책은 약화시킬 수 없으며, 사회주의 신농촌 건설을 착실히 추진할 것을 지적하였다. 도 · 농 사회 경제 균형적 발전 정책은 도 · 농 격차를 감소하고, 내수를 확대하는 데 유리하고, 이를 통하여, 내수가 경제 성장을 이끄는 지속적인 역량이 되도록 할 수 있다.

풍부한 노동력 또한 중국 경제가 비교적 장기간의 성장 속도를 유지하는 보증 수표이다. 노동력은 경제 성장을 촉진하는 요소 중의 하나이다. 이는 국가의 부존 자원 구조와 산업 구조에 영향을 준다. 한 국가의 발전에 있어서, 노동력의 풍부함은 '맬서스 함정'에 반드시 빠지지 않을 수 있고, 반대로 이러한 이점을 이용하여 국제 무역에 참여함으로써 경제 성장을 할 수 있다. 개혁개방 이래로, 중국은 풍부한 노동력을 빌려 노동 집약적 산업에 비교 우위를 가지게 되었고, 비교 우위 전략의 실시를 통하여 중국의 지속적인 경제 성장을 이룰 수 있었다. 현재 중국은 경제 성장 방식이 전환하고 있지만, 노동 집약적 산업은 여전히 고용 수준을 보장해주고, 농촌 노동력의 도

시로의 이전을 촉진하는 통로이다. 농업 생산 기술의 진보에 따라, 농촌은 이전이 필요한 잉여 노동력이 여전히 많은 상태이다. 이러한 가격이 저렴한 노동력은 중국이 국제 무역에 있어 노동력 자원이 풍부한 비교 우위를 유지할 수 있게 해준다.

중국 교육 수준의 제고와 의료 위생 조건이 개선됨에 따라, 중국의 풍부한 노동력은 인적 자본 축적의 원천이다. 인적 자본은 경제 성장의 매우 중요한 요인이기도 하다. 경제학의 발전, 특히 인적 자본 이론의 발전에 따라, 경제 연구는 더욱더 인적 자본이 경제에 미치는 공헌을 중시하였다. 실증 결과에서 나타나듯이, 개혁개방 이래로 인적 자본은 중국 경제 성장에 있어 매우 중요한 역할을 하였다.

중국 경제 발전의 또 다른 유리한 요인은 상대적으로 완화된 국제 환경이다. 건국 시기와 비교하였을 때, 당시 중국이 처한 국제 환경보다 크게 개선되었다. 20세기 70년대 초, 중국은 UN에 다시 돌아왔고, 미국, 일본 등 선진국과 차례로 국교를 맺었다. 개혁개방 이후, 중국은 세계를 향하여 대문을 열었으며, 세계 또한 중국을 향하여 손을 흔들었다. 20세기 90년대에는 중국은 사회주의 시장 경제 체제의 건립을 정식으로 제시하여 외국과의 장벽을 해소하였다. 중국은 그들과 마찬가지로 시장 경제 체제를 경제 발전의 제도로 선택하였다. 완화된 국제 환경은 국방 건설을 경제 발전의 최우선으로 삼아야만 하였던 건국 초기와는 다르게, 중국이 경제 건설의 진행에 집중하는 데 유리하다. 실제로, 국제적인 적대는 중국 공업화 전략 선택에 영향을 미쳤던 것이다.

완화된 국제 환경은 중국이 '두 개의 이용' 방침을 통해 경제 건설을 실천하는 데 유리하다. 2001년 중국이 WTO에 가입하게 되어 국제 무역에 참여할 수 있는 무대를 가지게 되었다. 최근 몇 년간, 중국 무역 의존도는 계속 상승하여 수출입 총액이 꾸준히 증가하였고, 이는 중국이 나날이 세계 경제 발전의 대가족에 진입하게 됨을 반영하는 것이다. 중국은 국내외 두 가지 자원을 충분히 이용하여 자원의 최적화 배분을 진행하고, 국내외 두 개의 시장을 충분히 이용하여 상품 개발에 있어 더욱 큰 가치를 창출하는 기회를 가질 수 있다.

3. 중국 미래 경제 발전의 3단계 전략

중국은 '모든 일은 사전에 준비해야 성공한다'(凡事預則立)는 사상을 중시하는 나라이다. '5개년 계획'은 중국 경제 발전 방침을 지도하고, 당과 정부의 경제 목표의 방향 설정을 하는 것으로, 그 주요 내용으로는 경제 건설에 관한 지도 방침, 예상 목표, 산업 발전의 분포 및 속도 혹은 기타 다른 중요 내용 등에 대해 계획을 세움으로써, 경제 사회의 발전을 위하여 방향을 제시하는 것이다.

1953년부터 현재까지, 중국은 이미 열 번의 5개년 계획을 실시하였고, 현재 '11.5' 계획을 완성하고 있는 중이다. '1.5'와 '2.5' 계획은 15년 정도의 시간 동안 공업화를 실현하는 것을 목표로 삼았고, '3.5', '4.5', '5.5' 계획은 20세기 말 네 가지 현대화 목표를 기본적으로 실현하는 것을 목표로 삼았으며, '6.5', '7.5', '8.5', '9.5'는 '네 배의 성장'과 20세기 말까지 1인당 GDP가 800달러에 이르는 목표를 추구하였으며, '10.5' 계획은 국민 경제가 비교적 빠른 발전 속도를 유지하는 것을 제시함으로써, 2010년까지 국내 총생산이 2000년의 두 배가 되는 데 기초적인 역할을 하였다.

중국은 현재 '11.5' 규획이 진행 중에 있다. 계획이라는 용어가 규획으로 대체되었는데, 이는 중국이 거시 경제 운행에 있어서 정부 주도에서 시장을 기초로 하는 진일보한 변화로써, 중국은 신속하게 발전하는 경제 주체로 세계 많은 시장 경제 국가의 일원임을 보여준 것이다.

'11.5' 시기는 전면적인 샤오캉 사회를 건설하는 선대의 유업을 계승 발전시켜야 하는 중요한 시기이다. '11.5' 발전 목표의 확정은 이전 단계의 양호한 발전 추세를 계승하는 것이자, 미래 10년의 발전을 위해 기초를 다져야 하는 요구를 제시한 것이다. 또한 전면적인 샤오캉 사회 건설을 계승한 것이자 5년 시기의 단계성을 보여주는 것이다. 적극적인 상향식 발전과 인심을 고무하여, 시장에 양호한 기대를 주고 인민에게 희망을 주는 것이자, 실사구시 및 실제적인 것을 시행하고, 발전 단계와 제약 조건들을 충분히 고려하여 각종 불확실한 요인들을 예측하며, 발전 목표가 실현 가능하도록 하는 것이다.

'11.5' 규획의 완성은 중국 당과 정부의 단기 목표이다. 이 목표의 완성은 중기 목표의 실현에 도움을 준다. 10번의 5개년 계획을 통하여, 전당과 전국 각 민족 인민의 공동 노력으로 중국은 이미 현대화 건설 '3단계' 전략의 제1단계, 제2단계 목표를 실현하였다. 이로써 인민 생활은 총체적으로 샤오캉 수준에 이르렀다. 당의 16대는 제3단계 전략의 단계적 목표를 명확히 하였는데, 금세기 초 20년은 약 10억 이상의 인구가 혜택을 받을 수 있는 더 높은 수준의 샤오캉 사회를 전면적으로 건설하여, 경제가 더욱 빠르게 발전하고, 민주가 더욱 건전해지며, 과학 교육이 더욱 진보를 이루고, 문화가 더욱 번영하고, 사회가 더욱 조화로우며, 인민 생활이 더욱 부유해질 수 있도록 하는 것이다. 전면적인 샤오캉 사회 건설의 목표를 실현하는 것은 3개의 5개년 규획의 노력을 거쳐야 한다. 제3단계의 단계적 목표는 중국 당과 정부의 사회 경제 발전의 중기 목표이다. '11.5' 규획은 좋은 시작을 보이는 것과 좋은 진행 과정을 보이는 것이 매우 중요하다.

전면적인 샤오캉 사회 건설의 목표는 당의 16대에서 제기한 것이다. 경제 건설과 인민 생활 개선에 제시한 목표로는 '국내 총생산액이 2020년에는 2000년의 4배에 이르는 것', '기본적으로 공업화를 실현하고, 완전한 사회주의 시장 경제 체제 및 더욱 활력 있고, 더욱 개방된 경제 체제를 건설하는 것', '도시 인구 비중이 큰 폭으로 상승하고, 노동자와 농민에 대한 차별과 도·농 간, 지역 간 격차의 확대 추세를 점진적으로 개선하는 것', '사회 보장 체계가 건전하고, 사회 취업이 충분하며, 가정 재산이 보편적으로 증가하고, 인민이 더욱 부유한 생활을 영유하는 것' 등이 있다. 정치 문명 건설과 관련하여 제시한 목표로는 '사회주의 민주화가 더욱 개선되고, 사회주의 법제가 더욱 완비되며, 법에 의해 국가를 다스리는 기본 방침을 전면적으로 실시하고, 인민의 정치, 경제, 문화 권익이 존중과 보장을 받도록 하는 것'이다. 정신 문명 건설과 과학, 교육, 문화 발전 관련 제시 목표로는 '전 민족의 사상 도덕 수준과 과학 및 문화 소질, 건강 수준을 크게 제고하고, 비교적 완전한 현대 국민 교육 체계, 과학 기술 및 문화 혁신 체계, 전 국민 건강 및 의료 위생 체계를 구축하는 것'이 있다. 생태 환경 건설과 지속 가능한 발전 관련 목표로는 '지속 가능한 발전 능력을 제고하고, 생태 환경을 개선하며, 자원 이용 효율을 제고하고, 사람과 자연의 조화를 촉진하며, 모든 사회가 발전한 생산, 부유한 생활, 양호한 생태의 문명 발전으로의 길을 촉진하는 것'이 있다.

당의 17대는 전면적인 샤오캉 사회 건설에 대해 새로운 요구를 제시하였다. 즉, 1인당 국내 총생산액이 2020년까지 2000년과 비교하여 4배가 되도록 하는 것이다. GDP의 4배 성장 목표는 총량에서 1인당으로 전환하였다. 물론, 전면적인 샤오캉 사회 건설의 목표는 단순한 경제 발전 지표가 아닌 현대화 진행을 가속화하는 것과 일치되어 있고, 중국 특색의 사회주의 건설 및 발전의 위대한 사업과 긴밀히 연관되어 있는 것이다. 그리하여 당 중앙과 국무원은 '부강한 민주 문명의 사회주의 현대화 국가의 건설' 목표를 '부강한 민주 문명의 조화로운 사회주의 현대화 국가의 건설'로 확대하였다. 전면적인 샤오캉 사회 건설 목표의 새로운 요구는 협력을 증대하여 양호하고 빠른 경제 발전을 실현하는 것이다. 또한 사회주의 민주를 확대하고, 인민의 권익과 사회주의 공평 정의를 더욱 잘 보장하는 것이다. 또한 문화 건설을 강화하며, 전 민족의 문명 소질을 제고하는 것이다. 사회 사업의 발전을 가속화하고, 전면적으로 인민 생활을 개선하는 것이다. 생태 문명을 건설하고, 에너지 자원을 절약하고, 생태 환경을 보호하는 산업 구조, 성장 방식, 소비 모델을 기본적으로 형성하는 것이다.

전면적인 샤오캉 사회 건설의 목표를 실현한 후, 중국 공산당 건설 100주년을 맞이하여, 유구한 역사를 가진 문명국과 발전 중인 사회주의 대국인 중국은 공업화가 기본적으로 실현되고, 종합 국력이 강한, 국내 시장 규모가 세계 상위에 있는, 인민들의 부가 보편적으로 제고된, 생활의 질이 크게 개선된, 생태 환경이 양호한 국가가 될 것이다. 또한 인민들이 더욱 충분한 민주 권익을 누리고, 더욱 높은 문명 소질과 정신 추구가 있는 국가가 될 것이다. 또한 각 방면의 제도가 더욱 개선되고, 사회 활력이 더욱 넘치고, 안전하고 단결하는 국가가 될 것이다. 또한 대외 개방도가 더욱 커지고, 더욱 친화력이 있으며, 인류 문명에 더욱 큰 공헌을 하는 국가가 될 것이다.

현대화는 중국 경제 발전의 장기 목표로, 신중국 성립 100년이 되는 해에 기본적으로 현대화를 실현하여, 부강한 민족 문명과 조화로운 사회주의 현대화 국가를 건설할 것이다. 현대화는 중국 인민이 줄곧 추구해온 꿈이기도 하다. 근대 이래, 무수한 인의지사는 이 이상을 실현하기 위하여 다양한 사상과 정책을 내놓았고, 헌신을 다하였다. 신중국 건립 이후, 1964년 중국 당과 정부는 전국 인민에게 4개의 현대화 실현 임무를 정중히 제시하였다. 즉, 중국을 점차적으로 현대 농업, 현대 공업, 현대 국방, 현대 과학 기술을 갖춘 사회주의 강국으로 만든다는 것이다. 그러나 이 장대한 임무는 문화대혁명의 발생으로 계획대로 실시되지 못하였다. 개혁개방 이후 사회주의 현대화 사업은 큰 진전을 보였고, 현대화의 목표는 요원한 것이 아니게 되었다. 중국의 당과 정부는 연이어 청사진을 제시하였고, 청사진 위에 성공의 이야기를 써가고 있다. 중국 당과 정부는 흔들리지 않고, 나태해지지 않아 개혁개방을 꾸준히 추진하고, 중국 특색의 사회주의 길을 갈 수만 있다면, 이 장대한 청사진과 목표가 성공적으로 실현할 수 있다고 믿는다.

4. 중국 경제의 미래 전망

중국 경제는 개혁개방 이래 큰 성과를 얻었을 뿐 아니라, 밝은 미래도 전망된다. 그러나 역사와 세계의 관점에서 보면, 중국 경제 개혁과 발전은 여전히 임무가 무겁고 길이 멀 뿐만 아니라 많은 과제가 남아 있다. 구체적으로는

첫째, 공업화는 아직 중후기에 머물러 있고, 도시화도 아직 50%에 미치지 않는다. 개혁개방 이래, 중국의 공업화 발전은 큰 진보를 이루었다. 만일 모든 공업화 과정을 공업화 초기, 중기, 후기의 세 단계로 구분하고, 또한 매 시기를 전 · 후반기로 나눈다면, 공업화 수준의 종합 지수에 의거하여, 1인당 국민 생산액, 3차 산업 생산액 비율, 제조업 증가액이 총상품 증가액에서 차지하는 비중, 3차 산업 고용 비율, 인구 도시화율 등 5개 지표로 평가하면, 2005년 중국의 공업화 수준 종합 지수는 50에 이르렀고, 중국 전체는 공업화 중기의 후반기에 진입하였다고 볼 수 있다. 공업화 후반기로의 진입은 중국의 국가 상황에 변화를 발생시켰다. 공업화의 완성 과정에서 직면한 문제 또한 다르다. 중국의 인구, 자원, 환경 등 요인으로 공업화에 대한 부담은 나날이 커지고 있고, 지역 경제 발전의 불균형 국면도 개선되고 있지 않다. 비록 중국은 공업 대국으로 세계의 공장이 되었지만, 중국은 공업 강국이라고 할 수 없다. 꾸준히 경제 성장 방식의 전환을 강조하고 있지만, 중국의 현재 경제 발전 방식은 주로 '조방형'(粗放型) 경제 성장 방식에 의존하여, 경제 성장

의 집중도가 비교적 낮은 수준이다. 공업화의 기술 또한 주로 국외에 의존하고 있고, 산업 기술의 혁신 능력이 취약하여 대 · 중형 기업의 기술 혁신 수준은 비교적 낮고, 자주 혁신의 환경은 더욱 개선될 필요가 있다. 고용 부담이 여전히 크고, 도시-농촌의 이원화 구조 또한 근본적인 개선이 되고 있지 않다. 지속적으로 증가하는 잉여 노동력은 심각하게 중국 공업화 추진을 제약하고 있다. 산업 구조 또한 불균형적이고, 산업 구조 고도화의 부담이 크며, 산업 조직 수준 또한 낮은 편이다. '16대' 이후, 중국 도시 규모는 꾸준히 확대되어 도시화가 빠르게 진행되었고, 도시 경제 발전 능력은 명확히 증가되어, 도시 건설과 관리 서비스 수준이 제고됨으로써 조화로운 사회 건설에 새로운 단계로 진입하였다. 보고서에 의하면, 중국 도시화 수준은 꾸준히 제고되어 2006년 전국 도시 인구는 5억 7,706만 명으로 전국 총인구에서 차지하는 비중이 43.9%로, 2002년보다 4.8% 포인트 제고되어 연평균 1.2% 포인트가 성장하였다. 그러나 세계의 평균 수준과 비교할 때 중국 도시화 수준은 여전히 낮은 수준이다. 도시화는 현대화의 중요한 지표 중 하나로, 도시화 수준은 중국 현대화 건설에 있어 장기적이고 험난한 과제이다. 중국 도시화 수준은 낮고, 기초 시설은 비교적 낙후되었고, 도시 평균 규모는 작은 편이고, 지역 발전 격차가 커지는 등 문제가 중국 미래 경제 발전이 직면한 문제들이다.

둘째, 정부 기능의 전환과 민주화는 새로 직면한 문제이며, 시장 경제 체제 또한 더욱 개선되어야 한다. 개혁개방 이래로, 중국 정부는 중국 경제 발전 중 큰 작용을 하며 중국 시장화 과정을 추진해왔다. 동시에 중국 정부 기능 전환의 필요성도 더욱 커지고 있다. 2008년 제11회 전국인민대표대회에서 정부 기구 개혁 방안이 통과되었다. '대부제'(大部制)[26]는 정부 기능의

26 역주: 대부제는 대부문 체제(大部門體制)라고도 하며, 정부 부문에 있어 관련 있는 부문끼리 관련 사항에 대해 집중하는 제도를 의미한다. 이 제도를 통하여 각 부문 간의 전문성을 제고하고 효율성을 높여 정부 규모를 축소하여 작은 정부를 이룰 수 있는 제도이다.

전환을 알리는 것이다. 그러나 이러한 개혁은 이제 막 시작되어서, 중국 정부가 서비스형 정부로 전환할 수 있을지는 지켜보아야 할 것이다. 당의 '17대'에서, '민주'는 사람들의 시야에 들어왔다. 경제 민주화의 색채는 나날이 농후해지고 있다. 공산당의 '이런웨이번', '즈정웨이민'(執政爲民) 이념은 나날이 중시되었다. '집정흥국'(執政興國(즈정씽궈))[27]을 위하여, 중국 공산당과 중국 정부는 전면적인 샤오캉 사회 건설의 목표를 실현하여, 중국 사회가 조화로운 사회가 되도록 노력하고 있다. 거시 경제 정책의 안정적이고 지속적인 요구하에, 중국 정부는 도·농 간 차이 축소와 노동자 수입 증가의 중요성을 다시 한 번 강조하였다. 국민의 소득 수준을 제고하여야만 중국의 내수를 제고할 수 있고, 경제 성장의 3대 지출인 투자, 소비, 수출이 어깨를 나란히 하며 성장할 수 있는 것이다. 그러나 진정으로 국민의 소득 수준을 제고하고, 국민 생활을 개선하며, 경제 발전의 혜택이 더욱 많은 국민에게 돌아갈 수 있는지는 아직 지켜보아야 한다. 1992년 이래로, 중국은 사회주의 시장 경제 체제를 발전의 제도적 방향으로 삼았다. 근 10년의 건립과 개선을 통하여, 중국의 시장 경제 체제는 이미 기초적인 규모를 갖추었다고 할 수 있다. 생산 요소 시장과 상품 시장 등 각종 시장이 꾸준히 개선되었다. 기업과 가정은 시장 경제 체계 중 자주적으로 결정할 수 있는 시장 주체가 되었다. 정부의 기능은 나날이 시장 경제 체제와 상호 보완하였다. 중국의 시장화 수준은 나날이 제고되었다. 그러나 중국 시장 경제 체제가 이미 성숙한 단계에 들어섰다고는 할 수 없고, 중국의 제도 전환이 완성되었다고 할 수 없다. 각 종 시장 체제 건설을 방해하는 요인들이 여전히 존재할 뿐 아니라, 정부의 기능 전환도 아직 완성되지 않았다. 중국이 사회주의 시장 경제 체제의 건설에 큰 공헌을 할 수 있는지도 더욱 지켜보아야 할 것이다. 즉, 현재

27 역주: '이런웨이번'은 인간을 모든 것의 근본으로 한다, '즈정웨이민'은 인민을 위한 통치를 한다, '즈정씽궈'는 통치를 통하여 국가를 흥하게 한다는 뜻이다.

중국 정부 기능의 전환은 막 시작된 것이어서, 민주화 또한 막 관심의 대상이 되었고, 시장 경제 체제는 아직 완전하지 않다고 할 수 있다.

셋째, 경제 발전 모델의 전환이 아직 실현되지 않아, 혁신 및 과학 기술 수준이 매우 낮으며, 국제 경쟁력 또한 취약하다. 중국 공산당과 중국 정부는 일찍이 경제 성장 방식의 전환의 중요성을 인식하고, 여러 번 이에 대해 강조하였다. 조방형 경제 성장 방식에서 집약형 경제 성장 방식으로 전환하고, 생산 요소의 양적 투입에 의존하는 방식에서 과학 기술에 의존하는 방식으로 전환하여, 생산 요소 투입의 질적 제고를 이루어야 한다. 그러나 현재 중국 경제 발전의 내재적인 논리로는 오히려 중국은 공업화 과정의 중화학공업 단계를 뛰어넘기 힘들 것으로 보인다. 중국 경제 개혁 및 발전의 현재의 제도적 제약하에, 정치적 업적과 기타 요소를 추구하는 것은 중국 경제성장 방식의 전환이 실제로 적용되기 힘들 것이다. 중공 '17대'는 경제 '성장' 방식의 전환을 경제 '발전' 방식으로 바꾸었는데, 이는 더욱 높은 차원에서 경제 발전 방식 전환의 중요성과 긴박성을 인식한 것이며, 동시에 중앙의 새로운 사상을 알 수 있다. '16대'부터 '17대'까지 중국은 많은 새로운 사상과 새로운 부서가 생겼는데, 그 중 한 개념이 혁신형 국가가 되자는 것이다. 이는 현재 중국 자주 혁신 능력과 과학 기술 수준이 상대적으로 낮고, 동시에 경제 발전 방식의 전환이 잘 시행되지 않는 원인을 설명하는 것이기도 하다. 일정 수준의 과학 기술 수준이 없다면, 경제는 발전뿐만 아니라, 간단한 양적 성장도 어렵다. 일정한 자주 혁신 능력이 없다면, 중국은 공업 강국 혹은 현대화 강국이 되기 어려울 것이다. 경제 발전의 질과 수준은 아직도 진보할 공간이 크기 때문에, 그리하여 중국의 현재 국제 경쟁력 또한 낮은 수준이다. 일정한 경쟁력이 없으면, 중국은 '두 개의 이용'을 발휘하여, 중국 경제 발전의 진일보 제고를 하기 어려울 것이고, 경제 세계화에서 올 수 있는 리스크를 유효하게 방어할 수 없어, 중국인의 강국의 꿈은 진정으로 실현할 수 없을 것이다.

즉, 중국의 미래는 탄탄대로는 아닐 것이고 많은 노력이 필요하며 많은 과제가 남겨져 있다. 그러나 중국 경제 발전의 미래는 밝다. 중국인은 가장 어렵고 가장 위대한 사업을 하고 있다. 중국인은 자신의 노력을 통하여 중국 인민의 부, 민주, 문명에 공헌을 할 수 있을 뿐만 아니라. 사회주의 경제 이론에 공헌을 할 수 있다. 중국인은 자신의 노력을 통하여 세계에 공헌도 할 수 있다. 중국의 '화평굴기'(和平堀起)는 변하지 않을 것이며, 중국의 '화평굴기' 목표는 반드시 실현할 수 있을 것이다. '16대'부터 '17대'까지 이미 중국은 현대화 의식과 현대화 추진의 정부가 있음을 증명하였고, 중국은 이미 경제 건설과 경제의 안정적 발전에 대한 지혜를 가지고 있음을 증명하였으며, 이미 중국인은 반드시 역사의 존엄성과 과거의 영광을 찾아올 수 있을 것임을 증명하였다.

주요 참고 문헌

《马克思恩格斯选集》, 第1卷, 人民出版社, 1995年版.

《马克思恩格斯选集》, 第3卷, 人民出版社, 1995年版.

《毛泽东文集》, 第6卷, 人民出版社, 1999年版.

《毛泽东文集》, 第7卷, 人民出版社, 1999年版.

《邓小平文选》, 第2卷, 人民出版社, 1994年版.

《中国共产党第十一次全国代表大会文件汇编》, 人民出版社, 1977年版.

中华人民共和国国家农业委员会办公厅 编, 《农业集体化重要文件汇编》, 下册, 中共中央党校出版社, 1981年版.

薄一波, 《若干重大决策与事件的回顾》, 下卷, 中共中央党校出版社, 1993年版.

薄一波, 《若干重大决策与事件的回顾》, 修订本, 人民出版社, 1997年版.

胡绳, 《中国共产党的七十年》, 中共党史出版社, 1991年版.

董辅礽 主编, 《中华人民共和国经济史》, 经济科学出版社, 1999年版.

吴敬琏, 《当代中国经济改革》, 上海远东出版社, 2004年版.

宋连生, 《总路线・大跃进・人民公社化运动始末》, 云南人民出版社, 2002年版.

费正清, 《中国: 传统与变迁》, 世界知识出版社, 2002年版.

赵士刚 主编, 《共和国经济风云》, 上, 经济管理出版社, 1997年版.

丛进, 《曲折发展的岁月》, 河南人民出版社, 1989年版.

谢春涛, 《大跃进狂澜》, 河南人民出版社, 1990年版.

柳随年・吴群敢 主编, 《中国社会主义经济简史(1949~1983)》, 黑龙江人民出版社, 1985年版.

周其仁, 《产权与制度变迁: 中国改革的经验研究》, 社会科学文献出版社, 2002年版.

房维中 主编, 《中华人民共和国经济大事记(1949~1980)》, 中国社会科学出版社, 1984年版.